1 MONTH OF
FREE
READING

at

www.ForgottenBooks.com

By purchasing this book you are
eligible for one month membership to
ForgottenBooks.com, giving you
unlimited access to our entire
collection of over 1,000,000 titles via
our web site and mobile apps.

To claim your free month visit:

www.forgottenbooks.com/free754623

ISBN 978-0-666-70352-1
PIBN 10754623

This book is a reproduction of an important historical work. Forgotten Books uses
state-of-the-art technology to digitally reconstruct the work, preserving the original format
whilst repairing imperfections present in the aged copy. In rare cases, an imperfection in
the original, such as a blemish or missing page, may be replicated in our edition. We do,
however, repair the vast majority of imperfections successfully; any imperfections that
remain are intentionally left to preserve the state of such historical works.

VALERIA ODER VATERLIS

EIN LUSTSPIEL IN FÜNF AUFZÜG

(DIE BÜHNENBEARBEITUNG DES „PONCE DE LEON")

VON

CLEMENS BRENTANO

HERAUSGEGEBEN

VON

REINHOLD STEIG

BERLIN W. 35
B. BEHR'S VERLAG (E. BOCK)
1901

62801

Einleitung.

Das Manuscript, nach welchem Clemens Brentano's Lustspiel V a l e r i a oder V a t e r l i s t hier im ersten Druck erscheint, ist von Copistenhand hergestellt und befindet sich in der Bibliothek des k. k. Hof-Burgtheaters in Wien unter No. 431. Es wurde mir 1897 von der Direction gütigst zur Verfügung gestellt. Der Druck schien deswegen geboten, weil Brentano selbst seiner Zeit schon an eine, nicht verwirklichte, Veröffentlichung dachte, und weil dies Lustspiel für uns den Abschluss der auf die Bühne gerichteten Bestrebungen Brentano's bedeutet.

V a l e r i a oder V a t e r l i s t ist die 1813 in Wien hergestellte Bühnenbearbeitung von Brentano's zehn Jahre früher hervorgetretenem Intriguenstücke Poncè de Leon. Goethe hatte, 1800, in den Propyläen einen Preis auf das beste Intriguenstück gesetzt, die Manuscripte der concurrirenden Dichter vor Mitte September desselben Jahres eingefordert und versprochen, dass die sich zu einer Vorstellung eignenden Stücke aufgeführt, sämmtliche Arbeiten aber in den Propyläen recensirt werden sollten. Brentano, damals noch ein junger Mann und in der Jena-Weimarischen Bewegung treibend, liess sich von Goethe gern die Richtung geben. Ohne Muster vor den Augen, folgte er allein der Fröhlichkeit des eigenen Herzens. Er strebte, das Komische und Edlere hauptsächlich in dem Muthwill unabhängiger, fröhlicher Menschen zu vereinigen. Ihre

I*

Sprache hielt er durchaus frei und mit sich selbst in
jeder Hinsicht spielend. Die Aufgabe, die er sich in
seinem Intriguenstücke stellte, war: die aussichtslose
Liebelei zwischen dem phantastisch tändelnden Edelmann Ponce de Leon und dem in ihn vernarrten
Bürgermädchen Valeria, durch die Beihülfe der Angehörigen, in die vernünftige Verbindung Ponce's mit
der edlen Isidora und Valeriens mit dem treuen Porporino überzuleiten. Brentano's lebhafte Beschäftigung
mit spanischer Litteratur lieferte den äusseren Zu-
schnitt und Sevilla mit Umgebung als Local der
Handlung. Am Rhein und Main kam das Stück nach
wirklichen und phantastischen Erlebnissen des jungen
Dichters zu Stande. Rechtzeitig wurde es mit dem
Motto: „Lasst es euch gefallen" Goethe eingesendet.
Da die öffentliche Kritik der Stücke ausblieb, forderte
Brentano brieflich am 8. September 1801 sein Eigenthum zurück, und erhielt es, wiederum ein Jahr später,
mit einem Schreiben Goethe's vom 16. October 1802
zugestellt. Die Briefe sind in den Schriften der Goethe-
Gesellschaft (6, 231. 14, 76) gedruckt.

Nunmehr liess Brentano das Stück bei Dieterich
in Göttingen drucken. Die Einleitung datirt bereits
vom Januar 1803. August Winkelmann besorgte die
Correctur, griff aber wohl auch in Text und Vorwort
ein. Ich beziehe mich dafür ein für allemal auf mein
Buch über Arnim und Brentano 1894. Wir haben
im Einzelnen für die Correctheit des Textes, besonders
auch der Namen, keine Sicherheit. Die Copistenarbeit
des Bühnen-Manuscriptes stellt uns in dieser Hinsicht
nicht günstiger, so dass kleine Differenzen unbeseitigt
bestehen bleiben mögen. Der Ponce de Leon erschien
erst 1804. Seine Entstehung ging also immer in
Jahresschritten vorwärts. Diese einfachen chrono-
logischen Thatsachen standen aber Brentano selber
nicht mehr fest, als er die Einleitung zu dem Ponce
zu schreiben begann.

Diese Einleitung ist merkwürdig für uns. Sie bereitet weniger das Verständniss oder den Genuss des Lustspiels vor, als dass sie des Dichters inzwischen „sehr veränderte Ansicht von dem, was ein Lustspiel überhaupt sein sollte", darlegen und rechtfertigen will. Was Brentano jetzt über das Komische und Lustige an sich sagt, geht eigentlich gegen Goethe's Erwägungen über Charakter- und Intriguenstücke in den Propyläen. Goethe hatte brieflich zu Brentano das Urtheil ausgesprochen, das Stück vertrage eine Darstellung auf dem Theater nicht. Dem gegenüber gab der Dichter die Möglichkeit der Aufführung seines Stückes nicht verloren. Zwar hatte er 1802 in Düsseldorf bei dem Theater, das seine lustigen Musikanten aufführte, mit dem Ponce kein Glück gehabt; er dachte mit Zittern, wie er humoristisch sagt, an die Leseproben der Schauspieler-Gesellschaft und an die dicken Röthelstifte des Directeurs zurück; es überschlich ihn wohl das Gefühl, die Aufführung, sollte sie irgend ein Theater wagen, möchte nicht ganz gelingen. Dennoch aber erbot er sich am Schlusse der Einleitung, sein Lustspiel auf Begehren eines Theaters selbst für die Aufführung zusammenzustreichen oder umzuarbeiten. Da Weimar nicht mehr für ihn in Betracht kam, fasste er Berlin und Wien ins Auge.

Die Berliner Bühne unter Iffland, von dem, während der preussischen Reformjahre, die Werke Kleist's und seiner Freunde principiell ausgeschlossen wurden, hätte sich am wenigsten für eine so schwierige Aufführung, wie die des Ponce, bereit finden lassen. In Wien lagen die Dinge politisch anders. Hierher wandte sich Brentano von Prag aus 1813. Er trat in einen ihm sehr erwünschten Verkehr mit dem Theater und mit Schauspielern ein. Er brachte eine Anzahl patriotischer Gelegenheitsdichtungen auf die Bühne. Es ist mir ein ungedrucktes, mit der schlausten Gewandtheit abgefasstes Schreiben Brentano's an den Grafen Ferdi-

nand Pallfy bekannt, der 1811 k. k. Hoftheater-Director
geworden war. Der Dichter erfreute sich also hoher
Connexionen. In Brunner's Buche über P. Hoffbauer
(S. 172) findet sich die absichtslose Bekundung, Brentano habe damals nach einer Anstellung in der Kanzlei
des Hoftheaters gestrebt: eine Nachricht, auf welche
die wunderlichen Versuche Brentano's, sich oder Arnim
an die Stelle des gefallenen Hoftheaterdichters Theodor
Körner zu setzen, das richtige Licht werfen (an
Arnim S. 322). In Carl Bernard's Dramaturgischen Beobachter begann Brentano eine stehende Theaterkritik
zu schreiben. Kein Wunder, dass sich Verhältnisse
ergaben, in denen sein alter Wunsch, den Ponce aufzuführen, durch die Ermuthigungen vermeintlicher und
auch wirklicher Freunde neu sich regte. Die nöthigen
Anstalten wurden getroffen. Am 18. Februar 1814 ging
das Lustspiel in Scene. Es fiel durch. Eine Zeitungs-
polemik machte den Schluss.

Bevor ich auf diese Dinge eingehe, suche ich die
Frage zu beantworten, wie sich die Bühnenbearbeitung
zur Originalgestalt des Lustspiels verhält. Ich will aber
nur die Hauptzüge hervorheben.

An der ursprünglichen Anlage und dem Charakter
des Stückes ist eigentlich nicht geändert. Auch dass,
der neuen Titelfassung nach, Valeria mehr in den Vorder-
grund gerückt erscheint, bedeutet nicht einen neuen
Gang der Handlung. Von Hause aus war durch Ponce's
(oder 1813: Lope's) und Valeriens Gestalten, fehlerhaft,
das dramatische Interesse nach zwei verschiedenen
Richtungen hin getheilt worden, und ohne die ausserdem noch stark hervortretende Vaterlist Sarmiento's
hätte der Dichter schwerlich einen Abschluss der Ver-
wickelungen gefunden. Brentano's neue Wiener Aufgabe bestand darin, für die Aufführung eine Verein-
fachung der Situationen herzustellen. Das Zusammen-
streichen ist auch gründlich von ihm besorgt worden.
Man vergleiche nur den Gesammtumfang der Bühnen-

bearbeitung mit dem des Ponce. Im ersten Aufzuge
z. B. sind gleich die Scenen 1 und 2 stark gekürzt;
der dritte Auftritt der „Valeria" zieht unter vielen
Auslassungen die Originalscenen 3, 4, 5 und 6 zusammen; die Maskerade wird so rasch abgethan, dass
das Ende des siebenten Auftrittes bereits in Scene 16
des Originals einschwenken kann. Einzelne Scenen
von früher fallen gänzlich fort, oder werden zum Theil
auch wieder in mehrere zerschnitten. Der erste Act
des „Ponce" hat 23 Scenen, derjenige der „Valeria"
nur 14. Und so fort durch die übrigen Aufzüge. Ich
müsste die nöthige Bühnenkenntniss besitzen, um entscheiden zu können, wie weit diese scenischen Veränderungen von den praktischen Erfordernissen der
Aufführung abhängig sind.

Ganz neu dagegen ist der Ausgang, insbesondere
der Schlussact, des Lustspieles gearbeitet. Der „Ponce"
enthielt keinen Vermerk über die Zeit, in der das
Stück spiele. Nur daraus, dass Sarmiento als spanischer
„Obrister bei der Armee in den Niederlanden" steht
und vom Krieg in Flandern die Rede ist, folgte für
den Leser die Vorstellung einer ideell bestimmten Vergangenheit spanischer Geschichte. In Wien 1813 aber
machte Brentano „unsere Zeit" zur Zeit der Handlung
seines Lustspieles. Damit war den Freiheitskriegen
und anderen Verhältnissen jener Tage die Einwirkung
auf das Stück eröffnet. Sarmiento ist jetzt ein
„spanischer Offizier in Amerika". Er kehrt in sein
vom wilden Krieg verheertes Vaterland zurück, erhebt
die jungen Männer aus lockerem Tändeln zu ernster,
treuer Liebe und entflammt sie zum Freiheitskampfe
für das Vaterland. Sie treten als Offiziere bei der
Kriegerschaar mit ein, die Sarmiento in die Pyrenäen führen will. Der Schluss des Lustspieles zeigt
uns die jungen Männer in militärischer Uniform, dem
„Ehrenkleide ihres siegreichen Vaterlandes", Porporino
mit der Fahne, die er „zur Ehre seines Volkes,

seines Stammes trägt." Von Begeisterung sind Alle
erfüllt: „Heut noch ein frohes Fest, und morgen zur
Armee!" So sollte das Stück in den patriotischen
Jubel der Freiheitskriege ausmünden.

Innerhalb dieser Stimmungen und Absichten des
Dichters ist der „Feind" (unten S. 17_{32}, vgl. Arnim
und Brentano S. 330) natürlich Napoleon und die
Franzosen. Ueber diesen „Feind" hatte Wellington
am 21. Juni 1813 bei Vittoria gesiegt. Auf „unsern
allerbesten Freund, auf den Lord Wellington" dichtet
daher Porporino das Lied „Wellington, die Wellen
tönen", zu dem man die Fassung in den Gesammelten
Schriften Brentano's 2, 36 vergleichen muss. Auf
„Hispaniens Feinde" (66_{31}) will Lope Feuer schlagen,
bis kein Stahl und Stein mehr an ihm ist. Und die
„zweideutige Allianzkunst" (35_{29}) ist doch auch wohl
als eine, etwas spöttische Anspielung auf die Zeit-
verhältnisse zu verstehen.

Aber noch andere Spuren jener Tage erkennt
das Auge. Im Februar 1814, also im gleichen Monat
mit der „Valeria", wurden in Wien gegeben: nächst
dem Kärntnerthor die komische Oper Die Strickleiter;
an der Wien das dramatische musikalische Quodlibet
Der Markusplatz in Venedig, und mehrfach Mozart's
Don Juan; nächst der Burg ein Stück mit dem Titel
Karlos. Auf diese Aufführungen gehen Brentano's
Scherze über die Strickleiter (unten S. 19_{29}), die Be-
reitung des Theriak auf dem Markusplatze zu Venedig
(25_{18}), die Erscheinung des Steinernen Gastes (8_3) und
die Benennung der ihrem Namen nach den Damen
noch unbekannten Bewerber als Juan und Karlos (60_{12})
— lauter neue Anspielungen, denen sich allein im
„Ponce" (S. 185) die Erwähnung eines Liedes aus dem
Don Juan an die Seite stellt. Dagegen kann eine
Beobachtung Heinrich Schmidt's (in den Erinnerungen
S. 216) nicht gehalten werden. Er meinte, dass die
Krankenscene Aquilar's aus dem damals viel gegebenen

komischen Singspiele Herr Rochus Pumpernickel, in
dem der eingebildet-kranke Brautvater den Heiraths-
kandidaten Pumpernickel gegen den wahren Geliebten
seiner Tochter begünstigt, von Brentano in der „Valeria"
pfiffig angebracht worden sei: die Krankenscene war
aber schon im Ponce von 1804 vorhanden.

Gar manche Neuerung noch ist interessant. Brentano hat in der Philisterabhandlung die damalige
Sprachreinigung als philiströs verspottet: trotzdem ersetzt
er ein früheres „amüsirt" jetzt (33_8) unauffällig durch
„zerstreut". Den Satz im Ponce (S. 53): „sie ist fromm
wie Maria, und hat letzthin in der Beichte gelacht,"
wandelt er, unter dem Einfluss eines geschärften religiösen Gefühls, folgender Massen um (16_8): „sie ist . .
fromm wie ein Lamm, und soll doch schon einmal in
der Kirche gelacht haben !" Der „Herr Reineke" wird,
verständlicher für die Menge, durch „Herr Fuchs"
(16_{32}); ein alter General, ohne mir ersichtlichen
Grund, durch einen Admiral (26_9); ein Kramsvogel,
desgleichen, durch einen Turteltauber (27_9) ersetzt.
Die ursprünglich eingelegt gewesenen Gedichte, denen
Goethe sein Lob nicht vorenthielt, haben zum Theil
andere oder keine Verwendung mehr gefunden; selbst
die Verse im Ponce (S. 150)

> Die heiligen drey König mit ihrem Stern,
> Sie essen und trinken und bezahlen nicht gern —

ursprünglich wohl aus volksmässiger Tradition aufgenommen, seit 1811 durch die Gesänge der Zelter-
schen Liedertafel als der Anfang vom Goethischen
Epiphanias-Liede bekannt, liess Brentano in der
„Valeria" ausfallen. Andererseits sind neue Verse,
z. B. die zum Ersatz für den ursprünglichen Ofen-
spruch bene bibere et laetari bestimmten (6_{13}), hinzu-
gekommen. Neu sind auch die chinesischen Scherze
in der 9. und 11. Scene des ersten Aufzuges: die auf

irgendwelche Wiener Localereignisse damals hindeuten mögen. „Was ist das vor eine Welt!“ ruft Valeria in gemüthlichem Dialekte jetzt (33$_{84}$), wo sie früher (1804, S. 104), wie in anderen Fällen, sich des gewöhnlichen Hochdeutsch bedient hatte.

Ich mag nicht weiter in die Einzelheiten eingehen, weil sie sich Jedem eröffnen, der das Original und die Bühnenbearbeitung vergleichend liest. Treten wir vielmehr an die sonderbaren Vorgänge heran, die die Aufführung der Valeria am 18. Februar 1814 umspielen. Ueber dieses Factum in Brentano's Leben hat sich viel üppiges Rankenwerk geschlungen. Ich verweise auf Stramberg's Rheinischen Antiquarius, auf Heinrich Schmidt's Erinnerungen, auf einzelne bei Diel-Kreiten aufbewahrte Mittheilungen. In allen steckt ein Körnchen Wahrheit. Aber biegen wir dies Rankenwerk rasch bei Seite, um zu den Thatsachen zu gelangen, die aus Brentano's und seines Gegners gleichzeitigen Aufzeichnungen zu uns sprechen sollen. Brentano verfügte, wie gesagt, über Bernard's Dramaturgischen Beobachter. August Sauer hat, in freundlicher Zuschrift an mich, über dies Theaterjournal 1895 im Ergänzungshefte des zweiten Bandes seines Euphorion gehandelt; das einzige bis jetzt bekannt gewordene, ziemlich vollständige Exemplar befindet sich auf der Wiener Hofbibliothek. In dem von Sauer aufgestellten Schema der Artikel sind die Nummern verzeichnet, welche die Aufführung der Valeria betreffen: von denen auch Exemplare in Brentano's Nachlasse verblieben sind. Daneben fand ich aber noch die ersten eigenhändigen Niederschriften Brentano's, aus denen erst, durch fortgesetzte Verflachung des Ursprünglichen, die Druckgestalt hervorging. Diese Niederschriften lassen uns tiefer, als die gedruckten Artikel, in das Getriebe der Dinge und Menschen hineinsehen, die betheiligt sind.

Die „Valeria“ fiel auf dem Theater gänzlich durch, und die Aufführung wurde nie mehr wiederholt.

Brentano besass die ausgezeichnete Fähigkeit, alle
Menschen gegen sich aufzubringen, und hinterher mit
komischer Selbstironie sich als das unschuldige Opfer
hinzustellen. Er war 1813 in den litterarischen und
künstlerischen Kreisen Wiens schnell eine stadtbekannte
Persönlichkeit geworden. Bei dem ungeheuren Auf-
sehen, das der Fall der Valeria in der massgebenden
Gesellschaft machte, musste ihm daran liegen, etwas
Geeignetes dagegen zu setzen. Er entwarf auf einem
Foliobogen zuerst die folgende Zuschrift an den
Herausgeber des Dramaturgischen Beobachters:

Sie verlangen von mir, verehrter Freund! eine
kleine Nachricht, auf welche Art mein Lustspiel
Valeria auf die Bühne gekommen, nachdem Sie mit
angesehen, wie es über Hals und Kopf herabgeworfen
worden, ich theile Ihnen hierüber folgende Nachricht mit.
Als Göthe im Jahr .... einen Preiss auf das
beste Intriguenstück setzte, arbeitete ich mit vielem
Fleiss ein Lustspiel Ponce de Leon aus und sendete
es ein, ich resignirte bei der Einsendung schon auf
den Preiss und auf die Aufführung, da meine Arbeit
ihrer Art nach nicht concurriren konnte. Ich verlangte nur Göthens Urtheil und Rath für die Zukunft.
Ich erhielt ihn, er dankte mir, mehr bedurfte ich
nicht. Mein Lustspiel ward Göttingen bei Dietrich
18 .. gedruckt, es genoss in allen Rezensionen ein
vielleicht unverdientes Lob und Ihre Durchlaucht der
Herzog von Ahremberg vergönnte mir mit ungemeiner
Güte es ihm zu widmen. Ich hatte nachmals weiter
keinen Beruf, für unsre Bühne zu arbeiten, denn ich
hatte von Jugend auf keine Freude an ihr, das liegt
aber in keiner Art von Uebermuth, das liegt in meiner
Natur, welche vielleicht dramatischer ist, als manche
andre. Hier nun kam ich durch manichfaches Geschick in Berührung mit der Bühne, deren Verhältnisse jedermann kennt. Ich ward mit ungemeiner

Güte und so vieler geistreicher Einsicht von ihrem
trefflichen gegenwärtigen Vorsteher empfangen, dass
mir der Andrang manichfacher anderer Freunde um
so auffodernder ward, mein Heil mit bestem Willen
zu versuchen. Man wünschte ein Lustspiel, die Zeit
war kurz, und ich bearbeitete mit einer ungemeinen
Anstrengung jenen Ponce de Leon unter dem Nahmen
Valeria für die Aufführbarkeit. Die Direkzion vergönnte mir auf die ausgezeichnetste Art, ihn vor einer
Versammlung der geistreichsten Kenner vorzutragen,
ich nenne hier allein Herrn Lange, Herrn Korn, Herrn
von Kurländer aus dieser Versammlung. Ich kann
Männern von so allgemein verehrter Gesinnung keine
Art von Verstellung andichten, die ersten vier Akte
befriedigten, ja erfreuten sie durchaus, den fünften
ersuchten sie mich zu verändern. Ich versprach es
mit der grössten Bereitwilligkeit, denn ich hielt es für
meine Pflicht. Nach etwa drei Tagen hatte ich den
fünften Akt neu geschrieben. Es ward mir vergönnt,
meine Arbeit nochmals vor allen Herrn Regisseuren des
K. K. Hoftheaters vorzulesen, nehmlich vor Herrn
Koch, Herrn Krüger, Herrn Roose, Herrn Korn, Herrn
Koberwein und Herrn von Sonnleithner. Sie nahmen
meine Arbeit abermals mit ungemeiner Güte auf, ich
fragte sie alle um ihren Rath, sie theilten mir ihn
offenherzig mit. Herr Koberwein bat mich den ersten
und zweiten Akt so zu arbeiten, dass er im Nothfall
in einem gespielt werden könnte, ich that es mit Vergnügen. Das Stück beginnt im ersten Akt von
Abends 8 Uhr biss zum Morgengrauen, beginnt im
zweiten mit der Morgenröthe und spielt biss Mittag,
beginnt im dritten Akt mit etwa vier Uhr nachmittags
und spielt biss Abend, beginnt im vierten Akt gegen
Mittag und spielt biss in die Dunkelheit, beginnt im
fünften Akt mit dem Morgen und spielt wieder etwa
biss gegen zehn Uhr, enthält also eine Nacht und zwei
und einen halben Tag Zeit, welches durchaus erlaubt

ist. Herr von Sonnleithner rieth mir sehr freundschaftlich, den Uebergang von Valeriens Neigung zu
Porporino weicher zu machen, ich that dieses mit der
grössten Bereitwilligkeit. Alle versammelten foderten
mich auf das Ganze noch mehr zu verkürzen, und ich
that es abermals mit aller der Bereitwilligkeit, die ich
so gütigen und ausgezeichneten Kennern schuldig war.
Ich schrieb dies unglückliche Schauspiel nun zum
drittenmahl in einer Zeit von vier Tagen um, und
versäumte [Essen und Trinken] darüber das gewöhnliche Leben beinah so sehr, dass ich mehrere Tage
brauchte mich von der Anstrengung zu erholen. Aber
ich that es gern, denn ich habe es immer für meine
Pflicht gehalten den guten Willen, der mir entgegen-
kömmt, beinahe noch zu übertreffen. Nun ward ich
zur Leseprobe eingeladen. Ich bat um die Erlaubniss
den versammelten Mitspielenden das Stück vorzulesen,
damit sie es alle kennen lernten, ohne welches keine
Aufführung denkbar ist. Aber es wurde mir erklärt,
dass dieses nicht gewöhnlich sei, sondern dass jeder
seine Rolle ablese, denn die Leseprobe sei nur ein
Kollationiren der Rollen, ob sie gleichlautend mit dem
Manuskript seien. Ich musste mich fügen, jeder lass
seine Rolle, kein einzelner hörte auf das Ganze, die
meisten sprachen mit einander, [oder waren] viele
blieben gar nicht da, wenn sie grade nichts zu reden
hatten. Als ich diese Leseprobe verliess, wusste ich
bereits das Geschick meines Stücks. Ich erschien auf
der ersten Probe, wozu ich eingeladen war, sonst hätte
ich mir gewiss vielen Kummer, den ich mit meiner
Gesundheit bezahlt habe, erspart. Nach vier Tagen
sollte das Stück aufgeführt werden, welches bereits
wenigstens [ein viertel Jahr] zwei Monate übergeben
war, wenige Personen hatten auch nur eine Idee von
ihrer Rolle. Herr Korn, Herr Krüger konnten sie
beinah schon perfekt, während nun die Spielenden um
den Soufleur herumstanden und ihm langsam nach-

sprachen, stürmten allerlei Leute, die ich nie gesehen, mit allerlei Mundarten, die ich nie gehört, mit allerlei Fragen, die ich nicht verstand, zugleich auf mich ein, man sprach mir von Talaren, von freien Verwand- lungen, ein Hauss, das im Hintergrund gedacht war, müsste forn stehen, einer protestirte gegen eine Statue, ein andrer gegen eine Bank, ein andrer wuste nicht wie dieses oder jenes gemacht oder gesprochen werden sollte, und der Soufleur soufirte immer zu. Ich bat eine Hauptrolle um die Erlaubniss, ihr die Rolle ein- studieren zu dürfen, mir ward die Erklärung, dass dies nicht angehe. Einige mahl suchte ich zu rathen, denn ich schreibe nichts nieder, was man anders sprechen kann, als ich es selbst sprechen würde, denn ein Drama, wo man dies kann, ist ein schlechtes. Da ich aber nachher vernahm, dass mein Rath von ein- zelnen übel aufgenommen war, dass man es für süffi- sant hielt, wenn ich grosse Künstler zurecht wiess, schwieg ich ganz, und empfand keine Art von Zorn, sondern nur ein bitteres Mitleid mit mir selbst, dass alle mein guter Wille, meine Anstrengung und Bereit- willigkeit damit erwiedert wurde, dass nur wenige etwas von dem Gange der Fabel wussten, manche mich auf eine beinah unerhörte Art fragten, wie diese und jene Briefe an die Erde zu liegen kämen, da im ganzen Manuskript doch der genauste Zusammenhang angegebe war. Wann Tag, wann Nacht sein sollte, wuste kein Mensch, ich habe es wohl zehnmal gesagt, und ward in der lezten Probe doch nochmals drum gefragt. Meine Freunde wissen, dass ich das Durch- fallen des Stücks von Anfang an vorauswuste. Jede Probe kam mir verwirrter vor, einzelne Schauspieler bedurften in der lezten Probe noch ununterbrochen den Soufleur. Als ich bei der Aufführung vor dem Aufgang in den Coulissen stand, wuste ein Mann, den ich nicht kenne, noch nicht, wann er in dem Schlosse Sarmientos oben Musik machen sollte, und während

ich es ihm mit gröstem Erstaunen sagte, hörte ich
eine Stimme, wie die Posaune des jüngsten Gerichts
hinten hervorschallen: wenn nur erst das verfluchte
Stück herunter wäre. Nun begab ich mich auf meinen
Logenplatz und hörte die zwei ersten Akte betrübt an,
mit dem Troste in der Gesellschaft edler und geistreicher Menschen zu sein, die mich mit einer Güte
seit meinem Hiersein behandelt hatten, die ich ihnen
nie vergessen werde. Hierauf verliess ich das Haus
mit der grösten Achtung für Herrn Korn und Herrn
Krüger, welche sich auf . .

Hier bricht die Niederschrift ab, die beiden
Seiten des Foliobogens sind zu Ende; weiter hat
Brentano nicht geschrieben. Er empfand wohl, dass er
dies so nicht drucken lassen dürfe. Es war Zuviel
aus der Schule geplaudert, und andererseits hatte die
Polemik gegen die „eine Hauptrolle", das war Friedrich Roose als Lope, keine rechte Haltung. Brentano
wird seine Freunde, gewiss auch Bernard selber, zu
Rathe gezogen haben. Das Schriftstück wurde also
in drei Artikel zerlegt, und die beiden ersten kamen,
der eine von Brentano selbst gezeichnet, der andere
wie von fremder Hand herrührend in No. 24 des
Dramaturgischen Beobachters vom 25. Februar 1814
hintereinander zum Abdruck. In folgender Weise:

An den Herausgeber des Dramaturgischen Beobachters
(das Lustspiel: Valeria betreffend.)

Sie begehren eine Erklärung von mir, wie Valeria auf die Bühne gekommen sey? Hier folgt sie.
Sie ist eine Bearbeitung von dem Lustspiele: Ponce
de Leon, Göttingen bei Diedrich 1803 (!). Göthe hatte
mir gütig für diese Arbeit gedankt. Sie war von allen
kritischen Blättern mit Auszeichnung beurtheilt, und
von geistreichen Menschen in ihre Büchersammlung aufgenommen. Ich habe sie hier in Gegenwart der
Herren Hofschauspieler Lange, Koch, Krüger,

Rose, Koberwein und Korn und des Herrn Sekretair
Sonnleithner vorgelesen; sie ward mit Beyfall aufgenommen und alles nach ihrem Rathe gern verändert.
Sie ward aufgeführt. Ich verliess beym Anfange des
dritten Akts das Haus, mit der Empfindung, dass
dieses meine Arbeit nicht seyn oder ich mich mit
allen obgenannten ausgezeichneten Kennern sehr geirrt
haben musste. Leben Sie wohl

                          C. B.

An den Herausgeber des Dramaturgischen Beobachters.

Mein Herr!

Mein gestriger Theaterabend war einer der trau-
rigsten, und ich weiss nicht ob der Verfasser der unglücklichen Valeria mehr betrübt worden seyn kann,
als ich selbst. Ich kenne ihn nicht, aber so viele
Spuren seines von mancher Seite misshandelten Stücks
verrathen ein Talent, das ein besseres Geschick verdient hätte. Ich darf nur das trefliche Lied auf
Wellington anführen. Was haben wir an Kriegs-
liedern besseres? Ein Dichter, der dieses und vieles
Andre in diesem Stücke geschrieben, kann unmöglich
verdienen so empfangen zu werden! Als ich in das Haus
ging, vernahm ich schon manche Animosität, und das
Feld schien mir nicht allein nicht nur nicht rein von
einer Gegenparthey, sondern überfüllt davon, und aus
allen Aeusserungen wusste ich den Ausgang voraus;
dass von der Bühne herunter aber auch mehr, als ich
jemals erlebt, mitgearbeitet werden würde, um dies
Schauspiel zu Grunde zu richten, hatte ich kaum erwartet. Warum fehlte unser treflicher Koberwein?
Er allein hätte den Lope spielen können, er allein
vermag das Phantastische dieses Charakters darzustellen.
Herr Rose kann nur in ganz realen Charakteren so
ausgezeichnet seyn, als wir ihn kennen, diese Rolle
ist seiner ganzen Natur zuwider, und er hat sich vergriffen, dass er sie jemals übernahm, denn heut schien

er uns in allem das Gegentheil von dem, was er sagte;
er hat mit dem Fall des Stücks schwer gebüsst. Ich
habe, so sehr mir der Lärm des Publikums und die
gehäuften Theaterfehler erlaubten, mit Anstrengung
Acht gegeben, denn ich hatte ungemein viel Gutes von
dem Stücke aus dem Munde geistreicher Männer und
Schauspieler, die es vom Verfasser selbst vortragen
hörten, vernommen, und habe viel mehr Gutes und
Schönes in diesem Lustspiel gehört, als in irgend einem
andern. Aber das ganze Spiel war so verwirrt, so
unklar, und unsicher, alle Schauspieler ausser einigen
waren, als wenn sie zum erstenmahl aufträten; denn
dieses Lustspiel gehört nicht auf unsre jetzige Bühne.
Es erfodert ein ganz scharfes, bestimmtes und zierliches Spiel, und der Soufleur darf nicht die grösste
Rolle darin haben, wie hier. Wäre Herr Koberwein in der Rolle des Lope aufgetreten, er, der in
allem seinen Spiel am meisten Schärfe und Präzision
hier auf der Bühne hat, das Ganze wäre stehen geblieben und hätte uns noch oft erfreut; denn Lope
ist der eigentliche Mittelpunkt des Stücks, und dieser
wurde so dargestellt, dass auch nicht eine Idee mehr
übrig blieb. Hätte jeder so treflich gespielt, als Herr
Korn, das Stück wäre eines der besten geworden. Ich
schreibe Ihnen dies, damit es dem Verfasser der
Valeria vor Augen kommen möge und damit er nicht
etwa im Unmuth sein ausgezeichnetes Talent ganz auf-
gebe. Er hat sich nur getäuscht und ist darum auch
getäuscht worden. Möge es ihm ein Trost seyn können,
dass das Publikum einen wohlmeinenden unter sich
hatte, der dieses niederschrieb.

D—n.

Meinem Gefühle nach ist der zweite mit D—n
unterzeichnete Artikel nicht von Brentano selbst geschrieben. Indessen muss er, wenigstens mittelbar,
auf Brentano's Informationen beruhen, wie er denn

natürlich nur mit seinem Einverständniss von Bernard gedruckt worden ist. Was betreffs der Theaterfehler, des Souffleurs, der „jetzigen" Bühne von D—n bemerkt wird, giebt, wie man theils schon aus der ersten Niederschrift, theils aus dem, was folgt, entnehmen kann, Brentano's Gedanken und Worte wieder. Ich vermag daher der (von dem Herausgeber noch einmal in No. 33 wiederholten) Erklärung des Anonymus, dass er den Verfasser der Valeria nicht kenne, höchstens eine formale Bedeutung beizulegen; und ich weiss nicht, ob man wirklich, worauf ja an sich wenig ankäme, unter D—n den Dichter Deinhardstein sich denken dürfe. Liess man einen ganz Fremden scheinbar für Brentano eintreten, so wurde der Vortheil gewonnen, dass Brentano's Stück deutlicher gelobt, und Roose's Darstellung der Hauptrolle deutlicher getadelt werden konnte. Diesen „unberufenen" Vertheidiger durfte man sodann, wenn es noth that, auch wieder desavouiren.

Der dritte Artikel wurde anonym mit der Ueberschrift „Kurzgefasste Anweisung, ein jedes Schauspiel, es sey von welchem Werthe es wolle, auf eine unfehlbare Art durchfallen zu lassen. Von einem alten Praktikus" in No. 26 des Dramaturgischen Beobachters eingerückt. Die Hauptsätze, die daraus von Sauer (S. 78) mitgetheilt worden sind, weisen auf Brentano's obige Schilderungen der Lese- und Spielproben zurück.

Der angegriffene Hofschauspieler Friedrich Roose sandte auf die beiden ersten Artikel eine Entgegnung ein, welche im Druck die ganze 29. Nummer des Dramaturgischen Beobachters vom 9. März 1814 einnimmt. Er behandelt den Anonymus D—n, als wenn er auch Brentano selber wäre. Er schreibt geschickt und ungeschickt zugleich, wie ein Mann, der nur als Ausnahme die Feder führt. Aber was er sagt, wird doch wieder dadurch für uns wichtig, dass er ersichtlich auf Grund der Theateracten schreibt, und

rüber hinaus noch allerlei Mittheilungen und An-
utungen macht, die uns von seinem Standorte aus
en Blick in die damaligen Wiener Theaterverhältnisse
öglichen. Roose richtet seine Erwiderung

An den Herausgeber des Dramaturgischen
Beobachters.

Wie sehr ich jederzeit vernünftige und gründliche
itiken zu meiner Belehrung beachtet, so hab' ich
r es zugleich auch zum Grundsatz gemacht, einseitige
d besonders anonyme Aussprüche, die von jenem
ttel und Zweck weder Spur noch Andeutung geben,
t der Ruhe zu übersehen, die dem Manne von einiger
sicht in dem Wesen und Unwesen unserer neuern
tteratur eigen seyn muss. Gleichwohl finde ich
ch durch zwey sehr auffallende Anzeigen in No. 24
s dramaturgischen Beobachters aufgefordert, einiges
berichtigen, weil es ganz falsche Angaben
trift, mit denen Hr. C. B., der Verfasser der
aleria, und ein Hr. D—n, als Beurtheiler der Dar-
llung dieses Lustspiels auf dem k. k. Hoftheater,
s von dem ganzen Hergang ununterrichtete Publikum
täuschen suchen, und die Ehre der Regie-Mit-
ieder dieses Theaters überhaupt und mich selbst als
hauspieler insbesondere auf eine ganz eigen possier-
he Art verunglimpfen möchten; ich mache bey dieser
ssen Berichtigung auf nichts Anspruch, als auf
e in der ganzen zivilisirten Welt anerkannte Ge-
chtigkeit: dass man auch den Beklagten hören
sse! und bitte Sie, gegenwärtiges in eines der
tern Blätter des dramaturgischen Beobachters ge-
lligst einzurücken.

I. In der Erklärung des Hrn. C. B. (Verfassers
r Valeria) wie dies Lustspiel auf das k. k. Hof-
eater gekommen sey, wird unter mehreren Veran-
ssungen (über deren Gültigkeit schon Jedermann
lbst am besten urtheilen kann) auch diese angeführt:

dass der Herr Verfasser dieses Lustspiel in
Gegenwart der Hr. Hr. Hof-Schauspieler Lange,
Koch, Krüger, Roose, Koberwein und Korn,
und des Hrn. Sekretär Sonnleithner vorgelesen
habe, dass Valeria mit Beyfall aufgenommen
und alles nach dem Rathe dieser Herrn verändert worden sey, und dass der Herr Verfasser bey der Darstellung beym Anfang des
dritten Akts das Haus mit der Empfindung
verlassen habe, dass dieses seine Arbeit nicht
sey oder Er sich mit allen obgenannten ausgezeichneten Kennern sehr geirrt haben
müsse. — Von dieser ganzen Angabe ist mehr nicht
als das wesentlichste unrichtig.

1) Unrichtig ist, dass in dieser Vorlesung am
17. December 1813 Herr Lange gegenwärtig gewesen sey.

2) Unrichtig und unrecht ist, dass bey Erwähnung
der obgenannten Herrn nicht auch der Herr Stell-
vertreter der Hoftheater-Direction mit angeführt ist;
und dies ist deswegen wesentlich, weil auf dessen
Bescheid die Regie-Mitglieder in seinem Hause sich zu
dieser Vorlesung versammelten, und weil die Theater-
Direction sich sowohl die Annahme neuer
Schauspiele als auch die Rollenbesetzung derselben vorbehalten hat; die Mitglieder der Regie
sind wohl manchmal zu Meynungen und schriftlichen
Gutachten aufgefordert worden, die Direction hat aber
eben so oft gegen dieselbe für die Annahme als
für die Rückgabe eines Stückes entschieden und bisher
in so gänzlichem Besitz ihres vorbehaltenen Rechts sich
erhalten, dass nebst dieser Valeria, auch bey dem
Lustspiele: gerechte Strafe — Hannibal —
Kolonie etc. die Regie-Mitglieder meines Wissens
weder um eine Meynung für die Annahme noch um
ein Gutachten über die Besetzung der Rollen angegangen worden sind.

3) Unrichtig ist, dass Valeria in dieser Vorlesung

mit Beyfall aufgenommen worden sey. Ganz einstimmig
konnte dieser Beyfall nicht seyn, da ich wenigstens
die Vorlesung — gerade wie der Herr Verfasser
die Darstellung seines Stücks schon zu Anfang des
3ten Akts verlassen musste, mit einer Empfindung —
doch man muss nicht alle Empfindungen laut werden
lassen! — und der Beyfall der übrigen Regie-Mitglieder soll, wie ich nachher von diesen Herren gehört, darinn bestanden haben, dass sie dem Herrn Verfasser für die Lektüre gedankt und dabey höflich bemerkt haben: dass unter dieser Gestalt man
sich nicht einen erwünschten Erfolg von der
Darstellung versprechen könne. Was dann mit
der Formel, die Hr. von Göthe gegen den Hrn. Verfasser gütig geäussert, so ziemlich eins ist, mit dem
Unterschied, dass Göthe als souvrainer Intendant des
Weimarschen Theaters es bey dem gütigen Dank hat
bewenden und die Valeria nicht aufführen lassen; die
Regie-Mitglieder in Wien aber in ihren Amtsverrich-
tungen zu beschränkt sind. Sie konnten dem Herrn
Verfasser nur höflich und freundschaftlich die Stellen
anzeigen, die Aenderungen bedurften. — Hat Herr
O. B. dies als Beyfall und Bedingung der Annahme seines Stücks genommen, so haben diese
Herrn keine Schuld über den Missverstand, da die
Direction allein über die Annahme zu entscheiden
hatte. Der Herr Verfasser hat sein Stück zurück-
genommen und bald darauf der Direction — wie man
sagt — in einer verbesserten Gestalt wieder überreicht. — Diese Veränderungen sind nicht zur Kennt-
niss der Regie gekommen — die Direktion hat es
ohne weiters zur Vorstellung bestimmt, die Rollen
ausschreiben lassen und dieselben wahrscheinlich nach
den Wünschen und mit Einvernehmen des Herrn Verfassers besetzt. Dies zu meiner Rechtfertigung als
Regisseur, als welcher ich nicht den mindesten Antheil
an der Aufnahme dieses Lustspiels auf der Hof-Schau-

bühne haben konnte und für jede Anmuthung mich
hier förmlich verwahren mus, da ich zu billig denke,
um nicht Jedem das Seinige zu zuerkennen oder da
ärndten zu wollen, wo ich nicht gesäet habe. —

II. Was die Vorwürfe und Anklage eines Hrn.
D—n in dem zweyten Aufsatze der Nro. 24 des dramaturgischen Beobachters und besonders mich als
Schauspieler und meine Annahme und Darstellung der
Rolle des L o p e d e L e o n in besagter Valeria betrift,
so bleibt mir — auf die Beurtheilung dieses Herrn
nichts zu erwiedern, als den Hergang der Sache so
wahr als einfach anzuführen und damit die Ent-
scheidung des Rechts dem unbefangenen Publikum zu
überlassen:

In der Besetzung dieses Lustspiels Valeria war
mir Anfangs die Rolle des Don Aquilar, und Herrn
Heurteur jene des Lope de Leon zugetheilt. Bey der
Leseprobe am 17. Jan. d. J. wurde das Stück mit
dieser Besetzung gelesen, und ich lernte hier das um-
gearbeitete Stück zum ersteumal kennen. Den andern
Tag kam der Herr Verfasser zu mir, und ersuchte
mich dringend, die Rolle des Lope de Leon statt
Herrn Heurteur zu übernehmen. Ich schweige von
den mancherley angeführten Ursachen, die ihn bey der
frühern Besetzung dieses Stücks irre geleitet. Ich
erwiederte, dass mir von der Direction die Rolle des
Aquilar zugetheilt sey, und ich ohne deren Einschreiten
keine andere annehmen könne, dass aber, wenn eine
Veränderung in der Besetzung durchaus nöthig befunden
würde, ich es für das Beste des Stücks zuträglich erachtete, wenn die Rolle des Lope an Herrn Koberwein
vertheilt würde. Der Herr Verfasser protestirte mit
Heftigkeit gegen diesen achtungswerthen Künstler mit
Ursachen, die mit jenen von Hrn. D—n zu dessen
Empfehlung angeführten in direktem Widerspruch
stehen. Ich blieb bey meiner Weigerung eine Rolle
zu übernehmen, die andere refusirten, und die ich

selbst für sehr schwierig erkennen musste, weil sie — leicht hingespielt — nicht verstanden würde, und — in schärfern Umrissen gezeichnet — keinen befriedigenden Eindruck — machen könne etc.

Der Herr Verfasser bestürmte mich mit Bitten und Vorstellungen, dass die Direktion mit dieser Abänderung vollkommen einverstanden sey, und wenn ich es erlaubte, Er mir die Rolle vorlesen wolle, und wenn ich sie so spielte, als Er mir sie vorläse, so sey nichts leichter, als mit Ihm das ganze Publikum zufrieden zu stellen, das mit Ihm die Vorstellung dieses Stücks mit Ungeduld erwarte, und welchem ich mit meiner Weigerung verantwortlich werde. Dies waren die Worte des Herrn Verfassers. — Zu dem hatte ich gehört, dass das Stück häufig in der Stadt vorgelesen worden; man hatte unter bestimmten Ausdrücken eben so ausschweifend es gelobt als getadelt: andere fällten das sonderbare Urtheil, dass es entweder sehr gefallen oder äusserst missfallen müsse. Die Direktion hatte das Stück angenommen; ich war als Schauspieler verbunden, die mir ohne Rücksicht eines empfehlenden oder widrigen Charakters zugetheilte Rolle zu übernehmen; ich war als Regisseur verbunden, kein Signal der Widersetzlichkeit zu geben; meine Ueberzeugung musste der Achtung für das Publikum nachstehen, das in diesen getheilten Meinungen selbst sehen musste, um selbst zu entscheiden; der Aufführung des Stücks durfte und konnte ich kein Hinderniss in den Weg legen. Ich hatte schon mancherley-vertrackte Burschen zur Darstellung übernehmen müssen, und das einsichtsvolle Publikum hat immer den Schauspieler von dem Dichter zu unterscheiden gewusst; ich liess mich bewegen den Lope zu übernehmen. Der Herr Verfasser las mir die Rolle nun selbst vor, und hat mich auf der Probe vor Zeugen versichert, dass ich Lope unübertreflich, vollendet getroffen habe. Die Vorstellung erfolgte; das Publikum hat laut und einstimmig ent-

schieden. Ich masse mir kein Urtheil über die Dichtung selbst an — sie ist von allen kritischen
Blättern, wie Hr. C. B. sagt, mit Auszeichnung
beurtheilt worden. — Von meiner Darstellung habe
ich das gute Bewusstseyn, genau den Winken und Be-
merkungen des Herrn Verfassers gefolgt zu seyn; ich
schmeichle mir, dass der grössere und bessere Theil
des Publikums meine Bemühungen erkannt und —
bedauert habe. Wenn nun Herr D—n ganz allein
gegen diesen auf diesem Hoftheater noch nie so erlebten Ausspruch des Publikums auftritt, und an dem
angeführten Orte mich anzuklagen sucht, „dass ich
zur Zugrundrichtung dieses Stücks am meisten beygetragen habe, weil Herr Koberwein allein den Lope
spielen könne, weil er allein das Phantastische dieses
Charakters darzustellen vermöge — dass Ich nur in
ganz realen Charakteren so ausgezeichnet sey, als man
mich kenne, dass diese Rolle meiner ganzen Natur
zuwider sey, und ich mich vergriffen habe, sie zu
übernehmen, dass ich in allem das Gegentheil von dem
schien, was ich sagte," so kann ich Herrn D—n
versichern, dass diese seine äusserst naive Erklärung zu
Gunsten des Hrn. Verfassers, „den er nicht kennt,
und doch recht gut kennt", und zur sichtbaren
Animosität gegen mich, den er kennt, und doch
nicht recht kennt, eigentlich der Herr Verfasser
näher erklären müsse, der seine Unzufriedenheit über
Herrn Koberwein so laut geäussert hat, dass man sich
eigentlich schämen muss, die Zufriedenheiten und Un-
zufriedenheiten des Herrn C. B. und des Herrn D—n
wieder zu äussern, wenn es nicht darauf ankäme zu
zeigen, dass alles das weiter nichts ist, als ein armes
Bemühen des Herrn D—n, seinen Freund aus der fatalen Affaire zu ziehen, um sich bey vorkommender
Gelegenheit des freundschaftlichen Gegendienstes zu
versichern. — Ich aber kann meinem Schöpfer nicht
genug danken, dass das Phantastische meiner Natur so

zuwider ist — und will mich gerne für dergleichen
Talentmängel trösten — aber mit desto frischerm
Leben an das Reale halten, das seit meiner nun bey-
nahe dreyssigjährigen theatralischen Laufbahn mich für
das Wahre, Gute und Schöne in allen Kunsterschei-
nungen empfänglich erhalten hat und immer erhalten
wird, dann bin ich sicher mit keinem Fall eines
Stücks zu büssen, das nicht mein Stück ist.

Friedrich Roose.

Jetzt entstand die Frage, was auf diese eindrucks-
volle Erwiderung geschehen könne. Darüber fand
zwischen Bernard und Brentano Berathung Statt.
Man war dafür, sich mit Roose selbst in keine Fehde
einzulassen. Es wurde nun fingirt, dass der Anonymus D—n eine Antikritik gegen Roose eingesandt
habe, welche von Bernard als Herausgeber motivirt
abzulehnen sei. Bei scheinbarer Ignorirung Roose's
konnte man doch das Nöthige gegen ihn einfliessen
lassen. Brentano entwarf nach einander zwei Schrift-
stücke in diesem Sinne, welche, die Unterfertigung des
Namens Bernard mit eingeschlossen, ganz von seiner
Hand geschrieben sind. Das eine lautet:

Ich hatte den Verfasser der Valeria aufgefordert,
Ihnen für [Ihre] die wohlgemeinte Mittheilung Ihrer
Empfindung bei der Aufführung der Valeria zu danken,
aber er erklärte mir, dass er über diese Sache [kein]
noch mehr Worte zu verlieren nichts hervorbringen
könne, als eine erbärmliche Klatscherei, bei welcher
am Ende niemand mehr wissen werde, wass er denken
solle (!), er könne von seiner Arbeit nichts sagen, als dass
er es gut gemeint habe, und auch keineswegs zweifle,
dass die Schauspieler, ja selbst das Publikum es auch
recht gut gemeint hätten, wäre ihm unter diesen seine
gute Meinung allein mislungen, so könnte er in der
Erklärung Ihres Wohlgefallens an seiner Arbeit keinen

besondern Trost finden, und bedürfe überhaubt keinen.
Was Sie über das Spiel Herrn Rooses sagten, war dem
Verfasser keineswegs angenehm, er fürchtete, Sie
möchten mit Ihrem guten Willen ihm einen schlechten
Dienst gethan haben, indem Ihre falsche Ansicht von dem
Talente dieses ganz ausgezeichneten Künstlers diesen
leicht bewegen dürfte, in einer Vertheidigung seines
Spiels Veranlassung zu sehr undelikaten Auseinander-
setzungen zu geben.   Er bitte Sie daher Ihre wohl-
wollende Meinung für ihn künftig in Petto zu behalten,
da niemand, selbst Ihnen selbst (!) nicht damit gedient sei.   Uebrigens habe er Herrn Roose anfangs
die ˙Rolle Aquilars zugetheilt gehabt, und Herrn Heurteur die Rolle Lopes, Herr Heurteur habe diese Rolle
auf die bescheidenste und verständigste Art als seinem
Darstellungskreis unangemessen abgelehnt, worauf er
Herrn Roose die Rolle Lopes und die Porporinos vorgelegt, welche Rolle der als Künstler wie als Mensch
gleich trefliche Herr Korn ihm ohne alle Aufforderung
zu diesem Zwecke angeboten, wenn er sie gleich schon
bereits einstudiert, und Herr Roose habe die Rolle
Lopes erwählt, nachdem er sie ihm vorgelesen, er
zweifle also gar nicht, dass dieser gewiss sehr brav
gespielt habe.   Dies ist die Erklärung des Verfassers
der Valeria an Sie, womit ich mich genöthigt sehe,
Ihnen den zweiten Aufsatz über den nehmlichen Gegenstand ungedruckt zurück zu senden.   Nehmen Sie zugleich [den guten Rath] die Bemerkung von mir, erst
selbst zu erfahren, dass es hinter den Coulissen [ganz
anders] alles ebenso aussieht als vornen, dass [nicht]
alle Menschen, die sich vor unsern Augen edel betragen, edel sind, dass geschminkte Wangen auch rothe
Wange sind, dass ein Schauspieler einer der edelsten
Menschen auf der Welt ist, dass ein edler Mensch
unfehlbar ist, und ein hochedles Publikum auch, und
lassen Sie künftig Ihre Feder ruhn. Denn die Valeria
war gut gemeint, schlecht gedichtet, und ganz meister-

haft aufgeführt, wer könnte dran zweiflen, da sie gewissermassen schon mehrere Tage vorher aus-gepäffen war.

Bernard.

Unsicher aber in der Art des Vorgehens gegen Roose stellte Brentano eigenhändig noch eine andere Fassung dieses Aufsatzes her:

Der zweite von Ihnen über die Aufführung der Valeria eingeschickte Aufsatz kann nicht in diese Blätter aufgenommen werden, da durch denselben nur der bereits sehr weitläufige Prozess über dieses Schau-spiel erweitert werden könnte, umsomehr da dem Verfasser dieses Lustspiels mit Ihrer ersten Parthei-nehmung für ihn keineswegs gedient zu sein scheint. Er hat mir nehmlich erklärt, dass er selbst keinen Beruf fühle, die Klatscherei noch breiter zu machen. Er selbst habe es gut gemeint, die Schauspieler und das Publikum gewiss auch. Ihre Meinung über Herrn Rooses Spiel hätten Sie besser in Petto behalten sollen, denn Aeusserungen in solchen Fällen könnten leicht zu Prozessen führen, welche einer Revision vorüber-gezogner Wolkenbilder oder vor vier Wochen gemachter Musik glichen, und es sei sehr lächerlich und undelikat, der Welt das, wass der Wind längst dahin geführt, in einem Brei wieder vorsetzen zu wollen. Er selbst habe in seiner kurzen Erklärung No. 24 dieser Zeitung Alles gesagt und nicht mehr und nicht weniger, als sich gebühre, da er jene Worte wiederlese, finde er nur zu erinnern, dass Herr Roose bei der Vorlesung der Valeria nicht ganz gegenwärtig gewesen sei. Ich selbst sage Ihnen zur Berichtigung Ihrer falschen An-sicht über Herrn Rooses Spiel, was ich früher durch den Verfasser wuste. Herr Roose hatte Anfangs die Rolle Aquilars, und als Herr Heurteur diese als seinem Darstellungsfach ungeeignet ablehnte, übergab der als Künstler und Mensch gleich vortrefliche Herr Korn

seine Rolle Porporino, wenn er sie gleich bereits mit
[groser] Liebe einstudiert hatte, dem Verfasser ohne
alle Aufforderung um beide Rollen Lope und Porporino Herrn Roose zur Wahl vorzulegen, worauf Herr
Roose die Rolle des Lope, nachdem sie ihm der Verfasser vorgelesen, erwählte. Wie er sie dargestellt,
das liegt ausser meinem Ansichtskreise, da ich mich
nie unterstehen werde, über eine Aufführung zu urtheilen, welche mir keine schien, weil selbst die Kou-
lissen wankten, Lichter ausgingen, Scenen ausblieben,
manches gesprochen wurde, was ich im Manuskript des
Verfassers nie gelesen, Personen zu früh und zu spät
auftraten, Tag und Nacht sich verwirrten, Musik zur
unrechten Zeit gemacht wurde — wer kann da mit
gutem Gewissen noch urtheilen, wo sich die Bretter
selbst empörten. Wäre jezt noch eine reine und un-
befangne Aufführung dieses Lustspiels mit einiger
Veränderung der Besetzung möglich, dann wäre ein
Urtheil möglich, wie die Sache geschehen ist, kann
weder dem Verfasser, noch den Schauspielern, noch
dem Publikum Recht oder Unrecht geschehen. Das
Urtheil des Verfassers selbst ist und bleibt. Es war
gut gemeint, ungeschickt für die jetzige Bühne gedichtet, aber es ist nicht aufgeführt worden. Ihnen
selbst, Herr Dn., rathe ich, ehe Sie ferner urtheilen,
sich erst von der Wahrheit zu überzeugen, dass hinter
den Coulissen alles so aussieht wie fornen, dass ein
geschminktes Angesicht rothe Wangen hat, dass ein
Schauspieler, der das ganze Jahr edle Rollen spielt,
nothwendig ein sehr edler Mann sein muss, und dass
ein sehr edler Mann so ideal als real sei, und lassen
Sie übrigens Ihre Feder künftig ruhen, auch Sie haben
es gut gemeint, und drum könnte es Ihnen leicht gehn.
wie allen wohlmeinenden, welche den Weg nach dem
Parnass mit der Ordinairen Post über Meinungen
nehmen.

Bernard.

Dies Schriftstück zeigt sogar schon nachziehende Verstärkung der Buchstaben, wie wenn es für den Satz hergerichtet werden sollte. Aber schliesslich wurde es auch nicht beliebt, und anstatt desselben erschien im Dramaturgischen Beobachter No. 30, vom 11. März 1814, die folgende „Erklärung des Verfassers der Valeria an den verehrten Leser in Hinsicht der Vertheidigung des Herrn Roose gegen das, was dieser als unrichtig in der kurzen Auseinandersetzung über die Art, wie dies Lustspiel auf die Bühne gekommen sey, erklärt":

Geliebter Leser! Wenn dich der grosse Prozess über die Valeria weniger langweilet als mich, so lese meine Worte, wie dieses Lustspiel entstanden, und was mich auf den Gedanken gebracht: es sey nicht so ganz schlecht, noch einmahl, und denke dir unter den Nahmen derer, die da angeführt sind, als hätten sie es gehört, bey dem Nahmen des Herrn Roose ein Sternchen und unten dran die Note: Herr Roose ist wegen Geschäften früher weggegangen. Herr Korn hat das Stück zweymahl gehört, Herr Lange hat es bei einer Vorlesung gehört, wo Herr Roose nicht zugegen war. Haben diese Zuhörer dem Stücke keinen Beyfall gegeben, so habe ich sie nicht verstanden. Auf alles, was Herr Roose sonst sagt, ziemt mir nicht zu antworten. Ist er davon überzeugt, so ist es seine Pflicht, es zu sagen. Ich habe gar nichts gegen seine Pflicht, jeder kann denken, was er will, und will einer denken, was er kann, so ist es auch keine Sünde; ich aber finde bey dieser Sache gar nichts zu denken, und finde selbst nicht einmahl den Beruf, verehrter Leser! mich dir bey so armer Gelegenheit zu empfehlen, da der Gedanke: dass alle Dichter, Kritiker, Antikritiker, Schauspieler, Zuschauer, ja sogar die ganze Welt einstens sterben muss, mir weit interessanter ist, und ich mache hier für mich allen Valerians mit dem Spruche:

Mensch bedenke!

das Ende

— C. B. —

Damit war, da Roose schwieg, das Ende der
Fehde herbeigeführt. Wie es in solchen Dingen zu
geschehen pflegt: keine Parthei hielt sich für überwunden. Je nach der Stellung, die man einnahm,
wurde die Schuld an dem Theaterskandale entweder
der dramatischen Mangelhaftigkeit des Stückes, oder
den Intriguen eines gewissen Theils der Schauspieler
und der Zuschauer beigemessen. Brentano gedachte
nun, sich durch den Druck der Valeria an das Urtheil
einer unbegrenzten Oeffentlichkeit zu wenden. Wieder
haben sich die Entwürfe einer Vorrede in seinem
Nachlasse erhalten. Sonderbar, wie er die Veröffentlichung zuerst als das Werk seiner Freunde, nicht als
sein eignes, hinstellen möchte. Es scheint, dass der
Erlös, wie üblich damals, den Kriegsinvaliden zu Gute
kommen sollte. „Es hat (versucht Brentano zunächst)
meinen Freunden gefallen, dieses auf der Bühne so
eklatant durchgefallene Lustspiel den Augen des Publikums vorzulegen. Es soll interessant sein, das ruhig
anzusehen, was man in der Unruhe auspfeift, ich habe
nichts dagegen, um so mehr, da durch die Neugierde
vielleicht irgend einem armen Soldaten eine gute Stunde
vermittelt wird, dass er fröhlich auch sein Stückchen
pfeift. Ich habe bei dieser . .“ Hier hört Brentano
aber auf, um eine andere Seite desselben Foliobogens
mit folgenden Ausführungen zu bedecken:
„Vieles Gerede nicht sowohl, als die Bitte meiner
Freunde haben mich bewogen, dieses Lustspiel dem
Drucke zu übergeben, sie meinten, ich sei es mir
selbst schuldig, durch die öffentliche Voraugenlegung
des kleinen Dramas vielleicht manches Urtheil zu
mildern, was es zu meinem Schaden veranlasst habe,
weil es nicht eigentlich gehört worden sei. Ich selbst
fühlte keinen Beruf hiezu, so [angenehm es sein kann,
mit einer Arbeit zu gefallen, so gleichgültig muss es
sein, zu misfallen] wenig eitel es mich gemacht haben
würde, wäre dies Lustspiel ruhig angehört worden, wie

sehr vieles was nicht besser ist, so wenig konnte es
mich erniedrigen, dass es nicht angehört und doch mit
Füssen getreten wurde, wie vielem andren, was unendlich besser war, von jeher geschehen ist, und künftig
noch geschehen wird. Ich bin von manchen Seiten
auf sehr undelikate Art provozirt worden, über diese
Arbeit mit in die Schranken zu treten, aber ich habe
unter allem, was mir über diesen Handel zu Augen
und Ohren gekommen, auch nicht eine Zeile gefunden,
auf die etwas vernünftiges wäre zu sagen gewesen.
Eine sehr vornehme Kritik, hatte das Ganze so vortrefflich aufgefasst, dass sie den Don Lope, einen
liederlichen jungen Kavalier nannte. Es thut mir leid,
für den Lope, dass er diesem geistreichen Schriftsteller
so erschienen ist, und ich freue mich für den Kritiker,
dass er eine so feinfühlige Tugend hat, in Don Lope
auch nur eine Spur von Lüderlichkeit zu finden. Ich
habe auf die Beschuldigung dieses Phisiognomikers
Don Lope genau in Beobachtung genommen, aber er
wollte sich von Liederlichkeit nichts merken lassen.
Mag ihn der Kritiker selbst drauf examiniren, wie
ich ihm auch selbst zu Diensten stehe, den er im
grosen Verdacht hat, als wolle ich Shakespeare etwas
nachmachen, ein Urtheil, welches dieser Kritiker, der
schon sehr alt ist, zu Shakespeares Zeiten gewiss
auch schon gesagt haben würde, wenn man anders
damals seine Zeitung gelesen hätte. [Ein zweiter
klagt, ich habe ihm die Rolle des Don Lope auf-
gedrungen, ich habe ihm Lope und Porporino vorgelegt, er hat Lope gewählt.] Eine zweite Kritik
gegen mich habe ich in allen Punkten beantwortet,
wo es anständig war. Es hilft keinem Menschen
Etwas einen andern zu beschämen."
Die von Brentano gemeinte „vornehme Kritik"
steht anonym (nach freundlichem Bescheide Karl Glossy's)
im Wiener Sammler Nr. 32, vom 24. Februar 1814,
wo es heisst: „Die älteste Tochter Isidora ist in Don

Lope, einen jungen, liederlichen Cavalier in Sevilla,
verliebt." Man sieht daraus, dass bei der Aufführung
der Charakter des Lope wirklich nicht zu rechter Geltung
gekommen war. Der Valeria wären aber auch eher Leser,
als Zuschauer, zu wünschen gewesen. Die glänzende und
geistreiche Behandlung der Sprache, die bei einer gewöhnlichen Aufführung fast immer ihre Wirkung verfehlen
wird, kann für den Leser niemals ganz verloren gehen.
Ich weiss, dass eine Aufführung des Ponce durch
Dilettanten in einer vornehmen Geselligkeit ungemein
gefallen hat. Ich besitze das Exemplar des Ponce, welches
für diese Aufführung hergerichtet worden ist. Brentano
hat keine zweite Aufführung seines Lustspieles erlebt,
auch nie mehr für die Bühne gearbeitet. Der Plan der
Herausgabe fiel schliesslich auch. Wer weiss, was da-
zwischen kam. Die Valeria blieb ungedruckt. Brentano
war des Wiener Lebens satt. Er sehnte sich nach Berlin
zurück. Die enttäuschten Schilderungen, die er in dieser
Stimmung Arnim damals machte, muss man lesen, ohne
sie Wort für Wort zu glauben. Arnim fand für die
Vorgänge das rechte Urtheil und für Clemens den rechten
Trost, indem er, auf die Putzscene zu Beginn des
Stückes anspielend, dem Freunde schrieb (S. 337):

,,Dein theatralisches Umkippen in Wien muss Dir
nicht weiter zu Herzen gehn, noch vom Theater Dich
zurückschrecken. Als ich hörte, dass es eine Bearbeitung des Ponce gewesen, war mir die Sache er-
klärlich. Ein Völkchen, wie die Wiener, erträgt nichts
weniger, als wenn eine Geschichte einem Scherze unter-
geordnet wird, und dies findet sich doch gar oft darin,
wenigstens im alten Ponce, es sei denn, dass die Valeria ihm das alles abgeputzt hat. In jedem Falle
hast Du da keinen gescheidten Freund gehabt, der
Dir einen ersten Auftritt mit einem Stücke, das so
sehr auf gutes Spiel berechnet ist, widerrathen hat."

Berlin-Friedenau, im Mai 1901.

Reinhold Steig.

Zur Textbehandlung.

Die Handschrift, wiewohl von Copistenhand, ist mit möglicher Treue wiedergegeben worden. Unerhebliche Anstösse wurden stillschweigend beseitigt. Aenderungen erheischten folgende Stellen des Manuscripts, unten Seite:

41 23 derſelben wieder . . . . wieder etwas

42 11 ſo gehe ich, ich fürchte

54 19 doch doch durch

57 21 iſt mir recht klar

64 11 Kann ſie ſo hübſch

79 10. 12 auf dem Gute einzutreffen (der Infinitiv unconstruirbar; aus Conjectur Punkte anstatt Gute nach 80 26; der Irrthum des Copisten aus 79 13)

79 16 es iſt wäre

85 2 wie leibte

Valeria

oder

Vaterlist.

Ein Luſtſpiel in 5 Aufzügen.

Litteraturdenkmale 11.²/120.

Personen.

Carmiento, ein spanischer Offizier in Amerika   Herr Reil.
Felix, junger Cavalier in Sevilla   Herr Wothe.
Isidora ⎰ auf dem Gute Sarmientos ⎱ Sarmientos   Dem. Hruschka.
Melanie ⎱   ⎰ Kinder.   Mad. Korn.
Juanna, alte Gouvernante dieser Fräulein   .   Mad. Krüger.
Lope de Leon ⎰ junge Cavaliere in Sevilla   Herr Roose.
Fernand Aquilar ⎱   Herr Heurteur.
Porporino   .   .   .   .   Herr Korn.
Valerio Campaceo, ein Bürger in Sevilla   .   Herr Krüger.
Valeria, seine Tochter   .   .   .   .   .   .   Dem. Adamberger.
Isabella de los Torres, Edeldame aus Saragossa   Mad. Grünthal.
Luzilla, ihre Tochter   .   .   .   .   .   .   Mad. Moreau.
Perez, Haushofmeister auf Sarmientos Gut   .   Herr Rouseul.
Diener bei Lope   .   .   .   .   Herr Weidmann.
Diener bei Felix   .   .   .   . Herr Leiser.

Spanische Milizen.   Cavaliere und Damen.

Die Szene ist vom ersten bis dritten Aufzug in Sevilla, vom dritten
bis Ende auf dem Gute Sarmientos.   Das Stück spielt in unsrer Zeit.

Erster Aufzug.

Erster Auftritt.

Valeria. Lope.

Bürgerliche Stube bei Valerio; Valeria beschäftigt an Lope, der im reichen
Ballkostüme ist, zu putzen.

Lope. Wird es bald ein Ende? man darf euch
Mädchen nur unter die Hände kommen, so wird man
gleich oder nie fertig.

Valeria. Ich könnte mein Lebtag mit zubringen,
dich zu putzen, ach, und ich würde nie fertig.

Lope. Putze lieber einmal das Licht.

Valeria. Du hast recht, so kann ich dich doch
besser bewundern. O wie bist du! du bist ordentlich
zu gut für den Ball.

Lope. Zu gut für den Ball, zu gut für mich, zu
gut für die ganze Welt.

Valeria. O Lope, ich bin auch auf der Welt.

Lope. So! Ja freilich! aber erzähle mir was anders,
oder noch besser, wo hast du deinen Spiegel?

Valeria. Der Vater hat ihn mir zerbrochen, er
sagte, ich schaue nur hinein, um mich für dich zu schmücken.

Lope. Dein Vater ist ein exemplarischer Mann,
und ich halte viel auf seine Wahrheit, gute Nacht. (Ab.)

Zweiter Auftritt.

Valeria (allein). Nun ist er fort, für eine Andre
hab' ich ihn geschmückt, die mit ihm tanzt, ach er hat

1*

mir nicht einmal gedankt, noch nie war er so hart, so kalt,
unsel'ge Liebe, die er mich gelehrt, und nun, nun, da ich
ihn lieben kann, verläßt er mich, wie ein Lehrer seinen
Schüler, und stößt mich in die weite Welt hinaus —
ach, er liebt mich nicht mehr. (Sie hält trauernd die Hände vor 5
die Augen.)

Dritter Auftritt.

Valerio. Valeria.

Valerio tritt auf und legt ihr von hinten die Hände vor die Augen.

Valeria. Ach Lope! Du hast mich belauscht, nicht 10
wahr? deine Kälte reut dich. (Sie fühlt rückwärts.) Jesus!
Vater!

Valerio. Da haben wirs, nichts als Lope, und
lauter Lope, du hast wieder geweint, Valeria, nimm mir
deine Augen in Acht, sie sind das beste Erbstück deiner 15
Mutter, nimm sie mir in Acht, und jage den Lope.

Valeria. Ich liebe ihn.

Valerio. So jage ich euch alle beide!

Valeria. Mich jagen, Vater, das geht nicht!

Valerio. Es wird schon gehen, wenn ichs jage. 20

Valeria. Das weiß ich besser, Vater, wenn ich
fort wäre, wer sollte dann vor euch gehen, stehen, grüßen,
wie die liebe selige Mutter?

Valerio. Hexenkind, du weißt alles, geschwind
mache so etwas oder ich jage dich gleich. 25

Valeria (ihre Mutter parodirend). Gott grüß dich, Väter=
chen, sieh nicht so mürrisch drein, du denkst gewiß wieder,
ich wollt auf den Tanzboden gehen.

Valerio (sie umarmend). Kind, Kind, wie sie leidt
und lebt. — Aber ich bitte dich, mache dich von dem 30
launigten Lope los, ich weiß, es ist alles Tändelei, aber
du hast ein Herz.

Valeria (ihre Mutter parodirend). Ja, das hab ich,
Väterchen, und du glaubst gewiß, ich wollte gern auf den
Tanzboden gehn.

35

Valerio. Ja, ja, leider Gottes merk ich das. Aber
Kind, das geht nicht, ich müßte zerspringen vor Zorn,
wenn der wetterwendische Herr Lope, der sich hier wie
dein Bräutigam beträgt, dich dort wie ein Kammer=
5 mädchen behandelte.

Valeria. Vater, das wird er gewiß nicht, o laß
mich gehn!

Valerio. Tochter, das ist nicht anders mit solchen
faullenzenden jungen Edelleuten, bei des Bürgers schönen
10 Töchtern sind sie aus Langeweile und schlechten Absichten,
wie lauter Hony soit, qui mal y pense, auf der Stelle
aber, wo sie ihren Rang behaupten, machen sie ein Ge=
sicht wie ein Wappen, aus dem alle wilden Thiere
herausjehen.

5 Valeria. Ach, er ist gewiß nicht so, und wär er
es auch, ich müßte ihn doch lieben, ich hab es ihm ge=
schworen.

Valerio. Ein saubrer Schwur! und er, hat er
auch geschworen?

Valeria. Er — das weiß ich nicht!

Valerio. O über die Unschuld! mein Kind, die
Liebesschwüre solcher pflastertretender reichen Hasenfüße
kommen wie die Hasenbraten schon gebrochen auf die Herr=
schaftstafeln. Geschossen auf der Jagd, gebrochen in der
Küche, benascht bei Tische, was übrig bleibt, kriegen Be=
diente, Hunde und Katzen.

Valeria. Ihr sprecht entsetzlich, Vater. Ach so
ist er unmöglich, o laßt mich auf den Ball.

Valerio. Ja, wäre der gute Porporino noch hier,
den mir der Phantast auch aus dem Hause getrieben, der
ginge mit uns und schlüge wohl so einen Laffen hinter
die Ohren, wenn er unartig gegen dich würde; der arme
Schelm segelt nun nach Amerika, ach, vielleicht seh ich ihn
nie wieder.

Valeria. Ihr denkt doch gleich immer das
Ärgste, o habt Geduld mit mir, laßt mich auf die
Masterade.

Vierter Auftritt.

Don Sarmiento, maskirt als ein Automate im Chinesischen Kostüm tritt auf und setzt sich in den Lehnstuhl beim Kamin. **Vorige.**

Valerio. Sieh da kommt ja die Maskerade selbst zu uns.   5

Valeria. Was steht euch zu Dienst, schöne Maske?

Sarmiento. In diesem Augenblicke d u, schönes Kind, die vor mir stehend mir ihre Dienste anbietet.

Valerio. Gut geantwortet, vortrefflich geantwortet. 10 Aber was schaut ihr so nach meinem Kamin, schöne Maske?

Sarmiento. Dort stand einst der Spruch

> Ein Freund, ein Wein, ein gut Gewissen,
> Ein treues Weib, ein frommes Kind,   15
> Ein Sorgenstuhl, ein Lederküssen
> Am Feuer meine Freude sind.

Valerio. Ach Gott, ihr wißt meinen Spruch — ja, ja, als das treue Weib gestorben war, als der edelste Freund mich verließ, da löscht ich ihn aus; das Kind, 20 der Sorgenstuhl, das gute Gewissen, das ist alles, was noch da ist, und der Sorgenstuhl ist recht voll Sorgen, um bei dem schönen Kind ein gutes Gewissen zu be= halten.

Sarmiento. Lieber Valerio, du rührst mich, o 25 bitte mich um Etwas, alles, alles will ich euch geben.

Valeria. Bitten, bitten! Da muß ich bitten, daß mich mein Vater heute auf den Ball läßt.

Sarmiento. Gehe, maskire dich, mein Kind, und bereite auch deinem Vater eine Maske, ihr sollt mich hin= 30 begleiten.

Valeria. O goldne Maske, kluge Maske! Vater, darf ich?

Valerio. Tochter, kannst du?

Valeria. Ob ich kann! (Sie läuft ab.)   35

Fünfter Auftritt.

Valerio. Sarmiento.

Valerio. Wer seid ihr nur, Maske? ihr müßt ein alter, alter Freund sein — ja, ja — wart ihr nicht einmal in Saragossa?

Sarmiento. Da war ich.

Valerio. Da haben wirs — seid ihr nicht, wart ihr nicht einmal Thürmerjunge? — Element — wie hieß er doch gleich —

Sarmiento. Kotala, der dich lehrte nüchtern zu werden, bin ich nicht.

Valerio. Kotala, Kotala! den kennt ihr auch — jetzt hab ichs — gewiß, ihr seid des hoffärtigen Fähnrichs jüngerer Bruder — ihr seid Fabrik — Fabrik — nu, nu —

Sarmiento. Ramiro, der die schöne Schwester hatte, bin ich nicht.

Valerio. Auch den kennt ihr, ja die Schwester, sie war verdammt schön, nur das Wärzchen, das einzige Wärzchen an der Nase, das schmiß die ganze Schönheit übern Haufen. Und der Fähnrich — der arme Fähnrich — ist auch todt — eine Mine beim Sturm von Saragossa, perdautz, fort war die ganze Hoffarth. — Jetzt hab ichs — gewiß ihr seid der Zinkenbläser —

Sarmiento. Colmo, der ist ja todt.

Valerio. Ja, da hab ich mich geirrt — es ist wahr, der arme Schelm! ihr seid des Bäckers Bruder — richtig, der seid ihr gewiß.

Sarmiento. Martin, davor deiner Frau Oheim, bin ich Gott sei Dank auch nicht, denn der starb vor Jahr und Tag. Warum räthst du denn immer auf Verstorbene?

Valerio. Gott weiß, die habens am nöthigsten — ja, ja, es leben wenige dieser ehrlichen Leute mehr, meine Frau kanntet ihr also, na die ist auch todt, sie hat das

Schickfal ihres Vaterlandes nicht überlebt, wenn fehlt noch Valeria und ich, so steht der Sorgenstuhl leer an Dame, und der steinerne Gaſt aus dem Don Juan kann ſich darauf ſetzen und in das Feuer ſchauen — es wird mir ganz traurig. (Er ſchaut vor ſich hin.) 5.

Sarmiento (wirft den Mantel ab). Valerio, mich haſt du vergeſſen?

Valerio. Himmel, nein — mein Herr — Don Sarmiento, lebt ihr, ſeid ihr ein Geiſt?

Sarmiento. Komm, fühl an meinem Herzen, daß ich ich der ſteinerne Gaſt nicht bin.

Valerio. O ich werde närriſch vor Freude, ihr ſeid hier, nicht mehr in Mexiko, gleich muß ich meine Tochter ruſen.

Sarmiento. Ruhig, ruhig Alter! ich bin noch 15 ganz inkognito hier, du weißt, ſeit vierzehn Jahren hielt mich meine Pflicht in Amerika; als ich abreiſte, war mein Sohn Felix ſchon fünf Jahre in Liſſabon, wo ihn ſein Pathe, der Groß-Almoſenier, erzog; meine Töchter waren Mädchen von drei und vier Jahren, jetzt kennen mich 20 meine Kinder nicht, und ich ſie nicht, aber Alles, was ein ſteter Umgang mit dem Menſchen in ihm kennen lehrt, und was ich alſo bei meinen Kindern verſäumt habe, holt leicht eine Ueberraſchung nach — und ſo will ich ſie auf irgend eine Art überraſchen, wozu du mir helfen ſollſt, 25 denn lange Zeit habe ich nicht, ich gehe ſchon nach wenigen Tagen zur Armee nach Bonusvalles.

Valerio. Ich thue alles, was ihr wollt. — Don Felix, euer Sohn, iſt verliebt in Donna Luzilla, die Nichte der verwittweten Senora de los Torres. 30

Sarmiento. Brav, ich kenne die Tante, er hat meinen Geſchmack, wie ſtellt er ſich an? — ſie lebte in Saragoſſa.

Valerio. Ja, die Tante iſt noch dort, aber Luzilla ward von der entſetzlichen Verheerung Saragoſſas hieher 35 zu einem andern Verwandten gebracht, da entſpann ſich die Leidenſchaft eures Sohnes, o er giebt ihr Serenaten um Serenaten, ich muß oft dabei Wache stehn, und es wird mir manchmal beinahe des zärtlichen Gequieks zu viel.

Sarmiento. Pfui, das muß anders werden, der Junge hat wohl keine Kourage. Wo ist er jetzt?

Valerio. Bei euren Töchtern auf dem Gute.

Sarmiento. Was weißt du von denen?

Valerio. Nichts.

Sarmiento. Das ist der beste Ruf.

Valerio. Ihr kommt wie gerufen, lieber Herr, heute Abend auf dem Ball kommt Don Felix in die Stadt. Lope de Leon und Fernand de Aquilar geben das Fest.

Sarmiento. Was ist aus diesen Knaben ge= worden?

Valerio. Gute Gesellschafter, reiten, tanzen, fahren, spielen, lieben, Langeweile haben.

Sarmiento. Stadthelden! — Lope muß ein wunder= liches Kraut geworden sein.

Valerio. Gott weiß es, ein wunderlicher, wetter= wendischer Kerl, der alle Leute unterhält und immer Langeweile hat, witzig und verlegen, hart und wohlthätig, in alle Weiber verliebt, und kalt wie der Tod, ich wollte er wäre, wo der Pfeffer wächst, meiner Valeria hat er auch den Kopf verdreht.

Sarmiento. Und wo ist Porporino?

Valerio. Ach Himmel, das fällt mir recht aufs Herz! Herr, der ist weg, um sich einzuschiffen, um euch aufzusuchen.

Sarmiento. Das ist fatal, was fiel dem Jungen ein, warum ließt du ihn weg?

Valerio. Er hat sich mit Aquilar geschlagen, der ihn ein Findelkind nannte.

Sarmiento. Den soll der Teufel holen, ich habe ihn gefunden, was geht es den an, Porporino ist ein Findelkind.

Sechster Auftritt.

Vorige. Porporino.

Porporino (wirft mit dem Schrei Victoria! seinen Hut zur Thür herein).

Valerio. Himmel, das ist Porporinos Hut, und da ist er selbst.

Porporino (umarmt Sarmiento). O gnädiger Herr, o theurer, theurer Findelvater!

Sarmiento. Du lieber guter Junge, ja das bin ich.

Valerio. Aber wie kehrst du so glücklich schnell zurück?

Porporino. Ich schlief vorige Nacht in demselben Quartier mit euch, unsre Kammern trennte nur eine Bretterwand und aus einem Gespräch mit eurem Be= dienten, das ihr führtet, hört ich, wer ihr seid.

Sarmiento. Das hat sich sehr glücklich getroffen.

Porporino. Aber lieber Valerio, wo ist denn eure Tochter?

Valerio. Sie kleidet sich an, auf den Ball zu gehen, und du sollst auch mit, wir gehen alle hin, gnädiger Herr, wollt ihr mir die Freude machen mir in meine Garderobe zu folgen, ihr werdet da manches wieder= sehen, was ihr mir geschenkt.

Sarmiento. Ich gehe mit, solche Erinnerungen erfrischen das Leben. (Sie gehen alle ab.)

Siebenter Auftritt.

Großer Vorsaal in Aquilars Hause, links und rechts Thüren, hinter welchen man Geräusch sich versammelnder Gäste hört, im Hintergrunde die offne Thüre eines unerleuchteten Saales.

Aquilar und Lope (treten im schwarzen Kostüm heraus mit brennenden Wachsfackeln).

Aquilar. Die Gesellschaft sammelt sich, wir können nicht auf Felix warten.

Lope. Auf welcher Seite stehen die Damen? Es giebt ein Unglück, wenn die Damen auf meiner Seite hinauskommen.

Aquilar. Wieso? der Mond scheint wieder auf dein Blut zu wirken.

Lope. Ja, vor einer Stunde war Ebbe, und jetzt kömmt die Fluth. — Sieh, ich stand beim Heraufgehen in einem Winkel der Treppe und aß Kastanien, und wie ich so die Schalen wegschnalze, traf ich eine Dame, sie konnte mich nicht sehen, und war bemüht die Schale aus der Halskrause zu winden, Aquilar, das war mein Untergang.

Aquilar. Da sei ruhig, da wirst du nicht unter= gehen, da findest du Grund.

Lope. Grund, du bist nicht klug; am schönsten Halse hatte sie ein Bildchen hängen, ein Gesichtchen in Diamanten gefaßt, und dies Bild schwebt ewig vor meinen Augen. Und wenn es mir wieder begegnet, bin ich ver= loren, und die arme Valeria klagt ohnedies über meine Kälte.

Aquilar. Sie will aber selbst nicht warm werden.

Lope (ernst). Berühre das nicht, das ist ihre Tugend. (Nachlässig.) Und am Ende wohl das Beste.

Aquilar. Ja am Ende der Welt. Die Damen, Lope, stehen links, mein Haushofmeister hat sie nach seiner abentheuerlichen Galanterie links eingeführt, er sagt, links komme vom Herzen.

Lope. Vom Herzen, o das ist vortrefflich gesagt, das rührt mich fast. — So geh' ich rechts.

Aquilar (stampft mit dem Fuße, die Musik ertönt im Mittel= saal, aus den Thüren links strömen die Kavallere, rechts die Damen mit Fackeln).

Lope (beim Anblick der ersten Dame). O Gott, da ist das Bild! (Er läßt die Fackel fallen.)

Dame. Don Lope, euer Licht ist schnell verloschen.

Lope. Ach, Amors Fackel brennt aus dem Brust= bild, das ihr tragt. (Hebt die Fackel auf.)

Dame (zündet sie ihm an). Don Lope, möge dies euch bedeutend werden.

(Dieses geschieht, indem die Tanzlinie sich sehr einfach durchschlingt und in den Mittelsaal zieht; Lope bleibt allein mit seinem Lichte stehen, da sie alle hinein sind, schließt er die Thüre.)

Achter Auftritt.

Lope (allein). Dies sei bedeutend, sagte sie — und steckte diese Fackel wieder an. Gut, ich verstehe — sie hat wahr gesprochen. Eins muß ich lieben, und ich liebe dieses Bild, ein Herz ist wunderbar, das Leben ist ein Lotto, ich habe meine Zahl gezogen, man kann nicht mehr thun auf der Erde als gewinnen, als verlieren, es ist gewagt. — Still, da nahen Masken.

Neunter Auftritt.

Valerio und Porporino, maskirt, führen Don Sarmiento herein. Valeria begleitet sie. Lope.

Valeria (für sich). Gott, da ist er, ach er tanzet nicht. (Laut zu Lope.) Ich nehme mir die Freiheit, werther Ritter, euch den Wahrsager anzukündigen, den mein Vater aus China mitgebracht, und der, wenn er euch auch sagte, wie sehr ihr geliebt und verehrt seid, euch doch nie es sagen wird, wie ein Herz, das ich — das ich im Busen trage.

Lope. Was?

Valerio (zu Valeria). Weg, Graziosa! du machst schöne Geschichten, du annoncirst dich selbst. Sennor, so euch gelüstet, meinen Wahrsager auf die Probe zu stellen, er ist so ächt chinesisch als die beste chinesische Tusche und als ein nie getrunkener Kaiserthee.

Lope. Nun, mein Herr Mandarinischer Kalender, laß sehen, ob ihr ein richtiges Aderlaßmännchen führt, und ob ihr wißt, was einem Kinde in meinem Monate geboren bevorsteht. Sagt mir, wer ist die Dame, die ich liebe, denn ich weiß es nicht.

Sarmiento.

Wer sich aus Langeweile sehnt,
Mit offnem Maul nach Sehnsucht gähnt,
Und melancholisch-lustig lacht,
Den Tag verschläft, die Nacht durchwacht:,
Dem ist der Frauen hold Geschlecht
Wie dir, du Träumer, niemals recht.

Lope. Vortrefflich — ganz wahr, doch das wird anders werden.

10   **Zehnter Auftritt.**

Vorige. Aquilar (aus dem Ballsaale).

Aquilar. Sieh da, Masken — und Freund Lope mitten unter ihnen.

Lope. Sei ruhig, ein vortrefflicher Wahrsager. (Zu
15 Sarmiento.) Nun sagt, mein Freund, wer ist die Dame hier auf dem Balle, die euch zu einem Lügner machen kann, wer ist die Dame, die die in meiner Hand erloschne Fackel Amors entzündet hat.

Porporino (zu Valerien). Gieb acht, nun kannst du die böse Welt kennen lernen.

Valeria. Laß mich. (Begierig vortretend.)

Sarmiento. Ich sage es nicht, sie könnte darüber erröthen.

Lope. Erröthen! O Himmel, wäre sie unter euch, wäre das geliebte Urbild meines Herzens —

Valeria (zu ihm tretend). Ich bin es, lieber Lope!

Aquilar. Das Stimmchen sollt ich kennen! Das sind Confidenzen ohne Gleichen!

Lope. Himmel! Sie wären es, o meine Dame!

Valeria (zu Porporino). Führe sie nach Haus — führe sie nach Haus —

Porporino. Komm, komm, Graziosa! —

Lope. Nein, hier ohne Maske weg — nein nimmermehr!

Valeria (entlarvt). Lope!

Lope. Ach Gott — wie bin ich dumm, du bist es, Valeria — Ja, liebes Kind, verzeih, dich hab ich nicht gemeint.

Valeria (sehr beschämt). Nicht!

Porporino. Sieh, wie dir es ist, so war mir oft bei dir.

Valerio. Der Spaß ist verdorben, komm nach Hause, Kind, sieh ihn an, sieh ist das nicht ein Gesicht wie ein Wappen, so wie ich gesagt? — Lebet wohl, meine Herrn!

Valeria. Ihr habt mir sehr weh gethan, Don Lope!

(Valerio, Valeria, Porporino gehen ab.)

Elfter Auftritt.

Aquilar. Lope. Sarmiento.

Aquilar. Das war eine sehr ungraziöse Geschichte mit der Graziosa Valeria, du machst heute lauter Wunder von Unarten, erst läßt du die Damen allein tanzen, dann vertreibst du die Masken.

Lope. Du hast beinah recht, aber ich kann mir nicht helfen, das Portrait hat mich nun einmal ganz verblüfft. Ich muß euch recht kurios vorkommen. Herr Ting ting Hax hix Ting Tschifu, denn so heißen die Chinesen immer, oder anders, sagt mir, wie ich euch vorkomme, ich weiß, in China lebt man stark nach dem Lineal, und mein Humor bewegt sich etwas zickzack wie der Blitz.

Sarmiento.

Es giebt ein unentschiednes Jugendleben,
Ein zwischen Thatigkeit und Faulheit streben,
Bald fliegt es auf, bald legt es träg sich nieder,
Dann dehnt es sich, dann fährts zusammen wieder
Zum Guten oder Schlechten ist die Wahl,
Am Kreuzweg stand auch Herkules einmal
Doch soll vor Schlechtem Liebe euch bewahren,
Ihr lebt in den moral'schen Flegeljahren.

Aquilar. Herrlich!

Lope (ernst). O vortrefflich — ihr habt mich recht gerührt, ja vor Schlechtem soll die Liebe mich bewahren — nun, nun ist es mein Ernst.

Zwölfter Auftritt.

Vorige. Don Felix.

Aquilar. Willkommen Felix!

Sarmiento (vor sich). Gott, Gott, mein Sohn!

Lope. Willkommen, willkommen Felix, in den Flegeljahren!

Felix. Guten Abend!

Aquilar. Was macht die alte Duenna Juanna?

Lope. Und ihre Katze?

Aquilar. Und ihr Reifrock?

Lope. Und ihre Fontange?

Aquilar. Und ihre Brille?

Lope. Und vor allem, vor allem ihre Eleven, deine schönen Schwestern?

Felix. O stürmt nicht so in mich, es sind der Gefühle so mancherlei, die mir hier entgegen kommen.

Lope. Wir empfinden hier leider lauter Einerlei. O setze dich! erzähle von deinen Schwestern.

Felix. Verzeiht, edle Maske, den Muthwill meiner Freunde.

Sarmiento. Stört euch nicht an mir, ich werde gern das Lob edler Damen von ihrem Bruder hören, ich werde dabei an meine eigenen Kinder denken.

Felix. Sagt Freunde, ist meine Geliebte Luzilla schon hier?

Lope. Das wird dir nicht eher gesagt, bis du mir Isidoren wie in einem Steckbriefe beschrieben; denn sieh, ich lebe nach den Aussprüchen dieses berühmten Wahrsagers in den Flegeljahren, ich stehe wie Herkules am Scheideweg, drei Göttinnen um mich her, erstens Valeria,

dann ein wunderschönes Portrait hier unter den Damen,
und nun deine Schwester Isidora, die ich immer aus
Freundschaft für dich geliebt, ohne sie zu kennen — er=
zähle, erzähle von ihr! denn ich habe nicht mehr lange
Zeit zur Wahl! 5

Felix. Ich muß nur, sonst läßt du mir keine Ruhe!
Sie ist sanft, stolz, spröde, freundlich, fromm wie ein
Lamm, und soll doch schon einmal in der Kirche gelacht
haben!

Lope. Unwiderstehlich! 10

Felix. Sie läßt dich grüßen, hat mich sehr nach
dir ausgefragt.

Lope. Armes Portrait, du ziehst den kürzeren!

Felix. Und alles das bei einer Gestalt, einer
Gestalt! 15

Lope. Geschwinde, o die Gestalt, die Gestalt.

Felix. Ich kann, ich darf von der Gestalt meiner
Schwester nicht hier so reden, wie sie ein so galanter
Kavalier als du will geschildert haben — Nun gebt mir
eine Maske, daß ich Luzilla unter den Tanzenden suche. 20

Aquilar. Sie ist nicht hier, ihre Kousine ließ sie
entschuldigen.

Lope. Schlank ist Isidora, nicht wahr Felix?

Felix. Entschuldigen, das ist verwünscht!

Lope (zu Sarmiento). Ist sie schlank, Herr Wahrsager? 25

Sarmiento. Wie eine Rede.

Felix (zu Aquilar). Weißt du nicht die Ursache, sie
ist doch nicht krank?

Aquilar. Es thut mir leid, ich weiß es nicht.

Lope (zu Sarmiento). Hängen auch Trauben an der 30
Rebe?

Sarmiento. Ja, aber sehr hoch, Herr Fuchs!

Aquilar (zu Felix). Frage zum Scherz den Wahr=
sager, der weiß von Allen.

Lope (zu Sarmiento). Und schwarze Augen hat sie? 35
nicht wahr?

Sarmiento. Ja, aber nicht auf euch!

Felix (zu Sarmiento). Erlaubt, edle Maske, eine Frage.

Lope. Nein, nicht eher, als bis ich genug habe.
Und sie singt, nicht wahr, sie singt sehr schön?

Sarmiento. Ja, und zwar Folgendes:

> Wenn ich dich lieben soll,
> Thu mich nicht plagen,
> Mach mir den Kopf nicht toll
> Mit vielen Fragen.

Lope. Das ist ein fatales Lied. Ich habe genug!

Felix. Erlaubt, edle Maske, könnt ihr mir wohl
sagen, was meine Geliebte Donna Luzilla abgehalten, mich
auf diesem Feste zu sehen, ist sie vielleicht krank?

Sarmiento. Nein, sie ist abgereist.

Felix. Abgereist, wohin? wie wißt ihr das so
gewiß?

Sarmiento (entlarvt). Ihr kennt mich nicht, ich bin
Don Merkado und komme vor wenigen Stunden erst in
Geschäften aus Mexiko. In dem Wirthshause, wo ich die
letzte Nacht war, ging ich, die schöne Nacht zu genießen,
auf dem Balkon auf und ab, die Klagen einer Dame
unterbrachen mich, ich fand sie in einer Laube sitzen, sie
gewann Vertrauen zu mir, und da sie hörte, daß ich
hierher reiste, forderte sie mich auf, euch zu erzählen, daß
sie plötzlich zu ihrer Tante nach Saragossa zu reisen
gezwungen worden sei, daß man sie vermählen wolle, daß
ihr sie retten möchtet, sie entführen.

Felix. Entführen?

Sarmiento. Ja, das soll ich euch auf die Seele
binden, denn sie fürchtet, ihr hättet keinen Muth.

Aquilar. Keinen Muth, pfui tausend, Felix, ent=
führe sie, und bringe sie wieder zurück, wie neulich Don
Julian, der neulich ohne Ordre hinritt und dem Feinde
seine silbernen Trompeten stahl, sie aber zur Strafe
seiner Insubordination wieder hintragen mußte. Er that
es am hellen Tag und ließ so munter darauf blasen, daß
sich ihm ein ganzes Piket Reiter ergab.

Lope. Ja, entführe sie, bringe sie zurück, u
dir ein ganzes Piket — ich spiele eine Parthie Pi
und gewinne dir alle Briefe ab.

Felix. Ihr seid ganz unklug. — Entführe
ich möchte sie gerne retten, aber ein einfacher W
es sein.

Sarmiento. Eine Strickleiter ist gewiß
sachste Weg.

Lope. Nein, eine Hühnerleiter ist noch ei

Felix. Ach, sie ist so sanft, so schwach. —

Lope. Eben ihre Sanftmuth, ihre Schwäd
recht ins Auge, ich garantire dir, sie wird dann
so wild als jede, und ist sie gar zu schwach,
Kourier mit ihr her, denn das soll Schwindsüchtic
oft kouriert haben.

Sarmiento. Entschließet euch, es naht si
der Tag, eure Geliebte erwartet euch morgen Ab
habe das Meinige gethan und empfehle mich — ⟨
laubt, daß ich euch umarme, ihr habt an der Lipr
Zug von eurem Vater! (umarmt ihn.)

Felix. Meinen Vater kennt ihr, meinen

Sarmiento. Er ist mein bester Freund,
manche Geschäfte vor ihn, er gedenket euch bald
z

Felix. O ·das ist herrlich, nun vertraue
ganz, ich reise auf der Stelle meine Braut zu su
wo treffe ich euch bei meiner Rückkehr?

Sarmiento. Ich suche euch auf eurem Gu
lebet wohl!

Felix, Aquilar. Lebet wohl, Don Merka

Sarmiento (geht ab).

Dreizehnter Auftritt.

Lope. Felix. Aquilar.

Lope. Das ist ein gewaltiger Mann zu
führen, ich bin nur froh, daß er kein Stier ist,

im Stande und entführte Europa — aber Felix, nun noch eine Gewissensfrage über Isidoren.

Felix. Wie, kannst du noch immer nicht ruhen? denke, daß ich jetzt viel zu thun habe.

Lope. Die Frage ist gerade wegen dem Ruhen, kannst du mir wohl sagen, wie Donna Isidora zu schlafen pflegt?

Felix. Hab ich je solch einen Thoren gesehen.

Aquilar. Sie wird schlafen wie alle Menschen mit geschlossenen Augen, und nicht wie du und die Hasen mit offenen.

Lope. Ich lasse mich nicht abweisen, ich will, ich muß es wissen.

Felix. O Quälgeist, sie pflegt grad ausgestreckt auf der linken Seite mit gefalteten Händen zu ruhen und zu träumen von Gott und der Welt.

Lope. Vortrefflich, gute Nacht Felix, ich gehe und lege mich rechts und träume auch dergleichen. (er will ab, man hört die Musik in der Nebenstube.) O weh, da spielen sie den Kehraus, da tritt mir wieder das verwünschte Bild vor die Augen.

Aquilar. Komm Felix, laß uns den letzten Tanz mittanzen, morgen Abend tanzest du auf der Strickleiter.

Lope. Das ist ein Ausdruck, der einen beinah ans Schweden erinnert, Strick und Leiter.

Felix. Saubere Ermahnungen! Aber ich kann jetzt nicht tanzen, ich will gleich auf der Stelle weg. Lebt wohl! (ab.)

Aquilar. Glück und Heil! — Nun Lope, komm und tanze mit!

Lope. Ich, nein, nein, ich fürchte das Portrait!

Aquilar. Du bist ein unentschiedner Thor. (ab in den Tanzsaal.)

Vierzehnter Auftritt.

Lope (allein.) Schon graut der Tag, was soll ich Armer thun? soll ich wie Donna Isidora ruhen, soll ich

die Augen auf das Brustbild wenden? ich stehe da, ein
Kind mit vollen Händen, ach eines muß ich doch wohl
fallen lassen, das andere desto inniger zu fassen. Fort
hin zum Tanz, im Glanz der Kerzen verschmelz' ich beide
Lied in meinem Herzen. (ab in den Saal.)

Ende des ersten Aufzugs.

Zweiter Aufzug.

Valerios Wohnung. Morgendämmerung.

Erster Auftritt.

Valeria (allein, tritt auf mit einem Licht, das sie auf den Tisch
stellt). Ich kann nicht ruhen, ich meine immer, Lope müßte
kommen und mich um Verzeihung bitten; wie thöricht, wie
kann er um diese Stunde kommen, wo kaum die ersten
Strahlen der Morgenröthe am Himmel! Ach, wie traurig
das Licht in den Tag hinein brennt, es ist dasselbe Licht,
das er mir gestern so kalt zu putzen befahl, als ich ihm freundlich war, und jetzt, jetzt wird es Tag — ja ein Tag vor
meinen Augen, der mich kann weinen machen. Der Vater
hat recht, ich bin zu weit gegangen, Lope liebte mich nie,
und ich will mich rächen, ach die Liebe einer Mutter zu
ihrem Kinde soll bittrer sein, als meine Rache. Doch
wer kömmt? o sollte er es sein! — Du armes Herz,
welch thörichtes Hoffen, und doch, es wäre möglich —
das Haus war offen diese Nacht — (es pocht) er hat kein
gut Gewissen — komm nur herein, lieber Lope, aber ich
bin böse auf dich!

Zweiter Auftritt.

Vorige. Porporino.

Porporino (in Uniform). Sei nicht böse auf mich,
daß ich Lope nicht bin.

Valeria. Ach du bist es, ich muß mich schämen.

Porporino. Schäme dich nicht vor mir, liebe Valeria, ich kenne dein Herz! ich kann, ich will dich nicht beschämen, das könnte Lope wohl. Reich mir die Hand, ich will dich um Etwas bitten.

Valeria (reicht ihm die Hand).

Porporino. Du liebst mich wohl jetzt nicht, nicht wahr?

Valeria (entschuldigend zärtlich.) Jetzt noch nicht, ach nein!

Porporino. Ach nein! ach nein! und Lope, liebt dich Lope?

Valeria. Vielleicht nicht mehr!

Porporino. Er liebte dich nie! Da sind wir nun freilich beide übel daran, aber wir sind wie Geschwister erzogen, wir kennen uns, wir wollen uns helfen. Sieh, ich will Lope überall aufsuchen und ihm erzählen, wie liebenswürdig du bist, rede du mir das Wort ein wenig bei dir.

Valeria. Du bist sehr gut, lieber Porporino!

Porporino. Du hast es freilich bequemer bei dir, als ich bei ihm, aber ich will es doch versuchen, wenn du mir einen Kuß für meine Mühe geben willst.

Valeria. Guter Porporino, aber halte Wort. (Läßt ihn.)

Porporino. O ich möchte so lange Kuß halten, daß ich zum Wort halten zu spät käme.

Valeria. Wo hast du denn die schöne Uniform her?

Porporino. Der Edelmann, der gestern uns maskirt auf den Ball begleitete, hat mich zu seinem Adjudanten gemacht. Gefalle ich dir so nicht besser?

Valeria. Ja, wenn Lope nicht wäre —

Porporino. Der Verdammte! Leb wohl, ich gehe und bringe ihn um.

Valeria. Dann, Porporino, bringst du ihn um mich, und das ist gegen alle Abrede.

Porporino. Es hilft nichts, ein Licht muß ich ausblasen, etwas muß sterben, ich bin ganz kriegerisch gestimmt. (Er bläst das Licht aus.) Das gelte dir, Lope.

Valeria. Was treibst du? das Licht, das Licht hättest du nicht auslöschen sollen, ach es ist das Licht, bei welchem sich Don Lope gestern angekleidet.

Porporino. Gott sei Dank, so wollte ich denn, daß es einen ganz aparten Aberglauben über ein solches Liebeslichtchen gäbe. O Valeria! sieh, der helle Tag leuchtet zum Fenster herein.

> Der Morgenstern, gleich wie ein Held,
> Will uns den Tag verkünden,
> Wer treu und ehrlich Glauben hält,
> Der wird sein Liebchen finden.   10

Valeria. Du bist ja recht poetisch geworden, seit du Soldat bist.

Porporino. Ich muß dir sagen, es ist mir immer so etwas in der Seele gelegen, aber ich konnte vor Liebe zu dir nicht dazu kommen. Heute Nacht aber habe ich recht an mein Vaterland und den Krieg und dich gedacht, und da habe ich das Lied verfertigt, das ich dir hier gebe, der Morgenwind wehte so frisch zum Fenster herein, und ich bin voll Muth und Hoffnung, lies es heut deinem Vater vor, den wird es freuen.

Valeria (sie steckt das Lied zu sich.) Das will ich, du bist ganz verwandelt.

Dritter Auftritt.

Sarmiento. Vorige.

Sarmiento. Lieber Porporino, zünde mir ein wenig Licht an, ich muß diese Briefe siegeln.

Porporino. O von Herzen mit tausend Freuden. Sieh, Valeria, wie sich alles trifft, ich muß das Liebeslichtchen wieder anstecken, das bedeutet Glück für mich. (ab.)

Vierter Auftritt.

Sarmiento. Valeria.

Sarmiento. Was habt ihr mit einander?

Valeria. Ach nichts!

Sarmiento. Es ist ein herrlicher Junge, der Porporino, wie ihm die Uniform schön steht. — (er adressirt die Briefe.)

Valeria (steht allein). Recht wunderbar, wie mich Alles bewegt, der Scherz mit dem Licht wird mir ganz ernsthaft. Porporino ist doch sehr liebenswürdig, so eine durchwachte Nacht spannt die Seele wunderbar.

Fünfter Auftritt.

Valerio. Vorige.

Valerio. Don Lope, Sennor, ersucht euch um einen frühen Besuch.

Sarmiento. Er kann warten.

Valeria (für sich). Lope, Lope, wie fällt der Name mir in meine Seele!

Valerio. Kind, Kind, was stehst du so da, wie eine Salzsäule! gewiß wieder in deinen unseligen Liebes= gedanken. Geh, Valeria, und treibe Etwas, oder ich treibe dich.

Valeria (ihre Mutter parodirend).

> Morgenstund hat Gold im Mund,
> Wär ich ein goldner Apfel rund,
> Ich riß mich von dem Zweige los
> Und fiel dir, Vater, in den Schooß.

Guten Morgen, Väterchen, was willst du zum Früh= stück? (sie rasselt mit den Schlüsseln.)

Valerio. O du Schelmenkind, das weißt du nun, wenn du so die selige Mutter nachmachst, kann ich nicht zürnen, aber es fehlt doch nun etwas, du schnarrst nicht genug, deine Mutter schnarrte ihr R sehr rasch heraus.

Valeria. Richtig, darum rechne ich gerade 30 Jahre weniger im Alter. Lieber Valerio Rodriquez! Klirr! klirr! (sie rasselt mit den Schlüsseln und läuft ab.)

Sechster Auftritt.

Valerio. Sarmiento.

Valerio. Klirrt sie mit den Schlüsseln, so ist alle meine Autorität hin.

Sarmiento. Das Kind ist ein rechter Engel.

Siebenter Auftritt.

Porporino. Vorige.

Porporino (kömmt mit Licht). Hier, gnädiger Herr!

Sarmiento (indem er siegelt). Nun hört meinen Plan, uns Allen zu helfen. Lope gefällt mir, er kann ein vortrefflicher Mann werden, seine Tagdieberei macht ihn doch noch melancholisch. Er scheint eine Neigung zu meiner Tochter Isidora zu haben, und sie soll ihm durch die Beschreibungen meines Sohnes auch bereits gewogen sein. Diese Verbindung wäre mir lieb, und Valeria würde ganz dadurch geheilt, denn sie scheint mir mehr in ihre Liebe als in Don Lope verliebt zu sein, der ohnedies sich in einer Leidenschaft, wo es ihm nicht so leicht geboten wird, gänzlich verwandeln wird.

Porporino. O liebster Sennor, ihr sprecht wahr, ganz vortrefflich und wahr.

Valerio. Haha! das ist Wasser auf deine Mühle! Aber, Don Sarmiento, wie wollt ihr das Alles anordnen?

Sarmiento. Sehr leicht! Dieser Brief ist an Donna Juanna, die Erzieherin meiner Töchter, er ruft sie auf kurze Zeit augenblicklich von meinem Gute weg. Dieser zweite Brief ist an eine Freundin von mir, welche morgen nach meinem Gute reist, die Stelle der Juanna zu übernehmen, sie ist zu allem vorbereitet. Don Lope und Aquilar werde ich zu bereden wissen verkleidet ihr Heil bei meinen Töchtern zu versuchen. Du, Porporino, ziehst als ein Arzt verkleidet dort mit der neuen Gouvernante ein, suche dich recht zu verstellen, eine große Perücke wird dich gewiß unkenntlich machen.

Porporino. O ich will meine Rolle vortrefflich spielen, ich will ein Gesicht schneiden, als hätte ich mehr Leute blind gemacht als der Staar; ich will die Ohren hinaufziehen, als hätte ich mehr Leute taub gemacht als der große Wasserfall des Mississippistromes; ich will die Füße setzen, als wollte ich alle doppelten Glieder nieder= rennen, und als hätte ich mehr Leute gelähmt als das Zipperlein und die Elephantiasis; meine Hände will ich zusammenkneifen wie Aberlaßschnepper, und als hätte ich mehr Spannadern zusammengeschrumpft als ein Fabrikant von Armbrustsennen. Ja ich werde aussehen wie Theriak, bei dessen Fabrikation siebzig geschworne Apotheker auf dem Markusplatz zu Venedig versammelt gewesen sind, und werde einen Ring am Finger führen wie einen Grab= stein so groß —

Sarmiento. Nun, du hast es gut vor. Du aber, Valerio, reisest sogleich als mein künftiger Haushofmeister nach meinem Gut, und ihr empfangt die jungen Herrn dort und neckt sie gehörig.

Valerio. Ihr vergeßt aber meine Tochter Valeria!

Sarmiento. Du hast recht, Alter! — aber lasse sie immer zwei Tage hier allein, dann kann sie Porporino abholen.

Porporino. O wären die zwei Tage erst herum!

Sarmiento. Sie werden herum sein, ehe wir es denken, die Zeit ist unendlich schnell, und darum wollen wir viel, viel in der Kürze thun.

Valerio. Aber Lope, Aquilar werden mich kennen, da ich nun schon seit zehn Jahren ihre Geschäfte führe.

Sarmiento. Ei, gehe ihnen aus dem Weg, und treffen sie dich doch, so zeige ihnen diesen meinen Be= stallungsbrief als mein Haushofmeister vor. Schnell rüste dich, packe das Nöthige ein.

Valerio. Ach, da müßte ich Valeria einpacken. Aber ich gehorche euch blindlings.

Sarmiento. Nun fort, jeder thue rasch das Seine. Porporino bestelle die Briefe mit reitenden Boten, ich gehe die jungen Abentheurer zu disponiren, auf meinem Gute sehen wir uns wieder.

Porporino. Viktoria! das wird ein lustiger Feld= 5 zug! (Alle ab.)

Achter Auftritt.

Lope (allein, legt einen Trauerbrief, den er gelesen, auf den Tisch). An dem alten zahnlosen Titular=Admiral hat sich der Tod auch keinen Zahn ausgebissen. Ich bin Universalerbe, 10 man kann doch entsetzlich reich werden auf der Welt, wenn alle Leute stürben und man müßte alles erben, und wäre ganz allein! Das ist ein Gedanke, der einen Geizhals zum Verschwender machen könnte! — Nun bin ich der letzte meines Stammes und so verliebt, daß, brauchte ich nicht 15 eine Geliebte dazu, ich wie der Stammhalter unten an meinem Stammbaum ein ganzes neues Geschlecht der Leon aus meinem Herzen könnte wachsen lassen. Ich stecke zwischen zwei Leidenschaften wie ein Schattenriß zwischen den zwei Klingen einer Scheere. Eine Schraube, die die 20 Klingen verbindet, ein Futeral darüber, so wird es eine tragbare Scheere. Ach armer Lope, du edles freies Roß, wirst in der Scheere gehen, wirst einen ganzen Familien= karren nachschleppen.

Neunter Auftritt. 25

Lope. Sarmiento. Aguilar.

Lope. Willkommen, Sennor, ihr seid der günstigste Südwind, ihr habt die schlaffen Segel des Don Felix erfüllet, daß er bereits ausgelaufen ist, das goldne Vließ zu erobern. Nun helft auch mir, macht mein Kaperschiff 30 flott, das auf der Sandbank des Zweifels fest sitzet, und dessen Kompaß aus lauter Langerweile sich im Kreise herumdreht. Ich befinde mich wahrhaftig in der Lage eines bratenden Turteltaubers, einen Spieß am Herzen und zwei Feuer um mich!

Aquilar. So hast du Hoffnung, endlich genießbar zu werden!

Lope. Oder gar zu verbrennen! Drum, wem soll nun die gebratne Taube ins Maul fliegen? Ich habe soeben die Dame fragen lassen, wen das Portrait vor=stelle, das sie heute Nacht getragen; aber er ist noch nicht zurück.

Sarmiento. Der andre Gegenstand eurer Liebe ist also Donna Isidora, des Don Felix Schwester. Schildert mir diese Dame.

Lope. Gott sei Dank, habe ich sie nie gesehen, sonst wäre ich ganz verloren. Aber seht, es sind jetzt meine kritischen Tage, in zweimal vierundzwanzig Stunden muß ich eine Frau haben, sonst habe ich keine. Ich bin dieser Sehnsucht so müde, daß ich vor Müdigkeit vergesse, sie mir aus dem Kopf zu schlagen, und das Nöthigste ver=säume. (klingelt.)

Zehnter Auftritt.

Diener. Vorige.

Lope. Wird der Mahler und der Schneider bald kommen?

Diener. Valerio wird beide senden. (ab.)

Elfter Auftritt.

Vorige, ohne Diener.

Aquilar. Was hast du mit diesen Künstlern vor?

Lope. Der alte Admiral, mein Großoheim, ist ge=storben,. ich werde mir Trauer machen lassen, und der Mahler soll mir meine Geliebte mahlen, wie ich sie mir heute.

Sarmiento. Das wird ein wunderliches Portrait werden.

Lope. Ja, ja, das Portrait und Isidora durch einander. Gott sei mir gnädig, da kommt die Botschaft.

Zwölfter Auftritt.

Vorige. Diener.

Diener (bringt ein Billet):

Lope. Kerl! wärst du nicht so lange ausgeblieben, daß ich keine Zeit mehr habe dich zu prügeln, ich thäte es.

Diener (ab). 10

Lope. Jetzt entscheidet es sich, o tretet zu mir, ich könnte in Ohnmacht fallen. (er liest.) „Das Bild, das ich trug, ließ mir Donna Luzilla bei ihrer Abreise zurück, welche es von Don Felix hatte, es ist das Bild" — all= mächtiger Himmel! — „Isidorens von Sarmiento!" Weh, 15 weh, die Scheere geht zu — es ist mit mir vorbei, her, ich muß euch alle küssen, das Leben hat ein andres Ge= sicht bekommen. (er umarmt Aquilar und Sarmiento in ausgelassener Freude.)

Aquilar. Ich gratulire, greife zu, die Parthie ist 20 vortrefflich!

Sarmiento. Nun hat euer Kompaß einen Pol, steuert muthig drauf los.

Lope. O schmerzlich war mir das Gestirn der Zwillinge, und reizend geht mir nun die Jungfrau auf. 25

Sarmiento. Laßt eurem Wankelmuth nun keine Zeit mehr, fort, fort nach dem Vorgebirg der guten Hoffnung, mit allen Segeln fort, so werdet ihr die neue Welt entdecken. Morgen gehe auch ich unter Segel, Porporino begleitet mich, es wird euch lieb sein, wenn er 30 weg kömmt.

Lope. Lieb, nein, o nein — die arme kleine Valeria!

Aquilar. Wie fällt dir die jetzt ein?

Lope. Sie liebte mich sehr, ich glaubte, Porporino könnte sie trösten, nun wird sie ganz verlassen sein. — Ich bin ganz wunderbar, ganz verändert.

Sarmiento. Schmerzt euch unglückliche Liebe, so verdient ihr der Liebe Glück.

Lope. Gut, ja, o ich verdiene es gewiß — meint ihr? Aber was konnte ich nur so lange an andre Leute denken, helft mir, rathet mir, wie soll ich nur zu meiner klosterhaft versperrten Geliebten kommen. Wart, es fährt mir wie Feuer durch die Seele, herrlicher Gedanke, ich stecke das Schloß in Brand, ich stürze hinein, ich trage sie aus den Flammen, und fort, fort mit ihr in den Wald, niederknie ich vor ihr auf den blühenden Rasen und bete sie an, ach und sie verzeiht mir.

Sarmiento. Nein, Herr, sie verzeiht euch nicht.

Lope. Nicht? Das wäre fatal!

Aquilar. Du bist ein Narr!

Lope. Die Liebe soll ihre Narren haben. Ich weiß keine andere Hülfe, ach und es preſſirt gewaltig. Kommt, kommt ins Freie, rathet mir auf dem Spazier-gang, aber dort hinaus, nach Sonnenaufgang hin, wo sie wohnt, laßt uns gehen.

Sarmiento. Ich begleite euch.

Aquilar. Du wirst die Luft in ein Meer von Seufzern verwandeln. (alle ab.)

Dreizehnter Auftritt.

Valerios Wohnung.

Valerio (allein). Ich bin wie ein kleines Kind, das alles verspricht, wenn es bitten hört, aber wenn es endlich den bunten Tand hingeben soll, fängt es an zu weinen. Das kleine Haus hier soll ich verlassen, ach es ist ganz mit mir zusammen gewachsen, wie ein Schneckenhaus, und ich glaube, ich werde anderswo kein Wort zu reden wissen.

Vierzehnter Auftritt.

Valeria. Valerio.

Valeria. Vater, was fehlt euch, ihr geht so unruhig im Hause herum, sucht ihr etwas? wenn ihr nicht
ruht, kann ich auch nicht zufrieden sein. Kommt, setzt 5
euch, ich will euch Etwas vorlesen, das euch gewiß erfreuen soll!

Valerio (legt die Hand auf seinen Lehnstuhl). Ach diesen
treuen Sorgentheiler, auch diesen!

Valeria. Ihr seid so bang, so geheim, o verbergt 10
mir nichts.

Valerio. Komm, setze dich zu mir her, meine liebe
Valeria, auf deinen Schemel. (sie setzt sich zu seinen Füßen.)

Valeria. Väterchen, nun sprich!

Valerio. Denkst du noch der langen Abende, als 15
unser Land zuerst von dem Feinde überschwemmt wurde,
da saßen wir oft zusammen, und Porporino, und ihr er-
heitertet meine trüben Blicke mit Gesang und Gebet! Ach
du warst doch immer mein Glück allein.

Valeria. Ei, lieber Vater, ich will es auch künftig 20
allein bleiben, es wird alles wieder gut werden, seht ich
habe Porporino schon so viel lieber — o er ist ein vortrefflicher Junge, er hat ein wunderhübsches Lied gemacht.

Valerio. Ein Lied?!

Valeria. Ja, und zwar auf unsern allerbesten 25
Freund, auf den Lord Wellington.

Valerio. O das lies mir vor, das ist ein rechter
Ehrenmann; und ich bete alle Tage vor ihn, aber lies
hübsch klar und ruhig und deutlich, und mach mir nicht
solche Faxen vor, die ihr heut zu Tage deklamiren nennt. 30

Valeria. Ich kanns auch nicht leiden, es klingt
entsetzlich hoffärtig. Hört, ich will recht vernünftig lesen.

Spanier, den Becher kränzet,
Stoßet an im hohen Ton,
Daß es klinget, daß es glänzet   35
Für den hohen Wellington.

Wellington, die Wellen tönen
Wogend dich aus Albion,
Und Hispanien, dich zu krönen,
Treibet Lorbeerhaine schon.

Was wir in dem Herzen tragen
Hohes Wort Victoria!
Hast du aus dem Feind geschlagen
Siegend bei Vittoria.

Und dann laßt uns jubelnd trinken
Für der Brüder heilge Schaar,
Nimmer wird die Schwelle sinken,
Kämpfen wir am Hausaltar.

Nimmer auf des Herkuls Säulen
Baut sich fremder Herrschaft Thron,
Vor Gibraltars Fels, dem steilen,
Steht der David Wellington.

Hoch schon auf den Pyrenäen
Sucht der Schleudrer seinen Stein,
Und kein Feind bleibt vor ihm stehen,
Scheinet gleich der Gegner klein.

Aber groß ist nicht, wer viele
Wie ein Xerxes überschifft,
Groß ist, wer zu heil'gem Ziele
Mit gerechtem Wurfe trifft.

Groß ist nicht, wer breit und lange
Schatten in die Welt hinstreut,
Vor der Sonne Untergange
Wächst der Schatten allezeit.

Seht, wie Josua begehrte
Einst der Sonne Stillestand,
Hat der Held mit frommen Schwerte
Spaniens Sonne auch gebannt.

Und wie einst die Mauern sanken
Vor Posaunen Gideons,
Sehn wir alle Vesten wanken
Vor dem Siegsschall Wellingtons.

Trinket, singet, hoch soll leben
David, Josua, Gideon,
Und die Pyrenäen heben
Dir ein Denkmahl, Wellington.

Valerio. Vortrefflich, vortrefflich — aber sieh, das
ist noch schlimmer, das hör ich morgen auch nicht mehr.

Valeria (steht auf). Ei, warum nicht, ich lese dir es
morgen wieder. Wie seid ihr nur!

Valerio (steht). Ach du warst sonst immer mein
Glück allein, und nun habe ich mein Glück auch selbst
gemacht. Sieh, ich bin Haushofmeister auf dem Schloße
Sarmientos geworden, heute muß ich schon hin und kann
dich nicht gleich mitnehmen.

Valeria. Hier sollt ihr weg, wir sollen hier weg?
Ach Vater, können wir nicht hier bleiben? und ich soll
allein bleiben jetzt? — Wann soll ich euch nachkommen,
Vater?

Valerio. Porporino holt dich in zwei Tagen, aber
hilf mir einpacken. Es ist ja unser Glück!

Valeria. Unser Glück! wohnt es nicht hier?

Valerio. Nein — und sieh, es ist auch besser,
Don Lope hat dich so ins Gerede gebracht! (er zieht den
Koffer herein, der vor der Thüre steht.)

Valeria. Der dumme Koffer ist mir recht zuwider!

Valerio. Du hast recht, ich glaubte auch, ich hätte
kein Einpacken mehr nöthig als mein eignes Eingepackt=
werden in den engsten Koffer zur ewigen Reise, ach in
so einen leeren Koffer kann man gewaltig viel hinein=
denken, bis er voll ist, und am Ende bleibt doch noch
Platz für einen selbst. — Nun aber habe ich alles über=
legt, was ich mitnehme, vor allem alle Erinnerungs=
stückchen, meine Brautkleider, die Hemden, die mir die
Mutter machte, die Krausen von dir, denn ich will dort
gewissermaßen nicht dort, sondern immer in diesen Hemden
und Krausen stecken, dann krieg ich kein Heimweh. — Die
Kleider und Sachen, der Mutter schenke ich dir nun alle,
und du kannst in deiner Einsamkeit alle die alten Hauben,

Pallatine, Andriannen und Fantangen der Reihe nach
anlegen und vor dem Spiegel mit herumspazieren, viel=
leicht zerstreut dich das.

     Valeria. Ach lieber Vater, seid nicht so freundlich,
5 das macht mich immer trauriger. Kommt, helft mir nun
eure Sachen ordnen! (beide ab.)

Fünfzehnter Auftritt.

     Porporino (allein, legt einen weiten Rock auf den Stuhl).
Lope hat einen Mahler und einen Schneider bestellt, beides
10 will ich sein, er soll mich nicht kennen. Unter dem An=
messen will ich ihm Valerien loben und ihn dabei ein
wenig quälen. Ei, Sennor, welche seine Beine, werde ich
sagen, recht von der feinsten Sorte, alle Hochgebohrnen
Herren haben solche, nämlich wie die Störche! (während
15 diesen Worten warf er seine Uniform an die Erde, entblößte seinen Degen,
dessen Schärfe er neugierig an der Hand probirte; da er sich verkleiden will,
hört er Valerien kommen.) Verdammt, man überrascht mich.
— Wart. (Er legt sich in den Koffer und zieht den Deckel zu.)

Sechzehnter Auftritt.

20   **Valeria. Porporino** (im Koffer).

     Valeria (zieht einen Korb mit Wäsche und Kleider herein). Der
Vater meinte immer, ich arbeite nicht, wie wird er sich
wundern, wenn er die viele schöne Wäsche findet, die ich
ihm heimlich genäht habe. — Ach, was ist das? Por=
25 porinos bloßer Degen, sein Rock hier an der Erde —
(sie öffnet, Porporino rührt sich nicht) o Himmel, Porporino, o
erschreck mich nicht — ach Himmel! bist du todt, o Por=
porino — ach er rührt sich nicht — ach er ist vielleicht
todt, Gott, was ist das vor eine Welt!
30   **Porporino.** Ja, wegen der Welt stieg ich auch in
den Koffer, komm liebe Valeria, verlasse die böse Welt,

komm .in den guten Koffer oder erwecke mich wenigstens mit einem Kuß von den Todten.

Valeria. Aber sei artig!

Porporino (springt heraus). So, nun bin ich aus dem Grabe erstanden, man kann nicht artiger. (er zieht den Verkleidungsrock an.)

Valeria (kniet vor dem Koffer und packt). Aber was soll nur die tolle Verkleidung?

Porporino. Lope hat einen Mahler bestellt, du weißt, ich kann ein wenig mahlen. Gewiß will er ein 10 Frauenzimmer mahlen lassen.

Valeria. So? weißt du nicht wen?

Porporino. Er hat auch den Schneider bestellt, der werde ich auch sein, da werde ich ihn unterm An= messen ausforschen und ihm immer von dir erzählen. 15

Valeria. Aber sprich nicht, daß er etwa glaubt, ich hätte eine Liebschaft mit dem Schneiderburschen.

Porporino. Behüte der Himmel! weißt du, daß ich morgen verreise, Valeria?

Valeria. Ach, ich werde ganz allein bleiben, es 20 thut mir recht leid — lieber Porporino, ich bin dir recht gut, ich hätte nie gedacht, daß du so schöne Kleider machen könntest; aber sage mir doch, wegen wem sind alle die plötzlichen Anstalten?

Porporino. O Valeria, wenn du so freundlich bist, 25 kann ich nichts verschweigen. Sieh, Lope ist in Donna Isidora verliebt, er und Aquilar werden verkleidet nach Sarmientos Gut gehen, Valerio und ich sie dort empfangen, um sie vor tollen Streichen zu hüten. Denn der fremde Edelmann, mein Freund — 30

Valeria. O sage, wer ist das eigentlich?

Porporino. Eigentlich, eigentlich! Don Sarmiento selbst, der alles dies veranstaltet, nun habe ich alles aus= geschwätzt, nur verrath mich nicht und gieb mir meinen Lohn. 35

Valeria. Lieber guter Porporino! (sie umarmt ihn.)

Porporino. Lebe wohl!

Valeria. O ziehe mir den schweren Koffer hinaus.

Porporino. Ach lägst du doch darin, ich trüge ihn so leicht, so schwer, als mein Herz. Leb wohl! (er zieht den Koffer hinaus.)

Siebzehnter Auftritt.

Valeria (allein). Alles das dreht sich um mich, mich hat man allein vergessen, so will ich dann das Meinige allein thun; Alles will ich vergessen und mich um alle herum drehen, und sie sollen mich vermissen, wenn sie 10 mich haben. (ab.)

Achtzehnter Auftritt.
(Lopes Stube.)

Lope allein, dann Diener.

Lope (tritt ein). Vortrefflich, der Handel sei gewagt, 15 als Pilger gehn wir hin, wenn nur der Schneider käme, statt der Trauerkleider muß er mir Pilgerkleider machen.

Diener. Sennor, der Mahler und der Schneider.

Lope. Den Mahler brauch ich nicht, der Schneider mag kommen.

20   **Diener.** Einer allein, das geht nicht, sie sind an einander gewachsen, sie sind ganz einig und eins.

Lope. So laß den Hermaphroditen hereintreten.

Diener (ab).

Neunzehnter Auftritt.

25   Lope. Porporino.

Porporino (im Schneiderrock mit einer Perücke, Maaße, Faden am Ermel stecken, Scheere, Pinsel, Palette in der Hand, Staffelei und Elle unterm Arm. Verbeugt sich und stellt seine Sachen in Ordnung).

Lope. O du zweideutige Allianzkunst gefällst mir. 30 Ihr seid ein Ziegenbock, dem man einen Pinsel inokulirt hat, entweder weil ihr in der Mahlerkunst nur Böcke

machen könnt, oder weil ihr in der Schneiderkunst ein
Pinsel seid. Ihr seid ein Mann, wie eine Gabel mit
zwei Zinken, gut gespalten, wie kommt ihr zu dieser
Zweieinigung, schneiderischer Mahler oder mahlerischer
Schneider!   5

Porporino. Ich merkte als Mahler, daß die
Menschen immer mehr zu Röcken würden, da ergriff ich
die Schneiderei, ihr glaubt nicht, wie das hilft, das Eckichte
rund und das Platte erhaben zu machen. Und da das
Gefühl bei einem gefühlvollen Schneider ebenso von den 10
Fingerspitzen nach dem Herzen strömt, wie bei einem ge=
fühlvollen Mahler von dem Herzen nach den Fingerspitzen,
so messe ich den Damen immer erst Schnürleiber an, ehe
ich ihnen Leiber mahle.

Lope. Ihr seid eine rechte Wechselwirthschaft und 15
habt eine Zirkulation in euch wie ein Sparofen, kann
man euch ein Portrait diktiren? —

Porporino. Wollt ihr ein bewegliches Kunstwerk,
wie viele von meiner Arbeit als Menschen hier hinein=
gehen, ja selbst Liebe, Freundschaft, häusliches Glück und 20
derlei menschliche Empfindungen genießen, so stellt euch als
Skelett und diktirt mir in Maaß und Scheere. —

Lope. Ihr seid boshaft, aber witzig, werdet nur
nicht aber=witzig. Nein, setzt euch an die Staffelei, brauchet
eure Elle als Mahlerstock, ich will euch das Portrait 25
einer Dame diktiren und sehen, was ihr herausbringt. —

Porporino (sitzt zu mahlen). O gewiß was Liebes —
In welchem Style —

Lope (geht diktirend auf und ab). Im maimonatlichen —
feines, sanft geründetes Köpfchen, meine Geliebte —   30

Porporino. Feines, Komma, geründetes Köpfchen,
Parenthesis, meine Geliebte, klaudatur, Ausrufungszeichen.

Lope. Seid ihr toll, keine Interpunktion, und nicht
deine Geliebte, sondern meine!

Porporino. Keine Interpunktion, also kein Schön= 35
pflästerchen, keine Sommersprossen, verzeiht, es ist wahr,
der Mai hat wohl Sprossen, aber keine Sommersprossen.

Lope. Macht mich nicht irre! — zarte rothe Wangen, kleinen Mund — etwas schwermüthig — die Oberlippe etwas geschürzt — halb schmollend, halb küssend — braune Augen, glänzend — verliebt und fromm — schwarze Locken, hoher, doch voller Hals!

Porporino. O um daran zu leben und zu sterben!

Lope (schneller). Jugendlicher, keuscher, züchtig ver= hüllter, von der Ahndung des wunderbaren Lebens kaum bewegter —

Porporino (unterbrechend). Halt, halt, da ist gut weilen.

Lope (in der Extase). Busen der Diana! O du, grad ausgestreckt auf der linken Seite, mit gefalteten Händen, schlummernd, o alle Engel als Träume um dich!

Porporino (aufspringend). Nein, da stehen meine Künste am Berg, ein Portrait, gradausgestreckt auf der linken Seite, schlummernd, mit gefalteten Händen und Träumen und Engeln — das ist gegen alle Regeln der Anatomie!

Lope. Das letzte gehört nicht dazu — weist her — das ist sie nicht — doch was ist das, das Bild gleicht Valerien dellos Merzas.

Porporino. Ich habe getreu nach meiner Elle nach= geschrieben wie ihr diktirtet, laßt uns alles wiederholen.

Lope. Nein, nein — messet mir Pilgerkleider an, es ärgert mich, daß ihr grad diese getroffen.

Porporino (mißt). Es wundert mich, daß ihr so ungern von Valeria sprechen hört, sonst pflegen die galanten Herrn ihr doch nicht gram zu sein.

Lope. Ihr seid sehr vermessen!

Porporino (scheinbar nicht verstehend). Sorget nicht, mein Maaß trifft zu, ich habe mich noch nie vermessen. (sieht noch.) Richtig, nur etwas schwächer als Herr Porporino (vermessend). er könnte sich mit euch messen. Er geht auch der Valeria nach, o die wäre für keinen König zu schlecht. Ja, ein solches Mädchen zu verlassen, das wäre schändlich, erst die Ruhe genommen, dann den Ruf genommen —

Lope (zornig wegspringend). Höllenhund von einem
Schneider, haltet das Maul.

Porporino (sich erschreckt stellend). O ich wollte euch
zerstreuen, damit alles nonchalanter sitze.

Lope. Zerstreuen, gedoppelter Dieb, alle Adern ₅
treibst du mir auf. — Fort, fort — oder ich reiße dich
in zwei Stücken und schlage den Schneider mit dem
Mahler zu todt. —

Porporino. Das wäre gefährlich, verzeiht, wenn
man Pilgerkleider anmißt, berührt man leichtlich das ₁₀
Gewissen. (ab.)

Zwanzigster Auftritt.

Lope, allein.

Lope (nach dem Bilde sehend.) Verdammt, der Schelm
hat das Bild nur herausgewaschen, es war mit Wasser= ₁₅
farbe gedeckt. O Valeria, du bist doch ein schönes zierliches
Wesen — aber nie will ich dir Rechenschaft über meine
Untreue geben, denn nur deine Ehre, deine Zucht habe
ich verlassen müssen. O es ist doch etwas heiliges um
die Laune, ein sogenannter Charakterheld hätte dich ver= ₂₀
führt, der Humorist verläßt dich, um dich Unschuldige
nie zu vergessen. — Was ist dies, die Unterschrift —
Porporino pinxit — o du Schelm, er war die falsche
Dublone, die mich betrogen — er rührt sich in seiner
Liebe — auch ich, auch ich — fort zu Isidoren! (ab.) ₂₅

Ende des zweiten Aufzugs.

Dritter Aufzug.

Eine Art Esplanate vor Sarmientos Landhaus, welches überm
Thore einen Balkon hat.

Erster Auftritt.

Valeria, allein.

(tritt wandernd als Mohrin verkleidet mit Laute und einem Bündel auf. sie
lehnt sich an einen Baum.)

Ach, wie schnell war ich hier, es war als verfolge
man mich, wenn ich über einen Bach schritt und mein
schwarzes Bild sah, trieb es mich mit Gewalt vorwärts,
als triebe mich ein böser Geist. Aber so ists nicht, nein
so ist es nicht, ich habe alles weiße nach innen gedreht
— man kann mich nur noch am Herzen kennen. (sie steht
in den Taschenspiegel.) Ich bin doch nicht häßlicher, und
komme mir schöner vor; die Liebe macht alles schöner.
Lope, auch dich wird sie schöner machen. — Aber auch
Porporino ist schöner geworden. Lope, ich werde deine
Geliebte sehen, und wenn ihr Herz von Gold ist, stehle
ich es wie ein Rabe und bringe es dir — Herrje mein
Vater!

Zweiter Auftritt.

Valerio. Valeria.

Valerio. Wer plaudert da —
Valeria. Ein armes Mohrenkind suchet Dienst in
diesem Schloß. Meine vorige Herrschaft, eine Edeldame,
verstieß mich, weil sie glaubte, ich stehe ihr bei ihrem
Liebhaber im Licht.
Valerio. Du bist freilich schwarz genug, eine
Alltagsdame in Schatten zu stellen. Du gefällst mir gut,
du wärst mir ein angenehmer dunkler Hintergrund meiner
Melancholie. Jetzt aber verstelle dich ein wenig, es wird

ein Leichenzug hier aus dem Hause kommen, wenn er
vorüber ist, bringe ich dich hinein, du schöne Trauer.

Valeria. Ist jemand hier gestorben?

Valerio. Nein, es ist nur jemand hier sehr alt
geworden, es ist eine alte Dame, die verreist, und ihr
grober Haushofmeister, der sie begleitet; wenn sie fort
sind, bin ich mit den zwei lieblichsten Fräuleins allein,
und bei denen kannst du dich leicht einschwärzen. — Still,
ich höre die Glocke — verstecke dich. (Valeria geht bei Seite.)

Dritter Auftritt.

Vorige. Donna Juanna (von zwei Dienern im Tragsessel
herausgetragen im abentheuerlichsten alten Hofkostüm). Perez (etwas
betrunken, hält ihr den Sonnenschirm über den Kopf).

Juanna (gegen Valerio). Nun, hat er einen Ladstock
im Rücken, kann er sich nicht beugen? Sind die Maul=
thiere am Ende der Esplanate? ist die Sänfte geräuchert?
ist das Kissen, worauf meine Katze zu ruhen kömmt, mit
Baldrian gefüllt? und mein Sitzpolster mit Lavendel?

Valerio. Alles zu Euer Herrlichkeit Diensten von
eurem unterthänigen Knecht, welcher jetzt dero traurigem
Abscheiden condolirt und dann die Thore schließen wird
in diesem Hause der Trauer und der Dunkelheit. (er ver=
beugt sich, stößt an Perez, dessen Schirm über Juanna niedersinket.)

Juanna. Es ward mir soeben ganz dunkel aus
Trauer vor den Augen. Perez, sind meine Kousinen auf
dem Balkon, meiner Abreise die Pflicht kindlichen Beileids
zu entrichten?

Perez. Soeben erscheinen die tugendhaften Fräu=
lein auf dem Balkon, den Tribut der wärmsten Hoch=
achtung zu zollen.

Vierter Auftritt.

Vorige. Melanie, Isidora (auf dem Balkon).

Juanna. Setzt mir meine Trauerbrille auf, Träger,
wendet mich nach der Ansicht des Schlosses. (man thut dies.)

Dios! Isidora, wie halten Sie sich wieder, so ohne alle
Grandezza in der Gegenwart meiner Abwesenheit — Sie
werden einen Höcker haben, wie ein Dromedarius, wenn
ich zurückkehre, da Sie jetzt schon anfangen, aus den Fugen
5 aller adlichen Grazie zu kommen — und Sie, Melanie,
wie fassen Sie das Thränentuch mit beiden Fäusten wie
ein Biskayer den Honigtopf. Ist das eine Traurigkeit,
eine Kondolenz von Stande? Sie würden eine impitoyable
Rolle bei dem Absterben einer Königin Frau Großmutter
10 Majestät spielen. — So! — Das läßt sich sehen —
haben Sie nicht vergessen, wie Sie die Zeit bis zur
Ankunft dero interimistischen neuen Gouvernante zu=
zubringen haben?

Isidora, Melanie. Nein, werthe Sennora!

15 Juanna. Nein? schlechtweg nein? mit wem reden
Sie, haben Sie einen Dienstboten vor sich?

Isidora, Melanie (sich tief neigend). Euer Herrlichkeit
erlauben zu Gnaden, wir haben dero weise Lehren in
getreuem Andenken.

20 Juanna. So empfehle ich Sie dann in den Schutz
des Allerhöchsten. Nach einer Stunde lassen Sie Ihre
Trauer gelinde abnehmen; gegen Abend können Sie
sich derselben wieder, doch mit mäßiger Impetuosité,
etwas überlassen. Auch ermahne ich Sie nochmals,
25 Hochspanisch dabei zu klagen, denn erhabne Sentiments
sollen in sublimen Expressionen ausgedrückt werden, dieses
ist das Fundament einer wohlverstandnen Etiquette und
zivilen Sitten=Politique! — Leben Sie wohl — Marsch
(man trägt sie ab).

30 Isidora, Melanie (sich neigend, etwas die Hände ringend).
O Sie, Vortrefflichste, verlassen uns.

Juanna (in der Scene.) Scharmant, scharmant, voll
Noblesse, retire wu!

Isidora, Melanie (treten zurück, erscheinen aber gleich wieder).

35 Valerio (zu Valeria). Schnell komm hervor, auf den
schwülen Hundstag, du liebliche erquickende Nacht, und lock
mit den Lautenklängen die schönen Damen ans Fenster.

Valeria (klimpert auf der Laute).

Isidora, Melanie (erscheinen am Fenster).

Valeria. O Gott, wie ist Isidora schön, o ich trete mit Freuden zurück.

Melanie. Welche artige Mohrin, o tanze Mädchen. 5

Isidora. Nein, singe lieber, du bist gewiß müde von der Reise.

Valeria. Ich will singen; aber kommt doch ein wenig herunter in den Sonnenschein.

Melanie. Gehen wir, Isidora!   10

Isidora. Wenn du es wagen willst, so gehe, ich fürchte, die neue Gouvernante könnte zürnen uns unten zu finden.

Melanie. Ich kann dem Lusten nicht wiederstehen, einmal vor der Thüre zu sein. (sie läuft vom Balkon.)   15

Valeria (fingt zur Laute).

Wenn die Sonne weggegangen,
Kömmt die Dunkelheit heran,
Abendroth hat goldne Wangen
Und die Nacht hat Trauer an.   20

Seit die Liebe weggegangen,
Bin ich nun ein Mohrenkind,
Und die rothen, frischen Wangen
Dunkel und verloren sind.

Fünfter Auftritt.   25

Vorige. Isidora (oben). Melanie (unten).

Melanie. Sieh da bin ich, aber wie kommst du hierher, und wie heißt du?

Valeria. Ich heiße Flammetta, ich habe keine Aeltern und keine Herrschaft, o nehmet mich in eure 30 Dienste, ich werde euch getreu sein, wie euer Schatten.

Valerio. Ja nehmet den kleinen Widerspruch auf, sie hat keine Eltern und ist also eine schwarze Waise. Sie heißt Flamme und will euer Schatten sein; ich habe schon mit ihr gesprochen, sie scheint mir so gut als schwarz zu sein. —

Isidora. Was kannst du denn, Flammetta?

Valeria. Singen, tanzen, nähen, sticken, alles, alles 5 kann ich.

Melanie. Wir können aber keinen Lohn geben.

Isidora. Wir wollen alles mit dir theilen.

Valeria (vor sich). Ach auch Don Lope! — (laut) Dank, herzlichen Dank!

10 **Melanie.** Nun singe dein Lied aus!

Valeria.

> Weil die Nacht muß tief verschweigen
> Alle Schmerzen, alle Lust,
> Müssen Mond und Sterne zeigen
> Was ihr wohnet in der Brust.
>
> So die Lippen dir verschweigen
> Meines Herzens stille Glut,
> Müssen Blick und Thränen zeigen,
> Wie die Liebe nimmer ruht!

0 **Isidora.** O Melanie, geschwinde herauf, die neue Tante kömmt, ich höre die Maulthiere läuten. Nimm Flammetta gleich mit, als wäre sie immer bei uns gewesen.

Melanie. Komm, komm, liebe Flammetta!

Valeria. O wie seid ihr gütig. (mit Melanie ab.)

15 **Valerio.** Die kleine Schwarze gefällt mir ungemein, ich will sie mir abrichten, sie muß mich trösten, bis ich meine Valeria wieder habe.

Sechster Auftritt.

Isabella, Porporino, Valerio.

20 **Porporino** (als Arzt von der Reise kömmt mit Isabellen aus der Esplanate).

Valerio. Willkommen, willkommen, Sennora, es erfreut mich eure gesunde Ankunft. —

Isabella. Ihr seid gewiß Valerio, von dem mir Don Sarmiento erzählte.

Valerio. Zu dienen, Sennora!

Isabella. So wisset dann, daß ich von dem ganzen Plane. Sarmientos genau unterrichtet bin, sobald ich meines Freundes Töchter umarmt habe, lasse ich euch sagen, was in unsrer Intrigue vor allem zu thun ist. 5

Valerio. Soll ich die Sennora hinauf begleiten?

Isabella. Des bedarf es nicht, ich freue mich die guten Mädchen, die ich als Kinder gelannt, recht heimlich zu überraschen; und ihr und Porporino werdet euch auch manches zu sagen haben. Auf Wiedersehen. (ab ins Schloß.) 10

Siebenter Auftritt.

Valerio. Porporino.

Porporino. Nun wie geht es dem Haushofmeister?

Valerio. Ich habe kein Haus und Hof als zu Sevilla, und daran denk ich den ganzen Tag. 15

Porporino. Und ich, der Leibarzt, habe keinen andern Leib als meinen eignen, an welchen ich auch den ganzen Tag denke, außer an die verdammte Perücke, die mir viel Kopfbrechens kostet. Es ist aber ordentlich recht melancholisch hier, nicht wahr Valerio, so recht still. 20

Valerio. Eine gute Haushaltung, alles an seiner Stelle, im Hause pfeifen die Hausmäuse, hier pfeisen die Feldmäuse. Nimm nur deine Perücke in Acht, daß die Hausmäuse dir kein Mäusehaus daraus machen.

Porporino. Ja es mag hier wohl heißen, wenn 25 die Katze nicht zu Hause ist, tanzen die Mäuse auf den Tischen herum, das Haus scheint seit Don Sarmientos Abwesenheit recht verwildert; was das Gras hier im Garten so hoch steht.

Valerio. Heute Nacht konnte ich gar nicht schlafen, 30 ich dachte immer nach Sevilla, es pfiff da eine von den vielen Mäusen so vertraulich, grade wie die in meiner Kammer zu Sevilla, es war als sei sie mitgezogen, ich war recht gerührt.

Porporino. Ach ich kenne sie recht wohl — die wird jetzt auch recht allein sein.

Valerio. Valeria hört sie nun, dachte ich immer.

Porporino. O die hört jetzt Kirchenmäuse — habe
5 ich es euch denn nicht gesagt, das Haus hat sie verschlossen, und ist zu eurer Base ins weiße Kloster.

Valerio. Brav, das hat sie gut gemacht, schau was das Kind auf Ehre hält. — Aber sieh, da kömmt die artige kleine Mohrin, die wir soeben in Dienst genommen.

10 ### Achter Auftritt.

Vorige. Valeria.

Valeria (kömmt mit einem Billet).

Porporino. Der Brief in deiner Hand ist weiß auf schwarz, und er selbst schwarz auf weiß.

15 Valeria. Hier, Herr Haushofmeister, von Donna Isabella.

Valerio (liest). „Don Lope und Aquilar werden, da es bereits dämmert, bald ankommen, Porporino soll im Gebüsche herumstreichen, um sie gehörig zu empfangen;
20 ihr Valerio aber kommt zu mir herauf, um noch manches zu verabreden." Wohlan, thue das Deine, Porporino.
(ab ins Schloß.)

Porporino. Ich gehe auf den Anstand, du schöne Dämmerung hast mich darauf beordert. (ab in die Scene.)

25 ### Neunter Auftritt.

Valeria, allein. O Gott, ich weiß, Lope ist für eine andere, ich fühle, daß ich ihn von ganzer Seele Isidoren gönne, und doch pocht mein Herz, bald ist er hier, o wie liebenswürdig ist Isidora, wie klug, wie tief fühlend, wie
30 war sie gerührt, als ich ihr oben das Verhältniß Lopes mit mir erzählte, als sei es die Geschichte einer meiner Freundinnen.

Zehnter Auftritt.

Isidora. Valeria.

Isidora. Flammetta!

Valeria. Mein gnädiges Fräulein!

Isidora. Was du mir oben von Valeria erzähltest, hat mich so wunderlich gerührt — ich muß dich noch um etwas fragen. Sage, liebte wohl Lope Valeria jemals wirklich?

Valeria. Sie glaubte es fest, ja sie ward durch ihn ganz verwandelt, sie war, ehe sie ihn kannte, geringer, und brauchte weniger im Herzen und im Leben. Aber nun ist sie wieder ganz wie vorher, und zufrieden, denn auch ihr habt Don Lope ganz verwandelt.

Isidora. Mein Bruder muß zu viel von mir gesprochen haben, denn ich sah ihn nie.

Valeria. Valeria sagte mir, euer Bild sei in seine Brust, wie ein Funken in ein Kunstfeuer gefallen, und tausend schöne Flammen loderten aus ihr empor, die alle, alle, euren Namen in ihren hellen Zügen kreisten.

Isidora. Die arme gute Valeria! was soll das Spiel mit mir? Das ewige Feuer Gottes kreißt und sprühet nicht, es war früher als die Nacht und zog als Sonn und Mond und Stern am neu erschaffnen Himmel hin.

Valeria. Doch da die Welt aus der Liebe hervor= stieg, war da das Feuer nicht einem Kunstfeuer zu ver= gleichen, das sich in seiner schönen Ordnung in die Planeten entzündete?

Isidora. Doch nie verlosch —

Valeria. Wißt ihr das Ende der Welt, wißt ihr das Ende von Lopes Liebe zu euch? Valeria wird glück= lich, wenn ihr Lope liebt.

Isidora. Wer bist du Mohrenkind? mir ist, als wärest du eine Zauberin, als wäre ich in einem Brunnen eingeschlummert und eine Nymphe sage mir wundersame Träume ins Ohr. Vor wenig Stunden war ich noch allein, und — und jetzt bewegt sich eine fremde Welt in mir.

Valeria. Wenn man vertraut von lieben Dingen redet, so trägt oft das Gespräch wie ein geheimes drittes Leben die Seelen wunderbar empor, ein sprechender ist nie allein, es lebt das Wort, und zwei, die reden, sind immer schon zu drei, der besten Zahl, drum ist die dritte immer eins zu viel.

Isidora. Nein, niemals werd ich Lope lieben, der Valerien getäuscht — wie kann er auch je hierher gelangen — ach ich wollte, ich wäre bei Valeria — an Felix will ich schreiben, er soll mir nie mehr von ihm reden — auch ich will nie mehr an ihn denken, was ich wohl zu oft gethan; ich bin Schuld an Allem.

Valeria. Ihr seid es nicht, seid nicht Schuld an eurer Anmuth, und Lope ist nicht Schuld an seiner Liebe.

Elfter Auftritt.

Vorige. Valerio.

Valerio. Donna Isabella ersucht euch hinaufzukommen und einige Musikalien, die sie euch mitgebracht, mit eurer Schwester zu probiren. —

Isidora. Lebe wohl, Flammetta! Du bist mir sehr, sehr lieb!

Valeria. O daß ich es verdienen könnte.

Isidora (geht ab).

Zwölfter Auftritt.

Valerio. Valeria.

Valerio. Du kleine Silhouette, bleibst wohl noch ein wenig bei mir, denn sieh, jetzt ist mein Sehnsuchtsstündchen, jetzt muß ich mit jemand plaudern.

Valeria. Nach wem sehnt ihr euch denn?

Valerio. Weißt du wohl, wie die Silhouetten entstanden sind? sieh, ein Liebhaber und eine Geliebte

Vierzehnter Auftritt.

Valerio, Valeria.

Valerio. Komm, Kind, ich muß auf meinen Posten.

Valeria. Laßt mich hier, ich verstecke mich, o laßt
5 mich den Handel mit ansehen!

Valerio. Aber nimm dich in Acht, nicht zu plaudern.
(ab ins Schloß.)

Fünfzehnter Auftritt.

Valeria (allein). Er naht, er naht, ich höre seine
10 Schritte, Valeria, deine Liebe steht am Scheideweg, noch=
einmal ihn umarmen, und dann leb wohl, o das ist meine
Rache, o wie ist sie süß, o süße Rache, o vergifte mich
nicht! (sie tritt auf die linke Seite des Theaters)

Sechzehnter Auftritt.

15 ### Lope. Valeria.

Lope. Da bin ich armer Pilger nun, wie arm;
das Haus, das den Gegenstand meiner Gelübde umfaßt,
glänzt mich mit hellen Fenstern, wie mit brennenden
Sternen, an; o die ganze Welt der Liebe liegt zu meinen
20 Füßen! o Isidora!

Valeria (halb laut). O Gott, er ist es, der lang
ersehnte!

Lope. Man spricht, man nennt mich einen lang
ersehnten — unseliges Wort — mich kann man nicht
25 erwarten — ich nannte ihren Namen — entsetzlicher
Gedanke, sie lauert hier — erwartet einen andern! o
Isidora!

Valeria. Er ists, er nennt den Namen der
Geliebten.

30 **Lope.** O Himmel! sie ist es, sie liebt schon, sie
erwartet einen andern, o Hölle!

Valeria (lauter). Geliebter, mein Geliebter, trete näher!

Lope (naht ihr). Wer sollte solchem süßen Ruf nicht folgen.

Valeria (umarmt ihn). O lieber, einzig lieber, theurer 5 Mann!

Lope. O wär ich der, den du in deinen Armen glaubst.

Valeria. Allmächtger Himmel, weh ich bin be=trogen — laßt mich!   10

Lope. Betrogen ja, von dem, der dich umarmen sollte.

Valeria. Laßt mich, laßt mich — so will ich euch verzeihen.

Lope. Um diesen Preis lebt wohl. (er läßt fie.)

Valeria (flieht ins Schloß. ab).   15

Siebzehnter Auftritt.

Lope (allein). Ein Schurke ist der, dem dieser Kuß gegolten, ein Schurke, den du hier erwartet hast. Nie sollst du ihn lebend mehr umarmen, halt, er könnte nahen, ich will ihm wenigstens sein Ziel hier stecken; ja er naht. 20

Achtzehnter Auftritt.

Lope, Aquilar.

Lope (hält ihn an). Zieh, du kommst zu spät zum Lieben, zum Sterben eben recht. —

Aquilar. Bist du toll, ich glaube, du willst mich 25 wirklich verwunden.

Lope. Verdammt, du bist es, Aquilar — o ich bin rasend. —

Aquilar. Bei Gott, das seh ich. — (Gesang und Lauten-spiel im Schloffe.)   30

Lope. O wie zerschneiden diese Töne mir das Herz. —

Aquilar. Die Musik ist sehr angenehm — sei kein Narr, mache daß wir hereinkommen — die Leute gehn sonst schlafen. —

Lope. Schlafen — o sie wird heute nicht schlafen, grab ausgestreckt auf der linken Seite mit gefalteten Händen, wachen wird sie, weinen wird sie. —

Aquilar. Wenn du die ganze Nacht hier solchen Lärm zu machen gedenkst, wird sie freilich nicht schlafen können. Aber es mag gehen wie es will, ich fange meine Verwandlungs=Rolle an. — Hilfe! Hilfe!

Lope (ihn drängend). Stille, stille, der Verräther naht.

Neunzehnter Auftritt.

Vorige, Porporino.

Porporino (kömmt von der rechten Gartenseite).

Lope (hält ihn an). Zieh, Schurke, du kömmst zu spät, mein muß sein, was dir gehörte!

Porporino. Hilfe, Mörder!

Aquilar (reißt Lope zurück). Unsinniger Mensch — halt ein — was treibst du!

Porporino. Ich bin der Arzt des Schlosses, ich komme vom Botanisiren, aber hier erst finde ich das wahre Kraut Galgenmännlein, ihr wollt mir nehmen, was mir gehört, daran zweifle ich nicht — hier herum giebt es durch verlaufenes Gesindel der feindlichen Truppen derlei Liebhaber genug.

Aquilar. Ach mein Herr, verzeiht meinem Freund, wir sind Pilger, wir wurden hier ausgeraubt, ich ver= wundet, gewährt uns ein Obdach, mein Freund hat euch für den Thäter gehalten.

Lope. Verzeiht, dafür habe ich euch gehalten. —

Porporino. Ihr seid beide sehr schnell im Halten, doch danke ich euch mehr dafür, als ihm, denn hättet ihr ihn nicht gehalten, so hätte ich den Tod davon. Doch wartet; ich lasse euch hereinbringen. (ab ins Schloß.)

4*

Zwanzigster Auftritt.

Vorige, ohne **Porporino.**

Lope. Das Schickſal hat alles gut gewendet, ach
Aquilar, was hab ich erfahren.

Aquilar. Du haſt dich in ein Gemählde verliebt 5
und biſt nun auf jeden Schatten eiferſüchtig! Ich habe
aber auch was ſehr dummes erfahren, es iſt ein Arzt im
Schloß, der wird nun immer nach meiner Wunde ſehen
wollen, die ich nicht habe.

Lope. Setze ihm eine goldne Brille auf, ſo ſieht 10
er ſie nicht.

Aquilar. Das Nichtſehen iſt keine Kunſt, es wäre
eine Kunſt, ſie mit allen Glasbrillen der Welt zu ſehen.

Einundzwanzigster Auftritt.

Vorige, Porporino, und Träger mit Tragbahre und Fackeln. 15

Porporino. Wo iſt eure Wunde, mein Herr?

Aquilar. Meine Wunde, meine Wunde — ſie iſt —

Lope. In der rechten Seite. —

Porporino. So gebe Gott, daß ihr links ſeid,
welches auch wohl ſcheint, weil ihr nicht wißt, daß eure 20
Wunde rechts iſt. Träger, legt ihn auf die Bahre!

Aquilar. Auf die Bahre? Ich hoffe, ſo weit bin
ich noch nicht.

Porporino. Fort, fort, wir wollens mit Gott
ſchon ſo weit bringen. 25

Träger (legen ihn darauf).

Aquilar. O Lope, ich werde des Teufels!

Porporino. Kommt Zeit, kommt Rath. —

Lope. Ruhig Fernand, wenn ich nur je des
Engels werde; du biſt ein wahres Bild des Lebens, ein 30
feſtlich Kleid, das ſpäter tragbar wird, und endlich ab=
getragen. —

Porporino. Fort Leute, tragt ihn ab, ich hätte in der Zeit eine Festung und alle meine Schulden abtragen wollen, so langsam seid ihr.

Alle (ab ins Schloß).

Ende des dritten Aufzugs.

Vierter Aufzug.

Lopes und Aquilars Stube.

Erster Auftritt.

Aquilar, Isabella und Lope.

10 Aquilar (ruht auf einem altväterischen Krankenstuhl, ein großes Federbett auf ihm). Isabella (sitzt neben ihm). Lope (sitzt traurig auf der andern Seite und schaut an den Boden).

Aquilar. Meine Verpflichtung gegen eure Güte, Sennora, ist so groß, daß sie unter der Zuthat dieses 15 ungeheuren Federbettes beinah erlieget. Ja meine große Schuld gegen euch, noch belastet durch diesen Pfühl, beängstigt mich dermaßen, daß sich der Druck vom Herzen bereits gegen den Magen zu ziehen scheint. —

Isabella. Eure Wunde wird sich mit der Hilfe 20 Gottes doch nicht inflammiren?

Aquilar. Ich glaube, mit Hilfe eines Koches wird sie nicht affamiren.

Isabella. Ihr habt leider zu viel gegessen.

Aquilar. Ein ganzes Ei —

25 Isabella. Ein ganzes Ei, ein halbes wäre genug gewesen, ihr haltet euch für hungriger als ihr seid —

Aquilar. Ich bin eigentlich so hungrig, daß ich mich gar nicht mehr halten kann, ich werde aufstehen.

Isabella. So werde ich die Fräulein, die euch 30 besuchen sollen, zurückweisen. (will ab.)

Lope (hält sie). O bleibt, Sennora, bleibt!

Aquilar. Um diesen Preis bleibe ich aus galantem Hunger liegen.

Zweiter Auftritt.

Vorige, Isidora, Melanie.   5

Aquilar (will auf). Isabella (hält ihn zurück). Lope (geht Isidora entgegen und küßt ihr die Hand).

Aquilar. O laßt mich meine Pflicht gegen die Damen erfüllen!

Isabella. Meine Fräuleins, entschuldiget den 10 Kranken.

Isidora }
Melanie } (verneigen sich).

Lope (zu Isidora). O wüßtet ihr, wer hier der Kränkste wäre!

Isabella (zu Lope). Mein Herr, zerstreut euch, ihr 15 werdet uns sonst auch noch krank. —

Melanie (zu Aquilar). Ihr befindet euch etwas besser!

Aquilar. Wenn gleich sehr hungrig, doch durch eure gütige Gegenwart sehr gerührt!   20

Isidora (zu Lope). Ist die Wunde eures Freundes bedeutend?

Lope. O die meinige ist tödtlich, seit ich in euren Armen lag, so glücklich, so unglücklich!

Isidora. Ihr raset! o Sennora, dieser Mann ist 25 von Sinnen.

Isabella. Was ist? Der Schreck vielleicht, ein Fieber!

Lope (faßt Isidoren). O schweigt, ihr habt verziehen, um meiner Liebe willen schweigt. —   30

Isidora. Unverschämter, laßt mich, laßt mich!

Isabella (ihr zurufend). Um Gotteswillen, den Arzt, den Arzt!

Isidora (ab).

Dritter Auftritt.

Vorige, ohne Isidora.

Lope. O flieht mich nicht, ihr seid die Krankheit, seid der Arzt. (will nach.)

5 **Isabella** (hält ihn).

Lope. O laßt mich, laßt, ihr versteht mich alle nicht!

Aquilar (springt auf). Gott sei Dank, nun hab ich Luft!

10 **Isabella.** Melanie, halt den Blessirten. Hilfe, Hilfe!

Melanie (faßt ihn schüchtern). Um Gotteswillen, laßt euch halten, ich hielt noch nie einen Mann!

Aquilar. O es ist leicht, versucht es, schönes 15 Fräulein!

Lope (vor sich). Grad ausgestreckt auf der linken Seite, o Engel, ich bin verloren!

Isabella. Ach welche Phantasien, ach wenn der Arzt doch käme.

20 **Melanie.** Der meine ist ganz ruhig, ich laß ihn los.

Aquilar. Dann wird er ein loser Vogel. (umarmt sie.)

Melanie. Himmel, er wird auch närrisch. (läuft ab.)

Aquilar (läuft nach, ab).

25 **Isabella.** Hilfe, Hilfe, der Blessirte entspringt in Raserei. (ab.)

Vierter Auftritt.

Lope (allein). O lauft zum Guckuk alle. Zu ihr allein hat alle Zierde sich gewendet, wie unter dem ge= 30 meinen Haufen scheuen Wildes ein weißer Hirsch mit goldenem Geweih, den eine gute Fee bewohnt, einhertritt, so ragt an stiller Größe sie empor. Und weh mir, einen Andern liebt sie — als mich, und nennt mich einen Thoren!

Fünfter Auftritt.

Lope, Porporino und mehre Diener
(bringen Aquilar gebunden.)

Aquilar. Laßt mich los, oder ich breche euch Arm und Beine. 5

Lope. Ich bitte euch, Herr Doktor, laßt ihn los.

Porporino. Wir wollen ihn immer noch etwas in gebundener Rede sprechen lassen, seine ungebundene Rede könnte sehr grob prosaisch ausfallen; er phantasirt, will uns Arm und Bein brechen, und kann sich nicht rühren. 10 Jetzt werde ich die Wunde untersuchen. (legt abentheuerliche Instrumente auf dem Tisch aus.) Wollt ihr ruhig sein, so laß ich euch los.

Aquilar. Auf meine Ehre, aber laßt die Leute abtreten. 15

Porporino. Geht hinaus; aber auf den ersten Pfiff kommt mir zu Hilfe.

Diener (ab).

Sechster Auftritt.

Vorige, ohne Diener. 20

Aquilar. Ihr werdet mich sehr verbinden, wenn ihr mich nicht verbindet, kurz und gut, macht mir die Hände frei.

Porporino. Davor soll mich Gott bewahren, so lange ihr so sprecht. 25

Aquilar. So bin ich dann zum Hungertod verdammt. O Lope, Lope, die goldne Brille.

Porporino. Goldne Brille!

Lope (zählt Geld auf). Mein Freund ist nicht verwundet, schafft ihm zu essen, versteht ihr? 30

Porporino. Nur fortgefahren, ich habe einen harten Kopf!

Lope. Nun!

Porporino. Verliert die Geduld nicht, ich faß es nachher auf einmal.

Aquilar. Ihr seid dummer, als wir reich sind. —

Lope. Die Wunde sei ganz unbedeutend, werdet ihr sagen.

Porporino. Habt ihr keine Gründe mehr, eure Deutlichkeit ist sehr real. —

Aquilar. Ja, lauter Realen. Eine gute Mahl= zeit sei die beste Hilfe, werdet ihr sagen.

Porporino. Ganz wohl, ihr habt mirs eingeprägt. — (steckt das Geld ein.) Und so sei denn meine chirurgische Operation, daß ich euch entbinde. (bindet ihn los.) Macht guten Gebrauch von der Freiheit. (ab.)

Siebenter Auftritt.

Vorige, ohne Porporino.

Aquilar. Was helfen mir die freien Hände, Lope, ich bin gefesselt, wie du, ich bin verliebt.

Lope (heftig). In wen, in Isidora? sprich, sprich.

Aquilar. Ei da behüte mich Gott vor, das hieße dem Tod in den Rachen laufen — nein in Melanie, aber die Empfindung ist mir nicht recht klar, erkläre mir den Zustand der Verliebtheit ein wenig! ich will bei dir lernen.

Lope. O lieber Freund, wenn du noch lernen willst, so liebst du nicht, wenn du nicht alles weißt und alles vergessen hast, so liebst du nicht. Ist dir nicht, als hättest du in die Sonne geschaut, seit du sie gesehn, ist vor deinen Augen nicht ein schimmernder Fleck, ihr Bild, das mit deinem Auge, wie es sich sehnsüchtig zum Himmel hebt, oder verzweifelnd an die Erde sinkt, hin und her fliegt, nie von dir weichend, und nie doch erreicht. Weißt du nicht alles, was sie mit dir sprach, die nie mit dir sprach, bangt dir nicht, sie zu verlieren, die du nie und ewig doch besessen — Ist es nicht so mit dir, so liebst du nicht.

Aullar. Ich weiß nicht — aber ich glaube, der Hunger meines Magens frißt mir die zärtlichen Gemüthsbewegungen am Herzen weg, und mein Herz, welches leicht zu verführen ist, folgt dem bösen Beispiel des Magens und liebt wirklich Melanie zum Aufessen, ich ⁵ kann nicht anders sagen als ich habe sie freßlieb, ach wäre sie in eine Pastete verzaubert, ich wollte sie erlösen, wie ein Donquixote.

Achter Auftritt.

Vorige, Valeria.   10

Valeria (bringt eine Pastete). Hier die verlangte Arznei aus der Hausapotheke, auf einmal zu nehmen.

Aquilar. Himmel, welche Zauberei, lebe ich in einem Feenmärchen, habe ich den Wünschelhut des Fortunat, oder die Serviette Tischchen decke dich — wohlan, so ¹⁵ schwarz du bist, und wäre die Pastete aus der Küche Plutos, habe tausend Dank. (er setzt sich unterdessen und ißt.)

Lope. Glückliches Mädchen, wie beneide ich dich, du darfst der Schatten der liebenswürdigen Isidora sein. —

Valeria. Ja, sie hat mir alles Licht geraubt! ²⁰

Aquilar. O, o weh, was Guckuk ist das? ein Goldstück in der Pastete? — ich habe mir fast einen Zahn ausgebissen.

Valeria. Es scheint Goldtinktur in der Arznei aus Plutos Küche!

Lope. Sage, schwarze Botin, liebt Isidora schon? ²⁵

Aquilar. Der Teufel, au, ich bin ein Midas worden, die ganze Pastete ist gespickt mit Gold, wie für einen Geizhals zubereitet. Sag Mädchen, weißt du wohl, ob Melanie noch ein freies Herz hat? ich erlaube dir auch hier in meinem Goldbergwerk zu arbeiten. ³⁰

Valeria. Ob die Damen bereits ihr Herz verloren, weiß ich nicht, aber ihr, ihr scheint mir beide gut verliebt, und rathe euch, eure Gefühle schriftlich auszudrücken; denn mündlich habt ihr es ein wenig toll gethan, schreibt, ich hole die Briefe ab. (ab.) ³⁵

Neunter Auftritt.

Vorige, ohne Valeria.

Lope. Ja, ja, wir wollen schreiben, ach wie will ich schreiben.

5   **Aquilar.** Das Gold in der Pastete soll wohl ein honnettes Almosen sein, man hält uns für arme Schelme, schöne Mildthätigkeit, schlechte Freier=Aspekten.

Lope. Dir reicht man Almosen, ach und was mir geworden, läugnet man mir ab.

10   **Aquilar.** Nun läßt mich der Magen zu Wort kommen, und ich frage dich, unausstehlicher Jammerer, was ist dir dann besonders geworden? Du führst seit gestern gewaltig große Rosinen in der Tasche, ich habe eben nicht gemerkt, daß man dich besonders begünstigt.

15   **Lope.** O Isidora hielt mich in ihren Armen, sie hielt mich für ihren Liebhaber, den sie gestern, als wir ankamen, im Dunkeln vor dem Schlosse erwartete, ich nannte sehnsüchtig ihren Namen, sie umarmte mich, er= kannte mich, und floh!

20   **Aquilar.** Das ist freilich ein bedenkliches erstes Rendez-vous, aber warte, ich will helfen — jetzt fort und die Briefe geschrieben, und heute Abend gelauert, hat die Eine einen Freund, so ist die andere auch nicht ohne — wir gehen auf den Anstand. —

25   **Lope.** Wenn es gleich ein wenig gegen den Anstand ist — ich bin dabei. — Jetzt komm ins Kabinet zu schreiben. (beide ab.)

Zehnter Auftritt.
Esplanate.

30   **Isidora, Melanie.**

Isidora. Es ist etwas sehr edles und doch sehr unverschämtes in dem Betragen der fremden Herrn, wie kömmt nur der eine auf die rasende Idee, von mir um= armt worden zu sein?

Melanie. Ich glaube immer, deiner muß durch unglückliche Liebe melancholisch sein, und meiner begleitet ihn, um ihn zu zerstreuen.

Isidora. Deiner? Meiner? Du sprichst wie von Schooßhunden.

Melanie. Ich weiß ja ihre Namen nicht.

Isidora. Ich wollte, sie wären fort, und doch dauert mich meiner.

Melanie. Sieh da! zupf dich bei der Nase, du sagst auch meiner. Ach das deiner und meiner liegt doch gewaltig in der Natur. Aber wir wollen künftig meinen Juan heißen, da können wir ungestört von ihnen reden.

Isidora. Und der, den du meinen nennst, heißt Carlos.

Elfter Auftritt.

Vorige. Valeria.

Valeria. Viktoria, ich habe alles heraus, der eure, Isidora —

Isidora. Sage Carlos.

Valeria. Also Carlos ist durch hoffnungslose Liebe melancholisch, und findet in seinem Wahnsinn euch seiner Ungetreuen so ähnlich, daß er seine ganze Leidenschaft auf euch gewendet, o seid ihm freundlich, mild, so könnt ihr ihn heilen, der Fall ist gar einzig und romantisch.

Isidora (vor sich). Aber sehr gefährlich. (laut.) Ich will es thun, so er nicht heftig wird.

Melanie. Hat meiner, wollt ich sagen Juan, nicht auch so eine Krankheit, die ich heilen könnte?

Valeria. Vielleicht, vielleicht — lest diese Briefe —

Melanie. Ach der ist schwer, geschwind Isidora, öffne: laß mich nicht im Stich, der meine ist voll Gold und offen —

Isidora (hat schon begierig gelesen). Was ist das, schon wieder die abscheuliche Verrücktheit, er habe mich umarmt. Zurück mit dem Briefe. (Giebt den Brief an Valeria.)

Melanie. Zurück mit diesem auch, er ist ein Narr, er schickt mir Gold, er habe es nicht nöthig, auch er preist die Minuten, da ich ihn hielt — nu das ließ sich hören — er hat mich sogar geküßt —

Isidora. Zeig her, die eine Stelle — (liest wieder) fort, fort mit ihm.

Melanie. Ich gehe und schreibe gleich alles an Felix und bitte ihn uns zu Hülfe zu kommen.

Isidora. Ja, schreibe ihm alles, ich will ihm auch etwas dazu setzen.

Valeria, Melanie (gehen ab).

Zwölfter Auftritt.

Isidora (allein). O Gott, wie ist mir, niemals kann ich diese Worte vergessen, ach wie schön kann er schreiben — „Ich lebte nicht, mein Dasein war ein dunkles Meer, da zogst du über mir herauf, du lieber voller, liebevoller Mond, und glänzend strömet mir nun Ebb und Fluth mit deinem Bilde ans bewegte Herz, das trunken wie ein Schwan in seines Sternbild Spiegel selig untertaucht." Ach solche Worte habe ich nie gehört — weh mir, sie treffen mich, mich selbst — Er sieht in mir die, die ihn nicht mehr liebt, und nehme ich diesen Traum von seiner Stirne, sieht er seine Geliebte nicht in mir — wer heilt dann mich!

Lope (hinter der Scene). O weh, unseliger Brief!

Isidora. Er naht, ich fürchte mich, ich muß mich verbergen. (sie tritt hinter die Statue.)

Dreizehnter Auftritt.

Isidora, Lope.

Lope (den Brief in der Hand). Sie las dies ungerührt, hat sie dann kein Herz, dann, dann verwandle mich allmächtiger Apoll, mach mich zur Blume, die ihr kleiner Fuß zertritt. — O Isidora!

Isidora (schüchtern eintretend). Wer ruft?

Lope (läßt den Brief fallen). Gott, Gott, du bist es selbst.

Isidora (hebt ihn auf). Hier euer Brief.

Lope. So gebt ihr zweimal ihn zurück?

Isidora. Er ist ja mein.

Lope. O alles, alles ist euer, nur ich allein nicht:
Ich stehe bodenlos und himmellos, und steige und sinke
als ein trauriger Gedanke!

Isidora. Ihr Unglückseliger, ich bin nicht eure Liebe.

Lope (will sie umarmen). Du, du allein, und keine
sonst auf Erden.

Isidora. O Gott, ihr werdet wieder rasend. (läuft ab.)

Vierzehnter Auftritt.

Lope (allein). Ich bin nicht eure Liebe — ha gewiß,
es ist gewiß, sie hat einen Freund — o soll ich leben,
da ein anderer hat — was ich zum Leben brauche!
(wirft den Brief hin.)

Fünfzehnter Auftritt.

Aquilar, und Lope.

Aquilar (wirft seinen Brief auch hin). Da bin ich auch
und der verfluchte Brief.

Lope. Ich wollte, ich wäre im Himmel, und du
und die ganze Welt.

Aquilar. Diese Engel von Mädchen würden uns
auch dort die Hölle heiß machen. Aber setzt, Freund, laß
uns auf unsern Posten gehn, die Sprödigkeit der Damen
überzeugt mich, daß sie gewiß schon ihr Schäfchen im
Trocknen haben, die Fräulein scheinen gar zu gerne, das
nicht brauchen zu können, was sie beredet haben — es
wird stark Abend — komm, jetzt gehn die Hasen nach
dem Kohl.

Lope. Ich bin dabei, laß uns unsre Degen holen.
(beide in das Schloß ab.)

Sechzehnter Auftritt.

Valerio, Valeria.

Valerio. Nun wollen wir mein Erinnerungsstünbchen 'rn, du sagtest mir heute, du hättest mir ein Lied ge=
cht, das mich recht wie nach Hause zu meiner Tochter
setzen sollte, singe mir es nun.

Valeria. Setzt euch auf die Statue, ich verstecke
ch, als sänge Valeria in ihrer Stube.

Valerio. Warte, ich will mir alles recht deutlich
chen. — Hier diese Bank also wäre die Bank vor
iner Thür in Sevilla, stelle mir einige Blumentöpfe
f das Postament, so meine ich, es seien die vor meinem
nster. — Licht und Lautenspiel im Schlosse stellen das
us des Tanzmeisters Rallero vor, wo Valeria Tanz=
inde hat, und du, komm von dort her, du bist Valeria.

Valeria (parodirend von der Schloßseite hertretend). Guten
bend, Väterchen!

Valerio. Geh hinein, Kind, du bist warm getanzt,
zibe dich um, aber singe mir ein Lied durchs Fenster!

Valeria. Wie du mich liebst, du guter Vater!
htt hinter die Statue.)

Valerio. O der Engel macht es gar zu natürlich.

Siebzehnter Auftritt.

Vorige, Porporino.

Porporino (tritt bei dem Anfange des Liedes auf, und bezeigt
e steigende Bewegung).

Valeria.

> Nach Sevilla, nach Sevilla,
> Wo die letzten Häuser stehen,
> Sich die Nachbarn freundlich grüßen,
> Mägdlein aus dem Fenster sehen,
> Ihre Blumen zu begießen,
> Ach da sehnt mein Herz sich hin.

In Sevilla, in Sevilla,
Weiß ich wohl ein reines Stübchen,
Helle Küche, stille Kammer,
In dem Hause wohnt mein Liebchen,
Und am Pförtchen glänzt der Hammer,
Poch ich, macht die Jungfrau auf!

Guten Abend, guten Abend,
Spricht sie, Vater setzt euch nieder,
Ei, wo seid ihr denn gewesen?
Und dann singt sie schöne Lieder,   10
Kann so hübsch in Büchern lesen,
Ach und ist mein gutes Kind.

Valerio (umarmt sie). Ja, ja, das ist sie —

Porporino (umarmt sie). Ja, ja, mein Liebchen, meine
Valeria ist so.   15

Valeria. Herr Jemine — Herr Doktor, es war
nur Spaß.

Valerio. Haha, es war nur eine Erinnerung.
Porporino, du bist recht drein geplumpt.

Porporino. Erinnerung hin, Erinnerung her, ich 20
gehe jetzt auf der Stelle nach Sevilla und hole Valeria.
Ich habe da auch einen Brief an Don Felix von Isidora
und an Sarmiento von Donna Isabella.

Valerio (giebt ihm einen Brief). Gut, nimm diesen Brief
an Valerien mit.   25

Valeria. Ich will den Herrn Doktor ein wenig
begleiten.

Porporino. Gut, du sollst mich nach Sevilla, nach
Sevilla singen.

Valerio. Nur nicht zu weit Flammetta, und du 30
mache heute Nacht keinen Lärm an der Klosterpforte.

Porporino. Will schon alles gut machen. (ab.)

Valeria (auch ab, mit Porporino).

Valerio (ab ins Schloß).

Achtzehnter Auftritt.

Isidora, Melanie.

Isidora. Flammetta hat hier gesungen, ich hätte sie gar zu gerne gehört — aber sie ist fort.

5 **Melanie.** Unser Juan und Karlos singen doch ganz herrlich, oben, und wie sie tanzen — die Kleider des Don Felix stehen ihnen recht herrlich — ach ich wollte, sie wären hier, und wir wären alle recht einig.

Isidora. Hier — jetzt — nein um Gotteswillen 10 nicht — ich fühlte mich so alle Augenblicke zu vertraut gegen sie, durch die Kleider unsers Bruders — die Gouvernante hätte sie ihnen nicht geben lassen sollen, komme hinauf — Flammetta muß schon oben sein.

Melanie. Ach heute sehn wir sie nicht mehr wieder.

15 **Isidora.** Nein!

Melanie (scherzend). Gute Nacht dann, schöner Juan!

Isidora (ebenso). Gute Nacht, schöner Karlos. (beide ins Schloß ab.)

Neunzehnter Auftritt.

20   **Lope** und **Aquilar** (beide heftig hervortretend.)

Lope. Gute Nacht Karlos, gute Nacht Juan! er=tappt! verfluchte Nahmen!

Aquilar (ihnen nachschreiend). Gute Nacht Isidora, gute Nacht Melanie!

25 **Valeria** (schlüpft vorüber ins Haus und ruft) Gute Nacht!

Lope. Sie grüßen wieder, komm, komm, dorthin nehmen unsre Feinde den Weg. (sie ziehen sich seitwärts.)

Aquilar. Still, ich höre flüstern, vielleicht stellten sie sich nur Abschied nehmend, den Horcher zu täuschen, 30 still! (er lauscht rechts.) Entsetzlich! Hast du den Schlüssel? sagte die eine Stimme. Zu allen Thüren die sich unsrer Liebe öffnen, sagt der Andere.

Lope. Weh! weh! Don Felix, deine Schwestern sind Buhlerinnen bei Nacht!

Aquilar. Göttlicher Gedanke! Fort, fort, Lope,
wir kommen den Herren zuvor, wir wissen ihre Nahmen,
die Mädchen lassen uns ein, wir entlarven die Heuchlerinnen.

Lope. Weh mir! Grad ausgestreckt auf der linken
Seite — o es ist zum rasend werden. — 5

Aquilar. Fort Narr! Grad oder krumm, ich will
es sehen. (beide ab.)

Zwanzigster Auftritt.

Felix, mit der entführten Luzilla.

Luzilla. Die Sprechenden sind weg — ist alles 10
sicher?

Felix. Donna Juanna schläft mit den Schwestern
hinten hinaus, alles ruht, komm!

Luzilla. Da klingt etwas zu meinen Füßen.

Felix. Papiere, Briefe mit Geld — einen an mich 15
erhielt ich im Walde, komm, morgen früh lesen wir Alles.
(beide ab ins Schloß.)

Einundzwanzigster Auftritt.

Die Stube Lopes und Aquilars. Es ist dunkel.

Lope (allein, tritt auf). Aquilar ist nach der Stube der 20
saubern Fräulein, ich hätt' es nicht gekonnt — nichts
interessirt mich mehr auf Erden — ich bin in Eis ge=
taucht — so sind die Weiber. — Ich büße schwer um
dich, Valeria. — (er geht auf und ab.) Ich gehe zur Armee
— ich will sterben. (stößt an einen Stuhl, wirft ihn weg.) Ver= 25
flucht, wer tritt mir in den Weg, das war die Liebe —
Lope, wie bist du! ich will mein Testament machen —
(schlägt Licht.) Wie die Funken sprühen, mit mir ist es aus
— kein Licht zündet sich an mir — da liegt das Testa=
ment des Admirals, da will ich die Formeln absehen. (geht 30
nach dem Kabinett.) Feuer schlagen will ich auf Hispaniens
Feinde, bis kein Stahl und Stein mehr an mir ist. (ab
ins Kabinett.)

Zweiundzwanzigster Auftritt.

Felix, und Luzilla.

Felix (führt Luzilla herein). Hier ist meine Stube, gleich hier neben im Kabinett steht ein Ruhebett, da kannst du schlafen. Ich will gleich zu meinen Schwestern.

Luzilla. O warte bis Morgen, lasse mich erst ausruhn, schone meiner Verlegenheit, du hast mich entführt, ich schäme mich vor ihnen.

Felix. Ich gehe gleich, ich kann nicht helfen.

Luzilla. Du bist verdrüßlich!

Felix. Ich bin halb toll, durch das was wir unten im Garten gehört.

Luzilla. Man sprach schlecht von deinen Schwestern.

Felix. Und darüber verschlafe ich keine Nacht, komm, ich bringe dich ins Kabinett.

Luzilla. Ach halt — es ist Jemand drinn — man spricht — Licht fällt durch das Schlüsselloch.

Felix. Horch!

Luzilla. Dreitausend Duplonen an Valerio, viertausend für Porporino zur Ausstattung — es ist ein Sterbender, man macht ein Testament.

Felix. Mir steht der Verstand still!

Luzilla. Horch — er spricht — o Isidora — o Isidora, wo bist du, o mein süßes Leben.

Felix. Hölle, so wär' es wahr!

Dreiundzwanzigster Auftritt.

Aquilar, Vorige.

Aquilar. O Freund, was hast du versäumt, die Mädchen sind allerliebst!

Felix. Verfluchter Ehrenräuber, zieh!

Luzilla. O Himmel, haltet, haltet ein.

Felix. Was Teufel ist das — Licht — Licht — heraus, Herr Testamentarius. (tritt die Thüre ein.)

Vierundzwanzigster Auftritt.

Vorige, Lope (mit Licht).

Aquilar. Um Gotteswillen! Felix und Luzilla, ich gratulire!

Felix. Ihr, ihr seid hier, Menschen, was habt ihr ⁵ angestellt?

Lope. O Gottes Segen über dich, und Fluch über uns, wir haben deinen edlen Schwestern unrecht gethan.

Ende des vierten Aufzugs.

Fünfter Aufzug.   —   ¹⁰
Esplanate.

Erster Auftritt.

Sarmiento allein.

Sarmiento (kommt von der rechten Seite). Dies ist mein Haus, das viele Jahre ich nicht sah, und noch grüßt ¹⁵ freundlich mir die Schwalbe vor dem Dach! O nieder möchte ich knien, die Erde küssen, sie ist noch grün, noch gastfrei ist dies Haus, unschuldig meine Kinder und gesund. — O Gott, wie dank ich dir, mein Vaterland fand ich ver= heert vom wilden Krieg — doch gute Geister haben meine ²⁰ Schwelle mir geschützt.

Zweiter Auftritt.

Donna Isabella, Sarmiento.

Isabella (ist etwa in der Mitte des vorigen Monologs aufgetreten und hat eine Rose gebrochen). Sarmiento, unsre Rosen blühen noch! ²⁵

Sarmiento. Gott grüße dich, liebes Leben!

Isabella. Und dich auch! Sieh, was der Rosenstock, den ich dort mit dir pflanzte, als ich nach dem Tode deiner Gattin bei dir war, so schön und reich voll Blüthen hängt.

Sarmiento. Er läutet den Triumph unsrer Liebe ein. Aber sag mir, wie stehen unsere Händel?

Isabella. Felix ist heute Nacht mit meiner Nichte angekommen. Porporino hat die Briefe doch bestellt?

⁵ Sarmiento. Ja, sobald er Valerien geholt, kömmt er zu mir dort unten in das Dorf, ich habe schon eine schöne Zahl tüchtiger Leute unter den Waffen, welche mich mit den jungen Herrn zur Armee begleiten˙ sollen. Porporino wird hierher kommen, als verfolge er Luzilla ¹⁰ als seine Braut.

Isabella. Mit deinen Töchtern werde ich mich scheinbar hinweg begeben müssen, die Herrn Freier werden gar zu ungestüm, sie hielten heute Nacht Felix für einen Nebenbuhler und machten einen häßlichen Spektakel, ach ¹⁵ ich wollte, alles wäre erst vorüber.

Sarmiento. Liebe Seele, alles muß so sein, je größer die Verwirrung, desto besser. Sollen wir beide allein dastehn, wie die armen Sünder, habe ich dich nicht auch einst entführt, sind wir nicht heimlich getraut, ich ²⁰ will nicht besser und nicht schlechter als die meinigen er= scheinen, wir wollen keiner einen Stein auf den andern werfen — dann sind wir alle vergnügt in schuldiger Unschuld.

Isabella. O du listiger lieber Freund, komm, ²⁵ stecke die Rose auf deinen Hut — und nimm den Kuß des treusten Mundes.

Sarmiento. Llebe Isabella —

Isabella. Himmel — ich höre deine Töchter, die ich herbestellt habe — treten wir bei Seite — da kannst ³⁰ du sie sehen. (beide ab.)

Dritter Auftritt.

Isidora, Melanie.

Melanie. O Schwester, was habe ich gesehen —

Isidora. Die Gouvernante! ich traue meinen ³⁵ Augen kaum.

Melanie. Sie umarmte einen fremden Mann!

Isidora. Das erklärt mir alles, was wir seit ihrer Ankunft hier erlebt, die ungemessene Freiheit, die sie uns läßt, die abscheuliche Szene mit dem frechen Juan heute Nacht.

Melanie. Du bildest dir entsetzlich viel drauf ein, daß deiner nicht dabei war —

Isidora. Schon wieder den fatalen Ausdruck meiner, ich will nichts wissen von ihm.

Melanie. Ueber den Ausdruck deiner klage nicht, hätten wir ihnen gestern nicht die Namen Karlos und Juan gegeben, so wäre alles gut.

Isidora. Ich kenne dich gar nicht mehr, du bist recht frei geworden.

Melanie. Ach frei, nein, das bin ich nicht geworden — ach!

Isidora. Was seufzest du?

Melanie. Ich sage es nicht eher, bis du auch seufzest.

Isidora. Da kannst du lange warten! — Ach!

Melanie. Da haben wirs — jetzt muß ichs sagen — ach, ich liebe ihn, das spricht sich ganz kurios, wenn man es mir gesagt, es kitzelt einen auf den Lippen, man muß lachen — ich liebe ihn, hahaha! ich liebe ihn, o Isidora, sage es doch auch einmal.

Isidora. Ist es denn so leicht?

Melanie. Ach ganz entsetzlich leicht, ich kann gar nicht begreifen, wie ich jetzt erst drauf gekommen bin.

Isidora. Mir kommt es schwerer vor — und doch muß ich es sagen — ach ich liebe ihn — o Gott, mich macht es weinen.

Melanie. Weinen?

Isidora. O er liebt mich nicht, es ist nur sein Wahnsinn, und wie war Felix heute kalt und hart gegen uns, er sprach von Sittenlosigkeit —

Melanie. Er hat auch noch Ursache den Sitten= prediger zu machen, er bringt eine Entführte bei Nacht und Nebel.

Isidora. Er ist ein Mann!

Melanie. Die beiden Fremden sind auch Männer, ach wenn Juan wollte, ich ließ mich gleich entführen, gingst du wohl mit?

5 Isidora. Still, Isabella —

Melanie. Wir lassen uns nicht merken, was wir sahen!

Vierter Auftritt.

Vorige, Isabella.

10 Isabella. Meine Kinder, wir müssen gleich verreisen —

Isidora. So plötzlich, wir haben nichts in Ordnung.

Melanie. So über Hals und Kopf, das ist unmöglich!

15 Isabella. Wenn meine Mutter mir sagte: verreisen — so waren die Schellen der Maulthiere mir genug Ausrüstung, ja ich wäre gern zu Fuße mitgelaufen — und ihr wollt euch noch zieren, da das Ereigniß mit eurem Bruder, da die Thorheit der Fremden es eurer Ehre 20 nothwendig machen, wenigstens kurze Zeit abwesend zu sein? Ich mag euch sehr gut scheinen, aber über Ehre halt ich streng.

Melanie. O die Heuchlerinn!

Isidora. Unsre Ehre, Donna Isabella, wir kennen sie!

25 Isabella. Ein sehr kühnes Wort, was ist denn Ehre —

Melanie. Sie ist die Zucht von innen wie von außen, welche in der Einsamkeit so erhaben ist, als —

Isabella. Schweigen — (für sich) sie haben mich 30 belauscht. (laut) Ich weiß wohl, warum ihr euch ziert, ihr seid verliebt.

Melanie. Ihr aber seid es wohl nicht? —

Isabella. Was ist das? wie redest du? ich merke, eure Leidenschaft macht euch so kühn. — Nun aber fort, 35 gleich auf der Stelle mit mir fort. —

Isidora. Mit euch? — nun so haben wir wohl einen Begleiter?

Isabella. Einen Begleiter! (für sich) sie haben mich belauscht! (laut) Was meinest du damit?

Isidora. O verzeiht, ich schäme mich. —   5

Isabella. Was habt ihr nur, ziert ihr euch — aha ich merke — o das böse Gewissen! habt ihr noch nie einen Bruder, einen Freund umarmt? ihr habet mich belauscht.

Melanie. Nun, einen Freund haben wir noch nie 10 belauscht, aber —

Isabella. Ihr möchtet es von Herzen gern thun — so folgt mir denn getrost, ihr sollt bald den besten Freund umarmen, den ihr auf Erden habt — wir ver= reisen nicht — ich wollte euch nur erschrecken — kommt, 15 wir wollen Kränze winden und Rosen pflücken zu dem schönsten Fest.

Isidora. O liebe Isabella, nun folgen wir mit Freuden!

Melanie. Ja mit tausend Freuden! (alle drei rechts ab.) 20

Fünfter Auftritt.
Großer Vorsaal, in den mehrere Thüren zusammentreffen.

Felix, und Luzilla.

Felix. Die neue Gouvernante meiner Schwestern ist unser Glück, sie kennt deine Mutter, sie will deine 25 Aussöhnung übernehmen. Aber ich bin bei alle dem in der größten Verlegenheit mit meinen Schwestern, aus den gefundenen Briefen sehe ich, daß hier fatale Händel vor= gefallen, und doch ziemt mir das Predigen in meiner Lage gar nicht. —   30

Luzilla. Weißt du was? stelle ihnen die Fremden sogleich als deine Freunde vor, so löst sich alles schnell!

Felix. Das ist freilich das Kürzeste. (klingelt.)

Sechster Auftritt.

Vorige, Diener.

Felix. Meine Schwestern!

Diener. Die Fräulein sind soeben mit der Gouver=
nante abgereist.

Felix. So rufe die fremden Herrn hierher.

Diener. Ach die sind soeben aus dem Hause hinaus=
gerannt, als ob ihnen der Kopf brennte. Ich brachte das
Frühstück und meldete die Abreise der Damen, da fuhren
sie wie Raketen aus den Federn, zerrten sich um ihre
Kleider, rannten mich mit sammt der Schokolade um, und
liefen unter dem Ausruf: „Einholen, um Verzeihung bitten"
auf und davon. Jammerschade um die schönen Herrn, daß
es nicht ganz just mit ihnen ist. —

Felix. So ist es dann zu spät. Und nun will ich
sogleich zu meinem Freunde, dem Dechant, reiten, damit
wir schon getraut sind, ehe du eingeholt bist. —

Luzilla. O kehre bald, ich bin in tausend
Ängsten!

Felix. Ich reite, was das Pferd verträgt! Leb
wohl! schnell, Bursche, hinab und gesattelt! (ab mit dem Diener.)

Siebenter Auftritt.

Luzilla (allein). Das Entführtwerden ist eine sehr
wunderliche Sache, es liest sich sehr schön in Romanen
davon, aber selbst thue ich es mein Lebtag nicht wieder.
— So oft ich in den Spiegel sehe, erschrecke ich, als wäre
ich schon eingeholt. Ach wenn die Gouvernante nur etwas
bei meiner Tante ausrichtet, die Tante ist gut, aber in
der letzten Zeit war sie stets so geschäftig und sagte immer,
bald werde sie mir einen Mann geben, der so gut sei als
Don Felix. — O Gott, ich höre kommen — vielleicht
sinds schon die Verfolger — ich werde mich zusammen
nehmen.

Achter Auftritt.

Luzilla, Valeria, Valerio.

Valerio. Meine Dame, endlich finde ich Sie.

Luzilla. Mein Herr, ich erwarte, Sie werden die Achtung nicht verletzen, welche Sie meinem Geschlecht und 5 Stande schuldig sind.

Valerio. Ich komme nur, Sie gegen alle fernere Gewalt und Ansprüche in Schutz zu nehmen.

Luzilla. Dies ist ein Amt, das ich Ihnen nicht danke, und ich werde keineswegs Ihre Befehle anerkennen. 10

Valerio (zu Valeria). Was ist das? sie scheint wider ihren Willen entführt. (zu Luzilla.) Ich kann Ihnen nicht helfen, ich muß die Befehle Ihrer Freunde vollziehen, und ich bitte Sie, hier in den Waffensaal zu treten.

Luzilla. Ich bin in Ihrer Gewalt, aber ich thue 15 es gegen meinen Willen. (ab in die große Mittelthüre des Hintergrundes.)

Neunter Auftritt.

Valerio, Valeria.

Valeria. Das ist wunderbar, sie scheint wirklich gegen ihren Willen hier.   20

Valerio. Sei es, wie es wolle, sie muß den Aus=gang abwarten. Jetzt, lieber schwarzer Adjutant, stehe ein wenig hier auf der Wache. Ich kann es nicht mehr aushalten, ich muß ein wenig nachspüren, ob Valeria nicht bald kömmt, ich halte es nicht länger aus ohne sie. (ab.) 25

Zehnter Auftritt.

Valeria (allein). Auf Wiedersehen! — Der arme Vater, wie soll ich ihm nur alle seine Angst und Sorge um mich vergüten, warte, das ist herrlich — ich will ihn über=raschen, die Hochzeitkleider der Mutter, die er mir geschenkt, 30 habe ich bei mir, die zieh ich an, und seine Hochzeits=

Kleider hat er auch bei sich, da muß sich Porporino hinein=
stecken, sobald der kömmt, und so fallen wir ihm zu Füßen
und Alles ist gut. — Geschwinde fort, alles vorbereitet,
und doch auch hier nichts versäumt; man wird in Liebes=
5 händeln doch gleich so geschwind wie ein Dieb. (ab.)

Elfter Auftritt.

Isabella, Isidora, Melanie, dann Luzilla.
(kommen mit Blumengewinden und einer Fahne und mehreren Schärpen.)

Melanie. Was sollen nur die Fahne, die Schärpen?
10 **Isabella.** Ihr sollet bald Leute sehen, die ihr
gern damit beschenkt, kommt, wir wollen die alte Waffen=
kammer eures Vaters recht festlich ausschmücken. (will öffnen.)
Was ist das — es hält drinnen Jemand zu! (pocht.)
Auf, auf!
15 **Luzilla.** So lange ich vermag, öffne ich nicht —
Melanie. Ach Don Felix' Geliebte wird drinnen sein.
Isabella. Aufgethan, Luzilla, wir sind gute Freunde!
Luzilla. Ich öffne nicht, Tante, bis Sie verzeihen!
Isidora. Tante — es ist Ihre Nichte. —
20 **Isabella.** Behüte, in der Angst lauten alle
Stimmen wie die Stimmen einer Tante — öffnen Sie,
ich sage Ihnen, Sie sollen Ihre Tante nicht in mir er=
kennen, nur die Freundin, die Ihnen die Verzeihung
der Tante bringt.
25 **Luzilla.** In Gottes Namen. (sie öffnet.)
Alle (hinein, ab).

Zwölfter Auftritt.

Lope, Aquilar.

Aquilar (hastig eintretend). Verdammt, daß wir sie
30 nirgends fanden. —
Lope. Lasse es uns für ein Glück ansehen, so
brauchen wir uns nicht zu schämen.

Aquilar. Deine elende Gebuld, die fehlt mir noch, um mich ganz rasend zu machen.

Lope. Du haft alles verborben, du haft dich heute Nacht niedrig und ehrenrührig betragen.

Aquilar. Das sind Worte, Thor, auf die man 5 seinen Handschuh niederwirft. —

Lope. Ich hebe ihn nicht auf, ich bin wie alle andre Menschen nun, ich habe keine Sehnsucht mehr, mein Leben in den eignen Boden hinzupflanzen, dem erften besten gebe ich es hin, und mein Vaterland ift das 10 erfte und befte! Nicht du — ich gehe zur Armee!

Aquilar (höhnisch). Das ift erbaulich, haft du schon einen treuen Hund gekauft, der sich auf dem Grabe des letzten Lope de Leons zu Tode hungert!

Lope. Den Hund, ich werd ihn haben, um die auf 15 das Maul zu schlagen, die von Freundschaft sprachen — der letzte Lope de Leon bin ich durch dich, und einsam will ich sterben, ja ganz einsam, ohne Freund, in der Schaar des besten Kameraden —

Aquilar. O Kameradschaft eines seigen, seierlichen 20 Narren!

Lope. Infamer Mensch, o Gott, o Isidora, warum hat dieser Thor dich mir geraubt. (er zieht, sie fechten.)

Aquilar. Brav, brav, so wird uns beiden wieder wohl. 25

Dreizehnter Auftritt.

Vorige, Valeria.

Valeria (stürzt zwischen sie). O Himmel haltet, haltet ein! —

Aquilar. Weg, salsche, elende Briefträgerin — 30

Lope. Mädchen, trete zurück —

Valeria. Eh laß ich mich durchbohren, als euch ein Leids anthun, o habt Friede, wendet eure Waffen zum Schutze des Hauses an, denn Luzilla wird verfolgt, Don Felix ist abwesend — die Verfolger nahen schon — 35

Lope. Aquilar, der Streit sei aufgehoben — laß
uns bei Felix durch den Schutz seiner Braut in etwas
gut machen, was wir gegen seine Schwester versehen.

Aquilar. Ich bin es zufrieden, sage, was soll ich
⁵ thun, Flammetta!

Valeria. Geht hinab vor das Thor, haltet den
ersten Anlauf ab.

Aquilar. Gut, auf Wiedersehen!

Lope. Auf Wiedersehen! Aquilar! Wir können
¹⁰ beide bei dem Handel sterben!

Aquilar. Das weiß ich!

Lope. Wir waren immer Freunde —

Aquilar. Ja, ja! Du gutes, weiches, wunder=
bares Herz. (sie umarmen sich. Aquilar geht ab.)

¹⁵ **Vierzehnter Auftritt.**

Valeria, Lope.

Valeria. Ihr habt den schwersten Stand, hier in
der Stube befindet sich Luzilla.

Lope. Nur über meinen Leib soll man zu ihr.
²⁰ Nun höre mich, ich muß dir etwas noch vertrauen. In
Sevilla lebt ein vortreffliches Mädchen Valeria de Kam=
pazeo bei ihrem Vater Valerio, einem edlen rechtschaffenen
Bürger, ich habe gegen beide eine große Schuld abzu=
tragen, ich habe im Uebermuthe der Jugend, in der
²⁵ Verführung des Müßiggangs dem armen Kinde meine
flatternde Laune als Liebe vorgelogen sie hat mir nur
zu sehr geglaubt, ich habe ihr Herz von Porporino, einem
trefflichen Jüngling, abgezogen, ich habe dem ganzen
Hause seine Ruhe genommen, und habe es dann ver=
³⁰ lassen — das thuen Tausende — doch ich — ich kann
mit der Empfindung nicht sterben — sollte ich fallen
hier im Streit — so gehe nach Sevilla — bitte die
Leute für mich um Verzeihung — gieb Valerien dieses
Testament — was ist — du weinst —

Valeria. Es rührt mich innig, doch was ist dies
— das Testament ist durchstochen — ihr trugt es auf
der Brust — o Gott, seid ihr verwundet?

Lope. Wie — auch mein Wamms ist durchstochen
— o liebes, gutes Kind, du hast mir das Leben erhalten, 5
als du meinen Gegner zurückhieltest — wie lohne ich dir!

Valeria. Durch das Vertrauen, das ihr mir geschenkt,
bin ich belohnt — doch still — ich höre rasche Schritte.

Lope. Man naht — ich höre Waffen klirren —
tritt zurück!   10

Fünfzehnter Auftritt.

Vorige, Porporino und Soldaten.

Porporino (in Uniform, durch einen Schnurrbart entstellt).

Lope (ihm entgegen tretend). Steht, was ist euer Begehr,
daß ihr so ungezogen in ein fremdes Haus tretet.   15

Porporino. Ungezogen ihr selbst, ich komme mit
gezogener Klinge, meine Braut her — wo ist meine Braut —

Lope (entblößt den Degen). Ich schwöre euch, wir holen
beide keine Bräute hier.

Porporino. Verdammter Lope — nein ich halte 20
mich nicht mehr — Luzillen sollt ich suchen — aber wer
das seine selbst verloren, kann nicht länger lügen —
Valerien will ich — wo ist Valeria — wo hast du sie,
Verführer? ich bin Porporino.

Valeria (tritt hervor). O haltet, haltet —   25

Lope (wirft den Degen weg). Ich weiß nicht, wo sie ist,
durchbohre mich.

Porporino. Ihr wißt nicht — o ihr lügt —
Komödiant!

Valeria. Ich bitte euch, ruht lieber Freund, seht 30
dieses Dokument gab mir Don Lope für Valerien: folgt
mir, ich will sie mit euch suchen.

Porporino. Wohlan! (zu den Soldaten.) Besetzt die
Thüre, niemand laßt hier hinaus, alles herein. (ab mit
Valerien).   35

Sechzehnter Auftritt.

Aquilar mit Donna Juanna.

Aquilar (ganz außer sich). Was sollen diese Kerls hier, bist du gefangen — ich bringe diese Dame hier — sie
5 ist ganz außer sich!

Lope. Beruhige dich, alles steht gut —

Juanna (außer sich). O Dios, welche Scenen, welche Verwirrung, alles voll Insurrektion, wo sind die Fräulein, kein Empfang, keine Vorbereitung, mein Vetter Don
10 Sarmiento auf dem Punkte einzutreffen —

Aquilar. Was, was sagt ihr —

Lope. Don Sarmiento auf dem Punkte einzutreffen —

Juanna. Er ist schon auf der Gränze des Guts, gleich wird man alle Glocken läuten — Aber welcher
15 Embarras, wer präsentirt euch, was seid ihr, habt ihr, wollt ihr, macht ihr — o Dios, es ist als wäre der jüngste Tag, präsentirt doch Stühle! —

Lope (präsentirt ihr den Stuhl). Laßt euch nieder, Sennora; unsre Verlegenheit ist größer als die eure.

20 **Aquilar.** Verdammt, da kömmt der alte Herr in eine schöne Suppe!

Lope. Ich bin des Todes — es naht jemand.

Siebzehnter Auftritt.

Felix, Vorige.

25 **Felix.** Jetzt gilts, jetzt gilts, es kömmt mein Vater. —

Juanna. Ach eber Cousin, was habt ihr angestellt, ich bin wie aus den Wolken in eine Assemblee, wie aus einer Assemblee in eine Verschwörung gefallen.

Aquilar. Felix, was ist zu thun, wir stehn in
30 gleicher Noth.

Felix. Wir haben die Bauern, als ich nach dem Prediger ritt, meines Vaters Ankunft gemeldet — ich bin carriere umgekehrt — Gott was wird er zu meiner Entführungsgeschichte sagen. —

Juanna. Entführung — Cousin — aber Gott — wo ist meine Katze hingekommen — ach meine Ziper=katze — ihr Herrn — (sie steht auf) ist mir im Getümmel entsprungen. —

Felix. Wo ist Luzilla?   5

Lope. Hier in dem Waffensaale hat sich die Ent=führte vor den Verfolgern verborgen.

Juanna. Hier — hier, in meiner Nähe — die Entführte — horreur — es wird mir nicht wohl — ach meine Katze — wenn ich nur meinen Châtré wieder 10 kriege — ich verlasse sie — ich kann dero Verwirrungen nicht theilen — ich bin unschuldig — ich gehe zu Bette. (verbeugt sich und geht ab.)

Achtzehnter Auftritt.

Vorige, ohne Juanna.   15

Aquilar. Felix, was ist zu thun?

Felix. Ich weiß es nicht, der verdammte Sennor del Merkado ist an allem Schuld.

Lope. Die Wahrheit sagen wird das Beste sein. —

Aquilar. Still man kömmt, Geräusch!   20

Felix. Er wird es sein, ich vergehe!

Neunzehnter Auftritt.

Vorige, Sarmiento (mit einer Schaar Soldaten).

Lope. Gott sei Dank, der Merkado!

Felix. Sennor, helft, ihr habt mich zur Entführung 25 verführt, und mein Vater ist auf dem Punkte zu kommen.

Lope. Wir haben hier eine böse Maskerade gespielt.

Aquilar. Ja, durch euren Rath — und bei Gott — wir sind klug geworden, ihr kommt hier nicht weg, oder ihr zieht den Karren aus dem Koth, wo ihr ihn 30 hineingeführt. — (er zieht.)

Lope. Brav, ja, ja, so thut ihr — (zieht.)

Felix. So thut ihr (zieht).

Sarmiento. Ei so thut ihr — ich finde euch ja
ganz verwandelt, ganz voll Muth — und so tapfre
Jungen verdienen wohl, daß man ihnen durchhilft — so
5 höret denn, ich habe auf Befehl Sarmientos diese braven
Vasallen von ihm unter die Waffen gebracht, um sie zur
Armee in die Pyrenäen zu führen, nehmt alle die Uni=
form, werdet Offiziere bei der Schaar — so steht ihr unter
dem Schutze der Fahne, und er wird euch noch danken.

10 Lope. Vortrefflich, ich bin dabei. —

Felix. Ein herrlicher Ausweg — auch ich —!

Aguilar. Meinethalben — es ist toll, wir gingen
auf die Freierei und kommen in die Werbung.

Sarmiento. So war ich dann euer Freiwerber!
15 Empfangt die Uniformen, tretet ab und kehrt in diesen
Ehrenkleidern wieder. (sie empfangen Kleider von einem Soldaten
und gehen ab.)

Zwanzigster Auftritt.

Sarmiento, Valerio.

20 Valerio. O Herr, schon hier, ach ich bin in der
größten Bangigkeit — daß Valeria nicht kömmt. —

Sarmiento. Auch Porporino fehlt — er wird
sich verspätet haben — sei ruhig — sie kommen gewiß,
aber wo ist Isabella, wo sind meine Töchter —

25 Valerio. Auch noch nicht zurück. —

Sarmiento. Unser Spaß wird scheitern, aber er
muß jetzt zu Ende gehen. —

Einundzwanzigster Auftritt.

Vorige, Diener.

30 Diener. Hier, Herr Valerio, eine neue Kammer=
frau, welche bei Donna Juanna ist, gab mir das Billet
für euch!

Valerio (liest). Gott, Nachricht von Valerien. — „Sennor, seid ganz ruhig über eure Tochter, sie ist heil und gesund, und ihr werdet sie in kurzer Zeit sehen." —

Sarmiento. Nun, so ist alles gut — Jetzt gehet hinab — laßt die Glocken anziehen — erhebt ein Freudengeschrei über meine Ankunft.

Valerio, Diener (gehen ab).

Zweiundzwanzigster Auftritt.

Sarmiento, Felix, Lope, Aquilar.
(in Uniform.)

Sarmiento. Vortrefflich, meine Herrn, Sarmiento wird erfreut sein, euch so zu sehen. Theilet euch in die Truppen ein. (er stellt sie.)

(Draußen Freudengeschrei, fernes Geläut.)

Volk (von außen). Vivat unser gnädiger Herr, vivat hoch unser gnädiger Herr!

Felix. Gott! mein Vater!

Lope. Was wird es werden!

Aquilar. Ich stehe auf Kohlen!

Sarmiento. Ruhig meine Herrn, ich gehe ihm entgegen. (er geht ab.)

(Draußen vivat näher.)

Felix. Himmel, ich halte mich nicht, ich muß, ich muß ihn umarmen. (gegen die Thüre.)

Dreiundzwanzigster Auftritt.

Vorige, Sarmiento im militärischen Mantel, einen Kavallerie= helm auf mit Valerio und Dienern.

Felix (umarmt ihn). O Vater, mein Vater!

Sarmiento. Willkomm, Willkomm mein Felix, o welche freudige Neberraschung, dich in dem Ehrenkleide deines siegreichen Vaterlandes zu sehen.

Felix. Ach alles dieses habt ihr selbst durch euren Freund del Merkado gethan. —

Sarmiento (läßt den Mantel fallen). Durch diesen?

Felix. Himmel!

Lope. Ihr seid es selbst!

Aquilar. O welche Schlauheit!

Sarmiento. Ja ich bin es, bin Sarmiento — und somit ist ja alles gut — aber Felix, wo ist deine Braut?

Lope. Luzilla — ist hier in dem Waffensaale — (er öffnet.) Ach die Fräulein, o welcher Anblick! (man sieht Isabella, Luzilla, Isidora, Melanie zwischen mit Guirlanden geschmückten Waffentrophäen stehen, sie halten eine Fahne und Schärpen.)

Bierundzwanzigster Auftritt.

Vorige, und die im Waffensaale.

Sarmiento. Gott, meine Kinder, welche Ueber=raschung, Isabella!

Isidora. O Vater, theurer Vater! (Umarmungen.)

Melanie. O mein lieber, allerliebster Vater!

Sarmiento. Wir haben uns wieder, wir sind glücklich — Aber, Kinder, was habe ich euch mitgebracht — jedt, jeder einen Bräutigam, Isidora gieb doch dem Lope dort die Schärpe die du hältst. —

Lope (naht schüchtern). O Donna Isidora! könnt ihr verzeihen?

Isidora. Ihr seid Don Lope selbst — ach es ist schwer — doch gürt ich euch in meines Vaters Namen. (gürtet ihn.)

Melanie (zu Aquilar). Euch gürte ich, von ganzer Seele, Don Juan —

Aquilar. Ich heiße Aquilar, Johannes wird immer mit einem Adler gemalt — ich bin unendlich glücklich!

Luzilla (zu Felix). Ich gebe dir die Schärpe in meiner Tante Namen!

Felix. Deiner Tante!

6*

Luzilla. Hier Donna Isabella — ist die Tante —
Felix. Verzeiht — verzeiht — Sennora —
Isabella. Das wollen wir uns allen —

Fünfundzwanzigster Auftritt.

Vorige. Donna Juanna.

Juanna (in höchster altfränkischer Pracht, die Zipertaze unterm
Arm: sich neigend). Sennor Don Gabriel de Sarmiento,
Torbadillos y Zenara, erlaubt eurer Freundin das Com=
pliment und Gratulation zu machen zu glücklichster
Wiederkunft.   10

Sarmiento. Seid bestens gegrüßet, werthe Grazia,
Innozentia, Emmerenzia, Florenzia, Anna, Juanna et
cetera, lasset euch nieder. (führt sie zum Stuhl.)

Valerio (sich ihr nähernd). Erlauben, Eure Herrlichkeit
sollen eine Kammerfrau haben —   15

Juanna. Es ist mir bereits bekannt, was er will.
Ja es hat sich eine sehr anständige Person zu mir ge=
funden hier in der Verwirrung des Hauses, welche mir
erstens diesen meinen Ziper=Châtró wieder gefangen, und
dann mir bei meinem Couchée und Levée trefflich bei=   20
gestanden. — Ich weiß, sie hat ein Aug auf ihn, nun,
es ist eine schöne Occasion zu Verbindungen — wenn
Sennor Sarmiento es erlaubet --

Sarmiento. Was, willst du heirathen, Valerio?

Valerio. Ich bin ganz verdutzet, ich verstehe kein Wort! 25

Juanna. Nur ruhig — keine Ziererei — da
kommt sie selbst.

Sechsundzwanzigster Auftritt.

Vorige, Porporino, Valeria.

Porporino (in Valerios Hochzeitskleidern).   30
Valeria (in den Hochzeitkleidern ihrer Mutter).
(Beide in anmuthiger altspanischer Bürgertracht.)

Valerio. Allmächtiger Himmel, ein Geist — mein Weib, wie es leibte und lebte!

Valeria. Ich bin es, theurer Vater, bin Valeria, bin die Mohrin —

5 **Valerio.** Alles, alles, ach daß ich dich wieder habe.

Isidora. Du bist Valeria, du warst die Mohrin —

Valeria (giebt das Testament). So ist es, hier gebe ich euch alle Güter des Don Lope, eures Bräutigams, die er mir vermacht. — Don Lope — seid glücklich — wir haben 10 uns verziehen — und wißt, mich habt ihr vor dem Schlosse umarmt. —

Lope. O Valeria! du bist ein Engel!

Porporino. Ja das ist sie, und wißt ihr Herrn, ich war der Mahler, der Schneider, der Arzt, der euch 15 die Bestechungsdukaten in die Pastete gebacken, jetzt, jetzt aber bin ich der Bräutigam!

Sarmiento. Die Hochzeitskleider stehen euch vor= trefflich!

Valerio. O Gott, heut sind es fünf und zwanzig 20 Jahre, daß ich sie trug, ich bin ganz fröhlich, ganz jung — kommt, kommt, liebe Kinder, tausend Segen — (legt Porporinos und Valeriens Hände zusammen.)

Isabella. Ich gebe dir, Porporino, diese Fahne, trage sie zur Ehre deines Volkes, deines Stammes. —

25 **Porporino.** Ich nehme sie beschämt aus eurer Hand, denn leider kenn ich meine Eltern nicht. —

Sarmiento. Ich habe heut unendlich viel erhalten und gegeben, das beste aber hab ich noch zurück. Meine Kinder, ihr habt eine Mutter, seit langer Zeit lebte ich in 30 heimlicher Ehe, jetzt erlauben es die Verhältnisse zu er= klären — Isabella ist meine Gattin! Porporino — umarme deine Mutter.

Porporino. O Gott, ich bin der glücklichste, o meine Mutter!

35 **Isabella.** Mein theurer, lieber Sohn, o meine Kinder. —

Juanna. Ich bin ganz dekontenansiret, ich gratulire.

Valerio. Ei Don Sarmiento, das wußt ich sel
nicht.

Sarmiento. Jetzt wißt ihr Alles, Alles ist j
gut. Heut noch ein frohes Fest, und morgen zur Arn
Nur wer Herz hat, hat eins zu geben. Porporino, schw
die Fahne hoch!

Porporino (schwenkt die Fahne).

> Erst geliebet und gerungen,
> Dann die Fahne hoch geschwungen,
> Frisch dann nach dem Kranz gesprungen,
> Alles ist uns heut gelungen.

Ende des Lustspiels.

————◆◄————

Herrosé & Ziemsen, Wittenberg.

DIE

NSEL FELSENBURG

VON

JOHANN GOTTFRIED SCHNABEL

ERSTER THEIL

(1731)

HERAUSGEGEBEN

VON

HERMANN ULLRICH

———

BERLIN

B. BEHR'S VERLAG (E. BOCK)

Einleitung.

Mehr als jede andere Dichtungsgattung spiegelt der Roman die gesellschaftlichen Zustände und geistigen Strömungen des Zeitalters wider, das ihn entstehen sieht. Er ist das bequeme und allzeit bereite Gefäss — weil er für den Durchschnittsschriftsteller und Durchschnittsleser jeder künstlerischen Form entraten zu können und thatsächlich zu entbehren scheint — um von dem Kulturinhalt einer Periode mehr oder weniger aufzunehmen. Er wird deshalb stets im Zusammenhange mit der Kultur seines Zeitalters gewürdigt werden müssen, wie er seinerseits wieder diese Kulturzustände in eine hellere Beleuchtung rückt und für ihre Darstellung als Quelle zu dienen vermag.

Die „Insel Felsenburg" gehört, wie schon der weitschweifige Titel sowohl als auch die Vorrede erkennen lassen, zur Gattung der Robinsonaden. Diese aber als solche ist von dem Engländer Daniel Defoe (1659 oder 1660—1731) geschaffen worden, obgleich das Robinsonmotiv teilweise schon lange vor ihm vorkommt, und obwohl ein thatsächliches Robinsonleben aus der Geschichte der Seereisen vor und nach Defoe mannigfach zu belegen ist.[1] Um die „Insel Felsenburg" an

---

[1] Man vergleiche hierüber einstweilen das ansprechende Buch von A. Kippenberg, Robinson in Deutschland bis zur Insel Felsenburg. Ein Beitrag zur Litteraturgeschichte des 18. Jahrhunderts. (Hannover 1892) S. 1—11, obwohl gerade das einleitende Kapitel skizzenhaft dürftig ist, und dazu J. B. Eyriès, Histoire des naufrages, délaissements de

I*

ihren Platz in der Geschichte des Romans im allgemeinen
und der Robinsonadenlitteratur im besonderen zu stellen,
brauchen wir deshalb einer ausführlicheren Untersuchung
nicht vorzugreifen, sondern können uns genügen lassen,
sie an Defoes Robinson einerseits und an ihren deutschen [5]
Vorgängern anderseits zu messen und ihren Einfluss
auf diese ganze Romangattung. der noch einer ausführlicheren Untersuchung harrt, wenigstens anzudeuten
durch eine Aufzählung der auf sie zurückgehenden
Romanprodukte.   [10]

Am 25. April 1719 hatte der erste Band von
Defoes Robinson (nur dieser erste Band kommt für
den Robinsonstoff in Betracht) seinen Siegeslauf über
die ganze gebildete Welt angetreten. Hier wurde zum
erstenmal ein Robinsonleben in voller Breite der [15]
Behandlung mit liebevollstem Eingehen auf jede Einzelheit und Kleinigkeit (die aber für den Helden das
durchaus nicht war) vorgeführt und rief in dieser epischen
Kleinmalerei den Eindruck unbedingtester Lebenswahrheit und Treue — thatsächlicher wie dichterischer [20]
Wahrheit — hervor. Wohl ist in späteren Robinsonaden
das Hauptmotiv der Erzählung in oft nicht uninter-
essanter Weise verändert, wohl dieser oder jener Zug
hinzugefügt, in ihrer Totalität aber Defoes Schöpfung
nicht übertroffen worden. Indessen erklärt diese [25]
Lebenswahrheit seines Gemäldes noch durchaus nicht
den beispiellosen Erfolg des Romans. Auch Swift bemüht sich, offenbar in Nachahmung des von ihm so
verächtlich behandelten Defoe, in seinem „Gulliver"
mit Erfolg um diesen Eindruck der Lebenswahrheit, [30]
und doch, wie unendlich weit blieb sein Erfolg — und
nicht bloss der äussere — hinter dem seines Zeitgenossen zurück!

---

matelots, hivernages, incendies de navires et autres désastres
de mer. Paris 1860. 8. und F. Denis et V. Chauvin, Les [35]
vrais Robinsons. Naufrages, Solitudes, Voyages. Paris
1863. 8.

Ein zweiter Grund für den durchschlagenden
Erfolg des „Robinson" lag zweifellos in dem Hauptmotiv der Erzählung, der insularen Abgeschlossenheit
des Helden von der menschlichen Gesellschaft und der
aus dieser Lage folgenden Notwendigkeit, die wichtigsten
Errungenschaften der Kultur, soweit die äussere Existenz
in Frage kam, für sich neu und selbständig zu verschaffen, die den Gliedern der menschlichen Gesellschaft,
dank einer jahrtausendlangen Civilisation, beinahe mühe-
los zufallen und die sie täglich ohne rechtes Nachdenken geniessen. Wenn man erwägt, dass bei einem
Menschen in Robinsons Lage das kleinste gefundene
Stück Eisen zu einer bedeutenden Verbesserung seiner
Lage führen kann, so begreift man nun auch das
Verfahren des Schriftstellers in der Ausmalung solcher
Details als notwendig, weil aus der Natur der Sache
folgend. Und will man die Wichtigkeit des Hauptmotivs
für die ganze Erzählung erkennen, so prüfe man nur,
wie das Interesse an der Erzählung sichtlich erlahmt
bei dem Hinzutreten neuer Persönlichkeiten, eine That-
sache, die selbst für Defoes Robinson gilt, so liebens-
wert auch die Figur Freitags gezeichnet ist. Dieses
Hauptmotiv — Isolierung von der menschlichen Gesellschaft — tritt denn auch schon in Defoes Hauptquelle,
den Erlebnissen Alexander Selkirks, aufs deutlichste
und schärfste hervor. Und wenn bei Selkirk und bei
Robinson das furchtbare Gefühl der Vereinsamung und
Hilflosigkeit späterhin dem einer gewissen Zufriedenheit
Platz macht, so geschieht dies eben erst dann, wo der
Einsiedler sich ihm genügende Existenzbedingungen
geschaffen hat, die zwar gegenüber dem Leben innerhalb der menschlichen Gesellschaft noch immer gewisse
Entbehrungen auferlegen, aber auch dafür der Gebundenheit sozialer Verhältnisse entbehren. Und wohl immer
ist es die eiserne Notwendigkeit, nicht — wie man aus
einzelnen Erscheinungen dieser Litteraturgattung, besonders solchen deutscher Herkunft, falsch geschlossen

hat — die Weltflucht, die die Helden in ihrer Einsamkeit aushalten lässt. Bei allen Robinsonen, ausser
bei denen, die auf ihrer Insel durch neue Ankömmlinge
ein neues Gemeinwesen haben entstehen sehen, dem sie
durch einen Machtspruch oder durch Übereinkunft die 5
ihren Anschauungen und Wünschen entsprechenden
Grundlagen gegeben haben, herrscht das Verlangen, in
die menschliche Gesellschaft zurückzukehren. Ent-
scheidend dafür ist die Stellung jedes Robinson zu dem
allgemeinen Tauschmittel aller Kulturländer, dem Gelde, 10
oder allem, was einen hohen Geldwert einschliesst.
Sobald unsere Robinsone in den Besitz solcher Reich-
tümer gelangen, sei es aus Schiffbrüchen an ihrer Insel
oder durch Fund auf derselben, werden jene — nach
meiner Kenntnis des Gegenstandes ausnahmslos — zu- 15
nächst verächtlich beiseite geschoben, aber nach reiferer
Überlegung für eine spätere Zeit, wo die Einsiedler
eine Rückkehr nach Europa erhoffen, sorgfältig verwahrt. Das Motiv, die menschliche Gesellschaft überhaupt zu verlassen, ist beim englischen Robinson, und 20
wohl durchweg bei seinen Landsleuten, eben nur die
einem seefahrenden Volke so natürliche und bei den
Engländern insbesondere durch die Entdeckungsfahrten
und Seeräuberzüge eines Dampier u. a. genährte Sucht
nach Abenteuern. Das gleiche Motiv zieht ja auch den 25
gealterten Robinson aus gesicherten, auskömmlichen
Verhältnissen wieder in die Ferne.
      Findet in dem dargelegten Motiv der Abenteuer-
lichkeit zunächst die Phantasie des Lesers ihre Rechnung,
so hat Defoe auch für das Gemüt dem Stoffe reiche 30
Anregung abzugewinnen gewusst durch Herausarbeiten
des dem Stoffe gleichfalls immanenten religiösen Moments,
oder vielmehr er fand auch dieses in seiner Quelle,
den Abenteuern Selkirks, vorgebildet, und auch seine
Zeitgenossen haben es an seiner Schöpfung sofort 35
herausgefunden und scharf hervorgehoben.
      Wie Selkirks Abenteuer, kurz nachdem sie dem

Publikum durch die Reiseberichte der Kapitäne Woodes
Rogers und Edward Cooke bekannt geworden waren,
in einer Flugschrift mit dem bezeichnenden Titel:
Providence displayed; or, a very surprizing Account
5 of one Mr. Alexander Selkirk[1]) von neuem vor den
Leser traten, so ist Robinsons Schicksal beinahe nur
ein fortlaufender Kommentar zu dem alten Worte:
„Wer nicht beten kann, gehe zur See." Von seinem
ersten, gegen den Willen des Vaters und dessen ein-
10 dringlichen Ermahnungen zum Trotz unternommenen
Ausflug an muss Robinson in allem, was ihm begegnet,
die Hand eines höchsten Wesens erkennen, das über
den geringsten Schritt jedes Sterblichen wacht und
rechtzeitig zu belohnen und zu strafen weiss. Während
15 aber Robinsons erste Schritte von einer nur flüchtigen
Reue begleitet sind, die mit der erzeugenden Ursache
zugleich wieder aus seinem Gedächtnis verschwindet,
während noch seine Sklaverei ihm kaum andere
Gewissensbisse verursacht, als darüber, dass er seine
20 immerhin noch erträgliche Lage seiner Unklugheit ver-
dankt, sehen wir ihn nach seinem Schiffbruch sich
täglich mehr eine Erkenntnis des höchsten Wesens und
seiner Allgegenwart und Allweisheit erringen. Hier
gewinnt er beinahe — aber freilich auch erst in
25 höchster leiblicher Not — ein persönliches Verhältnis
zu seinem Schöpfer, dessen Macht er in seiner Errettung aus den Schrecken des Schiffbruchs, des Erdbebens und seiner Krankheit, dessen Fürsorge er in
dem Aufgehen der früher achtlos fortgeworfenen
30 Getreidekörner kennen gelernt hat und der ihm im

---

[1]) Erhalten in der Sammlung Harleian Miscellany, vol. V.
S. 402 bis 413. Eine deutsche Übersetzung lieferte der
Hamburger Joh. Mattheson im Jahre 1713. (Neu abgedruckt
in dem Buche: Aus Hamburgs Vergangenheit. Kultur-
35 historische Bilder aus verschiedenen Jahrhunderten. Herausgegeben von Karl Koppmann. Erste Folge. Hamburg u.
Leipzig 1886. 8. S. 195—208.

Traume sogar, wenn auch zürnend, persönlich entgegen-
tritt. Man braucht durchaus nicht die englischen
moralischen Wochenschriften, die ja selbst erst auf
Defoe zurückgehen, zur Erklärung dieses Zuges der
Dichtung heranzuziehen, er erklärt sich vielmehr ganz
ungezwungen aus Defoes Persönlichkeit. Defoe, der
Sekte der Dissenter angehörig, die bekanntlich einer
Verinnerlichung des religiösen Lebens das Wort redeten
und darin eine starke Verwandtschaft mit dem deutschen
Pietismus bekunden, war eine tief religiöse Natur, und
nicht genug, glaubte gleich Sokrates seine Handlungen
geleitet von einem Dämon; eine Natur von tief inner-
licher Religiosität, die insofern freilich ein doppeltes
Gesicht trug, als diese mit einer geradezu wunderbaren,
oft unheimlichen Vielgeschäftigkeit verbunden war.
Zeigen Werke wie die „Serious Reflections of Robinson
Crusoe," „Religious Courtship," „Family Instructor" und
zahlreiche mehr vorzugsweise die religiöse Seite seiner
Natur, so vorzugsweise seine Erzählungen mit ihrer
wunderbar scharfen Erfassung des Lebens — und zwar
sowohl in seinen vergangenen Erscheinungen wie in
den vom Schriftsteller selbst erlebten — die andere
Seite seines Wesens, die an der vielgestaltigen Welt
„mit klammernden Organen" hing und die Herrschaft
über sie zu gewinnen bemüht war. Im „Robinson"
aber sehe ich die glückliche Vereinigung dieser beiden
Seiten seiner Natur und eben darum sein Meisterstück,
weil er die Individualität des Schriftstellers am vollkommensten zum Ausdruck bringt.

Zur Erklärung der beifälligen Aufnahme des
„Robinson" dient aber weiter die Thatsache, dass er
der erste realistische Roman in England war. Damit
ist aber zugleich ausgesprochen, dass er, ganz wie dies
beim französischen Roman der Fall ist [1]), im Gegen-

---

[1]) Vergl. H. Körting, Geschichte des französischen
Romans im 17. Jahrhundert. (Oppeln u. Leipzig 1885. 1887)
Bd. II. S. 2.

satze zum idealistischen Roman einen nationalen Charakter
trägt. Einen weiteren Fortschritt enthielt endlich der
realistische Roman insofern, als er die bürgerlichen
Kreise der Gesellschaft aufsuchte, ja vor den niedrigsten
5 Stufen und Gliedern derselben nicht zurückschreckte.
Und Robinson gehört nicht nur den mittleren Kreisen des
Volkes an, sondern ist nicht einmal durch besondere
Anlagen und Kenntnisse ausgezeichnet, so dass er nun
für ein desto breiteres Milieu als Typus gelten konnte.
10 Und wenn es dem gewöhnlichen Leser endlich
durch eine überaus schlichte, ja fast ermüdend einfache, in Wiederholungen sich bewegende Darstellung,
die aber in diesem Falle höchste Kunst ist, noch mehr
erleichtert wird, sich in die Lage des Helden hinein-
15 zuversetzen, aus dessen Munde er selbst die erstaunlichen Begebenheiten erfährt („Robinson" ist der älteste
Ich-Roman auf englischem Boden und sicherlich einer
der ältesten dieser Gattung überhaupt), so muss sich
der Leser an den traulichen Kamin eines wackeren
20 Freundes versetzt glauben, der das alles selbst erlebt
hat. Aber täuschen wir uns nicht über den Ursprung
unseres Interesses. Bei genauerer Prüfung ist es doch
nicht die Person des Helden, die uns Äusserungen
der Entrüstung, der Teilnahme, des Mitleids, der Be-
25 wunderung entlockt, sondern das Leben selbst mit
seinen Wechselfällen — hier von der erstaunlichsten
Art —, die Lösung des Problems, wie ein Mensch
unter solchen Verhältnissen doch leben kann, es ist
also im wesentlichen ein stoffliches Interesse, das uns
30 aber doch fast bis zum Ende des ersten Robinsonbandes
gefangen hält.[1]) Endlich scheint mir noch erwähnens-
wert, dass der Schriftsteller, und mit ihm sein Held
Robinson, von gewissen nationalen Einseitigkeiten so
weit entfernt sind, dass die den Engländern als Nation

35 [1]) Man vergleiche die interessante Studie von Thomas
Roscoe: Unideal fiction. Defoe (Poems and Essays. London
1860. 8.) Vol. II. 237 ff.

so verhassten Spanier in der Geschichte Robinsons eine
edle Rolle spielen, während die Landsleute des Verfassers und des Helden, die Engländer, vor und nach
Robinsons Abschied von der Insel das böse Element
vertreten. Nur dies rein menschliche Grundelement [5]
des Buches, verbunden mit Losgelöstheit des Helden
von Besonderheiten des Standes und der Erziehung
scheint es mir zu erklären, dass selbst Völker, die
der europäischen Kulturentwickelung ferner standen,
(Esthen, Finnen, Armenier, Araber etc.) sich das Werk [10]
durch Übersetzungen zugänglich gemacht haben.[1]

Noch ein Punkt des Robinsonstoffes, obwohl innerhalb desselben von untergeordneter Bedeutung, bedarf
der Erörterung, weil gerade an ihm vorzugsweise Be-
arbeiter (Feutry, Wezel, Campe) und Nachahmer, [15]
(Schnabel, Grivel) die Feder zu Änderungen oder
Neuschöpfungen ansetzten.

In einer Besprechung meiner soeben genannten
umfassenden Bibliographie, von der grundsätzlich alle
blossen Utopieen ausgeschlossen waren, wurde die Frage [20]
aufgeworfen: Ist denn Robinson Crusoe keine Utopie?
Darauf kann nur geantwortet werden: Nein und abermals nein. Die Schöpfung, die Robinson beim Verlassen seiner Insel hier zurücklässt, ist nichts als eine
Kolonie, wie sie die Engländer schon damals zu [25]
Hunderten besassen, ist schlechterdings nicht bestimmt
gewesen, irgend welche idealen Forderungen des Ge-
müts oder des Verstandes zu verwirklichen, und trägt
schlechterdings nicht die Züge eines Idealstaates. Wohl
wäre nach unserer Kenntnis des Schriftstellers Defoe [30]
dieser wie kaum ein anderer berufen gewesen, das
Bild eines solchen zu entwerfen[2]), nur dass er in den

---

[1]) Hermann Ullrich, Robinson und Robinsonaden.
Bibliographie, Geschichte, Kritik. Teil I. Bibliographie.
(Weimar 1898) S. 29—61. [35]

[2]) Schon einer der älteren Kritiker Defoes hat von ihm
gesagt: De Foe might have founded a colony (Gentleman's
Magazine, vol. 55, p. 882).

ersten Jahrzehnten des 18. Jahrhunderts, als Angehöriger
eines Staates, der schon seit Elisabeth sich in Bezug
auf Macht und Ansehen nach aussen hin in auf-
steigender Entwickelung befand, der nach schweren
5 und blutigen inneren Kämpfen mit der Berufung des
grossen Wilhelm III. auf den Thron auch die festen
Grundlagen gefunden hatte, auf denen er sich nun
ungestört weiter entwickeln konnte — gerade Defoe
kennen wir aber als einen der treuesten Anhänger
10 des bei keiner der Parteien beliebten Königs und als
unerschrockensten Vorkämpfer für die protestantische
Thronfolge, so dass mit der Thronbesteigung des Hauses
Hannover seine bedeutendsten Ideale erfüllt waren —
keine begründete Ursache mehr hatte, für seine Zeit-
15 genossen das Bild eines idealen Staatswesens zu entwerfen. Als echter Realpolitiker hat er dagegen für
den inneren Ausbau des Staates schon in seiner Schrift
Essay on Projects (1698) und auch später noch in
verschiedenen anderen Reformen angeregt und auch
20 teilweise ins Leben treten sehen. Eine Bestätigung
erhält meine Auffassung durch die Thatsache, dass
wenigstens die mir bekannten utopischen Romane
englischen Ursprungs (Bacon, New Atlantis; Joseph
Hall, Mundus alter et idem; Samuel Hartlieb, Macaria;
25 John Sadler, Olbia; James Harrington, Oceana; Mrs.
Elizabeth Heywood, New Utopia; The Free State of
Noland von einem Anonymus) sämtlich dem 16. oder
17. Jahrhundert entstammen, also Perioden, in denen
England sich noch in den Geburtswehen einer neueren
30 Zeit befand. Nur in einem einzigen Punkte hatte die
Thronbesteigung des Oraniers, später die des Hauses
Hannover gerade für unsern Schriftsteller noch Hoffnungen
unerfüllt gelassen, das war die rechtliche Stellung der
Dissenter, denen das Toleranzedikt von 1689 nur erst
35 eine bedingte Duldung gebracht hatte, und in diesem
einen Punkte, edler Duldung und voller Gleich-
berechtigung anderer Bekenntnisse, sehen wir denn

auch unsern Schriftsteller nicht sowohl Forderungen
erst aufstellen, als vielmehr in Robinsons Kolonie sofort
verwirklichen.

Wie kam Defoe zu seinem Stoffe? Ich meine
hier nicht seine vermeinte oder wirkliche Abhängigkeit [5]
von den mündlichen oder aber, der Sage nach, ihm
anvertrauten Berichten des Alexander Selkirk, sondern:
befriedigte er durch Bearbeitung desselben etwa nur
den Zeitgeschmack oder hatte er nach seiner schrift-
stellerischen Individualität einen ausgesprochenen Zug [10]
zu demselben? Ein neuerer Kritiker [1]) meint, Defoe
sei doch mehr äusserlich dazu gekommen. Im Gegen-
satze dazu bin ich der Ansicht, dass unser Schriftsteller
vielmehr ein durchaus persönliches Verhältnis zu ihm
hat, ja dass Robinson schlechterdings nur von einem [15]
Engländer,[2]) und auch nur von Defoe verfasst werden
konnte. Die Erklärung liegt darin, dass Robinson in
vielen Stücken Defoe selbst ist. Vor allem in seiner
Lage. Schriftsteller, die zu der englischen Staatskirche
gehörten, hatten — wenn auch ihre Leistungen noch [20]
so minderwertig waren — mit den Grossen ihres Faches
die gleiche Erziehung auf den den Dissentern verschlossenen Colleges und Universities und damit eine
gleiche geistige Atmosphäre, von der Defoe ausgeschlossen
war. Wir dürfen als sicher annehmen, dass Defoes [25]
Wissen das Swifts beispielsweise weit übertraf; gleichwohl
durfte sich Swift ungestraft im dritten Teil seines Gulliver
durch seine Angriffe auf die exakten Wissenschaften
die ärgsten Blössen geben und unsern Defoe bei
anderer Gelegenheit verächtlich einen „illiterate fellow" [30]
nennen. Als erschwerend für die gesellschaftliche
Stellung Defoes kam hinzu, nicht sowohl, dass er der

---

[1]) Rud. Fürst, die Vorläufer der modernen Novelle im
18. Jahrhundert (Halle 1897) S. 22.
[2]) The Life and Adventures of Peter Wilkins. By [35]
Robert Paltock, With a Preface by A. H. Bullen. (London
1884. 2 vol.) Vol. I. p. XII.

Sohn eines Fleischers war, als vielmehr, dass er sich
sein halbes Leben in der Sphäre des Geschäftsmannes
bewegte; das schloss ihn aber von der gentry ohne
weiteres aus, der doch alle anderen Schriftsteller, sofern
5 sie nur die staatlichen Schulen durchlaufen hatten,
zugerechnet wurden; dass er endlich in der Politik
über den Parteien stand, — zwar mehr auf Seiten
der Whigs, aber doch oft genug in der Lage, diesen
bittere Wahrheiten zu sagen —, während andere Schrift-
10 steller, wofern sie sich mit Politik befassten, auf das
entschiedenste Partei ergriffen, ja, wie Swift, diese
wechselten, gehoffter Vorteile willen, das konnte ihm
in dem erregten Parteitreiben jener Zeiten niemand
verzeihen. Missliche häusliche Verhältnisse thaten dann
15 noch ein Übriges, um Defoes Stellung zu einer völlig
isolierten zu machen, so dass, noch im Erscheinungs-
jahr des ersten Robinsonbandes, ein gewisser Charles
Gildon ein Pamphlet gegen unsern Autor veröffentlichen
konnte, welches den Titel des Robinson auf Defoes
20 eigene Verhältnisse parodierend anwandte.[1]) Jene
Verhältnisse mussten Defoe einfallen, als bei der Thronbesteigung Georgs I. er allein seine wichtigen Dienste
unbelohnt bleiben und sich von schwerer Krankheit aufs Lager geworfen sah, und das befähigte
25 ihn, das Einsiedlerleben Robinsons so zu schildern, wie
es nur aus persönlichen Erfahrungen ähnlicher Art
möglich war. In diesem Sinne, und nur in diesem, ist
Robinson Defoe selbst, und das Werk eine Allegorie[2])

---

[1]) The Life and Strange Surprizing Adventures of
30 Mr. D — De F — of London, Hosier, who has lived above
fifty years by himself, in the Kingdoms of North and South
Britain. The various Shapes he has appear'd in, and the
Discoveries he has made for the Benefit of his Country. In
a Dialogue between Him, Robinson Crusoe and his Man
35 Friday etc. London 1719.
[2]) Vergleiche über diese Frage das Schriftchen von
P. Geissler, Defoes Theorie über Robinson Crusoe. Inaugural-
Dissertation der Universität Leipzig. Halle, Druck von
Ehrhardt Karras. 1896.

der Erlebnisse des Schriftstellers. Der Versuch des
Verfassers (in der Vorrede der „Serious Reflections")
die Dichtung als eine von vornherein beabsichtigte
allegorische Darstellung seines Lebens hinzustellen, ist
ein nachträglicher Einfall und für die Würdigung des ₅
Werkes von nebensächlicher Bedeutung.

Der erstaunliche Erfolg unseres Buches äusserte
sich sofort in verschiedenen Neudrucken, in der Veröffentlichung eines zweiten, das Robinsonmotiv völlig
aufgebenden, und im folgenden Jahre in der Zugabe ₁₀
eines dritten die „Serious Reflections of Robinson
Crusoe" umfassenden Bandes, sodann im Jahre 1720
einer holländischen, einer französischen und einer
deutschen Übersetzung (jede von ihnen mehrfach neu
gedruckt oder nachgedruckt) und im Jahre 1731 auch ₁₅
einer italienischen, die nach der französischen gearbeitet
war, endlich in einer grossen Reihe von Nachahmungen,
unter denen echte und Pseudorobinsonaden zu unterscheiden sind.[1] Mit Beiseitelassung der letzteren, die
entweder gar nichts Robinsonisches enthalten oder nur ₂₀
ganz nebensächliche Motive (türkische Gefangenschaft,
abenteuerliche Reisen u. ä.) mit dem „Robinson" ge-
meinsam haben, bleiben rund 15 Nachahmungen, die auf
etwaige Beziehungen zur „Insel Felsenburg" geprüft
werden müssen. Von ihnen sind neun ausländischen ₂₅
Ursprungs (englisch, holländisch, französisch), von denen
dem Verfasser der „Insel Felsenburg" aber nur sechs
in Übersetzungen zugänglich waren. In einer eingehenden
Untersuchung hat Kippenberg (S. 39—84) sich mit den
meisten derselben beschäftigt. Auf Grund eigener ₃₀
Lektüre finde ich eine mehr oder weniger grosse
Abhängigkeit der „Insel Felsenburg" von fünf vorher
erschienenen Werken, zunächst von der bereits 1668 ver-
öffentlichten Geschichte des „Joris Pines," die, in dieser

---

[1] Vergleiche für das Bibliographische, soweit es für ₃₅
die Zeit bis 1731 in Frage kommt, mein Buch, und zwar
S. 3—8; 29—30; 31—34; 43—49; 102—125; 223—232.

Gestalt ganz skizzenhaft gehalten, nur die Elemente
einer Robinsonade und einer Art Utopie enthielt, aber
nach dem Erscheinen des „Robinson" zu einem dick-
leibigen Werke erweitert herauskam (1724).[1]) Hier ist
es besonders die Gründung eines neuen Geschlechts
durch Joris Pines mit seinen vier Frauen und die rohen
Anfänge eines Staatswesens unter einem glücklichen
Himmel, was auf den Verfasser der „Insel Felsenburg"
gewirkt haben könnte. Dass er den Roman wenigstens
gekannt, erhellt aus seiner Vorrede (Neudruck S. 4*).
Noch mehr scheint unser Verfasser zu verdanken der
zum erstenmal 1727 englisch erschienenen und im
folgenden Jahre ins Holländische, Französische und
Deutsche übersetzten Geschichte des „Philip Quarll." Hier
haben wir wie bei Defoe ein breit ausgeführtes Gemälde
robinsonischen Lebens mit mancherlei neuen Zügen, die
vielfach sympathisch berühren, teilweise eine echt poetische
Stimmung hinterlassen. Die poetische Technik, wodurch
Defoe den Eindruck unbedingter Glaubhaftigkeit erreicht,
ist hier glücklich nachgeahmt, die Schilderung von
Quarlls Erlebnissen in England, in seiner vierfachen Ehe,
zeugt von scharfer Beobachtung, die Charakteristik der
Personen ist individualisierend, die Schilderung von
Naturscenerieen — zu denen bei Defoe, wie dieser Robinsons Eiland einmal angenommen, kein rechter Anlass
war — ist voll poetischer Kraft. Die Abgeschlossenheit
von Quarlls Eiland von der übrigen Welt durch scheinbar unübersteigliche Felsen hat sicherlich der Beschreibung der Insel Felsenburg als Muster vorgeschwebt.
Im „Philipp Quarll" sind es auch wie in der „Insel
Felsenburg" Herden von Affen, die den Anpflanzungen
allerlei Schaden zufügen, die aber auch zu menschlichen
Dienstleistungen herangezogen werden. Der religiöse
Grundzug in dem Charakter des Einsiedlers, im „Robinson"

---

[1]) Vergl. die gründliche Untersuchung von Max Hippe,
Eine vor-Defoeische Robinsonade. (Engl. Studien. Bd. XIX.
S. 66—104).

vorgebildet, erscheint, wie wir später sehen werden, in
der „Felsenburg" als Anhänglichkeit an ein bestimmtes
religiöses Bekenntnis. Auffallend könnte bei diesem
englischen Einsiedler der stark betonte Zug der Welt-
entsagung erscheinen, jedenfalls widerspricht er dem 5
von mir oben über englische Robinsonaden Gesagten;
er erklärt sich indessen vollkommen aus den früheren
persönlichen Schicksalen des Einsiedlers, die ihm beinahe
einen schimpflichen Tod gebracht haben. Quarll bleibt
darum doch in seinem Herzen ein Engländer, er ist 10
weit entfernt, für sein persönliches Geschick die Zustände
seines Vaterlandes verantwortlich zu machen, sondern
als ihm einmal im Traum der Gott der Zeit erscheint
und ihm für sein Vaterland ein hohes Glück prophezeit
(die Thronbesteigung des Hauses Hannover), da schickt 15
der Einsiedler seinerseits heisse Wünsche für das Wohl
des geliebten Vaterlandes zum Himmel.

Zwei andere Robinsonaden vor der „Insel Felsenburg", der „Sächsische Robinson" und, „Gustav Landkron,
der schwedische Robinson", in denen das Robinsonmotiv 20
nur mehr oder weniger episodisch verwertet wird, bekunden stofflich einen Fortschritt, indem sie neue Motive
hinzufügen. Im „Sächsischen Robinson" findet der schiff-
brüchige Wilhelm Retchir auf der Insel bereits einen
Robinson noch lebend vor, durch dessen Erfahrungen, 25
Arbeiten etc. nun sein eigenes Dasein auf der Insel
erheblich erleichert wird. Im „Schwedischen Robinson"
bleibt der Held Gustav Landkron, nachdem die
übrigen Schiffbrüchigen gestorben sind, mit dem Schiffsprediger Crusius und einer getauften Türkin, der Gattin 30
des durch einen Sturz vom Felsen umgekommenen
Schiffskapitäns, allein auf der Insel, ohne mit der Frau
einen Bund einzugehen, da er in der Heimat eine
Verlobte zurückgelassen hat. Als ein Blitzstrahl den
Schiffsprediger zugleich mit dem gerade auf dem Arme 35
getragenen Kinde der Türkin tötet, hat Landkron alles
aufzubieten, diese von der Verzweiflung zurückzuhalten.

Wenn er nun ihr alleiniger Ernährer und Beschützer wird,
so kann sie ihm das vergelten, als er, von einer skorbut-
ähnlichen Krankheit befallen, jede andere Speise ver-
schmäht und sie ihn mit ihrer Milch ernährt und so vom
5 Tod errettet. Diesen Motiven der beiden letztgenannten
Robinsonaden ist die „Insel Felsenburg" zweifellos verpflichtet geworden. Wie im „Sächsischen Robinson" so
haben wir auch hier auf der „Insel Felsenburg" einen
Vorgänger des Robinsonlebens, der zwar nicht mehr am
10 Leben ist, aber durch seine hinterlassenen Aufzeichnungen und Schätze die Existenz der neuen Ankömmlinge
erleichtert und sogar als Schutzgeist das böse Element
auf der Insel, den verbrecherischen Lemelie, entlarven
hilft, bez. vor seinen Nachstellungen warnt. Wie im
15 „Schwedischen Robinson" gestaltet sich auch in der
„Insel Felsenburg" das Verhältnis des jungen Eberhard
Julius zu der durch ein Verbrechen ihres Gatten be-
raubten Concordia von Plürs derart, dass er ihr Beschützer wird, aber, selbst krank geworden, von ihr
20 treu gepflegt wird. Wie das Motiv hier vertieft worden
ist, werden wir später sehen.
　　Noch eine Robinsonade kommt als mögliche Anregung für die „Insel Felsenburg" in Betracht, allerdings weniger durch die Veränderung der Motive als
25 für die Technik der Erzählung, das sind die „Begebenheiten des Herrn von Lydio," freilich nur in ihrem
ersten, 1730 erschienenen Bande, während die zwei
weiteren Teile möglicherweise von der „Insel Felsenburg" beeinflusst sind. Auch dieses Buch ist vom Ver-
30 fasser der letzteren ausdrücklich, wenn auch nur pole-
misch, wie die englischen Robinsonaden, in seiner Vorrede genannt. Das Robinsonische im „Lydio" ist recht
dürftig und oberflächlich behandelt, Naturvorgänge, wo
sie als Motive der Begebenheiten erscheinen, mit un-
35 glaublicher Naivität geschildert und in schwülstiger
Sprache dargestellt. Dieser Schwulst, der sich auch
in der undeutschen Benennung der auftretenden Personen

(Lydio, Selinde, Fernando, Arsinoë, Silvia u. ä.) und
in der Namengebung von Örtlichkeiten (Burg Hammonis=
Hamburg; Visurgina=Bremen; Löwenburg=Braunschweig;
Revonah=Hannover; Lindenburg=Leipzig u. ä.) äussert,
bildet ein Hauptmerkmal der sächsischen Kanzleisprache, 5
wie sie sich im „galanten" Verkehr gestaltet hatte. Von
irgend einer Natürlichkeit des Ausdrucks, wie er sich
etwa aus der Verschiedenheit der Situationen ergeben
müsste, oder von einer Anpassung desselben an die
Charaktere ist schlechterdings keine Rede.   10
      Überaus bemerkenswert ist der „Herr von Lydio",
wie auch die übrigen Produkte des gleichen Verfassers[1]).
— aber nur vorzugsweise, nicht ausschliesslich — wegen
des Vorwaltens des sogenannten erotischen Elements,
zum Teil in plumpster Nacktheit, zum Teil in ver- 15
schleierter Lüsternheit. Die Behandlung geschlecht-
licher Vorgänge hat die Poesie zu allen Zeiten als ihr
gutes Recht in Anspruch genommen, da ihr nichts
Menschliches fremd bleiben darf. Aber die Art der
Behandlung hat mit den verschiedenen Zeitaltern, den 20
so grundverschiedenen gesellschaftlichen Zuständen ge-
wechselt, wechseln müssen. „Die Zeit ist ein wunderlich Ding. Sie ist ein Tyrann, der seine Launen hat,
und die zu dem, was einer sagt und thut, in jedem
Jahrhundert ein ander Gesicht macht."[2]) Was wir bei 25
den mittelalterlichen Fabliaudichtern, bei Boccaccio,
Chaucer, selbst noch bei den Dichtern der Nürnberger
Fastnachtsspiele ohne Anstoss lesen, das erscheint bei
einem Hofmann von Hofmannswaldau, Daniel Casper
von Lohenstein, bei den Romanschreibern Menantes 30
(Chr. Fr. Hunold), Talander (A. Bohse), Meletaon
(J. Leonh. Rost) einfach widerwärtig und empörend.

---

[1]) Nordischer Robinson. 3 Teile. 1741. 1749; Dänischer
Robinson. 4 Teile. 1750. 1752. 1753; Isländischer Robinson
1755; Färoeischer Robinson 1756; der pseudonyme Verfasser 35
Selimenes ist J. M. Fleischer.
      [2]) Goethe zu Eckermann am 25. Februar 1824.

Und nicht nur geschlechtliche Verfehlungen, sondern
auch Verbrechen anderer Art bilden oft die Vorgeschichte
unserer Romanhelden, Greuel, wie sie nur ein durch
die Schrecken des deutschen Krieges fühllos, roh und
5 stumpfsinnig gewordenes Geschlecht ertragen mochte.
Auch hier war, allerdings auf dem Gebiete des Dramas,
Lohenstein vorangegangen. Wie aber neben der weltlichen Dichtung des 17. Jahrhunderts eine über alles
Mass angeschwollene geistliche, richtiger kirchliche
10 Dichtung einhergeht, so ist die Schilderung derartiger
Verfehlungen oder Verbrechen aufs engste verknüpft
mit Ergüssen bussfertiger Reue, die das Gewissen des
Sünders entlasten und — zu neuen Sünden Spielraum
geben. Und die Erklärung dafür? Sollte sie nicht in
15 den religiösen, richtiger theologischen Anschauungen
des Zeitalters zu suchen sein, wonach — im Anschluss
an die Lehre des heiligen Augustinus, und zwar nicht
nur bei den Katholiken, sondern auch zum Teil bei
den Reformatoren — die Rechtfertigung des Sünders
20 durch den blossen Glauben erfolgen könne? In einer
Streitschrift der Wittenberger theologischen Fakultät
gegen Spener gingen die Vertreter der lutherischen
Rechtgläubigkeit sogar so weit, dass sie einen schlechten
Lebenswandel als Förderung der Gottseligkeit hin-
25 stellten.[1] In solchen das ganze Volk beherrschenden,
weil allsonntäglich von den Kanzeln herab verkündeten
Anschauungen liegt nach meiner Ansicht eine Wurzel
der sogenannten „Empfindsamkeit",[2] wenigstens in
ihrer früheren Gestalt. In ihnen war die Aufforderung
30 an den Sünder gegeben, sich vertrauensvoll an seinen

---

[1] Jul. Schmidt, Geschichte der deutschen Litteratur
von Leibniz bis auf unsere Zeit. (Berlin 1886—1896. 5 Bde.)
I. 110.
[2] Vielleicht kann obige Darlegung eine Ergänzung
35 liefern zu den feinsinnigen Erörterungen über die Geschichte
der Empfindsamkeit. die Prof. von Waldberg in seinem Vortrag „Goethe und die Empfindsamkeit" gegeben hat (Berichte
des Freien Deutschen Hochstiftes. Frankfurt a. M. 1899).

Schöpfer zu wenden, alle Falten seines Herzens ohne
Beschönigung und Rückhalt nach aussen zu kehren,
um auch sogleich der Gnade gewiss zu sein. Der Pietismus, aus dem man jene „Empfindsamkeit" meist her-
geleitet hat, hat dieses Verhältnis des Menschen zu Gott 5
nur vertieft. In diesen Anschauungen wurzelt dann
ebenfalls die Vorliebe der Litteratur für gefallene
Menschen: daher die Häufung des Typus des Ver-
brechers, besonders der Dirne, der Kindesmörderin u. ä.,
Typen, die teilweise schon von Defoe („Moll Flanders") 10
und bis in die klassische Zeit hinein (Schiller, Die
Kindesmörderin) behandelt worden sind.

D a h e r stammt das wollüstige Versenken des
Menschen in seine Gefühle, die Thränen- und Rühr-
seligkeit, aber auch der gänzliche Mangel an einer 15
männlichen Empfindung, die Unfähigkeit oder Scheu,
ein energisches Verdammungsurteil über eine sittliche
Verschuldung auszusprechen. Auf diese ganze Litteratur-
gattung aber, nicht bloss auf des Superintendenten
Joh. Timotheus Hermes' Roman: „Sophiens Reise von 20
Memel nach Sachsen", auf den es gemünzt ist, passt
Schillers Distichon (in den „Xenien"):

„Wollt ihr zugleich den Kindern der Welt und den Frommen
                                                gefallen?
    Malet die Wollust — nur malet den Teufel dazu."   25

Ist so, wie dargelegt, jene theologische Anschauung
der Litteratur in ethischem Sinne verhängnisvoll geworden, so gilt das auch für das Ästhetische, insofern
durch sie die Anschauung begünstigt wurde, als müsse
die Dichtung, im besondern die erzählende, neben dem 30
Zwecke der Ergötzung den der Belehrung verfolgen.
Jener Anschauung schreibe ich es daher auch zu, dass
die Dichtung bis tief in unsere klassische Zeit hinein
so häufig didaktische Zwecke verfolgte.[1])

---

[1]) Nach Fürst a. a O. S. 147 verfolgte noch Schiller 35
in seinem „Verbrecher aus Infamie" bestimmte moralische

Um noch einmal zum „Herrn von Lydio" zurückzukehren, so ist dieser, wie mir scheint, auch in der
Komposition seiner Geschichte für die „Insel Felsenburg"
vorbildlich geworden, insofern als der Gang der Erzählung
5 häufig aufs störendste durch eingeschaltete Erzählungen
der neu auftretenden Personen unterbrochen wird. Diese
Kompositionsweise ist ja als sehr alt bekannt, wird aber,
wie mir scheint, erst durch unsere Romangattung in
Deutschland häufiger, auf die Spitze getrieben, —
10 insofern als nicht bloss die Erzählungen der mit der
Hauptbegebenheit in engerer Beziehung stehenden Personen eine Unterbrechung verursachen, sondern auch
weit hergeholte Dinge, wie Predigten, Traktate, Abhandlungen, — gerade von dem Verfasser des „Herrn
15 von Lydio".

Im Jahre 1731 erschien der erste Band der
„Wunderliche Fata einiger Seefahrer". Ihm folgte
1732 ein zweiter, 1736 ein dritter, 1743 ein vierter
Band. Das Werk steht ganz zweifellos nicht nur
20 im Bannkreise Defoescher Stoffwahl, sondern auch
Defoescher Erzählungskunst. Die stoffliche Abhängigkeit der Robinsonaden darf man nun freilich nicht
in jeder Einzelheit urgieren wollen Wenn z. B. die
Bibliothek der Romane (Bd. II. 1775)[1] gelegentlich
25 ihrer Auszüge aus solchen bemerkt: „Sobald ein
Robinson auf einer wüsten Insel ist, so hat er ein
Schema von Handlungen vor sich, aus dessen Gleisen
er nicht ausbeugen wird. Er säet, pflanzt, erntet, weint,
betet, baut Hütten, zieht Herden, Schiffe scheitern in
30 der Nähe seiner Insel, Fässer und Ballen treiben aus
Land, damit er sie plündern kann, es ist ein heiliges
Einerley!" so vergisst sie, dass dieses Eiuerlei zum
grossen Teile aus der gleichen Situation erwächst und

Zwecke. Die Romane eines Salzmann u. a. verfolgen von
35 vornherein keine anderen.
[1]) Angeführt von Kippenberg S. 56.

durch sie verschuldet wird. Eiu Schiffbruch wird im
grossen und ganzen auf die gleiche Weise stattfinden,
ein Schiffbrüchiger wird im grossen und ganzen die
gleichen Schritte thun, um seine bedrohte Existenz zu
fristen und zu sichern. Aber eben so richtig ist auch, 5
dass gerade darin die Kunst des Schriftstellers sich
zeigen kann, wo es gilt, die gleichen Vorgänge, wie
wir sie aus dem Vorbild kennen, mit neuer Glaubhaftigkeit vorzuführen. Diese Kunst des Engländers
fehlt, nach meiner Kenntnis, allen seinen Nachahmern; 10
auch der Verfasser der „Insel Felsenburg" besitzt sie
nur in beschränktem Masse. — Unser Roman ist also
zunächst eine Wiederholung des Robinsonmotivs, aber
mit einer bemerkenswerten Abweichung in der Komposition, der Verknüpfung der Begebenheiten. Ein junger 15
Studierender Eberhard Julius (da unser Neudruck nur
den ersten, wichtigsten Band bringt, ist eine kurze
Analyse der Geschichte nicht zu umgehen) sieht eines
Tages alle seine Zukunftspläne gescheitert durch die
von Hause einlaufende Nachricht, dass sein Vater (die 20
Mutter ist schon vorher gestorben) infolge eines un-
verschuldeten Bankerotts die Flucht ergriffen habe und
in die weite Welt gegangen sei, nachdem er ein anderes
Kind, eine Tochter, bei ihrer Base untergebracht.
Da, in seiner höchsten Not, erreicht ihn bald darauf 25
ein zweiter Brief eines ihm unbekannten Kapitän
Wolfgang, der ihn auffordert, sich unverzüglich auf
die Reise nach Amsterdam zu begeben, wo ein ursprünglich für seinen Vater bestimmtes Geheimnis
seiner warte, das seinen Umständen eine völlige 30
Wendung zum Besseren zu geben geeignet sei. Nach
Überwindung des ersten Misstrauens, wozu ein dem
Briefe beiliegender Wechselbrief beiträgt, und nachdem
er sich mit seinem Gotte beraten hat, begiebt er sich
nach Amsterdam, wo er sich von jenem Kapitän herz- 35
lichst aufgenommen sieht und durch einen Brief eines
gewissen Albertus Julius und die mündlichen Mitteilungen

des Kapitäns die gewünschte Aufklärung empfängt. Diese
lautet folgendermassen. Ein gewisser Albertus Julius,
1628 in Sachsen geboren (die Geschichte beginnt im
Jahre 1725), hat nach freudlos verlebter Jugend endlich
5 das Glück gehabt, in Bremen mit einem holländischen
Adligen, Carl Franz van Leuven, bekannt und von ihm
in Dienste genommen zu werden. Er ist ihm nach
England gefolgt und hat dort durch eine List dazu bei-
getragen, dass sein Herr in den Besitz seiner Geliebten,
10 Namens Concordia von Plürs, gelangte, aber, da
die Zustimmung beider Eltern fehlte, mit ihr und
dem Diener Albert zu Schiff zunächst nach Frankreich
fliehen musste, von wo sie sich nach Ostindien zu begeben beabsichtigten. Das Schiff ist aber an einer Sand-
15 bank, gegenüber der nachmals von ihnen Felsenburg
genannten Klippe gescheitert, und nur jene drei Personen
nebst dem Schiffskapitän Lemelie sind dem Tode ent-
ronnen. Nach Überwindung ihrer anfänglichen Ver-
zweifelung, inmitten deren Concordia sogar ihren Gemahl
20 und ihre eigene Verletzung der Kindespflicht verwünscht
hat, siedeln sie auf die einen besseren Unterhalt ver-
heissende Klippe über, nachdem sie dem Wracke des
Schiffes alle möglichen Hilfsmittel zum Leben entnommen
haben. Dieses gestaltet sich immer behaglicher, die
25 Insel erscheint immer mehr als ein Paradies. Aber auch
hier fehlt die Schlange nicht; das teuflische Element ist
verkörpert in Lemelie. Dieser, anfangs unthätig hin-
brütend und sich durch den· Trunk betäubend, kehrt
allmählich immer abstossendere Seiten heraus, verlegt
30 sich aber, mit seinem Anspruch auf den Mitbesitz der
Concordia schroff abgewiesen, auf Verstellung und
Tücke und benutzt eines Tages die gegebene Gelegenheit wo er sich mit van Leuven auf der Jagd befindet, diesen von einer Klippe in einen Abgrund zu
35 stürzen, wo er zerschmettert liegen bleibt. In ihrem
furchtbaren Schmerze wird Concordia nur durch den
treuen ·Albert vor völliger Verzweiflung bewahrt; er

allein wird auch ihr Beschützer, als sich Lemelies
Begierden jetzt unverhüllt hervorwagen; als der letzere
bei einem durch Alberts Dazwischenkunft vereitelten
Attentat auf die Tugend der Concordia seine Waffe
gegen Albert selbst richtet, rennt er sich dessen zum 5
Schutz vorgehaltenes Stilet in die Brust und befreit
durch seinen Tod die beiden von einer steten ihrer
Tugend und ihrem Leben drohenden Gefahr, nicht
ohne vorher noch durch ein Bekenntnis seiner abscheulichen Sünden und Greuel seine Hörer entsetzt 10
zu haben. Der durch diese Nachstellungen besorgt
gewordenen Concordia schwört Albert einen Eid, niemals
ihrer Person unkeusch begehren zu wollen, und stellt
dadurch das Vertrauen wieder her. Und wahrlich,
das arme Weib bedarf dessen, denn es naht ihre 15
schwerste Stunde; auch hier erweist sich der getreue
Albert als unbedingt verlässlich; er badet das Neu-
geborene, tauft das Mädchen auf Wunsch der Mutter
und wird ihm ein treuer Pflegevater. Aber das blühende
Weib neben sich, gerät er in einen schweren Konflikt 20
mit seinem Eid, schwört sich aber zu, diesen unter
allen Umständen halten zu wollen. Eines Tages jedoch
ergiessen sich seine keuschen Wünsche in ein Lied,
das er unter Zitherbegleitung mehrmals absingt, wobei
er von der geliebten Frau, die seine Melancholie schon 25
längst bemerkt hat, belauscht wird. Nun trägt sie sich
ihm in einem verschämten Briefe, den sie den ihm bestimmten Geburtstagsgeschenken beifügt, selbst als Gattin
an und beglückt ihn aufs höchste. Es folgt eine bescheidene Hochzeitsfeier, nach der die frommen Ehe- 30
leute, in Nachfolge des frommen Tobias, noch drei
Nächte mit Fasten und Beten zubringen, ehe sie sich
einander zu eigen geben. Die Ehe ist eine gesegnete.
Aber im Laufe der Jahre beschleicht sie die bange
Sorge, was zu thun sei, wenn ihre Söhne und Töchter 35
herangewachsen seien, um Blutschande zwischen ihnen
zu verhüten. Zunächst erweist sich diese Sorge als

unnütz: zwei Engländer, Amias und sein Neffe Robert
Hülter, landen schiffbrücbig an der Insel; der letzere
heiratet die jüngere Concordia. Zu weiterer Abhilfe
schlägt Amias vor, von der nächstgelegenen Insel St.
5 Helena Zuzügler herbeizuholen. Aber ehe das geschieht,
stranden wiederum fünf Personen an der Insel, zwei Frauen
und drei Männer, die sich mit fünf Kindern des
Albertus verheiraten. Die Insel zählt jetzt schon
20 Personen. Auf einer endlich nach St Helena an-
10 getretenen Fahrt werden drei Frauen aus den Händen
von Holländern listig befreit und heiraten die noch
übrigen drei Söhue des Paares. Die starke Vermehrung
der Personen führt zu einer friedlichen Trennung der
Geschlechter, die neun verschiedene Teile der Insel iu
15 Besitz nehmen und unter ihrem verehrten Altvater
ein patriarchalisches Gemeinwesen bilden. Dieser
letztere hat nach dem Tode seiner lieben Gattin und
nach Versorgung aller seiner Kinder nur noch den
Wunsch, ein Glied aus seiner europäischen Bluts-
20 verwandtschaft bei sich zu sehen.

Als Vermittler zwischen der Insel und Europa
bietet sich als der geeignetste dar der Kapitän Wolfgang,
der einst von seiner meuterischen Mannschaft an der
Insel Felsenburg, als einer vermeintlichen Einöde, aus-
25 gesetzt, aber von den Felsenburgern aufgefunden und
aufgenommen worden ist, er ist es, der auf Bitte des
Altvaters die Reise nach Europa unternimmt, um ein Glied
des Julischen Geschlechts herbeizuschaffen, einen tüchtigen
Seelsorger, viele Handwerker und alle möglichen Güter
30 mitzubringen. Die Fahrt gelingt: jener am Eingang
unseres Berichtes erwähnte Eberhard Julius und ein
wackerer Geistlicher, der Mag. Schmeltzer, Eberhards
ehemaliger Informator, erscheinen zu des Altvaters
grösster Genugthuung auf der Insel, deren Bewohner-
35 zahl zugleich durch eine Reihe tüchtiger Haudwerker
vermehrt wird. Schon bald nach ihrem Erscheinen
auf der Insel hatten die ersten Schiffbrüchigen Spuren

eines früheren Bewohners — wie sich später ausweist,
des spanischen Edelmanns Don Cyrillo de Valaro —
aufgefunden in Gestalt von allerlei Erleichterungen
ihrer eigenen Existenz und vor allem eines ungeheuren
Schatzes. Dieser letztere liefert nun den Insulanern 5
die Mittel zu dem regelmässigen Verkehr mit Europa,
der, nachdem Kapitän Wolfgang selbst durch Ver-
heiratung sich auf der Insel sesshaft gemacht, unter
der Oberleitung eines ehemaligen Untergebenen, des
Lieutenants Horn, sich vollzieht.   10

Verweilen wir einen Augenblick bei dem Er-
zählten. Die Geschichte führt uns in den ersten
Schicksalen des Altvaters und seiner Begleiter ein
Robinsonleben vor, welches, da sich die Schwierigkeiten der Einrichtung auf der fruchtbaren Insel 15
auf vier Personen verteilen, zweifellos nicht das
gleiche spannende Moment wie die Erzählung Defoes
in sich trägt. Was so der Stoff zunächst zu verlieren
scheint, gewinnt die Geschichte durch die Zeichnung
der Charaktere. Anfangs durch die Not zusammen- 20
gehalten, spaltet sich die kleine Welt der Schiffbrüchigen
bald in Unfrieden und Hass, die (von der vorüber-
gehenden Entfremdung Concordias gegen ihren Mann
abgesehen) von dem teuflischen Lemelie in sie hinein-
getragen werden. Die Verletzung des kindlichen Ge- 25
horsams seitens der Concordia wird an dieser furchtbar
gerächt durch den Verlust des geliebten Mannes, aber
auch Lemelie, dessen Mass voll ist, erhält seinen Lohn.
Wie lebensvoll treten uns nicht die Charaktere entgegen!
Der männliche, wackere van Leuven, die blühend schöne, 30
keusche, gottesfürchtige Concordia, der fromme, dienst-
fertige, unbedingt zuverlässige, hie und da etwas zag-
hafte, aber täglich mit sich wacker ringende Albert,
der über alles Mass verworfene Lemelie! Es ist klar,
dass dieses Moment der ·Spannung, der Grund der 35
Zwietracht unter den vier Schiffbrüchigen nur durch
die Einführung der Concordia in die Geschichte hervor-

gerufen wird. Ist der Verfasser darin seinen Vorgängern verpflichtet, so überragt er sie doch durch
die Art der Verwendung dieses Motivs um Hauptes-
länge. — Als nebensächlicher Zug, den wir aus des
5 Verfassers Vorgängern kennen, ist die Verwendung
der Affen zu nennen, die als Feinde ihrer Kulturarbeit
auftreten, sich aber auch gefallen lassen müssen, zu
der menschlichen Arbeit herangezogen werden. Auch
hier hat es der Verfasser verstanden, durch die Art,
10 wie er jenen Tieren menschliche Züge beilegt, für sie
unsere Teilnahme zu wecken. Und mit welcher Zartheit
der Empfindung sind einzelne Situationen behandelt,
so z. B. die Niederkunft Concordias, später die Art
wie sie sich selbst dem gewissenhaften Albert anträgt,
15 und ihre Hochzeit! Von den verschiedensten Seiten
schon sind diese Partieen des Buches mit Recht erhoben worden, nicht nur über zeitgenössische und
spätere Robinsonaden, sondern auch weit über die ganze
unmittelbar vorausgehende Romanproduktion.
20　　Diesen keuschen, von wahrer Poesie erfüllten
Schilderungen stehen nun freilich, nicht nur in den
späteren Bänden, sondern schon im ersten solche gegenüber, die die völlige Kehrseite dazu bilden: geschlechtliche Ausschweifungen, Morde, Totschläge, Räubereien
25 und Diebstähle — alles aus den verschiedensten Motiven
heraus — entrollen ein trübes Bild der damaligen
Zustände Europas, als habe der Verfasser nur aus
künstlerischer Absicht dem stillen Frieden des Felsenburgischen Gemäldes ein derartig kontrastierendes
30 Pendant geben wollen. Doch richtiger werden wir
gehen mit der Annahme, dass der Verfasser einfach
als treuer Sittenmaler gegeben hat, was er erlebt oder
bei den damaligen Zuständen für möglich gehalten hat.
Und wohlgemerkt, mit der Ankunft der Europamüden,
35 auf Felsenburg ist — entsprechend den früheren Dar-
legungen von dem überaus tiefgehenden Einfluss der
theologischen oder religiösen Anschauungen der Zeit —

ihre verbrecherische oder doch befleckte Vergangenheit
aus ihrem und dem Gedächtnisse der Zuhörer verwischt,
sie sind in ihrem Glauben an die Gnade Gottes vor
sich selbst und ihren Zuhörern gerechtfertigt.[1])

Aber auch in der Verknüpfung der Begebenheiten, 5
in der Einführung seiner Hauptpersonen verlässt unser
Verfasser nicht unglücklich das Schema seiner Vorgänger. Alle diese beginnen, Defoe nur zu getreu nach-
ahmend, („Philipp Quarll" bildet eine rühmliche Ausnahme und könnte für die Komposition unseres Romans 10
vorbildlich gewesen sein) mit der Geburt und Abstammung
ihrer Helden, unser Verfasser dagegen trägt uns die
Geschichte der Felsenburg nicht selbst vor, sondern legt
sie dem Altvater in den Mund, der sie abschnittsweise
den neuen Ankömmlingen, besonders seinem Urgross- 15
neffen Eberhard Julius erzählt. Dies geschieht bei einer
Visitationsreise des Altvaters in die verschiedenen Be-
zirke der Insel, so dass wir nun von dieser statt einer

---

[1]) Der Müller Krätzer schliesst vor seinen Felsenburgischen Zuhörern das Bekenntnis seines verbrecherischen 20
Vorlebens mit folgenden Worten: „Zu ihnen, meine Herren!
habe ich aber das vollkommene Vertrauen, dass sie mich
wegen meines aufrichtig erstatteten Berichts, der meine
Person bey manchem Europäer vielleicht verächtlich machen
würde, um soviel desto besser achten werden, denn ein 25
Mensch, der vorhero ein Schelm gewesen,
und nachhero fromm worden, nach dem
Winkel-Masse der Vernunft vor besser
zu halten ist, als tausend andere, die
sich zwar fromm und ehrlich stellen, und 30
doch Schelmen in der Haut bleiben. ... Sie
aber sollen hinführo allerseits Zeugen meines nach menschlicher Möglichkeit, zu führenden christlichen Wandels seyn."
Worauf der Altvater antwortet: „Mein lieber Sohn! unser
Heyland thut uns in der heil. Schrifft klärlich zu wissen, 35
was vor Freude im Himmel sey über einen Sünder der Busse
thut, derowegen müste derjenige ein Gottes-vergessener
ruchloser Mensch seyn, welcher euch als einen solchen
Menschen, an dem GOtt seine heilsame Gnade gantz sonderbar offenbahret hat, geringer als andere Menschen achten 40
wolte. (Bd. II. 399 ff.)

trockenen Beschreibung eine lebensvolle Schilderung erhalten. Die Ansiedelung hat sich aus kleinsten An-
fängen zu einem Gemeinwesen ausgebildet, das, unter
dem ehrwürdigen Altvater noch von patriarchalischem
5 Charakter, ohne viel gegen die Zustände Europas zu
polemisieren, in seinen Einrichtungen zu diesen in einen
bewussten Gegensatz tritt.

Wir haben also in der Schilderung der Felsenburgischen Zustände eine Utopie vor uns. Ist der
10 Verfasser auch in diesem Punkte nicht original, so
hat er doch auch diesem Teile seines Werkes ein
so eigentümliches Gepräge gegeben, dass sein Gemälde
einen dauernden sittengeschichtlichen Wert behält.
Schon dass er sich zum Entwurf eines solchen utopi-
15 schen Staatswesens gedrungen fühlt, setzt nicht nur
ihn, sondern auch seine Heimat in einen Gegensatz zu
Defoe und England. Wenn, wie wir oben sahen, das
letztere zu Defoes Zeit seine Zustände im wesentlichen
gefestigt sah, so war das mit Deutschland im ersten Drittel
20 des 18. Jahrhunderts und noch auf lange hinaus nicht
der Fall. Deshalb hat auch das 18. Jahrhundert noch eine
ganze Reihe solcher utopischer Gemälde aufzuweisen.
Charakteristisch ist mindestens einer grossen Reihe derselben, dass sie auf dem Boden des christlichen Be-
25 kenntnisses stehen. Aus dem 17. Jahrhundert nennen
wir als die bedeutendsten: Reipublicae Christianopoli-
tanae descriptio (1619) von Joh. Val. Andreae (noch
im Jahre 1741, offenbar unter dem Einflusse des Er-
folges der „Insel Felsenburg" deutsch herausgegeben
30 unter dem Titel: Reise nach der Insul Caphar Salama),
sodann: der Christenstaat von Veit von Seckendorf (1685)
und: Christenstadt auf Erden von Conrad Dippel (1699).
So steht nun auch der Staat der Felsenburger nicht
nur auf christlichem, sondern auf dem Boden des strengen
35 Luthertums, derart, dass alle neuen Ankömmlinge auf
der Insel es als ihre Pflicht erkennen, sofern sie diesem
Bekenntnis nicht bereits zugehören, sich ihm zuzuwenden.

Gebet und Arbeit füllen ihre Zeit aus, nur bescheidene
Vergnügungen lösen ihre Thätigkeit ab. Wohlleben,
Luxus, Schwelgerei sind unbekannt. Die Kinder-
erziehung ist eine heilige Sache, und sobald Mag. 5
Schmeltzer auf der Insel angelangt ist, ist sein Be-
streben, die von Gottesdienst und Unterricht der Jugend
geforderten Einrichtungen zu schaffen. So lange die
Insel noch keine geschulten Handwerker zu ihren Bewohnern zählte, mussten alle bei den nötigen Arbeiten
Hand anlegen; späterhin erlauben es die Verhältnisse 10
einem jeden, mit Lust in seinem eigenen Berufe thätig
zu sein, einzig ein Perückenmacher findet hier kein Feld
für seine Thätigkeit, denn man trägt keine Perücken,
diese gehören vielmehr zu den sogenannten „Mittel-
dingen" der pietistischen Sekte, mit deren Neigungen 15
und Glaubenssätzen ich übrigens das Felsenburgische
Gemeinwesen nicht ohne weiteres in Parallele setzen
möchte. Eifrig wird die Musik gepflegt, besonders
der für Kirchenfeste und sonstige feierliche Gelegenheiten geeignete Gesang. Dem Altvater wird die Freude, 20
vor seinem Ende noch eine stattliche Kirche mit prächtigen Glocken und vortrefflicher Orgel vollendet zu
sehen. Nicht zu übersehen ist die Freude der Felsenburger an schönen oder grossartigen Naturbildern, die
für das allmählich erwachende Naturgefühl Zeugnis ab- 25
legt und sich praktisch äussert in der Anlegung von
Gärten in jedem Bezirk der Insel. Das Geld ist ihnen
einzig wert als Mittel des Verkehrs mit Europa. Über
alles aber steht ihnen die Freiheit, die sie gegen die
Gebundenheit der europäischen Zustände eingetauscht 30
haben: hier giebt es keinen Tyrannen, denn Albertus
Julius ist ihnen mehr Vater und Freund; keine welt-
liche oder geistliche Despotie, die sie um die Früchte
ihres Fleisses bringt; keine Nachstellungen, die ihr
Leben, Eigentum, ihre persönliche Freiheit, ihr Bekenntnis 35
bedrohen; keinen Neid, keinen Hass, keine Zwietracht.
Das Klima und die Fruchtbarkeit des Bodens thun ein

Übriges, um dem Fleiss ihrer Hände Gedeihen zu verschaffen.

Das sind die wesentlichen Züge eines utopischen
Staates, in den der Verfasser seine Leser führt und in
die sich diese nur zu willig versenken. Eine Utopie kann
aber als Erzählung wohl einen Schluss, aber kein Ende
haben, sondern müsste eigentlich schliessen wie Lenaus
„Albigenser“, mit einem eine unendliche Perspektive in
die Zukunft eröffnenden „Und so weiter“. So hat denn
der Verfasser, nachdem die Grundsteine seines Felsenburgischen Gemeinwesens gelegt sind, zu den wunder-
lichsten Mitteln greifen müssen, um seine Seiten zu
füllen. Bereits im ersten Bande beginnen die Lebensgeschichten der in das Gemeinwesen Aufgenommenen,
die im zweiten Bande glücklich fortgesetzt werden, um
mit dem dritten Bande abzuschliessen. Der Verfasser
geht von der Fiktion aus, das Material von einem
mit den Felsenburgischen Verhältnissen vertrauten Manne,
der seitens der Inselbewohner mit der Veröffentlichung
ihrer Geschichte betraut und nur durch einen plötzlichen Tod daran verhindert gewesen sei, erhalten zu
haben. Dieses Material füllt die ersten zwei Bände.
Durch die weitere Fiktion, dass die Felsenburger in
regelmässigen Zwischenräumen mit Europa verkehren
und er so weiteres Material zu ihrer Geschichte erhalten habe, wird zur Not noch das Erscheinen des
dritten Bandes begründet, der auch am Schluss des
zweiten bereits in Aussicht gestellt war. Aber schon
dieser dritte Band stellt an den Glauben auch der
willigsten Leser die stärksten Anforderungen. Nachdem
schon ganze Generationen auf der doch immerhin als
klein zu denkenden Insel gelebt haben, sollen wir
glaublich finden, dass es daselbst noch unentdeckte
Höhlen giebt, deren Schätze — Statuen, Götzenbilder,
geheimnisvolle Urnen — unter allerlei Geisterspuk gehoben werden müssen.

Fehlte es schon im ersten Bande nicht an Be-

weisen, dass der Verfasser trotz ausgedehnter Kenntnisse auf vielen Gebieten doch in gewissen Punkten
ein Kind seiner Zeit geblieben war — auch Defoe ist,
von seiner Theologie beeinflusst, in den Fesseln des
Geisterglaubens gewesen — so zeigt der dritte Band 5
daneben noch einen Abfall von seiner vorher bewiesenen
Fähigkeit einen gewaltigen Stoff straff zu disponieren.
Immerhin konnte dieser dritte Band noch als ein, wenn
auch wenig gelungener, Schluss der Geschichte gelten.
Der sieben Jahre später erschienene vierte Band in- 10
dessen muss, weil vom Verfasser vorher selbst in keiner
Weise in Aussicht genommen, in jeder Beziehung ein
opus operatum genannt werden. Hier findet man schlechterdings nichts als die Mängel der früheren Bände zu
einer rudis indigestaque moles vereinigt: Predigten, 15
Traktate, Abhandlungen, Festprogramme füllen ganze
Bogen; was von Erzählung geboten wird, fällt gänzlich
aus dem Rahmen der Felsenburg heraus (Geschichte
einer kandaharischen Prinzessin Mirzamanda, die aus
Liebe zum Christentum ihrem Vater entflieht und mit 20
ihrem Gefolge und ungeheuren Schätzen auf Felsenburg landet; Erlebnisse des Kapitäns Horn, besonders
sein Aufenthalt bei dem Gouverneur von St. Jago; Be-
lagerung der Insel Felsenburg durch portugiesische Kriegs-
schiffe und Errichtung einer Amazonenbrigade etc. etc.), 25
kurz, die Geschmacklosigkeit feiert hier förmliche Orgien.
    Einer besonderen Erwähnung und Würdigung
bedürfen noch die schon mehrfach im Vorbeigehen
genannten Zwischenerzählungen. Es sind ihrer im
ganzen zwanzig,[1] wovon die meisten im zweiten Bande 30
enthalten sind. In diesen Lebensgeschichten nun eröffnet sich dem Leser ein tiefer Einblick in das Leben
der breitesten Schichten des deutschen Volkes, besonders
der mittleren und unteren Stände. Wir sehen die

_____

[1] Mit Ausschluss der nur aus dem Manuskript und als 35
Anhang zum ersten Bande gegebenen Geschichte des Don
Cyrillo de Valaro.

Vorfahren heranwachsen in meist strenger Zucht, die
doch vielfach übel ausschlägt, wir wohnen ihrem Treiben
in den öffentlichen Schulen oder bei privater Unterweisung bei, werden Zeugen der mannigfachen Verführungen, die besonders aus den oberen Ständen nach
unten durchsickern, oder sehen sie verlockt von der
vermeintlichen Freiheit des Soldatenlebens oder aber
als letzte Zuflucht sich diesem zuwenden; sind sie auf
dem rechten Wege geblieben, sehen wir sie die mannigfaltigsten Berufe ergreifen; sie begründen einen Hausstand, machen oft bittere Erfahrungen in der Wahl
der Lebensgefährtin und sehen, wie oft das Wohl ganzer
Familien durch die Folgen schlimmster Leidenschaften
zerrüttet wird; wir belauschen die Bürger bei geselligen
Zusammenkünften, lernen die Formalitäten bei Verlobungen, Eheschliessungen, Trennungen kennen; wir
nehmen Teil an festlichen Veranstaltungen zu Ehren
eines werten Gastes oder eines nach langer Abwesenheit Zurückgekehrten u. ä. Wir erkennen deutlich die
bei aller durch den dreissigjährigen Krieg gewachsenen
Verwilderung gesunde Kraft der Mittelklassen unseres
Volkes, die über alle Folgen schlimmster Leidenschaften und daraus entstehender Greuel schliesslich
doch meistens Herr wird. Kurz, in diesen Geschichten
allein steckt ein ganzer Schatz von Beiträgen zur
Sittengeschichte des deutschen Volkes, und es ist kaum
zu viel gesagt, wenn man sie als Kabinettstücke volkstümlicher Erzählungskunst bezeichnet. Um die Motive
dieser Einzelgeschichten, bezüglich ihre Herkunft hat
sich bis jetzt einzig Fürst (S. 29.) bemüht, aber gerade
hier will mir die Zustimmung schwer werden. Wie ihm,
im allgemeinen sicherlich zutreffend, die spanische
Novellenlitteratur als Quelle der modernen Novelle erscheint, so glaubt er auch die Motive dieser Einzelerzählungen, die er im übrigen nach ihrer Bedeutung
voll würdigt, als solche spanischer Provenienz bezeichnen
zu müssen. Das ist, nach unserer jetzigen Kenntnis des

Bildungsganges des Verfassers der „Felsenburg" nicht
zu erweisen, so wenig wie es bei Defoe erwiesen ist.
Aber ich finde das auch so lange nicht nötig, als nicht
dargethan wird, dass die Motive dieser Geschichten nur
auf spanischem Boden, entsprechend der Eigenart [5]
spanischer Kultur, möglich sind. Für keines dieser
Motive, die Fürst erwähnt[1]), will mir dies einleuchten,
nicht einmal für die Zigeuner, die doch wahrlich nicht
Spanien eigentümlich sind. Wo wir uns auf fremdem
Boden bewegen, ist ohne weiteres zuzugeben, dass die [10]
Lektüre von Reisewerken das Material und das Kolorit
geliefert hat; bei den auf deutschem Boden spielenden
reicht zur Erklärung völlig die Persönlichkeit des
Schriftstellers aus. Dieser war, gleich Defoe, nur in
engeren Verhältnissen, ein „vielumgetriebener" Mann, [15]
der mit hellem Blicke ins vielgestaltige Leben schaute
und das Geschaute in seinem treuen Gedächtnis auf-
speicherte.

Die Sprache unseres Schriftstellers gehört nach
meinem Bedünken mehr dem Nordthüringischen an [20]
und zeigt daneben gewisse Eigentümlichkeiten, die
niederdeutsch sind; auch der Wortschatz weist, nach
meinem Dafürhalten, mehr nach Thüringen als nach
Kursachsen. Der Stil ist durchaus, wenigstens in
den Partieen, wo der Autor sich einer gehobenen [25]
Ausdrucksweise zu bedienen Anlass zu haben meint,
beeinflusst von der sächsischen Kanzleisprache und dann
geziert, reich an Fremdwörtern, die erst in den späteren
Auflagen teilweise durch deutsche ersetzt sind, hie und
da schwülstig; in den Partieen dagegen, wo sein Stoff [30]

---

[1]) Ganz beiläufig will ich, Fürsts Behauptung berich-
tigend, bemerken, dass der Müller Krätzer bei allen seinen
Verbrechen doch mit keinem Vatermord belastet ist. Er
hat vielmehr nur in Verteidigung seiner misshandelten
Mutter seinen Stiefvater zur Thüre hinausgestossen, wobei [35]
dieser sich unglücklicherweise, wie nachher durch sieben
Zeugen festgestellt wird, das Genick gebrochen hat.

ihm erlaubt, volkstümlich zu reden, merkt man deutlich,
dass er sich frei von einer Fessel fühlt, dann wird
seine Schreibweise charakteristisch in dem Grade, dass
er jeden Handwerker sich seiner ihm geläufigen Berufs-
5 ausdrücke bedienen lässt, dann wird er derb, nimmt
kein Blatt vor den Mund und schöpft aus seinem
reichen Schatze volkstümlicher Wendungen. Die mehrfach eingestreuten Gedichte sind meist glatt versifiziert,
gehen aber kaum über das Niveau der damals gras-
10 sierenden Gelegenheitsdichtung hinaus, in der selbst ein
Fleming seine poetische Begabung verzettelt hat.

Fassen wir zusammen, so wird sich ergeben haben,
dass wir in der „Insel Felsenburg" ein Romanprodukt
besitzen, das nicht nur innerhalb der Gattung, der sie
15 angehört, einen Fortschritt bedeutet, sondern auch in
der Gattung des Romans überhaupt; dass trotz der
zahlreichen Schlacken, die dem Werk infolge der Bildung
seiner Zeit und persönlicher Verhältnisse des Autors
anhaften, es auch der reinen Goldkörner der Poesie
20 genug enthält, um auch einer fortgeschrittenen Zeit-
bildung, einem geläuterten Geschmacke noch Interesse
abzugewinnen, wäre es auch nur in der Absicht sitten-
geschichtlicher Belehrung.

Die warme Aufnahme des Buches konnte dem
25 Verfasser als Beweis dienen, dass er sein Publikum
richtig eingeschätzt hatte, dass der geistige Rapport
zwischen ihm und diesem vorhanden war. Diesen suche
ich — neben der Freude des Lesepublikums an Abenteuern spannendster Art, wie sie das Buch in reichster
30 Fülle enthielt — in dem ausgeprägt lutherischen Geiste,
der Schnabels Schöpfung bis ins kleinste durchdringt
und der in Kursachsen, überhaupt in einem grossen
Teile Norddeutschlands bis tief in die nordischen Reiche
hinein eine verwandte Saite im Leser berühren musste.
35 Man ist vielleicht geneigt, diese theologische Seite der
Betrachtung zu unterschätzen; man wolle sich aber erinnern, wie ungeheuer die Reformation das geistige

Leben des deutschen Volkes, wie vielfach einseitig sie
insbesondere die deutsche Litteratur bis tief in das
18. Jahrhundert hinein beeinflusst hat. Als die Sache
der religiösen Reform in Norddeutschland gegen die
katholische Lehre entschieden war, galt es von seiten 5
des Luthertums einen neuen, vielleicht noch erbitterteren
Kampf gegen die vermeintlichen Irrlehren der Refor-
mierten, und dieser Kampf warf seinen Schatten sogar
in das Heiligtum des Hauses. „In allen Gemeinden,
allen Gilden, selbst bis in den Schoss der Familie hinein 10
wurden die damaligen Haupt- und Staatsfragen, die
Fragen der Transsubstantiation, der Gnadenwahl, der
Busse, der ewigen Strafen etc. verhandelt." [1]) Allein
diesem ausgesprochen lutherischen Geiste des Buches
schreibe ich es auch zu, dass die beiden Übersetzungen, 15
die es gefunden hat, aus dem Sprachgebiete der am
strengen Luthertum bis heute festhaltenden nordischen
Völker, dem dänischen und isländischen, stammen. [2])

In Deutschland selbst brachte es das Buch zu
einer nicht unbeträchtlichen Reihe von Auflagen, die 20
sich bis ins achte Jahrzehnt des achtzehnten Jahrhunderts
ziehen und die man genau in meiner Bibliographie verzeichnet findet. [3]) Ich darf nicht daran denken, sie
hier in gleicher Ausführlichkeit zu wiederholen, sondern
muss mich auf die folgende Übersicht beschränken. Es 25
giebt der Auflagen nicht so viele, als es nach den ganz
vagen Angaben Sterns [4]) und Kippenbergs [5]) scheinen
könnte. Nach Durchmusterung einiger Dutzend deutscher Bibliotheken aber glaube ich an das Vorhanden-

---

[1]) Rob. Prutz, Menschen und Bücher. Biographische 30
Beiträge zur deutschen Literatur- und Sittengeschichte des
achtzehnten Jahrhunderts. (Leipzig 1862.) V. S. 23.
　　[2]) Bibliographie, S. 132/133.
　　[3]) Bibliographie, S. 125—131.
　　[4]) Adolf Stern, Beiträge zur Litteraturgeschichte des 35
17. u. 18. Jahrhunderts. (Leipzig 1893.) S. 91. Anmerk. 1.
　　[5]) Kippenberg, a. a. O. S. XVI—XVII.

sein weiterer Ausgaben nur dann, wenn solche auf
Grund von Autopsie nachgewiesen sind. Nach meiner
Liste erschien der erste Band achtmal, (das letzte
Mal in Halberstadt), nämlich: 1731, 1732, 1736, 1740,
5 1749, 1751, 1768, der zweite Band siebenmal (zuletzt in Halberstadt), nämlich: 1732, 1733, 1737, 1746,
1752, 1763, 1772, der dritte Band sechsmal,
nämlich: 1736, 1739, 1744, 1748, 1751, 1767, der
vierte Band fünfmal, nämlich: 1743, 1746, 1751,
10 1761, 1769. Die Auflagenziffer der einzelnen Bände
korrespondiert sonach aufs beste mit dem sinkenden
Wert der einzelnen Bände. — Die blosse Zahl der
Auflagen kann aber niemals ein Kriterium für den
inneren Wert eines Buches abgeben. Oft genug nämlich
15 wird ein Schrifsteller den schlechten Instinkten des
Publikums schmeicheln nnd dann ebenfalls einer weiten
und lang dauernden Verbreitung seiner Schöpfung
sicher sein dürfen. Ein höherer Wert wird daher
einem Werke erst dann zugesprochen werden dürfen,
20 wenn der Kern — Inhalt und sogenannte innere Form
— immer wieder zur Lektüre anreizt, trotzdem vielleicht die Schale, z. B. die mittlerweile altfränkisch
gewordene Sprache, ungeniessbar erscheint und ab-
schreckend wirkt. Dies trifft auf die „Insel Felsenburg"
25 zu. Rund zwanzig Jahre, nachdem zum letztenmale
ein Band des Originals erschienen war, glaubte C. C.
Andre, Lehrer am Salzmannschen Institut Schnepfen-
thal und fürstl. Waldeckscher Erziehungsrat, unser
Werk für die Zwecke der Erziehung dienstbar und für
30 die Kreise des Bürgertums wieder geniessbar machen
zu sollen, wie das ungefähr gleichzeitig oder kurz vorher
J. K. Wezel, J. J. Campe und Christian Friedrich
Sander mit dem englischen Ur-Robinson thaten.[1]
Andres Bearbeitung[2] hat aber mit täppischer Hand so

---

35 [1] Bibliographie, Abteil. III. No. 6 (S. 67), No. 7 (S. 67
bis S. 84); Abteil. IV. No. 88 (S. 176).
[2] Bibliographie, Abteil. IV. Nr. 16c (S. 133).

ziemlich alle Schönheiten des Originals verwischt, wie
man einstweilen, d. h. bis zum Erscheinen meiner Geschichte des Robinsonstoffes, bei Haken [1]) nachlesen mag.
Interessant ist aus Andres Vorrede jedenfalls die Mitteilung: „Es (d. i. das Original) hat sich noch bis itzt, bey 5
einem sehr grossen Theil des lesenden Publikums, mit
grossem Beyfall und eben so vieler Achtung erhalten.“
(Geschrieben 1788.) Im Jahre 1823 gab der Dichter
Karl Lappe eine andere Bearbeitung des Buches für die
Jugend heraus, die schon im folgenden Jahre neu auf- 10
gelegt und 1837, sodann wieder 1869 ins Schwedische
übersetzt wurde.[2]) — Wichtiger für die Erneueruug
des Buches wurden die Bemühungen einiger Dichter
der romantischen Schule. Schon 1809 nahm Ludwig
Achim von Arnim, mit seinem feinen Gefühl für wahr- 15
haft Poetisches, die Glanzstücke des ersten Bandes der
„Insel Felsenburg“ unter dem Doppeltitel: „Das wieder-
gefundene Paradies“ und „Albert und Concordia“ in
seine Novellensammlung „Der Wintergarten“ (Berlin
1809, auch in den Sämtlichen Werken 1839. Bd. 11 u. 12) 20
auf. Das dritte Jahrzehnt des neunzehnten Jahrhunderts
brachte dann fast gleichzeitig zwei Neubearbeitungen
des ganzen Werkes: durch den Dänen Adam Gottlob
Oehlenschläger und durch Ludwig Tieck.

Wenn die erstere (zuerst in dänischer Sprache 25
erschienen: Öen i Südhavet. Kjöbenhavn 1824—1825.
4 Bde. später in zwei Bände verkürzt: Kjöbenhavn
1846; deutsch unter dem Titel: Die Inseln im Südmeere.
Stuttgart und Tübingen 1826. 4 Bde.; auch in Oehlen-
schlägers Werken. Breslau 1839. Bd. 15—18) mit dem 30
Originale etwas sehr gewaltsam umspringt, so dass wir
zum Teil eine Neuschöpfung erhalten[3]), so hat Tieck

[1]) Bibliothek der Robinsone. In zweckmässigen Auszügen. Vom Verfasser der grauen Mappe. (Berlin 1805
bis 1808. 5 Bde.) Bd. V. S. 392—418.   35
[2]) Bibliographie, S. 134.
[3]) Siehe die Besprechung in den Blättern für literarische
Unterhaltung 1826.

in seiner Neubearbeitung (Breslau 1828. 6 Bändchen,
neue Auflage: ebenda 1840) das Cadre des alten Romans
ganz unangetastet gelassen und mit schonender, pietät-
voller Hand der Sprache nur die geilen Ranken be-
5 schnitten und zugleich eine höchst lehrreiche Vorrede
hinzugefügt, leider ohne sich um Aufhellung der
Lebensumstände des Verfassers zu bemühen, was damals
sicherlich mit mehr Aussicht auf Erfolg als jetzt hätte
geschehen können.[1])

10   Auch der dem romantischen Kreise und seinen
Bestrebungen so nahe stehende Ed. von Bülow nahm
in seine historische Novellensammlung: Das Novellen-
buch oder hundert Novellen nach alten italienischen,
französischen, spanischen, lateinischen, englischen und
15 deutschen bearbeitet. (Leipzig 1834—1836. 4 Bde.)
zwei der Einzelgeschichten aus dem zweiten Bande von
Schnabels Werk auf. Als Volksbuch endlich wurde
die „Insel Felsenburg" in kondensierter Gestalt bearbeitet von C. Rienitz,[2]) als Jugendschrift von Auguste
20 Wilhelmi-Grimm.[3])

     Sprechen schon die vorstehend genannten Über-
setzungen und Bearbeitungen für die unverwüstliche
Lebenskraft unseres Romans, so wird diese Thatsache
noch verstärkt, wenn wir sehen, wie andere Autoren
25 positiv oder negativ an ihn anknüpfen. So führt uns
eine im achtzehnten Jahrhundert mehrfach aufgelegte
fingierte Reisebeschreibung: „Nil Hammelmanns... fortgesetzte merkwürdige Reisen (Erfurt 1747) im zweiten
Teile nach der Insel Felsenburg und giebt ihrerseits
30 eine Schilderung der hier angetroffenen Zustände, die
sich bedenklich denen eines übercivilisierten Staates
angenähert haben. Dass darunter aber die alte Zucht

---

[1]) Über Tiecks Bearbeitung siehe K. Rosenkranz, Zur
Geschichte der deutschen Literatur. (Königsberg 1836.)
35 S. 79—88.
     [2]) Bibliographie, S. 135.
     [3]) Bibliographie, S. 135.

und Ehrbarkeit, die Sittenstrenge — ein Hauptmerkmal jenes glücklichen patriarchalischen Staatswesens — nicht gelitten haben, beweist der Verfasser durch Erzählung von drei gerade damals auf Felsenburg vorgekommenen groben Verbrechen und ihrer Bestrafung.[1]

Als die Entdeckungen J. Cooks in der Südsee gelegentlich seiner ersten Weltreise in den Gesellschaftsinseln ein Land kennen lehrten, dessen Bevölkerung unter dem glücklichsten Himmel ein immer gleich heiteres, von keiner Sorge getrübtes Dasein führte, erinnerten sich die verschiedensten Schriftsteller der von J. J. Rousseau so begeistert gepredigten Rückkehr zur Natur, zu naturgemässer Lebensweise, zur Einfalt der Sitten, und knüpften an jene Inseln ihre utopischen Träume an. Wie auf diese Weise sicherlich F. W. Zachariaes „Tayti oder die glückliche Insel" (Braunschweig 1777), vielleicht auch Fr. Leopold Graf zu Stollbergs Roman: „Die Insel" (Leipzig 1788) entstanden ist, so liess sich noch ein dritter Schriftsteller, Joh. Gottlob Pfeil, durch die Cookschen Entdeckungen zu einer Utopie anregen, der er aber nun zur Unterlage die Insel Felsenburg giebt. Sein Werk führt den Titel: „Die glückliche Insel oder Beytrag zu des Capitain Cooks neuesten Entdeckungen in der Südsee, aus dem verlobrenen Tagebuch eines Reisenden." (Leipzig, bei Christian Gottlieb Hertel 1781.)[2] Über den Grund der Verlegung des Schauplatzes der Utopie hören wir den Verfasser selbst:

„Ich bin dem Leser Rechenschaft zu geben schuldig, warum ich die erste Idee meines Volks und

---

[1] Haken Bd. V. S. 328—344.
[2] Das Buch fehlt in Goedekes Grundriss. Ich folge nur Erduin Julius Koch (Grundriss einer Geschichte der Sprache und Literatur der Deutschen. Berlin 1795—1798. 2 Bde. Bd I S. 194 u. Bd. II S. 274), wenn ich es obigem Autor zuschreibe.

meiner Geschichte aus einem Buche gezogen habe,
welches in unserm Geschmackvollen Zeitalter ausser
dem lesebegierigen Meister und seinem Gesellen kaum
noch der ehrbare Dorfküster kennen und lesen wird.
5 Bey allem Abeudtheuerlichen, welches dieses Buch enthält, würde ich nicht leicht · eine andere Grundlage
haben erdichten können, worauf sich das Gebäude
meines christlichen Staats aufrichten liesse, als dieses
seltsame Buch, dessen Verfasser gewiss mehr Erfindungs-
10 kraft verräth, als mancher witzige Kopf, der in den
Musenalmanachen prangt, enthalten mag. Zugleich er-
sparte ich mir die Mühe einer neuen Erdichtung, und
dem Leser kann es gleichviel seyn, ob die Scene meiner
Geschichte auf Felsenburg, Otabiti oder Tscheschian ²)
15 ist. Gnug ich versichere ihn, dass er weder mit Auszügen aus M. Schmelzers Predigten, noch mit Geister-
erscheinungen. und anderen Raritäten, mit welchen
meine erste ⁰Quelle so reichlich versehen ist, belästiget
werden soll. ³)
20   Wie der antiken Tragödie das Satyrspiel zu folgen
pflegte, so sollte auch unser ernstgemeinter Roman der
satyrischen Behandlung nicht entgehen. Die definitive Auf-
hebung des Jesuitenordens im Jahre 1773 bot dazu die
erste Handhabe, die aufklärerische Tendenz der Zeit
25 die Unterlage. Die Satire, deren Verfasser zweifellos
in den nicolaitischen Kreisen Berlins zu suchen ist, hat
den Titel: „Der Jesuit auf dem Thron, oder das Neue
Felsenburg. Ein komisch-politisch-satirischer Roman."
(Berlin und Leipzig 1794.) Eine Inhaltsangabe des wie
30 das vorige überaus seltenen Buches möge man bei
Haken ⁴) nachlesen.
    Zuletzt muss noch erwähnt werden, dass mit höch-

---

²) Anspielung auf Christoph Martin Wielands Roman:
„Der goldne Spiegel. oder die Könige von Scheschian "
35 Leipzig 1772.
  ³) S. 11. Anmerkung.
  ⁴) Bd. V. S. 345—391.

ster Wahrscheinlichkeit unser Roman, genauer die
Tiecksche Bearbeitung, eines der schönsten Gedichte
unseres Chamisso: „Salas y Gomez" veranlasst hat.
Chamisso ist gelegentlich seiner Weltreise mit Otto von
Kotzebue im März 1816 an der Insel Salas y Gomez 5
vorbeigefahren und hat dem Eindruck, den diese furchtbare Steinklippe auf ihn gemacht, und der Vorstellung,
dass ein Schiffbrüchiger auf sie verschlagen werden
könnte, in der Beschreibung jener Reise Worte ge-
liehen. Gleichwohl geht sein Gedicht nicht auf jene 10
unmittelbare Anschauung zurück, sondern ist erst im
Jahre 1829 entstanden, 1830 veröffentlicht, nachdem
die Lektüre der „Insel Felsenburg" in Tiecks Bearbeitung
(vom Jahre 1828) jene Anschauung befruchtet hatte.
Die Idee der drei Schiefertafeln wenigstens geht sicher- 15
lich auf die Schicksale des Don Cyrillo de Valaro
zurück, die dieser „in span'scher Zunge" für seine
etwaigen Nachfolger auf der Insel Felsenburg aufgezeichnet hat.[1])

    Dieser Wertschätzung unseres Romans, wie wir 20
sie durch zahlreiche Auflagen, durch einige Übersetzungen, durch Bearbeitungen, durch Fortsetzungen
bezeugt gesehen haben, steht als Ergänzung zur
Seite die Thatsache einer erheblichen Einwirkung
unseres Romans auf Produkte der gleichen Gattung, 25
also das Gebiet der Robinsonaden. Es ist hier schlechterdings nicht der Ort, diese Behauptung im einzelnen
nachzuweisen, sondern ich muss mich beschränken auf
eine Aufzählung der Produkte, die eine solche Be-
einflussung durch die „Insel Felsenburg" mehr oder 30
weniger deutlich verraten, sei dies in der Idee des
Ganzen — der Verbindung einer Robinsonade mit der

---

[1]) Winter, Beiträge zur Geschichte des Naturgefühls.
Programm. 1883. S. 24. Anmerkung. — Hermann Tardel,
Vergleichende Studien zu Chamissos Gedichten: Zeitschrift 35
für vergleichende Litteraturgeschichte. Neue Folge. Bd. XIII.
S. 114—116.

Schilderung einer Utopie — oder bloss in Einzelheiten,
wie etwa in blosser Kopie des Titels oder des Namens
der glücklichen Insel. Es gehören hierher z. B. der
Nordische Robinson (3 Teile. Kopenhagen 1741 1749);
5 der Dänische Robinson (Kopenhagen und Leipzig 1750.
1752. 1753. 4 Teile); der Isländische Robinson (Kopenhagen und Leipzig 1756); der Färoeische Robinson
(Kopenhagen und Leipzig 1756); der Americanische
Freybeuter (Frankfurt und Leipzig 1742, 1743, 1744, 1745.
10 4 Teile); der wegen besonderer Schönheit und seltener
Tugenden liebenswürdigen Mariana merkwürdige Begebenheiten und Reisebeschreibung. (Frankfurt und
Leipzig 1752. 4 Teile); das Land der Inquiraner
(Frankfurt und Leipzig 1736. 1737. 2 Teile); des maldi-
15 vischen Philosophen Robine und dessen Sohnes und
Nachfolgers Robinson Leben, Reisen, Thaten und Be-
herrschung der Philosophen-Insul. (Erfurt 1753. 1754.
2 Teile); die Insul Charlottenburg (Frankfurt und
Leipzig 1756); der mit seiner Donna Charmante herum-
20 irrende Ritter Don Felix (Frankfurt und Leipzig 1754);
der Dresdener Avanturieur (Frankfurt und Leipzig 1755.
1757. 3 Teile); die Böhmische Robinsonin (Frankfurt und
Leipzig 1753); Seltsame Fata einiger neuer Seefahrer
(Regensburg 1773); Neue Fata einiger Seefahrer, ab-
25 sonderlich Gustav Moriz Frankkens Reisen zu Wasser
und zu Lande (Ulm 1769. 2 Teile) und noch mehrere
andere, so vielleicht auch: Robert Johnsons entdeckte
goldreiche Insul Marmorburg, nebst dessen sonderbaren
Begebenheiten (Nordhausen, bey K. Gottfried Grossen.
30 1773), falls dieses Buch, das ich nur aus dem Mess-
katalog kenne, überhaupt je erschienen ist. Alle diese
Produkte können nur in einer ausführlichen Geschichte
des Robinsonstoffes gewürdigt werden, die ich einstweilen nur in Aussicht stellen kann.

35 Zu den beigebrachten Beweisen von dem thatsächlichen,
weitreichenden Einfluss unseres Romans gesellen sich
nun noch die anerkennenden Stimmen von Zeitgenossen,

die das Buch entweder in ihrer Jugend kennen gelernt und in gutem Andenken behalten haben oder als gereifte Männer zu seiner Lektüre zurückgekehrt sind. Karl Philipp Moritz nennt in seinem autobiographischen Roman „Anton Reiser"[1]) die „Insel Felsenburg" als [5] hervorragend wichtig für seine Jugendbildung, Aug. von Kotzebue liess sich, nach seinem eigenen Geständnis in seiner Schrift: „Mein literarischer Lebenslauf", ausser durch den Robinson auch durch die „Insel Felsenburg" nachhaltig anregen; wie von Johann [10] Heinrich Voss, dem Vater, berichtet wird, dass er nicht nur die „Insel Felsenburg" in seiner Jugend mit leidenschaftlicher Begier gelesen, sondern auch eine Fortsetzung geplant habe,[2]) so hatte auch der jüngere (Heinrich) Voss noch als Mann eine herzliche Freude [15] an dem Buche, augenscheinlich, weil er darin den streng protestantischen Geist seines Vaterhauses wiederfand; Goethe endlich hat an zwei Stellen seiner Werke, in „Dichtung und Wahrheit". 1. Buch (Ausgabe Hempel. S. 30) und in den „Sprüchen in Prosa" [20] (Ausgabe Hempel No. 876) unsern Roman lobend oder vergleichsweise genannt.

Die öffentliche Kritik freilich nahm, soviel ich sehe, von dem Roman keine Notiz. Und sie wäre auch, sowohl zur Zeit seines Erscheinens wie auch noch [25] späterhin, zu einer unbefangenen Würdigung desselben unfähig gewesen. Zunächst nämlich bewegte sie sich noch völlig im Gottschedischen Geleise, um dann zwar von Lessings auf den Kern der Dinge dringender Kritik abgelöst zu werden, die aber ebenfalls für den Roman, [30] und nun gar für einen vom Schlage der „Insel Felsenburg"

---

[1]) Neudruck in den deutschen Litteraturdenkmalen des 18. u. 19. Jahrhunderts Bd. 23. (1886.) Herausgegeben von L. Geiger. S. 27.
[2]) Sämtliche poetische Werke von Joh. Heinr. Voss. [35] Nebst einer Lebensbeschreibung und Charakteristik von Friedr. E. Th Schmid. (Leipzig 1835. gr. 8.) S. I.

noch kein Organ besass.[1]) Und wie hätte Nicolai
und die Berliner Aufklärung ein Produkt würdigen
können, dessen Grundton ein deutsch-volkstümlicher
und deutsch-protestantischer war, wie anders als mit
dem bittersten Spotte auf die Flecken an dem Buche,
die Wundererscheinungen, kurz die Ausflüsse des Aber-
glaubens, hinweisen können! Und so war es denn erst
die Romantik, die mit ihrem tiefen Verständnis für
das Volkstümliche und das Natürliche, mit ihrem starken
religiösen Empfinden unser Buch zwar nicht kritisch
würdigte, (um von Tiecks Vorrede abzusehen), aber ihre
Würdigung desselben durch eine Reihe mehr oder
weniger gelungener Bearbeitungen bethätigte.

Wie es scheint, hat bei den Lesern des so beliebt
gewordenen Romans kein Verlangen bestanden, das
Dunkel, das über dem Namen des Verfassers lag, zu
lichten. Einmal nämlich mochte es seiner Fiktion,
als sei er nur der Herausgeber der Mitteilungen, die
im Auftrage der Bewohner der glücklichen Insel in
Zwischenräumen nach Europa gelangten, — einer
Fiktion, die der Verfasser nicht müde wird, immer
wieder aufzufrischen, — Glauben schenken, sodann
war auch das lesende Publikum von damals durchaus
an Pseudonyme gewöhnt, sei es dass diese die Folge
der Zugehörigkeit eines Schriftstellers zu einer der
zahlreichen Sprachgesellschaften waren oder dass sie
in Rücksicht auf die gesellschaftliche Stellung eines
Schriftstellers oder infolge des Inhalts eines Buches
für nötig gehalten wurden. Für das von unserm Verfasser gewählte „Gisander" hat, scheint mir, die allein
mögliche Deutung Kleemann[2]) gegeben. Nach ihm ist

---

[1]) Lessing hat unsern Roman in zwei Bücherrezensionen
der Berlin. priv. Zeitung flüchtig erwähnt. Siehe Lessings
Werke (Ausgabe Hempel). Bd. XII. S. 555 u. 566
[2]) Johann Gottfried Schnabel, der Dichter der Insel
Felsenburg. (Beiblatt der Magdeburger Zeitung. Blätter
für Handel, Gewerbe und soziales Leben. 1891. No. 46.)

es die Übersetzung von „Landsmann" (Γῆς ἀνὴρ, und zwar
mit reuchlinscher Aussprache des η). So apostrophiert
nämlich in der Vorrede zum ersten Bande (Neudruck S. 1*)
der Verfasser sich selbst aus der Denkungsweise eines
Lesers heraus. Ausserdem mochte sich der Verfasser wohl 5
als einen Landsmann seines Helden ansehen. Erst im
Febr. 1812 erfolgte auf eine im vorhergegangenen Oktober
erlassene Anfrage in dem Gothaischen Allgem. Anzeiger
der Deutschen ebenda die Auskunft, dass der Verfasser
des Romans ein Kammersekretär Schnabel in Stolberg am 10
Harz gewesen, der gegen Ende der siebziger Jahre daselbst
verstorben sei. Darin hat bis in unsere Zeit herein alle
Bekanntschaft mit der Persönlichkeit unseres Autors bestanden. Erst den Bemühungen Adolf Sterns[1]) und
Selmar Kleemanns,[2]) zum Teil auch Philipp Strauchs[3]) ist 15
es zu danken, dass Schnabels Leben und Wirksamkeit
wenigstens in einigen Hauptpunkten aufgehellt worden sind.

Am 7. November 1692 wurde dem M. Johann Georg
Schnabel, Pfarrer zu Sandersdorf bei Bitterfeld, und
dessen Ehefrau Hedwig Sophie, geb. Hammer, ein Sohn 20
geboren, der in der drei Tage später erfolgenden Taufe
die Namen Johannes Gottfried erhielt. Dies ist der Verfasser unseres Romans. Da der Knabe bereits 1694
beide Eltern verlor, so kam er wahrscheinlich zu Verwandten in Pflege und Erziehung. Näheres über diese 25
Zeit wissen wir nicht, wir können nur vermuten,[4])
dass die Lebensgeschichte des Chirurgen Kramer im
zweiten Bande des Romans sich auf die eigenen Jugend-
schicksale des Verfassers gründet, also autobiogra-

[1]) Siehe S. XXXVI. Anmerk. 4. Sterns Aufsatz erschien 30
zuerst im Historischen Taschenbuch 4. Folge. Bd. X. (1880.)
[2]) Siehe S. XLV. Anmerk. 2. Ausserdem: Der Verfasser
der Insel Felsenburg als Zeitungsschreiber; Vierteljahrsschrift
für Litteraturgeschichte. Bd. VI. (1893) S. 337—371.
[3]) Deutsche Rundschau 1888. September: Eine deutsche 35
Robinsonade; ferner: Zeitschr. für Geschichte u. Politik 1888.
S. 537—547: „Vom Verfasser der Insel Felsenburg"
[4]) Kleemann im Beiblatt zur Magdeburger Zeitung.

phischen Wert hat. Schnabel genoss auf der Latina
zu Halle lateinischen Unterricht,[1] mit dessen Früchten
er gern seine Schriften zierte, erlernte die Barbierkunst
und studierte Chirurgie — ob in Helmstedt oder in
5 Leipzig, ist ungewiss — und war, wohl als Feldscher,
Augenzeuge der Kämpfe in den Niederlanden, wo er
auch der Person des Prinzen Eugen nahekam, für den
er seitdem eine hohe Verehrung bekundete und später
durch eine Gedächtnisschrift bezeugte. Auch erklärt
10 sich aus diesem seinem Aufenthalte in Holland seine
genaue Kenntnis holländischer Verhältnisse, wie sie
sich an vielen Stellen seines Hauptwerkes offenbart.
Die Zeit von 1712—1724 liegt für uns wiederum im
Dunkeln, nur dass wir für das Ende dieses Zeitraums
15 einen Aufenthalt Schnabels in Hamburg annehmen
können, wie dieser auch seine chirurgischen Kenntnisse
in Halle erweitert zu haben scheint. Wenn Kleemann
aus Schnabels Werken auch auf einen Aufenthalt des
Verfassers in einer ganzen Anzahl deutscher, sogar
20 ausserdeutscher Städte, so in London, Kopenhagen,
Venedig, schliesst, so erscheint mir dieser Schluss
durchaus nicht zwingend. Im Jahre 1724 taucht Schnabel,
ohne dass wir wissen, wie er dahin gekommen, auf
einmal in Stolberg am Harz auf. Wenigstens ver-
25 zeichnet ein Bürgereidbuch des Stolbergischen Rats-
archivs die Aufnahme des „Hoffbalbiers" Johann Gottfried Schnabel unter dem 4. August 1724. Das Kirchen-
buch verzeichnet vier Kinder Schnabels aus den Jahren
1725—1731; ein schon 1720 geborener Sohn (von dem
30 Vater in seiner „Sammlung Neuer und Merkwürdiger
Welt-Geschichte" erwähnt) beteiligte sich 16jährig an
dem von Russland und Österreich gegen die Türkei

---

[1] Laut brieflicher Mitteilung S. Kleemanns, der die
Kenntnis dieser Thatsache der Bemühung des Dr. Lübbert
in Halle verdankte, ist Schnabel im Alter von 10 Jahren am
9 Januar 1702 als auswärtiger Schüler in die Latina aufgenommen worden.

geführten Kriege und schickte. dem Vater vom Kriegs-
schauplatze Berichte für dessen Zeitung. Der im Jahre
1737 mit dem billig verliehenen, aber mit keiner Re-
muneration verknüpften Titel eines Hofagenten ver-
sehene „Hoffbalbier" und „Kammerdiener" Johann 5
Gottfried Schnabel führte in Stolberg, trotzdem er es
an nichts fehlen liess, sich dem regierenden Duodez-
fürsten und seinem Hause angenehm zu machen, ein
überaus gedrücktes, weil vor der gemeinen Not des
Lebens nicht geborgenes Dasein. Weder seine Schrift- 10
stellerei, noch die Herausgabe der von ihm ins Leben
gerufenen Stolbergischen Zeitung, noch sein Bücher-
kommissionsgeschäft, noch endlich das gelegentlich be-
triebene Geschäft eines Lotteriekollekteurs vermochten,
ihm mehr als eine dürftige Existenz zu sichern, so dass 15
auch von ihm das Wort des Dichters gilt:

> Haud facile emergunt, quorum virtutibus obstat
> Res angusta domi.

Bis Ende 1742 ist Schnabels Aufenthalt in Stolberg
bezeugt. Bis etwa in die Mitte des vorhergehenden 20
Jahres hatte sich sein Zeitungsunternehmen gehalten, jene
schon genannte „Sammlung", über deren Inhalt und
Wert Kleemann ausführlichsten Bericht gegeben hat.
Schon das Jahr 1732 zeigte ihn als Tagesschrift-
steller auf der Höhe der Situation in seiner Flugschrift: 25

> Nachricht, welchergestalt die Salzburgischen Emi=
> granten in Stolberg am 2. bis 4. August 1732
> empfangen wurden. Stolberg, drucks der gräfl.
> Hofbuchdrucker Ehrhardt.

Sie war, wie schon der Titel verrät, veranlasst 30
durch den Durchzug einer Abteilung der vom Erz-
bischof Leopold, Anton, Graf von Firmian vertriebenen
Salzburger Protestanten, deren Schicksal die ganze damalige protestantische Welt erregte und auch unserm

grössten Dichter den Stoff zu einer seiner unvergäng-
lichsten Schöpfungen liefern sollte.

Im Jahre 1736 setzte er seinem zeitlebens verehrten Prinzen Eugen ein biographisches Denkmal in
5 der **Schrift**:

Lebens= Helden= und Todes=Geschicht des be=
rühmtesten Feld=Herrn bißheriger Zeiten EVGENII
FRANCISCI, Prinßen von Savoyen und Piemont,
Markgrafen zu Saluzzo etc. Ritters des goldenen
10 Vliesses, Käyserl. würcklichen Geheimbden= und
Conferenz=Raths, Hof=Kriegs=Raths=Praesidenten,
General-Lieutenants, wie auch Jhro Käyserl.
Majest. und des H. R. Reichs=Feld=Marschalls,
Obristen über ein Regiment Dragoner und
15 General-Vicarii der Italiänischen Erb= König=
reiche und Lande etc. etc. aus verschiedenen
glaubwürdigen Geschicht=Büchern und andern Nach=
richten zusammen getragen und kurßgefasset heraus=
gegeben von GISANDERN, STOLBERG, Auf
20 Kosten des Editoris.

Im Jahre 1738 folgte ein romanhaftes Produkt, das
sich bei flüchtiger Betrachtung als ein ganz abscheulicher
Abfall von Schnabels bester Schöpfung, der „Insel
Felsenburg", kennzeichnet, das aber gerade, wie wenige
25 andere ihm zugeschriebene, zu sicher bezeugt ist, als
dass man es übergehen könnte, übrigens auch für den
schärferen Beobachter nur eine allzu grosse Stamm-
verwandtschaft mit zahlreichen Partieen der „Insel Felsenburg" zeigt, die in dem letzeren Roman nur hinter
30 den poetisch und menschlich anmutenden zurücktreten.
Es ist folgender Roman:

Der im Irr=Garten der Liebe herumtaumelnde
CAVALJER. Oder Reise= und Liebes=Geschichte
Eines vornehmen Deutschen von Adel, Herrn
35 von St. *** Welcher nach vielen, sowohl auf

Reiſen, als · auch bey andern Gelegenheiten ver=
übten Liebes= Excessen, endlich erfahren müſſen,
wie der Himmel die Sünden der Jugend im
Alter zu beſtraffen pflegt. Ehedem zuſammen
getragen durch den Herrn E. v. H. Nunmehro [5]
aber allen Wollüſtigen zum Beyſpiel und wohl=
meinender Warnung in behörige Ordnung gebracht,
und zum Drucke befördert Von einem Ungenandten.
Warnungsſtadt, Verlegts Siegmund Friedrich
Leberecht, Anno 1738.   [10]

„Dieses, wie fast alle sogenannten Erotika, recht
langweilige Werk ... gehört inhaltlich wie formell zu
den Nachläufern des 17. Jahrhunderts." [1]) Das lässt
sich bis auf den Titel nachweisen, der von dem Roman:

„Der Liebe Irregarten, In welchem Hoher Per= [15]
ſonen unterſchiedene Liebes=Geſchichte ſammt andern
merckwürdigen Begebenheiten auf das anmuthigſte
vorgetragen werden, geöffnet durch TALANDERN
(Auguſt Bohſe). Leipzig 1704"

hergenommen ist (vergl. auch: Nordischer Robinson [20]
Teil I. S. 181).

Es ist höchst wahrscheinlich, dass unserm Verfasser
noch eine Reihe von andern anonym erschienenen
Produkten zugeschrieben werden müssen, die zum Teil
nicht einmal das Papier wert sind, auf das sie gedruckt [25]
wurden. So hält Kleemann [2]) ihn auch für den Verfasser des folgenden Romans:

Der Sieg des Glücks und der Liebe über die
Melancholie, an dem Exempel Carl Longini
Baron de N. * * * Allen curiöſen Leſern aus [30]
ſichern Nachrichten zur Beluſtigung vorgeſtellet
von IGNOTUS. Franckfurt und Leipzig 1748.

---

[1]) Erich Schmidt in der allgem. deutsch. Biographie,
Artikel Schnabel.
[2]) Vierteljahrschrift für Litteraturgeschichte. VI. S. 339. [35]

Ich selbst habe in meiner Bibliographie[1]) (mit
nachträglicher brieflicher Zustimmung Kleemanns) auf
Grund von Gleichheit des Stils, Gleichheit des seltenen
Namens der Titelheldin Salome mit einem im ersten
5 Bande der „Felsenburg" gebrauchten (S. 57 unserer
Ausgabe) und endlich wegen des an beiden Orten gebrauchten, sonst nicht angetroffenen lateinischen Citats:
„Haud curat Hippoclides" Schnabel folgenden Roman
zugesprochen:

10 „Die ungemein, schöne und gelehrte Finnländerin
Salome, Welche zwar von teutschen Eltern geboren, jedoch in der zärtesten Jugend von ihnen
mit nach Finnland genommen, also daselbst natu-
ralisiert worden etc. etc. Dieses hat aus sichern
15 Nachrichten curieusen Lesern zum Plaisir ausgefertiget, ein Historiographus. Frankfurt und
Leipzig 1748."

Ein geradezu unsinniges Produkt brachte schliesslich noch das Jahr 1750:

20 Der aus dem Mond gefallene und nachhero
zur Sonne des Glücks gestiegene Printz, Oder
Sonderbare Geschichte CHRISTIAN ALEXANDER
Lunari, alias MEHMET KIRILI und dessen
Sohnes FRANCISCI ALEXANDERS. Aus
25 einem von hohen Händen erhaltenen, etwas verwirrten Manuscript nicht nur Staats= und Kriegs=
Verständigen, sondern auch andern curieusen Lesern
zum Plaisir überschicket und ausgefertiget durch
Gisandern, welcher die Felsenburgische Geschichte
30 gesammelt hat. Frankfurt und Leipzig 1750.

Von da ab ist unser Autor völlig verschollen,
sein Sterbeort und -Jahr nicht anzugeben, denn jene

---

[1]) Abteilung IV. No. 26. S. 146.

Notiz im Gothaischen Allgemeinen Anzeiger der Deutschen,
wonach er Ende der siebziger Jahre gestorben sein
soll, bestätigt sich, wie Kleemann aus den Stolbergischen
Kirchenbüchern festgestellt hat, nicht, sondern es scheint
eine Verwechselung mit seinem Sohne Heinrich vor- 5
zuliegen, der als Hof- und Stadtkirchner im Jahre
1782 zu Stolberg starb.

Je weniger wir also von Schnabels Leben und
sonstiger Wirksamkeit wissen, desto mehr müssen wir
uns an das ihm zweifellos angehörende Werk „Wunder- 10
liche Fata etc" halten. Die Kreise der Fachgenossen
wie weitere Kreise werden es daher sicherlich mit
Dank begrüssen, dass der Herr Herausgeber der
„Sammlung deutscher Litteraturdenkmale des 18. und
19. Jahrhunderts", in der Erkenntnis der Bedeutung 15
jenes Werks für die Geschichte des deutschen Romans,
den Herrn Verleger für einen Neudruck, zunächst des
ersten Bandes, gewonnen hat.

Der Neudruck ist eine buchstabengetreue Wiedergabe des ersten Bandes der ersten Auflage (Nordhausen 20
1731). Weggefallen sind die Kustoden, aufgelöst die
Abbreviaturen, ausser wo solche bei uns noch üblich sind,
endlich die zahlreichen Druckfehler verbessert worden,
die freilich oft sehr schwer von Spracheigentümlichkeiten
des Verfassers zu unterscheiden waren. Ausser dem 25
vom Verfasser selbst am Schlusse des Textes verbesserten halben Dutzend sind es die folgenden:

10 ₅ folgendes] flolgendes
12 ₄ öfftern] öffern
26 ₂₁ feinen vornehmſten Verkehr] feine ꝛc.   30
29 ₂₆ auf einander] auf einaber
33 ₁₁ Willkommen] Willtomm=
56 ₁₄ verweigern] verwiegern
65 ₁₇ Waſſer-Troppfen] Waſſer-Troffen
70 ₃ allbereits] allbereiß   35
80 ₇ beyſammen] beſammen
94 ₂₀ Herr] Heer
99 ₇ ordentlich] odentlich
113 ₇ bequeme] bequme

329 10 Hülter] Hilter
330 7 meines Lebens] . . . Leben
331 4 Bekandtſchafft] Bekandtſchchafft
353 21 am verwichenen Mittwochen] verwichener
362 29 Schweſter] Scheſter
365 1 TABELLen] TABELLEen
389 13 nach völlig erlangter Geſundheit] erlanger
394 16 verargen] verargern
401 14 von den bald nachkommenden friſchen Völckern] . . . dem
402 5 Ferdinandi] Ferdinendi   10
403 20 unter den Groſſen des Reichs] unter Groſſen des Reichs
425 15 auskundſchafften] auskundſchaffen
429 37 eine Stadt und Kirche, welche er . . . nennete] welch er . . .
432 3 Kummer] Kummrr
438 7 Valboa] Volboa   15
457 37 ein dumpffiges Gepraſſele] dumffiges
465 36 können] konnen

Brandenburg a./H., im Oktober 1901.

Hermann Ullrich.

Druckfehler im Neudruck.

Seite   3 25 lies: **conversirte**   anstatt: **conservirte**

„   88 2   „   den   „   dem

„   100 18   „   unpaß   „   umpaß

„   103 30   „   [136]   „   [135]

„   163 3   tilge: ein

„   304 27   lies: **Hintergebäue**   „   **Hintergebäude**

„   330 2   „   waren   „   wären

„   425 15   „   gnungsam   „   genugsam

Wunderliche

FATA

einiger

See-Fahrer,

abfonderlich

ALBERTI JULII,

eines gebohrnen Sachfens,

Welcher in feinem 18ten Jahre zu Schiffe gegangen, durch Schiff-Bruch felb 4te an eine graufame Klippe geworffen worden, nach deren Uberfteigung das fchönfte Land entdeckt, fich dafelbft mit feiner Gefährtin verheyrathet, aus folcher Ehe eine Familie von mehr als 300. Seelen erzeuget, das Land vortrefflich angebauet, durch befondere Zufälle erftaunens-würdige Schätze gefammlet, feine in Teutfchland ausgekundfchafften Freunde glücklich gemacht, am Ende des 1728ften Jahres, als in feinem Hunderten Jahre, annoch frifch und gefund gelebt, und vermuthlich noch zu dato lebt,

entworffen

Von deffen Bruders-Sohnes-Sohnes-Sohne,

Monf. Eberhard Julio,

Curieufen Lefern aber zum vermuthlichen Gemüths-Vergnügen ausgefertiget, auch par Commission dem Drucke übergeben

Von

GISANDERN.

NORDHAUSEN,

Bey Johann Heinrich Groß, Buchhändlern.

Anno 1731.

Vorrede.

ES wird dir in folgenden Blättern eine Geſchichts=
Beſchreibung vorgelegt, die, wo du anders kein geſchworner
Feind von dergleichen Sachen biſt, oder dein Gehirne bey
Erblickung des Titul=Blates nicht ſchon mit widerwärtigen
Praejudiciis angefüllet haſt, ohnfehlbar zuweilen etwas,
ob gleich nicht alles, zu beſonderer Gemüths = Ergötzung
überlaſſen, und alſo die geringe Mühe, ſo du dir mit
Leſen und Durchblättern gemacht, gewiſſer maſſen recom-
penſiren kan.

Mein Vorſatz iſt zwar nicht, einem oder dem andern
dieſes Werck als einen vortrefflich begeiſterten und in
meinen Hoch=Teutſchen Stylum eingekleideten Staats=Cörper
anzuraiſoniren; ſondern ich will das Urtheil von deſſen
Werthe, dem es beliebt, überlaſſen, und da ſelbiges vor
meine Parthie nicht allzu vortheilhafftig klappen ſolte,
weiter nichts ſagen, als: Haud curat Hippoclides. Auf
Teutſch:

Sprecht, was ihr wolt, von mir und Julio dem Sachſen,
Ich laſſe mir darum kein graues Härlein wachſen.

[2*] Allein, ich höre leyder! ſchon manchen, der nur
einen Blick darauf ſchieſſen laſſen, alſo raiſoniren und
fragen: Wie hälts, Landsmann! kan man ſich auch darauf
verlaſſen, daß deine Geſchichte keine bloſſen Gedichte,
Lucianiſche Spaas = Streiche, zuſammen geraſpelte Robin-

sonaden-Späne und dergleichen sind? Denn es werffen
sich immer mehr und mehr Scribenten auf, die einem
neu=begierigen Leser an diejenige Nase, so er doch schon
selbst am Kopffe hat, noch viele kleine, mittelmäßige und
grosse Nasen drehen wollen.   5
    Was gehöret nicht vor ein Baum=starcker Glaube
darzu, wenn man des Herrn von Lydio trenchirte Insul als
eine Wahrheit in den Back=Ofen seines physicalischen
Gewissens schieben will? Wer muß sich nicht vielmehr
über den Herrn Geschicht=Schreiber P. L. als über den 10
armen Einsiedler Philipp Quarll selbst verwundern, da
sich der erstere gantz besondere Mühe giebt, sein, nur
den Mondsüchtigen glänzendes Mährlein, unter dem Hute
des Hrn. Dorrington, mit demüthigst=ergebensten Flatterien,
als eine brennende Historische Wahrheits=Fackel aufzustecken? 15
Die Geschicht von Joris oder Georg Pines hat seit 20.
1667 einen ziemlichen Geburths= und Beglaubigungs=
Brief erhalten, nachdem aber ein Anonymus dieselbe aus
dem Englischen übersetzt haben will, und im Teutschen,
als ein Gerichte Sauer=Kraut mit Stachelbeeren vermischt, 20
aufgewärmet hat, ist eine solche Ollebutterie daraus
worden, daß man kaum die gantz zu Matsche gekochten
Brocken der Wahrheit, noch auf dem Grunde der langen
Titsche finden kan. Woher denn kommt, daß ein jeder,
der diese Ge= [3*] schicht nicht schon sonsten in andern 25
Büchern gelesen, selbige vor eine lautere Fiction hält,
mithin das Kind sammt dem Badewasser ausschüttet.
Gedencket man ferner an die fast unzählige Zahl derer
Robinsons von fast allen Nationen, so wohl als andere
Lebens=Beschreibungen, welche meistentheils die Beywörter: 30
Wahrhafftig, erstaunlich, erschrecklich, noch niemahls entdeckt,
unvergleichlich, unerhört, unerdencklich, wunderbar, be=
wundernswürdig, seltsam und dergleichen, führen, so möchte
man nicht selten Herr Ulrichen, als den Vertreiber eckel=
haffter Sachen, ruffen, zumahlen wenn sich in solchen 35
Schrifften lahme Satyren, elender Wind, zerkauete Moralia,
überzuckerte Laster=Morsellen, und öffters nicht 6. recht=

schaffene oder wahre Historische Streiche antreffen lassen.
Denn = = =

Halt inne, mein Freund! Was gehet mich dein
gerechter oder ungerechter Eiffer an? Meinest du, daß
5 ich dieserwegen eine Vorrede halte? Nein, keines weges.
Laß dir aber dienen! Ohnfehlbar must du das von einem
Welt=berühmten Manne herstammende Sprichwort: Viel
Köpffe, viel Sinne, gehöret oder gelesen haben. Der
liebe Niemand allein, kan es allen Leuten recht machen.
10 Was dir nicht gefällt, charmirt vielleicht 10, ja 100. und
wohl noch mehr andere Menschen. Alle diejenigen, so du anißo
getadelt hast, haben wohl eine gantz besondere gute Absicht
gehabt, die du und ich erstlich errathen müssen. Ich
wolte zwar ein vieles zu ihrer Defension anführen, allein,
15 wer weiß, ob mit meiner Treuhertzigkeit Danck zu ver=
dienen sey? Uber dieses, da solche Autores vielleicht
klüger und geschickter sind als Du und ich, so werden sie
[4*] sich, daferne es die Mühe belohnt, schon bey Ge=
legenheit selbst verantworten.

20 Aber mit Gunst und Permission zu fragen: Warum
soll man denn dieser oder jener, eigensinniger Köpffe
wegen, die sonst nichts als lauter Wahrheiten lesen mögen,
nur eben lauter solche Geschichte schreiben, die auf das
kleineste Jota mit einem cörperlichen Eyde zu bestärcken
25 wären? Warum soll denn eine geschickte Fiction, als
ein Lusus Ingenii, so gar verächtlich und verwerfflich
seyn? Wo mir recht ist, halten ja die Herren Theologi
selbst davor, daß auch in der Heil. Bibel dergleichen
Exempel, ja gantze Bücher, anzutreffen sind. Sapienti
30 sat. Ich halte davor, es sey am besten gethan, man
lasse solcher Gestalt die Politicos ungehudelt, sie mögen
schreiben und lesen was sie wollen, solte es auch gleich
dem gemeinen Wesen nicht eben zu gantz besondern Vor=
theil gereichen, genug, wenn es demselben nur keinen
35 Nachtheil und Schaden verursachet.

Allein, wo gerathe ich hin? Ich solte Dir, geneigter
Leser, fast die Gedancken beybringen, als ob gegenwärtige

Geschichte auch nichts anders als pur lautere Fictiones
wären? Nein! dieses ist meine Meynung durchaus nicht,
jedoch soll mich auch durchaus niemand dahin zwingen,
einen Eyd über die pur lautere Wahrheit derselben ab=
zulegen.   Vergönne, daß ich deine Gedult noch in etwas 5
mißbrauche, so wirst du erfahren, wie diese Fata ver=
schiedener See = Fahrenden mir fato zur Beschreibung in
die Hände gekommen sind: .

    Als ich im Anfange dieses nun fast verlauffenen
Jahres in meinen eigenen Verrichtungen eine ziemlich 10
weite Reise auf der Land=Kutsche zu thun genö= [5*] thiget
war, gerieth ich bey solcher Gelegenheit mit einen Literato
in Kundschafft, der eine gantz besonders artige Conduite
besaß. Er ließ den gantzen Tag über auf den Wagen
vortrefflich mit sich reden und umgehen, so bald wir aber 15
des Abends gespeiset, muste . man ihm gemeiniglich ein
Licht alleine geben, womit er sich von der übrigen Ge=
sellschafft ab= und an einen andern Tisch setzte, solcher=
gestalt beständig diejenigen geschriebenen Sachen laß, welche
er in einem zusammen gebundenen Paquet selten von Ab= 20
händen kommen ließ.   Sein Beutel war vortrefflich gespickt,
und meine Person, deren damahliger Zustand eine genaue
Wirthschafft erforderte, profitirte ungemein von dessen
generositeé, welche er bey mir, als einem Feinde des
Schmarotzens, sehr artig anzubringen wuste.   Dannenhero 25
gerieth ich auf die Gedancken, dieser Mensch müsse ent=
weder ein starcker Capitaliste oder gar ein Adeptus seyn,
indem er so viele gülbene Species bey sich führete, auch
seine besondere Liebe zur Alchymie öffters in Gesprächen
verrieth.   30

    Eines Tages war dieser gute Mensch der erste, der
den blasenden Postillon zu Gefallen hurtig auf den Wagen
steigen wolte, da mittlerweile ich nebst zweyen Frauen=
zimmern und so viel Kauffmanns=Dienern in der Thür
des Gast=Hofs noch ein Glaß Wein ausleereten.   Allein, 35
er war so unglücklich, herunter zu stürtzen, und da die
frischen Pferde hierdurch schüchtern gemacht wurden, gingen

ihm zwey Räder dermaffen fchnell über den Leib und
Bruft, daß er fo gleich halb tobt zurück in das Gaft=
Hauß getragen werden mufte.

Ich ließ die Poft fahren, und blieb bey diefen [6*]
5 im gröften Schmerßen liegenden Patienten, welcher, nach=
dem er fich um Mitternachts=Zeit ein wenig ermuntert
hatte, alfofort nach feinem Paquet Schrifften fragte, und
fo bald man ihm diefelben gereicht, fprach er zu mir:
Mein Herr! nehmet und behaltet diefes Paquet in eurer
10 Verwahrung, vielleicht füget euch der Himmel hierdurch
ein Glücke zu, welches ich nicht habe erleben follen. Hier=
auf begehrete er, daß man den anwefenden Geiftlichen
bey ihm allein laffen folte, mit welchen er denn feine
Seele wohl berathen, und gegen Morgen das Zeitliche
15 mit dem Ewigen verwechfelt hatte.

Meinen Gedancken nach hatte ich nun von diefem
andern Jason das güldene Fell ererbet, und vermeinte, ein
Befißer der allerficherften alchimiftifchen Processe zu
feyn. Aber weit gefehlt! Denn kurß zu fagen, es fand
20 fich fonft nichts darinnen, als Albert Julii Gefchichts=
Befchreibung, und was Mons. Eberhard Julius, zur Er=
läuterung derfelben, diefem unglücklichen Passagier fonften
beygelegt und zugefchickt hatte.

Ohngeacht aber meine Hoffnung, in kurßer Zeit ein
25 glücklicher Alchymifte und reicher Mann zu werden, fich
gewaltig betrogen fahe, fo fielen mir doch beym Durch=
lefen diefer Sachen, verfchiedene Passagen in die Augen,
woran mein Gemüth eine ziemliche Beluftigung fand, und
da ich vollends des verunglückten Literati befonderen
30 Brief=Wechfel, den er theils mit Mons. Eberhard Julio
felbft, theils mit Herrn G. v. B. in Amfterdam, theils
auch mit Herrn H. W. W. in Hamburg diefes Wercks
wegen eine Zeit her geführet, dabey [7*] antraff, ent=
brandte fogleich eine Begierde in mir, diefe Gefchichte felbft
35 vor die Hand zu nehmen, in möglichfte Ordnung zu
bringen, und hernach dem Drucke zu überlaffen, es möchte
gleich einem oder den andern viel, wenig oder gar nichts

daran gelegen seyn, denn mein Gewissen rieth mir, diese
Sachen nicht liederlicher Weise zu vertuschen.

Etliche Wochen hierauf, da mich das Glück unverhofft
nach Hamburg führete, gerieth ich gar bald mit dem Herrn
W. in Bekandtschafft, eröffnete demselben also die gantze 5
Begebenheit des verunglückten Passagiers, wie nicht weniger,
daß mir derselbe vor seinem Ende die und die Schrifften
anvertrauet hätte, wurde auch alsobald von diesem ehr=
lichen Manne durch allerhand Vorstellungen und Persuasoria
in meinem Vorhaben gestärckt, anbey der Richtigkeit dieser 10
Geschichte, vermittelst vieler Beweißthümer, vollkommen
versichert, und belehret, wie ich mich bey Edirung der=
selben zu verhalten hätte.

Also siehest du, mein Leser, daß ich zu dieser Arbeit
gekommen bin, wie jener zur Maulschelle, und merckest 15
wohl, daß mein Gewissen von keiner Spinnewebe gewürckt
ist, indem ich eine Sache, die man mir mit vielen Gründen
als wahr und unfabelhafft erwiesen, dennoch niemanden
anders, als solchergestalt vorlegen will, daß er darvon
glauben kan, wie viel ihm beliebt. Demnach wird hoffentlich 20
jeder mit meiner generositeé zufrieden seyn können.

Von dem übrigen, was sonsten in Vorreden pflegt
angeführet zu werden, noch etwas weniges [8*] zu melden,
so kan nicht läugnen, daß dieses meine erste Arbeit
von solcher Art ist, welche ich in meiner Hertz=allerliebsten 25
Deutschen Frau Mutter=Sprache der Presse unterwerffe.
Nimm also einem jungen Anfänger nicht übel, wenn er
sein erstes Händewerck so frey zur Schaue darstellet,
selbiges aber dennoch vor kein untadelhafftes Meister=
Stücke ausgiebt.   30

An vielen Stellen hätte ich den Stylum selbst ziemlich
verbessern können und wollen, allein, man forcirte mich,
die Herausgabe zu beschleunigen. Zur Mundirung des
Concepts liessen mir anderweitige wichtige Verrichtungen
keine Zeit übrig, selbiges einem Copisten hinzugeben, 35
möchte vielleicht noch mehr Händel gemacht haben. Hier
und dort aber viel auszustreichen, einzuflicken, Zeichen zu

machen, Zettelgen beyzulegen und dergleichen, schien mir
zu gefährlich, denn wie viele Flüche hätte nicht ein ungedul=
tiger Setzer hierbey außstossen können, die ich mir alle
ad animum revociren müssen.

5　　Ich weiß, was mir Mons. Eberhard Julii [unter=
bunde Schreiberey] quoad formam vor Mühe gemacht,
ehe die vielerley Geschichten in eine ziemliche Ordnung zu
bringen gewesen. Hierbey hat mir nun allbereits ein
guter Freund vorgeworffen, als hätte ich dieselben fast
10 gar zu sehr durch einander geflochten, und etwa das Modell
von einigen Romainen=Schreibern genommen, allein, es
dienet zu wissen, daß Mons. Eberhard Julius selbst das
Kleid auf solche Facon zugeschnitten hat, dessen Gutbefinden
mich zu widersetzen, und sein Werck ohne Ursach zu hofe=
15 meistern, ich ein billiges Be= [9*] dencken getragen, viel=
mehr meine Schuldigkeit zu seyn erachtet, dieses von ihm
herstammende Werck in seiner Person und Nahmen zu
demonstriren. Uber dieses so halte doch darvor, und
bleibe darbey, daß die meisten Leser solchergestalt desto
20 besser divertirt werden. Beugen doch die Post=Kutscher
auch zuweilen aus, und dennoch moquirt sich kein Passagier
drüber, wenn sie nur nicht gar stecken bleiben, oder
umwerffen, sondern zu gehöriger Zeit sein wieder in die
Gleisen kommen.

25　· Nun solte mich zwar bey dieser Gelegenheit auch
besinnen, ob ich als ein Recroute unter den Regimentern
der Herrn Geschichts=Beschreiber, dem (s. T. p.) Hoch=
geöhrten und Wohlnaseweisen Herrn Momo, wie nicht
weniger dessen Dutz=Bruder, Herrn Zoilo, bei bevor=
30 stehender Revüe mit einer Spanischen Zähnfletschenden
grandezze, oder Pohlnischen Sub-Submission entgegen
gehen müsse? Allein, weil ich die Zeit und alles, was
man dieser Confusionarien halber anwendet, vor schändlich
verdorben schätze, will ich kein Wort mehr gegen sie reden,
35 sondern die übrigen in mente behalten.

　　Solte aber, geneigter Leser! dasjenige, was ich zu
diesem Wercke an Mühe und Fleisse beygetragen, von Dir

gütig und wohl aufgenommen werden, so sey versichert,
daß in meiner geringen Person ein solches Gemüth an=
zutreffen, welches nur den geringsten Schein einer Er=
känntlichkeit mit immerwährenden Dancke zu erwiedern
bemühet lebt.   Was an der Vollständigkeit desselben annoch s
ermangelt, soll so bald als möglich, hinzu [10*] gefügt
werden, woferne nur der Himmel Leben, Gesundheit, und
was sonsten darzu erfordert wird, nicht abkürtzet.   Ja ich
dürffte mich eher bereden, als meinen Ermel ausreissen
lassen, künfftigen Sommer mit einem curieusen Soldaten= 10
Romain heraus zu rutschen, als worzu verschiedene brave
Officiers allbereit Materie an die Hand gegeben, auch
damit zu continuiren versprochen.   Vielleicht trifft mancher
darinnen vor sich noch angenehmere Sachen an, als in
Gegenwärtigen.   15
    Von den vermuthlich mit einschleichenden Druck=
Fehlern wird man mich gütigst absolviren, weil die Druckerey
allzuweit von dem Orte, da ich mich aufhalte, entlegen
ist, doch hoffe, der sonst sehr delicate Herr Verleger
werde sich dieserhalb um so viel desto mehr Mühe geben, 20
solche zu verhüten.   Letzlich bitte noch, die in dieser Vor=
rede mit untergelauffenen Schertz=Worte nicht zu Poltzen
zu drehen, denn ich bin etwas lustigen humeurs, aber
doch nicht immer.   Sonsten weiß vor dieses mahl sonderlich
nichts zu erinnern, als daß ich nach Beschaffenheit der 25
Person und Sachen jederzeit sey,

                    Geneigter Leser,

den 2. Dec.   Dein
   1730.
                              dienstwilliger

          GISANDER.   30

Wunderliche FATA
Einiger See-Fahrer.

Erstes Buch.

OB denenjenigen Kindern, welche um die Zeit ge=
bohren werden, da sich Sonnen= oder Mond=Finsternissen
am Firmamente praesentiren, mit Recht besondere Fatalitäten zu prognosticiren seyn? Diese Frage will ich den
gelehrten Natur = Kündigern zur Erörterung überlassen,
und den Anfang meiner vorgenommenen Geschichts=
Beschreibung damit machen: wenn ich dem Geneigten Leser
als etwas merckliches vermelde: daß ich Eberhard Julius
den 12. May 1706. eben in der Stunde das Licht dieser
Welt erblickt, da die bekandte grosse Sonnen = Finsterniß
ihren höchsten und fürchterlichsten grad erreicht hatte.
Mein Vater, der ein wohlbemittelter Kauffmann war,
und mit meiner Mutter noch kein völliges Jahr im Ehe=
stande gelebt, mochte wegen gedoppelter Bestürtzung fast
gantz ausser sich selbst gewesen seyn; Jedoch nachdem er
bald darauf das Vergnü= [2] gen hat meine Mutter ziemlich
frisch und munter zu sehen, mich aber als seinen erst=
gebohrnen jungen, gesunden Sohn zu küssen, hat er sich,
wie mir erzehlet worden, vor Freuden kaum zu bergen
gewust.

Ich trage Bedencken von denenjenigen tändeleyen viel
Wesens zu machen, die zwischen meinen Eltern als jungen
Eheleuten und mir als ihrer ersten Frucht der Liebe, in
den ersten Kinder=Jahren vorgegangen. Genung! ich wurde

von ihnen, wiewohl etwas zärtlich, jedoch christlich und
ordentlich erzogen, weil sie mich aber von Jugend an dem
studiren gewidmet, so muste es keines weges an gelehrten
und sonst geschickten Lehr = Meistern ermangeln, deren
getreue Unterweisung nebst meinen unermüdeten Fleisse 5
so viel würckte, daß ich auf Einrathen vieler erfahrner
Männer, die mich examinirt hatten, in meinem 17den
Jahre nehmlich um Ostern 1723. auf die Universität
Kiel nebst einem guten Anführer reisen konte. Ich legte
mich auf die Jurisprudentz nicht so wohl aus meinem 10
eigenen Antriebe, sondern auf Begehren meiner Mutter,
welche eines vornehmen Rechts = Gelehrten Tochter war.
Allein ein hartes Verhängnis ließ mich die Früchte ihres
über meine guten Progressen geschöpfften Vergnügens
nicht lange geniessen, indem ein Jahr hernach die schmertz= 15
liche Zeitung bey mir einlieff, daß meine getreue Mutter
am 16. Apr. 1724. samt der Frucht in Kindes = Nöthen
todes verblichen sey. Mein Vater verlangte mich zwar
zu seinem Troste auf einige Wochen nach Hause, weiln,
wie er schrieb, weder meine einzige Schwester, noch andere 20
Anverwandte seinen Schmertzen [3] einige Linderung ver=
schaffen könten.   Doch da ich zurücke schrieb: daß um
diese Zeit alle Collegia aufs neue angiengen, meßwegen
ich nicht allein sehr viel versäumen, sondern über dieses
seine und meine Hertzens = Wunde ehe noch weiter auf= 25
reissen, als heilen würde, erlaubte mir mein Vater, nebst
übersendung eines Wechsels von 200. spec. Dukaten noch
ein halbes Jahr in Kiel zu bleiben, nach Verfliessung
dessen aber solte nach Hause kommen über Winters bey
ihm zu verharren, so dann im Früh=Jahre das galante 30
Leipzig zu besuchen, und meine studia daselbst zu absolviren.

Sein Wille war meine Richt = Schnur, dannenhero
die noch übrige Zeit in Kiel nicht verabsäumete mich in
meinen ergriffenen studio nach möglichkeit zu cultiviren, 35
gegen Martini aber mit den herrlichsten Attestaten meiner
Professoren versehen nach Hause reisete. Es war mir

zwar eine hertzliche Freude, meinen werthen Vater und
liebe Schwester nebst andern Anverwandten und guten
Freunden in völligen Glücks-Stande anzutreffen; allein
der Verlust der Mutter that derselben ungemeinen Einhalt.
5 Kurtz zu sagen: es war kein einziges divertissement, so
mir von meinem Vater, so wohl auch andern Freunden
gemacht wurde, vermögend, das einwurtzelnde melancholische
Wesen aus meinem Gehirne zu vertreiben. Derowegen
nahm die Zuflucht zu den Büchern und suchte darinnen
10 mein verlohrnes Vergnügen, welches sich denn nicht selten
in selbigen finden ließ.

Mein Vater bezeigte theils Leid, theils Freude über
meine douçe Aufführung, resolvirte sich aber [4] bald,
nach meinen Verlangen mich ohne Aufseher, oder wie es
15 zuweilen heissen muß, Hofmeister, mit 300. fl. und einem
Wechsel-Briefe auf 1000. Thl. nach Leipzig zu schaffen,
allwo ich den 4. Mart. 1725. glücklich ankam.

Wer die Beschaffenheit dieses in der gantzen Welt
berühmten Orts nur einigermassen weiß, wird leichtlich
20 glauben: daß ein junger Pursche, mit so vielem baaren
Gelde versehen, daselbst allerhand Arten von vergnügten
Zeit-Vertreibe zu suchen Gelegenheit findet. Jedennoch
war mein Gemüthe mit beständiger Schwermüthigkeit
angefüllet, ausser wenn ich meine Collegia frequentirte
25 und in meinem Museo mit den Todten conservirte.

Ein Lands-Mann von mir, Mons. H. — — —
genannt merckte mein malheur bald, weil er ein Mediciner
war, der seine Hand allbereit mit gröster raison nach
dem Doctor-Hute ausstreckte. Derowegen sagte er einmahls
30 sehr vertraulich: Lieber Herr Lands-Mann, ich weiß gantz
gewiß, daß sie nicht die geringste Ursach haben, sich in
der Welt über etwas zu chagriniren, ausgenommen den
Verlust ihrer seel. Frau-Mutter. Als ein vernünfftiger
Mensch aber können sie sich dieserwegen so hefftig und
35 langwierig nicht betrüben, erstlich: weil sie deren Seeligkeit
vollkommen versichert sind, vors andere: da sie annoch
einen solchen Vater haben, von dem sie alles erwarten

können, was von ihm und der Mutter zugleich zu hoffen
gewesen. Anderer motiven voritzo zu geschweigen. Ich
setze aber meinen Kopff zum Pfande, daß ihr nieder=
geschlagenes Wesen vielmehr von einer übeln Di- [5]
sposition des Geblüts herrühret, weßwegen ihnen aus 5
guten Hertzen den Gebrauch einiger Artzeneyen, hiernächst
die Abzapffung etlicher Untzen Geblüts recommendirt haben
will. Was gilts? rieff er aus, wir wollen in 14. Tagen
aus einem andern Thone mit einander schwatzen.

Dieser gegebene Rath schien mir nicht unvernünfftig 10
zu seyn, derowegen leistete demselben behörige Folge, und
fand mich in wenig Tagen weit aufgeräumter und leicht=
sinniger als sonsten, welches meinen guten Freunden höchst
angenehm, und mir selbst am gefälligsten war. Ich
wohnete ein= und anderm Schmause bey, richtete selbst 15
einen aus, spatzirte mit auff die Dörffer, kurtz, ich machte
alles mit, was honette Pursche ohne prostitution vor=
zunehmen pflegen. Jedoch kan nicht läugnen, daß der=
gleichen Vergnüglichkeiten zum öfftern von einem bangen
Hertz=Klopffen unterbrochen wurden. Die Ursach dessen 20
solte zwar noch immer einer Vollblütigkeit zugeschrieben
werden, allein mein Hertz wolte mich fast im voraus ver=
sichern, daß mir ein besonderes Unglück bevorstünde,
welches sich auch nach verfluß weniger Tage, und zwar
in den ersten Tagen der Meß=Woche, in folgenden Briefe, 25
den ich von meinem Vater empfing, offenbarete:

Mein Sohn,

ERschrecket nicht! sondern ertraget vielmehr mein
und euer unglückliches Schicksal mit großmüthiger Gelassenheit,
da ihr in diesen Zeilen von mir selbst, leider! versichert 30
werdet: daß das falsche Glück mit dreyen [6] fatalen
Streichen auf einmal meine Reputation und Wohl=Stand,
ja mein alles zu Boden geschlagen. Fraget ihr, wie?
und auf was Art: so wisset, daß mein Compagnon einen 35
Banquerott auf 2. Tonnen Goldes gemacht, daß auf meine
eigene Kosten ausgerüstete Ost=Indische Schiff bey der

Retour von den See=Räubern geplündert, und letzlich zu completirung meines Ruins den Verfall der Actien mich allein um 50 000. Thl. spec. bringet. Ein mehreres will hiervon nicht schreiben, weil mir im schreiben die Hände erstarren wollen. Lasset euch innliegenden Wechsel=Brief à 2000. Frtl. in Leipzig von Hrn. H. gleich nach Empfang dieses bezahlen. Eure Schwester habe mit eben so viel, und ihren besten Sachen, nach Stockholm zu ihrer Baase geschickt, ich aber gehe mit einem wenigen von hier ab, um in Ost= oder West=Indien, entweder mein verlohrnes Glück, oder den tobt zu finden. In Hamburg bei Hrn. W. habt ihr vielleicht mit der Zeit Briefe von meinem Zustande zu finden. Lebet wohl, und bedauert das unglückliche Verhängniß eures treugesinnten Vaters, dessen Redlichkeit aber allzustarcker hazard und Leichtgläubigkeit ihm und seinen frommen Kindern dieses malheur zugezogen. Doch in Hofnung, GOTT werde sich eurer und meiner nicht gäntzlich entziehen, verharre

D. d. 5. Apr. 1725.　　　　　Euer

biß ins Grab getreuer Vater

Frantz Martin Julius.

[7] Ich fiel nach Lesung dieses Briefes, als ein vom Blitz gerührter, rückwarts auf mein Bette, und habe länger als 2. Stunden ohne Empfindung gelegen. Selbigen gantzen Tag, und die darauf folgende Nacht, wurde in größter desperation zugebracht, ohne das geringste von Speise oder Geträncke zu mir zu nehmen, da aber der Tag anbrach, beruhigte sich das ungestüme Meer meiner Gedancken einigermassen. Ich betete mein Morgen=Gebet mit hertzlicher Andacht, sung nach einem Morgen=Liede auch dieses: GOTT der wirds wohl machen ꝛc. schlug hernach die Bibel auf, in welcher mir so gleich der 127. Psalm Davids in die Augen fiel, welcher mich ungemein rührete. Nachdem ich nun meine andächtigen, ungeheuchelten

Penseen darüber gehabt, schlug ich die Bibel nochmals auf, und traf ohnverhofft die Worte Prov. 10. der Seegen des HERRN macht reich ohne Mühe rc.

Hierbey traten mir die Thränen in die Augen, mein Mund aber brach in folgende Worte aus: Mein GOTT, 5 ich verlange ja eben nicht reich an zeitlichen Gütern zu seyn, ich gräme mich auch nicht mehr um die verlohrnen, setze mich aber, wo es dir gefällig ist, nur in einen solchen Stand, worinnen ich deine Ehre befördern, meinen Nächsten nützen, mein Gewissen rein erhalten, reputirlich leben, 10 und seelig sterben kan.

Gleich denselben Augenblick kam mir in die Ge= dancken umzusatteln, und an statt der Jurisprudentz die Theologie zu erwehlen, weßwegen ich meine Gelder ein= cassiren, zwey theile davon auf [8] Zinsen legen, und 15 mich mit dem übrigen auf die Wittenbergische Universität begeben wolte. Allein der plötzliche Uberfall eines hitzigen Fiebers, verhinderte mein eilfertiges Vornehmen, denn da ich kaum Zeit gehabt, meinen Wechsel bey Hrn. H. in Empfang zu nehmen, und meine Sachen etwas in Ordnung 20 zu bringen, so sahe mich gezwungen das Bette zu suchen, und einen berühmten Medicum wie auch eine Wart=Frau holen zu lassen. Meine Lands=Leute so etwas im Ver= mögen hatten, bekümmerten sich, nachdem sie den Zufall meines Vaters vernommen, nicht das geringste um mich, 25 ein armer ehrlicher Studiosus aber, so ebenfalls mein Lands=Mann war, blieb fast Tag und Nacht bey mir, und muß ich ihm zum Ruhme nachsagen, daß ich, in seinen mir damahls geleisteten Diensten mehr Liebe und Treue, als Interesse gespüret. Mein Wunsch ist: ihn 30 dermahleins auszuforschen, und Gelegenheit zu finden, meine Erkänntlichkeit zu zeigen.

Meine Kranckheit daurete inzwischen zu damahligen grossen Verdrusse, und doch noch grössern Glücke, biß in die dritte Woche, worauf ich die freye Lufft wiederum zu 35 vertragen gewohnete, und derowegen mit meinem redlichen Lands=Manne täglich ein paar mahl in das angenehme

Rosenthal, doch aber bald wieder nach Hause spazirete, anbey im Essen und Trincken solche Ordnung hielt, als zu völliger wieder herstellung meiner Gesundheit, vor rathsam hielt. Denn ich war nicht gesinnet als ein halber 5 oder ganzer Patient nach Wittenberg zu kommen.

Der Himmel aber hatte beschlossen: daß so wohl aus meinen geistl. studiren, als aus der nach [9] Witten=berg vorgenommenen Reise nichts werden solte. Denn als ich etliche Tage nach meinen gehaltenen Kirch=Gange 10 und erster Ausflucht mein Morgen=Gebeth annoch ver=richtete; klopffte der Brieff=Träger von der Post an meine Thür, und nach Eröffnung derselben, wurde mir von ihm ein Brieff eingehändiget, welchen ich mit zitternden Händen erbrach, und also gesezt befand:

15 D. d. 21. May 1725.

Monsieur,

Jhnen werden diese Zeilen, so von einer ihrer Familie ganz unbekannten Hand geschrieben sind, ohnfehlbar viele Verwunderung verursachen. Allein als ein Studi-20 renber, werden sie vielleicht besser, als andere Ungelehrte, zu begreiffen wissen, wie unbegreifflich zuweilen der Himmel das Schicksal der sterblichen Menschen disponiret. Ich Endes unterschriebener, bin zwar ein Teutscher von Ge=burth, stehe aber vor izo als Schiffs=Capitain in Hol=25 ländischen Diensten, und bin vor wenig Tagen allhier in ihrer Geburths=Stadt angelanget, in Meinung, dero Herrn Vater anzutreffen, dem ich eine der allerprofitabelsten Zeitungen von der Welt persönlich überbringen wolte; Allein ich habe zu meinem allergrößten Miß=Vergnügen 30 nicht allein sein gehabtes Unglück, sondern über dieses noch vernehmen müssen: daß er allbereit vor Monats=Frist zu Schiffe nach West=Jndien gegangen. Diesem aber ohngeachtet, verbindet mich ein geleisteter cörperlicher Eyd: Jhnen, Mons. Eberhard Julius, als dessen [10] einzigen 35 Sohne, ein solches Geheimniß anzuvertrauen, krafft dessen

sie nicht allein ihres Herrn Vaters erlittenen Schaden
mehr als gedoppelt erfetzen, und vielleicht sich und ihre
Nachkommen, biß auf späte Jahre hinaus glücklich machen
können.

Ich versichere noch einmahl, Monsieur, daß ich mir   5
ihre allerley Gedancken bey dieser Affaire mehr als zu
wohl vorstelle, allein ich bitte sie inständig, alle Hindernisse
aus dem Wege zu räumen, und sich in möglichster Ge=
schwindigkeit auf die Reise nach Amsterdam zu machen,
damit sie längstens gegen St. Johannis-Tag daselbst ein= 10
treffen. Der 27. Jun., wo GOtt will, ist zu meiner
Abfahrt nach Ost=Indien angesetzt. Finden sie mich aber
nicht mehr, so haben sie eine versiegelte Schrifft, von
meiner Hand gestellt, bey dem Banquier, Herrn G. v. B.
abzufordern, wornach sie Ihre Mesures nehmen können. 15
Doch ich befürchte, daß ihre importanten Affairen weit=
läufftiger werden, und wohl gar nicht glücklich lauffen
möchten, woferne sie verabsäumeten, mich in Amsterdam
auf dem Ost=Indischen Hause, allwo ich täglich anzutreffen
und bekannt genug bin, persönlich zu sprechen. Schließlich 20
will ihnen die Beschleunigung ihrer Reise zu ihrer zeit=
lichen Glückseeligkeit nochmahls freundlich recommendiren,
sie der guten Hand Gottes empfehlen, und beharren

              Monsieur
                      votre Valet   25
              Leonhard Wolffgang.

[11] P. S.
      Damit Monsieur Julius in meine Citation kein Miß=
trauen zu setzen Ursach habe, folget hierbey ein Wechsel=
brief a 150. spec. Ducaten an Herrn S. in Leipzig 30
gestellet, welche zu Reise=Kosten aufzunehmen sind.

      Es wird vielleicht wenig Mühe kosten, jemanden zu
überreden, daß ich nach Durchlesung dieses Briefes eine
gute Zeit nicht anders als ein Träumender auf meinem
Stuhle sitzen geblieben. Ja! es ist zu versichern, daß 35

dieſe neue und vor mich ſo profitable Zeitung faſt eben
dergleichen Zerrüttung in meinem Gemüthe ſtifftete: als
die vorige von dem Unglücke meines Vaters. Doch konte
mich hierbey etwas eher faſſen, und mit meinem Verſtande
5 ordentlicher zu Rathe gehen, derwegen der Schluß in
wenig Stunden dahinaus fiel: mit eheſter Poſt die Reiſe
nach Amſterdam anzutreten. Hierbey fiel mir ſo gleich
der tröſtliche Vers ein: Es ſind ja GOtt ſehr ſchlechte
Sachen, ꝛc. welcher mich anreißete, GOtt hertzlich anzu=
10 flehen, daß er meine Jugend in dieſer bedencklichen Sache
doch ja vor des Satans und der böſen Welt gefährlichen
Stricken, Liſt und Tücken gnädiglich bewahren, und lieber
in gröſtes Armuth, als Gefahr der Seelen gerathen laſſen
wolle.

15 Nachdem ich mich ſolchergeſtalt mit GOtt und meinem
Gewiſſen wohl berathen, blieb es bey dem gefaſſten Schluſſe,
nach Amſterdam zu reiſen. Fing derowegen an, alles
aufs eiligſte darzu zu veranſtalten. Bey Herrn S. ließ
ich mir die 150. Duc. spec. noch ſelbigen Tages zahlen,
20 packte meine Sachen [12] ein, bezahlete alle diejenigen,
ſo mir Dienſte geleiſtet hatten, nach meinen wenigen Ver=
mögen reichlich, verdung mich mit meiner Equippage auf
die Caſſeliſche oder Holländiſche Poſt, und fuhr in GOttes
Nahmen, mit beſondern Gemüths=Vergnügen von Leipzig ab.

25 Auf dieſer Reiſe begegnete mir nichts auſſerordent=
liches, auſſer dem daß ich mich resolvirte, theils Mattigkeit,
theils Neugierigkeit wegen, die berühmten Seltenheiten in
und bey der Land=Gräfl. Heſſen=Caſſeliſchen Reſidentz=
Stadt Caſſel zu betrachten, einen Poſt=Tag zu verpaſſen.
30 Nachdem ich aber ziemlich ausgeruhet, und das magnifique
Weſen zu admiriren vielfältige Gelegenheit gehabt, ver=
folgte ich meine vorhabende Reiſe, und gelangete, noch
vor dem mir angeſetzten Termine, glücklich in Amſterdam an.

Mein Logis nahm ich auf recommendation des
35 Coffre-Trägers in der Wermuths=Straſſe im Wapen von
Ober=Yſſel, und fand daſelbſt vor einen ermüdeten Passagier
ſehr gute Gelegenheit. Dem ohngeacht vergönnete mir

das hefftige Verlangen, den Capitain Wolffgang zu sehen,
und ausführlich mit ihm zu sprechen, kaum 7. Stunden
Zeit zum Schlaffe, weil es an sich selbst kräfftig genug
war, alle Mattigkeit aus meinen Gliedern zu vertreiben.
Folgendes Tages ließ ich mich von müssigen Purschen vor 5
ein gutes Trinck=Geld in ein und anderes Schenck=Hauß,
wohin gemeiniglich See=Fahrer zu kommen pflegten, be=
gleiten. Ich machte mich mit guter manier bald an diesen
und jenen, um einen Vorbericht von des Capitain Wolffgangs [13] Person und gantzen Wesen einzuziehen, doch 10
meine Mühe war überall vergebens. Wir hatten binnen
3. oder 4. Stunden mehr als 12. biß 16. Theé- Coffeé-
Wein= und Brandteweins=Häuser durchstrichen, mehr als
50. See=Fahrer angeredet, und doch niemand angetroffen,
der erwehnten Capitain kennen wolte. 15

Mein Begleiter fing schon an zu taumeln, weil er
von dem Weine, den ich ihm an verschiedenen Orten geben
ließ, ziemlich betruncken war, weßwegen vors dienlichste
hielt, mit demselben den Rückweg nach meinem Quartiere
zu suchen. Er ließ sich solches gefallen, kaum aber waren 20
wir 100. Schritte zurück gegangen, als uns ein alter
Boots=Knecht begegnete, welchem er zurieff: Wohlauf,
Bruder! Kanst du Nachricht geben von dem Capitain
Wolffgang? Hier ist ein Trinck=Geld zu verdienen. Well
Bruder, antwortete der Boots=Knecht, was soll Capitain 25
Wolffgang? soll ich nicht kennen? soll ich nicht wissen,
wo er logirt? habe ich nicht 2. Fahrten mit ihm gethan?
habe ich nicht noch vor 3. Tagen 2. fl. von ihm geschenckt
bekommen? Guter Freund! fiel ich ihm in die Rede,
ists wahr, daß ihr den Capitain Leonhard Wolffgang 30
kennet, so gebet mir weitere Nachricht, ich will = = =

Mar Dübel, replicirte der Grobian, meynet ihr,
daß ich euch belügen will? so gehet zum Teuffel und
sucht ihn selber. Diese mit einer verzweiffelt=boßhafftigen
und scheelen Mine begleiteten Worte waren kaum aus= 35
gesprochen, als er sich gantz negligent von uns abwandte,
und in einen Wein=Keller verfügte. Mein Begleiter

rieth mir nachzugehen, ihm [14] gute Worte und etliche
Stüver an Gelde zu geben, auch etwa ein Glaß Wein
zuzutrincken, mit der Versicherung: er würde mir sodann
schon aufs neue und viel höfflicher zur Rede stehen. In=
5 dem mir nun ein so gar vieles daran gelegen war, über=
wand ich meinen innerlichen Verdruß, den ich über die
grausame Grobheit dieses Menschen geschöpfft hatte, und
gehorchte meinem halb betrunckenen Rathgeber.

Paul, so hieß der grobe Boots = Knecht, hatte kaum
10 einen halben Gulden, nebst einer tüchtigen Kanne Wein
und die erste Sylbe von einem guten Worte bekommen,
als er so gleich der allerhöflichste Klotz von der gantzen
Welt zu werden schien. Er küssete meine Hand mit aller
Gewalt wohl 50. mahl, hatte wider die Gewohnheit dieser
15 Leute seine Mütze stets in Händen, und wolte, alles
meines Bittens ohngeacht, sein Haupt in meiner Gegen=
wart durchaus nicht bedecken. Mein Begleiter tranck ihm
auf meine Gesundheit fleißig zu, Paul that noch fleissiger
Bescheid, erzehlete mir aber dabey alles Haarklein, was
20 er von des Capitain Wolffgangs Person, Leben und
Wandel in dem innersten seines Hertzens wuste, und diese
Erzehlung dauerte über zwey Stunden, worauf er sich
erboth, mich so fort in des Capitains Logis zu führen,
welches nahe an der Börse gelegen sey.

25 Allein, ich ließ mich verlauten, daß ich meine Visite
bei demselben noch etliche Tage aufschieben, und vorhero
erstlich von der Reise recht ausruhen wolte. Hierauf
bezahlte noch 6. Kannen Wein, den die beyden nassen
Brüder getruncken hatten; vereh= [15] rete dem treuhertzigen
30 Paul noch einen Gulden, und begab mich allein wieder
auf den Weg nach meinem Quartiere, weil mein allzu
starck besoffener Wegweiser gar nicht von der Stelle zu
bringen war.

Ich ließ mir von dem Wirthe die Mahlzeit auf
35 meiner Cammer vor mich alleine zubereiten, und wieder=
holte dabey in Gedancken alles, was mir Paul von dem
Capitain Wolffgang erzehlet hatte. Hauptsächlich hatte

ich angemerckt, daß derselbe ein vortrefflich kluger und
tapfferer See = Mann, anbey zuweilen zwar sehr hitzig,
doch aber bald wieder gelassen, gütig und freygebig sey,
wie er denn zum öfftern nicht allein seine Freunde und
Boots=Knechte, sondern auch andere gantz frembde mit 5
seinen grösten Schaden und Einbusse aus der Noth ge=
rissen. Dem ohngeacht hätten seine Untergebenen vor
wenig Jahren unter Wegs wider diesen ehrlichen Mann
rebellirt, demselben bey nächtlicher Weile Hände und Füsse
gebunden, und ihn bey einem wüsten Felsen ausgesetzt 10
zurück gelassen. Doch hätte vor einigen Monathen das
Glücke den Capitain wieder gesund zurück geführet, und
zwar mit vielem Geld und Gütern versehen, auf was
vor Art er selbiges aber erworben, wuste Paul nicht zu
sagen. Im übrigen sey er ein Mann von mittler Statur, 15
wohl gebildet und gewachsen, Teutscher Nation, etwas
über 40. Jahr alt, und Lutherischer Religion.

Wie ich nun mit allem Fleiß dahin gestrebet, bevor
ich mich dem Capitain zu erkennen gäbe, erstlich bey
frembden Leuten sichere Kundschafft wegen seines Zu= 20
standes, Wesens, Gemüths= und Lebens-Art einzuziehen,
so konte mir diese Nachricht als [16] ein Confortativ
meines ohne dem starcken Vertrauens nicht anders als
höchst angenehm seyn. Die Speisen und Buteille Wein
schmeckten mir unter diesen Gedancken vortrefflich wohl, ich 25
machte meinem auf der Post ziemlich zerschüttelten Cörper
nach der Mahlzeit dennoch eine kleine Motion, hielt aber
darauf ein paar Stunden Mittags=Ruhe.

Gegen Abend ließ ich mich von meinem vorigen
Begleiter, der seinen Rausch doch auch schon ausgeschlaffen 30
hatte, abermahls ausführen, und zwar in ein berühmtes
reputirliches Coffeé-Hauß, wo sich unzählige Personen
auf verschiedene Arten divertirten. Ich meines Orts
sahe mich nach Niemanden anders als See = Officianten
um, war auch so glücklich, einen Tisch anzutreffen, welcher 35
mit 6. Personen von dergleichen Schlage besetzt, unten aber
noch Platz genung vor mich vorhanden war.

Ich nahm mir die Freyheit, mich nach gemachten höflichen Compliment mit meinem Coffeé-Potgen zu ihnen zu setzen. Ihre gewöhnliche Freyheit verleitete sie gar bald, mich, wiewohl in gantz leutseeligen terminis, zu
5 fragen: wer, und woher ich wäre? was meine Verrichtungen allhier? Ob ich mich lange in Amsterdam aufzuhalten gedächte? wie es mir allhier gefiele? u. d. gl. Ich beantwortete alle ihre Fragen nach meinem Gutachten, und zwar mit sittsamer Bescheidenheit, keines wegs aber mit
10 einer Sclavischen Submission. Hiernächst drehten sie das Gespräch auf die Beschaffenheit verschiedener Etaaten und Oerter in Teutschland, da ich ihnen denn auf Befragen, nach meinem besten Wissen, hinlängliche Satisfaction gab. Auch fielen sie auf die [17] unterschiedlichen Universitäten
15 und Studenten, worbey ihnen ebenfalls zu sattsamer Nachricht nichts schuldig blieb. Weßwegen der Vornehmste unter ihnen zu mir sprach: Monsieur, ich bekenne, daß ihr mir älter am Verstande als an Jahren vorkommt. Bey GOtt, ich halte viel von dergleichen jungen Leuten.
20 Ich mochte über diesen unverhofften Spruch etwas roth werden, machte aber ein höflich Compliment, und antwortete: Mein Herr! Sie belieben allzu vortheilhafftig von ihrem Diener zu sprechen, ich kan freilich nicht läugnen, daß ich erstlich vor wenig Wochen in mein 20stes Jahr
25 getreten bin, und ohngeacht mich fast von meiner Kindheit an eiffrig auf die studia gelegt, so weiß ich doch gar zu wohl, daß mir noch allzuviel an Conduite und Wissenschafften mangelt, welches ich aber mit der Zeit durch emsigen Fleiß und den Umgang mit geschickten Leuten zu
30 verbessern trachten werde.
Wo ihr Mittel habt, setzte ein anderer hinzu, wäre es Schade um euch: wenn ihr nicht wenigstens noch 2. oder 3. Jahr auf Universitäten zubrächtet, nach diesen Gelegenheit suchtet, die vornehmsten Länder von Europa
35 durchzureisen. Denn eben durch das Reisen erlernet man die Kunst, seine erlangte Wissenschafften hier und dar glücklich anzubringen. Eben dieses, versetzte ich, ist mein

propos, und ob gleich meine eigenen Mittel dabey nicht
zulänglich seyn möchten, so habe doch das feste Vertrauen
zu GOtt, daß er etwan hier oder dar gute Gönner
erwecken werde, die mir mit gutem Rath und That, um
meinen Zweck zu erreichen, an die [18] Hand gehen
können.   Ihr meritirt es sehr wohl, replicirte der erstere,
und ich glaube, es wird euch hinführo selten daran mangeln.
Hiermit wurde der Discours durch ein auf der Strasse
entstandenes Lermen unterbrochen, welches sich jedoch bald
wiederum stillete, die Herrn See=Officiers aber blieben eine
kleine Weile gantz stille sitzen.   Ich tranck meinen Coffeé
auch in der Stille, und rauchte eine Pfeiffe Canaster-
Toback, da aber merckte, daß einer von ihnen mich öffters
sehr freundlich ansahe, nahm mir die Kühnheit, ihn zu
fragen: Ob sich nicht allhier in Amsterdam ein gewisser
Schiffs=Capitain, Nahmens Leonhard Wolffgang, auf=
hielte?   Mir ist (antwortete er) dieser Nahme nicht
bekandt.   Wie? (fiel ihm derjenige, welchen ich vor den
vornehmsten hielt, in die Rede) soltet ihr den berühmten
Capitain Wolffgang nicht kennen? welches jener so wohl
als die andern mit einem Kopff=Schütteln verneineten.
Monsieur, (redete er zu mir) ist Wolffgang etwan Euer
Befreundter oder Bekandter?   Mein Herr, (versetzte ich)
keins von beyden, sondern ich habe nur unterweges auf
der Post mit einem Passagier gesprochen, der sich vor
einen Vetter von ihm ausgab, und darbey sehr viel merck=
würdiges von seinen Avanturen erzehlete.
     Messieurs, (fuhr also der ansehnliche See=Mann in
seiner Rede fort) ich kan euch versichern, daß selbiger
Capitain ein perfecter See=Officier, und dabey recht
starcker Avanturier ist, welcher aber doch sehr wenig
Wesens von sich macht, und gar selten etwas von seinen
eigenen Begebenheiten erzehlet, es sey denn, daß er bey
ausserordentlich guter Laune anzu=[19] treffen.   Er ist
ein special Freund von mir, ich kan mich aber deßwegen
doch nicht rühmen, viel von seinen Geheimnissen aus=
geforscht zu haben.   Bey was vor Gelegenheit er zu

seinem grossen Vermögen gekommen? kan ich nicht sagen,
denn ich habe ihn vor etliche 20. Jahren, da er auf dem
Schiffe, der Holländische Löwe genandt, annoch die Feder
führete, als einen pauvre diable gekennet, nach diesen
5 hat er den Degen ergriffen, und sich durch seine bravoure
zu dem Posten eines Capitains geschwungen. Seine
Conduite ist dermassen angenehm, daß sich jederman mit
ihm in Gesellschafft zu seyn wünschet. Vor kurtzen hat
er sich ein vortrefflich neues Schiff, unter dem Nahmen,
10 der getreue Paris, ausgerüstet, mit welchen er eine neue
Tour auf die Barbarischen Küsten und Ost=Indien zu
thun gesonnen, und wie ich glaube, in wenig Tagen ab=
seegeln wird. Hat einer oder der andere Lust, ihn vor
seiner Abfahrt kennen zu lernen, der stelle sich morgenden
15 Vormittag auf dem Ost=Indischen Hause ein, allwo ich
nothwendiger Affairen halber mit ihm zu sprechen habe,
und Abrede nehmen werde, an welchem Orte wir uns
Nachmittags divertiren können. Hiermit stund der ansehn=
liche Herr von seiner Stelle auf, um in sein Logis zu
20 gehen, die andern folgten ihm, ich aber blieb, nachdem ich
von ihnen höflichen Abschied genommen, noch eine Stunde
sitzen, hatte meine eigenen vergnügten Gedancken über das
angehörte Gespräch, und ging hernachmahls mit meinem
abermahls ziemlich berauschten Begleiter zurück in mein
25 Logis, allwo mich so gleich niederlegte, und viel sanffter,
als sonst gewöhnlich, ruhete.
[20] Folgenden Morgen begab mich in reinlicherer
Kleidung in die neue Lutherische Kirche, und nach ver=
richteter Andacht spatzirte auf das Ost=Indische Hauß zu,
30 da nun im Begriff war, die Kostbarkeiten desselben gantz
erstaunend zu betrachten, hörete ich seitwerts an einem
etwas erhabenen Orte die Stimme des gestern mir so
ansehnlich gewesenen See=Officiers zu einem andern
folgendes reden: Mon Frere! sehet dort einen wohl
35 conduisirten jungen Teutschen stehen, welcher nur vor
wenig Tagen mit der Post von Leipzig gekommen, und
gestrigen Abend in meiner Compagnie nach euch gefragt

hat, weil er unterwegs einen eurer Vettern gesprochen:
Es wurde gleich hierauf etliche mahl gevistet, so bald nun
vermerckte, daß es mich anginge, machte ich gegen die 2.
neben einander stehende Herren meinen Reverence, Sie
danckten mir sehr höflich, beuhrlaubten sich aber so gleich 5
von einander. Der Unbekandte kam augenblicklich auf
mich zu, machte mir ein sehr freundlich Compliment,
und sagte: Monsieur, wo ich mich nicht irre, werden sie
vielleicht den Capitain Wolffgang suchen? Mon Patron,
(antwortete ich) ich weiß nicht anders, und bin dieserhalb 10
von Leipzig nach Amsterdam gereiset. Um Vergebung,
(fragte er weiter) wie ist ihr Nahme? (Meine Antwort
war) Ich heisse Eberhard Julius. Den Augenblick fiel
er mir um den Halß, küssete mich auf die Stirn, und
sagte: Mein Sohn, an mir findet ihr denjenigen, so ihr 15
sucht, nemlich den Capitain Leonhard Wolffgang. GOtt
sey gelobet, der meinen Brieff und eure Person die rechten
Wege geführet hat, doch habt die Güte, eine kleine Stunde
hier zu [21] verziehen, biß ich, nachdem ich meine wich=
tigen Geschäffte besorgt, wieder anhero komme, und euch 20
abruffe. Ich versprach seinem Befehl zu gehorsamen, er
aber ging eilends fort, und kam, ehe noch eine Stunde
verstrichen, wieder zurück, nahm mich bey der Hand, und
sagte: So kommet denn, mein Sohn, und folget mir in
mein Logis, allwo ich euch ein solches Geheimniß ent= 25
decken werde, welches, je unglaublicher es anfänglich scheinen,
desto kostbarer vor euch sein wird. Die verschiedenen
Gemüths=Bewegungen, so bey dieser Zusammenkunfft in mir
gantz wunderlich durch einander gingen, hatten meinen
Kopff dermassen verwirret, daß fast nicht mehr wuste, 30
was ich antworten, oder wie mich stellen wolte, doch
unterwegens, da der Capitain bald mit diesen, bald mit
jenen Personen etwas zu schaffen hatte, bekam ich Zeit,
mich etwas wieder in Ordnung zu bringen. So bald
wir demnach in seinem Logis eingetreten waren, umarmete 35
er mich aufs neue, und sagte: Seyd mir vielmals willkommen,
allerwerthester Freund, und nehmet nicht ungütig, wenn

ich euch hinführo, Mein Sohn, nenne, weiln die Zeit
lehren soll, daß ich als ein Vater handeln und euch an
einen solchen Ort führen werde, wo ihr den Grund=Stein
zu zurer zeitlichen Glückseeligkeit finden könnet, welche,
5 wie ich glaube, durch das Unglück eures Vaters auf
schwachen Fuß gesetzt worden. Jedoch, weil ich nicht
gesonnen bin, vor eingenommener Mittags=Mahlzeit von
unsern importanten Affairen ausführlich mit euch zu
sprechen, so werdet ihr euch belieben lassen, selbe bey mir
10 einzunehmen, inzwischen aber, biß die Speisen zubereitet
[22] sind, mir eine kurtze Erzehlung von eurem Geschlechte
und eigner Auferziehung thun. Ich wegerte mich im
geringsten nicht, seinem Verlangen ein Genügen zu leisten,
und fassete zwar alles in möglichste Kürtze, brachte aber
15 dennoch länger als eine Stunde darmit zu, war auch eben
fertig, da die Speisen aufgetragen wurden.

Nachdem wir beyderseits gesättiget, und aufgestanden
waren, befahl der Capitain, Toback und Pfeiffen her zu
geben, auch Coffee zurechte zu machen, er aber langete
20 aus seinem Contoir einen dreymal versiegelten Brieff,
und überreichte mir selben ohne einiges Wortsprechen.
Ich sahe nach der Uberschrifft, und fand dieselbe zu meiner
grösten Verwunderung also gesetzt:

Dieser im Nahmen der heiligen Dreyfaltigkeit ver=
25 siegelte Brieff soll von niemand anders gebrochen
werden, als einem, der den Geschlechts=Nahmen Julius
führet, von dem ao. 1633. unschuldig enthaupteten
Stephano Julius NB. erweißlich abstammet, und aus
keuschem Ehe=Bette gezeuget worden. NB.

30 Der Fluch sehr alter Leute, die da GOtt fürchten,
thut gottlosen und betrügerischen Leuten Schaden.

Dergleichen Titul und Uberschrifft eines Briefes war
Zeit meines Lebens nicht vor meine Augen kommen, doch
weil ich ein gut gewissen hatte, konte mich gar bald in
35 den Handel schicken. Der Capitain Wolffgang sahe mich
starr an, ich aber machte eine freudige Mine, und sagte:
Mon Pere, es fehlet [23] nichts als Dero gütige Er=

laubniß, sonsten hätte ich die Macht und Freyheit, diesen
Brieff zu erbrechen. Erbrechet denselben, antwortete er,
im Nahmen der heil. Dreyfaltigkeit. Weiln er, versetzte
ich, im Nahmen der heil. Dreyfaltigkeit geschrieben und
versiegelt worden, und mein Gewissen von allen Be= 5
trügereyen rein ist, so will ich, doch nicht anders, als
auf Dero Befehl, denselben auch im Nahmen der heil.
Dreyfaltigkeit erbrechen. Mit Aussprechung dieser Worte
lösete ich die Siegel, und fand den Innhalt also gesetzt:

Mein Enckel.   10

ANbers kan und will ich euch nicht nennen, und
wenn ihr gleich der mächtigste Fürst in Europa wäret,
denn es fragte sich, ob mein glückseliger Character dem
eurigen nicht vorzuziehen sey, indem ich ein solcher Souverain
bin, dessen Unterthanen so viel Liebe als Furcht, und so 15
viel Furcht als Liebe hegen, über dieses an baaren Gelde
und Jubelen einen solchen Schatz aufzuweisen habe, als
ein grosser Fürst seinen Etaat zu formiren von nöthen
hat. Doch was nützet mir das Prahlen, ich lebe ver=
gnügt, und will vergnügt sterben, wenn nur erst das 20
Glück erlebt, einen von denenjenigen, welche meinen
Geschlechts=Nahmen führen, gesehen zu haben. Machet
euch auf, und kommet zu mir, ihr möget arm oder reich,
krum oder lahm, alt oder jung seyn, es gilt mir gleich
viel, nur einen Julius von Geschlechte, der Gottesfürchtig 25
und ohne Betrug ist, verlange ich zu umarmen, und ihm
den grösten Theil der mir und den (24) Meinigen unnütz=
lichen Schätze zuzuwenden. Dem Herrn Leonhard
Wolffgang könnet ihr sicher trauen, weil er seine lincke
Hand auf meine alte Brust gelegt, die rechte aber gegen 30
GOtt dem Allmächtigen in die Höhe gereckt, und mir also
einen cörperlichen Eyd geschworen, diejenigen Forderungen,
so ich an ihn gethan, nach Möglichkeit zu erfüllen. Er
wird alles, was ich an euch zu schreiben Bedencken trage,
besser mündlich ausrichten, und eine ziemliche Beschreibung 35
von meinem Zustande machen. Folget ihm in allen,

was er euch befiehlet, seyd gesund, und kommet mit ihm bald zu mir. Dat. Felsenburg, den 29. Sept. Anno Christi 1724. Meiner Regierung im 78. und meines Alters im 97. Jahre.

5   (L. S.)   **Albertus Julius.**

Ich überlaß den Brieff wohl 5. biß 6. mahl, konnte mir aber dennoch in meinen Gedancken keinen völligen und richtigen Begriff von der gantzen Sache machen, welches der Capitain Wolffgang leichtlich merckte, und
10 derowegen zu mir sprach: Mein Sohn! alles euer Nach= sinnen wird vergebens seyn, ehe ihr die auflösung dieses Räßels von mir, in Erzählung der wunderbaren Geschicht eures Vettern, Albert Julius, vernehmet, seßet euch dem= nach nieder und höret mir zu.

15   Hiermit fing er an, eine, meines Erachtens, der wunderbarsten Begebenheiten von der Welt zu erzehlen, die ich dem geneigten Leser, als die Haupt= [25] Sache dieses Buchs am gehörigen Orthe ordentlicher und voll= ständiger vorlegen werde. Voritzo aber will nur melden,
20 daß da der Capitain über zwey Stunden damit zugebracht, und mich in erstaunendes Vergnügen gesetzt hatte; ich mich auf eine recht sonderlich verpflichtete Art gegen ihn bedanckte, in allen Stücken seiner gütigen Vorsorge empfahl, anbey allen kindlichen und schuldigen Gehorsam zu leisten
25 versprach.

    Nachdem aber fest gestellet war, mit ihm zu Schiffe zu gehen, ließ er meine Sachen aus dem Gasthofe ab= holen, und behielt mich bey sich in seinem eigenen Logis, er bezeugte eine gantz besondere Freude über einige schrifftl.
30 Documenta und andere Dinge, welche Zeugniß gaben, daß ich und meine Vorfahren, in richtigen graden von dem Stephano Julio herstammeten, weil derselbe meines Großvaters Großvater, Johann Balthasar Julius aber, als meines leiblichen Vaters Großvater, der anno 1630.
35 gebohren, ein leiblicher Bruder des Alberti Julii, und jüngster Sohn des Stephani gewesen.

                                          2*

Unsere Abfarth blieb auf den 27. Jun. fest gestellet, binnen welcher Zeit ich 200. Stück deutsche, 100. Stück Englische Bibeln, 400. Gesang= und Gebeth= nebst vielen andern, so wohl geistl. als weltlichen höchst nützlichen Büchern, alle sauber gebunden, kauffen, und zum mit= nehmen einpacken muste, über dieses muste noch vor etliche 1000. Thlr. allerhand so wohl künstliche als gemeine Instrumenta, vielerley Hauß=Rath, etliche Ballen weiß Pappier, Dinten=Pulver, Federn, Bleystiffte, nebst mancherley Kleinigkeiten erhandeln, welches [26] alles, worzu es gebraucht worden, am gehörigen Orthe melden will.

Mein werther Capitain Wolffgang merckte, daß ich nicht gerne müßig gieng, überließ mir demnach alle Sorg= falt über diejenigen Puncte, so er nach und nach, wie sie ihm beygefallen waren, auf ein Papier verzeichnet hatte, und zeigte sich die wenigen Stunden, so ihm seine wich= tigen Verrichtungen zu Hause zu seyn erlaubten, meines verspürten Fleisses und Ordnung wegen, sehr vergnügt,

Am 24. Jun. gleich am Tage Johannis des Täuffers, ließ sich, da wir eben Mittags zu Tische sassen, ein frember Mensch bey dem Capitain melden, dieser gieng hinaus denselben abzufertigen, kam aber sogleich wieder zurück ins Zimmer, brachte eine ansehnliche Person in Priester habite an der Hand hinein geführet, und nöthigte denselben sich bey uns zu Tische zu setzen. Kaum hatte ich den frembden Priester recht ins Gesicht gesehen, als ich ihn vor meinen ehemahligen Informator, Herrn Ernst Gottlieb Schmeltzern erkannte, umarmete, und zu ver= schiedenen mahlen küssete, denn er hatte von meinem zehenten biß ins 14te Jahr, ungemein wohl an mir gethan, und mich hertzlich geliebet.

Als er mich gleichfals völlig erkannt und geküsset, gab er seine Verwunderung, mich allhier anzutreffen, mit Worten zu verstehen. Ich that, ohne ihm zu antworten, einen Blick auf den Capitain, und nahm wahr, daß ihm über unser hertzliches Bewillkommen, die Augen voll Freuden=Thränen stunden. Er sagte: setzet euch, meine

lieben, und speiset, denn wir hernach noch Zeit genung
haben mit einander zu sprechen.

[27] Dem ohngeacht, konte ich die Zeit nicht erwarten,
sondern fragte bald darauff meinen lieben Herrn Schmeltzer,
ob er bey denen Lutheranern allhier in Amsterdam seine
Beförderung gefunden? Er antwortete mit einigem
Lächeln: Nein. Der Capitain aber sagte: Mein Sohn,
dieser Herr soll auf dem Schiffe, unser, nach diesem an
gehörigem Orthe, auch eurer Vettern und Muhmen,
Seelsorger seyn. Ich habe die Hofnung von ihm, daß
er nächst Göttl. Hülffe daselbst mehr Wunder thun, und
sein Ammt fruchtbarlicher verrichten werde, als sonsten
unter 100. Lutherischen Predigern kaum einer. Und in
der That hatte ihn der Capitain in ordentliche Bestallung
genommen, auf seine Kosten behörig zum Priester weyhen
lassen, und in Amsterdam bey uns einzutreffen befohlen,
welchem allen er denn auch aufs genauste nachgekommen war.

Indem aber nunmehro fast alles, was der Capitain
entworffen, in behörige Ordnung gebracht war, wandte
derselbe die 2. letzteren Tage weiter sonderlich zu nichts
an, als seinen guten Freunden die Abschieds = Visiten zu
geben, worbey Herr Schmeltzer und ich ihn mehrentheils
begleiteten, am 27ten Jun. 1725. aber, verliessen wir
unter dem stärcksten Vertrauen auf den Beystand des
Allmächtigen, die Weltberühmte Stadt Amsterdam, und
kamen den 30. dito auf dem Texel an, allwo wir 14. Tage
verweileten, den 15. Jul. unter Begleitung vieler andern
Schiffe unter Seegel giengen, und von einem favorablen
Winde nach Wunsche fort getrieben wurden. Nach Mitter=
nacht [28] wurde derselbe etwas stärcker, welches zwar
niemand von See=Erfahrnen groß achten wolte, jedoch mir,
der ich schon ein paar Stündgen geschlummert hatte, kam
es schon als einer der grösten Stürme vor, weßwegen
alle meine Courage von mir weichen wolte, jedoch da ich
nicht gesonnen, selbige fahren zu lassen, entfuhr mir
folgende Tage nach einander, s. v. alles, was in meinen
Magen und Gedärmen vorhanden war. Dem Herrn

Schmeltzer und vielen andern, so ebensfalls das erste mal
auf die See kamen, ging es zwar eben nicht anders,
allein mir dennoch am allerübelsten, weil ich nicht eher
ausser dem Bette dauren konte, biß wir den Canal völlig
passiret waren, dahingegen die andern sich in wenig Tagen
wieder gesund und frisch befunden hatten.

Meinem Capitain war im rechten Ernste bange
worden, bey meiner so lange anhaltenden Krandheit, und
indem er mir beständig sein hertzliches Mittleyden spüren
ließ, durffte es an nichts, was zu meinem Besten gereichte, 10
ermangeln; biß meine Gesundheit wiederum völlig her=
gestellet war, da ich denn sonsten nichts bedaurete, als
daß mich nicht im Stande befunden hatte, von den Frantzö=
sischen und Englischen Küsten, im vorbey fahren etwas in
nahen Augenschein zu nehmen.   15

Nunmehro sahe nichts um mich, als Wasser Himmel
und unser Schiff, von den zurück gelegten Ländern aber,
nur eine dunckele Schattirung, doch hatte kurtz darauff
das besondere Vergnügen: bey schönem hellen Wetter, die
Küsten von Portugall der Länge nach, zu betrachten.   20

[29] Eines Tages, da der Capitain, der Schiff=
Lieutenant Horn, Johann Ferdinand Kramer, ein gar
geschickter Chirurgus von 28. biß 29. Jahren, Friedrich
Litzberg, ein artiger Mensch von etwa 28. Jahren, der
sich vor einen Mathematicam ausgab, und ich, an einem 25
bequemlichen Orthe beysammen sassen, und von diesen und
jenen discourirten, sagte der Lieutenannt Horn zu dem
Capitain: Mein Herr, ich glaube sie könten uns allerseits
kein grösseres Vergnügen machen, als wenn sie sich gefallen
liessen, einige, ihnen auf dero vielen Reisen gehabte 30
Avanturen zu erzehlen, welche gewiß nicht anders, als
sonderbar seyn können, mich wenigstens würden sie damit
sehr obligiren, woferne es anders, seiten ihrer, ohne Ver=
druß geschehen kan.

Der Capitain gab lächelnd zur Antwort: Sie bitten 35
mich um etwas, mein Herr, das ich selbsten an Sie würde
gebracht haben, weiln ich gewisser Ursachen wegen schon

2. biß drey Tage darzu disponirt gewesen, will mir also ein geneigtes Gehör von ihnen ausgebethen haben, und meine Erzählung gleich anfangen, so bald Mons. Plager und Harckert unsere Gesellschafft verstärckt haben. Litz=
5 berg, welchem so wohl, als mir, Zeit und Weile lang wurde, etwas erzehlen zu hören, lieff stracks fort, beyde zu ruffen, deren der erste ein Uhrmacher etliche 30. Jahr alt, der andere ein Posamentirer von etwa 23. Jahren, und beydes Leute sehr feines Ansehens waren. Kaum
10 hatten sich dieselben eingestellet da sich der Capitain zwischen uns einsetzte, und die Erzehlung seiner Geschichte folgendermassen anfing.

[30] Ich bin kein Mann aus vornehmen Geschlechte, sondern eines Posamentirs oder Bortenwürckers Sohn,
15 aus einer mittelmäßigen Stadt, in der Marck Branden=
burg, mein Vater hatte zu seinem nicht allzu überflüßigen Vermögen, 8. lebendige Kinder, nemlich 3. Töchter und 5. Söhne, unter welchen ich der jüngste, ihm auch, weil er schon ziemlich bey Jahren, der liebste war. Meine
20 4. Brüder lerneten, nach ihren Belieben, Handwercke, ich aber, weil ich eine besondere Liebe zu den Büchern zeigte, wurde fleißig zur Schule und privat-Information gehalten, und brachte es so weit, daß in meinem 19. Jahre auf die Universität nach Franckfurth an der Oder ziehen
25 konte. Ich wolte Jura, muste aber, auf expressen Befehl meines Vaters, Medicinam, studiren, ohne zweiffel, weil nicht mehr als 2. allbereit sehr alte Medici, oder deut=
licher zu sagen, privilegirte Lieferanten des Todes in unserer Stadt waren, die vielleicht ein mehreres an den
30 Verstorbenen, als glücklich curirten Patienten verdient haben mochten. Einem solchen dachte mich nun etwa mein Vater mit guter manier und zwar per genitivum zu substituiren, weiln er eine einzige Tochter hatte, welche die allerschönste unter den häßlichsten Jungfern, salvo
35 errore calculi, war, und der die dentes sapientiae, oder deutsch zu sagen, die letzten Zähne nur allererst schon vor 12. biß 16. Jahren gewachsen waren.

Ich machte gute progressen in meinen studiren, weiln alle Quartale nur 30 Thlr. zu verthun bekam, also wenig debauchen machen durffte, sondern fein zu Hause bleiben und fleißig seyn mufte.

[31] Doch mein Zustand auf Universitäten wolte sich zu verbessern mine machen, denn da ich nach anderthalb= jährigen Absehn die Pfingst= Ferien bey meinen Eltern celebrirte, fand ich Gelegenheit, bey meinem, zu hoffen habenden Hrn. Schwieger= Vater mich dermassen zu in= sinuiren, daß er als ein Mann, der in der Stadt etwas zu sprechen hatte, ein jährliches stipendium von 60. Thlr. vor mich heraus brachte, welche ich nebst meinen Väter= lichen 30. Thlr. auf einem Brete bezahlt, in Empfang nahm, und mit viel freudigern Hertzen wieder nach Frank= furth eilete, als vor wenig Wochen davon abgereifet war.

Nunmehro meinete ich keine Noth zu leyden, führete mich demnach auch einmal als ein rechtschaffener Pursch auf, und gab einen Schmauß vor 12. biß 16. meiner besten Freunde, wurde hierauff von ein und andern wieder zum Schmause invitirt, und lernete recht pursicos leben, das ist, fressen, sauffen, speyen, schreyen, wetzen und der= gleichen.

Aber! Aber! meine Schmauserey bekam mir wie dem Hunde das Graß, denn als ich einsmals des Nachts ziemlich besoffen nach Hause ging, und zugleich mein Müthlein, mit dem Degen in der Faust, an den unschul= digen Steinen kühlete, kam mir ohnversehens ein ein= gebildeter Eisenfresser mit den tröstlichen Worten auf den Hals: Bärenheuter steh! Ich weiß nicht was ich nüchterner Weise gethan hätte, wenn ich Gelegenheit gesehen, mit guter manier zu entwischen, so aber hatte ich mit dem vielen getrunckenen Weine doppelte Courage, eingeschlungen, setzte mich also, weil mir der Paß zur [32] Flucht ohnedem verhauen war, in positur, gegen meinen Feind offensive zu agiren, und legte denselben, nach kurtzen chargiren, mit einem fatalen Stosse zu Boden. Er rieff mit schwacher Stimme: Bärenhäuter, du hast dich gehalten als ein resoluter Kerl, mir aber kostet es das Leben, GOTT sey meiner armen Seele gnädig.

Im Augenblicke schien ich gantz wieder nüchtern zu seyn, ruffte auch niemanden, der mich nach Hause begleiten solte, sondern schlich viel hurtiger davon, als der Fuchs vom Hüner Hause. Dennoch war es, ich weiß nicht quo fato, heraus gekommen, daß ich der Thäter sey; es wurde auch starck nach mir gefragt und gesucht, doch meine besten Freunde hatten mich, nebst allen meinen Sachen, dermassen künstlich versteckt, daß mich in 8. Tagen niemand finden, vielweniger glauben konte, daß ich noch in loco vorhanden sey. Nach verfluß solcher ängstlichen 8. Tage, wurde ich eben so künstlich zum Thore hinaus practiciret, ein anderer guter Freund kam mit einem Wagen hinter drein, nahm mich unterweges, dem Scheine nach, aus Barmhertzigkeit, zu sich auf den Wagen, und brachte meinen zitterenden Cörper glücklich über die Grentze, an einen solchen Orth, wo ich weiter sonderlich nichts wegen des Nachsetzens zu besürchten hatte. Doch allzu sicher durffte ich eben auch nicht trauen, derowegen practicirte mich durch allerhand Umwege, endlich nach Wunsche, in die an der Ost=See gelegene Königl. Schwed. Unniversität Grypswalda, allwo ich in gantz guter Ruhe hätte leben können, wenn mir nur mein unruhiges Ge= wissen dieselbe vergön= [33] net hätte, denn ausser dem, daß ich die schwere Blut=Schuld auf der Seele hatte, so kam noch die betrübte Nachricht darzu, daß mein Vater, so bald er diesen Streich erfahren, vom Schlage gerühret worden, und wenig Stunden darauff gestorben sey. Meinen Theil der Erbschafft hatten die Gerichten confiscirt, doch schickten mir meine Geschwister aus commiseratiou, jedes 10. Thlr. von dem ihrigen, und baten mich um GOTTES willen, so weit in die Welt hinein zu gehen als ich könte, damit sie nicht etwa eine noch betrübtere Zeitung, von Abschlagung meines Kopffs bekommen möchten.

Ich hatte, nach verlauf fast eines halben Jahres, ohnedem keine Lust mehr in Grypswalde zu bleiben,

weiln mir nicht so wohl hinlängliche subsidia als eine
wahre Gemüths=Ruhe fehleten, entschloß mich demnach
selbige auf der unruhigen See zu suchen, und deßfals zu
Schiffe zu gehen. Dieses mein Vorhaben entdeckte ich
einem Studioso Theologiae, der mein sehr guter Freund　5
und Sohn eines starcken Handels=Mannes in Lübeck war,
selbiger recommendirte mich an seinen Vater, der eben
zugegen, und seinen Sohn besuchte, der Kauffmann stellete
mich auf die Probe, da er nun merckte, daß ich im schreiben
und rechnen sauber und expedit, auch sonsten einen　10
ziemlich verschlagenen Kopff hatte, versprach er mir jährlich
100. Thlr. Silber=Müntze, beständige defrayirung so
wohl zu Hause als auf Reisen, und bey gutem Ver=
halten dann und wann ein extraordinaires ansehnliches
Accidens.　15

[34] Diese schöne Gelegenheit ergriff ich mit beyden
Händen, reisete mit ihm nach Hause, und insinuirte mich
durch unermüdeten Fleiß dermassen bey ihm, daß er in
kurtzer Zeit ein starckes Vertrauen auf meine Conduite
setzte, und mich mit den wichtigsten Commissionen in　20
diejenigen See=Städte versendete, wo er seinen vornehmsten
Verkehr hatte.

Nachdem ich 2. Jahr bey ihm in Diensten gestanden,
wurde mir, da ich nach Amsterdam verschickt war, daselbst
eine weit profitablere Condition angetragen, ich acceptirte　25
dieselbe, reisete aber erstlich wieder nach Lübeck, forderte
von meinem Patron gantz höfflich den Abschied, welcher
ungern daran wolte, im Gegentheil mir jährlich mein
salarium um 50. Thlr. zu verbessern versprach, allein ich
hatte mir einmal die Farth nach Ost=Indien in den Kopff　30
gesetzt, und solche war gar nicht heraus zu bringen. So
bald ich demnach meinen ehrlichen Abschied nebst 50. Thlr.
Geschencke über den Lohn von meinem Patron erhalten,
nahm ich von denselben ein recht zärtliches Valet, wobey
er mich bath, ihm bey meiner Retour, ich möchte glücklich　35
oder unglücklich gewesen seyn, wieder zuzusprechen, und
reisete in GOTTES Nahmen nach Amsterdam, allwo ich

auf dem Schiffe, der Holländische Löwe genannt, meinen
Gedancken nach, den kostbarsten Dienst bekam, weiln jährlich
auf 600. Holländische Gulden Besoldung sichern Etaat
machen konte.

5 Mein Vermögen, welches ich ohne meines vorigen
Patrons Schaden zusammen gescharret, belieff [35] sich
auf 800. Holländ. fl. selbiges legte meistens an lauter
solche Waaren, womit man sich auf der Reise nach Ost=
Indien öffters 10. biß 20. sachen profit machen kan, fing
10 also an ein rechter, wiewol annoch gantz kleiner, Kauffmann
zu werden.

Immittelst führte ich mich so wol auf dem Schiffe,
als auch an andern Orten, dermassen sparsam und heimlich
auf, daß ein seder glauben muste: ich hätte nicht 10. fl.
15 in meinem gantzen Leben, an meiner Hertzhafftigkeit und
freyen Wesen aber hatte niemand das geringste aus=
zusetzen; weil ich mir von keinem, er mochte seyn wer er
wolte, auf dem Munde trommeln ließ. Auf dem Cap
de bonne esperence, allwo wir genöthiget waren, etliche
20 Wochen zu verweilen, hatte ich eine verzweiffelte Rencontre, und zwar durch folgende Veranlassung. Ich
ging eines Tages von dem Cap zum Zeitvertreib etwas
tieffer ins Land hinein, um mit meiner mitgenommenen
Flinte ein anständiges stückgen Wildpret zu schiessen, und
25 gerieth von ohngefähr an ein, nach dasiger Arth gantz
zierlich erbautes Lust=Hauß, so mit seinen Gärten und
Weinbergen umgeben war, es schien mir würdig genung
zu seyn, solches von aussen ringsherum zu betrachten,
gelangete also an eine halb offenstehende kleine Garten=
30 Thür, trat hinein und sahe ein gewiß recht schön gebildet,
und wohl gekleydetes Frauenzimmer, nach dem klange
einer kleinen Trommel, die ein anderes Frauenzimmer
ziemlich Tact-mäßig spielete, recht zierlich tantzen.

Ich merckte daß sie meiner gewahr wurde, jedennoch
35 ließ sie sich gar nicht stöhren, sondern tantzte [36] noch
eine gute Zeit fort, endlich aber, da sie aufgehöret und
einer alten Frauen etwas ins Ohr gesagt hatte; kam die

letztere auf mich zu, und sagte auf ziemlich gut Holländisch;
Wohl mein Herr! ihr habt ohne gebethene Erlaubniß
euch die Freyheit genommen, meiner gnädigen Frauen im
Tantze zuzusehen, derowegen verlangt sie zu wissen, wer
ihr seyd, nächst dem, daß ihr deroselben den Tantz be= 5
zahlen sollet. Liebe Mutter, gab ich zur Antwort, ver=
meldet eurer gnädigen Frauen meinen unterthänigsten
Respect, nächst dem, daß ich ein Unter=Officier von dem
hier am Cap liegenden Holländischen Schiffen sey, und
das Vergnügen, so mir dieselbe mit ihrem zierlichen tantzen 10
erweckt, hertzlich gerne bezahlen will, wenn nur die Forderung
mein Vermögen nicht übersteiget.

Die Alte hatte ihren Rapport kaum abgestattet als
sie mir, auf Befehl der Täntzerin näher zu kommen,
winkte. Ich gehorsamte, und muste mit in eine dick 15
belaubte Hütte von Wein=Reben eintreten, auch sogleich
bey der gnädigen Frau Täntzerin Platz nehmen. Der
nicht weniger recht wohlgebildete Tambour, so zum Tantze
aufgetrummelt hatte, führte sich von selbsten ab, war also
niemand bey uns als die alte Frau, in deren Gegenwart 20
mich die gnädige Täntzerin mit der allerfreundlichsten
mine auf geradebrecht Holländisch anredete, und bath, ich
möchte die Gnade haben und ihr selbsten erzehlen, wer?
woher? was ich sey? und wohin ich zu reisen gedächte,
ich beantwortete alles, so wie es mir in die Gedancken 25
kam, weil ich wohl wuste, daß ihr ein wahrhafftes Be=
kanntniß eben so viel gelten [37] konte, als ein erdachtes.
Sie redete hierauf etwas weniges mit der Alten, in einer
mir unbekandten Sprache, welche etliche mal mit dem
Kopffe nickte und zur Hütte hinaus gieng. Kaum hatte 30
selbige uns den Rücken zugekehret, da die Dame mich
sogleich bey der Hand nahm und sagte: Mein Herr, die
jungen Europäer sind schöne Leute, und ihr sonderlich
seyd sehr schön. Madame, gab ich zur Antwort, es
Beliebt euch mit euren Sclaven zu scherzen, denn ich weiß 35
daß aus meinen Ansehen nichts sonderliches zu machen
ist. Ja ja, war ihre Gegenrede, ihr seyd in Wahrheit

sehr schön, ich wünschte im Ernste, daß ihr mein Sclave
wäret, ihr soltet gewiß keine schlimme Sache bey mir
haben. Aber, fuhr sie fort, sagt mir, wie es kömmt,
daß auf diesem Cap lauter alte, übel gebildete, und
keine schönen jungen Europäer bleiben? Madame, versetzte ich, wenn nur auf diesem Cap noch mehr so schönes
Frauenzimmer wie ihr seyd, anzutreffen wäre, so kan ich
euch versichern, daß auch viel junge Europäer hier bleiben
würden. Was? fragte sie, saget ihr, daß ich schöne sey,
und euch gefalle? Ich müste, war meine Antwort: keine
gesunde Augen und Verstand haben, wenn ich nicht ge-
stünde, daß mir eure Schönheit recht im Hertzen wohl
gefällt. Wie kan ich dieses glauben? replicirte sie, ihr
sagt, daß ich schöne sey, euch im Hertzen wohl gefalle,
und küsset mich nicht einmal? da ihr doch alleine bei mir
seyd, und euch vor niemand zu fürchten habt. Ihre
artige lispelnde wiewol unvollkommene Holländis. Sprache
kam mir so lieblich, der Innhalt der Rede aber, nebst
denen charmanten Minen, dermassen entzü [38] ckend vor,
daß an statt der Antwort mir die Kühnheit nahm, einen
feurigen Kuß auf ihre Purpurrothen und zierlich aufgeworffenen Lippen zu drücken, anstatt dieses zu verwehren, bezahlete sie meinen Kuß, mit 10. biß 12. andern,
weil ich nun nichts schuldig bleiben wolte, wechselten wir
eine gute Zeit mit einander ab, biß endlich beyde Mäuler
gantz ermüdet auf einander liegen blieben, worbey sie mich
so hefftig an ihre Brust drückte, daß mir fast der Athem
hätte vergehen mögen. Endlich ließ sie mich loß, und
sahe sich um, ob uns etwa die Alte belauschen möchte,
da aber niemand vorhanden war, ergriff sie meine Hand,
legte dieselbe auf die, wegen des tieff ausgeschnittenen
habits, über halb entblösseten Brüste, welche, durch das
hefftige auf- und niedersteigen, die Gluth des verliebten
Hertzens abzukühlen suchten, deren Flammen sich in den
schwartzen schönen Augen zeigten. Das Küssen
wurde aufs neue wiederholet, und ich glaube, daß ich
mal gantz gewiß über das 6te Gebot hingestürtzt

wäre, so aber war es vor diesesmal nur gestolpert, weil
sich noch zum guten Glücke die Alte von ferne mit Husten
hören ließ, dahero wir uns eiligst von einander trenneten,
und so bescheiden da sassen, als ob wir kein Waßer
betrübet hätten.   5

Die Alte brachte in einem Korbe 2. Bouteillen
delicaten Wein, eine Bouteille Limonade, und ver=
schiedene Früchte und Confituren, worzu ich mich gar nicht
lange nöthigen ließ, sondern so wohl als die Dame,
welche mir nun noch 1000. mal schöner vorkam, mit 10
gröſten Appetit davon genoß. So lange die Alte zu=
gegen war, redeten wir von gantz [39] indiffirenten
Sachen, da sie sich aber nur noch auf ein sehr kurtzes
entfernete, um eine gewiſſe Frucht von der andern Seite
des Gartens herzuholen, gab mir die Dame mit unter= 15
mengten feurigen Küſſen zu vernehmen: Ich solte mir
Morgen, ohngefähr zwey Stunden früher als ich heute
gekommen, ein Gewerbe machen, wiederum an dieser Stelle
bey ihr zu erscheinen, da sie mir denn eine gewiſſe Nacht
bestimmen wolte, in welcher wir ohne Furcht gantz alleine 20
beysammen bleiben könten. Weiln mir nun die Alte zu
geschwinde auf den Halß kam, muſte die Antwort schuldig
bleiben, doch da es mich Zeit zu seyn dünckte Abschied zu
nehmen, sagte ich noch: Madame, ihr werdet mir das
Glück vergönnen, daß Morgen Nachmittags meine Auff= 25
wartung noch einmal bey euch machen, und vor das heut
genoſſene gütige Tractament einige geringe Raritäten aus
Europa praesentiren darff. Mein Herr, gab sie zur
Antwort; eure Visite soll mir lieb seyn, aber die Raritäten
werde ich nicht anders annehmen, als vor baare Bezahlung. 30
Reiset wohl, GOTT sey mit euch.

Hiermit machte ich ein nochmahliges Compliment,
und gieng meiner Wege, die Alte begleitete mich fast auf
eine halbe Stunde lang, von welcher ich unterweges
erfuhr, daß diese Dame eine gebohrne Princeßin aus der 35
Insul Java wäre. Der auf dem Cap unter dem Hol=
ländischen Gouverneur in Diensten stehende Adjutant,

Nahmens Signor Canongo, ein Italiäner von Geburth,
hätte sich bereits in ihrem 12ten Jahre in sie verliebt,
da ihn ein Sturm gezwungen, in Java die außbesserung
seines [40] Schiffs abzuwarten. Er habe die zu ihr
5 tragende hefftige Liebe nicht vergessen können, derowegen
Gelegenheit gesucht und gefunden, sie vor 2. Jahren im
17den Jahre ihres Alters, auf gantz listige Arth von
den ihrigen zu entführen, und auf das Cap zu bringen.
Das Lust=Hauß, worinnen ich sie angetroffen, gehöre, nebst
10 den meisten herum liegenden Weinbergen und Gärten, ihm
zu, allwo sie sich die meiste Zeit des Jahres aufhalten
müste, weiln er diese seine liebste Maitresse nicht gern
von andern Manns=Personen sehen liesse, und selbige
sonderlich verborgen hielte, wenn frembde Europäische
15 Schiffe in dem Cap vor Ancker lägen. Er weiß zwar
wohl, setzte die Alte letzlich hinzu, daß sie ihm, ohn=
geachtet er schon ein Herr von 60. Jahren ist, dennoch
allein getreu und beständig ist, jedoch, zu allem Uberfluß,
hat er mich zur Auffseherin über ihre Ehre bestellet, allein
20 ich habe es heute vor eine Sünde erkannt, wenn man
dem armen Kinde allen Umgang mit andern frembden
Menschen abschneiden wolte, derowegen habe ich euch, weil
ich weiß, daß mein Herr vor Nachts nicht zu Hause
kömmt, diesen Mittag zu ihr geführet. Ihr könnet auch
25 morgen um selbige Zeit wieder kommen, aber das sage
ich, wo ihr verliebt in sie seyd, so lasset euch nur auf
einmal alle Hoffnung vergehen, denn sie ist die Keuschheit
selber, und würde eher sterben, als sich von einer frembden
Manns=Person nur ein eintzig mal küssen lassen, da doch
30 dieses bey andern ein geringes ist. Inzwischen seyd ver=
sichert, daß, wo ihr meiner Gebietherin etwas rares aus
Europa mitbringen werdet, sie euch den Werth desselben
mit [41] baaren Gelde doppelt bezahlen wird, weil sie
dessen genung besitzet.
35   Ich sahe unter währenden Reden der lieben Alten
beständig ins Gesichte, da aber gemerckt, daß dieselbe im
rechten einfältigen Ernste redete, wird ein jeder muth=

waſſen, was ich dabey gedacht habe, doch meine Antwort
war dieſe: Liebe Mutter, glaubt mir ſicherlich, daß ſich
mein Gemüthe um Liebes = Sachen wenig, oder ſoll ich
recht reden, gar nichts bekümmert, ich habe Respect vor
dieſe Dame, bloß wegen ihres ungemeinen Verſtandes 5
und groſſer Höflichkeit, im übrigen verlange ich nichts, als,
vor das heutige gütige Tractament, deroſelben morgen ein
kleines Andencken zu hinterlaſſen, und zum Abſchiede
ihre Hand zu küſſen, denn ich glaube ſchwerlich,
daß ich ſie und euch mein lebtage wieder ſehen werde, 10
weil wir vielleicht in wenig Tagen von hier abſeegeln
werden.

Unter dieſen meinen Reden drückte ich der Alten 3.
neue Spaniſche Creutz=Thaler in die Hand, weil ſie, wie
ich ſagte, ſich heute meinetwegen ſo viel Wege gemacht 15
hätte. So verblendet ſie aber von dem hellen glantz
dieſes Silbers ſtehen blieb, ſo hurtig machte ich mich nach
genommenen Abſchiede von bannen, und langete, nach
Zurücklegung zweyer kleinen teutſchen Meilen, glücklich
wieder in meinem Logis an.   20

Ich muſte, nachdem ich mich in mein apartement
begeben, über die heute geſpielte Comoedie hertzlich lachen,
kan aber nicht läugnen, daß ich in die wunderſchöne
brunette unbändig verliebt war, denn ich traff bey der=
ſelben ſeltene Schönheit, Klugheit, Ein= [42] falt und 25
Liebe, in ſo artiger Vermiſchung an, dergleichen ich noch
von keinem Frauenzimmer auf der Welt erfahren. Dero=
wegen wolten mir alle Stunden zu Jahren werden, ehe
ich mich wieder auf den Weg zu ihr machen konte.
Folgenden Morgen ſtund ich ſehr früh auf, öffnete meinen 30
Kaſten, und nahm allerhand Sachen heraus, als: 2. kleine,
und 1. mittelmäßigen Spiegel, von der neuſten façon.
1. Sonnen = Fechel mit güldner Quaſte. 1. Zinnerne
Schnupff=Tobacks Doſe, in Geſtalt einer Taſchen = Uhr.
2. Geſteck ſaubere Frauenzimmer=Meſſer. 3 erley artige 35
Scheeren, 20. Elen Seyden=Band, von 4 erley coleur,
allerhand von Helffenbein gedreſſeltes Frauenzimmer=

Geräthe, nebst Spiel= und andern Kinder = Sachen, deren
mich voritzo nicht mehr erinnern kan.

Alle diese Waare vackte ich ordentlich zusammen,
begab mich nach Anweisung meiner Taschen=Uhr, die ich
5 ihr aber zu zeigen nicht willens hatte, 2. Stunden vor
dem Mittage auf die Reise, und gelangete ohne Hinderniß
bey dem Luft = Hause meiner Prinzeßin an. Die drey
Spanischen Thlr. hatten die gute Alte so dienstfertig
gemacht: daß sie mir über 100. Schritte vor der Garten=
10 Thür entgegen kam, mich bey der Hand faffete, und sagte:
Willkommen mein lieber Herr Landsmann, (sie war aber
eine Holländerin, und ich ein Brandenburger) ach eilet
doch, meine Gebietherin hat schon über eine halbe Stunde
auf euren versprochenen Zuspruch gehoffet, und so gar das
15 Tantzen heute bleiben lassen. Ich schenckte ihr 2. grosse
gedruckte Leinwand = Halßtücher, 2. paar Strümpffe, ein
Messer, einen Löffel [43] und andere bagatelle, worüber
sie vor Freuden fast rasend werden wolte, doch auf mein
Zureden, mich eiligst zu ihrer Frau führete.

20 Dieselbe saß in der Laub=Hütte, und hatte sich nach
ihrer Tracht recht propre geputzt, ich muß auch gestehen,
daß sie mich in solchen Aufzuge ungemein charmirte.
Die Alte ging fort, ich wolte meine 7. Sachen auspacken,
da aber meine Schöne sagte, es hätte hiermit noch etwas
25 Zeit, nahm ich ihre Hand und küffete dieselbe. Doch
dieses schiene ihr zu verdriessen, weßwegen ich sie in meine
Arme schloß, und mehr als 100. mahl küffete, wodurch
sie wieder völlig aufgeräumt wurde. Ich versuchte der=
gleichen Kost auch auf ihren, wiewohl harten, jedoch auch
30 zarten Brüsten, da denn nicht viel fehlete, daß sie vor
Entzückung in eine würckliche Ohnmacht gesuncken wäre,
doch ich merckte es bey Zeiten, und brachte ihre zerstreuten
Geister wieder in behörige Ordnung, und zwar kaum vor
der Ankunfft unserer Alten, welche noch weit köstlichere
35 Erfrischungen brachte als gestern.

Wir genossen dieselben mit Luft, immittelst legte ich
meinen Krahm aus, über dessen Seltenheit meine Prinzeßin

faft erstaunete. Sie konte sich kaum satt sehen, und kaum satt erfragen, worzu dieses und jenes dienete; da ich ihr aber eines jeden Nutzen und Gebrauch gewiesen, zehlete sie mir 50. Holländische spec. Ducaten auf den Tisch, welche ich, solte sie anders nicht zornig werden, mit aller Gewalt in meine Tasche stecken muste. Die Alte bekam eine Commission, etwas aus ihren Zimmer zu langen, und war kaum fort, da meine Schöne noch einen [44] Beutel mit 100. Ducaten, nebst einem kostbaren Ringe mit diesen Worten an mich lieferte: Nehmet hin, mein Aug=Apffel, dieses kleine Andencken, und liebet mich, so werdet ihr vor eurer Abreise von mir noch ein weit mehreres erhalten. Ich mochte mich wegern wie ich wolte, es halff nichts, sondern ich muste, ihren Zorn zu ver= meiden, das Geschenck in meine Verwahrung nehmen. Sie zeigte sich dieserhalb höchst vergnügt, machte mir alle ersinnliche Caressen, und sprach mit einem verliebten Seufftzer: Saget mir doch, mein Liebster! wo es her= kommt, daß eure Person und Liebe in mir ein solches entzückendes Vergnügen erwecket? Ja ich schwere bey dem heiligen Glauben der Christen und der Tommi, daß meine Seele noch keinen solchen Zucker geschmecket. Ich ver= sicherte sie vollkommen, daß es mit mir gleiche Bewandtniß hätte, welches sich denn auch würcklich also befand. In= zwischen weil mir das Wort Tommi in den Ohren hangen geblieben war, fragte ich gantz treuhertzig, was sie darunter verstünde? und erfuhr, daß selbiges eine gewisse Secte sey, worzu sich die Javaner bekenneten, und sich dabey weit höher und heiliger achteten, als andere Maho= metaner; mit welchen sie doch sonsten, was die Haupt= Sätze der Lehre anbelangete, ziemlich einig wären. Ich stutzte in etwas, da in Betrachtung zog, wie ich allem Ansehen nach mit eyner Heydin courtoisirte, doch die hefftige Liebe, so allbereit meine Sinnen bezaubert hatte, konte den kleinen Funcken des Religion-Scrupels gar leicht auslöschen, zumahlen da durch ferneres Forschen erfuhr: daß sie ungemeine Lust zu dem Christlichen [45] Glauben

hegte, auch sich hertzlich gern gründlich darinnen unter=
weisen und tauffen lassen wolte; allein ihr Liebhaber der
Signor Canengo verzögerte dieses von einer Zeit zur
andern, hätte auch binnen einem Jahre fast gar nicht
5 mehr daran gedacht, ohngeacht es anfänglich sein ernst=
licher Vorsatz gewesen, er auch beßfalls viele Mühe an=
gewendet. Nechst diesen klagte sie über ihres Liebhabers
wunderliche Conduite, sonderlich aber über seine zwar
willigen, doch ohnmächtigen Liebes = Dienste, und wünschte
10 aus einfältigen treuem Hertzen, daß ich bey ihr an seiner
Stelle seyn möchte. So bald ich meine Brunette aus
diesem Thone reden hörete, war ich gleich bereit, der=
selben meine so wohl willigen als kräfftigen Bedienungen
anzutragen, und vermeynete gleich stante pede meinen
15 erwünschten, wiewohl straffbarn Zweck zu erlangen, jedoch
die Heydin war in diesem Stücke noch tugendhaffter als
ich, indem sie sich scheute, dergleichen auf eine so lieder=
liche Art, und an einem solchen Orte, wo es fast so gut
als unter freyen Himmel war, vorzunehmen, immittelst
20 führeten wir beyderseits starcke Handgreiffliche Discurse,
wobey ich vollends so hitzig verliebt wurde, daß bey nahe
resolvirt war, nach und nach Gewalt zu brauchen, alleine,
die nicht weniger erhitzte Brunette wuste mich dennoch mit
so artigen Liebkosungen zu bändigen, daß ich endlich Raison -
25 annahm; weil sie mir theuer versprach, morgende Nacht
in ihrem Schlaff = Gemache alles dasjenige, was ich jetzo
verlangete, auf eine weit angenehmere und sicherere Arth
zu vergönnen. Denn, wie sie vernommen, würde ihr
Amant selbige Nacht nicht [46] nach Hause kommen, sondern
30 bey dem Gouverneur bleiben, übrigens wüste sie alle
Anstalten schon so zu machen, daß unser Vergnügen auf
keinerley Weise gestöhret werden solte, ich dürffte mich
demnach nur mit andringender Demmerung getrost vor
der Thür ihres Lust=Hauses einfinden.

35 Kaum waren wir mit dieser Verabredung fertig, als
uns die Zurückkunfft der Alten eine andere Stellung
anzunehmen nöthigte, es wurde auch das Gespräch auf

3*

unser Europäisches Frauenzimmer gelehret, deren Manier
zu leben, Moden und andere Beschreibungen die **Dame**
mit besonderer Aufmercksamkeit anhörete, zumahlen, da die
Alte mit ihren Darzwischen=Reden dieses und jenes be=
kräfftigte, oder wohl noch vergrösserte. Immittelst hatten ₅
wir uns in solchen andächtigen Gesprächen dermassen
vertiefft, daß an gar nichts anders gedacht wurde, erschracken
also desto hefftiger, als der **Signor Canengo** gantz unver=
muthet zur Laub=Hütte, und zwar mit funckelenden Augen
eintrat. Er sagte anfänglich kein Wort, gab aber der ₁₀
armen Alten eine dermassen tüchtige Ohrfeige, daß sie zur
Thür hinaus flog, und sich etliche mahl überpurtzelte.
Meine schöne **Brunetto** legte sich zu meiner grösten
Gemüths=Kränckung vor diesen alten Maul=Esel auf die
Erde, und kroch ihm mit niedergeschlagenem Gesichte als ₁₅
ein Hund entgegen. Doch er war so complaisant, sie
aufzuheben und zu küssen. Endlich kam die Reyhe an
mich, er fragte mit einer imperieusen Mine: Wer mich
hieher gebracht, und was ich allhier zu suchen hätte?
Signor, gab ich zur Antwort, Niemand anders, als das ₂₀
Glücke hat mich [47] von ohngefehr hieher geführet, indem
ich ausgegangen, ein und andere curieuse Europäische
Waaren an den Mann zu bringen. Und etwa, setzte er
selbst hinzu, andern ihre **Maitressen** zu verführen? Ich
gab ihm mit einer negligenten Mine zur Antwort: daß ₂₅
dieses eben meine Sache nicht sey. Demnach fragte er
die **Dame**, ob sie die auf dem Tische annoch ausgelegten
Waaren schon bezahlt hätte? Und da diese mit Nein
geantwortet, griff er in seine Tasche, legte mir 6. Ducaten
auf den Tisch, und zwar mit diesen Worten: Nehmet ₃₀
diese doppelte Bezahlung, und packet euch zum Teuffel,
lasset euch auch nimmermehr bey dieser **Dame** wieder
antreffen, wo euch anders euer Leben lieb ist. **Signor**,
replicirte ich, es ist mir wenig an solchen **Bagatell-Gelde**
gelegen, euch zu zeigen, daß ich kein Lumpenhund bin, ₃₅
will ich diese Sachen der Dame geschenckt haben, euch aber
bitte ich, mich etwas höflicher zu tractiren, wo ich nicht

gleiches mit gleichem vergelten soll. Er sahe mich trefflich
über die Achsel an, die Koller aber lieff Fingers dicke
auf, er legte die Hand an den Degen, und stieß die
hefftigsten Schimpff = Worte gegen mich aus.   Meine
5 Courage kriegte hierbey die Sporen, wir zohen fast zu
gleicher Zeit vom Leder, und tummelten uns vor der
Hütte weiblich mit einander herum, doch mit dem Unter=
schiede, daß ich ihm mit einem kräfftigen Hiebe den rechten
Arm lähmete, und deren noch zweye auf dem Schedel
10 versetzte.   Ich that einen Blick nach der Dame, welche in
Ohnmacht gefunden war, da ich aber vermerckte, daß
Canengo sich absentirte, und in Hottentottischer Sprache
vielleicht Hülffe schrye, [48] nahm ich meine im Grase
verdeckt liegende Flinte, warff noch ein paar Lauff=Kugeln
15 hinein, und eilete durch eine gemachte Oeffnung der
Pallisaden, womit der Garten umsetzt war, des Weges
nach meinem Quartiere zu.

Anfangs lieff ich ziemlich hurtig, hernachmahls aber
that meine ordentlichen Schritte, wurde aber gar bald inne:
20 daß mich 2. Hottentotten, die so geschwinde als Wind=
spiele lauffen konten, verfolgten, der vorderste war kaum
so nahe kommen, daß er sich seiner angebohrnen Geschick=
lichkeit gegen mich gebrauchen konte, als er mit seiner
Zagaye, welches ein mit Eisen beschlagener vorn sehr
25 spitziger Wurff=Spieß ist, nach mir schoß, zu grossen Glück
aber, indem ich eine hurtige Wendung machte, nur allein
meine Rock=Falten durchwarff.   Weil der Spieß in meinen
Kleidern hangen blieb, mochte er glauben, mich getroffen
zu haben, blieb derowegen so wohl als ich stille stehen,
30 und sahe sich nach seinen Cameraden um, welcher mit
eben dergleichen Gewehr herzu eilete.   Doch da allbereit
wuste, wie accurat diese Unfläther treffen können, wolte
dessen Annäherung nicht erwarten, sondern gab Feuer,
und traff beyde in einer Lienie so glücklich, daß sie zu
35 Boden fielen, und wunderliche Kolleraturen auf dem Erd=
boden machten.   Ich gab meiner Flinte eine frische La=
dung, und sahe gantz von weiten noch zwey kommen.

Ohne Noth Stand zu halten, wäre ein grosser Frevel
gewesen, derowegen verfolgte, unter sehr öfftern Zurück=
sehen, den Weg nach meinem Quartiere, gelangete auch,
ohne fernern unglücklichen Zufall, eine Stunde vor Abends
[49] daselbst an.   Ohne Zweiffel hatten meine zwey
letztern Verfolger, bey dem traurigen Verhängnisse ihrer
Vorläuffer, einen Eckel geschöpfft, mir weiter nachzueilen.

So bald ich in meinem Quartiere, das ist in einer
derer Hütten, welche nicht weit vom Cap, zur Bequemlich=
keit der See=Fahrenden errichtet sind, arriviret war, kleidete
ich mich aus, und gieng in meiner Commoditeé spazieren,
setzte mich am Ufer des Caffarischen Meeres zwischen etliche
dick=belaubte Sträucher, machte meine heut erworbene Gold=
Bourse auf, und hatte mein besonderes Vergnügen, die
schönen gelben Pfennige zu betrachten, indem mir aber
die Liebe zu meiner charmanten Brunette darbey in die
Gedanken kam, sprach ich: Ach du liebes Geld! wie viel
schöner wärest du, wenn ich dich nur mit ruhigen Hertzen
besässe.   Ich machte meinen Beutel, nachdem ich das Geld
hinein, den saubern Ring aber an meinen Finger gesteckt
hatte, wieder zu, stützte den Kopff mit beyden Händen, und
sonne nach: ob ich meiner hefftigen Liebe ferner nach=
hängen, und Mittel, selbige völlig zu vergnügen, suchen,
oder wegen der damit verknüpfften grausamen Gefährlich=
keiten gantz und gar davon abstrahiren wolte.

Es wolte schon anfangen Nacht zu werden, da ich
mich aus meinen tieffen Gedanken zwar in etwas ermun=
tert, jedoch deßwegen noch gar keinen richtigen Schluß
gefasset hatte, stund aber auf, um in meinem Logis die
Ruhe zu suchen.   Ich hatte selbiges noch lange nicht
einmahl erreicht, da ein Officier mit 6. Mann von der
Guarnison gegen mich ka= [50] men, und meine Personalität
mit Gewalt in die Festung einführeten.   Die gantze Nacht
hindurch hatte ich eine eigene Schildwacht neben mir sitzen,
welche auf meine allergeringsten Movements Achtung gab,
und niemanden, weder mit mir zu sprechen, oder an mich
zu kommen, erlaubte.

Wer solte nicht vermeinen, daß ich um der mit dem
Adjutanten und den Hottentotten gehabten Händel halber
in Arrest kommen wäre, ich zum wenigsten hatte mich
dessen in meinem Hertzen völlig überredet, jedoch an der
5 Haupt=Ursache weit gefehlet. Denn, kurtz zu sagen, folgenden
Morgens, in aller frühe, ließ mich unser Schiffs=Capitain
zu sich bringen, und that mir, jedoch ohne jemands Bey=
seyn, folgende Proposition: Mein lieber Monsieur
Wolffgang! Ich weiß, daß ihr ein armer Teuffel seyd,
10 derowegen mag euch die Begierde, reich zu werden, ver=
leitet haben, einen Diebstahl zu begehen. Glaubet mir,
daß ich etwas von euch halte, indem ich mehr als zu viel
Commiseration und Liebe vor euch hege, allein, seyd nur
auch aufrichtig, und stellet mir den Beutel mit den
15 100. Ducaten, so dem William van Raac verwichene
Nacht entwendet worden, mit freymüthiger Bekändtniß,
in meine sichern Hände, ich schwöre bey GOtt, die Sache
auf eine listige Art zu vermänteln, und euch völlig bey
Ehren zu erhalten, weil es Schade um eure Jugend und
20 Geschicklichkeit ist.

Ich hätte wegen hefftiger Alteration über diese
Reden den Augenblick in Ohnmacht sincken mögen. Mein
Gewissen war rein, indem ich mit [51] Wahrheit sagen
kan, daß Zeit Lebens vor keinem Laster mehr Abscheu
25 gehabt, als vor der schändlichen Dieberey, dergleichen
Verdacht aber ging meiner Seelen gar zu nahe. So
bald mich nun von meiner Verwirrung, die der Capitain
vor eine gewisse Marque meines bösen Gewissens hielt,
einiger massen erholt hatte, war ich bemühet, denselben
30 meiner Unschuld mit den kräfftigsten Betheurungen zu
versichern, wie ich denn auch würcklich nichts davon gehöret
oder gesehen hatte, daß dem William van Raac, der ein
Kauffmann und unser Reise=Compagnon war, Geld ge=
stohlen sey. Allein der Capitain schiene sich über meine
35 Entschuldigungen zu erzürnen, und sagte: Ich hätte nicht
vermeinet, Wolffgang, daß ihr gegen mich so verstockt
seyn soltet, da euch doch nicht allein euer gantzes Wesen,

sondern auch euer selbst eigener Mund zur Gnüge ver=
rathen hat. Sagt mir, ob ihr läugnen könnet: daß ihr
gestern am Meer=Ufer in der Einsamkeit das, dem van Raack
gestohlene, Geld überzehlet, und diese nachdencklichen Worte
darbey gebraucht habt: Ach du liebes Geld! wie viel 5
schöner wärest du, wenn ich dich nur mit ruhigen Hertzen
besitzen·könte. Mein Herr, gab ich zur Antwort, ich ruffe
nochmahls GOtt und das gantze himmlische Heer zu Zeugen
an, daß mir dieser Diebstahl unrechtmäßiger Weise Schuld
gegeben wird, dasjenige aber, was ihr mir itzo zuletzt 10
vorgehalten habt, befindet sich also, ich habe einen Beutel
mit 150. spec. Ducaten bey mir, und gebe denselben zu
eurer sichern Verwahrung, biß meine Unschuld wegen des
Diebstahls ans Licht ge= [52] kommen. Seyd aber so
gütig, eine besondere Avanture von mir anzuhören, und 15
mich eures kräfftigen Schutzes geniessen zu lassen.

Hiermit überreichte ich ihm den Beutel mit 150. Ducaten, und erzehlte sobann nach der Länge, was ich, als
ein junger Amadis Ritter, seit 3 en Tagen vor besondere
Zufälle gehabt hatte, welches er alles mit ziemlicher Ver= 20
wunderung anhörete, und letzlich sagte: Ich muß gestehen,
daß dieses ein verwirrter Handel ist, und sonderlich wird
mir die Affaire wegen des blessirten Adjutanten und der
erschossenen Hottentotten gantz gewiß Verdruß machen,
allein was den William van Raac anbelanget, so braucht 25
dieses eine fernere Untersuchung, weßwegen ich euch so
wenig als noch andere deßwegen arrestirte drey Personen in
Freyheit setzen kan.

Ich war, und muste auch damit zufrieden seyn, in=
zwischen verdroß mich die schändliche und so schlecht ge= 30
gründete Diebstahls=Beschuldigung weit grausamer, als
die andere Affaire, jedoch zu meinem grösten Vergnügen
lieff gegen Mittag die Zeitung ein, daß William van Raac
seinen Beutel mit den 100. Ducaten an einem solchen
Orte, wo er ihn in Gedancken selbst hin versteckt hatte, 35
wieder gefunden, und dennoch solches gern verschwiegen
hätte, wenn ihn nicht andere dabey ertappt, und sein

Gewissen geschärfft hätten. Demnach musten **Raac**, ich
und die 3. andern, Nachmittags bey dem Hauptmann er=
scheinen, welcher die Sache beylegen wolte, weil die 3. Mit=
beschuldigten [53] dem **William van Raac** den Todt ge=
⁵ schworen hatten, es wurde auch glücklich verglichen, denn
Raac erboth sich, einem jeden von uns 10. Spanische Thlr.
vor den Schimpff zu geben, nächst dem seine Ubereilung
kniend abzubitten, welches er auch so gleich in Gegenwart
des **Capitains** bewerckstelligte, doch ich vor meine Person
¹⁰ wolte meine Großmuth sehen lassen, und gab ihm seine
10. Thlr. wieder zurück, ließ ihm auch seine Abbitte bey
mir nicht kniend, sondern stehend verrichten.

Da also dieser verdrüßliche Handel zu allerseits
ziemlichen Vergnügen geschlichtet war, und wir uns in
¹⁵ Freyheit von dem **Capitain** hinweg begeben wolten, nöthigte
mich derselbe, noch etwas bey ihm zu bleiben, bat mit
den allerhöflichsten Worten um Verzeihung, daß er auf
Angeben eines wunderlichen Menschen fast gezwungen
worden, mich solchergestalt zu prostituiren, und versprach
²⁰ mir, in Zukunfft desto grössere und stärckere **Marquen**
seines **Estims** zu geben, weil er bey dieser **Affaire** meiner
(wie ihm zu reden beliebte) vortrefflichen **Conduite** erstlich
vollkommen überzeugt worden. Er gab mir anbey mit
einem freundlichen Lächeln den Beutel, worinnen sich meine
²⁵ 150. **Ducaten** befanden, wieder zurück, nebst der Nachricht,
wie zwar der **Gouverneur** schon Wissenschaft von einer
mit dem **Adjutanten** vorgefallenen **Rencontre** erhalten,
auch daß die 2. **Hottentotten** fast töbtlich **blessirt** wären,
der Thäter sey ihm aber annoch unbekandt, und müste
³⁰ man nun erstlich erwarten, was weiter passiren würde.
Inzwischen gab er mir den getreuen Rath, alle meine
[54] Sachen nach und nach heimlich in sein des **Capitains**
Logis zu schaffen, auch mich selbst bey ihm verborgen
aufzuhalten, biß man fernere Mittel erfände, der zu be=
³⁵ fürchten habenden Gefahr zu entkommen.

Es wurde noch selbigen Tages, des redlichen **Capitains** Muthmassungen gemäß, nicht ein geringes Lermen

wegen dieſer Affaire, man hatte mich als den Thäter
dermaſſen accurat beſchrieben, daß niemand zweiffelte,
Monsieur Wolffgang ſey derjenige, welcher den Signor
Canongo, als er von ihm bey ſeiner Maitresse erwiſcht
worden, zu ſchanden gehauen, zweyen Hottentotten töbt= 5
liche Pillen eingegeben, und welchen der Gouverneur zur
exemplariſchen Beſtraffung per force ausgeliefert haben
wolte.

Jedoch der redliche Capitain vermittelte die Sache
dergeſtalt glücklich, daß wir einige Tage hernach ohne die 10
geringſte Hinderniß von dem Cap abſeegeln, und unſere
Straſſe nach Oſt=Indien fortſetzen konnten. Ich weiß
gantz gewiß, daß er dem Gouverneur meiner Freyheit
und Sicherheit wegen ein anſehnliches Praesent gemacht,
allein, er hat gegen mich niemahls etwas davon gedacht, 15
vielweniger mir einen Stüver Unkoſten abgefordert, im
Gegentheil, wie ich ferner erzehlen werde, jederzeit die
gröſte Consideration vor mich gehabt.

Inzwiſchen führete mir die auf dem Cap gehabte
Avanture zu Gemüthe, was vor Gefährlichkeiten und üble 20
Suiten daraus entſtehen können, wenn man ſich durch eine
geile Liebes=Brunſt auf verbotene Wege treiben läſſet.
Meine bräunlich= [55] ſchöne Prinzeßin klebte mir zwar
noch ziemlich am Hertzen, da ich ſie aber auf der andern
Seite als eine Heydin und Hure eines alten Adjutanten 25
betrachtete, verging mir, zugleich mit Wiedererlangung
meines geſunden Verſtandes, auf einmahl der Appetit
nach ſolcher falſchen Müntze, doch ſtund ich noch lange
nicht in dem gradu der Heiligkeit, daß ich mein bey ihr
erworbenes Geld den Armen ausgetheilet hätte, ſondern 30
verwahrete es zum Gebrauch, und wünſchete ihr davor
viel Vergnügen, bedaurete auch zum öfftern der ſchönen
Brunette ſeine Geſtalt, wunderliche fata, und ſonderlich
das zu mir getragene gute Gemüthe.

William van Raac mochte, nachdem er mich recht 35
kennen lernen, etwas an mir gefunden haben, das ihm
gefiele; weßwegen er ſich öffters bey mir aufhielt, und

ſeinen Zeitvertreib in ein und andern politiſchen Ge=
ſprächen ſuchte, auch bey Gelegenheit mit beſonders guter
Manier allerhand Raritäten verehrte. Ich revangirte
mich zwar mit dieſen und ſenen nicht weniger artigen
5 Sachen, verſpürete aber doch, daß er nicht eher ruhete,
biß er wieder ſo viel bey mir angebracht, das den Werth
des Meinigen vielfältig überſtieg.

Ein gewiſſer Sergeant auf dem Schiffe, Nahmens
David Böckling, mit welchem William vorhero ſtarcke
10 Freundſchafft gehalten, ſeit meinem Arrest aber ſehr mit
ihm zerfallen war, ſahe unſer öffteres Beyſammenſitzen
mit gröſtem Verdruſſe an, brauchte auch allerhand Ränke,
uns zuſammen zu hetzen, weil er ein ſehr wüſter Kopff
und eben derjenige war, welcher mich am Meer= [56] Ufer,
15 da ich meine Ducaten gezehlet, und obermehnte Worte
geſprochen, beſchlichen und verrathen hatte, wie mir
van Raac nunmehro ſolches alles offenhertzig geſtund.
Doch alle ſeine angeſtiffteten Boßheiten waren nicht ver=
mögend unſere Freundſchafft zu trennen, ſondern es ſchien
20 als ob dieſelbe hierdurch immer mehr befeſtiget würde,
ich aber hatte mir feſt vorgeſetzt dem Sergeanten bey
erſter bequemer Gelegenheit den Kopff zu waſchen, doch
ich ward dieſer Mühe überhoben, weil er, da wir uns
eine Zeitlang in Batavia auf der Inſul Java aufhalten
25 muſten, daſelbſt von einem andern erſtochen, und ich von
dem Capitain an deſſen Stelle als Sergeant geſetzt wurde.

Weiln ich ſolchergeſtalt doppelte Gage zoge, konte
ſchon Etaat machen, in wenig Jahren ein ziemlich Capital
zu ſammeln. Nechſt dem ſo marchandirte zwar ſo ſleißig
30 doch nicht ſo ſchelmiſch als ein Jude, und erwarb damit
binnen 3. Jahren, ein feines Vermögen. Denn ſo lange
waren wir auf dieſer meiner erſten Reiſe unterweges.
Sonſten begegnete mir dabey nichts eben ſehr ungewöhn=
liches, weßwegen auch, um Weitläufftigkeit zu vermeiden,
35 davon weiter nichts gedencken will, als daß wir auf dem
rückwege, um die Gegend der Canariſchen Inſuln, von
zweyen Saleeiſchen Raub = Schiffen attaquiret wurden.

Das Gefechte war ungemein hitzig, und stunden wir in
gröster Gefahr nebst unserer Freyheit, alles Guth, wo
nicht gar das Leben zu verlieren. Endlich wendete sich
das Blat, nachdem wir den grimmigsten Widerstand gethan,
so, daß sie zwar die Flucht, aber dabey unsere reich be= 5
ladene [57] Barque mitnehmen wolten; Allein da wir
ihre Absicht zeitig merckten, und allbereit in Avantage
saffen, ward nicht allein ihre Arbeit und Vorhaben zu=
nichte gemacht, sondern das beste Schiff, mit allen dem,
was darauff war, erobert. 10

Wenn mein naturell so beschaffen wäre, daß ich mich
selbst gern lobte, oder loben hörete, könte bey dieser Ge=
legenheit schon etwas vorbringen, das einen oder den
andern überreden solte: ich wäre ein gantz besonderer
tapfferer Mann, allein ich versichere, daß ich niemals 15
mehr gethan als ein rechtschaffener Soldat, dessen Ehre,
Leben und Freyheit, nebst allen bey sich habenden Ver=
mögen, auf der Spitze stehet, bey dergleichen Affairen zu
thun schuldig ist.

Jedoch man kan unter dem praetext dieser Schuldig= 20
keit, auch der guten Sache zuweilen zu viel oder zu wenig
thun, mein Beyspiel zum wenigsten, kan andern eine ver=
nünfftige Behutsamkeit erwecken; denn als wir uns an
dasjenige Raub=Schiff, welches wir auch nach diesen glückl.
eroberten angehengt, und bloß noch mit dem Degen in 25
der Faust wider einander agirten, hatte sich ein eintziger
Räuber, auf seinem in letzten Zügen liegenden Schiffe,
einen eigenen Kampff = Platz erwehlet, in dem er, durch
etliche gegen= und übereinander gesetzte Kasten, seinen
Rücken frey machen laffen, und mit seiner Mord = Sense 30
dergestalt hausete, daß alle von unsern Schiffe über=
springenden Leute, entweder todt niederfallen, oder sich
starck blessirt retoriren musten.

Ich war unter dem Capitain mit etwa 12. Mann
[58] von den Unserigen auf dem vordertheil des feindl. 35
Schiffs beschäfftiget, rechtschaffen Posto zu faffen, merckte
aber, daß wir mehr Arbeit fanden, als wir bestreiten

konten, indem der einzige Satan unfern succurs recht
übermenschlich abzuhalten schien, derowegen drang als ein
Blitz durch die Feinde hindurch nahm meinen Vortheil
ohngefehr in Obacht, und vermeynte sogleich meinen
5 Pallasch in seinen Gedärmen umzuwenden; allein der
Mord=Bube war überall starck geharrnischt und gepantzert,
dahero ich nach abgeglitschten Stosse, mich selbst in der
größten Lebens=Gefahr sahe, doch fassete ihn in dieser Angst
von ohngefehr in das weit aufgesperrete Maul, riß die
10 rasende Furie zu Boden, suchte am Unter=Leibe eine
Oeffnung, und stieß derselben meinen Pallasch so tieff in
den Rantzen hinein als ich konte.

Kaum war dieses geschehen, als nach einander etliche
20. und immer mehr von den Unserigen in das Feindl.
15 Schiff gesprungen kamen, mich secundirten, und noch vor
völlig erhaltenen Siege, Victoria! schryen. Doch es ver=
gieng nicht eine halbe Stunde, so konten wir dieses
Freuden=Wort mit Recht, und in vollkommener Sicherheit
ausruffen, weil wir überhaupt Meister vom Schiffe, und
20 die annoch lebenden Feinde, unsere Sclaven waren. Ich
vor meine Person hatte zur ersten Beute einen ziemlichen
Hieb über den Kopff, einen über die lincke Schulter, und
einen Piquen-Stich in die rechte Hüffte bekommen, darzu
hatte der irraisonable Flegel, dem ich doch aus besondern
25 Staats=Ursachen, ins Maul zu greiffen, die Ehre gethan,
mir die [59] vorderften Gelencke zweyer Finger lincker
Hand, zum Zeitvertreibe abgebissen, und da dieselben, wie
man siehet, noch biß dato fehlen, ich dieselben auch auf
der Wahlstatt nirgends finden können; so kan nicht anders
30 glauben, als daß er sie par hazard verschlungen habe.

Ich konte ihm endlich diese theuer genug bezahlte
zwey Bissen noch so ziemlich gönnen, und war nur froh,
daß an meinen zeithero gesammleten Schätzen nichts fehlete,
über dieses wurde ich noch mit dem größten Ruhm und
35 Ehren fast überhäufft, weiln nicht nur der Capitain,
sondern auch die meisten andern Mitarbeiter und Erfechter
dieses Sieges, mir, wegen des eintzigen gewagten Streichs,

den besten Preiß zu erlandten. Mein Gemüthe wäre der
überflüßigen Lobes = Erhebungen gern entübriget gewesen,
und hätte an dessen statt viel lieber eine geschwinde Linderung
der schmertzenden Leibes = Wunden angenommen, weil ich,
als ein auf beyden Seiten blessirter, kaum auf dem 5
Rücken liegend, ein wenig rasten konte, doch ein geschickter
Chirurgus, und meine gute Natur brachten' es, nächst
Göttl. Hülffe, so weit, daß ich in wenig Tagen wiederum
auf dem obern Schiffs = Boden herum zu spatzieren ver=
mögend war.   Der Capitain, so mir gleich bey meiner 10
ersten Ausflucht entgegen kam, und mich so munter sahe,
sagte mit lachen: Monsieur Wolffgang, ich gratulire zum
außgange, und versichere, daß nichts als der Degen an
curer Seite fehlet, uns zu überreden, daß ihr kein Patient
mehr seyd.   Monseigneur, gab ich gleichfalls lächelnd zur 15
Antwort, wenn es nur daran fehlet, so will ich [60]
denselben gleich holen?   Bemühet euch nicht, versetzte er,
ich will davor sorgen.   Hiermit gab er seinem Diener
Befehl, einen Degen vor mich zu langen, dieser brachte
einen propren silbernen Degen, nebst dem Gehencke, und 20
ich muste denselben, meinen Gedancken nach zum Spaß,
umgürten.   So bald dieses geschehen, befahl er das Schiffs=
Volck zusammen zu ruffen, und da selbiges in seiner
gehörigen Ordnung war, sagte er: Monsieur Wolffgang!
ihr wisset so wohl als alle Gegenwärtigen, daß in letzterer 25
Action unsere beyden Lieutenants geblieben sind, dero=
wegen will euch, en regard eures letzthin erwiesenen
Helden=Muths, hiermit als Premieur-Schiffs=Lieutenant
vorgestellet haben, jedoch biß auf confirmation unserer
Obern, als wovor ich guarantire.   Inzwischen weil ich 30
weiß,   daß niemand von Gegenwärtigen etwas hier=
wider einzuwenden haben wird, will auch der erste
seyn,   der euch zu dieser neuen Charge gratuliret.
Hiermit reichte er mir die Hand, ich aber wußte anfänglich
nicht wie mir geschahe, doch da ich vermerckte, daß es 35
Ernst war, machte ich das gebräuchliche Gegen=Compli-
ment, und ließ mir immerhin belieben Lieutenant zu seyn.

Kurtz drauff gelangten wir, nebst unserer gemachten
Prise, glücklich wieder in **Amsterdam** an. Ich .bekam
nicht allein die **Confirmation** meiner **Charge**, sondern
über dieses einen unverhofften starcken **Recompens**, auffer
5 meiner zu fordern habenden doppelten **Gage**, die mir
theils die Feder, theils der Degen verschafft hatte. Die,
aus meinen mitgebrachten Waaren, gelöseten Gelder [61]
schlug ich darzu, that die helffte davon, als ein **Capital**,
in **Banco**, die andere helffte aber wandte zu meinem
10 Unterhalt an, nächst diesen, die **Equippage** auf eine frische
Schiffarth anzuschaffen.

Biß hierher war der **Capitain Wolffgang** damals
in seiner Erzehlung kommen, als er, wegen einbrechender
Nacht, vor dieses mal abbrach, und versprach, uns bey
15 erster guten Gelegenheit den übrigen **Rest** seiner **Avanturen**
wissend zu machen. Es suchte derowegen ein jeder von
uns seine gewöhnliche Ruhe=Stelle, hatten aber dieselbe
kaum 3. Stunden gedrückt, als, wegen eines sich erhe=
benden Sturmes, alle ermuntert wurden, damit wir uns
20 gegen einen solchen ungestümen Stöhrer unserer Ruhe in
behörige positur setzen könten. Wir verliessen uns zwar
auf die besondere Stärcke und Festigkeit des getreuen
Paridis, als welchen Nahmen unser Schiff führete; da aber
das grausame wüten des Windes, und die einmal in
25 Raserey gebrachten Wellen, nachdem sie nunmehro 2. Nacht
und 2. Tage ohne einzuhalten getobet, auch noch keinen
Stillstand machen wolten, im Gegentheil, mit herein=
brechender 3ten Nacht, ihre Wuth vervielfältigten, liessen
wir die Hoffnung zu unserer Lebensrettung gäntzlich sincken,
30 bekümmerten uns fast gar nicht mehr, um welche Gegend wir
wären, und erwarteten, theils mit zitternden, theils mit ge=
lassenen Hertzen, die erschreckliche Zerscheiterung des Schiffs,
und das mehrentheils damit sehr genau verknüpffte jämmerliche
Ende unseres Lebens. Allein die Erhaltungs=Krafft des Him=
35 mels zeigte sich weit kräfftiger, als die Krafft des Windes,
und der [62] berstenden Wolcken, denn unser Schiff muste
nicht allein ohne besondern Haupt=Schaden bleiben, sondern

auch zu unſerer gröſten Verwunderung wieder auf die
rechte Straſſe geführet werden, ohngeacht es Wind und
Wellen bald hier bald dorthin verſchlagen hatten; denn
etwa 2. Stunden nach Mitternacht legte ſich das grau=
ſame Brauſen, die dicken Wolcken zertheilten ſich, und bey 5
anbrechenden ſchönen hellen Tage machten die Boots=Leute
ein Freuden=Geſchrey, aus Urſachen, weil ſie den Pico
ſo unverhofft erblickten, und wir uns gantz nahe an der
Inſul Teneriffa befanden. Vor meine Perſon wuſte nicht,
ob ich mehr Freude oder Erſtaunung hegte, da mir dieſe 10
ungeheure Machine in die Augen fiel. Der biß in den
Himmel reichende entſetzliche Berg ſchien oben herum gantz
weiß, weiln er Sommers und Winters hindurch mit Schnee
bedeckt iſt, man konte den aus ſeinem Gipffel ſteigenden
Dampff gantz eigentlich obſerviren, und ich konte mich 15
an dieſem hochmüthigen Gegenſtande meiner Augen die
gantze Zeit nicht ſatt ſehen, biß wir gegen Abend an die
Inſul anfuhren, um ſo lange daſelbſt auszuruhen, biß
die zerriſſenen und beſchädigten Sachen unſers Schiffs
wieder ausgebeſſert wären. 20

     Ich fand ein beſonderes Vergnügen: die raritäten
auf dieſer Inſul zu betrachten, ſonderlich aber den Pico,
an deſſen Fuß eine Arth von Bäumen ſtund, deren Holtz
in keinem Waſſer verfaulen ſoll. Jedoch die Spitze des
Berges mit zu erklettern und deſſen Rauch = Loch, ſo 25
Kaldera genennet wird, in Augenſchein zu nehmen, konte
mich niemand bere= [63] den, ohngeachtet es annoch die
ſchönſte Jahrs = Zeit dazu ſeyn mochte. Entweder war
ich nicht ſo ſehr neugierig, als Cajus Plinius Secundus
beym Vesuvio geweſen, oder hatte nicht Luſt mich der= 30
gleichen fatalitäten, wie er gehabt, zu exponiren, oder
war nicht Willens eine Historiam naturalem aus eigener
Erfahrung zu ſchreiben. Kurtz, ich war hierbey entweder
zu faul, zu furchtſam, oder zu nachläßig.

     Hergegen kan ich nicht läugnen, daß ich mir bey dem 35
Capitain den Canari-Sect vortrefflich gut ſchmecken ließ,
welcher mir auch beſſer bekam, als andern der Schwefel=

Dampf auf dem Pico bekommen war, wir nahmen eine
gute quantität diefes berühmten Getränckes, nebft vielem
Zucker und andern delicatessen von diefer Inful mit,
und fuhren den 12 7br. recht vergnügt auf das Cabo
5 Verde zu.

Es war um felbige Zeit ungemein ftille See und
fchönes Wetter, weßwegen der Capitain Wolffgang auf
unfer hefftiges Anfuchen fich gefallen ließ, feine Gefchichts-
Erzehlung folgender maffen zu continuiren.

10 Wo mir recht ift, Messieurs, fieng er an, fo habe letztens
gemeldet, wie ich mich in Stand gefetzt, eine neue Reife
anzutreten, allein weil die Herrn General Etaaten feit
kurtzen mit Franckreich und Spanien in würcklichen Krieg
verwickelt waren, kriegten alle Sachen eine gantz andere
15 Geftalt, ich hielt mich zwar beftändig an meinen Wohlthäter, nemlich an denjenigen Capitain, der mich biß
hieher glücklich gemacht hatte, konte aber die Urfache
fei= [64] nes Zauderns fo wenig, als fein künfftiges Vor=
nehmen errathen. Doch endlich brach er loß, und eröffnete
20 mir, daß er trefliche Pasporte erhalten, gegen alle Feinde
der Republique, als ein Frey=Beuter zu agiren, weßwegen
er fich auch allbereit, durch Zufchuß anderer Wagehälfe,
ein extraordinair fchönes Schiff mit allem Zubehör an=
gefchafft hätte, fo daß ihm nichts fehlete, als genungfame
25 Leute. Wolte ich nun, fetzte er hinzu, als fein Premieur-
Lieutenant mit reifen, fo müfte mich Bemühen zum
wenigften 10. biß 12. Freywillige aufzutreiben, wo mir
diefes aber nnmöglich fchiene, oder ich etwa keine Luft
zu dergleichen Streichen hätte, als die Frey = Beuter vor=
30 zunehmen gemüßiget wären, fo wolte er mir zwar bald
einen Officiers-Dienft auf einem Kriegs=Schiffe fchaffen,
allein ob es vor mich eben fo profitable feyn möchte,
davon wiffe er nichts zu fagen. Augenblicklich verficherte
ich hierauff den Capitain, allen Fleiß anzuwenden, mein
35 Glück oder Unglück unter und mit ihm zu fuchen, auch
mit ihm zu leben und zu fterben. Er fchien vergnügt
über meine Resolution, ich gieng von ihm, und fchaffte

binnen wenig Tagen an statt der geforderten Zwölffe,
drey und zwantzig vollkommen gute freywillige Wagehälse,
deren die meisten schöne Gelder bey sich führeten. Mein
Capitain küssete mich vor Freuden, da ich ihm dieselben
praesentiret hatte, und weil er binnen der Zeit auch 5
nicht müßig gewesen, sondern alles Benöthigte vollends
angeschafft, seegelten wir frölich von dannen.

Wir durfften aus Furcht vor den Frantzosen, den
Canal nicht passiren, sondern musten unsere Farth [65]
um die Brittanischen Insuln herum nehmen, und ob 10
der Capitain schon treffliche Lust hatte den Spaniern auf
der Strasse nach America, ein und andern Possen zu
spielen, so wolte er doch vorhero erstlich genauere Kundschafft einziehen, allein ehe dieses geschahe, thaten wir
einen herrlichen Zug, an einer Frantzösischen nach Irrland 15
abgeschickten Fregatte, auf welcher 16000. Louis d'or
nebst andern trefflichen Sachen, und etlichen Etaats-
Gefangenen, unsere Beute wurden. Die vornehmsten
Gefangenen nebst den Briefschafften, lieferten wir gegen
Erlegung einer billigen discretion an einen Engelländer 20
aus, der lange Zeit vergeblich auf diese Fregatte gelauret
hatte, besetzten dieselbe, nachdem wir die übrigen Gefangenen vertheilet, mit etlichen von unsern Leuten, worunter
auch ich war, also ein Neben = Schiff zu commandiren
hatte, und richteten unsern Cours, in dem Mexicanischen 25
Meere zu kreutzen.

Auf der Portugisischen Insul Madera, nahmen wir
frisches Wasser ein, und fanden daselbst gleichfalls ein
holländisches, doch von den Spaniern sehr übel zugerichtetes
Frey=Beuter Schiff, dessen Capitain nebst den besten Leuten 30
geblieben waren, unter dem übrigen Lumpen=Gesinde aber
war eine solche Verwirrung, daß niemand wuste wer Koch
oder Keller seyn wolte. Wir führeten ihnen ihren elenden
Zustand, worinnen sie sich befanden, zu Gemüthe, und
brachten sie mit guter Art dahin, sich mit uns zu ver= 35
einigen, und unter unsers Capitains Commando alles mit
zu wagen, halffen also ihr Schiff wieder in vollkommen

guten Stand setzen, und see= [66] gelten voll grosser Hoff=
nung auf die Bermudischen Insuln zu. Unterweges be=
mächtigten wir uns eines Spanischen Jagd=Schiffs, welches
die Sicherheit der See ausspüren solte, indem sich die
5 Spanische Silber=Flotte bey der Insul Cuba versammlet,
und fast im Begriff war nach Europa zu schiffen. Wir
nahmen das Wenige, so nebst den Gefangenen auf dieser
Jagd gefunden wurde, auf unsere Schiffe, und bohrten
die Jagd zu grunde, weil sie uns nichts nützen konte,
10 eileten aber, uns bey Cuba einzufinden, und wo möglich
von der Silber=Flotte etwas abzuzwacken. Es vereinigten
sich noch 2. Holländische und ein Englischer Frey=Beuter
mit uns, so daß wir damals 6. wohl ausgerüstete Schiffe
starck waren, und auf selbigen ingesamt 46. Canonen,
15 nebst 482. wohlbewehrten Leuten aufzeigen konten, hiermit
konte man nun schon ein Hertz fassen, etwas wichtiges
zu unternehmen, wie wir denn auch in der That die Hände
nicht in den Schooß legten; sondern die Cubaner,
Hispaniolaner, und andere feindliche Insuln starck allar=
20 mirten, und alle Spanische Handels=Schiffe Preiß machten,
so daß auch der Geringste unter uns, seine deßfalls ange=
wandte Mühe reichlich belohnt schätzte, und niemand von
Armuth oder Mangel zu reden Ursach hatte.
Wir erfuhren demnach, daß das Glück den Wage=
25 Hälsen öffters am geneigtesten sey. Denen Herrn Spaniern
aber war wegen ihrer Silber=Flotte nicht eben allzuwohl
bey der Sache, indem sie sich ohnfehlbar unsere Schiffs=
Armade weit stärcker einbilden mochten, rüsteten dero=
wegen, wie [67] wir gar bald in Erfahrung brachten,
30 10. bis 12. leichte Kriegs=Schiffe aus, um uns, als un=
angenehme und gefährliche Gäste, entweder, wo nicht
Gefänglich einzubringen, doch zu zerstreuen. Der Engels=
Mann als unser bißheriger Compagnon, mochte entweder
zu wenig Hertze haben, oder aber sich allbereit reich genung
35 schätzen, derowegen trennete er sich mit seinem Schiff und
Barque, worauff er ingesamt 120. Mann nebst 12. Canonen
hatte, von uns, und war Willens sich zwischen Cuba und

Hispaniola durch zu practiciren, von dar, aus gewissen Ur=
sachen nach Virginien zu gehen.   Allein man hat uns bald
hernach versichert, daß ihn die Spanier ertappt, geplün=
dert und schändlicher weise ermordet haben.

Unsere Capitains fanden indessen nicht vor rathsam, 5
einen Angriff von den Spaniern zu erwarten, weil ohne=
dem unsere Schiffe nicht allein eine baldige Außbesserung
vonnöthen hatten, sondern auch viele von unsern Leuten,
deren wir doch, seit der abreise aus Amsterdam, nicht
mehr als 14. eingebüsset, von denen vielen fatiguen sehr 10
merode waren.   Wir stelleten demnach unsere Farth auf
die unsern Lands=Leuten zuständige Insul Curacao, oder
wie sie einige nennen, Curassau zu, machten aber unter=
weges noch ein mit Cacao, Banille, Marmelade Zucker
und Toback beladenes Schiff, zu angenehmer Beute. Wenig 15
Tage darauff, favorisirte das Glück noch besser, indem
gantz von ohngefehr, und ohne vieles Blutvergiessen 3.
Barquen mit Perlen=Austern, in unsere Hände fielen,
womit wir denen Herren Spaniern die Mühe erspareten,
selbige |68| ausmachen zu lassen, und dieser Arbeit, bey 20
müßigen Stunden, uns gar im geringsten nicht zu schämen
willens waren.

Mit allen diesen Reichthümern nun, landeten wir
glücklich bei Curacao an, der Gouverneur daselbst empfing
uns, nachdem wir ihm unsere Pasporte gezeiget, auch von 25
ein und andern, richtigen rapport abgestattet hatten, mit
grossen Freuden, zumahlen da er von uns ein ansehnliches
Praesent empfieng.   Jedoch nachdem unsere Capitains die
damalige Beschaffenheit der Sachen und der Zeit etwas
genauer überlegten,   befanden wir auf einrathen des 30
Gouverneurs vor nützlicher, die Insul Bonatry zu unserm
Ruhe=Platz zu erwehlen, und unsere Schiffe daselbst aus=
zubessern.   Es wurde deßwegen aller möglichste Fleiß
angewendet, nachhero aber beschlossen, eine rechte Nieder=
lage daselbst aufzurichten, weßwegen wir, mit Hülffe der 35
daselbst wohnenden nicht ungeschickten Indianer, anfiengen,
kleine Häuser zu bauen, auch vor den Anlauff eine gar

artige Festung anlegten, und dieselbe nach und nach immer
zu verbessern willens waren.   Die Indianer erzeigten
sich ungemein Dienstfertig gegen uns, wir gaben ihnen
von dem unserigen, was sie brauchten, und wir entbehren
5 konten, hergegen waren sie wiederum fleißig das Feld zu
bauen, und Mahis, James, Palates, auch Guineisch Korn
zu zeugen, welches uns trefflich wohl zu statten kam,
nächst dem legten sie sich auch mehr als sonsten, auf die
ordentliche Haußhaltung und Viehzucht, denn es gab da=
10 selbst Ochsen, Kühe, Pferde, Schweine, vor allem andern
aber Ziegen im Uberfluß, so daß nicht nur wir [69]
zulängliche Nahrungs=Mittel hatten, sondern auch unsere
Lands=Leute auf den benachbarten Insuln, mit eingesaltzenen
Fleische und andern Sachen besorgen konten. Anbey thaten
15 wir manchen Stich in die See, und bereicherten uns nicht
allein mit lauter Spanischen und Frantzösischen Gütern,
sondern thaten beyden Nationen allen ersinnlichen Schaden
und gebranntes Hertzeleyd an.
      Ich vor meine Person, hatte mir einen ziemlichen
20 Schatz an Gold, Silber, Perlen, und andern kostbaren
Sachen gesammlet, wovon ich das meiste auf der Insul
an unterschiedliche Oerter vergrub, wo ich nicht leicht
befürchten durffte, daß es ohne meine Anweisung jemand
finden würde.   Ubrigens lebten wir ingesamt so ver=
25 gnügt auf der Insul, daß es, nachdem wir 3. Jahr lang
darauff zugebracht, das Ansehen hatte, als sehnete sich
kein eintziger wieder nach seinem Vaterlande.
      Nach so langer Zeit wurde Kundschafft eingebracht,
daß die Spanier abermals mit einer reich beladenen
30 Silber=Flotte zurück nach Europa seegeln wolten, also
machten wir einen Anschlag, etwas davon zu erhaschen,
giengen mit zwey der Besten und wohl ausgerüsteten
Schiffe, auch der resolutesten Mannschafft in See, und
laureten um die Gegend der Caribischen Insuln auf die=
35 selbe, brauchten anbey alle möglichste Vorsicht, um nicht
entdeckt zu werden. Unsere Bemühung war deßfalls so
wenig als sonsten vergebens, indem wir eines Morgens

sehr frühe, nach vorhero ausgestandenen ziemlichen Sturme,
ein von der Flotte verschlagenes Spanisches Schiff mit
List erhaschten, mit Ge= [70] walt eroberten, und an ge=
diegenen Silber, auch andern Kostbarkeiten mehr darauff
antraffen, als wir uns fast hätten einbilden können. Die
Flotte hatte aus dem hefftigen Donnern des Geschützes,
Unrath vermerckt, und errathen, daß eins von ihren
Schiffen in Action begriffen sey, derowegen auch zwey
von ihren Schiffen zum Succurs dahin geschickt, allein
wir waren mit unserer Prise allbereit zur Richtigkeit ge=
kommen, da wir den succurs noch gantz von ferne er=
blickten, hielten aber nicht vor rathsam dessen Ankunfft
zu erwarten, sondern nahmen die Flucht auf recht ver=
wegene Art, bey Porto Ricco hindurch, und gelangeten
mit vielen Vergnügen wieder, bey unserer zurückgelassenen
Mannschafft, auf der Insul Bonatry an.

Nunmehro waren wir erstlich eifriger als jemals
beflissen, nicht allein unsere Wohnungen, Feld=Bau und
Vieh=Zucht, mit Beyhülffe der Indianer, in vollkommen
bequeme Form zu bringen, sondern avancirten auch in
weniger Zeit mit unsern Vestungs=Bau dermassen, daß
wir diese Insul wider alle feindliche Anfälle ungemein
sicher machten. Etliche von den Unsern hatten bey Ge=
legenheit Spanische und Frantzösische ledige Weibes=Personen
erwischt, sich mit selbigen verheyrathet, und Kinder ge=
zeuget, dieses erweckte bey vielen andern eben dergleichen
Begierde, weßwegen sie unsern Capitain, als selbst er=
wehlten Gouverneur unserer Insul forcirten, eine Lan=
dung auf Hispaniola zu wagen, weil sich daselbst un=
gemein schönes, so wohl Spanisches als Frantzösisches
Frauenzimmer befinden solte.

[71] Ob nun schon der Capitain dieses Unternehmen
anfangs vor allzu verwegen und gefährlich erkannte, so
sahe er sich doch letzlich fast gezwungen, dem eifrigen
Verlangen der verliebten Venus=Brüder ein Genüge zu
thun, und zwey Schiffe hierzu auszurüsten, deren eines
ich als Unter=Hauptmann commandirte. Wir liessen aus,

und kamen auf Hispaniola, glücklich an Land. Es er=
reichten auch die Verliebten ihren erwünschten Zweck, Indem
fie etliche 30. funge Weibs=Perfonen zu Schiffe brachten,
ich aber, der ich hieben die Arrier-Guarde führete, war
5 fo unglücklich, von den nachfetenden Spaniern einen ge=
fährlichen Schuß in die rechte Seite, und den andern durch
die lincke Wade zu bekommen, wegwegen ich, nebft noch
zweyen der Unfern, von den Spaniern erhafcht, gefangen
genommen und zu ihrem Gouverneur gebracht wurde.

10		Ein groffes Glück war es bey unferm Unglück, daß
uns derfelbe in der erften furie nicht gleich auffhencken
ließ, weil er ein verzweiffelt hitiger Mann war. Jedoch
wurden wir nach völlig erlangter Gefundheit wenig beffer,
ja faft eben fo schlimm als die Türckifchen Sclaven tractiret.

15 Am allerfchlimmften war diefes: daß ich nicht die geringfte
Gelegenheit finden konte, meinem redlichen Capitain Nach=
richt von meinem wiewol elenden Leben zu geben, weil
ich verfichert war, daß er nichts fparen würde, mich zu
befreyen. Nachdem ich aber 3. Jahr in folchen jämmer=
20 lichen Zuftande hingebracht, erhielt Zeitung, daß mein
redlicher Capitain nebft meinen beften Freunden die Inful
Bonatry, (oder Bon Ayres auch Bon air wie fie andere
nennen,) verlaffen, [72] und zurück nach Holland gegangen
wäre, um fich das rechtmäßige Gouvernement, darüber
25 nebft andern Vollmachten auszubitten. Anbey wurde mir
der jetige Zuftand auf felbiger Inful dermaffen schön
befchrieben, daß mein fehnliches Verlangen, auf folche
wieder zu kommen, als gant von neuen erwachte, zu=
mahlen wenn mich meiner dafelbft vergrabenen Schäte
30 erinnerte. Jedoch ich konte, ohne meine Perfon und
Vermögen in die gröfte Gefahr zu feten, nicht erdencken,
auf was vor Art ich den Gouverneur etwa einen ge=
fchickten Vorfchlag wegen meiner Ranzion thun wolte.
Mufte alfo noch zwey Jahr als ein Pferde=Knecht in
35 des Gouverneurs Dienften bleiben, ehe fich nur der ge=
ringfte practicable Einfall in meinem Gehirne entfponn,
wie ich mit guter manier meyne Freyheit erlangen könte.

Die Noth erwecket zuweilen bey den Menschen eine
Gemüths=Neigung, der sie von Natur sonsten sehr wenig
ergeben sind. Von mir kan ich mit Warheit sagen, daß
ich mich, auch in meinen damaligen allerbesten Jahren,
um das Frauenzimmer und die Liebe, fast gantz und gar 5
nichts bekümmerte. War auch nichts weniger, als aus
der intention mit nach Hispaniola gegangen, um etwa
eine Frau vor mich daselbst zu holen, sondern nur bloß
meine Hertzhafftigkeit zu zeigen, und etwas Geld zu ge=
winnen. Allein itzo, da ich in gröster Noth stack, und 10
kein sicheres Mittel zu meiner Freyheit zu gelangen sahe,
nahm meine Zuflucht endlich zu der Venus, weil mir
doch Apollo, Mars und Neptunus, ihre Hülffe gäntzlich
zu verweigern schienen. [73] Eines Tages da ich des
Gouverneurs Tochter, nebst ihren Cammer=Mägdgen, auf 15
ein nah gelegenes Land=Gut spatzieren gefahren, und im
Garten gantz allein bey der erstern war, setzte sich dieselbe
auf eine grüne Banck nieder, und redete mich auf eine
freye Art also an: Wolffgang! sagt mir doch, was
ihr vor ein Lands=Mann seyd, und warum man euch nie= 20
mals so lustig als andere Stall=Bedienten siehet. Ich
stutzte anfänglich über diese Anrede, gab aber bald darauff
mit einem tieffgeholten Seuffzer zur Antwort: Gnädiges
Fräulein, ich bin ein Teutscher von Geburth, zwar von
mittelmäßigen Herkommen, habe mich aber in Holländi= 25
schen Diensten durch meine Courage, biß zu dem Posten
eines Unter=Hauptmanns geschwungen, und letztens auf
dieser Insul das Unglück empfunden, gefährlich blessirt
und Gefangen zu werden. Hierauff erwiederte sie mit
einer niedergeschlagenen und etwas negligent scheinenden 30
mine: Ich hätte euch zum wenigsten wegen eurer guten
Visage, Adelichen Herkommens geschätzt. Stund damit
auf, und gieng eine gute Zeit in tiefen Gedancken gantz
allein vor sich spatzieren. Ich machte allerhand Glossen
über ihre Reden, und war mir fast leyd, daß ich von 35
meinem Stande nicht etwas mehr geprahlet hatte, doch
vielleicht (gedachte ich,) gehet es in Zukunfft mit guter

manier besser an. Es geschahe auch, denn ehe wir wieder
zurück fuhren, nahm sie Gelegenheit, mir mit einer un=
gemeinen verliebten Mine noch dieses zu sagen: Wolffgang!
Wo euch an eurer Freyheit, Glück und Vergnügen etwas
5 gelegen; so scheuet euch nicht, mir von eurem [74] Stande
und Wesen nähere Nachricht zu geben, und seyd versichert,
daß ich euer Bestes eilig befördern will und kan, ab=
sonderlich wo ihr einige Zärtlichkeit und Liebe vor meine
Person heget. Sie wurde bey den letztern Worten Feuer=
10 roth, sahe sich nach ihren Mägdgen um, und sagte noch
zu mir: Ihr habt die Erlaubniß mir in einem Briefe euer
gantzes Hertz zu offenbaren, und könnet denselben morgen
meinem Mägdgen geben, seyd aber redlich und verschwiegen.
Man wird mich nicht verdencken, daß ich diese schöne
15 Gelegenheit meine Freyheit zu erlangen, mit beyden Händen
ergriff. Donna Salome (so hieß das Fräulein,) war eine
wohlgebildete Person von 17. biß 18. Jahren, und solte
einen, zwar auch noch jungen, aber einäugigen und sonst
überaus heßlichen Spanischen wohlhabenden Officier hey=
20 rathen, welches ihre eigene Mutter selbst nicht billigen
wolte, aber doch von dem eigensinnigen Gouverneur darzu
gezwungen wurde. Ich könte diesem nach eine ziemlich
weitläufftige Liebes = Geschicht von derselben und mir er=
zehlen, allein es ist mein Werck nicht. Kurtz! Ich schrieb
25 an die Donna Salome, und machte mich nach ihrem Wunsche
selbst zum Edelmanne, entdeckte meine zu ihr tragende
hefftige Liebe, und versprach alles, was sie verlangen könte,
wo sie mich in meine Freyheit setzen wolte.
Wir wurden in wenig Tagen des gantzen Krahms
30 einig. Ich that ihr einen Eyd, sie an einen sichern Orth,
und so bald als möglich, nach Europa zu führen, mich
mit ihr ordentlich zu verheyrathen, [75] und sie Zeit Lebens
vor meine rechte Ehe=Gemahlin zu ehren und zu lieben.
Hergegen versprach sie mir, nebst einem Braut=Schatze von
35 12000. Ducaten und andern Kostbarkeiten, einen sichern
Frantzösischen Schiffer auszumachen, der uns vor gute Be=
zahlung je ehe je lieber nach der Insul Bon air bringen solte.

Unser Anschlag gieng glücklich von statten, denn
so bald wir erlebten, daß der gouverneur in eigener
Person jene Seite der Insul visitirte, packten wir des
Nachts unsere Sachen auf leichte, darzu erkauffte Pferde,
und jagten von sonst niemand als ihren Mägdgen be= 5
gleitet, in etlichen Stunden an dasjenige Ufer, allwo der
bestellte Frantzösische Schiffer unserer mit einem leichten
Jagd=Schiffe wartete, uns einnahm, und mit vollen See=
geln nach Bon air zu eilete. Daselbst landeten wir ohne
einig auszustehende Gefahr an, man wolte uns zwar 10
anfänglich das Aussteigen nicht vergönnen, jedoch, so bald
ich mich melden ließ, und erkannt wurde, war die Freude
bey einigen guten Freunden und Belandten unbeschreiblich,
welche dieselben über mein Leben und glückliche Wieder=
kunfft bezeigten. Denn man hatte mich nun seit etlichen 15
Jahren längst vor todt gehalten.

Monsieur van der Baar, mein gantz besonderer
Freund, und ehemaliger Schiffs=Quartier=Meister, war
Vice-Gouverneur daselbst, und ließ mir, vor mich und
meine Liebste, sogleich ein sein erbautes Hauß einräumen, 20
nach etlichen Tagen aber, so bald wir uns nur ein wenig
eingerichtet, muste uns einer von den zwey daselbst be=
findlichen Holländi= [76] schen Priestern ehelich zusammen
geben. Ich ließ auf mehr als 50. Personen eine, nach
dasiger Beschaffenheit, recht kostbare Mahlzeit zurichten, 25
vor alle andern aber, auch so gar vor die Indianischen
Familien, weiß Brod, Fleisch, Wein und ander starck
Getäncke austheilen, damit sich nebst mir, jederman zu
erfreuen einige Ursach haben möchte. Der Vice-Gouverneur
ließ mir zu Ehren, beym Gesundheit Trincken, die Stücken 30
auf den Batterien tapffer abfeuren, damit auch andere
Insulaner hören möchten, daß in selbiger Gegend etwas
Besonderes vorgienge, kurtz, wir lebten etliche Tage, auf
meine Kosten rechtschaffen lustig. Meine nunmehrige Ehe=
Liebste, die Donna Salome, war so hertzlich vergnügt mit 35
mir, als ich mit ihr, indem ich nun erst in ihren süssen
Umarmungen empfand, was rechtschaffene Liebe sey. Es

solte mancher vermeinen, ich würde am allerersten nach
meinen vergrabenen Schätzen gelauffen seyn, allein ich
bin warhafftig so gelassen gewesen, und habe dieselbe erst
8. Tage nach unserer Hochzeit gesucht, auch ohnversehrt
5 glücklich wieder gefunden, und meiner Liebste dieselben in
der Stille gezeiget. Sie erstaunete darüber, indem sie
mich nimmermehr so reich geschätzt, nunmehro aber merckte,
daß sie sich an keinen Bettel=Mann verheyrathet habe,
und derowegen vollkommen zufrieden war, ohngeacht ich
10 ihr offenbarete, daß ich kein Edelmann, sondern nur aus
Bürgerlichen Stande sey.

Vier Monath nach meiner glücklichen Wiederkunfft,
nachdem wir unsere Haußhaltung in vortrefflichen Stand
gesetzt, hatte ich die Freude, mei= [77] nen alten Capitain
15 zu umarmen, welcher eben aus Holland wieder zurück kam,
und nicht allein die Confirmation über seine Gouverneur-
Charge, sondern auch weit wichtigere Vollmachten, nebst
vielen höchst=nöthigen Dingen, in 3. Schiffen mit brachte.
Er erzehlete mir, daß, nach der Versicherung meines Todes,
20 er alsofort mein zurückgelassenes Vermögen durch redliche
und theils gegenwärtige Personen taxiren lassen, welches
sich auf 6. tausend Thlr. werth belauffen, hiervon habe
er meinem jüngern Bruder, den er nach Amsterdam zu
sich verschrieben, vor ihn und das andere Geschwister
25 5000. Thlr. gezahlet, ein tausend aber vor sich selbst zur
Erbschafft, vor die meinetwegen gehabte Mühe, behalten,
welche er mir aber nunmehro, da er die Freude hätte,
mich wieder zu finden, gedoppelt bezahlen wolte; Allein
ich hatte eine solche Freude über seine Redlichkeit, daß
30 ich ihn beschwur, hiervon nichts zu gedencken, indem ich,
weil ich vergnügt wäre, mich reich genug zu seyn schätze,
und wohl wüste, daß ihm selbst ein noch weit mehreres
schuldig sey.

Wir lebten nachhero in der schönsten Einträchtigkeit
35 beysammen, Monsieur van der Baar muste mit 50. Mannen,
und allerhand ihm zugegebenen nothdürfftigen Sachen,
eine andere kleine Insul bevölckern, ich aber wurde an

deſſen Statt Vice-Gouverneur, und war faſt nicht mehr
willens, in Zukunfft 'auf Frey-Beuterey auszugehen, ſon=
dern, bey meiner Liebens-würdigen Salome, mein Leben
in Ruhe zuzubringen, wie denn dieſelbe ihr Verlangen
nach Europa gäntzlich fahren ließ, und [78] nichts mehr 5
wünſchte, als in meiner beſtändigen Gegenwart Lebens=
lang auf dieſer Inſul zu bleiben.   Allein, o Jammer!
mein innigliches Vergnügen währete nicht lange, denn da
meine Hertz-allerliebſte Ehe-Frau im zehenden Monath
nach unſerer Copulation durch eine entſetzliche ſchwere 10
Geburth eine todte Tochter zur Welt gebracht hatte, ver=
merckte ſie bald darauf die Anzeigungen ihres eigenen
herran nahenden Todes.   Sie hatte ſich ſchon ſeit etlichen
Wochen mit den Predigern, der Religion wegen, faſt
täglich unterredet, und alle unſere Glaubens-Articul wohl 15
gefaſſet, nahm derowegen aus hertzlichen Verlangen nach
dem heiligen Abendmahle die Proteſtantiſche Religion an,
und ſtarb folgenden Tages ſanfft und ſeelig.

Ich mag meinen Schmertzen, den ich damahls
empfunden, in Gegenwart anderer voritzo nicht erneuern, 20
ſondern will nur ſo viel ſagen, daß ich faſt nicht zu tröſten
war, und in beſtändiger Tiefffinnigkeit nirgends Ruhe zu
ſuchen wuſte, als auf dem Grabe meiner Liebſten, welches
ich mit einem ziemlich wohl ausgearbeiteten Steine be=
deckte und mit eigener Hand folgende Zeilen darauf meiſſelte: 25

Hier liegt ein ſchöner Raub, den mir der Todt geraubt,
Nachdem der Freyheits-Raub den Liebes-Raub erlaubt.
Es iſt ein ſeelig Weib.   Wer raubt ihr dieſen Orden?
Doch ich, als Wittber, bin ein Raub des Kummers worden. 30

[79] Unten drunter meiſſelte ich fernere Nachricht
von ihrer und meiner Perſon, nebſt der Jahr-Zahl, ein,
um die Curioſität der Nachkommen zu vergnügen, ich
hergegen wuſte weiter faſt nichts mehr von einigen Ver= 35
gnügen in der Welt, ward dannenhero ſchlüſſig, wieder
nach Europa zu gehen, um zu verſuchen, ob ich daſelbſt,

als in der alten Welt, einige Gemüths=Ruhe finden, und
meine Schmertzen bey der begrabenen geliebten Urheberin
derselben in der Neuen Welt zurück laßen könte. Dieses
mein Vorhaben entdeckte ich dem Capitain, als unsern
5 Gouverneur, welcher mir nicht allein die hierzu benöthigten
freywilligen Leute, sondern auch eins der besten Schiffe,
mit allen Zubehör versehen, auszulesen, ohne die aller=
geringste Schwierigkeit, vielmehr mit rechten Freuden,
erlaubte. Jedoch mich inständig bat, bald wieder zu
10 kommen, zumahlen, wenn ich meine Meublen und Baar=
schafften wohl angelegt hätte.

Ich versprach alles, was er von mir verlangte, und
seegelte, nachdem er mich mit vielen wichtigen Commissionen
und guten Passporten versehen, im Nahmen des Himmels
15 von der mir so lieb gewesenen Insel nach Europa zu,
und kam, ohne besondere Hinderniß, nach verfloßener
ordentlicher Zeit glücklich in Amsterdam an.

Binnen 2. Monathen richtete alle mir aufgetragene
Commissionen aus, überließ das Schiff an meines Capi-
20 tains Compagnons, und gab ihnen zu verstehen, daß
erstlich in mein Vaterland reisen, und mich allda resolviren wolte, ob es wei= [80] ter mein Werck seyn möchte,
wieder in See zu gehen oder nicht. Packte nachhero alles
mein Vermögen auf, und ging nach Lübeck zu meinem
25 ehemahligen Patrone, der mich mit grösten Freuden empfing,
in sein Hauß auf so lange aufnahm, biß ich einen richtigen
Schluß gefaßet, wohin mich nunmehro wenden wolte.
Da mir aber dieser mein Patron erzehlete, daß sein Sohn,
mit dem ich ehemals in Grypswalde studiret, nunmehro
30 vor ein paar Jahren. einen ansehnlichen Dienst in Dantzig
bekommen hätte, machte mich auf die Reise, ihn daselbst
zu besuchen, nachdem ich vorhero meinem Bruder, der ohne
mich der jüngste war, schrifftlich zu wissen gethan, daß
er mich in Dantzig antreffen würde.

35 Derselbe nun hatte sich nicht gesäumet, sondern war
noch zwey Tage eher als ich bey dem beschriebenen guten
Freunde eingetroffen, indem nun ich auch arrivirte, weiß

ich nicht, ob ich bey dem Bruder oder dem Freunde mehr
Freude und Liebes-Bezeugungen antraff, wenigstens stelleten
sie sich einander gleich.   Nachdem wir uns aber etliche
Tage rechtschaffen mit einander ergötzt, schickte ich meinen
Bruder mit einem ansehnlichen Stück Geldes nach meinem   5
Vaterlande, und überließ ihn die Sorge, durch einen ge=
schickten Juristen, einen Pardon-Brief bey der höchsten
Landes=Obrigkeit vor mich auszuwircken, wegen des in
Franckfurt erstochenen Studenten.   Weil nun mehrentheils
auf der Welt das Geld alles ausmachen kan, so war auch 10
ich in diesem Stück nicht unglücklich, sondern erhielt nach
Verlauff etlicher |81] Wochen den verlangten Pardon-
Brief, und konte nach genommenen zärtlichen Abschiede
von meinem Freunde sicher in meine Geburths=Stadt
reisen, nachdem ich in Dantzig die Zeit ungemein vergnügt 15
zugebracht, und mit den vornehmsten Kauff= und andern
Leuten genaue Kund= und Freundschafft gepflogen hatte.
    Meine Geschwister, Bluts= und Muths = Freunde
empfingen mich mit gantz ausserordentlichen Vergnügen,
konte also in den ersten 4. Wochen wenig thun, als zu 20
Gaste gehen, nachhero ließ mich zwar bereden, daselbst in
Ruhe zu bleiben, zu welchem Ende ich ein schönes Gut
kauffen, und eine vortheilhafft **Mariage** treffen solte, allein,
weil es vielleicht nicht seyn solte, muste mir eine un=
verhoffte Verdrüßlichkeit zustossen, die zwar an sich selbst 25
wenig importirte, allein ich ward auf einmahl **capricieus**,
setzte meinen Kopff auf, resolvirte mich, wieder zur See
zu gehen, und reisete, nachdem ich mich über ein Jahr
zu Hause aufgehalten, meine Verwandten und Freunde
auch reichlich beschenckt, ohne fernern Zeit=Verlust wieder 30
nach Amsterdam.
    Es hielt daselbst nicht schwer, einen neuen Brief
vor mich als **Capitain** eines Frey=Beuter Schiffs heraus
zu kriegen, zumahl da mich selbst **equippiren** wolte, ich
ward Leute an, bekam aber, wie ich nachhero erfahren 35
muste, zu meinem Unglücke den Abschaum aller Schelmen,
Diebe, und des allerliederlichsten Gesindels auf meinem

Schiff, mit ſelbigen wolte ich nun eine neue Tour nach
Weſt-Indien vornehmen, ſo bald mich aber nur auf dem
[82] groſſen Atlantiſchen Meere befand, änderten ſie auf
Einrathen eines Ertz-verruchten Böſewichts, der ſich Jean
le Grand nennete, und den ich wegen ſeines guten An-
ſehens und verſtellten rechtſchaffenen Weſens, zum nächſten
Commandeur nach mir gemacht hatte, ihre Reſolution,
und zwungen mich, ſie nach Oſt-Indien zu führen. Ihr
ungeſtümes Weſen ging mir zwar ſehr im Kopffe herum,
jedoch ich muſte klüglich handeln, und mich in die Zeit
ſchicken, da aber ihre Boßheit überhand nahm, und von
einigen die verzweiffelteſten und lieberlichſten Streiche
gemacht wurden, ließ ich die Rädels-Führer exemplariſch
beſtraffen, ſetzte auch hiermit, meines Bedünckens, die
übrigen alle in ziemliche Furcht. Immittelſt waren wir
allbereit die Linie paſſiret, als uns ein entſetzlicher Sturm
von der Oſt-Indiſchen Straſſe ab- im Gegentheil nach
dem Braſiliſchen Meere hin, wo das Mittägliche America
liegt, getrieben hatte. Ich brauchte alle meine Beredſam-
keit dieſen uns von dem Glückgewieſenen Weg zu verfolgen, und verſicherte, daß wir in America unſer Conto
weit beſſer finden würden, als in Oſt-Indien; allein,
meine Leute wolten faſt alle anfangen zu rebelliren, und
durchaus meinem Kopffe und Willen nicht folgen, meßwegen
ich ihnen auch zum andern mahle nachgab, allein, ſie erfuhren es mit Schaden, weil wir in öfftern Stürmen
bey nahe das Leben und alles verlohren hätten. Endlich
erholeten wir uns auf einer gewiſſen Inſul in etwas,
und waren allbereits den Tropicum capricorni paſſiret,
da mir die unruhigſten Köpffe abermahls allerhand verfluchte [83] Händel auf dem Schiffe machten. Ich wolte
die ehemalige Schärffe gebrauchen, allein, Jean le Grand trat
nunmehro öffentlich auf, und ſagte: Es wäre keine Manier,
Frey-Beuter alſo zu tractiren, ich ſolte mich moderater
aufführen, oder man würde mir etwas anders weiſen.

Dieſes war genung geredet, mich völlig in Harniſch
zu jagen, kaum konte mich enthalten, ihm die Fuchtel

zwischen die Ohren zu legen, doch ließ ihn durch einige
annoch Getreuen in Arrest nehmen, und krumm zusammen
schliessen. Hiermit schien es, als ob alle Streitigkeiten
beygelegt wären, indem sich kein eintziger mehr regte,
allein, es war eine verdammte List, mich, und diejenigen, 5
die es annoch mit mir hielten, recht einzuschläffern. Damit
ich es aber nur kurtz mache: Einige Nächte hernach machten
die Rebellen den Jean le Grand in der Stille von
seinen Ketten loß, erwehleten ihn zu ihrem Capitain,
mich aber überfielen sie des Nachts im Schlaffe, banden 10
meine Hände und Füsse mit Stricken, und legten mich
auf den untersten Schiffs=Boden, allwo zu meinem Lebens=
Unterhalte nichts anders bekam als Wasser und Brod.
Die Leichtfertigsten unter ihnen hatten beschlossen gehabt,
mich über Boord in die See zu werffen, doch diejenigen, 15
so noch etwa einen halben redlichen Bluts=Tropffen im
Leibe gehabt, mochten diesen unmenschlichen Verfahren
sich eifferig widersetzt haben, endlich aber nach einem aber=
mahls überstandenen hefftigen Sturme, da das Schiff nahe
an einem ungeheuern Felsen auf den Sand getrieben 20
worden, und nach 2. Tagen erst= [84] lich wieder flott
werden konte, wurde ich, vermittelst eines kleinen Boots,
an dem wüsten Felsen ausgesetzt, und muste mit thränenden
Augen die rebellischen Verräther mit meinem Schiffe und
Sachen davon seegeln, mich aber von aller menschlichen 25
Gesellschafft und Hülffe an einen gantz wüsten Orte gäntzlich
verlassen sehen. Ich ertrug mein unglückliches Verhängniß
dennoch mit ziemlicher Gelassenheit, ohngeacht keine Hoff=
nung zu meiner Erlösung machen konte, zudem auch nicht
mehr als etwa auf 3. Tage Proviant von der Barm= 30
hertzigkeit meiner unbarmhertzigen Verräther erhalten hatte,
stellete mir derowegen nichts gewissers, als einen baldigen
Todt, vor Augen. Nunmehro fieng es mich freylich an
zu gereuen, daß ich nicht auf der Insul Bon air bey dem
Grabe meiner liebsten Salome, oder doch im Vaterlande, 35
das Ende meines Lebens erwartet, so hätte doch versichert
seyn können, nicht so schmählich zu sterben, und da ich

ja gestorben, ehrlich begraben zu werden; allein es halff
hier nichts als die liebe Gedult und eine christliche Hertz=
hafftigkeit, dem Tode getrost entgegen zu gehen, dessen
Vorbothen sich in meinem Magen und Gedärme, ja im
5 gantzen Cörper nach aufgezehrten Proviant und bereits
2. tägigem Fasten deutlich genung spüren liessen.

Die Hitze der Sonnen vermehrete meine Mattigkeit
um ein grosses, weßwegen ich an einen schattigten Ort
kroch, allwo ein klares Wasser mit dem grösten Ungestüm
10 aus dem Felsen heraus geschossen kam, hiermit, und dann
mit einigen halbverdorreten Kräutern und Wurtzeln, die
doch setzt [85] sparsam an dem rings herum gantz steilen
Felsen anzutreffen waren, konte ich mich zum Valet-
Schmause auf der Welt noch in etwas erquicken.   Doch
15 unversehens hörete die starcke Wasser=Fluth auf einmahl
auf zu brausen, so, daß in Kurtzen fast kein eintziger
Wasser=Tropffen mehr gelauffen kam.   Ich wuste vor
Verwunderung und Schrecken nicht, was ich hierbey ge=
dencken solte, brach aber in folgende wehmüthige Worte
20 aus: So muß denn, armseeliger Wolffgang! da der
Himmel einmahl deinen Untergang zu beschleunigen be=
schlossen hat, auch die Natur den ordentlichen Lauff des
Wassers hemmen, welches vielleicht an diesem Orte nie=
mahls geschehen ist, weil die Welt gestanden hat, ach!
25 so bete denn, und stirb.   Ich fing also an, mit weinenden
Augen, den Himmel um Vergebung meiner Sünden zu
bitten, und hatte den festen Vorsatz, in solcher heissen
Andacht zu verharren, biß mir der Todt die Augen zu=
drückte.

30 Was kan man doch vor ein andächtiger Mensch
werden, wenn man erstlich aller menschlichen Hülffe be=
raubt, und von seinem Gewissen überzeugt ist, daß man
der Göttlichen Barmhertzigkeit nicht würdig sey? Ach!
da heist es wohl recht: Noth lernet beten.   Doch ich bin
35 ein lebendiger Zeuge, daß man die Göttliche Hülffe sodann
erstlich rechtschaffen erkennen lerne, wenn uns alle Hoff=
nung auf die menschliche gäntzlich entnommen worden.

Doch weil mich GOtt ohnfehlbar zu einem Werckzeuge auserselhen, verschiedenen Personen zu ihrer zeitlichen, noch mehrern aber zu ihrer geistlichen Wohlfahrt behülfflich zu seyn, so hat er mich auch [86] in meiner damahligen allergrösten Lebens-Gefahr, und zwar folgender Gestalt, 5 wunderlich erhalten:

Als ich mich nach Zurückbleibung der Wasser-Fluth in eine Felsen-Klufft hineingeschmieget, und unter beständigen lauten Seuffzen und Betthen mit geschlossenen Augen eine baldige Endung meiner Quaal wünschte; hörete ich 10 eine Stimme in Teutscher Sprache folgende Worte nahe bey mir sprechen: Guter Freund, wer seyd ihr? und warum gehabt ihr euch so übel? So bald ich nun die Augen aufschlug, und 6. Männer in gantz besonderer Kleidung mit Schieß- und Seiten-Gewehr vor mir stehen 15 sahe, kam mein auf der Reise nach der Ewigkeit begriffener Geist plötzlich wieder zurücke, ich konte aber, ich glaube, theils vor Schrecken, theils vor Freuden kein eintzig Wort antworten, sie redeten mir derowegen weiter zu, erquickten mich mit einem besonders wohlschmeckenden Geträncke und 20 etwas Brodt, worauf ihnen meine gehabten Fatalitäten kürtzlich erzehlete, um alle möglichste Hülffe, gegen bevorstehende Gefahr zu verhungern anhielt, und mich anbey erkundigte, wie es möglich wäre, an diesem wüsten Orthe solche Leute anzutreffen, die meine Mutter-Sprache redeten? 25 Sie bezeugten durch Gebärden ein besonderes Mitleyden wegen meines gehabten Unglücks, sagten aber: Guter Freund, sorget vor nichts, ihr werdet an diesem wüste und unfruchtbar scheinenden Orthe alles finden, was zu eurer Lebens-Fristung nöthig seyn wird, gehet nur mit 30 uns, so soll euch in dem, was ihr zu wissen verlanget, vollkommenes Genügen geleistet werden.

[87] Ich ließ mich nicht zweymahl nöthigen, wurde also von ihnen in den Schlund des Wasser-Falles hinein geführet, allwo wir etliche Stuffen in die Höhe stiegen, 35 hernach als in einem finstern Keller, zuweilen etwas gebückt, immer aufwarts gingen, so, daß mir wegen unter-

schiedlicher einfallender Gedancken angst und bange werden
wolte, indem ich mir die 6. Männer bald als Zauberer,
bald als böse, bald als gute Engel vorstellete. Endlich,
da sich in diesem düstern Gewölbe das Tages-Licht von
ferne in etwas zeigte, fassete ich wieder einen Muth, merckte,
daß, je höher wir stiegen, je heller es wurde, und endlich
kamen wir an einem solchen Orthe heraus, wo meine
Augen eine der allerschönsten Gegenden von der Welt
erblickten. An diesem Ausgange waren auf der Seite
etliche in Stein gehauene bequeme Sitze, auf deren einen
ich mich niederzulassen und zu ruhen genöthiget wurde,
wie sich denn meine Führer ebenfals bey mir nieder=
liessen, und fragten: Ob ich furchtsam und müde worden
wäre? Ich antwortete: Nicht sonderlich. Hatte aber
meine Augen beständig nach der schönen Gegend zugewand,
welche mir ein irdisch Paradieß zu seyn schien. Mittler=
weile bließ der eine von meinen Begleitern 3. mahl in
ein ziemlich grosses Horn, so er an sich hangen hatte,
da nun hierauf 6. mahl geantwortet worden, ward ich
mit Erstaunen gewahr, daß eine gewaltige starcke Wasser=
Fluth in dem leeren Wasser-Graben hergeschossen kam,
und sich mit gräßlichen Getöse und grausamer Wuth in
diejenige Oeffnung hineinstürtzte, wo wir herauf gekommen
waren.

[88] So viel ist's Messieurs, sagte hier der Capitain
Wolffgang, als ich euch vor dießmahl von meiner Lebens=
Geschicht erzehlet haben will, den übrigen Rest werdet
ihr bey bequemerer Gelegenheit ohne Bitten erfahren, ge=
duldet euch nur, biß es erstlich Zeit darvon ist. Hiermit nahm
er, weil es allbereit ziemlich spät war, Abschied von den
andern, mich aber führete er mit in seine Cammer, und
sagte: Merckt ihr nun, mein Sohn, Monsieur Eberhard
Julius! daß eben diese Gegend, welche ich itzo als ein
irrdisches Paradieß gerühmet, dasjenige Gelobte Land ist,
worüber euer Vetter, Albertus Julius, als ein Souverainer
Fürst regieret? Ach, betet fleißig, daß uns der Himmel
glücklich dahin führet, und wir denselben noch lebendig

antreffen, denn den weitesten Theil der Reise haben wir
fast zurückgelegt, indem wir in wenig Tagen die Linie
passiren werden.   Hierauf wurde noch ein und anderes
zwischen mir und ihm verabredet, worauf wir uns beyder=
seits zur Ruhe legten.   5

Es traff ein, was der Capitain sagte, denn 5. Tage
hernach kamen wir unter die Linie, allwo doch vor dieses
mahl die sonst gewöhnliche excessive Hitze nicht eben so
sonderlich war, indem wir unsere ordentliche Kleidung
ertragen, und selbige nicht mit leichten Leinwand=Kitteln 10
verwechseln durfften.   Unsere Matrosen hingegen vergassen
bey dieser Gelegenheit ihre wunderlichen Gebräuche wegen
des Tauffens nicht, sondern machten bey einer lächerlichen
Masquerade mit denenjenigen, so die Linie zum   ersten
mahle passirten, und sich [89] nicht mit Gelde lösen 15
wolten, eine gantz verzweiffelte Wäsche, ich nebst einigen
andern blieb ungehudelt, weiln wir feder einen Species
Thaler erlegten, und dabey angelobten, Zeit Lebens, so
offt wir an diesen Ort kämen, die Ceremonie der Tauffe
bey den Neulingen zu beobachten.   20

Die vortrefflich schöne Witterung damahliger Zeit,
verschaffte uns, wegen der ungemeinen Windstille, zwar
eine sehr langsame, doch angenehme Fahrt, der gröste
Verdruß war dieser, daß das süsse Wasser, so wir auf
dem Schiffe führeten, gar stinckend und mit eckeln Wür= 25
mern angefüllet wurde, welches Ungemach wir so lange
erdulden musten, biß uns der Himmel an die Insul
St. Helenae führete.   Diese Insul ist von gar guten
Leuten, Englischer Nation, bewohnt, und konten wir da=
selbst nicht allein den Mangel des Wassers, sondern auch 30
vieler andern Nothwendigkeiten ersetzen, welches uns von
Hertzen wohlgefiel, ohngeacht wir binnen denen 12. Tagen,
so wir daselbst zubrachten, den Geld=Beutel beständig in
der Hand haben musten.

Wenn der Capitain den wollüstgen Leuten unsers 35
Schiffs hätte zu gefallen leben wollen, so lägen wir viel=
leicht annoch bey dieser Insul vor Ancker, indem sich auf

derselben gewiß recht artig Frauenzimmer antreffen ließ,
allein er befand, ehe sich dieselben ruinirten, vor rathsam,
abzuseegeln, da wir denn am 15. Octobr. den Tropicum
Capricorni passirten, allwo die Matrosen zwar wieder
eine neue Tauffe anstelleten, doch nicht so scharffe Lauge
gebrauchten, als unter der Linie.

[90] Wenig Tage hernach fiel ein verdrüßliches
Wetter ein, und ob es wohl nicht beständig hinter einander
her regnete, so verfinsterte doch ein anhaltender gewaltig=
dicker Nebel fast die gantze Lufft, und konten wir um
Mittags=Zeit die Sonne sehr selten und trübe durch die
Wolcken schimmern sehen. Wenn uns der Wind so un=
gewogen als das Wetter gewesen wäre, hätten wir uns
des übelsten zu befürchten gnugsame Ursach gehabt, doch
dessen gewöhnliche Wuth blieb in ziemlichen Schrancken,
obgleich der Regen und Nebel biß in die dritte Woche
anhielt.

Endlich zertheilte sich zu unsern allerseits grösten
Vergnügen so wohl Regen als Nebel, indem sich die Sonne
unsern Augen in ihrer schönsten Klarheit, der Himmel
aber ohne die geringsten Wolcken als ein blau=gemahltes
Gewölbe zeigte. Und gewißlich diese Allmachts=Geschöpffe
erweckten in uns desto grössere Verwunderung, weil wir
ausser denenselben sonst nichts sehen konten als unser Schiff,
die offenbare See, und dann und wann einige schwimmenden
Kräuter. Wir bekamen zwar einige Tage hernach auch
verschiedene Seltsamkeiten, nemlich See=Kühe, See=Kälber
und See=Löwen, Delphine, rare Vögel und dergleichen
zu Gesichte, aber nichts fiel mir mit mehrern Vergnügen
in die Augen, als, da der Capitain Wolffgaug eines Tages
sehr frühe mit aufgehender Sonne mir sein Perspectiv
gab, und sagte: Sehet, mein Sohn! dorten von ferne
denjenigen Felsen, worauf nächst GOtt eure zeitliche
Wohlfahrt gegründet ist. Ich wuste mich vor Freuden
fast nicht zu lassen, als ich [91] diesen vor meine Person
so glücklichen Ort nur von ferne erblickte, ohngeacht ich
nichts wahrnehmen konte, als einen ungeheuern aufge=

thürmten Stein=Klumpen, welcher auch, je näher wir dem=
selben kamen, desto fürchterlicher schien, doch weil mir der
Capitain in Geheim allbereits eine gar zu schöne Beschreibung
darvon gemacht hatte, bedünkten mich alle Stunden Jahre
zu werden, ehe wir diesem Trotzer der Winde und stür= 5
menden Meeres=Wellen gegen über Ancker wurffen.

Es war am 12. Novemb. 1725. allbereit nach Unter=
gang der Sonnen, da wir in behöriger Weite vor dem
Felsen die Ancker sincken liessen, weil sich der Capitain
vor den ihm gantz wohlbekandten Sand=Bäncken hütete. 10
So bald dieses geschehen, ließ er kurtz aufeinander 3.
Canon=Schüsse thun, und bald hernach 3. Raqueten steigen.
Nach Verlauff einer Viertheils=Stunde musten abermahls
3. Canonen abgefeuert, und bey jedem 2. Raqueten ge=
zündet werden, da. denn alsofort von dem Felsen mit 15
dreyen Canonen=Schüssen geantwortet wurde, worbey zu=
gleich 3. Raqueten gegen unser Schiff zugeflogen kamen,
welches bey denen, so keinen Bescheid von der Sache hatten,
eine ungemeine Verwunderung verursachte. Der Capitain
aber ließ noch 6. Schüsse thun, und biß gegen Mitter= 20
Nacht alle Viertel Stunden eine Raquete steigen, auch
Lust=Kugeln und Wasser=Kegel in die See spielen, da
denn unsern Raqueten allezeit andere von dem Felsen
entgegen kamen, um Mitter=Nacht aber von beyden Seiten
mit 3. Canonen=Schüssen beschlossen wurde. 25

[92] Wir legten uns hierauf mehrentheils zur Ruhe,
biß auf einige, welche von des Capitains generositeé
überflüßig profitiren wolten, und sich theils bey einem
Glase Brandtewein, theils bey einer Schaale Coffeé oder
Canarien-Sect noch tapffer lustig machten, biß der helle 30
Tag anbrach. Demnach hatten wir schon ausgeschlaffen,
da diese nassen Brüder noch nicht einmahl müde waren.
Capitain Wolffgang ließ, so bald die Sonne aufgegangen
war, den Lieutenant Horn nebst allen auf dem Schiffe
befindlichen Personen zusammen ruffen, trat auf den Oberloß, 35
und that ohngefähr folgende Rede an die sämmtlich Ver=
sammleten:

Messieurs und besonders gute Freunde! Es kan
euch nicht entfallen seyn, was ich mit einem jeden ins
besondere, hernach auch mit allen insgesammt öffentlich
verabredet, da ich euch theils in meiner Compagnie zu
reisen, theils aber in meine würcklichen Dienste aufgenommen
habe. Die meisten unter euch haben mir einen unge=
zwungenen Eyd über gewisse Puncte, die ich ihnen wohl
erkläret habe, geschworen, und ich muß euch allen zum
immerwährenden Ruhme nachsagen, daß nicht ein einziger,
nur mit der geringsten Gebärde, darwider gehandelt, son=
dern einer wie der andere, vom grösten biß zum kleinesten,
sich dergestalt gegen mich aufgeführet, wie ich von honetten,
rechtschaffenen Leuten gehofft habe. Nunmehro aber, lieben
Kinder, ist Zeit und Ort vorhanden, da ich nebst denen,
die ich darzu auf= und angenommen, von euch scheiden
will. Nehmet es mir nicht übel, denn es ist vorhero so
mit euch verabredet worden. Sehet, [93] ich stelle euch hier
an meine Statt den Lieutenant Philipp Willhelm Horn
zum Capitain vor, ich kenne seine treffliche Conduite,
Erfahrenheit im See=Wesen und andere zu solcher Charge
erforderliche Meriten, folget meinem Rathe und seinem
Anführen in guter Einträchtigkeit, so habt ihr mit Göttl.
Hülffe an glücklicher Außführung eures Vorhabens nicht
zu zweiffeln. Ich gehe nun an meinen auserwehlten Ort,
allwo ich die übrige Zeit meines Lebens, ob GOTT will,
in stiller Ruhe hinzu bringen gedencke. GOTT sey mit
euch und mir. Ich wünsche euch allen, und einem jeden
ins besondere tausendfaches Glück und Seegen, gedencket
meiner allezeit im Besten, und seyd versichert, daß ich
eure an mir erwiesene Redlichkeit und Treue, allezeit
danckbar zu erkennen suchen werde, denn wir können ein=
ander in Zukunfft dem ohngeacht wol weiter dienen. In=
zwischen da ich mein Schiff nebst allen dem was ihr zur
Ost=Indischen Reise nöthig habt, an den Capitain Horn,
vermöge eines redlichen Contracts überlassen habe, wird
hoffentlich niemand scheel sehen, wenn ich diejenigen Meublen
so vor mich allein mitgenommen, davon abführe, hernach=

mals freundlichen Abschied nehme, und euch ingesammt
Göttl. Schutz empfehle.

Man hätte, nachdem der Capitain Wolffgang diese
seine kleine Oration gehalten, nicht meinen sollen, wie
niedergeschlagen sich alle und jede, auch die sonst so wilden 5
Boots=Knechte bezeugten. Ein seder wolte der erste seyn,
ihn mit Thränenden Augen zu umarmen, dieser fiel ihm
um den Hals, jener küssete ihm die Hände, andere De=
müthigten sich [94] noch tieffer, so daß er selbst weinen
und mit guter manier Gelegenheit suchen muste, von allen 10
Lieblosungen loß zu kommen. Er hielt hierauff noch eine
kleine Rede an den neuen Capitain, stellete ihm das Be=
hörige zum Uberflusse nochmals vor, ließ allen, die sich
auf dem Schiffe befunden, abermals Wein und ander
starckes, auch gelinderes und lieblicher Geträncke reichen, aus 15
den Canonen aber tapffer Feuer geben. Währender Zeit
wurden unsere Sachen von dem Schiffe auf Boote gepackt,
und nach und nach hinüber an den Felsen geschafft, womit
wir zwey vollkommene Tage zubrachten, ohngeachtet von
Morgen biß in die Nacht aller Fleiß angelegt wurde. 20

Am allerwundersamsten kam es einen jeden vor, daß
der Capitain an einem solchen Felsen bleiben wolte, wo
weder Graß, Kraut noch Bäume, vielweniger Menschen
zu sehen waren, weßwegen sich auch einige nicht enthalten
konten, ihn darum zu befragen. Allein er gab ihnen 25
lächelnd zur Antwort: Sorget nicht, lieben Kinder, vor
mich und die ich bey mir habe, denn ich weiß daß uns
GOTT wol erhalten kan und wird. Wer von euch
in des Capitain Horns Gesellschafft wieder mit zurück
kömmt, soll uns, ob GOTT will, wieder zu sehen und 30
zu sprechen kriegen.

Nachdem also alle Personen und Sachen so am Felsen
zurück bleiben solten, hinüber geschafft waren, lichtete der
Capitain Horn seine Ancker, und nahm mit 4. Canonen=
Schüssen von uns Abschied, wir danckten ihm gleichfalls 35
aus 4. Canonen die Herr Capitain Wolffgang mit an
den Felsen zu [95] bringen befohlen hatte, dieses aber

war am vergnüglichsten, daß die unsichtbaren Einwohner
des Felsens auch kein Pulver spareten, und damit an=
zeigten, daß sie uns Bewillkommen, jenen aber Glück auf
die Reise wünschen wolten.

Kaum hatte sich das Schiff aus unsern Augen ver=
lohren, als, indem sich die Sonne bereits zum Unter=
gange geneiget, die sämtlich Zurückgebliebenen ihre begie=
rigen Augen auf den Capitain Wolffgang worffen, um
solchergestalt stillschweigend von ihm zu erfahren, was er
nunmehro mit uns anfangen wolte? Es bestunde aber
unsere gantze Gesellschafft aus folgenden Personen:

1. Der Capitain Leonhard Wolffgang, 45. Jahr alt.

2. Herr Mag. Gottlieb Schmeltzer, 33. Jahr alt.

3. Friedrich Litzberg, ein Literatus, der sich mei=
stens auf die Mathematique legte, etwa 30. Jahr alt.

4. Johann Ferdinand Kramer, ein erfahrner Chi=
rurgus, 33. Jahr alt.

5. Jeremias Heinrich Plager, ein Uhrmacher und
sonst sehr künstlicher Arbeiter, in Metall und anderer Arbeit,
seines Alters 34. Jahr.

6. Philipp Harckert, ein Posamentirer von 23.
Jahren.

7. Andreas Klemann, ein Pappiermacher, von 36.
Jahren.

8. Willhelm Herrlich, ein Drechsler, 32. Jahr alt.

[96] 9. Peter Morgenthal, ein Kleinschmied, aber dabey
sehr künstlicher Eisen=Arbeiter, 31. Jahr alt.

10. Lorentz Wetterling, ein Tuchmacher, 34. Jahr alt.

11. Philipp Andreas Krätzer, ein Müller, 36. Jahr alt.

12. Jacob Bernhard Lademann, ein Tischler, 35. Jahr.

13. Joh. Melchior Garbe, ein Büttner, von 28. Jahren.

14. Nicolaus Schreiner, ein Töpffer=Geselle, von 22.
Jahren.

15. Ich, Eberhard Julius, damals alt, $19^1/_2$ Jahr.

Was wir an Geräthschafften, Thieren und andern
Sachen mit ausgeschifft hatten, wird gehöriges Orts vor=
kommen, derowegen erinnere nur nochmals das besondere

Verlangen so wir allerseits hegten, nicht allein das Ge=
lobte Land, darinnen wir wohnen solten, sondern auch
die berühmten guten Leute zu sehen. Capitain Wolffgang merckte solches mehr als zu wohl, sagte derowegen: wir
möchten uns nur diese Nacht noch auf dieser Städte zu 5
bleiben gefallen lassen, weiln es ohnedem schon späte wäre,
der morgende Tag aber solte der Tag unsers frölichen
Einzugs seyn.

Indem er nun wenig Worte verlieren durffte, uns
alle nach seinen Willen zu lencken, setzte sich ein Theil 10
der Unsern bey das angemachte Feuer nieder, dahingegen
Herr M. Schmeltzer, ich und noch einige mit dem Capitain
am Fusse des Felsens spa= [97] tzieren giengen und den
herabschiessenden Wasser=Fluß betrachteten, welches gewiß
in dieser hellen Nacht ein besonderes Vergnügen erweckte. 15
Wir hatten uns aber kaum eine halbe Stunde hieran
ergötzt, als unsere zurückgelassenen Leute, nebst dreyen
Frembden, die grosse Fackeln in den Händen trugen, zu
uns kamen.

Ermeldte Frembde hatten bey den Unserigen, nach 20
dem Capitain Wolffgang gefragt, und waren nicht allein
dessen Anwesenheit berichtet, sondern auch aus Neugierig=
keit biß zu uns begleitet worden. So bald die Frembden
den Capitain erblickten, warffen sie sogleich ihre Fackeln
zur Erden, und liessen hinzu, selbigen alle drey auf einmal 25
zu umarmen.

Der Capitain, so die 3. Angekommenen sehr wol
kennete, umarmete und küssete einen nach dem andern,
worauf er nach kurtz gefasseten Grusse sogleich fragte:
Ob der Altvater annoch gesund lebte? Sie beantworteten 30
dieses mit Ja, und baten, er möchte doch alsofort nebst
uns allen zu ihm hinauff steigen. Allein der Capitain
versetzte: Meine liebsten Freunde! ich will die bey mir
habenden Leute nicht zur Nachts=Zeit in diesen Lust=
Garten der Welt führen, sondern erwarten, biß Morgen, 35
so GOtt will, die Sonne zu unsern frohen Einzuge leuchtet,
und uns denselben in seiner natürlichen Schönheit zeiget.

Erlaubet uns solches, fuhr er fort, und empfanget zu=
förderst diesen euren Bluts=Freund **Eberhard Julium,**
welchen ich aus Teutschland mit anhero geführet habe.

Kaum hatte er diese Worte gesprochen, als sie |98|
5 vor Freuden in die Höhe sprungen, und einer nach dem
andern mich umfiengen und küsseten. Nachdem solcher=
gestalt auch alle unsere Reise = Gefährten bewillkommet
waren, bat der **Capitain** meine frembden Vettern, daß
einer von ihnen hinauf steigen, dem Altvater seinen Ge=
10 horsam vermelden, anbey Erlaubniß bitten solte, daß er
Morgen frühe, mit Aufgang der Sonnen, nebst 14. red=
lichen Leuten bey ihm einziehen dürffe. Es lief also
Augenblicklich einer hurtig davon, um diese **Commission**
auszurichten, die übrigen zwey aber setzten sich nebst uns
15 zum Feuer, ein Glaß **Canari-Sect** zu trinden, und liessen
sich vom **Capitain** erzehlen, wie es uns auf der Reise
ergangen sey.

Ich vor meine Person, da in vergangenen 2. Nächten
nicht ein Auge zugethan hatte, konte nunmehro, da ich
20 den Hafen meines Vergnügens erreicht haben solte, un=
möglich mehr wachen, sondern schlieff bald ein, ermunterte
mich auch nicht eher, biß mich der **Capitain** beym Auf=
gange der Sonnen erweckte. Meine Verwunderung war
ungemein, da ich etliche 30. ansehnliche Männer in frembder
25 doch recht guter Tracht um uns herum sahe, sie umar=
meten und küsseten mich alle ordentlich nach einander, und
redeten so feines Hoch=Teutsch, als ob sie gebohrne Sachsen
wären. Der **Capitain** hatte indessen das Früh = Stück
besorgt, welches in **Coffeé, Frantz = Brandtewein,** Zucker=
30 Brod und andern **Confituren** bestund. So bald dieses
verzehret war, blieben etwa 12. Mann bey unsern Sachen,
die übrigen aber giengen mit uns nach der Gegend des
Flusses, bey welchen wir gestern Abend gewesen [99] waren.
Ich ersahe mit größter Verwunderung, daß derselbe gantz
35 trocken war, besann mich aber bald auf des **Capitains**
vormahlige Erzehlung, mitlerweile stiegen wir, aber ohne
fernern Umschweiff, die von dem klaren Wasser gewaschenen

Felsen=Stuffen hinauff, und marchirten in einer langen, jedoch mit vielen Fackeln erleuchteten, Felsen=Höle immer aufwärts, biß wir endlich ingesammt als aus einem tieffen Keller, an das helle Tages=Licht herauff kamen.

Nunmehro waren wir einigermassen überzeugt, daß [5] uns der Capitain Wolffgang keine Unwahrheiten vor= geschwatzt hatte, denn man sahe allhier, in einem kleinen Bezierck, das schönste Lust=Revier der Welt, so, daß unsere Augen eine gute Zeit recht starr offen stehen, der Mund aber, vor Verwunderung des Gemüths, geschlossen bleiben [10] muste.

Unsern Seel=Sorger, Herr M. Schmeltzern, traten vor Freuden die Thränen in die Augen, er fiel nieder auf die Knie, um dem Allerhöchsten gebührenden Danck abzustatten, und zwar vor die besondere Gnade, daß uns [15] derselbe ohne den geringsten Schaden und Unfall gesund anhero geführet hatte. Da er aber sahe daß wir gleiches Sinnes mit ihm waren, nahm er seine Bibel, verlaß den 65. und 84. Psalm Davids, welche beyden Psalmen sich ungemein schön hieher schickten, Betete hierauf einige kräfftige [20] Gebete, und schloß mit dem Liede: Nun dancket alle GOTT 2c. Unsere Begleiter konten so gut mit singen und beten als wir, woraus sogleich zu muthmassen war, daß sie im Christenthum nicht unerfahren seyn müsten. So bald [100] wir aber dem Allmächtigen unser erstes [25] Opffer auf dieser Insul gebracht, setzten wir die Füsse weiter, nach dem, auf einem grünen Hügel, fast mitten in der Insul liegenden Hause zu, worinnen Albertus Julius, als Stamm=Vater und Oberhaupt aller Einwohner, so zu sagen, residirte. [30]

Es ist unmöglich dem Geneigten Leser auf einmal alles ausführlich zu beschreiben, was vor Annehmlichkeiten uns um und um in die Augen fielen, derowegen habe einen kleinen Grund=Riß der Insul beyfügen wollen, welchen diejenigen, so die Geometrie und Reiß=Kunst besser [35] als ich verstehen, passiren zu lassen, gebeten werden, denn ich ihn nicht gemacht habe, etwa eine eingebildete Geschick=

lichkeit zu zeigen, sondern nur dem curieusen Leser eine
desto bessere Idee von der gantzen Landschafft zu machen.
Jedoch ich wende mich ohne weitläufftige Entschuldigungen
zu meiner Geschichts=Erzählung, und gebe dem Geneigten
5 Leser zu vernehmen: daß wir fast eine Meilwegs lang
zwischen einer Alleé, von den ansehnlichsten und frucht=
barsten Bäumen, die recht nach der Schnur gesetzt waren,
fortgiengen, welche sich unten an dem ziemlich hoch er=
habenen Hügel endigte, worauf des Alberti Schloß stund.
10 Doch etwa 30. Schritte lang vor dem Ausgange der Alleé,
waren die Bäume dermassen zusammen gezogen, daß sie
oben ein rechtes Europäisches Kirchen=Gewölbe formirten,
und an statt der schönsten Sommer=Laube dieneten. Unter
dieses ungemein propre und natürlich kostbare Verdeck
15 hatte sich der alte Greiß, Albertus Julius, von seiner
ordentlichen Behau= [101] sung herab, uns entgegenbringen
lassen, denn er konte damals wegen eines geschwollenen
Fusses nicht gut fortkommen. Ich erstaunete über sein
Ehrwürdiges Ansehen, und venerablen weissen Bart, der
20 ihm fast biß auf dem Gürtel herab reichte, zu seinen
beyden Seiten waren noch 5. ebenfalls sehr alt scheinende
Greisse, nebst etlichen andern, die zwar etwas jünger, doch
auch 50. biß 60. Jahr alt aussahen. Ausser der Sommer=
Laube aber, auf einem schönen grünen und mit lauter
25 Palmen= und Latan=Bäumen umsetzten Platze, war eine
ziemliche Anzahl erwachsener Personen und Kinder, alle
recht reputirlich gekleidet, versammlet.
     Ich wüste nicht Worte genung zu ersinnen, wenn ich
die zärtliche Bewillkommung, und das innige Vergnügen
30 des Albert Julii und der Seinigen vorstellen solte.
Mich drückte der ehrliche Alte aus getreuem Hertzen der=
massen fest an seine Brust, daß ich die Regungen des
aufrichtigen Geblüts sattsam spürte, und eine lange Weile
in seinen Armen eingeschlossen bleiben muste. Hierauff
35 stellete er mich als ein Kind zwischen seinen Schooß, und
ließ alle Gegenwärtigen, so wol klein als groß herzu ruffen,
welche mit Freuden kamen und den Bewillkommungs=Kuß

auf meinen Mund und Hand drückten.   Alle andern Neu=
angekommenen wurden mit nicht weniger Freude und
Aufrichtigkeit empfangen, so daß die ersten Höfflichkeits=
Bezeugungen biß auf den hohen Mittag daureten, worauff
wir Einkömmlinge mit dem Albert Julio, und denen 5. 5
Alten, in dem auf dem Hügel liegenden Hause, die Mittags=
Mahlzeit einnahmen.   Wir wurden [102] zwar nicht
Fürstlich, doch in der That auch nicht schlecht tractiret,
weiln nebst den 4. recht schmackhafften Gerichten, die in
Fleisch, Fischen, gebratenen Vögeln, und einem raren 10
Zugemüse bestunden, die delicatesten Weine, so auf dieser
Insul gewachsen waren, aufgetragen wurden.   Bey Tische
wurde sehr wenig geredet, mein alter Vetter Albert Julius
aber, dem ich zur Seite sitzen muste, legte mir stets die
allerbesten Bissen vor, und konte, wie er sagte, vor über= 15
mäßiger Freude, itzo nicht den vierdten Theil so viel, als
gewöhnlich essen.   Es war bey diesen Leuten nicht Mode
lange zu Tische zu sitzen, derowegen stunden wir nach
ordentlicher Ersättigung auf, der Altvater betete nach seiner
Gewohnheit, so wol nach= als vor Tische selbst, ich küssete 20
ihm als ein Kind die Hand, er mich aber auf den Mund, nach
diesen spatziereten wir um das von festen Steinen erbaute
Hauß, auf dem Hügel herum, allwo wir bey nahe das
gantze innere Theil der Insul übersehen konten, und des
Merckwürdigsten auf derselben belehret wurden.   Von dar 25
ließ sich Albert Julius auf einem Trag=Sessel in seinen
angelegten grossen Garten tragen, wohin wir ingesammt
nachfolgeten, und uns über dessen annehmliche, nützliche
und künstliche Anlegung nicht wenig verwunderten.   Denn
diesen Garten, der ohngefehr eine Viertheils Teutsche 30
Meile lang, auch eben so breit war, hatte er durch einen
Creutz=Weg in 4. gleiche Theile abgetheilet, in dem ersten
quartier nach Osten zu, waren, die auserlesensten Frucht=
baren Bäume, von mehr als hundert Sorten, das 2te
quartier gegen Süden, hegte vielerley schöne Weinstöcke, 35
welche [103] theils rothe, grüne, blaue, weisse und anders
gefärbte extraordinair grosse Trauben und Beeren trugen.

Das 3. quartier, nach Norden zu, zeigte unzehlige Sorten
von Blumen=Gewächsen, und in dem 4 ten quartire, dessen
Ecke auf Westen stieß, waren die allernützlichsten und
delicatesten Küchen=Kräuter und Wurtzeln zu finden.

5   Wir brachten in diesem kleinen Paradiese, die Nach=
mittags=Stunden ungemein vergnügt zu, und kehreten etwa
eine Stunde vor Untergang der Sonnen zurück auf die
Albertus-Burg, speiseten nach der Mittäglichen Art, und
setzten uns hernachmals vor dem Hause auf artig gemachte
10 grüne Rasen=Bäncke nieder, allwo Capitain Wolffgang dem
Altvater von unserer letzten Reise ein und anderes er=
zehlte, biß uns die hereinbrechende Nacht erinnerte: Beth=
Stunde zu halten, und die Ruhe zu suchen.

      Ich muste in einer schönen Kammer, neben des
15 Alberti Zimmer schlaffen, welche ungemein sauber meublirt
war, und gestehen, daß Zeit meines Lebens noch nicht
besser geruhet hatte, als auf dieser Stelle.

      Folgenden Morgen wurden durch einen Canonen=
Schuß alle Einwohner der Insul zum Gottesdienst be=
20 ruffen, da denn Herr M. Schmeltzer eine ziemliche lange
Predigt über den 122. Psalm hielte, die übrigen Kirchen=
Gebräuche aber alle auf Lutherische Art ordentlich in Acht
nahm. Den Albert Julium sahe man die gantze Predigt
über weinen, und zwar vor grossen Freuden, weiln ihm
25 der Höchste die Gnade verliehen, noch vor seinem |104|
Ende einem Prediger von seiner Religion zuzuhören, ja
so gar denselben in seiner Bestellung zu haben. Die
übrigen versammleten waren dermassen andächtig, daß ich
mich nicht erinnern kan, dergleichen jemals in Europa
30 gesehen zu haben.

      Nach vollbrachten Gottesdienste, da die Auswärtigen
sich alle auf den Weg nach ihren Behausungen gemacht,
und wir die Mittags=Mahlzeit eingenommen hatten, be=
hielt Albertus Herrn M. Schmeltzern allein bey sich, um
35 mit demselben wegen künfftiger Kirchen = Ordnung, und
anderer die Religion betreffenden höchstnöthigen Anstalten,
Unterredung zu pflegen. Monsieur Wolffgang, der itzo

durchaus nicht mehr Capitain heissen wolte, ich, und die
andern Neuangekommenen, wolten nunmehro bemühet seyn,
unsere Packen und übrigen Sachen auf die Insul herauff
zu schaffen, welches uns allerdings als ein sehr Beschwerlich
Stück Arbeit fürkam, allein, zu unserer grösten Verwun= 5
derung und Freude, fanden wir alle unsere Güter in der=
jenigen grossen Sommer=Laube beysammen stehen, wo uns
Albertus zuerst bewillkommet hatte. Wir hatten schon
gezweiffelt, daß wir binnen 4. biß 5. Tagen alle Sachen
herauff zu bringen vermögend seyn würden, und sonderlich 10
stelleten wir uns das Aufreissen der grossen Packe und
Schlag=Fässer sehr mühsam vor, wusten aber nicht, daß
die Einwohner der Insul, an einem verborgenen Orthe
der hohen Felsen, zwey vortrefflich=starcke Winden hatten,
durch deren forco wohl ein gantzer Fracht = Wagen auf 15
einmal hätte hinauff gezogen werden können. Mons.
Litzberg hatte [105] sich binnen der Zeit die Mühe ge=
nommen, unser mitgebrachtes Vieh zu besorgen, so aus
4. jungen Pferden, 6. jungen Stücken Rind=Vieh, 6.
Schweinen, 6. Schaafen, 2. Böcken, 4. Eseln, 4. Welschen 20
Hünern, 2. Welschen Hähnen, 18. gemeinen Hünern, 3.
Hähnen, 6. Gänsen, 6. Endten, 6. Paar Tauben, 4. Hunden,
4. Katzen, 3. Paar Caninichen, und vielerley Gattungen von
Canari- und andern artigen Vögeln bestund.– Er war
damit in die nächste Wohnstäbte, Alberts'-Raum genannt, 25
gezogen, und hatte bereits die daselbst wohnenden Leute völlig
benachrichtiget, was diesem und jenen vor Futter gegeben
werden müste. Selbige verrichteten auch in Warheit diese in
Europa so verächtliche Arbeit mit gantz besondern Vergnügen,
weiln ihnen dergleichen Thiere Zeit ihres Lebens nicht 30
vor die Augen kommen waren.
    Andere, da sie merckten, daß wir unsere Sachen gern
vollends hinauff in des Alberti Wohnhaus geschafft haben
möchten; brachten so fort gantz bequeme Rollwagen herbey,
luden auf, was wir zeigten, spanneten zahmgemachte Affen und 35
Hirsche vor, diese zohen es mit Lust den Hügel hinauff, liessen
auch nicht eher ab, biß alles unter des Alberti Dach gebracht war.

Immittelst hatte Mons. Wolffgang noch vor der Abend=Mahlzeit das Schlag=Faß, worinnen die Bibeln und andere Bücher waren, aufgemacht, und praesentirte dem alten Alberto eine in schwartzen Sammet eingebundene

5 Bibel, welche aller Orten starck mit Silber beschlagen, und auf dem Schnitt verguldet war. Albertus küssete diesel= [106] be, drückte sie an seine Brust und vergoß häuffige Freuden=Thränen, da er zumal sahe, daß wir noch einen so starcken Vorrath an dergleichen und andern

10 geistl. Büchern hatten, auch hörete, daß wir dieselben bey ersterer Zusammenkunfft unter die 9. Julischen Familien, (welche dem G. Leser zur Erläuterung dieser Historie, auf besondere, zu Ende dieses Buchs angehefftete Tabellen gebracht worden,) austheilen wolten. Nächst diesem wurden

15 dem Alberto, und denen Alten, noch viele andere köstliche Sachen eingehändiget, die so wol zur Zierde als besonderer Bequemlichkeit gereichten, worüber alle insgesammt eine Verwunderungs=volle Dancksagung abstatteten. Folgenden Tages als an einem Sonnabend, muste ich, auf Mons.

20 Wolffgangs Ersuchen, in einer bequemen Kammer einen vollkommenen Krahm, so wohl von allerhand nützlichen Sachen, als Kindereyen und Spielwerck auslegen, weiln er selbiges unter die Einwohner der Insul vom Grösten biß zum Kleinesten auszutheilen willens war. Mons.

25 Wolffgang aber, ließ indessen die übrigen Dinge, als Victualien, Instrumenta, Tücher, Leinwand, Kleyder= Geräthe und dergleichen, an solche Orte verschaffen, wo ein jedes vor der Verderbung sicher seyn konte.

Der hierauff einbrechende 25. Sonntag post Trin.

30 wurde früh Morgens bey Aufgang der Sonnen, denen Insulanern zur Andächtigen Sabbats = Feyer, durch 2. Canonen=Schüsse angekündiget. Da sich nun dieselben 2. Stunden hernach ingesammt unter der Albertus-Burg, auf dem mit Bäumen umsetzten grünen Platze versammlet

35 hat= [107] ten, fieng Herr M. Schmeltzer den Gottesdienst unter freyen Himmel an, und Predigte über das ordent= liche Sonntags=Evangelium, vom Greuel der Verwüstung,

fast über 2. Stunden lang, ohne sich und seine Zuhörer zu ermüden, als welche Letztere alles andere zu vergessen, und nur ihn noch länger zuzuhören begierig schienen. Er hatte gantz ungemeine meditationes über die wunder= baren Wege GOTTES, Kirchen zu bauen, und selbige wiederum zu verwüsten, brachte anbey die application auf den gegenwärtigen Zustand der sämbtlichen Einwohner dieser Insul dermassen beweglich vor, daß, wenn auch die Helffte von den Zuhörern die gröbsten Atheisten gewesen wären, dennoch keiner davon ungerührt bleiben können.

Jedwedes von außwärtigen Zuhörern hatte sich, nach vollendeten Gottesdienste, mit benöthigten Speisen versorgt, wem es aber ja fehlete, der durffte sich nur bey dem Altvater auf der Burg melden, als welcher alle nach Nothburfft sättigen ließ. Nachmittags wurde abermals ordentlicher Gottesdienst und Catechismus = Examen ge= halten, welches über 4. Stunden lang währete, und hätten, nebst Herrn M. Schmeltzern, wir Einkömmlinge nimmer= mehr vermeynet dieses Orts Menschen anzutreffen, welche in den Glaubens=Articuln so trefflich wohl unterrichtet wären, wie sich doch zu unseren grösten Vergnügen so wol Junge als Alte finden liessen. Da nun auch dieses vorüber war, beredete sich Albertus mit den Aeltesten und Vorstehern der 9. Stämme, und zeigten ihnen den Platz, wo er gesonnen wäre eine Kirche aufbauen zu lassen. Dersel= [108] be wurde nun unten an Fusse des Hügels von Mons. Litzbergen, Lademannen und andern Bau= Verständigen ordentlich abgesteckt, worauff Albertus sogleich mit eigenen Händen ein Loch in die Erde grub, und den ersten Grund=Stein an denjenigen Orth legte, wo der Altar solte zu stehen kommen. Die Aeltesten uud Vor= stcher gelobten hierbey an, gleich morgenden Tag Anstalten zu machen, daß die benöthigten Bau=Materialien eiligst herbey geschafft würden, und an fleißigen Arbeitern kein Mangel seyn möchte. Worauff sich bey herannahenden Abende jedes nach seiner Wohnstätte begab. Albertus, der sich wegen so viel erlebten Vergnügens gantz zu ver=

jüngern fchiene, war diefen Abend abfonderlich wohl auf=
geräumt, und ließ fich aus dem Freuden = Becher unfern
mitgebrachten Canari-Sect hertzlich wohl fchmecken, doch
fo bald er deffen Kräffte nur in etwas zu fpüren begunte,
5 brach er fo wohl als wir ab, und fagte: Meine Kinder,
nunmehro hat mich der Höchfte bey nahe alles erleben
laffen, was ich auf diefer Welt in zeitlichen Dingen ge=
wünfchet, da aber mercke, daß ich noch bey ziemlichen
Kräfften bin, habe mir vorgenommen die übrige Zeit
10 meines Lebens mit folchen Verrichtungen hin zu bringen,
die meinen Nachkommen zum zeitlichen und ewigen Beften
gereichen, diefe Inful aber in den beglückteften Zuftand
fetzen können.

Demnach bin ich gefonnen, in diefem meinem kleinen
15 Reiche eine General-Visitation zu halten, und, fo GOTT
will, morgenden Tag damit den Anfang zu machen,
Monsieur Wolffgang wird [109] nebft allen neu ange=
kommenen, mir die Gefälligkeit erzeigen und mit reifen.
Wir wollen alle Tage eine Wohnftatt von meinen Ab=
20 ftammlingen vornehmen, und ihren jetzigen Zuftand wol
erwegen, ein jeder mag fein Bedencken von Verbefferung
diefer und jener Sachen aufzeichnen, und hernach auf mein
Bitten an mich liefern, damit wir ingefammt darüber
rathfchlagen können. Wir werden in 9. aufs längfte in
25 14. Tagen damit fertig feyn, und hernach mit defto beffern
Verftande die Hände an das Werck unferer geiftlichen und
leiblichen Wohlfahrt legen. Nach unferer Zurückkunft
aber, will ich alle Abend nach der Mahlzeit ein Stück
von meiner Lebens-Gefchicht zu erzehlen Zeit anwenden,
30 hierauff Beth=Stunde halten, und mich zur Ruhe legen.

Monsieur Wolffgang nahm diefen Vorfchlag fo wol
als wir mit gröften Vergnügen an, wie denn auch gleich
folgenden Morgen mit aufgehender Sonne, nach gehaltener
Morgen=Gebets=Stunde, Anftalt zum Reifen gemacht wurde.
35 Albertus, Herr M. Schmeltzer, Mons. Wolffgang und ich,
faffen beyfammen auf einem artigen Wagen, welcher von
4. Zahm gemachten Hirfchen gezogen wurden, ufere übrige

Gesellschafft aber folgte mit Lust zu Fuße nach. Der
erste und nächste Ort den wir besuchten, war die Wohnstatt,
Alberts-Raum genannt, es lag gleich unter der Alberts-
Burg nach Norden zu, gerade zwischen den zweyen gepflantzten Alleen, und bestund aus 21. Feuerstätten, 5
wohlgebaueten Scheunen, Stüllen und Gärten, doch hatten
die guten Leute ausser einer wunder- [110] baren Art
von Böcken, Ziegen, und zahmgemachten Hirschen, weiter
kein ander Vieh. Wir traffen daselbst alles in der schönsten
Haußhaltungs-Ordnung an, indem die Alten ihre Arbeit 10
auf dem Felde verrichteten, die jungen Kinder aber von
den Mittlern gehütet und verpfleget wurden. Nachdem
wir die Wohnungen in Augenschein genommen, trieb uns
die Neugierigkeit an, das Feld, und die darauff Arbeiteten,
zu besehen, und fanden das Erstere trefflich bestellt, die 15
Letzten aber immer noch fleißiger daran bauen. Um
Mittags-Zeit aber wurden wir von ihnen umringet, in
ihre Wohnstatt geführet, gespeiset, getränckt, und von dem
grösten Hauffen nach Hause begleitet. Monsieur Wolffgang schenckte dieser Albertinischen Linie, 10. Bibeln, 20
20. Gesang- und Gebeth-Bücher, ausser den verschiedene
nützlichen, auch Spiel-Sachen vor die Kinder, und befahl,
daß diejenigen so etwa leer außgiengen, selbsten zu ihm
kommen, und das Ihrige abholen möchten.

Nachdem wir nun von diesen Begleitern mit freudigem 25
Dancke verlassen worden, und bey Alberto die Abend-
Mahlzeit eingenommen hatten, ließ dieser Alt-Vater sonst
niemand, als Herr Mag. Schmeltzern, Mons. Wolffgaugen
und mich, in seiner Stube bleiben, und machte den Anfang zu seiner Geschichts-Erzehlung folgendermassen. 30

Ich Albertus Julius, bin anno 1628. den 8. Januar.
von meiner Mutter Maria Elisabetha Schläterin zur
Welt gebohren worden. Mein Vater, Stephanus Julius,
war der Unglückseeligste Etaats- [111] Bediente eines
gewissen Printzen in Teutschland, indem er in damaliger 35
heftiger Kriegs-Unruhe seines Herren Feinden in die Hände
fiel, und weil er seinem Fürsten, vielweniger aber seinem

GOTT ungetreu werden wolte, so wurde ihm unter dem
Vorwande, als ob er, in seinen Briefen an den Fürsten,
den respect gegen andere Potentaten beyseit gesetzt, der
Kopf gantz heimlicher und desto mehr unschuldiger Weise vor
5 die Füsse gelegt, mithin meine Mutter zu einer armen Wittbe,
2. Kinder aber zu elenden Wäysen gemacht.   Ich gieng
dazumal in mein sechstes, mein Bruder Johann Balthasar
aber, in sein viertbes Jahr, weiln wir aber unsern Vater,
der beständig bey dem Printzen in Campagne gewesen,
10 ohnedem sehr wenig zu Hause gesehen hatten, so war unser
Leydwesen, damaliger Kindheit nach, nicht also beschaffen,
als es der jämmerlich starcke Verlust, den wir nachhero
erstlich empfinden lerneten, erforderte, ob schon unsere
Mutter ihre Wangen Tag und Nacht mit Thränen benetzte.
15   Meines Vaters Principal, welcher wol wuste, daß
mein Vater ein schlechtes Vermögen würde hinterlassen
haben, schickte zwar an meine Mutter 800. Thlr. rück=
ständige Besoldung, nebst der Versicherung seiner beständ=
digen Gnade, allein das Kriegs = Feuer gerieth in volle
20 Flammen, der Wohlthätige Fürst wurde weit von uns
getrieben, der Todt raubte die Mutter, der Feind das
übrige blutwenige Vermögen, alle Freunde waren zer=
streuet, also wusten ich und mein Bruder sonst kein ander
Mittel, als den Bettel=Stab zu ergreiffen.
25   [112] Wir musten also bey nahe anderthalb Jahr,
das Brod vor den Thüren suchen, von einem Dorffe und
Stadt zur andern wandern, und letzlich fast gantz ohne
Kleider einher gehen, biß wir ohnweit Naumburg auf ein
Dorff kamen, allwo sich die Priester=Frau über uns er=
30 barmete, ihren Kindern die alten Kleider vom Leibe zog,
und uns damit bekleidete, ehe sie noch gefragt, woher,
und weß Standes wir wären.   Der Priester kam darzu,
lobte seiner Frauen Mitleyden und redliche Wohlthaten,
erhielt aber, auf sein Befragen von mir, zulänglichen
35 Bericht wegen unsers Herkommens, weil ich dazumal schon
10. Jahr alt war, und die betrübte Historie von meinen
Eltern ziemlich gut zu erzehlen wuste.

Der redliche Geistliche, welcher vielleicht nunmehro
schon seit vielen Jahren unter den Seeligen, als des
Himmels=Glantz leuchtet, mochte vielleicht von den damaligen Läufften, und sonderlich von meines Vaters Begebenheiten, mehrere Nachricht haben als wir selbst, schlug 5
derowegen seine Hände und Augen gen Himmel, führete
uns arme Wäysen in sein Hauß, und hielt uns nebst
seinen 3. Kindern so wol, als ob wir ihnen gleich wären.
Wir waren 2. Jahr bey ihm gewesen, und hatten binnen
der Zeit im Christenthum, Lesen, Schreiben und andern 10
studien, unserm Alter nach, ein ziemliches profitiret, worüber
er nebst seiner Liebsten eine sonderliche Freude bezeigte,
und ausdrücklich sagte: daß er sich unsere Aufnahme
niemals gereuen lassen wolte, weiln er augenscheinlich
gespüret, daß ihn GOTT seit der Zeit, an zeitlichen Gü= 15
[113] tern weit mehr als sonsten gesegnet hätte; doch da
wenig Wochen hernach sein Befreundter, ein Amtmann
aus dem Braunschweigischen, diesen meinen bißherigen
Pflege=Vater besuchte, an meinem stillen Wesen einen
Gefallen hatte, meine 12. jährige Person von seinem Vetter 20
ausbat, und versicherte, mich, nebst seinen Söhnen, studiren
zu lassen, mithin den Mitleidigen Priesters = Leuten die
halbe Last vom Halse nehmen wolte; liessen sich diese
bereden, und ich muste unter Vergiessung häufiger Thränen
von ihnen und meinem lieben Bruder Abschied nehmen, 25
mit dem Amtmanne aber ins Braunschweigische reisen.
Daselbst nun hatte ich die ersten 2. Jahre gute Zeit, und
war des Amtmanns Söhnen, die doch alle beyde älter
als ich, auch im Studiren weit voraus waren, wo nicht
vor= doch gantz gleich gekommen.   Dem ohngeacht ver= 30
trugen sich dieselben sehr wohl mit mir, da aber ihre
Mutter starb, und statt derselben eine junge Stieff=Mutter
ins Hauß kam, zog zugleich der Uneinigkeits=Teuffel mit
ein.   Denn diese Bestie mochte nicht einmahl ihre Stieff=
Kinder, vielweniger mich, den sie nur .ben Bastard und 35
Fündling nennete, gern um sich sehen, stifftete derowegen
immerfort Zanck und Streit unter uns, worbey ich jeder=

zeit das meiste leiden muste, ohngeacht ich mich so wohl
gegen sie als andere auf alle ersinnliche Art demüthigte.
Der Informator, welcher es so hertzlich wohl mit mir
meinete, muste fort, an dessen Stelle aber schaffte die
5 regierende Domina einen ihr besser anständigen Studenten
herbey. Dieser gute Mensch war kaum zwey [114]
Wochen da, als wir Schüler merckten, daß er im Latei=
nischen, Griechischen, Historischen, Geographischen und an=
dern Wissenschafften nicht um ein Haar besser beschlagen
10 war, als die, so von ihm lernen solten, derowegen klappte
der Respect, welchen er doch im höchsten Grade verlangte,
gar schlecht. Ohngeacht aber der gute Herr Praeceptor
uns keinen Autorem vor=exponiren konte; so mochte er
doch der Frau Amtmännin des Ovidii Libr. de arte
15 amandi desto besser zu erklären wissen, indem beyde die
Privat-Stunden dermassen öffentlich zu halten pflegten,
daß ihre freye Aufführung dem Amtmanne endlich selbst
Verdacht erwecken muste.

Der gute Mann erwehlete demnach mich zu seinem
20 Vertrauten, nahm eine verstellete Reise vor, kam aber in
der Nacht wieder zurück unter das Kammer=Fenster, wo
der Informator nebst seinen Schülern zu schlaffen pflegte.
Dieser verliebte Venus-Professor stund nach Mitternacht
auf, der Frau Amtmännin eine Visite zu geben. Ich,
25 der, ihn zu belauschen, noch kein Auge zugethan hatte,
war der verbothenen Zusammenkunfft kaum versichert,
als ich dem, unter dem Fenster stehenden Amtmanne das
abgeredete Zeichen mit Husten und Hinunterwerffung
meiner Schlaff=Mütze gab, welcher hierauf nicht gesackelt,
30 sondern sich in aller Stille ins Hauß herein practiciret,
Licht angeschlagen, und die beyden verliebten Seelen, ich
weiß nicht in was vor positur, ertappet hatte.

Es war ein erbärmlich Geschrey in der Frauen
Cammer, so, daß fast alles Hauß=Gesinde herzu [115]
35 gelauffen kam, doch da meine Mit=Schüler, wie die Ratzen,
schlieffen, wolte ich mich auch nicht melden, konte aber
doch nicht unterlassen, durch das Schlüssel=Loch zu gucken,

da ich denn gar bald mit Erstaunen sahe, wie die Be=
dienten dem Herrn Praeceptor halb todt aus der nächt=
lichen Privat - Schule heraus schleppten. Hierauf wurde
alles stille, der Amtmann ging in seine Schreibe = Stube,
hergegen zeigte sich die Frau Amtmännin mit blutigen 5
Gesichte, verwirrten Haaren, hinckenden Füssen, ein groß
Messer in der Hand haltend auf dem Saale, und schrye:
Wo ist der Schlüssel? Albert muß sterben, dem verfluchten
Albert will ich dieses Messer in die Kalbaunen stossen.

Mir wurde grün und gelb vor den Augen, da ich 10
diese höllische Furie also reden hörete, jedoch der Amt=
mann kam, einen tüchtigen Prügel in der rechten, einen
blossen Degen aber in der lincken Hand haltend, und jagte
das verteuffelte Weib zurück in ihre Cammer. Dem
ohngeacht schrye sie doch ohn Unterlaß: Albert muß 15
sterben, ja der Bastard Albert muß sterben, ich will ihn
entweder selbst ermorden, oder demjenigen hundert Thaler
geben, wer dem Hunde Gifft eingiebt.

Ich meines Orts gedachte: Sapienti sat! kleidete
mich so hurtig an, als Zeit meines Lebens noch nicht 20
geschehen war, und schlich in aller Stille zum Hause hinaus.

Das Glück führete mich blindlings auf eine grosse
Heer=Strasse, meine Füsse aber hielten sich so hurtig, daß
ich folgenden Morgen um 8. Uhr die Stadt Braunschweig
vor mir liegen sahe. Hun=[116]ger und Durst plagten mich, 25
wegen der gethanen starcken Reise, gantz ungemein, doch
da ich nunmehro auf keinem Dorffe, sondern in Braun=
schweig einzukehren gesonnen war, tröstete ich meinen
Magen immer mit demjenigen 24. Marien=Groschen=Stücke,
welches mir der Amtmann vor 2. Tagen geschenckt, als 30
ich mit ihm aus Braunschweig gefahren, und dieses vor
mich so fatale Spiel verabredet hatte.

Allein, wie erschrack ich nicht, da mir das helle Tages=
Licht zeigte, daß ich in der Angst unrechte Hosen und an
statt der Meinigen, des Herrn Praeceptoris seine er= 35
griffen. Wiewohl, es war mir eben nicht um die Hosen,
sondern nur um mein schön Stücke Geld zu thun, doch

ich fand keine Ursache, den unvorsichtigen Tausch zu be=
reuen, weil ich in des Praeceptors Hosen bey nahe 6.
Thlr. Silber=Geld, und über dieses einen Beutel mit 30.
spec. Ducaten fand. Demnach klagte ich bey meiner
5 plötzlichen Flucht weiter nichts, als daß mir nicht erlaubt
gewesen, von dem ehrlichen Amtmanne, der an mir als
ein treuer Vater gehandelt, mündlich danckbarn Abschied
zu nehmen. Doch ich that es schrifftlich desto nachdrück=
licher, entschuldigte mein Versehen wegen der vertauschten
10 Hosen aufs beste, kauffte mir in Braunschweig die nöthigsten
Sachen ein, dung mich auf die geschwinde Post, und fuhr
nach Bremen, allwo ich von der beschwerlichen und un=
gewöhnlich weiten Reise sattsam auszuruhen willens hatte.

Warum ich nach Bremen gereiset war? wuste ich
15 mir selbst nicht zu sagen. Ausser dem, daß es die [117]
erste fortgehende Post war, die mir in Braunschweig
aufstieß, und die ich nur deßwegen nahm, um weit genung
hinweg zu kommen, es mochte auch seyn wo es hin wolte.
Ich schätzte mich in meinen Gedancken weit reicher als
20 den grossen Mogol, ließ derowegen meinem Leibe an
guten Speisen und Geträncke nichts mangeln, schaffte mir
ein ziemlich wohl conditionirtes Kleid, nebst guter Wäsche
und andern Zubehör an, behielt aber doch noch etliche
40. Thlr. Zehrungs=Geld im Sacke, wovon ich mir so
25 lange zu zehren getrauete, biß mir das Glück wieder eine
Gelegenheit zur Ruhe zeigte, denn ich wuste mich selbst
nicht zu resolviren, was ich in Zukunfft vor eine Pro-
fession oder Lebens=Art erwehlen wolte, da wegen der
annoch lichterloh brennenden Krieges=Flamme eine ver=
30 drüßliche Zeit in der Welt war, zumahlen vor einen,
von allen Menschen verlassenen, jungen Purschen, der
erstlich in sein 17 des Jahr ging, und am Soldaten=Leben
den greulichsten Eckel hatte.

Eines Tages ging ich zum Zeitvertreibe vor die
35 Stadt spazieren, und gerieth unter 4. ansehnliche junge
Leute, welche, vermuthlich in Betracht meiner guten Klei=
dung, zierlicher Krausen und Hosen=Bänder, auch wohl

des an der Seite tragenden Degens, sehr viel Achtbarkeit
vor meine Person zeigten, und nach langen Herumgehen,
mich zu sich in ein Wein=Hauß nöthigten.   Ich schätzte
mir vor eine besondere Ehre, mit rechtschaffenen Kerlen
ein Glaß Wein zu trincken, ging derowegen mit, und that 5
ihnen redlich Bescheid.   So bald aber der Wein die Geister
in meinem Gehirne etwas rege [118] gemacht hatte,
mochte ich nicht allein mehr von meinem Thun und Wesen
reden, als nützlich war, sondern beging auch die grausame
Thorheit, alles mein Geld, so ich im Leben hatte, heraus 10
zu weisen.   Einer von den 4. redlichen Leuten gab sich
hierauf vor den Sohn eines reichen Kauffmanns aus,
und versprach mir, unter dem Vorwande einer besondern
auf mich geworffenen Liebe, die beste Condition von der
Welt bey einem seiner Anverwandten zu verschaffen, weiln 15
derselbe einen Sohn hätte, dem ich meine Wissenschafften
vollends beybringen, und hernach mit ihm auf die Uni=
versität nach Leyden reisen solte, allwo wir beyde zugleich,
ohne daß es mich einen Heller kosten würde, die gelehr=
testen Leute werden könten.   Er tranck mir hierauf Brüder= 20
schafft zu, und mahlete meinen vom Wein=Geist benebelten
Augen vortreffliche Lufft=Schlösser vor, biß ich mich der=
massen aus dem Zirckel gesoffen hatte, daß mein elender
Cörper der Länge lang zu Boden fiel.

 Der hierauf folgende Morgen brachte sodann meine 25
Vernunfft in etwas wieder zurücke, indem ich mich gantz
allein, auf einer Streu liegend, vermerckte.   Nachdem ich
aufgestanden, und mich einiger massen wieder in Ordnung
gebracht hatte, meine Taschen aber alle ausgeleeret be=
sand, wurde mir verzweiffelt bange.   Ich ruffte den Wirth, 30
fragte nach meinem Gelde und andern bey mir gehabten
Sachen, allein er wolte von nichts wissen, und kurtz zu
sagen: Es lieff nach genauer Untersuchung dahinaus,
daß ich unter 4. Spitzbuben gerathen, welche zwar gestern
Abend die Zeche be= [119] zahlt, und wiederzukommen 35
versprochen, doch biß itzo ihr Wort nicht gehalten, und
allem Ansehen nach mich beschneutzet hätten.

Also war derjenige Schatz, den ich unverhofft ge=
funden, auch unverhofft wieder verschwunden, indem ich
ausser den angeschafften Sachen, die in meinem Quartiere
lagen, nicht einen blutigen Heller mehr im Beutel hatte.
5 Ich blieb zwar noch einige Stunden bey dem Wein=
schencken sitzen, und hoffte auf der Herrn Sauff=Brüder
fröliche Wiederkunfft, allein, mein Warten war vergebens,
und da der Wirth gehöret, daß ich kein Geld mehr zu
versauffen hatte, gab er mir noch darzu scheele Gesichter,
10 weßwegen ich mich eben zum Hinweggehen bereiten wolte,
als ein ansehnlicher Cavalier in die Stube trat, und ein
Glaß Wein forderte. Er sagte mit einer freundlichen
Mine, doch schlecht deutschen Worten zu mir: Mein
Freund, gehet meinetwegen nicht hinweg, denn ich sitze
15 nicht gern allein, sondern spreche lieber mit Leuten. Mein
Herr! gab ich zur Antwort, ich werde an diesem mir
unglückseligen Orte nicht länger bleiben können, denn man
hat mich gestern Abend allhier verführet, einen Rausch
zu trincken, nachdem ich nun darüber eingeschlaffen, ist
20 mir alles mein Geld, so ich bey mir gehabt, gestohlen
worden. Bleibet hier, wiederredete er, ich will vor euch
bezahlen, doch erweiset mir den Gefallen, und erzehlet
umständlicher, was euch begegnet ist. Weiln ich nun
einen starcken Durst verspürete, ließ ich mich nicht zweymahl
25 nöthigen, sondern blieb da, und erzehlete dem Cavalier
meine gantze Lebens=Geschicht von [120] Jugend an, biß
auf selbige Stunde. Er bezeigte sich ungemein vergnügt
dabey, und belachte nichts mehr als des Praeceptors
Liebes=Avantüre, nebst dem wohlgetroffenen Hosen=Tausche.
30 Wein und Confect ließ er genung bringen, da er aber
merckte, daß ich nicht viel trincken wolte, weiln in dem
gestrigen Rausche eine Haare gefunden, welche mir alle
die andern auf dem Kopffe verwirret, ja mein gantzes
Gemüthe in tieffe Trauer gesetzt hatte, sprach er: Mein
35 Freund! habt ihr Lust in meine Dienste zu treten, so
will ich euch jährlich 30. Ducaten Geld, gute Kleidung,
auch Essen und Trincken zur Gnüge geben, nebst der

Versicherung, daß, wo ihr Holländisch und Englisch reden
und schreiben lernet, eure Dienste in weiter nichts als
Schreiben bestehen sollen.

Ich hatte allbereit so viel Höflichkeit und Verstand
gefasset, daß ich ihm augenblicklich die Hand küssete, und 5
mich mit Vergnügen zu seinem Knechte anboth, wenn er
nur die Gnade haben, und mich ehrlich besorgen wolte,
damit ich nicht dürffte betteln gehen. Hierauf nahm er
mich sogleich mit in sein Quartier, ließ meine Sachen
aus dem Gast=Hofe holen, und behielt mich in seinen 10
Diensten, ohne daß ich das geringste thun durffte, als
mit ihm herum zu spaziren, weiln er ausser mir noch 4.
Bedienten hatte.

Ich konte nicht erfahren, wer mein Herr seyn möchte,
biß wir von Bremen ab und in Antwerpen angelanget 15
waren, da ich denn spürete, daß er eines reichen Edel=
manns jüngster Sohn sey, der sich bereits etliche Jahr
in Engelland aufgehalten [121] hätte. Meine Verrich=
tungen bey ihm, bestunden anfänglich fast in nichts, als
im guten Essen und Trincken, da ich aber binnen 6. Mo= 20
nathen recht gut Engell= und Holländisch reden und schreiben
gelernet, muste ich diejenigen Briefe abfassen und schreiben,
welche mein Herr in seines Herrn Vaters Affairen öffters
selbst schreiben solte. Er warff wegen meiner Fähigkeit
und besondern Dienst=Geflissenheit eine ungemeine Liebe 25
auf mich, erwehlete auch, da er gleich im Anfange des
Jahrs 1646. abermahls nach Engelland reisen muste,
sonsten niemanden als mich zu seinem Reise=Gefährten.
Was aber das nachdencklichste war, so muste ich, ehe wir
auf dem Engelländischen Erdreich anlangeten, in Weibes= 30
Kleider kriechen, und mich stellen, als ob ich meines
Herrn Ehe=Frau wäre. Wir gingen nach Londen, und
logirten daselbst in einem Gast=Hofe, der das Castell von
Antwerpen genannt war, ich durffte wenig aus dem Hause
kommen, hergegen brachte mein Herr fast täglich fremde 35
Mannes=Personen mit sich in sein Logis, worbey ich meine
Person dermassen wohl zu spielen wuste, daß jedermann

nicht anders vermeynte, als, ich fey meines Herrn junges
Ehe=Weib.   Zu feiner und meiner Aufwartung aber, hatte
er zwey Englifche Mägdgen und 4. Laqueyen angenommen,
welche uns beyde nach Hertzens Luft bedieneten.

5   Nachdem ich nun binnen etlichen Wochen aus dem
Grunde gelernet hatte, die Perfon eines Frauenzimmers
zu fpielen, fagte mein Herr eines Tages zu mir: Liebfter
Julius, ich werde euch morgen= [122] den Nachmittag,
unter dem Titul meines Eheweibes, in eine gewiffe Ge=
10 fellfchafft führen, ich bitte euch fehr, ftudiret mit allem
Fleiß darauf, wie ihr mir alle behörige Liebkofungen
machen wollet, denn mein gantzes Glück beruhet auf der
Comoedie, die ich itzo zu fpielen genöthiget bin, nehmet
einmahl die Geftalt eurer Amtmanns = Frau an und
15 carreffiret mich alfo, wie jene ihren Mann vor den
Leuten, den Praeceptor aber mit verftohlenen Blicken
carreffiret hat.   Seyd nochmahls verfichert, daß an diefer
lächerlich=fcheinenden Sache mein gantzes Glücke und Ver=
gnügen hafftet, welches alles ich euch redlich mit genieffen
20 laffen will, fo bald nur unfere Sachen zu Stande gebracht
find.   Ich wolte euch zwar von Hertzen gern das gantze
Geheimniß offenbaren, allein verzeihet mir, daß es biß
auf eine andere Zeit verfpare, weil mein Kopff itzo gar
zu unruhig ift.   Machet aber eure Dinge zu unferer
25 beyder Vergnügen morgendes Tages nur gut.

      Ich brachte die gantze hierauf folgende Nacht mit
lauter Gedancken zu, um zu errathen, was doch immer=
mehr mein Herr mit dergleichen Poffen ausrichten wolte;
doch weil ich den Endzweck zu erfinnen, unvermögend
30 war, ihm aber verfprochen hatte, allen möglichften Fleiß
anzuwenden, nach feinem Gefallen zu leben, machte fich
mein Gemüthe endlich den geringften Kummer aus der
Sache, und ich fchlieff gantz geruhig ein.

      Folgendes Tages, nachdem ich faft den gantzen Vor=
35 mittag unter den Händen zweyer alter Weiber, die mich
recht auf Engelländifche Art anklei= [123] deten, zugebracht
hatte, wurden mein Herr und ich auf einen neu=modifchen

Wagen abgeholet, und 3. Meilen von der Stadt in ein
propres Garten=Hauß gefahren.   Daselbst war eine vor=
treffliche Gesellschafft vorhanden, welche nichts beklagte,
als daß des Wohlthäters Tochter, Jungfer Concordia
Plürs, von dem schmertzlichen Kopff=Weh bey uns zu seyn 5
verhindert würde. Hergegen war ihr Vater, als unser
Wirth, nebst seiner Frauen, 3. übrigen Töchtern und 2.
Söhnen zugegen, und machten sich das gröste Vergnügen,
die ankommenden Gäste zu bewirthen.   Ich will diejenigen
Lustbarkeiten, welche uns diesen und den folgenden Tag 10
gemacht wurden, nicht weitläufftig erwehnen, sondern nur
so viel sagen, daß wir mit allerley Speisen und Getränke,
Tantzen, Springen, Spatziren=gehen und Fahren, auch
noch andern Zeitvertreibungen, allerley Abwechselung
machten. Ich merckte, daß die 3. anwesenden schönen 15
Töchter unseres Wohlthäters von vielen Liebhabern um=
geben waren, mein Herr aber bekümmerte sich um keine,
sondern hatte mich als seine Schein=Frau mehrentheils
an der Seite, liebkoseten einander auch dermassen, daß
ein seder glauben muste, wir hielten einander als rechte 20
Ehe=Leute von Hertzen werth. Einsmahls aber, da mich
mein Herr im Tantze vor allen Zuschauern recht hertzlich
geküsset, und nach vollführten Tantze an ein Fenster
geführet hatte, kam ein junger artiger Kauffmann herzu,
und sagte zu meinem Liebsten: Mein Herr van Leuven, 25
ich verspüre nunmehro, daß ihr mir die Concordia Plürs
mit [124] gutem Recht gönnen könnet, weil ihr an dieser
eurer Gemahlin einen solchen Schatz gefunden, den euch
vielleicht viele andere Mannes=Personen mißgönnen werden.
Mein liebster Freund, antwortete mein Herr, ich kan 30
nicht läugnen, daß ich eure Liebste, die Concordiam, von
Grund der Seelen geliebet habe, und sie nur noch vor
weniger Zeit ungemein gern zur Gemahlin gehabt hätte,
weiln aber unsere beyden Väter, und vielleicht der Himmel
selbst nicht in unsere Vermählung einwilligen wolten; so 35
habe nur vor etliche Monathen meinen Sinn geändert,
und mich mit dieser Dame verheyrathet, bey welcher ich

alle diejenigen Tugenden gefunden habe, welche ihr als
Bräutigam vielleicht in wenig Tagen bey der Concordia
finden werdet. Ich vor meine Person wünsche zu eurer
Vermählung tausendfaches Vergnügen, und zwar so, wie
ich daſſelbe mit dieſer meiner Liebſten beſtändig genieſſe,
beklage aber nichts mehr, als daß mich meine Angelegen=
heiten ſo eilig wiederum nach Hauſe treiben, mithin
verhindern, eurer Hochzeit, als ein frölicher Gaſt, beyzu=
wohnen.

Der junge Kauffmann ſtutzte, und wolte nicht glauben,
daß der Herr von Leuven ſo bald nach Antwerpen zurück=
kehren müſſe, da er aber den Ernſt vermerckte, und ſeinen
vermeinten Schwieger=Vater Plürs, unſern Wohlthäter,
herzu ruffte, ging es an ein gewaltiges Nöthigen, jedoch
der Herr von Leuven blieb nach vielen dargethanen Ent=
ſchuldigungen bey ſeinem Vorſatze, morgenden Mittag
abzureiſen, und nahm ſchon im Voraus von der gantzen
Geſellſchafft Abſchied.

[125] Es war die gantze Land=Luſt auf 8. Tage
lang angeſtellet, da aber wir nur den 3ten Tag abge=
wartet hatten, und fort wolten, erbothen ſich die meiſten
uns das Geleite zu geben, allein der Herr von Leuven
nebſt denen Hoffnungs=vollen Schwieger=Söhnen des Herrn
Plürs brachten es durch vieles Bitten dahin, daß wir
des folgenden Tages bey Zeiten abreiſen durfften, ohne
von jemand begleitet zu werden, dahero die gantze Geſell=
ſchafft ohngeſtöhrt beyſammen blieb.

So bald wir wiederum in Londen in unſern Quartier
angelanget waren, ließ mein Herr einen ſchnellen Poſt=
Wagen holen, unſere Sachen in aller Eil aufpacken, und
Tag und Nacht auf Douvres zu jagen, allwo wir des
andern Abends eintraffen, unſere Sachen auf ein parat
liegendes Schiff ſchafften, und mit guten Winde nach
Calais abfuhren.

Vor ſelbigen Haſen wartete allbereit ein ander Schiff,
weßwegen wir uns nebſt allen unſern Sachen dahinein
begaben, das vorige Schiff zurück gehen lieſſen, und den

nach Engelland geschickt, allwo er nicht allein in allen
Adelichen Wissenschafften vortrefflich zunahm, sondern auch
seines Vaters Engelländisches Negotium mit ungemeiner
Klugheit führete. Hierbey aber verliebt er sich gantz ausser=
5 ordentlich in die Tochter eines Englischen Kauffmanns,
Plürs genannt, erweckt durch sein angenehmes Wesen bey
derselben eine gleichmäßige Liebe. Kurtz zu sagen, sie
werden vollkommen unter sich eins, schweren einander
ewige Treue zu, und Mons. van Leuven zweiffelt gar
10 nicht im geringsten, so wohl seinen als der Concordiae
Vater dahin zu bereden, daß beyde ihren Willen zur
baldigen Ehe=Verbindung geben möchten. Allein, so leicht
sie sich anfangs die Sachen auf beyden Seiten einbilden,
so schwer und sauer wird ihnen nachhero der Fortgang
15 gemacht, denn der alte Herr van Leuven hatte schon ein
reiches Adeliches Fräulein vor seinen jüngsten Sohn aus=
ersehen, wolte denselben auch durchaus nicht aus dem
Ritter=Stande heyrathen lassen, und der Kauffmann Plürs
entschuldigte seine abschlägige Antwort damit, weil er seine
20 jüngste Tochter, Concordiam, allbereit in der Wiege an
eines reichen Wechslers Sohn versprochen hättte. Da
aber dennoch Mons. van Leuven von der hertzlich ge=
liebten Concordia nicht ablassen will, wird er von seinem
Herrn Vater zurück nach Antwerpen beruffen. Er ge=
25 horsamet zwar, nimmt aber vorhero richtigen Verlaß mit
der Concordia, wie sie ihre Sachen in Zukunfft an=
stellen, und einander öfftere schrifftliche Nachricht von
beyderseits Zustande geben wollen.

[128] So bald er seinem Herrn Vater die Hand
30 geküsset, wird ihm von selbigem ein starcker Verweiß,
wegen seiner niederträchtigen Liebe, gegeben, mit der
Versicherung, daß er ihn nimmermehr vor seinen Sohn
erkennen wolle, wenn sich sein Hertze nicht der gemeinen
Kauffmanns=Tochter entschlüge, im Gegentheil das vor=
35 geschlagene Adeliche Fräulein erwehlete. Mons. van Leuven
will seinen Vater mit allzu starcker Hartnäckigkeit nicht
betrüben, bequemet sich also zum Scheine, in allen Stücken

nach deſſen Willen, im Hertzen aber thut er einen Schwur,
von der Concordia nimmermehr abzulaſſen.

Inzwiſchen wird der alte Vater treuhertzig gemacht,
jetzet in des Sohnes verſtellten Gehorſam ein völliges
Vertrauen, committirt ihn in wichtigen Verrichtungen
einige Reiſen an verſchiedene Oerter in Teutſchland, wobey
es denn eben zutraff, daß er mich in Bremen zu ſich,
von dar aber mit zurück nach Antwerpen nahm. Einige
Zeit nach ſeiner Zurückkunfft muſte ſich der gute Monſieur
van Leuven mit dem wiederwärtigen Fräulein, welche zwar
ſehr reich, aber von Geſichte und Leibes=Geſtalt ſehr
heßlich war, verſprechen, die Vollziehung aber dieſes ehe=
lichen Verbindniſſes konte nicht ſogleich geſchehen, weil ſich
der Vater gemüſſiget ſahe, den jungen Herrn van Leuven
vorhero nochmahls in wichtigen Verrichtungen nach Engel=
land zu ſchicken. Er hatte ihm die ernſtlichſten Vermah=
nungen gegeben, ſich von der Concordia nicht etwa wieder
aufs neue fangen zu laſſen, auch den Umgang mit ihren
Anverwandten möglichſtens [129] zu vermeiden, allein
Mons. van Leuven konte der hefftigen Liebe ohnmöglich
widerſtehen, ſondern war Vorhabens, ſeine Concordiam
heimlich zu entführen. Jedoch in Engelland deßfals
niemanden Verdacht zu erwecken, muſte ich mich als ein
Frauenzimmer ankleiden, und unſchuldiger Weiſe ſeine
Gemahlin heiſſen.

So bald wir in Londen angelanget waren, begab er
ſich zu ſeinen getreuen Freunden, in deren Behauſung er
die Concordiam öffters, doch ſehr heimlich, ſprechen konte.
Mit ihrem mittelſten Bruder hatte Mons. Leuven eine
dermaſſen feſte Freundſchafft gemacht, daß es ſchiene, als
wären ſie beyde ein Hertz und eine Seele, und eben dieſer
Bruder hatte geſchworen, allen möglichſten Fleiß anzu=
wenden, daß kein anderer Mann, als Carl Franz van
Leuven, ſeine Schweſter Concordiam ins Ehe=Bette haben
ſolte. Wie er denn aus eigenem Triebe ſich bemühet,
einen Prieſter zu gewinnen, welcher ohne den geringſten
Scrupel die beyden Verliebten, eines gewiſſen Abends,

nehmlich am 9. Mart. ao. 1646. ordentlich und ehelich
zusammen giebt, und zwar in ihrer Baasen Hause, in
Beyseyn etlicher Zeugen, wie dieses Priesters eigenhändiges
Attestat und beyder Verliebten Ehe=Contract, den ich,
5 von 6. Zeugen unterschrieben, annoch in meiner Ver=
wahrung habe, klar beweiset. Sie halten hierauf in
eben dieser ihrer Baasen Hause ordentlich Beylager, machen
sich in allen Stücken zu einer baldigen Flucht bereit, und
warten auf nichts, als eine hierzu bequeme Gelegenheit.
10 Der alte Plürs wuste von dieser geheimen Ver= [130]
mählung so wenig als meines Herrn eigener Vater und
ich, da ich mich doch, sein vertrautester Bedienter zu seyn,
rühmen konte.

Immittelst hatte sich zwar Monsieur van Leuven
15 gantz nicht heimlich in London aufgehalten, sondern so
wohl auf der Bourse als andern öffentlichen Orten fast
täglich sehen lassen, jedoch alle Gelegenheit vermieden, mit
dem Kauffmanne Plürs ins Gespräche zu kommen.

Demnach beginnet es diesem eigensinnigem Kopffe
20 nahe zu gehen, daß ihm ein so guter Bekandter, von
dessen Vater er so manchen Vortheil gezogen, gäntzlich
aus dem Garne gehen solte. Gehet ihm derowegen eins=
mahls gantz hurtig zu Leide, und redet ihn also an: Mein
Herr von Leuven! Ich bin unglücklich, daß auf so un=
25 vermuthete Art an euch einen meiner besten Herrn und
Freunde verlieren müssen, aber bedencket doch selbst: meine
Tochter hatte ich allbereit versprochen, da ihr um sie an=
hieltet, da ich nun allezeit lieber sterben, als mein Wort
brechen will, so saget mir doch nur, wie ich euch, meiner
30 Tochter und mir hätte helffen sollen? Zumahlen, da
euer Herr Vater selbsten nicht in solche Heyrath willigen
wollen. Lasset doch das vergangene vergessen seyn, und
verbleibet mein wahrer Freund, der Himmel wird euch
schon mit einer weit schönern und reichern Gemahlin zu
35 versorgen wissen. Mons. Leuven hatte hierauf zur Ant=
wort gegeben: Mein werthester Herr Plürs, gedencket an
nichts von allen vergangenen, ich bin ein getreuer Freund

7*

und Diener von euch, vor eure Tochter, die schöne Concordia, habe ich zwar an= [131] noch die gröste Achtbar=
keit, allein nichts von der auf eine Ehe abzielenden hefftigen
Liebe mehr, weil ich von dem Glücke allbereits mit einer
andern, nicht weniger annehmlichen Gemahlin versorgt 5
bin, die ich auch itzo bey mir in London habe.

Plürs hatte vor Verwirrung fast nicht reden können,
da er aber von Mons. Leuven einer guten Freundschafft,
und daß er im puren Ernste redete, nochmahlige Ver=
sicherung empfieng, umarmete er denselben vor grossen 10
Freuden, und bath, seinem Hause die Ehre zu gönnen,
nebst seiner Gemahlin bey ihm zu logiren, allein van
Leuven danckte vor das gütige Erbieten, mit dem Be=
deuten: daß er sich nicht lange in London aufhalten,
mithin sein Logis nicht erstlich verändern könne, doch 15
wolte er dem Herrn Plürs ehester Tages, so bald seine
Sachen erstlich ein wenig expediret, in Gesellschafft seiner
Gemahlin, die itzo etwas Umpaß wäre, eine Visite geben.

Hierbey bleibt es, Plürs aber, der sich bey des
von Leuven guten Freunden weiter erkundiget, vernimmt die 20
Bekräfftigung dessen, was er von ihm selbst vernommen,
mit grösten Vergnügen, machet Anstalt uns aufs beste zu
bewirthen, da mitlerweile Mons. von Leuven, seine Liebste,
und ihr Bruder Anton Plürs, auch die beste Anstalt zur
schleunigen Flucht, und mit einem Ost=Indien=Fahrer das 25
Gedinge machten, der sie auf die Insul Ceylon ver=
schaffen solte. Indem Mons. von Leuvens Vaters Bruder,
ein Gouverneur oder Con- [132] sul auf selbiger Insul
war, und er sich bey demselben alles kräfftigen Schutzes
getröstete. 30

Der 25. May war endlich derjenige gewünschte Tag,
an welchem Mons. de Leuven nebst mir, seiner Schein=
Gemahlin, auf des Herrn Plürs Vorwerg 3. Meilen von
London gelegen, abfuhren, und allda 8. Tage zu Gaste
bleiben solten. Und eben selbigen Abend wolten auch 35
Anton Plürs, und Concordia, über Douvres nach Calais
passiren. Denn Concordia hatte, diese Land = Lust zu

vermeiden, nicht allein hefftige Kopff = Schmertzen vor=
geschützt, sondern auch ihren Eltern ins Gesicht gesagt:
Sie könne den van Leuven unmöglich vor Augen. sehen,
sondern bäte, man möchte sich nur, binnen der Zeit, um
5 sie unbekümmert lassen, weil sie, so lange die Lust währete,
bey ihrer Baase in der Stille verbleiben wolte, welches
ihr denn endlich zugestanden wurde.

Wie wir hingegen auf dem Vorwerge unsere Zeit
hingebracht, ingleichen wie wir allen Leuten unsere Ver=
10 bündniß glaubend gemacht, auch daß ich mit meinem
Herrn, welcher alle seine Dinge schon vorhero in Ord=
nung gebracht, ohne allen Verdacht abreisete, und beyde
glücklich bey dem vor Calais wartenden Ost=Indien=Fahrer
anlangeten, dieses habe allbereit erwehnet; derowegen will
15 nur noch mit wenigen melden, daß Mons. Anton Plürs,
gleich Abends am 25. May, seine Schwester Concordiam,
mit guten Vorbewust ihrer Baase und anderer 4. Be=
freundten, entführet und in Manns = Kleidern glücklich
aus dem Lande gebracht hatte. Die guten Freunde stunden
20 zwar in den Gedancken, als [133] solte Concordia nach
Antwerpen geführet werden, allein es befand sich gantz
anders, denn van Leuven, Anton und Concordia, hatten
eine weit genauere Abrede mit einander genommen. Was
man nach der Zeit in London und Antwerpen von uns
25 gedacht und geredet hat, kan ich zwar wol Muthmassen,
aber nicht eigentlich erzehlen. Jedoch da wir bey den
Canarischen Insuln, und den Insuln des grünen Vor=
Gebürges glücklich vorbey passiret waren, also keine so
hefftige Furcht mehr vor den Spanischen Krieges=Schiffen
30 hegen durfften, bekümmerten sich unsere erfreuten Hertzen
weiter um nichts, waren Lustig und guter Dinge, und
hofften in Ceylon den Haafen unseres völligen Vergnü=
gens zu finden.

Allein, meine Lieben! sagte hier Albertus Julius,
35 es ist nunmehro Zeit auf dieses mal abzubrechen, dero=
wegen wollen wir beten, zu Bette gehen, und so GOTT
will, Morgen die Einwohner in Davids=Raum besuchen.

Nach diesem werde in der Erzehlung meiner Lebens=
Geschicht, und der damit verknüpfften Umbstände fort=
fahren. Wir danckten unserm lieben Alt=Vater vor seine
Bemühung, folgten dessen Befehle, und waren, nach wohl=
gehaltener Ruhe, des folgenden Morgens mit Aufgang 5
der Sonnen wiederum beysammen. Nachdem die Morgen=
Gebeths=Stunde und ein gutes Früh=Stück eingenommen
war, reiseten wir auf gestrige Art den allerlustigsten Weg
in einer Alles biß nach Davids=Raum, dieses war eine
von den mittelmäßigen Pflantz=Städten, indem wir 12. 10
Wohnhäuser darinnen antraffen, welche alle ziem= [134] lich
geraumlich gebauet, auch mit schönen Gärten, Scheuern
und Ställen versehen waren. Alle Winckel zeugten, daß
die Einwohner keine Müßiggänger seyn müsten, wie wir
denn selbige mehrentheils auf dem wohlbestellten Felde 15
fanden.   Doch muß ich allhier nicht vergessen, daß wir
allda besondere Schuster in der Arbeit antraffen, welche
vor die anderen Insulaner gemeine Schue von den Häuten
der Meer=Thiere, und dann auch Staats=Schue von Hirsch=
und Reh=Leder machten, und dieselben gegen andere Sachen, 20
die ihnen zu weit entlegen schienen, vertauschten. In
dasigem Felde befand sich ein vortreffliches Kalck=, Thon=
und Leimen=Gebürge, worüber unser mitgebrachter Töpffer,
Nicolaus Schreiner, eine besondere Freude bezeigte, und
so gleich um Erlaubniß bat: morgendes Tages den An= 25
fang zu seiner Werckstadt zu machen. Die Gräntze selbiger
Einwohner setzte der Fluß, der sich, gegen Westen zu,
durch den Felsen hindurch ins Meer stürtzte. Sonsten
hatten sie ihre Waldung mit ihren Nachbarn zu Alberts-
Raum fast in gleichen Theile, anbey aber musten sie auch 30
mit diesen ihren Gräntz=Nachbarn die Last tragen, die
Küste und Bucht nach Norden hin, zu bewahren. Dieser=
wegen war unten am Felsen ein bequemliches Wacht=Hauß
erbauet, worinnen sie im Winter Feuer halten und schlafen
konten.   Mons. Wolffgang, ich und noch einige andere, 35
waren so curieux, den schmalen Stieg zum Felsen hinauf
zu klettern, und fanden auf der Höhe 4. metallene mittel=

mäßige Stücken gepflantzt, und dabey ein artiges Schilder=
Häußgen auf ein paar [135] Personen in den Felsen
gehauen, da man ebenfalls Feuer halten, und gantz wol
auch im Winter darinnen bleiben konte. Nächst diesen
5 eine ordentliche Zug=Brücke nach der verborgenen Treppe
zu, von welcher man herab nach der Sand = Banck und
See steigen konte, und selbiger zur Seiten zwey vor=
treffliche Kloben und Winden, vermittelst welcher man in
einem Tage mehr als 1000. Centner Waaren auf= und
10 nieder lassen konte. Der angenehme prospect auf die
Sand=Banck, in die offenbare See, und dann lincker Hand
in die schöne Bucht, welcher aber einen sehr gefährlichen
Eingang hatte, war gantz ungemein, ausser dem, daß man
allhier auch die gantze Insul, als unser kleines Paradieß,
15 völlig übersehen konte.

Nachdem wir über eine gute Stunde auf solcher Höhe
verweilet, und glücklich wieder herunter kommen waren,
ließ sich unser Altvater, nebst Herr M. Schmeltzern,
bey einer Kreissenden Frau antreffen, selbige kam bald
20 darauff mit einer jungen Tochter nieder, und verrichtete
Herr Mag. Schmeltzer allhier so gleich seinen ersten Tauff
Actum, worbey Mons. Wolffgang, ich und die nechste
Nachbarin Tauff=Pathen abgaben, (selbiges junge Töchter=
lein, welches das erste Kind war, so auf dieser Insul
25 durch Priesters Hand getaufft worden, und die Nahmen
Eberhardina Maria empfieng, ist auf der untersten Linie
der IX. Genealogischen Tabelle mit NB. *⁎* bezeichnet.)
Wir wurden hierauff von dem Kindtauffen = Vater mit
Wein, weissem Brodte, und wohlschmeckenden Früchten
30 tracti= [135] ret, reiseten also gegen die Zeit des Unter=
gangs der Sonnen vergnügt zurück auf Alberts-Burg.

Herr Mag. Schmeltzer war sehr erfreuet, daß er
selbiges Tages ein Stück heilige Arbeit gefunden hatte,
der Altvater vergnügte sich hertzlich über diese besondere
35 Gnade GOTTES. Mons. Wolffgang aber schickte vor
mich und sich, noch selbigen Abend unserer kleinen Pathe
zum Geschencke 12. Elen seine Leinewand, 4. Elen Cattun,

ein vollgestopfftes Küssen von Gänse = Federn, nebst ver=
schiedenen kräfftigen Hertzstärckungen und andern dienlichen
Sachen vor die Wöchnerin, wie denn auch vor die gantze
Gemeine das deputirte Geschenck an 10. Bibeln und 20.
Gesang= und Gebeth=Büchern ausgegeben wurde. Nachdem
wir aber nunmehro unsere Tages=Arbeit verrichtet, und
die Abend=Mahlzeit eingenommen hatten, setzte unser Alt=
Vater die Erzehlung seiner Lebens=Geschicht also fort:

ein vollgestopfftes Küssen von Gänse = Federn, nebst ver=
schiedenen kräfftigen Hertzstärckungen und andern dienlichen
Sachen vor die Wöchnerin, wie denn auch vor die gantze
Gemeine das deputirte Geschenck an 10. Bibeln und 20.
Gesang= und Gebeth=Büchern ausgegeben wurde. Nachdem 5
wir aber nunmehro unsere Tages=Arbeit verrichtet, und
die Abend=Mahlzeit eingenommen hatten, setzte unser Alt=
Vater die Erzehlung seiner Lebens=Geschicht also fort:
Wir hielten eine dermassen glückliche Farth, der=
gleichen sich wenig See=Fahrer zur selben Zeit, gethan 10
zu haben, rühmten. Indem das Vor=Gebürge der guten
Hofnung sich allbereit von ferne erblicken ließ, ehe wir
noch das allergeringste von Regen, Sturm, und Ungewitter
erfahren hatten. Der Capitain des Schiffs machte uns
Hoffnung, daß wir aufs Längste in 3. oder 4. Tagen 15
daselbst anländen, und etliche Tage auf dem Lande aus=
ruhen würden; Allein die Rechnung war ohne den Wirth
gemacht, und das Verhängniß hatte gantz ein anderes
über uns beschlossen, denn folgenden Mittag umzohe sich
der Himmel überall mit schwar= [137] tzen Wolcken, die 20
Lufft wurde dick und finster, endlich schoß der Regen nicht
etwa Tropffen, sondern Strohm=Weise auf uns herab,
und hielt biß um Mitternacht ohne allen Unterlaß an.
Da aber die sehr tieff herab hangenden Wolcken ihrer
wichtigsten Last kaum in etwas entledigt und besänfftigt 25
zu seyn schienen, erhub sich dargegen ein dermassen ge=
waltiger Sturm=Wind, daß man auch vor dessen entsetz=
lichen Brausen, wie ich glaube, den Knall einer Canone
nicht würde gehört haben. Diese unsichtbare Gewalt
muste, meines Erachtens, unser Schiff zuweilen in einer 30
Stunde sehr viel Meilen fortführen, zuweilen aber schiene
selbes auf einer Stelle zu bleiben, und wurde als ein
Kreusel in der See herum gedrehet, hernachmals von den
Erstaunens=würdigen Wellen bald biß an die Wolcken
hinan, augenblicklich aber auch herunter in den aufgerissenen 35
Rachen der Tiefe geworffen. Ein frischer, und noch viel
hefftigerer Regen als der Vorige, vereinigte sich noch, zu

unserm desto grössern Elende, mit dem Sturm=Winden,
und kurtz zu sagen, es hatte das Ansehen, als ob alle
Feinde und Verfolger der See=Fahrenden unsern Unter=
gang auf die erschrecklichste Arth zu befördern beschlossen
5 hätten.

Man sagt sonst: Je länger das Unglück und wider=
wärtige Schicksal anhalte, je besser man sich darein schicken
lerne, jedoch daß dieses damals bey uns eingetroffen, kan
ich mich nicht im geringsten erinnern. Im Gegentheil
10 muß bekennen, daß unsere Hertzhafftigkeit, nachdem wir
2. Nächte und dritthalben Tag in solcher Angst zugebracht,
vol= [138] lends gäntzlich zerfloß, weil die mit Donner
und Blitz abermals hereinbrechende Nacht, schlechten Trost
und Hoffnung versprach. Concordia und ich waren ver=
15 muthlich die allerelendesten unter allen, indem wir wäh=
renden Sturms nicht allein keinen Augenblick geschlaffen
hatten, sondern auch dermassen matt und taumelnd ge=
macht waren, daß wir den Kopf gantz und gar nicht mehr
in die Höhe halten konten, und fast das Eingeweyde aus
20 dem Leibe brechen musten. Mons. de Leuven und Anton
Plürs konten von der höchst sauren, und letzlich doch ver=
geblichen Arbeit auf dem Schiffe, kaum so viel abbrechen,
daß sie uns zuweilen auf eine Minute besuchten, wiewol
auch ohnedem nichts vermögend war, uns einige Linderung
25 zu verschaffen, als etliche Stunden Ruhe. Wir höreten
auf dem Schiffe, so offt der Sturm nur ein wenig inne
hielt, ein grausames Lermen, kehreten uns aber an nichts
mehr, weil sich unsere Sinnen schon bereitet hatten, das
jämmerliche Ende unseres Lebens mit Gedult abzuwarten.
30 Da aber die erbärmlichen Worte ausgeruffen wurden:
GOTT sey uns gnädig, nun sind wir alle des Todes,
vergieng so wol mir als der Concordia der Verstand
solchergestalt, daß wir als Ohnmächtige da lagen. Doch
habe ich in meiner Schwachheit noch so viel verspüret,
35 daß das Schiff vermuthlich an einen harten Felsen zer=
scheiterte, indem es ein grausames Krachen und Prasseln
verursachte, das Hintertheil aber, worinnen wir lagen,

mochte sehr tieff unter Wasser gekommen seyn, weil selbiges
unsere Kammer über die Helffte anfüllete, jedoch alsobald
wieder zurück ließ, [139] worauff alles in gantz verkehrten
Zustande blieb, indem der Fuß=Boden zu einer Seiten=
Wand geworden, und wir beyden Krancken uns in den
Winckel der Kammer geworffen, befanden. Weiter weiß
ich nicht, wie mir geschehen ist, indem mich entweder eine
Ohnmacht oder allzu starcker Schlaf überfiel, aus welchem
ich mich nicht eher als des andern Tages ermuntern
konte, da sich mein schwacher Cörper auf einer Sand=
Banck an der Sonne liegend befand.

Es kam mir als etwas recht ungewöhnliches vor,
da ich die Sonne am aufgeklärten Himmel erblickte, und
von deren erwärmenden Strahlen die allerangenehmste
Erquickung in meinen Gliedern empfieng. Ich richtete
mich auf, sahe mich um, und entsetzte mich gewaltig, da
ich sonst keinen Menschen, als die Concordia, Mons.
van Leuven, und den Schiffs=Capitain Lemelie, ohnfern
von mir schlaffend, hinterwärts einen grausamen Felsen,
seitwärts das Hintertheil vom zerscheiterten Schiffe, sonsten
aber nichts als Sand=Bäncke, Wasser und Himmel sahe.
Da aber die Seite, auf welcher ich gelegen, nebst den
Kleidern, annoch sehr kalt und naß war, drehete ich selbige
gegen die Sonne um, und verfiel aufs neue in einen
tieffen Schlaf, aus welchem mich, gegen Untergang der
Sonnen, Mons. van Leuven erweckte. Er gab mir einen
mäßigen Topf mit Weine, und eine gute Hand voll
Confect, welches ich noch halb schläferig annahm, und mit
grosser Begierde in den Magen schickte, massen nunmehro
fast in 4. Tagen weder gegessen noch getruncken hatte.
Hierauff empfieng ich noch [140] einen halben Topf Wein,
nebst einem Stück Zwieback, mit der Erinnerung, daß ich
mich damit biß Morgen behelffen müste, weiln ein mehreres
meiner Gesundheit schädlich seyn möchte.

Nachdem ich auch dieses verzehret, und mich
durchaus erwärmt, auch meine Kleider gantz trucken befand,
kam ich auf einmal wieder zu Verstande, und bedünckte

mich so starck als ein Löwe zu seyn. Meine erste Frage
war nach unsern übrigen Reise=Gefährten, weil ich, außer
uns vier vorerwehnten, noch niemand mehr sahe. Muste
aber mit gröiten Leydwesen anhören, daß sie vermuthlich
5 ingesammt würden ertruncken seyn, wenn sie GOtt nicht
auf so wunderbare Art als uns, errettet hätte. Denn
vor Menschlichen Augen war es vergeblich, an eines
einzigen Rettung zu gedencken, weiln die Zerscheiterung
des Schiffs noch vor Mitternacht geschehen, der Sturm
10 sich erstlich 2. Stunden vor Aufgang der Sonnen gelegt
hatte, das Hintertheil des Schiffs aber, worauff wir .4.
Personen allein geblieben, mit aller Gewalt auf diese
Sand=Banck getrieben war. Ich beklagte sonderlich den
ehrlichen Mons. Anton Plürs, der sich bey uns nicht
15 sicher zu seyn geschätzt, sondern nebst allzuvielen andern
Menschen, einen leichten Nachen erwehlt, doch mit allen
diesen sein Begräbniß in der Tiefe gefunden. Sonsten
berichtete Mons. van Leuven, daß er so wol mich, als
die Concordiam, mit gröster Müh auf die Sand=Banck
20 getragen, weil ihm der eigensinnige und Verzweiffelungs=
volle Capitain nicht die geringste Handreichung thun wollen.
[141] Dieser wunderliche Capitain Lemelie saß
dorten von ferne, mit unterstützten Haupte, und an statt,
daß er dem Allmächtigen vor die Fristung seines Lebens
25 dancken solte, fuhren lauter schändliche gottlose Flüche
wider das ihm so feindseelige Verhängniß aus seinem
ruchlosen Munde, wolte sich auch mit nichts trösten lassen,
weiln er nunmehro, so wol seine Ehre, als gantzes Ver=
mögen verlohren zu haben, vorgab. Mons. de Leuven
30 und ich verliessen den närrischen Kopf, wünschten daß er
sich eines Bessern besinnen möchte, und giengen zur Concordia, welche ihr Ehe=Mann in viele von der Sonne er=
wärmte Tücher und Kleider eingehüllt hatte. Allein wir
fanden sie dem ohngeacht, in sehr schlechten Zustande,
35 weil sie sich biß diese Stunde noch nicht erwärmen, auch
weder Speise noch Geträncke bey sich behalten konte, son=
dern vom starcken Froste beständig mit den Zähnen klapperte.

Ich zog meine Kleider aus, badete durch das Wasser biß
an das zerbrochene Schiff, und langete von selbigem etliche
stücken Holtz ab, welche ich mit einem darauff gefundenen
breiten Degen zersplitterte, und auf dem Kopffe hinüber
trug, um auf unserer Sand=Banck ein Feuer anzumachen, 5
wobey sich Concordia erwärmen könte. Allein zum Un=
glück hatte weder der Capitain Lemelie, noch Mons.
Leuvens ein Feuerzeug bey sich. Ich fragte den Capitain,
auf was vor Art wir etwa Feuer bekommen könten?
allein er gab zur Antwort: Was Feuer? ihr habt Ehre 10
genug, wenn ihr alle Drey mit mir crepiret. Mein
Herr, gab ich zur Antwort, ich bin vor meine Person
so hochmüthig nicht. Besann mich aber [142] bald, daß
ich in unserer Cajüte ehemals eine Rolle Schwefel hengen
sehen, badete derowegen nochmals hinüber in das Schiff, 15
und fand nicht allein diese, sondern auch ein paar wol
eingewickelte Pistolen, welche mir nebst dem Schwefel zum
schönsten Feuerzeuge dieneten, an statt des Strohes aber
brauchte ich meinen schönen Baumwollenen, in lauter
Streiffen zerrissenen Brust=Latz, machte Feuer an, und 20
bließ so lange, biß das ziemlich klein gesplitterte Holtz in
volle Flamme gerieth.

　　Mons. van Leuven war hertzlich erfreuet über meinen
glücklichen Einfall, und badete noch zwey mal mit mir
hinüber, um so viel Holtz aus dem Schiffs=Stücke zu 25
brechen, wobey wir uns die gantze Nacht hindurch gemächlich
wärmen könten. Die Witterung war zwar die gantze
Nacht hindurch, dermassen angenehm, als es in Sachsen
die besten Sommer=Nächte hindurch zu seyn pfleget, allein
es war uns nur um unsere frostige Patientin zu thun, 30
welche wir der Länge lang gegen das Feuer legten, und
aufs allerbeste besorgten. Der tolle Capitain kam endlich
auch zu uns, eine Pfeiffe Toback anzustecken, da ich ihn
aber mit seinen Tobackrauchen schraubte, indem er ja zu
crepiren willens wäre, gieng er stillschweigend mit einer 35
scheelen mine zurück an seinen vorigen Ort.

　　Concordia war indessen in einen tieffen Schlaf ge=

fallen, und forderte, nachdem sie gegen Morgen erwacht
war, einen Trunck frisch Wasser, allein weil ihr solches
zu verschaffen unmöglich, beredete Mons. van Leuven
dieselbe, ein wenig Wein zu trincken, sie nahm denselben,
5 weil er sehr Frisch war, [143] begierig zu sich, befand
sich aber in kurzen sehr übel drauff, waffen sie wie eine
Kohle glüete, und ihr, ihrem sagen nach, der Wein das
Hertze abbrennen wolte. Ihr Ehe=Herr machte ihr die
größten Liebkosungen, allein sie schien sich wenig darum
10 zu bekümmern, und fieng unverhofft also zu reden an:
Carl Frantz gehet mir aus den Augen, damit ich ruhig
sterben kan, die übermäßige Liebe zu euch hat mich an=
getrieben das 4 te Gebot zu übertreten, und meine Eltern
biß in den Tod zu betrüben, es ist eine gerechte Strafe
15 des Himmels, daß ich, auf dieser elenden Stelle, mit
meinen Leben davor büssen muß. GOTT sey meiner
und eurer Seele gnädig.

Kein Donnerschlag hätte Mons. van Leuven erschreck=
licher in die Ohren schmettern können, als diese Centner
20 schweren Worte. Er konte nichts darauff antworten,
stund aber in vollkommener Verzweiffelung auf, lieff nach
dem Meere zu, und hätte sich gantz gewiß ersäufft, wenn
ich ihm nicht nachgelauffen, und durch die kräfftigsten Reden
die mir GOTTES Geist eingab, damals sein Leib und
25 Seele gerettet hätte.

So bald er wieder zurück auf die trockene Sand=
Banck gebracht war, legte ich ihm nur diese Frage vor:
Ob er denn sein Leben, welches ihm GOTT unter so
vielen wunderbarer Weise erhalten, nunmehro aus Uber=
30 eilung dem Teufel, samt seiner Seele hingeben wolte?
Hierzu setzte ich noch, daß Concordia wegen übermäßiger
Hitze nicht alle Worte so geschickt, wie sonsten, vorbringen
könte, auch vielleicht in wenig Stunden gantz anders re=
[144] den würde u. s. w. Worauff er sich denn auch
35 eines andern besonn, und mir hoch und theur zuschwur,
sich mit christl. Gedult in alles zu geben, was der Himmel
über ihn verhängen wolle. Er bat mich anbey, alleine

zur Concordia zu gehen, und dieselbe mit Gelegenheit
auf andere Gedancken zu bringen. Ich bat ihn noch
einmal, seine Seele, Himmel und Hölle zu bedencken, und
begab mich zur Concordia, welche mich bat: Ich möchte
doch aus jenem Mantel etwas Regen=Wasser ausdrücken, ₅
und ihr solches zu trincken geben. Ich versicherte ihr
solches zu thun, und begehrete nur etwas Gedult von ihr,
weil diese Arbeit nicht so hurtig zugehen möchte. Sie
versprach, wiewol in würcklicher Phantasie, eine halbe
Stunde zu warten; Aber mein GOTT! da war weder ₁₀
Mantel noch nichts, woraus ein eintziger Tropffen Wassers
zu drücken gewesen wäre. Derowegen lieff ich ohn aus=
gezogen durch die See nach dem Schiffe zu, und fand,
zu meinen selbst eigenen grösten Freuden, ein zugepichtes
Faß mit süssen Wasser, worvon ich ein erträgliches Lägel ₁₅
füllete, aus unserer Cajüte etwas Thee, Zuder und Zimmet
zu mir nahm, und so hurtig als möglich wieder zurück
eilete. Ohngeacht ich aber kaum eine halbe Stunde aus=
geblieben war, sagte doch Concordia, indem ich ihr einen
Becher mit frischen Wasser reichte: Ihr hättet dinnen 5. ₂₀
Stunden keine Tonne Wasser außdrücken dürffen, wenn
ihr mich nur mit einem Löffel voll hättet erquicken wollen;
aber ihr wollet mir nur das Hertze mit Weine brechen,
GOTT vergebe es euch. Doch da sie. den Becher mit
frischen Wasser aus= [145] getruncken hatte, sagte ihr ₂₅
lechzender Mund: Habet Danck mein lieber Albert Julius
vor eure Mühe, nun bin ich vollkommen erquickt, deckt
mich zu und lasset mich schlafen. Ich Gehorsamete ihrem
Begehren, machte hinter ihren Rücken ein gelindes Feuer
an, welches nicht eher ausgehen durffte, biß die Sonne ₃₀
mit ihren kräfftigen Strahlen hoch genung zu stehen kam.

Immittelst da sie wiederum in einen ordentlichen
Schlaf verfallen war, ruffte ich ihren Ehe=Herrn, der sich
wohl 300. Schritt darvon gesetzt hatte, herzu, tröstete
denselben, und versicherte, daß mich seiner Liebsten Zu= ₃₅
stand gäntzlich überredete, sie würde nachdem sie nochmals
erwacht, sich ungemein Besser befinden.

Damals war ich ein unschuldiger, aber doch in der Wahrheit recht glücklicher Prophete. Denn 2. Stunden nach dem Mittage wachte Concordia von sich selbst auf, forderte ein klein wenig Wein, und fragte zugleich, wo ihr Carl Frantz wäre? Selbiger trat Augenblicklich hervor, und Küssete dieselbe kniend mit thränenden Augen. Sie trocknete seine Thränen mit ihrem Halß=Tuche ab, und sprach mit frischer Stimme: Weinet nicht mein Schatz, denn ich befinde mich itzo weit Besser, GOTT wird weiter helffen.

Ich hatte, binnen der Zeit in zweyen Töpffen Thee gekocht, weiln aber keine Schaalen vorhanden waren, reichte ich ihr selbigen Tranck, an statt des gefoderten Weins, in dem Wein=Becher hin. Ihr lechzendes Hertze fand ein besonderes Labsal daran, Mons. van Leuven aber und ich, schmau= [146] seten aus dem einen irrdenen Topffe auch mit, und wusten fast vor Freuden nicht was wir thun solten, da wir die halb tod gewesene Concordia nunmehro wiederum ausser Gefahr halten, und bey voll= kommenen Verstande sehen konten.

Lemelie hatte sich binnen der Zeit durch das Wasser auf das zerbrochene Schiff gemacht, wir hofften zwar er würde vor Abends wiederum zurück kommen, sahen und hüreten aber nichts von ihm, meßwegen Mons. van Leuven Willens war hin zu baden, nach demselben zu sehen, und etwas Holtz mit zu bringen, da aber ich versicherte, daß wir auf diese Nacht noch Holtz zur Gnüge hätten, ließ ers bleiben, und wartete seine Concordia mit den treff= lichsten Liebkosungen ab, biß sie abermals einschlieff, worauff wir uns beredeten, wechsels=weise bey derselben zu wachen.

Selbige Nacht wurde schon weit vergnügter als die vorige hingebracht, mit aufgehender Sonne aber wurde ich gewahr, daß die See allerhand Packen und Küsten auf die nah gelegenen Sand=Bäncke, und an das grosse Felsen=Ufer, auch an unsere Sand=Banck ebenfalls, nebst verschiedenen Waaren, einen mittelmäßigen Nachen ge= spielet hatte. Dieses kleine Fahr=Zeug hieß wohl recht

ein vom Himmel zugeschicktes Glücks = Schiff, denn mit
selbigen konten wir doch, wie ich so gleich bedachte, an
den nah gelegenen Felsen fahren, aus welchen wir einen
gantzen Strohm des schönsten klaren Wassers schiessen sahen.

So bald demnach Mons. van Leuven aufgewacht, zeigte 5
ich ihme die Merckmahle der wunder= [147] baren Vor=
sehung GOTTES, worüber er so wol als ich, die aller=
gröste Frende bezeigte. Wir danckten GOTT bey unsern
Morgen=Gebete auf den Knien davor, und so bald Concordia
erwacht, auch nach befundenen guten Zustande, mit etwas 10
Wein und Confect gestärckt war, machten wir uns an den
Ort, wo das kleine Fahrzeug gantz auf den Sand ge=
schoben lag. Mons. de Leuven erkannte an gewissen
Zeichen, daß es eben dasselbe sey, mit welchem sein Schwager
Anton Plürs untergangen sey, konte sich nebst mir hier= 15
über des Weinens nicht enthalten; Allein wir musten uns
über dessen gehabtes Unglück gezwungener Weise trösten,
und die Hand an das Werck unserer eigenen Errettung
ferner legen, weiln wir zur Zeit eines Sturms, auf dieser
niedrigen Sand=Banck, bey weiten nicht so viel Sicherheit 20
als am Felsen, hoffen durfften.

Es kostete nicht wenig Mühe, den so tieff im Sande
steckenden Nachen heraus ins Wasser zu bringen, da es
aber doch endlich angegangen war, banden wir selbiges
an eine tieff in den Sand gesteckte Stange, machten aus 25
Bretern ein paar Ruder, fuhren, da alles wol eingerichtet
war, nach dem Stücke des zerscheiterten Schiffs, und fanden
den Lemelie, der sich dermassen voll Wein gesoffen, daß
er alles was er im Magen gehabt, wieder von sich speyen
müssen, im tieffften Schlaffe liegen. 30

Mons. van Leuven wolte ihn nicht aufwecken, son=
dern suchte nebst mir alles, was wir von Victualien
finden konten, zusammen, packten so viel, als der Nachen
tragen mochte, auf, und thaten die erste Reise gantz hurtig
und glücklich nach dem Ufer des [148] Felsens zu, fanden 35
auch, daß allhier weit bequemlicher und sicherer zu ver=
bleiben wäre, als auf der seichten Sand=Banck. So bald

der Nachen ausgepackt war, fuhren wir eilig wieder zurück, um unsere kostbareste Waare, nemlich die Concordia dahin zu führen, wie wol vor rathsam befunden wurde, zugleich noch eine Last von den nothdürfftigsten Sachen aus dem
5 Schiffe mit zu nehmen. Diese andere Farth gieng nicht weniger glücklich von statten, derowegen wurde am Felsen eine bequeme Klufft ausgesucht, darinnen auch zur Zeit des Regens wol 6. Personen oberwarts bedeckt, gantz geräumlich sitzen konten. Allhier muste Concordia bey
10 einem kleinen Feuer sitzen bleiben, wir aber thaten noch 2. Fahrten, und holeten immer so viel, als auf dem Nachen fortzubringen war, herüber. Bey der 5 ten La= dung aber, welche gantz gegen Abend gethan wurde, er= munterte sich Lemelie erstlich, und machte grosse Augen,
15 da er viele Sachen und sonderlich die Victualien mangeln, uns aber annoch in völliger Arbeit, auszuräumen sahe. Er fragte was das bedeuten solte? warum wir uns solcher Sachen bemächtigten, die doch nicht allein unser wären, und ob wir etwa als See=Räuber agiren wolten? Be=
20 fahl auch diese Verwegenheit einzustellen, oder er wolle uns etwas anders weisen. Monsieur Lemelie, versatzte van Leuven hierauf, ich kan nicht anders glauben, als daß ihr euren Verstand verlohren haben müsset, weil ihr euch weder unseres guten Raths noch würcklicher Hülffe
25 bedienen wollet. Allein ich bitte euch sehr, höret auf zu brutalisiren, denn die Zeiten haben sich leyder! verändert, euer Comman- [149] do ist zum Ende, es gilt unter uns dreyen einer so viel als der andere, die meisten Stimmen gelten, die Victualien und andern Sachen sind gemein=
30 schafftlich, will der 3 te nicht was 2. haben wollen, so mag er elendiglich crepiren. Schweiget mir auch ja von See = Räubern stille, sonsten werde mich genöthiget sehen zu zeigen, daß ich ein Cavalier bin, der das Hertze hat euch das Maul zu wischen. Lemelie wolte über
35 diese Reden rasend werden, und Augenblicklich vom Leder ziehen, doch van Leuven ließ ihn hierzu nicht kommen, sondern riß den Großprahler als ein Kind zu Boden,

und ließ ihm mit der vollen Faust, auf Nase und Maule
ziemlich starck zur Ader. Nunmehro hatte es das An=
sehen, als ob es dem Lemelie bloß hieran gefehlet hätte,
weil er in wenig Minuten wieder zu seinem völligen
Verstande kam, sich mit uns, dem Scheine nach, recht   5
Brüderlich vertrug, und seine Hände mit an die Arbeit
legte; so daß wir noch vor Nachts wohlbeladen bey Con=
cordien in der neuen Felsen=Wohnung anlangeten. Wir
bereiteten vor uns ingesammt eine gute Abend=Mahlzeit,
und rechneten aus, daß wenigstens auf 14. Tage Proviant 10
vor 4. Personen vorhanden sey, binnen welcher Zeit uns
die Hoffnung trösten muste, daß der Himmel doch ein
Schiff in diese Gegend, uns in ein gut Land zu führen,
senden würde.

Concordia hatte sich diesen gantzen Tag, wie auch 15
die darauff folgende Nacht sehr wol befunden, folgenden
Tag aber, wurde sie abermals vom starcken Frost, und
darauff folgender Hitze überfallen, worbey sie starck
phanthasirte, doch gegen Abend |150| ward es wieder gut,
also schlossen wir daraus, daß ihre gantze Kranckheit in 20
einem gewöhnlichen kalten Fieber bestünde, welche Muth=
massungen auch in so weit zutraffen, da sie selbiges Fieber
wol noch 3. mal, allezeit über den 3 ten Tag hatte, und
sich nachhero mit 48. Stündigen Fasten selbsten curirete.
Immittelst schien Lemelie ein aufrichtiges Mitleyden mit 25
dieser Patientin zu haben, suchte auch bey allen Gelegen=
heiten sich uns und ihr, aus dermassen gefällig und dienst=
fertig zu erzeigen. An denen Tagen, da Concordia wol
auf war, fuhren wir 3. Manns=Personen wechsels=weise
an die Sand=Bäncke, und langeten die daselbst angeländeten 30
Packen und Fässer von dar ab, und schafften selbige vor
unsere Felsen=Herberge. Wir wolten auch das zerstückte
Schiff, nach und nach vollends außladen, jedoch ein nächt=
licher mäßiger Sturm war so gütig, uns solcher Mühe
zu überheben, massen er selbiges gantze Stück nebst noch 35
vielen andern Waaren, gantz nahe zu unserer Wohnung
auf die Sand=Banck geschoben hatte. Demnach brauchten

wir voritzo unsern Nachen so nöthig nicht mehr, führeten
also denselben in eine Bucht, allwo er vor den Winden
und Wellen sicher liegen konte.

Vierzehen Tage und Nächte verstrichen also, doch
5 wolte sich zur Zeit bey uns noch kein Rettungs=Schiff ein=
finden, ohngeacht wir alle Tage fleißig Schildwache hielten,
über dieses ein grosses weisses Tuch an einer hoch auf=
gerichteten Stange angemacht hatten. Concordia war
völlig wieder gesund, doch fand sich nun nicht mehr, als
10 noch etwa auf 3. oder 4. Tage Proviant, weßwegen wir
alle [151] Fässer, Packen und Küsten ausräumeten und
durchsuchten, allein, ob sich schon ungemein kostbare Sachen
darinnen fanden, so war doch sehr wenig dabey, welches die
bevorstehende Hungers=Noth zu vertreiben vermögend war.

15 Wir armen Menschen sind so wunderlich geartet, daß
wir zuweilen aus blossen Muthwillen solche Sachen vor=
nehmen, von welchen wir doch im voraus wissen, daß
dieselben mit tausendfachen Gefährlichkeiten verknüpfft sind;
Im Gegentheil wenn unser Gemüthe zu anderer Zeit nur
20 eine einfache Gefahr vermerkt, die doch eben so wol noch
nicht einmal gegenwärtig ist, stellen wir uns an, als ob
wir schon lange Zeit darinnen gesteckt hätten. Ich will
zwar nicht sagen, daß alle Menschen von dergleichen Schlage
wären, bey uns 4 en aber braucht es keines Zweiffels,
25 denn wir hatten, wiewol nicht alles aus der Erfahrung,
jedoch vom hören und lesen, daß man auf der Schiffarth
nach Ost=Indien, die Gefährlichkeiten von Donner, Blitz,
Sturmwind, Regen, Hitze, Frost, Sclaverey, Schiffbruch,
Hunger, Durst, Kranckheit und Tod zu befürchten habe;
30 doch deren keine einzige konte den Vorsatz nach Ost=Indien
zu reisen unterbrechen, nunmehro aber, da wir doch schon
ein vieles überstanden, noch nicht den geringsten Hunger
gelitten, und nur diesen einzigen Feind, dinnen etlichen
Tagen, zu befürchten hatten, konten wir uns allerseits
35 im voraus schon dermassen vor dem Hunger fürchten,
daß auch nur das blosse dran dencken unsere Cörper
auszuhungern vermögend war.

8*

Lemelie that nichts als essen und trincken, To-
[152] back rauchen, und dann und wann am Felsen herum
spatzieren, worbey er sich mehrentheils auf eine recht
närrische Art mit Pfeiffen und Singen hören ließ, vor
seine künfftige Lebens-Erhaltung aber, trug er nicht die 5
geringste Sorge. **Mons. van Leuven** machte bey seiner
Liebsten lauter tieffsinnige Calender, und wenn es nur
auf sein speculiren ankommen wäre, hätten wir, glaube ich,
in einem Tage mehr Brod, Fleisch, Wein und andere
Victualien bekommen, als 100. Mann in einem Jahre 10
kaum aufessen können, oder es solte uns ohnfehlbar, entweder
ein Lufft- oder See-Schiff in einem Augenblicke nach Ceylon
geführet haben. Ich merckte zwar wol, daß die guten
Leute mit dergleichen Lebens-Art der bevorstehenden
Hungers-Noth kein Quee vorlegen würden, doch weil ich 15
der jüngste unter ihnen, und auch selbst nicht den geringsten guten Rath zu ersinnen wuste; unterstund ich
mich zwar, nicht die Lebens-Art. älterer Leute zu tadeln,
wolte aber doch auch nicht so verdüstert bey ihnen sitzen
bleiben, kletterte derowegen an den Felsen herum so hoch 20
ich kommen konte, in beständiger Hoffnung etwas neues
und guts anzutreffen. Und eben diese meine Hoffnung betrog
mich nicht: Denn da ich eine ziemlich hohe Klippe, worauff
ich mich ziemlich weit umsehen konte, erklettert hatte, erblickte ich jenseit des Flusses der sich Westwärts aus dem 25
Felsen ins Meer ergoß, auf dem Sande viele Thiere,
welche halb einem Hunde und halb einem Fische ähnlich
sahen. Ich säumte mich nicht, die Klippe eiligst wieder
herunter zu klettern, lief zu **Mons. van Leuven**, und
sagte: Monsieur, wenn [153] wir nicht eckel seyn wollen, 30
werden wir allhier auch nicht verhungern dürffen, denn
ich habe eine grosse Menge Meer-Thiere entdeckt, welche
mit Lust zu schiessen, so bald wir nur mit unsern Nachen
über den Fluß gesetzt sind. **Mons. Leuven** sprang hurtig
auf, nahm 2. wohlgeladene Flinten vor mich und sich, 35
und ·eilete nebst mir zum Nachen, welchen wir loß machten,
um die Klippe herum fuhren, und gerade zu, queer durch

den Fluß hindurch setzen wolten; allein, hier hätte das
gemeine Sprichwort: Eilen thut kein gut, besser beobachtet
werden sollen; denn als wir mitten in den Strohm kamen,
und ausser zweyen kleinen Rudern nichts hatten, womit
5 wir uns helffen konten, führete die Schnelligkeit desselben
den Nachen mit unserer größten Lebens=Gefahr dermassen
weit in die offenbare See hinein, daß alle Hoffnung
verschwand, den geliebten Felsen jemahls wiederum zu
erreichen.

10 Jedoch die Barmhertzigkeit des Himmels hielt alle
Kräffte des Windes und der Wellen gäntzlich zurücke,
dahero wir endlich nach eingebrochener Nacht jenseit des
Flusses an demjenigen Orte anländeten, wo ich die Meer=
Thiere gesehen hatte. Wiewohl nun itzo nichts mehr
15 daselbst zu sehen, so waren wir doch froh genung, daß
wir unser Leben gerettet hatten, setzten uns bei hellen
Mondscheine auf eine kleine Klippe, und berathschlagten,
auf was vor Art wiederum zu den Unserigen zu gelangen
wäre. Doch weil kein anderer Weg als durch den Fluß,
20 oder durch den vorigen Umschweiff zu erfinden, wurde
die Wahl biß auf den morgenden Tag verschoben.

[154] Immittelst, da unsere Augen beständig nach der
See zu gerichtet waren, merckten wir etwa um Mitter=
nachts=Zeit, daß etwas lebendiges aus dem Wasser kam,
25 und auf dem Sande herum wühlete, wie uns denn auch
ein offt wiederholtes Blöcken versicherte, daß es eine Art
von Meer=Thieren seyn müsse. Wir begaben uns dem=
nach von der Klippe herab, und gingen ihnen biß auf
etwa 30. Schritt entgegen, sahen aber, daß sie nicht ver=
30 weigerten, Stand zu halten, weßwegen wir, um sie desto
gewisser zu fassen, ihnen noch näher auf den Leib gingen,
zu gleicher Zeit Feuer gaben, und 2. darvon glücklich
erlegten, worauf die übrigen groß und kleine gantz langsam
wieder in See gingen.

35 Früh Morgens besahen wir mit anbrechenden Tage
unser Wildpret, und fanden selbiges ungemein nieblich,
trugen beyde Stück in den Nachen, getraueten aber doch

nicht, ohne stärckere Bäume und bessere Ruder abzufahren,
doch Mons. van Leuvens Liebe zu seiner Concordia über=
wand alle Schwürigkeiten, und da wir ohne dem alle
Stunden, die allhier vorbey strichen, vor verlohren schätzten,
befahlen wir uns der Barmhertzigkeit des Allmächtigen, 5
setzten behertzt in den Strom, traffen aber doch dieses
mahl das Gelende etwas besser, und kamen nach Verlauff
dreyer Stunden ohnbeschädiget vor der Felsen Herberge
an, weil der heutige Umschweiff nicht so weit als der
gestrige, genommen war.   10

Concordia hatte die gestrigen Stunden in der grösten
Bekümmerniß zugebracht, nachdem sie [155] wahrgenommen,
daß uns die strenge Fluth so weit in die See getrieben,
doch war sie um Mitternachts=Zeit durch den Knall unserer
2. Flinten, der sehr vernehmlich gewesen, ziemlich wieder 15
getröstet worden, und hatte die gantze Nacht mit eiffrigen
Gebeth, um unsere glückliche Zurückkunfft, zugebracht,
welches denn auch nebst dem unserigen von dem Himmel
nach Wunsche erhöret worden.

Lemelie erkandte das mitgebrachte Wildpret sogleich 20
vor ein paar See = Kälber, und versicherte, daß deren
Fleisch besonders wohlschmeckend wäre, wie wir denn
solches, nachdem wir die besten Stücken ausgeschnitten,
gebraten, gekocht und gekostet hatten, als eine Wahrheit
bekräfftigen musten.   25

Dieser bißhero sehr faul gewesene Mensch ließ sich
nunmehro auch in die Gedancken kommen, vor Lebens=
Mittel zu sorgen, indem er aus etlichen aus Bretern
geschnitzten Stäbigen 2. Angel=Ruthen verfertigte, eine
darvon der Concordia schenckte, und derselben zur Lust 30
und Zeit=Vertreibe bey der Bucht das Fischen lernete.
Mons. van Leuven und ich machten uns auch dergleichen,
da ich aber sahe, daß Concordia allein geschickt war, nur
in einem Tage so viel Fische zu fangen, als wir in
etlichen Tagen nicht verzehren konten, ließ ich diese ver= 35
gebliche Arbeit bleiben, kletterte hergegen mit der Flinte
an den Klippen herum, und schoß etliche Vögel mit un=

gewöhnlich=grossen Kröpffen herunter, welche zwar Fleisch
genug an sich hatten, jedoch, da wir sie zugerichtet,
sehr übel zu essen waren. Hergegen fand ich Abends
beym Mondschein auf dem Sande etliche Schild=Kröten,
vor deren erstaunli= [156] cher Grösse ich mich anfänglich
scheuete, derowegen Mons. van Leuven und Lemelie
herbey rieff, welcher letztere sogleich ausrieff: Abermahls
ein schönes Wildpret gefunden! Monsieur Albert, ihr seyd
recht glücklich.

Wir hatten fast alle drey genung zu thun, ehe wir,
auf des Lemelie Anweisung, dergleichen wunderbare
Creatur umwenden und auf den Rücken legen konten.
Mit anbrechenden Morgen wurde eine mittelmäßige ge=
schlachtet, Lemelie richtete dieselbe seiner Erfahrung nach
appetitlich zu, und wir fanden hieran eine ausserordentlich
angenehme Speise, an welcher sich sonderlich Concordia
fast nicht satt essen konte. Doch da dieselbe nachhero
besondere Lust verspüren ließ, ein Feder=Wildpret zu essen,
welches besser als die Kropff=Vögel schmeckte, gaben wir
uns alle drey die gröste Müh, auf andere Arten von
Vögeln zu lauern, und selbige zu schiessen.

Im Klettern war mir leichtlich Niemand überlegen,
weil ich von Natur gar nicht zum Schwindel geneigt bin,
als nun vermerckte, daß sich oben auf den höchsten Spitzen
der Felsen, andere Gattunge Vögel hören und sehen liessen;
war meine Verwegenheit so groß, daß ich durch allerhand
Umwege immer höher von einer Spitze zur andern kletterte,
und nicht eher nachließ, biß ich auf den allerhöchsten
Gipffel gelangt war, allwo alle meine Sinnen auf ein=
mahl mit dem allergrösten Vergnügen von der Welt er=
füllet wurden. Denn es fiel mir durch einen eintzigen
Blick das gantze Lust=Revier dieser Felsen=Insul in die
Augen, welches rings herum von der Natur mit der=
gleichen star= [157] cken Pfeilern und Mauren umgeben,
und so zu sagen, verborgen gehalten wird. Ich weiß
gewiß, daß ich länger als eine Stunde in der grösten
Entzückung gestanden habe, denn es kam mir nicht anders

vor, als wenn ich die schönsten blühenden Bäume, das
herum spatzirende Wild, und andere Annehmlichkeiten dieser
Gegend, nur im blossen Traume sähe. Doch endlich, wie
ich mich vergewissert hatte, daß meine Augen und Ge=
dancken nicht betrogen würden, suchte und fand ich einen
ziemlich bequemen Weg, herab in dieses angenehme Thal
zu steigen, ausgenommen, daß ich an einem eintzigen Orte,
von einem Felsen zum andern springen muste, zwischen
welchen beyden ein entsetzlicher Riß und grausam tieffer
Abgrund war. Ich erstaunete, so bald ich mich mitten
in diesem Paradiese befand, noch mehr, da ich das Wild=
pret, als Hirsche, Rehe, Affen, Ziegen und andere mir
unbekandte Thiere, weit zahmer befand, als bey uns in
Europa fast das andere Vieh zu seyn pfleget. Ich sahe
zwey= oder dreyerley Arten von Geflügel, welches unsern
Rebhünern gleichte, nebst andern etwas grössern Feder=
Vieh, welches ich damahls zwar nicht kannte, nachhero
aber erfuhr, daß es Birck=Hüner wären, weiln aber der
letztern wenig waren, schonte dieselben, und gab unter
die Rebhüner Feuer, wovon 5. auf dem Platze ~~liegen=~~
blieben. Nach gethanem Schusse stutzten alle ~~~~
Creaturen gewaltig, gingen und flohen, jedoch ~~ziemlich~~
bedachtsam fort, und verbargen sich in die Wälder, ~~we=~~
wegen es mich fast gereuen wolte, daß mich dieser ~~an=~~
genehmen Gesell= [158] schafft beraubt hatte. Zwar fiel
ich auf die Gedancken, es würden sich an deren Statt
Menschen bey mir einfinden, allein, da ich binnen 6. Stunden
die gantze Gegend ziemlich durchstreifft, und sehr wenige
und zweiffelhaffte Merckmahle gefunden hatte, daß Men=
schen allhier anzutreffen, oder sonst da gewesen wären,
verging mir diese Hoffnung, als woran mir, wenn ich
die rechte Wahrheit bekennen soll, fast gar nicht viel ge=
legen war. Im Gegentheil hatte allerhand, theils blühende,
theils schon Frucht=tragende Bäume, Weinstöcke, Garten=
Gewächse von vielerley Sorten und andere zur Nahrung
wohl dienliche Sachen angemerckt, ob mir schon die meisten
gantz frembd und unbekandt vorkamen.

Mittlerweile war mir der Tag unter den Händen verschwunden, indem ich wegen allzu vieler Gedancken und Verwunderung, den Stand der Sonnen gar nicht in acht genommen, biß mich der alles bedeckende Schatten ver=
5 sicherte, daß selbige untergegangen seyn müsse. Da aber nicht vor rathsam hielt, gegen die Nacht zu, die gefähr= lichen Wege hinunter zu klettern, entschloß ich mich, in diesem irrdischen Paradiese die Nacht über zu verbleiben, und suchte mir zu dem Ende auf einen mit dicken Sträu=
10 chern bewachsenen Hügel eine bequeme Lager=Statt aus, langete aus meinen Taschen etliche kleine Stücklein Zwieback, pflückte von einem Baume etliche ziemlich reiffe Früchte, welche röthlich aussahen, und im Geschmacke denen Morellen gleich kamen, hielt damit meine Abend=Mahl=
15 zeit, tranck aus dem vorbey rauschen= |159] den klaren Bächlein einen süssen Trunck Wasser darzu, befahl mich hierauf GOtt, und schlieff in dessen Nahmen gar hurtig ein, weil mich durch das hohe Klettern und viele Herum= schweiffen selbigen Tag ungemein müde gemacht hatte.

20 Hierbey mag vor dieses mahl (sagte der Alt=Vater nunmehro, da es ziemlich späte war) meine Erzehlung ihren Aufhalt haben. Morgen, geliebt es GOtt, wollen wir, wo es euch gefällig, die Einwohner in Stephans= Raum besuchen, und Abends wieder da anfangen, wo ich
25 ißo aufgehöret habe. Hiermit legten wir uns allerseits nach gehaltener Beth=Stunde zur Ruhe, folgenden Morgen aber ging die Reise abgeredter massen auf Stephans= Raum zu.

Hieselbst waren 15. Wohnhäuser nebst guten Scheuern
30 und Ställen auferbauet, aber zur Zeit nur 11. bewohnt. Durch die Pflantz Stadt, welche mit den schönsten Gärten umgeben war, lieff ein schöner klarer Bach, der aus der grossen See, wie auch aus dem Ertz=Gebürge seinen Ursprung hatte, und in welchem zu gewissen Zeiten eine grosse
35 Menge Gold=Körner gesammlet werden konten, wie uns denn die Einwohner fast mit einem gantzen Hute voll dergleichen, deren die grösten in der Form eines Weitzen=

Korns waren, beschenckten, weil sie es als eine artige und
gefällige **Materie** zwar einzusammlen pflegten, doch lange
nicht so viel Wercks draus machten, als wir Neuangekom=
menen. **Mons. Plager,** der einige Tage hernach die Probe
auf allerhand Art damit machte, versicherte, daß es so
sein, ja fast noch feiner wäre, als in Europa das [160]
Ungarische Gold. Gegen Westen zu stiegen wir auf die
Klippen, allwo uns der Altvater den Ort zeigete, wo vor
diesen auf beyden Seiten des Flusses ein ordentlicher und
bequemer Eingang zur Insul gewesen, doch hätte nun=
mehro vor langen Jahren ein unbändig grosses Felsen=
Stück denselben verschüttet, nachdem es zerborsten, und
plötzlich herabgeschossen wäre, wie er uns denn in den
Verfolg seiner Geschichts=Erzehlung deßfals nähere Nach=
richt zu ertheilen versprach. Immittelst war zu verwun=
dern, und lustig anzusehen, wie, dem ohngeacht, der starcke
Arm des Flusses seinen Ausfall allhier behalten, indem
das Wasser mit gröster Gewalt, und an vielen Orten
etliche Ellen hoch, zwischen dem Gesteine herausstürtzte.
Ohnfern vom Flusse betrachteten wir das vortreffliche
und so höchst=nutzbare Saltz=Gebürge, in dessen gemachten
Gruben das schönste **Sal gemmae** oder Stein=Saltz war,
und etwa 100. Schritt von demselben zeigte man uns
4. Lachen oder Pfützen, worinnen sich die schärffste Sole
zum Saltz=Sieden befand, welche diejenigen Einwohner,
so schön Saltz verlangten, in Gefässen an die Sonne
setzten, das Wasser abrauchen liessen, und hernach das
schönste, reinste Saltz aus dem Gefässe heraus schabten,
gewöhnlicher Weise aber brauchten alle nur das feinste
vom Stein=Saltze. Sonsten fand sich in dasigen Feldern
ein Wein=Gebürge von sehr guter Art, wie sie uns denn,
nebst allerhand guten Speisen, eine starcke Probe davon
vortrugen, durch den Wald war eine breite Strasse ge=
hauen, allwo man von der Alberts-Burg her, auf das
unten [161] am Berge stehende Wacht=Hauß, gegen Westen
sehen konte. Wie denn auch oben in die Felsen=Ecke ein
Schilder=Hauß gehauen war, weil aber der Weg hinauf

gar zu unbequem, stiegen wir dieses mahl nicht hinauf,
zumahlen auch sonsten nichts gegen Westen zu sehen, als
ein steiler biß in die offenbahre See hinunter steigender
Felsen.

5 Nachdem wir nun solchermassen zwey Drittel des
Tages hingebracht, und bey guter Zeit zurück gekehret
waren, besichtigten wir die Arbeit am Kirchen=Bau, und
befanden daselbst die Zeichen solcher eifferiger Anstalten,
dergleichen wir zwar von ihren Willen hoffen, von ihren
10 Kräfften aber nimmermehr glauben können.   Denn es
war nicht allein schon eine ziemliche Quantität Steine,
Kalck und Leimen herbey geschafft, sondern auch der Grund
allbereits sehr weit ausgegraben.   Unter unsern sonder=
baren Freudens=Bezeugungen über solchen angenehmen
15 Fortgang, rückte die Zeit zur Abend=Mahlzeit herbey, nach
deren Genuß der Altvater in seinem Erzehlen folgender
massen fortfuhr:
    Ich hatte mich, wie ich gestern Abend gesagt, auf
dieser meiner Insul zur Ruhe gelegt, und zwar auf einem
20 kleinen Hügel, der zwischen Alberts- und Davids-Raum
befindlich ist, itzo aber ein gantz ander Ansehen hat. Indem
die Einwohner nicht allein die Sträucher darauf abgehauen,
sondern auch den mehresten Theil davon abgearbeitet haben.
Meine Ruhe war dermassen vergnügt, daß ich mich nicht
25 eher als des andern Morgens, etwa zwey Stunden nach
Aufgang der Sonnen, er= |162| muntern konte.   Ich
schämete mich vor mir selbst, so lange geschlaffen zu haben,
stund aber hurtig auf, nahm meine 5. gestern geschossene
Rebhüner, schoß unter Wegs noch ein junges Reh, und
30 eilete dem Wege zu, welcher mich zu meiner verlassenen
Gesellschafft führen solte.
    Mein Rückweg fand sich durch unverdrossenes Suchen
weit leichter und sicherer als der gestrige, den ich mit
Leib= und Lebens-Gefahr hinauf gestiegen war, derowegen
35 machte ich mir bey jeder Umkehrung ein gewisses Zeichen,
um denselben desto eher wieder zu finden, weil die vielen
Absätze der Felsen von Natur einen würcklichen Irrgang

vorstelleten. Mein junges Reh wurde ziemlich bestäubt,
indem ich selbiges wegen seiner Schwere immer hinter
mir drein schleppte, die Rebhüner aber hatte mit einem
Bande an meinen Halß gehenckt, weil ich die Flinte statt
eines Wander=Staabs gebrauchte. Endlich kam ich ohn
allen Schaden herunter, und traff meine zurück gelaßene
Gesellschafft, eben bey der Mittags=Mahlzeit vor der Felsen=
Herberge an. Monsieur van Leuven und Concordia
sprangen, so bald sie mich nur von ferne erblickten, gleich
auf, und kamen mir entgegen gelauffen. Der erste um=
armte und küssete mich, sagte auch: Monsieur Albert, der
erste Bissen, den wir seit eurer Abwesenheit gegessen haben,
steckt noch in unsern Munde, weil ich und meine Liebste
die Zeit eurer Abwesenheit mit Fasten und gröster Be=
trübniß zugebracht haben. Fraget sie selbst, ob sie nicht
seit Mitternachts=Zeit viele Thränen eurentwegen vergossen
hat? Madame, gab ich lachend [163] zur Antwort, ich
will eure kostbaren Thränen, in Abschlag mit 5. delicaten
Rebhünern und einem jungen Reh bezahlen, aber, Monsieur
van Leuven, wisset ihr auch, daß ich das schöne Paradieß
entdeckt habe, woraus vermuthlich Adam und Eva durch
den Cherub verjagt worden? Monsieur Albert, schrye
van Leuven, habt ihr etwa das Fieber bekommen? oder
phantasirt ihr au sandere Art? Nein, Monsieur, wieder=
redete ich, bey mir ist weder Fieber noch einige andere
Phantasie, sondern lasset mich nur eine gute Mahlzeit
nebst einem Glase Wein finden, so werdet ihr keine
Phantasie, sondern eine wahrhafftige Erzehlung von allen
dem, was mir GOtt und das Glücke gewiesen hat, aus
meinem Munde hören können.
    Sie ergriffen beyde meine Arme, und führeten mich
zu dem sich kranck zeigenden Lemelie, welcher aber doch
ziemlich wohl von der zugerichteten Schild=Kröte und See=
Kalbe essen konte, auch dem Wein=Becher keinen Zug
schuldig blieb. Ich meines Theils ersättigte mich nach
Nothdurfft, stattete hernachmahls den sämtlichen Anwesenden
von meiner gethanen Reise den umständlichen Bericht ab,

und dieser setzte meine Gefährten in so grosse Freude als
Verwunderung. Mons. van Leuven wolte gleich mit,
und das schöne Paradieß in meiner Gesellschaft besehen,
allein, meine Müdigkeit, Concordiens gute Worte und
5 des Lemelie Faulheit, fruchteten so viel, daß wir solches
biß Morgen-anbrechenden Tag aufschoben, immittelst aber
desto sehnlicher auf ein vorbey seeglendes Schiff Achtung
gaben, welches zwar immer in unsern [164] Gedancken,
auf der See aber desto weniger zum Vorschein kommen
10 wolte.

So bald demnach das angenehme Sonnen-Licht abermahls aus der See empor gestiegen kam, steckte ein jeder
an Lebens = Mitteln, Pulver, Bley und andern Nothdürfftigkeiten so viel in seine Säcke, als er sich fort-
15 zubringen getrauete. Concordia durffte auch nicht ledig
gehen, sondern muste vor allen andern in der Hand eine
scharffe Radehaue mitschleppen. Ich führete nebst meiner
Flinte und Rantzen eine Holtz-Axt, und suchte noch lange
Zeit nach einem kleinen Hand = Beile, womit man dann
20 und wann die verhinderlichen dünnen Sträucher abhauen
könte, weil aber die Hand-Beile, ich weiß nicht wohin,
verlegt waren, und meine 3. Gefährten über den langen
Verzug ungedultig werden wolten, beschenckte mich Lemelie,
um nur desto eher fortzukommen, mit einem artigen, 2.
25 Finger breiten, zweyschneidigen und wohlgeschliffenen Stillet,
welches man gantz wohl statt eines Hand-Beils gebrauchen,
und hernachmahls zur Gegenwehr wider die wilden Thiere,
mit dem Griffe in die Mündung des Flinten-Lauffs stecken
konte. Ich hatte eine besondere Freude über das artige
30 Instrument, danckte dem Lemelie fleißig davor, er aber
wuste nicht, daß er hiermit ein solches kaltes Eisen von
sich gab, welches ihm in wenig Wochen den Lebens-Faden
abkürtzen würde, wie ihr in dem Verfolg dieser Geschichte
gar. bald vernehmen werdet. Doch da wir uns nunmehro
35 völlig ausgerüstet, die Reise nach dem eingebildeten
Paradiese anzutreten, ging ich als Weg= [165] weiser voraus,
Lemelie folgte mir, Concordia ihm, und van Leuven

schloß den gantzen Zug. Sie konten sich allerseits nicht
gnugsam über meinen klugen Einfall verwundern, daß ich
die Absätze der Felsen, welche uns auf die ungefährlichsten
Stege führeten, so wohl gezeichnet hatte, denn sonsten
hätte man wohl 8. Tage suchen, wo nicht gar Halß und
Beine brechen sollen. Es ging zwar immer, je höher
wir kamen, je beschwerlicher, sonderlich weil uns Concordiens
Furchtsamkeit und Schwindel sehr viel zu schaffen machte,
indem wir ihrentwegen hier und dar Stuffen einhauen
musten.   Doch erreichten wir endlich die alleroberste Höhe
glücklich, allein, da es an den Sprung über die Felsen=
Klufft gehen solte, war aufs neue Noth vorhanden, denn
Concordia konte sich aus Furcht, zu kurtz zu springen
und hinunter zu stürtzen, unmöglich darzu entschliessen,
ohngeacht der Platz breit genug zum Ausholen war, dero=
wegen musten wir dieselbe sitzen lassen, und unten im
nächsten Holtze einige junge Bäume abhauen, welche wir
mit gröster Mühe den Felsen wieder hinauf schleppten,
Queer=Höltzer darauf nagelten und bunden, also eine
ordentliche Brücke über diesen Abgrund schlugen, auf
welcher nachhero Concordia, wiewohl dennoch mit Furcht
und Zittern, sich herüber führen ließ.
      Ich will die ungemeinen Freudens = Bezeugungen
meiner Gefährten, welche dieselben, da sie alles weit an=
genehmer auf disser Gegend fanden, als ich ihnen die
Beschreibung gemacht, mit Stillschweigen übergehen, und
ohne unnöthige Weit= [166] läufftigkeit ferner erzehlen, daß
wir nunmehro ingesamt anfingen das gantze Land zu
durchstreichen, wobey Mons. van Leuven glücklicher als
ich war, gewisse Merckmahle zu finden, woraus zu schliessen,
daß sich unfehlbar vernünfftige Menschen allhier auf=
gehalten hätten, wo selbige ja nicht noch vorhanden wären.
Denn es fand sich jenseit des etwa 12. biß 16. Schritt
breiten Flusses an dem Orte, wo itzo Christians - Raum
angebauet ist, ein mit zugespitzten Pfälen umsetzter Garten=
Platz, in welchen sich annoch die schönsten Garten-Gewächse,
wiewohl mit vielen Unkraut verwachsen, zeigten, wie nicht

weniger schöne rare Blumen und etliche Stauden von
Hülsen-Früchten, Weitzen, Reiß und andern Getrayde.
Weiter hinwarts lagen einige Scherben von zerbrochenen
Gefässen im Grase, und Sudwerts auf dem Wein-Gebürge,
5 welches itzo zu Christophs- und Roberts-Raum gehöret,
fanden sich einige an Pfähle fest gebundene Wein-Reben,
doch war dabey zu muthmassen, daß das Anbinden schon
vor etlichen Jahren müsse geschehen seyn. Hierauf besahen
wir die See, aus welcher der sich in 2. Arme theilende
10 Fluß entspringet, bemerckten, daß selbige nebst dem Flusse
recht voll Fischen wimmelte, kehreten aber, weil die Sonne
untergehen wolte, und Concordia sehr ermüdet war, zurück
auf vorerwehntes erhabene Wein-Gebürge, und beschlossen,
weil es eine angenehme Witterung war, daselbst über
15 Nacht auszuruhen. Nachdem wir zu Abends gespeiset
hatten, und das schönste Wild häuffig auf der Ebene
herum spatziren sahen, beurtheilten wir alles, was uns
heutiges [167] Tages zu Gesicht kommen war, und befunden uns darinnen einig, daß schwerlich ein schöner
20 Revier in der Welt anzutreffen wäre. Nur wurde beklagt,
daß nicht noch einige Familien zugegen seyn, und nebst
uns diese fruchtbare Insul besetzen solten. Lemelie sagte
hierbey: Ich schwere bey allen Heiligen, daß ich Zeit
Lebens allhier in Ruhe zu bleiben die gröste Lust empfinde,
25 es fehlen also nichts als zwey Weiber, vor mich und
Mons. Albert, jedoch Monsieur, (sagte er zu Mons.
van Leuven) was solte es wohl hindern, wenn wir uns
bey dergleichen Umständen alle 3. mit einer Frau be-
hülffen, fleißig Kinder zeugten, und dieselbe sodann auch
30 mit einander verheyratheten. Mons. van Leuven schüttelte
den Kopff, weßwegen Lemelie sagte: ha Monsieur, man
muß in solchen Fällen die Eyfersucht, den Eigensinn und
den Eckel bey Seite setzen, denn weil wir hiesiges Orts
keiner weltlichen Obrigkeit unterworffen sind, auch leicht-
35 lich von Niemand beunruhiget zu werden fürchten dürffen,
so können wir uns Gesetze nach eigenem Gefallen machen,
dem Himmel aber wird kein Verdruß erwecket, weil wir

ihm zur Danckbarkeit, darvor, daß er uns von allen
Menschen abgesondert hat, eine gantz neue Colonie
erzeugen.

Monsieur van Leuven schüttelte den Kopff noch
weit stärcker als vorhero, und gab zur Antwort: Mons. 5
Lemelie, ihr erzürnet den Himmel mit dergleichen sünd=
lichen Reden. Gesetzt aber auch, daß dieses, was ihr
vorgebracht, vor Göttlichen und weltlichen Rechten wohl
erlaubt wäre, so kan ich euch doch versichern, daß ich, so
lange noch Adelich [168] Blut in meinen Adern rinnet, 10
meine Concordia mit keinem Menschen auf der Welt
theilen werde, weil sie mir und ich ihr allein auf Lebens=
Zeit beständige Treue und Liebe zugeschworen.

Concordia vergoß mittlerzeit die bittersten Thränen,
schlug die Hände über den Kopffe zusammen, und schrye: 15
Ach grausames Verhängniß, so hast du mich denn aus
dem halb überstandenen Tode an solchen Ort geführet,
wo mich die Leute an statt einer allgemeinen Hure ge=
brauchen wollen? O Himmel, erbarme dich! Ich vor
meine Person hätte vor Jammer bald mit geweinet, legte 20
mich aber vor sie auf die Knie, und sagte: Madame, ich
bitte euch um GOttes willen, redet nicht von allen, da ihr
euch nur über eine Person zu beschweren Ursach habt,
denn ich ruffe GOtt und alle heiligen Engel zu Zeugen
an, daß mir niemahls dergleichen frevelhaffte und höchst= 25
sündliche Gedancken ins Hertz oder Haupt kommen sind,
ja ich schwere noch auf itzo und folgende Zeit, daß ich
eher dieses Stillet selbst in meinen Leib stossen, als euch
den allergeringsten Verdruß erwecken wolte. Verzeihet
mir, guter Albert, war ihre Antwort, daß ich unbesonnener 30
Weise mehr als einen Menschen angeklagt habe. GOtt
weiß, daß ich euch vor redlich, keusch und tugendhafft
halte, aber der Himmel wird alle geilen Frevler straffen,
das weiß ich gewiß. Worauf sich aus ihren schönen
Augen ein neuer Thränen=Strohm ergoß, der den Lemelie 35
dahin bewegte, daß er sich voller Trug und List, doch
mit verstellter Aufrichtigkeit, auch zu ihren Füßen warff,

und folgende Worte vorbrachte: Madame, [169] lasset
euch um aller Heiligen willen erbitten, euer Betrübniß
und Thränen zu hemmen, und glaubet mir sicherlich, alle
meine Reden sind ein blosser Scherz gewesen, vor mir
5 sollet ihr eure Ehre unbefleckt erhalten, und wenn wir
auch 100. Jahr auf dieser Insul allein beysammen
bleiben müsten. Monsieur van Leuven, euer Gemahl,
wird die Güte haben, mich wiederum bey euch auszu=
söhnen, denn ich bin von Natur etwas frey im Reden,
10 und hätte nimmermehr vermeinet, euch so gar sehr
empfindlich zu sehen. Er entschuldigte seinen übel ge=
rathenen Scherz also auch bey Mons. van Leuven, und
nach einigen Wort=Wechselungen wurde unter uns allen
ein vollkommener Friede gestifftet, wiewohl Concordia
15 ihre besondere Schwermuth in vielen nachfolgenden Tagen
noch nicht ablegen konte.

Wir brachten die auf selbigen streitigen Abend ein=
gebrochene Nacht in süsser Ruhe hin, und spatzirten nach
eingenommenen Frühstück gegen Süden um die See herum,
20 traffen abermahls die schönsten Weinberge und Metall
in sich haltende Steine an, wie nicht weniger die Saltz=
Lachen und Berge, welche ihr heute nebst mir in dem
Stephans-Raumer Felde besichtigt habt. Allhier konte
man nicht durch den Arm des Flusses kommen, indem
25 derselbe zwar eben nicht breiter, doch viel tieffer war als
der andere, durch welchen wir vorigen Tages gantz ge=
mächlich hindurch waden können. Demnach musten wir
unsern Weg wieder zurück, um die See herum, nach
demjenigen Ruhe=Platze nehmen, wo es sich verwichene
30 Nacht so sanfft geschlaffen hatte. Weil es aber annoch
hoch Tag war, beliebten wir [170] etwas weiter zu gehen,
setzten also an einem seichten Orte durch den Fluß, und
gelangeten auf gegenwärtigem Hügel, der itzo meine so
genannte Alberts-Burg und unsere Personen trägt.

35 Dieser mitten in der Insul liegende Hügel war
damals mit dem allerdicksten, wiewol nicht gar hohem,
Gepüsche bewachsen, indem wir nun bemühet waren, eine

bequeme Ruhe=Städte daselbst auszusuchen, geriethen Mons.
van Leuven, und Concordia von ohngefähr auf einen
schmalen durch das Gesträuche gehauenen Weg, welcher
dieselben in eine der angenehmsten Sommer=Läuben führete.
Sie rieffen uns beyde zurückgebliebenen dahin, um dieses 5
angenehme Wunderwerck nebst dessen Bequemlichkeit mit
uns zu theilen, da wir denn so gleich einstimmig bekennen
musten, daß dieses kein von der Natur, sondern von Men=
schen Händen gemachtes Werck seyn müsse, denn die Zacken
waren oben allzukünstlich, als ein Gewölbe zusammen 10
geflochten, so daß, wegen des sehr dick aufeinander lie=
genden Laubwercks, kein Tropffen Wasser durchdringen
konte, über dieses gab der Augenschein, daß der Bau=
meister vor diesen an 3en Seiten rechte Fenster=Löcher
gelassen, welche aber nunmehro gantz wild verwachsen 15
waren, zu beyden seiten des Eingangs hingegen, stunden
2. oben abgesägte Bäume, deren im Bogen geschlungene
Zweige ein ordentliches Thür=Gewölbe formirten.

Es war in diesem grünen Lust=Gewölbe mehr Platz,
als 4. Personen zur Noth bedurfften, weßwegen Mons. 20
van Leuven vorschlug, daß wir sämtlich darinnen schlaffen
wolten, allein Lemelie [171] war von solcher unerwarteten
Höfflichkeit, daß er so gleich heraus brach: Mons. van Leuven,
der Himmel hat euch beyden Verliebten aus besondern
vorbedacht zuerst in dieses angenehme Quartier geführet, 25
derowegen brauchet eure Bequemlichkeit alleine darinnen,
Mons. Albert wird euch so wenig als ich darinnen zu
stöhren willens seyn, hergegen sich, nebst mir, eine andere
gute Schlaf=Stelle suchen. Wie sehr sich nun auch Mons.
van Leuven und seine Gemahlin darwider zu setzen 30
schienen, so musten sie doch endlich uns nachgeben und
bewilligen, daß dieses artige Quartier des Nachts vor
sie allein, am Tage aber, zu unser aller Bequemlichkeit
dienen solte.

Also liessen wir die beyden alleine, und baueten, 35
etwa 30. Schritte von dieser, in der Geschwindigkeit eine
andere ziemlich bequeme Schlaf=Hütte vor Lemelie und

mich, brachten aber selbige in folgenden Tagen erstlich
recht zum Stande. Von nun an waren wir eifrigst be=
mühet, unsere nöthigsten Sachen von der Sand=Banck über
das Felsen=Gebürge herüber auf die Insul zu schaffen,
5 doch diese Arbeit kostete manchen Schweiß=Tropffen, indem
wir erstlich viele Stuffen einarbeiten musten, um, mit der
tragenden Last recht fussen und fortkommen zu können.
Da· aber dergleichen Vornehmen wenig förderte, und die
Felsen, in einem Tage, nicht wol mehr als 2. mal zu
10 besteigen waren, fiel uns eine etwas leichtere Art ein,
worbey zugleich auch ein weit mehreres hinauff gebracht
werden konte. Denn wir machten die annoch beybehaltenen
Tauen und Stricke von dem Schiffs=Stücke [172] vollends
loß, bunden die Sachen in mäßige Packe, legten von einem
15 Absatze zum andern Stangen an, und zohen also die
Ballen mit leichter Mühe hinauf, wobey Lemelie seinen
Fleiß gantz besonders zeigte. Mittlerweile war Concordia
gantz allein auf der Insul, übte sich fleißig im Schiessen,
denn wir hatten eine gute quantität unverdorbenes Pulver
20 im Vorrath, fieng anbey so viel Fische als wir essen
konten, und ließ uns also an gekochten und gebratenen
Speisen niemals Mangel leyden, obschon unser Zwieback
gäntzlich verzehret war, welchen Mangel wir aber mit
der Zeit schon zu ersetzen verhofften, weil wir die wenigen
25 Waitzen und andern Geträhde=Aehren, wol umzäunt, und
vor dem Wilde verwahrt hatten, deren Körner im Fall
der Noth zu Saamen aufzuheben, und selbige zu verviel=
fältigen, unser hauptsächliches Absehen war.
Der erste Sonntag, den wir, laut Anzeigung der
30 bey uns führenden Calender, auf dieser Insul erlebten,
war uns ein höchst angenehmer erfreulicher Ruhe=Tag,
an welchen wir alle gewöhnliche Wochen=Arbeit liegen
liessen, und den gantzen Tag mit beten, singen und Bibel=
lesen zubrachten, denn Concordia hatte eine Englische,
35 und ich eine hochteutsche Bibel, nebst einem Gesang und
Gebet=Buche, mit gerettet, welches beydes ich auch noch
biß auf diesen Tag, GOTT lob, als ein besonderes

9*

Heiligthum aufbehalten habe.   Die Englischen Bücher
aber sollen euch ehester Tages in Roberts-Raum gezeiget
werden.

Immittelst ist es etwas nachdenckliches, daß dazumal
auf dieser Insul unter uns 4. Personen, die [173] 3. Haupt-
Secten des christlichen Glaubens anzutreffen waren, weil
Mons. van Leuven, und seine Frau der Reformirten,
ich Albert Julius, als ein gebohrner Sachse, der damals
so genannten Lutherischen, und Lemelie, als ein Frantzose,
der Römischen Religion des Pabsts beypflichteten.   Die
beyden Ehe-Leute und ich konten uns im beten und singen
gantz schön vereinigen, indem sie beyde ziemlich gut teutsch
verstunden und redeten; Lemelie aber, der doch fast alle
Sprachen, ausser den Gelehrten Haupt-Sprachen, verstehen
und ziemlich wol reden konte, hielt seinen Gottesdienst
von uns abgesondert, in selbst erwehlter Einsamkeit,
worinnen derselbe bestanden, weiß ich nicht, denn so lange
wir mit ihm umgegangen, hat er wenig Gottgefälliges
an sich mercken lassen.

Am gedachten Sonntage gegen Abend gieng ich unten
an der Seite des Hügels nach dem grossen See zu, etwas
lustwandeln herum, schurrte von ohngefähr auf dem glatten
Grase, und fiel in einen mit dünnen Sträuchern verdeckten
Graben über 4. Ellen tieff hinunter, worüber ich anfänglich
hefftig erschrack, und in einem Abgrund zu seyn glaubte,
doch da ich mich wieder besonnen, und nicht den geringsten
Schaden an meinem Leibe vermerckt, rassten sich meine
zittrenden Glieder eilig auf.   Im Umkehren aber wurden
meine Augen einer finstern Höle gewahr, welche mit allem
Fleisse in den Hügel hinein gearbeitet zu seyn schiene.

Ich gieng biß zum Eintritt derselben getrost hin,
da aber nichts als eine dicke Finsterniß zu sehen war,
über dieses eine übelriechende Dunst mir einen be- [174]
sondern Eckel verursachte, fieng meine Haut an zu schauern,
und die Haare begonten Berg auf zu stehen, weßwegen
ich eiligst umwandte, und mit fliegenden Schritten den
Rückweg suchte, auch gar bald wiederum bei Mons.

van Leuven und Concordien ankam. Beyde hatten ſo=
gleich meine blaſſe Farbe und hefftige Veränderung an=
gemerckt, weßwegen ich auf ihr Befragen alles erzehlte,
was mir begegnet war. Doch Mons. van Leuven ſagte:
5 Mein Freund, ihr ſeyd zuweilen ein wenig allzu neugierig,
wir haben nunmehro, GOtt ſey Lob, genung gefunden,
unſer Leben ſo lange zu erhalten, biß uns der Himmel
Gelegenheit zuſchickt an unſern erwehlten Ort zu kommen,
derowegen laſſet das unnütze Forſchen unterwegen, denn
10 wer weiß ob ſich nicht in dieſer Höle die gifftigen Thiere
aufhalten, welche euch augenblicklich uns Leben bringen
könten. Ihr habt recht, mein Herr, gab ich zur Antwort,
doch dieſes mal iſt mein Vorwitz nicht ſo viel ſchuld, als
das unverhoffte Hinunterfallen, damit auch dergleichen
15 hinführo niemanden mehr begegnen möge, will ich die
Sträucher rund herum abhauen, und alltäglich eine gute
Menge Erde abarbeiten, biß dieſe eckle Gruft vollkommen
zugefüllet iſt. Mons. van Leuven verſprach zu helffen,
Concordia reichte mir ein Gläßlein von dem noch ſehr
20 wenigen Vorrathe des Weins, nebſt 2. Stücklein Hertz=
ſtärkenden Confects, welches beydes mich gar bald wiederum
erquickte, ſo daß ich ſelbigen Abend noch eine ſtarke Mahlzeit
halten, und nach verrichteten Abend=Gebet, mich gantz [175]
aufgeräumt neben den Lemelie ſchlafen legen konte.
25   Allein, ich habe Zeit meines Lebens keine ängſtlichere
Nacht als dieſe gehabt. Denn etwa um Mitternacht, da
ich ſelbſt nicht wuſte ob ich ſchlieff oder wachte, erſchien
mir ein langer Mann, deſſen weiſſer Bart faſt biß auf
die Knie reichte, mit einem langen Kleide von rauchen
30 Thier=Häuten angethan, der auch dergleichen Mütze auf
dem Haupte, in der Hand aber eine groſſe Lampe mit
4. Dachten hatte, dergleichen zuweilen in den Schiffs=
Laternen zu brennen pflegen. Dieſes Schreckens=Bild trat
gleich unten zu meinen Füſſen, und hielt mir folgenden
35 Sermon, von welchen ich noch biß dieſe Stunde, wie ich
glaube, kein Wort vergeſſen habe: Verwegner Jüngling!
was wilſtu dich unterſtehen diejenige Wohnung zu ver=

schütten, woran ich viele Jahre gearbeitet, ehe sie zu
meiner Bequemlichkeit gut genung war. Meinestu etwa das
Verhängniß habe dich von ohngefähr in den Graben ge=
stossen, und vor die Thür meiner Höle geführet? Nein
keines wegs! Denn weil ich mit meinen Händen 8. Personen 5
auf dieser Insul aus christlicher Liebe begraben habe, so
bistu auserkohren meinem vermoderten Cörper eben der=
gleichen Liebes=Dienst zu erweisen. Schreite derowegen
ohne alle Bekümmerniß gleich morgenden Tages zur Sache,
und durchsuche diejenige Höle ohne Scheu, welche du gestern 10
mit Grausen verlassen hast, woferne dir anders deine
zeitliche Glückseligkeit lieb ist. Wisse auch, daß der Himmel
etwas besonderes mit dir vor hat. Deine Glückseligkeit
aber wird sich nicht [176] eher anheben, biß du zwey
besondere Unglücks=Fälle erlitten, und diesem deinen Schlaf= 15
Gesellen, zur bestimmten Zeit den Lohn seiner Sünden
gegeben hast. Mercke wohl was ich dir gesagt habe, er=
fülle mein Begehren, und empfange dieses Zeichen, um
zu wissen, daß du nicht geträumet hast.

Mit Endigung dieser letzten Worte, drückte er mich, 20
der ich im grösten Schweisse lag, dermassen mit einem
seiner Finger oben auf meine rechte Hand, daß ich laut
an zu schreyen fieng, worbey auch zugleich Licht und alles
verschwand, so, daß ich nun weiter nichts mehr, als den
ziemlich hellen Himmel durch die Laub=Hütte blicken sahe. 25

Lemelio, der über mein Geschrey auffuhr, war übel
zufrieden, daß ich ihm Unruh verursachte, da ich aber
aus seinen Reden vermerckt, daß er weder etwas gesehen
noch gehöret hätte, ließ ich ihn bey den Gedancken, daß ich
einen schweren Traum gehabt, und stellete mich an, als 30
ob ich wieder schlaffen wollte, wiewol ich nachfolgende
Zeit biß an hellen Morgen ohne Ruh, mit Uberlegung
dessen, was mir begegnet war, zubrachte, an meiner Hand
aber einen starck mit Blut unterlauffenen Fleck sahe.

So bald zu muthmassen, daß Mons. van Leuven 35
aufgestanden, verließ ich gantz sachte meine Lagerstatt,
verfügte mich zu ihm, und erzehlete, nachdem ich ihn etwas

ferne von der Hütte geführet, alles aufrichtig, wie mir
es in vergangener Nacht ergangen. Er umarmete mich
freundlich, und sagte: Mons. Albert, ich lerne immer
mehr und mehr erkennen, daß ihr zwar das Glück, selbiges
5 aber euch noch weit mehr suchet, derowegen biete ich mich
zu euren Bru=[177]der an, und hoffe ihr werdet mich nicht
verschmähen, wir wollen gleich itzo ein gut praeservativ
vor die bösen Dünste einnehmen, und die Höle in GOttes
Nahmen durchsuchen, denn das Zeichen auf eurer Hand
10 hat mich erstaunend und glaubend gemacht, daß der Verzug
nunmehro schädlich sey. Aber Lemilie! Lemelie, sagte
er weiter, macht mir das Hertze schwer, so offt ich an
seine übeln Gemüths=Regungen gedenke, wir haben gewiß
nicht Ursach uns seiner Gesellschafft zu erfreuen, GOTT
15 steure seiner Boßheit, wir wollen ihn zwar mit zu diesem
Wercke ziehen; Allein mein Bruder! verschweiget ihm ja
euer nächtliches Gesichte, und saget: ihr hättet einen
schweren Traum gehabt, welcher euch schon wieder ent=
fallen sey.

20 Dieser genommenen Abrede kamen wir in allem
genau nach, beredeten Concordien, an den Fluß fischen
zu gehen, eröffneten dem Lemelie von unserm Vorhaben,
so viel als er wissen solte, und giengen alle 3. gerades
Wegs nach der unterirrdischen Höle zu, nachdem ich in
25 eine, mit ausgelassenen Seecalbs=Fett, angefüllte eiserne
Pfanne, etliche angebrannte Tochte gelegt, und dieselbe an
statt einer Fackel mitgenommen hatte.

Ich gieng voran, Lemelie folgte mir, und Mons.
van Leuven ihm nach, so bald wir demnach in die
30 fürchterliche Höle, welche von meiner starck brennenden
Lampe überall erleuchtet wurde, eingetreten waren, erschien
ein starcker Vorrath allerhand Haußgeräths von Kupffer,
Zinn und Eisenwerck, nebst vielen Pack=Fässern, und zu=
sammen gebundenen Ballen, welches alles aber ich nur
35 oben hin be=[178]trachtete, und mich rechter Hand nach
einer halb offenstehenden Seiten=Thür wandte. Nachdem
aber selbige völlig eröffnet hatte, und gerade vor mich

hingieng, that der mir folgende Lemelie einen lauten
Schrey und fanck ohnversehens in Ohnmacht nieder zur
Erden. Wolte GOTT, seine lasterhaffte Seele hätte da=
mals den schändlichen Cörper gäntzlich verlassen! so aber
riß ihn van Leuven gleich zurück an die frische Lufft,   5
rieb ihm die Nase und das Gesicht so lange, biß er sich
etwas wieder ermunterte, worauff wir ihn allda liegen
liessen, und das Gewölbe rechter Hand, auß neue betraten.
Hier kam uns nun dasjenige, wovor sich Lemelie so
grausam entsetzt hatte, gar bald zu Gesichte. Denn in 10
dem Winckel lincker Hand saß ein solcher Mann, dergleichen
mir vergangene Nacht erschienen, auf einem in Stein
gehauenen Sessel, als ob er schliesse, indem er sein Haupt
mit dem einen Arme auf den darbey befindlichen Tisch
gestützt, die andere Hand aber auf dem Tische ausgestreckt 15
liegen hatte. Uber dem Tische an der Wand hieng eine
4.eckigte Lampe, und auf demselben waren, nebst etlichen
Speise= und Trinck=Geschirren, 2. grosse, und eine etwas
kleinere Tafel mit Schrifften befindlich, welche 3. letztern
Stücke wir heraus ans Licht trugen, und in der ersten 20
Tafel, die dem Ansehen nach aus einem Zinnern Teller
geschlagen, und sauber abgeschabt war, folgende Lateinische
Zeilen eingegraben sehen, und sehr deutlich lesen konten.
Mit diesen Worten stund unser Altvater Albertus
Julius auf, und langete aus einem Kasten ver= [179] 25
schiedene Briefschafften, ingleichen die erwehnten 3. Zinnern
Tafeln, welche er biß dahero fleißig aufgehoben hatte,
überreichte eine grosse, nebst der kleinen, an Herr M.
Schmeltzorn, und sagte: Mein Herr! ihr werdet allhier
das Original selbst ansehen, und uns selbiges vorlesen. 30
Dieser machte sich aus solcher Antiquität eine besondere
Freude, und laß uns folgendes ab:

ADvena!
quisquis es
si mira fata te in meum mirum domicilium
forsitan mirum in modum ducent,   35
sceleto meo praeter opinionem conspecto,

nimium ne obstupesce,
sed cogita,
te, noxa primorum parentum admissa, iisdem fatis
eidemque mortalitati esse obnoxium.
Quod reliqvum est,
reliqvias mei corporis ne sine insepultas relinqui :
Mortuus enim me mortuum ipse sepelire non potui.
Christianum, si Christianus vel ad minimum homo es, decet
honesta exsequiarum justa solvere Christiano,
10   qui totam per vitam laboravi,
ut in Christum crederem, Christo viverem, Christo denique
morerer.
Pro tuo labore parvo, magnum feres praemium.
[180] Nimirum
15 Si tibi fortuna, mihi multos per annos negata, contingit,
ut ad dissociatam hominum societatem iterum consocieris,
pretiosissimum operae pretium ex hac spelunca
sperare & in spem longae felicitatis tecum auferre poteris;
Sin vero mecum cogeris
20   In solitudine solus morti obviam ire
nonnulla memoratu dignissima scripta
quae in mea sella, saxo incisa, jacent recondita,
Tibi fortasse erunt & gaudio & usui.
En!
25   grato illa accipe animo,
Aura secunda tuae navis vaga vela secundet!
ais me felicior.
quamvis me nunquam adeo infelicem dixerim!
Vale, Advena, vale,
manda rogatus me terrae
Et crede, Deum, qvem colui, daturum,
ut bene valeas.

Auf dem kleinen Täfflein aber, welches, unsers Alt=
vaters Aussage nach, halb unter des Verstorbenen rechter
35 Hand verdeckt gelegen, waren diese Zeilen zu lesen:

Natus sum d. IX. Aug. CIƆ CCCC LXXV.
Hanc Insulam attigi d. XIV. Nov. CIƆ IC XIIII.
Sentio, me, aetate confectum, brevi moriturum esse, licet
nullo morbo, nullisque dolo- [181]ribus opprimar. Scriptum
40   id est d. XXVII Jun. CIƆ IƆC VI.
Vivo quidem, sed morti proximus, d. XXVIII. XIX. & XXX.
Junii. Adhuc d. I. Jul. II. III. IV.

Nachdem wir über diese sonderbare Antiquität und die sinnreiche Schrifft, welche gewiß aus keinem ungelehrten Kopffe geflossen war, noch ein und anderes Gespräch gehalten hatten, gab mir der Altvater Albertus die drey Zinnern Tafeln, (wovon die eine eben dasselbe in Spanischer Sprache zu vernehmen gab, was wir auf der grossen Lateinisch gelesen,) nebst den übrigen schrifftlichen Uhrkunden in Verwahrung, mit dem Befehle: Daß ich alles, was Lateinisch wäre, bey künfftigen müßigen Stunden ins Hoch=Teutsche übersetzen solte, welches ich auch mit ehesten zu liefern versprach. Worauff er uns nach verrichteten Abend=Gebeth beurlaubte, und sich zur Ruhe legte.

Ich Eberhard Julius hingegen war nebst Hn. M. Schmeltzern viel zu neugierig, um zu wissen, was die alten Brieffschafften in sich hielten, da wir denn in Lateinischer Sprache eine Lebens=Beschreibung des Spanischen Edelmanns Don Cyrillo de Valaro darunter fanden, (welches eben der 131. jährige Greiß war, dessen Cörper damals in der Höle unter dem Alberts=Hügel gefunden worden,) und biß zu Mitternacht ein Theil derselben, mit gröstem Vergnügen, durchlasen. Ich habe dieselbe nachhero so zierlich, als es mir damals möglich, ins Hoch=Teutsche übersetzt, allein um den geneigten Le= [182] ser in den Geschichten keine allzugrosse Verwirrung zu verursachen, vor besser gehalten, dieselbe zu Ende des Wercks, als einen Anhang beyzufügen, weil sie doch hauptsächlich zu der Historie von dieser Felsen=Insul mit gehöret. Inzwischen habe einiger, im Lateinischen vielleicht nicht allzu wohl erfahrner Leser wegen, die auf den Zinnern Tafeln eingegrabene Schrifft, teutsch anhero zu setzen, vor billig und nöthig erachtet. Es ist mir aber solche Verdollmetschung, dem Wort=Verstande nach, solglich gerathen:

ANkommender Freund!
wer du auch bist
Wenn dich vielleicht das wunderliche Schicksal in
diese wunderbare Behausung wunderbarer
Weise führen wird,

so erstaune nicht allzusehr über die unvermuthete
Erblickung meines Gerippes,
sondern gedencke,
daß du nach dem Fall der ersten Eltern eben dem
Schicksal, und eben der Sterblichkeit
unterworffen bist.
Im übrigen
laß das Uberbleibsel meines Leibes nicht unbegraben liegen,
denn weil ich gestorben bin, habe ich mich Ver=
storbenen nicht selbst begraben können.
Einen Christen
wo du anders ein Christ, oder zum wenigsten ein
Mensch bist,
stehet zu
5   einen Christen ehrlich zur Erde zu bestatten,
[183]   Da ich mich in meinem gantzen Leben bestrebt,
daß ich an Christum gläubte, Christo lebte,
und endlich Christo stürbe.
Du wirst vor deine geringe Arbeit eine grosse
Belohnung erhalten.
Denn wenn dir das Glücke, dasjenige, was es mir
seit vielen Jahren her verweigert hat,
wiederfahren lässet,
nemlich, daß du dich wieder zu der abgesonderten
Gesellschafft der Menschen gesellen könnest;
So wirstu dir eine kostbare Belohnung zu verspre=
chen, und dieselbe aus dieser Höle mit hinweg
zu nehmen haben;
Wenn du aber so, wie ich, gezwungen bist,
In dieser Einsamkeit als ein Einsiedler dem Tode
entgegen zu gehen;
So werden doch einige merckwürdige
Schrifften,
die in meinem in Stein gehauenen Sessel verborgen liegen,
5   dir vielleicht erfreulich und nützlich seyn.
Wohlan!
Nimm dieselben mit danckbaren Hertzen an,
der gütige Himmel mache dich beglückt,
und zwar glücklicher als mich,
wiewohl ich mich niemals vor recht unglücklich
geschätzt habe.
Lebe wohl ankommender Freund! Lebe wohl,
höre meine Bitte, begrabe mich,
Und glaube, daß GOTT, welchem ich gedienet,
geben wird:
Daß du wohl lebest.

[184] Die Zeilen auf der kleinen Tafel, bedeuten in teutscher Sprache so viel:

Ich bin gebohren den 9. Aug. 1475.
Auf diese Insul gekommen, den 14. Nov. 1514.
Ich empfinde, daß ich Alters halber in kurzer Zeit sterben werde, ohngeacht ich weder Kranckheit, noch einige Schmerzen empfinde. Dieses habe ich geschrieben am 27. Jun. 1606.
Ich lebe zwar noch, bin aber dem Tode sehr nahe, d. 28. 29. und 30. Jun. und noch d. 1. Jul. 2. 3. 4. 10

Jedoch ich fahre nunmehro in unsern eigenen Geschichten. fort, und berichte dem geliebten Leser, daß wir mit Anbruch folgendes Donnerstags. d. 22. 9br. uns nebst dem Altvater Albert Julio aufmachten, und die Pflantz=Städte Jacobs=Raum besuchten, welche aus 9. u Wohn=Häusern, die mit allem Zubehör wol versehen waren, bestund.

Wiewol nun dieses die kleineste Pflantz=Stadt und schwächste Gemeine war, so befand sich doch bey ihnen alles in der schönsten Haußhaltungs=Ordnung, und hatten wir an der Einrichtung und besondern Fleiße, ihrem Verstande nach, nicht das geringste auszusetzen. Sie waren beschäfftiget, die Gärten, Saat, Felder, und sonderlich die vortrefflichen Weinstöcke, welche auf dem dasigen Gebürge in grosser Menge gepflanzt stunden, wol zu warten, indem es selbiger Zeit etwa 9. oder 10. Wochen vor der gewöhnlichen Wein=Erndte, bey den Feld=Früchten aber fast Erndte=Zeit war. Mons. Litzberg und Plager, untersuchten das Eingeweyde des [185] dasigen Gebürges, und fanden verschiedene Arten Steine, welche sehr reichhaltig von Kupffer= und Silber=Ertz zu seyn schienen, die sie auch nachhero in der Probe unvergleichlich kostbar befanden. Nachdem wir aber auf der Rückkehr von den Einwohnern mit dem herrlichsten Weine, verschiedenen guten Speisen und Früchten, aufs beste tractirt waren, ihnen, gleich wie allen vorhero besuchten Gemeinen, 10. Bibeln, 20. Gesang= und Gebet=Bücher, auch allerhand

andere seine nützliche Sachen, so wol vor Alte als Junge
verehret hatten, kamen wir bey guter Zeit wiederum in
der Alberts=Burg an, besuchten die Arbeiter am Kirchen=
Bau auf eine Stunde, nahmen die Abend=Mahlzeit ein,
worauff unser Altvater, nachdem er das Tisch=Gebeth
gethan, unsere Begierde alsofort gemerckt, sich lächelnd in
seinen Stuhl setzte, und die gestern abgebrochene Erzählung
also fortsetzte:

Ich bin, wo mir recht ist, gestern Abend dabey ge=
blieben: Da wir die Zinnernen Tafeln an das Tages=
Licht trugen, und die eingegrabenen Schrifften ausstudirten.
Mons. van Leuven und ich, konten das Latein, Lemelie
aber, der sich von seinem gehabten Schrecken kaum in
etwas wieder erholet, das Spanische, welches beydes doch
einerley Bedeutung hatte, gantz wol verstehen. Ich aber
kan mit Warheit sagen, daß so bald ich nur des letzten
Willens, des Verstorbenen Don Cyrillo de Valaro, hieraus
völlig versichert war, bey mir im Augenblicke alle annoch
übrige Furcht verschwand. Meine Herren! sagte ich zu
meinen Gefährten, wir sind schuldig dasjenige zu erfüllen,
was dieser ohn= [186] fehlbar seelig verstorbene Christ so
sehnlich begehret hat, da wir ausser dem uns eine stattliche
Belohnung zu versprechen haben. Mons. van Leuven
war so gleich bereit, Lemelie aber sagte: Ich glaube
nicht, daß die Belohnung so sonderlich seyn wird, denn
die Spanier sind gewohnt, wo es möglich ist, auch noch
nach ihrem Tode rotomontaden vorzumachen. Derowegen
versichere, daß mich eher und lieber mit zwey See=Räubern
herum schlagen, als mit dergleichen Leiche zu thun haben
wolte; Jedoch euch als meinen Gefährten zu Gefallen,
will ich mich auch bey dieser häßlichen Arbeit nicht aus=
schlüssen.

Hierauf lieff ich fort, langete ein grosses Stück alt
Seegel=Tuch, nebst einer Hacke und Schauffel, welche 2.
letztern Stück ich vor der Höle liegen ließ, mit dem Tuche
aber begaben wir uns abermahls in die unter=irrdische
Höle. Mons. van Leuven wolten den Cörper bey den

Schultern, ich aber dessen Schenckel anfassen; allein, kaum
hatten wir denselben etwas angeregt, da er auf einmahl
mit ziemlichen Geprassele in einen Klumpen zerfiel, worüber
Lemelie aufs neue dermassen erschrack, daß er seinen
Kopff zwischen die Ohren nahm, und so weit darvon lieff, 5
als er lauffen konte.   Mons. van Leuven und ich erschracken zwar anfänglich auch in etwas, da wir aber
überlegten, daß dieses natürlicher Weise nicht anders zu
gehen, und weder von unserm Versehen noch andern
übernatürlichen Ursachen herrühren könte; Lasen und 10
strichen wir die Gebeine und Asche des seeligen Mit-
Bruders zusammen auf das ausgebreitete Seegel- [187]
Tuch, trugen selbiges auf einen schönen grünen Platz in
die Ecke, wo sich der aus dem grossen See entspringende
Fluß in zwey Arme theilet, machten daselbst ein feines 15
Grab, legten alles ordentlich zusammen gebunden hinein,
und beschlossen, ihm, nach erlangten fernern Uhrkunden,
mit ehesten eine Gedächtniß-Säule zu setzen.   Ob nun
schon der gute van Leuven durch seinen frühzeitigen und
bejammerens-würdigen Tod dieses Vorhaben mit aus- 20
zuführen verhindert wurde, so ist es doch nachhero von
mir ins Werck gerichtet worden, indem ich nicht allein
dem Don Cyrillo de Valaro, sondern auch dem ehrlichen
van Leuven und meiner seel. Ehe-Frau der Concordia,
jedem eine besondere Ehren- dem gottlosen Lemelie aber 25
eine Schand-Säule zum Gedächtniß über die Gräber auf-
gerichtet habe.

    Diese Säulen nebst den Grabschrifften, sagte hier
Albertus, sollen euch, meine Freunde, ehester Tages zu
Gesichte kommen, so bald wir auf dem Wege nach 30
Christophs-Raum begriffen seyn werden.   Jedoch ich
wende mich wieder zur damahligen Geschicht.

    Nachdem wir, wie bereits gedacht, dem Don Cyrillo
nach seinem Begehren den letzten Liebes-Dienst erwiesen,
seine Gebeine wohl verscharret, und einen kleinen Hügel 35
darüber gemacht hatten, kehreten wir gantz ermüdet zur
Concordia, welche uns eine gute Mittags-Mahlzeit be-

reitet hatte. Lemelie kam auch gar bald herzu, und
entschuldigte seine Flucht damit, daß er unmöglich mit
verfauleten Cörpern umgehen könne. Wir lächelten [188]
hierzu, da aber Concordia gleichfals wissen wolte, was
5 wir heute vor eine besondere Arbeit verrichtet hätten,
erzehlten wir derselben alles umständlich. Sie bezeugte
gleich nach der Mahlzeit besondere Lust mit in die Höle
zu gehen, da aber Mons. van Leuven, wegen des annoch
darinnen befindlichen übeln Geruchs, ihr davon abrieth,
10 und ihre Begierde biß auf ein paar Tage zu hemmen
bat; gab sie sich gar bald zu frieden, ging wieder aus
aufs Jagen und Fischen, wir 3. Manns=Personen aber in
die Höle, weil unsere grosse Lampe annoch darinnen brandte.

Nunmehro war, nachdem wir, den moderigen Geruch
15 zu vertreiben, etliche mahl ein wenig Pulver angezündet
hatten, unsere erste Bemühung, die alten Uhrkunden,
welche in den steinernen Sessel verwahrt liegen solten, zu
suchen. Demnach entdeckten wir im Sitze ein viereckigtes
Loch, in welches ein wohlgearbeiteter Deckel eingepasset
20 war, so bald nun derselbe ausgehoben, fanden sich oben
auf die in Wachs eingefütterten geschriebenen Sachen, die
ich euch, mein Vetter und Sohn, gestern Abend ein=
gehändiget habe, unter denselbigen ein güldener Becher
mit unschätzbaren Kleinobien angefüllet, welcher in den
25 schönsten güldenen Münzen vielerley Gepräges und Forme
vergraben stund. Wir gaben uns die Mühe, dieses ge=
raumliche Loch, oder der verborgenen Schatz=Kasten, gantz
auszuräumen, weil wir aber weiter weder Briefschafften
noch etwas anders fanden, schütteten wir 18. Hüte voll
30 Gold=Münze wieder hinein, nahmen den Gold=Becher
nebst den Briefschafften [189] zu uns, und gingen, um
die letztern recht durch zu studiren, hinauf in Mons. van
Leuvens grüne Hütte, allwo wir den übrigen Theil des
Tages biß in die späte Nacht mit Lesen und Verteutschen
35 zubrachten, und allerhand höchst=angenehme Nachrichten
fanden, die uns und den künfftigen Bewohnern der Insul
gantz vortreffliche Vortheile versprechen konten.

Es war allbereit an dem, daß der Tag anbrechen
wolte, da van Leuven und ich, wiewohl noch nicht vom
Lesen ermüdet, sondern morgender Arbeit wegen die Ruhe
zu suchen vor dienlich hielten; indem Concordia schon
schlieff, der faule Lemelie aber seit etlichen Stunden von
uns zu seiner Schlaf=Stätte gegangen war.   Ich nahm
derowegen meinen Weg auch dahin, fand aber den Lemelie
unter Weges, wohl 10. Schritt vor unserer Hütte, krum
zusammen gezogen liegen, und als einen Wurm winseln.
Auf Befragen, was er da mache? fing er entsetzlich
zu fluchen, und endlich zu sagen an: Vermaledeyet ist der
verdammte Cörper, den ihr diesen Tag begraben habt,
denn das verfluchte Scheusal, über welches man ohnfehlbar
keine Seelmessen gehalten hat, ist mir vor etlichen Stunden
erschienen, und hat meinen Leib erbärmlich zugerichtet.
Ich gedachte gleich in meinen Hertzen, daß dieses seiner
Sünden Schuld sey, indem ich von Jugend auf gehöret,
daß man mit verstorbenen Leuten kein Gespötte treiben
solle; wolte ihn auch aufrichten, und in unsere Hütte
führen, doch weil er dahin durchaus nicht wolte, brachte
ich den elenden Menschen endlich mit grosser Mü= [190] he
in Mons. van Leuvens Hütte. Wiewohl ich nicht ver=
gessen hatte, ihn zu bitten, um der Concordia willen,
nichts von dem, was ihm begegnet wäre, zu sagen, sondern
eine andere Unpäßlichkeit vorzuwenden.   Er gehorchte mir
in diesem Stücke, und wir schlieffen also, ohne die Concordia zu erwecken, diese Nacht in ihrer Hütte.

Lemelie befand sich folgenden Tages todtkranck, und
ich selber habe noch selbigen Tag fast überall seinen Leib
braun und blau, mit Blute unterlauffen, gesehen, doch weil
es ihm leyd zu sein schien, daß er mir sein ausgestandenes
entdeckt, versicherte ich ihm, selbiges so wohl vor Mons. van
Leuven als dessen Gemahlin geheim zu halten, allein, ich sagte
es doch gleich bey erster Gelegenheit meinem besten Freunde.

Wir musten ihn also diesen und viele folgende
Tage unter der Concordia Verpflegung liegen lassen,
gingen aber beyde zusammen wiederum in die unter=

irrdische Höle, und fanden, beschehener Anweisung nach, in einem verborgenen Gewölbe über 3. Scheffel der aus= erlesensten und kostbarsten Perlen, nächst diesen einen solchen Schatz an gediegenen Gold= und Silber=Klumpen, 5 edlen Steinen und andern Kostbarkeiten, worüber wir gantz erstaunend, ja fast versteinert stehen blieben. Uber dieses eine grosse Menge von allerhand vor unsere Personen höchst=nöthigen Stücken, wenn wir ja allenfalls dem Ver= hängnisse auf dieser Insul Stand halten, und nicht 10 wieder zu anderer menschlicher Gesellschafft gelangen solten.

[191] Jedoch, was will ich hiervon viel reden, die Kostbarkeiten kan ich euch, meine Freunde, ja noch alle unverletzt zeigen. Worzu aber die übrigen nützlichen Sachen angewendet worden, davon kan meine und meiner 15 Kinder Haußhaltung und nicht vergeblich gethane Arbeit ein sattsames Zeugniß abstatten. Ich muß demnach nur eilen, euch, meinen Lieben! den fernern Verlauff der da= mahligen Zeiten noch kürtzlich zu erzehlen, ehe ich auf meine einseitige Geschicht, und die anfänglich betrübte, 20 nachhero aber unter GOttes Fügung wohl ausgeschlagene Haußhaltung komme.

Mittlerweile, da Lemelie kranck lage, räumeten Mons. van Leuven und ich alle Sachen aus dem unterirrdischen Gewölbe herauf ans Tages=Licht und an die Lufft, damit 25 wir sehen möchten, was annoch zu gebrauchen wäre oder nicht; Nach diesen reinigten wir die unterirrdische Höle, die ausser der kleinen Schatz=Kammer aus 3. geraumlichen Kammern bestund, von aller Unsauberkeit. Ermeldte Schatz=Kammer aber, die wir dem Lemelie nicht wolten 30 wissen lassen, wurde von unsern Händen wohl vermauret, auswendig mit Leimen beschlagen, und so zugerichtet, daß niemand vermuthen konte, als ob etwas verborgenes da= hinter steckte. Mons. van Leuven erwehlete das Vor= gemach derselben, worinnen auch der verstorbene Don 35 Cyrillo sein Lebens=Ziel erwartet, zu seinem Schlaff= Gemach, ich nahm vor mich die Kammer darneben, und vor Lemelie wurde die dritte zugerichtet, alle aber mit

Pulver und Schiff=Pech etliche Tage nach einander wohl aus= |192| geräuchert, ja so zu sagen, gar ausgebrandt, denn dieser gantze Hügel bestehet aus einem vortrefflichen Sand=Steine.

So bald wir demnach alles in recht gute Ordnung gebracht hatten, wurde Concordia hinein geführet, welche sich ungemein darüber erfreuete, und so gleich ohne die geringste Furcht darinnen Hauß zu halten versprach. Wolte also der wunderliche Lemelie nicht oben alleine schlaffen, muste er sich halb gezwungener Weise nach uns richten.

Indessen, da er noch immer kranck war, schafften Mons. van Leuven und ich alltäglich noch sehr viele auf der Sand=Banck liegende nützliche Sachen auf die Insul, und kamen öffters nicht eher als mit sinckenden Tage nach Hause. Da immittelst Lemelie sich kräncker stellet als er ist, doch aber soviel Kräffte hat, der Concordia einmahl über das andere so viel vorzuschwatzen, um sie dahin zu bewegen, seiner Wollust ein Genüge zu leisten, und an ihrem Ehe=Manne untreu zu werden.

Concordia weiset ihn anfänglich mit GOttes Wort und andern tugendhafften Regeln zurücke, da er aber eins so wenig als das andere annehmen, und fast gar Gewalt brauchen will, sie auch kaum Gelegenheit, sich seiner zu erwehren, gefunden, und in grösten Eiffer gesagt, daß sie ehe ihren Ehrenschänder oder sich selbst ermorden, als an ihren Manne untreu werden, und so lange dieser lebte, sich mit einem andern vermischen wolte; wirfft er sich zu ihren Füssen, und bittet seiner hefftigen Liebe wegen um Verzeihung, verspricht auch, ihr dergleichen nimmermehr wieder zuzumuthen, woferne |193| sie nur die eintzige Gnade vor ihn haben, und ihrem Manne nichts davon entdecken wolte. Concordia stellet sich besänfftiget an, giebt ihm einen nochmahligen scharffen Verweiß, und verspricht zwar, ihrem Manne nichts darvon zu sagen, allein, ich selbst muste noch selbigen Abend ein Zeuge ihrer Ehrlichkeit seyn, indem sie bey guter Gelegenheit

uns beyden alles, was vorgegangen war, erzehlete, und
einen Schwur that, viel lieber mit an die allergefährlichste
Arbeit zu gehen, als eine Minute bey dem Lemelie
hinführo alleine zu verbleiben. Mons. van Leuven be=
5 trübte sich nicht wenig über die grausame Unart unsers
dritten Mannes, und sagte, daß er von Grund des Hertzens
gern seinen Antheil von dem gefundenen Schatze missen
wolte, wenn er nur mit solchen den Gottes-vergessenen
Menschen von der Insul hinweg kauffen könte. Doch wir
10 beschlossen, ihn ins künfftige besser in acht zu nehmen,
und bey der Concordia niemahls alleine zu lassen.

Inmittelst konte doch Mons. van Leuven seinen deßhalb
geschöpfften Verdruß, wie sehr er sich auch solches an=
gelegen seyn ließ, unmöglich gäntzlich verbergen, weßwegen
15 Lemelie bald vermerckte, daß Concordia ihrem Manne
die Treue besser, als ihm ihr Wort zu halten geartet,
jedoch er suchte seinen begangenen Fehler aufs neue zu
verbessern, denn da er wenig Tage hierauf sich völlig
genesen zeigte, war von da an niemand fleißiger, dienst=
20 fertiger und höflicher als eben der Lemelie.

Wir hatten aber in des Don Cyrillo schrifftlichen
Nachrichten unter andern gefunden, daß durch |194| den
Ausfall des Flusses gegen Mitternacht zu, unter dem
Felsen hindurch, ein gantz bequemer Ausgang von der
25 Insul nach der Sand-Banck und dem Meere zu, an=
zutreffen sey. Wenn man vorhero erstlich in den heissen
Monaten, da der Fluß am schwächsten lieffe, einen Damm
gemacht, und dessen Wasser durch den Canal, welchen
Cyrillo nebst seinen Gefährten vor nunmehro 125. Jahren
30 gegraben, in die kleine See zum Ausflusse führete. Dieses
nun in Erfahrung zu bringen, sahen wir gegenwärtige
Zeit am allerbequemsten, weil uns der seichte Fluß einen
Damm hinein zu machen Erlaubniß zu geben schien.
Demnach fälleten wir etliche Bäume, zersägten dieselben, und
35 rammelten ziemlich grosse Plöcke um die Gegend in den Fluß,
wo wir die Wahrzeichen des Dammes unserer Vorfahren
mit grossen Freuden wahrgenommen hatten. Vor die mit

allergröster Müh eingerammleten Plöcke wurden lange
Bäume über einander gelegt, von solcher Dicke, als wir
dieselbe fortzuschleppen vermögend waren, und diese musten
die vorgesetzten Rasen=Stücke nebst dem vorgeschütteten
fettem Erdreiche aufhalten. Mit solcher Arbeit brachten 5
wir biß in die 4te Woche zu, binnen welcher Zeit der
Damm seine nöthige Höhe erreichte, so, daß fast kein
Tropffen Wasser hindurch konte, hergegen alles durch den
Canal sich in die kleine See ergoß. Lemelie hatte sich
bey dieser sauren Arbeit dermassen fleißig, in übriger 10
Aufführung aber so wohl gehalten, daß wir ingesammt
glaubten, sein voriges übeles Leben müsse ihm gereuet,
und er von da an einen bessern Vorsatz gefasset haben.

  |195] Nunmehro war es an dem, daß wir die grosse
Lampe anzündeten, und uns in eine abermahlige Felsen= 15
Höle wagen wolten, welches auch des nächsten Tages früh
Morgens geschahe. Concordia wolte allhier nicht alleine
zurücke bleiben, sondern sich unsers Glücks und Unglücks
durchaus theilhafftig machen, derowegen traten wir unsern
Weg in GOttes Nahmen an, fanden denselben ziemlich 20
bequem zu gehen, ob gleich hie und da etliche hohe Stuffen
befindlich, welchen doch gar mit leichter Müh nachzuhelffen
war. Aber, o Himmel! wie groß war unsere Freude, da
wir ohne die geringste Gefahr das Ende erreichten, Himmel
und See vor uns sehen, und am Ufer des Felsens bey 25
unsern annoch rückständigen Sachen herum spatziren, auch
mit vielweniger Müh und Gefahr zurück auf unsere Insul
kommen konten.

  Ihr seyd, meine lieben Kinder, fuhr unser Alt=Vater
Albertus in seiner Erzehlung fort, selbsten durch diesen 30
Gang in die Insul kommen, derowegen könnet ihr am
besten von dessen Bequemlichkeit und Nutzen urtheilen,
wenn ihr zumahlen die gefährlichen und beschwerlichen
Wege über die Klippen dargegen betrachtet. Uns war
dieser gefundene Gang zu damahligen Zeiten wenigstens 35
ungemein tröstlich, da wir in wenig Tagen alles, was
annoch auf der Sand=Banck lag, herauf brachten, das

Hintertheil des zerscheiterten Schiffs zerschlugen, und nicht
den kleinesten Nagel oder Splitter davon zurück liessen,
so, daß wir weiter ausserhalb des Felsens nichts mehr
zu suchen wusten, als unsern Nachen oder kleines Boot,
5 und [196] dann und wann einige Schild=Kröten, See=
Kälber, nebst andern Meer=Thieren, wovon wir doch
weiter fast nichts als die Häute und das Fett zu gebrauchen
pflegten.

Solchergestalt wandten wir die fernern Tage auf
10 nichts anders, als, nach und nach immer eine bessere
Ordnung in unserer Haußhaltung zu stifften, sammleten
von allerley nutzbarn Gewächsen die Saam=Körner ein,
pflegten die Wein=Stöcke und Obst=Bäume aufs beste, als
worinnen ich bey meinen lieben Pflege=Vätern, dem
15 Dorff=Priester und dem Amtmanne, ziemliche Kunstgriffe
und Vortheile abgemerckt. Lebten im übrigen in der
Hoffnung künfftiger noch besserer Zeiten gantz geruhig
und wohl beysammen. Allein, in der Nacht zwischen den
8 ten und 9 ten Novembr. überfiel uns ein entsetzliches
20 Schrecken. Denn es geschahe ohngefähr um Mitternachts=
Zeit, da wir ingesammt im süssesten Schlaffe lagen, ein
dermassen grosser Knall in unserer unter=irrdischen Woh=
nung, als ob das allerstärckste Stück Geschützes loßgebrannt
würde, so, daß man die Empfindung hatte, als ob der
25 gantze Hügel erschütterte. Ich sprang von meinem Lager
auf, und wolte nach der beyden Ehe=Leute Kammer zu
eilen, selbige aber kamen mir so gleich im Dunckeln gantz
erschrocken entgegen, und eileten, ohne ein Wort zu sprechen,
zur Höle hinaus, da der Schein des Monden fast alles
30 so helle als am Tage machte.

Ich kan nicht läugnen, daß Mons. van Leuven,
Concordia und ich vor Furcht, Schrecken und Zittern,
kein Glied stille halten konten, unsere [197] Furcht aber
wurde noch um ein grosses vermehrt, da sich, gegen Süden
35 zu, eine weisse lichte Flamme sehen ließ, welche immer
gantz sachte fort zohe, und endlich um die Gegend, wo
wir des Don Cyrillo Cörper begraben hatten, verschwand.

Die Haare stunden uns hierüber zu Berge, doch, nachdem wir uns binnen einer Stunde in etwas erholet hatten, brach Mons. van Leuven endlich das lange Stillschweigen, indem er sagte: Mein Schatz und Mons. Albert! ich weiß, daß ihr euch über dieses Nacht-Schrecken so wohl als ich unterschiedene Gedancken werdet gemacht haben; allein ich glaube, daß der sonst unerhörte Knall von einem Erdbeben herrühret, wobey unser Sand-Stein-Hügel ohnfehlbar einen starcken Riß bekommen. Die weisse Flamme aber, so wir gesehen, halte ich vor eine Schwefel-Dunst, welche sich nach dem Wasser hingezogen hat. Monsieur van Leuven bekam in diesen Meinungen Seiten meiner starcken Beyfall, allein Concordia gab dieses darauf: Mein Schatz, der Himmel gebe nur, daß dieses nicht eine Vorbedeutung eines besondern Unglücks ist, denn ich war kurtze Zeit vor dem grausamen Knalle durch einen schweren Traum, den ich im Schrecken vergessen habe, ermuntert worden, und lag mit wachenden offenen Augen an eurer Seite, als eben dergleichen lichte Flamme unsere Kammer mit einer gantz ausserordentlichen Helligkeit erleuchtete, und die sonst alle Nacht hindurch brennende grosse Lampe auslöschte, worauf sogleich der grausame Knall und die hefftige Erschütterung zu empfinden war.

[198] Uber diesen Bericht nun hatte ein jedes seine besondere Gedancken, Mons. van Leuven aber unterbrach dieselben, indem er sich um den Lemelie bekümmerte, und gern wissen mochte, wo sich dieser aufhielte. Meine Muthmassungen waren, daß er vielleicht noch vor uns, durch den Schrecken, aus der Höle gejagt worden, und sich etwa hier oder da auf der Insul befände; Allein, nachdem wir den übrigen Theil der Nacht ohne fernern Schlaff hingebracht, und nunmehro das Sonnen-Licht mit Freuden wieder empor kommen sahen, kam auch Lemelie unverhofft aus der Höle heraus gegangen.

Dieser bekannte auf unser Befragen so gleich, daß er weder etwas gesehen, noch vielweniger gehöret habe, und verwunderte sich ziemlich, da wir ihm von allen

Begebenheiten voriger Nacht ausführliche Nachricht gaben.
Wir hielten ihn alſo vor glücklicher als uns, ſtunden
aber auf, und beſichtigten nicht allein die Höle, ſondern
auch den gantzen Hügel, fanden jedoch nicht das geringſte
5 Verſehr, Ritze oder Spalte, ſondern alles in unveränderten
guten Stande. Lemelie ſagte derowegen: Glaubet mir
ſicher, meine Freunde! es iſt alles ein pures Gauckel=Spiel,
der im Fegefeuer ſitzenden Seele des Dou Cyrillo de
Valaro. Ach, wie gern wolte ich einem Römiſch=
10 Catholiſchen Prieſter 100. Creutz=Thaler Seel=Meß=
Gelder zahlen, um dieſelbe daraus zu erlöſen, wenn er
nur gegenwärtig wäre, und uns in vollkommene Ruhe
ſetzen könte.

Van Leuven und ich hielten nicht vor rathſam,
15 dieſem einfältigen Tropffen zu widerſprechen, lieſſen [199]
ihn derowegen bey ſeinen 5. Augen, beſchloſſen aber
dennoch, etliche Nacht in unſern grünen Hütten zu ſchlaffen,
biß man ſähe, was ſich ferner wegen des vermeintlichen
Erdbebens zeigen, und die beßfalls bey uns entſtandene
20 Furcht nach und nach verſchwunden ſeyn würde, welches
auch dem Lemelie gantz vernünfftig vorkam.

Allein der ehrliche van Leuven ſchlieff nur noch 2.
Nächte bey ſeiner liebſten Ehe=Frauen in der Lauber=
Hütte. Denn am 11. Novembr. ging er, etwa 2. Stunden,
25 nachdem die Sonne aufgegangen war, mit einer Flinte
fort, um ein oder zwey groſſe wohlſchmeckende Vogel,
welche ſich gemeiniglich auf den oberſten Klippen ſehen
lieſſen, herunter zu ſchieſſen, die wir ſelbigen Abend an
ſtatt der Martins=Gänſe braten und verzehren wolten.
30 Lemelie war etwa eine Stunde vorher ebenfalls darauf
ausgegangen, ich aber blieb bey der Concordia, um ihr
beym Kochen mit Holtz=Spalten und andern Hand=
reichungen die Arbeit zu erleichtern.

Zwey Stunden über Mittag kam Lemelie mit zwey
35 ſchönen groſſen Vogeln zurücke, über welche wir uns ſo=
gleich hermachten, und dieſelben reinigten. Mittlerweile
fragte Lemelie Concordien, wo ihr Mann hingegangen?

und erhielt von selbiger zur Antwort, daß er gleicher=
gestalt auf solch Wildpret außgegangen sey, worbey sie
sich erkundigte, ob sie einander nicht angetroffen. Lemelie
antwortet mit Nein.   Doch habe er auf sener. Seite des
Gebürges einen Schuß vernommen, woraus er gemuth=
masset, daß sich gewiß einer von uns daselbst auf=
halten würde.

[200] Concordia machte noch einen Spaaß hierbey,
indem sie sagte: Wenn nun mein Carl Franz kömmt,
mag er seine geschossene Martins=Gänse biß auf Morgen
aufheben.   Allein, da die Sonne bereits unterging, und
unsere beyden Braten zum Speisen tüchtig waren, stellete
sich dem ohngeacht unser guter van Leuven noch nicht
ein, wir warteten noch ein paar Stunden, da er aber
nicht kam, verzehreten wir den einen Vogel mit guten
Appetit, und spareten den andern vor ihn und Concordien.   Allein, die Nacht brach endlich auch ein, und
van Leuven blieb immer auffen.   Concordien begunte
das Hertz schwer zu werden, indem sie genug zu thun
hatte, die Thränen zurück zu halten, ich aber tröstete sie,
so gut ich konte, und meinete, weil es heller Monden=
Schein, würde ihr Ehe=Schatz schon noch zurücke kommen.
Sie aber versetzte: Ach, es ist ja wider alle seine ge=
wöhnliche Art, was wird ihm der Monden=Schein helffen?
Und wie kan er zurücke kommen, wenn er vielleicht Unglück
genommen hat?   Ja, ja, fuhr sie fort, mein Hertze sagt
es mir, mein Liebster ist entweder todt, oder dem Tode
sehr nahe, denn itzo fällt mir mein Traum auf einmahl
wieder in die Gedancken, den ich in der Schreckens=Nacht,
seit dem aber gäntzlich vergessen gehabt.   Diese ihre
Worte wurden mit einer gewaltsamen Thränen=Fluth be=
gleitet, Lemelie aber trat auf, und sagte: Madame! ver=
sallet doch nicht so gleich auf die ärgsten Gedancken, es
kan ihn ja vielleicht eine besonders glückliche Begebenheit,
oder Neugierigkeit, etwa hier oder dar aufhalten.   Stehet
auf, wir wollen ihm alle drey [201] entgegen gehen, und
zwar um die Gegend, wo ich heute von ferne seinen

Schuß gehöret, wir wollen schreyen, ruffen und schiessen, was gilts? er wird sich bald melden, und uns zum wenigsten mit einem Schuß oder Laut antworten. Concordia weinete dem ohngeacht immer noch hefftiger, und sagte: Ach, wie kan er schiessen oder antworten, wenn er todt ist? Doch da wir beyde, ihr ferner zuzureden, nicht unterliessen, stund sie endlich auf, und folgte nebst mir dem Lemelie, wo er uns hinführete.

Es wurde die gantze Nacht hindurch an fleißigem Suchen, Schreyen und Schiessen nichts gesparet, die Sonne ging zwar darüber auf, doch van Leuven wolte mit selbiger dennoch nicht zum Vorscheine kommen. Wir kehreten zurück in unsere Lauber=Hütten und unter= irrdische Wohnung, fanden aber nicht die geringste Spur, daß er Zeit seines Hinwegseyns wiederum da gewesen. Nunmehro begunte mir auch das Hertz=Blat zu schiessen, Concordia wolte gantz verzweiffeln, und Lemelie selbst sagte: Es könne unmöglich richtig zugehen, sondern Mons. van Leuven müste ohnfehlbar etwa ein Unglück genommen haben. Derohalben fingen wir ingesammt gantz von neuen an, ihn zu suchen, und daß ich es nur kurtz mache, am dritten Tage nach seinem letzten Außgange entdeckten wir mit grausamsten Schrecken seinen entseelten Cörper, gegen Süden zu, ausserhalb an dem Absatze einer jähen Stein= Klippe liegen, als von welcher er unserm damahligen Vermuthen nach herab gefallen war. Ich fing vor über= mäßiger Betrübniß bey diesem jämmerlichen Anblicke überlaut zu schreyen und zu heulen an, [202] und rauffte mir als ein unsinniger Mensch gantze Hände voll Haare aus dem Kopffe, Concordia, die meine Geberden nur von ferne sahe, weil sie die hohen Felsen nicht so, wie ich, besteigen konte, sanck augenblicklich in Ohnmacht hin, Lemelie lieff geschwind nach frischen Wasser, ich aber blieb als ein halb=verzweiffelter Mensch gantz sinnloß bey ihr sitzen.

Endlich half doch des Lemelie oft wiederholtes Wasser giessen und sprengen so viel: daß Concordia sich

wieder in etwas ermunterte. Allein meine Freunde, (so
unterbrach allhier der Alt-Vater **Albertus** seine Erzehlung in etwas,) ich befinde mich biß diese Zeit noch
nicht im Stande, ohne selbst eigene hefftige Gemüths-
Bewegungen, der **Concordia** schmertzliches Klagen, und 5
mit wenig Worten zu sagen; Ihre fast gäntzliche Verzweiffelung auszudrücken, wiewol solches ohnedem besser
mit dem Verstande zu fassen, als mit Worten auszusprechen ist. Doch ich setzte bey ihrem übermäßigen
Jammer, mein eigenes dabey geschöpfftes Betrübniß in 10
etwas bey Seite, und suchte sie nur erstlich dahin zu bereden, daß sie sich von uns nach der Laub-Hütte führen
liesse. Wiewol nun in dem ersten Auflauff ihrer Gemüths-
Bewegungen nichts von ihr zu erhalten war, indem sie
mit aller Gewalt ihren **Carl Frantz** sehen, oder sich 15
selbsten den Kopff an einem Felsen einstossen wollte; so
ließ sie sich doch endlich durch Vorstellung einiger Biblischen
Sprüche und anderer Vernunfft-Lehren, dahin bewegen,
daß ich und **Lemelie**, welcher vor verstellter Betrübniß
kein Wort reden, doch auch kein Auge naß machen konte 20
[203] oder wolte, sie mit sinckenden Tage in die Laub-
hütte führen durfften. Nachdem ich auf ihr sehnliches
Bitten versprochen: alle Mühe und Kunst anzuwenden,
den verunglückten Cörper ihres werthen Schatzes herauff
zu schaffen. 25

Ohngeacht aber **Concordia** und ich in vergangenen
Nachten fast wenig oder nichts geschlaffen hatten, so konten
wir doch auch diese Nacht, wegen des allzu grossen
Jammers, noch keinen Schlaf in unsere Augen kriegen,
sondern ich nahm die Bibel und laß der **Concordia** hier- 30
aus die kräfftigsten Trost-Psalmen und Capitel vor, wodurch ihr vorheriges unruhiges, und zur Verzweiffelung
geneigtes Gemüthe, in merckliche Ruhe gesetzt wurde.
Indem sie, obschon das Weinen und Klagen nicht unterließ, dennoch so viel zu vernehmen gab, daß sie allen 35
Fleiß anwenden wolte, sich mit Gedult in ihr klägliches
Verhängniß zu schicken, indem freylich gewiß wäre, daß

uns ohne GOttes Willen kein Unglück begegnen könne.
Ihre damaligen reformirten Glaubens-Gründe, trugen
gewiſſer maſſen ein vieles zu der von mir gewünſchten
Beruhigung bey, doch nachhero hat ſie dieſe verdächtigen
5 Hülffs-Mittel beſſer erkennen, und ſich, durch mein Zureden, aus GOTTES Wort kräfftiger tröſten lernen.

Gegen Mrgen ſchlief die biß in den Tod betrübte
Concordia etwa ein paar Stunden, ich that dergleichen,
Lemelie aber, der die gantze Nacht hindurch als ein Ratz
10 geſchlaffen hatte ſtund auf, wünſchte der Concordia zum
guten Morgen: Daß ſie ſich bey einer Sache, die nun-
mehro unmöglich zu än- |204| dern ſtünde, bald voll-
kommen tröſten, und in ruhigern Zuſtand ſetzen möchte,
wolte hiermit ſeine Flinte nehmen und ſpatzieren gehen,
15 doch ich hielt ihn auf, und bat: er möchte doch der Concordia die Gefälligkeit erzeigen, und den Cörper ihres
Liebſten mir herauff bringen helffen, damit wir ihn
ehrlich zur Erde beſtatten könten; Allein er entſchuldigte
ſich, und gab zu vernehmen, wie er zwar uns in allen
20 Stücken Gefälligkeit und Hülffe zu leiſten ſchuldig wäre;
doch damit möchte man ihn verſchonen, weiln uns ja zum
voraus bewuſt, daß er einen ungewöhnlichen natürlichen
Abſcheu vor todten Menſchen hätte, auch ohngeacht er
ſchon lange Zeit zu Schiffe gedienet, niemals im Stande
25 geweſen, einen friſchen Todten in die See zu werffen,
vielweniger einen ſolchen anzugreiffen, der ſchon etliche
Tage an der Sonne gelegen. Hiermit gieng er ſeine
Wege, Concordia aber hub von neuen an, ſich aufs aller-
kläglichſte zu gebährden, da ich ihr aber zugeredet, ſich
30 zu mäßigen, und mich nur allein machen zu laſſen, weil
ich weder Gefahr noch Mühe ſcheuen, ſondern ihr, unter
GOttes Schutz, den Cörper ihres Liebſten in ihre Hände
liefern wolte; muſte ſie mir erſtlich zuſchweren, ſich Zeit
meines Abſeyns ſelbſt kein Leyd zuzufügen, ſondern ge-
35 dultig und ſtille zu ſitzen, auch vor mich, wegen be-
vorſtehender Gefahr, fleißig zu beten. Worauff ſo viel
Seile und Stricke als zu ertragen waren, nebſt einem

ſtücke Seegel=Tuch nahm, und nebſt Concordien, die eine
Holtz=Axt nebſt etwas Speiſe vor uns bepde trug, nach
den Felſen hin eilete. Daſelbſt ließ ich ſie unten an
einem ſichern Orte ſitzen, und kletterte nach [205] und
nach zur Höhe hinauff, zohe auch die Axt, etliche ſpitz
gemachte Pfähle, und die übrigen Sachen, von einem
Abſatz zum andern, hinter mir her. An der auswendigen
Seite muſte ich mich aber viel gröſſerer Gefahr unter=
werffen, weil daſelbſt die Felſen weit ſteiler, und an
vielen Orten gar nicht zu beklettern waren, weßwegen
ich an drey Orten in die Felſen=Ritzen Pfähle einſchlagen,
ein langes Seil dran binden und mich 3. mal 8. 10.
biß 12. Elen tief, an ſelbigen herunter laſſen muſte.
Solchergeſtalt gelangete ich endlich zu meines lieben Herrn
van Leuvens jämmerlich zerſchmetterten Cörper, der, weil
ihm das Geſicht ſehr mit Blut unterlauffen war, ſeine
vorige Geſtalt gäntzlich verlohren hatte, und allbereit
wegen der groſſen Hitze, einen üblen Geruch von ſich
gab, jedoch ich hielt mich nicht lange dabey auf, ſondern
wickelte ihn eiligſt in das bey mir habende Tuch, bewunde
daſſelbe mit Stricken, band ein Seil daran, und zohe
dieſe Laſt nach und nach hinauff. Zu meinem Glücke
hatte ich in die vom Felſen herab hangenden Seile, ver=
ſchiedener Weite nach, Knoten gebunden, ſonſt wäre faſt
unmöglich geweſen wieder hinauff zu kommen, doch der
Himmel bewahrete mich in dieſer beſondern Gefahr vor
allem Unfall, und ich gelangte nach etwa 6. oder 7.
Stunden verlauff, ohnbeſchadet, doch ſehr ſchwer beladen
und ermüdet, wiederum bey Concordien an. Durch vieles
Bitten und vernünfftige Vorſtellungen, erhielt ich endlich
ſo viel von ſelbiger, daß ſie ſonſt nichts als ihres ſeel.
Ehe=Mannes Geſichte und die Hand, woran er annoch
ſeinen Siegel=Ring ſtecken hatte, zu ſehen be= [206] gehrte.
Sie wuſch beydes mehr mit Thränen, als mit Waſſer
aus dem vorbey rinnenden Bächlein ab, und küſſete ihn
ohngeacht des übeln Ausſehens und Geruchs vielfältige
mal, zohe den Ring von ſeinem Finger, und ließ endlich

unter hefftigen Jammer=Klagen geschehen, daß ich den
Cörper wieder einwickelte, und auf vorige Art umwunde.

Sie halff mir denselben biß in unsere unterirrdische
Höle tragen, woselbst er, weil ich nicht allein sehr er=
5 müdet, sondern es auch allbereit ziemlich spät war, liegen
blieb, und von uns beyden bewacht wurde. Mit an=
brechenden Tage machte ich ein Grab neben des Don
Cyrillo seinem, worein wir diesen lieben verunglückten
Freund, unter vergiessung häuffiger Thränen, begruben.

10 Lemelie, der unserer Arbeit von ferne zugesehen
hatte, kam erstlich des folgenden Tages wieder zu uns,
und Bemühete sich mit Erzehlung allerhand lustiger Ge=
schichte, der Concordia Kummer zu vertreiben. Doch die=
selbe sagte ihm ins Gesicht: Daß sie lieber mit dergleichen
15 Zeitvertreibe verschonet bleiben möchte, indem ihr Gemüthe
nicht so leichtsinnig geartet, dergleichen höchst empfindlichen
Verlust solchergestalt zu verschmertzen. Derowegen führete
er zwar nachhero etwas vernünfftigere Reden, doch Con=
cordia, die bißhero fast so wenig als nichts geruhet,
20 verfiel darüber in einen tieffen Schlaf, weßwegen Lemelie
und ich uns gleichfalls in einer andern Ecke der Höle,
zur Ruhe legten. Jedoch es schien, als ob dieser Mensch
gantz besondere Anfechtungen hätte, indem er so wol diese,
als viele folgende Nächte, fast keine Stunde nach einander
25 [207] ruhig liegen konte. Er fuhr sehr öffters mit
ängstlichen Geschrey aus dem schlafe auf, und wenn ich
ihn deßwegen befragte, klagte er über sonst nichts, als
schwere Träume, wiewol man ihn nach und nach sehr ab=
gemattet, und fast an allen Gliedern ein starckes Zittern
30 verspürete, jedoch binnen 2. oder 3. Wochen erholete er
sich ziemlich, so, daß er nebst mir, unserer künfftigen
Nahrung wegen, sehr fleißig arbeiten konte.

Bey dem allen aber, lebten wir 3. von gantz unter=
schiedenen Gemüths=Regungen eingenommene Personen, in
35 einer vollkommenen Verwirrung, da es zumal das
gäntzliche Ansehen hatte, als ob alle unsere vorige Gedult,
ja unser völliges Vergnügen, mit dem van Leuven be=

graben wäre. Wir saffen öfters etliche Stunden bey=
sammen, ohne ein Wort mit einander zu sprechen, doch
schien es als ob immer eines des andern Gedancken aus
den Augen lesen wolte, und dennoch hatte niemand das
Hertze, der andern und dritten Person Hertzens=Meynung
auszufragen. Endlich aber da nach des van Leuvens
Beerdigung etwa 4. Wochen verlauffen waren, hatte sich
Lemelie bey ersehener Gelegenheit die Freyheit genommen,
der Concordia in Geheim folgende Erklärung zu thun:
Madame! sagt er ohngefähr: Ihr und ich haben bißhero
das unglückliche Verhängniß eures seel. Ehe=Mannes zur
gnüge betrauret. Was ist nunmehro zu thun? Wir
sehen kein ander Mittel, als vielleicht noch lange Zeit
unserm Schicksal auf dieser Insul Gehorsam zu leisten.
Ihr seyd eine Wittbe und darzu hoch schwanger, zu euren
Eltern zurück zu kehren, ist so unmög= [208] lich als
schändlich, einen Mann müsset ihr haben, der euch bey
Ehren erhält, niemand ist sonsten vor euch da als ich
und Albert, doch weil ich nicht zweiffele, daß ihr mich,
als einen Edelmann, diesem jungen Lecker, der zumal
nur eine privat-Person ist, vorziehen werdet; So bitte
ich um eures eigenen Bestens willen, mir zu erlauben,
daß ich die erledigte Stelle eines Gemahls bey euch er=
setzen darff, so werden wir nicht allein allhier unser
Schicksal mit Gedult ertragen, sondern in Zukunfft höchst
vergnügt leben können, wenn wir das Glück haben, daß
uns vielleicht ein Schiff von hier ab, und zu mehrerer
menschlicher Gesellschafft führen wird. Albert, sagt er
ferner, wird sich nicht einmal die hochmüthigen Gedancken
einkommen lassen, unserer beyder Verbindung zu wider=
streben, derowegen bedencket euer Bestes in der Kürtze,
weil ich binnen 3. Nachten als Ehe=Mann mit euch zu
Bette zu gehen entschlossen, und zugleich eure tragende
Leibes=Frucht, so gut als die Meinige zu achten, ent=
schlossen bin.

　　Concordia, die sich aus seinen feurigen Augen, und
erhitzten Gemüths=Bewegungen, nichts guts propheceyet,

bittet ihn um GOTTES Barmhertzigkeit willen, ihr
wenigstens eine halbjährige Frist zur Trauer= und Bedenck=
Zeit zu verstatten, allein der erhitzte Liebhaber will hier=
von nichts wissen, sondern spricht vielmehr mit gröster
5 Vermessenheit: Er habe ihre Schönheit ohne würcklichen
Genuß lange genug vergebens vor Augen gehabt, nun=
mehro aber, da ihn nichts als der elende Albert daran .
verhinderlich seyn könte; wäre er nicht gesonnen sich
länger Gewalt anzuthun, und kurtz! wolte sie haben, |209|
10 daß er ihr selbst nicht Gewalt anthun solte, müste sie
sich entschliessen, ihn ehe noch 3. Nächte verlieffen, als
seine Ehe=Frau beyzuwohneu. Anbey thut er die vor=
sichtige Warnung, daß Concordia mir hiervon ja nichts in
voraus offenbaren möchte, widrigenfalls er meine Person
15 bald aus dem Wege räumen wolle. Jedoch die Angst=
volle Concordia stellet sich zwar, als ob sie seinen
Drohungen ziemlich nachgäbe, so bald er aber etwas ent=
fernet war, erfuhr ich das gantze Geheimniß. Meine Er=
staunung hierüber war unsäglich, doch, ich glaube eine
20 besondere Krafft des Himmels, stärckte mich augenblicklich
dermassen, daß ich ihr den Rath gab, allen seinen An=
fällen aufs äuserste zu widerstreben, im übrigen sich auf
meinen Beystand gäntzlich zu verlassen; weiln ich von
nun an fleißig auf sie Acht haben, und ehe mich um mein
25 Leben, als sie um ihre Ehre bringen lassen wolte.

Immittelst war Lemelie drey Tage nach einander
lustig und guter Dinge, und ich richtete mich dermassen
nach ihm, daß er in meine Person gar kein böses Ver=
trauen setzen konte. Da aber die fatale Nacht herein
30 brach, in welcher er sein gottloses Vorhaben vollbringen
wolte; Befahl er mir auf eine recht Herrschafftliche Art,
mich nun zur Ruhe zu legen, weiln er nebst mir morgenden
Tag eine recht schwere Arbeit vorzunehmen gesonnen sey.
Ich erzeigte ihm einen verstellten Knechtischen Gehorsam,
35 wodurch er ziemlich sicher gemacht wurde, sich gegen
Mitternacht mit Gewalt in der Concordia Kammer ein=
drange, und mit Gewalt auf ihrem Lager Platz suchen wolte.

[210] Kaum hatten meine aufmerckenden Ohren dieses gehöret, als ich sogleich in aller Stille aufstund, und unter beyden einen langen Wort = Streit anhörete, da aber Lemelio endlich allzu brünstig wurde, und weder der unschuldigen Frucht, noch der kläglich winselnden Mutter ⁵ schonen, sondern die Letztere mit Gewalt nothzüchtigen wolte; stieß ich, nachdem dieselbige abgeredter massen, GOTT und Menschen um Hülffe anrieff, die Thür ein, und suchte den ruchlosen Bösewicht mit vernünfftigen Vorstellungen auf bessere Gedancken zu bringen.   Doch ¹⁰ der eingefleischte Teufel sprang auf, ergriff einen Säbel, und versetzte mir einen solchen Hieb über den Kopf, daß mir augenblicklich das Blut über das Gesichte herunter lieff.   Ich eilete zurücke in meine Kammer, weil er mich aber biß dahin verfolgen, und seinem Vorsatze nach ¹⁵ gäntzlich ertöbten wolte, ergriff ich in der Angst meine Flinte mit dem aufgesteckten Stillet, hielt dieselbe ausgestreckt vor mich, und mein Mörder, der mir inzwischen noch einen Hieb in die lincke Schulter angebracht hatte, rannte sich im finstern selbst dergestalt hinein, daß er das ²⁰ Stillet in seinem Leibe steckend behielt, und darmit zu Boden stürtzte.

Auf sein erschreckliches Brüllen, kam die zitternde Concordia aus ihrer Kammer mit dem Lichte gegangen, da wir denn gleich wahr namen, wie ihm das Stillet ²⁵ vorne unter der Brust hinein, und hinten zum Rücken wieder heraus gegangen war.   Dem ohngeacht, suchte er, nachdem er solches selbst heraus gezogen, und in der lincken Hand behalten hatte, mit seinem Säbel, entweder der Concordia, [211] oder mir einen tödlichen Streich ³⁰ beyzubringen.   Jedoch ich nam die Gelegenheit in acht, machte, indem ich ihm den einen Fuß auf die Kähle setzte, seine verfluchten Hände wehrloß, und dieselben, nebst den Füssen, mit Stricken fest zusammen, und ließ das Aaß solchergestalt eine gute Zeitlang zappeln, nicht zweiffelnd, ³⁵ daß er sich bald eines andern besinnen würde.   Allein es hatte fast das Ansehen, als ob er in eine würckliche

Raſerey verfallen wäre, denn als mir Concordia meine
Wunden ſo gut ſie konte, verbunden, und das hefftige
Bluten ziemlich geſtillet hatte, ſtieß er aus ſeinem ver=
fluchten Rachen die entſetzlichſten Gotteslaͤſterungen, und
5 gegen uns beyde die heßlichſten Schand=Reden aus, ruffte
andey unzehlige mal den Satan um Huͤlffe an, verſchwur
ſich denſelben auf ewig mit Leib und Seele zum Eigen=
tume, woferne nur derſelbe ihm die Freude machen, und
ſeinen Tod an uns raͤchen wolte.

10   Ich hielt ihm hierauff eine ziemlich lange Predigt,
mahlete ſein verruchtes Leben mit lebendigen Farben ab,
und ſtellete ihn ſein ungluͤckſeeliges Verhaͤngniß vor Augen,
indem er, da er mich zu ermorden getrachtet, ſein ſelbſt
eigener Moͤrder worden, ich aber von GOTTES Hand
15 erhalten waͤre. Concordia that das ihrige auch mit
groͤſten Eifer darbey, verwieſe ihn aber letzlich auf wahre
Buſſe und Erkaͤntniß ſeiner Suͤnden, vielleicht, ſagte ſie,
lieſſe ſich die Barmhertzigkeit GOTTES noch in ſeiner
letzten Todes=Stunde erweichen, ihm Gnade und Ver=
20 gebung wiederfahren zu laſſen; Doch dieſer Boͤſewicht
druͤckte die Augen feſte zu, knir= [212] ſchete mit den
Zaͤhnen, und kriegte die hefftigſten Anfaͤlle von der ſchweren
Noth, ſo daß ihm ein greßlicher Schaum vor dem Maule
ſtund, worauff er biß zu anbrechenden Tage ſtille liegen
25 blieb, nachhero aber mit ſchwacher Stimme etwas zu
trincken ſoderte. Ich gab ihm einen Trunck von unſern
beſten Getraͤncke, welches der aus den Palm=Baͤumen ge=
lauffene Safft war. Er ſchluckte denſelben begierig hinein,
und hub mit matter Stimme zu ſagen an: Was habt ihr
30 vor Vergnuͤgen Mons. Albert, mich ferner zu quaͤlen, da
ich nicht die allergeringſte Macht habe euch fernern Schaden
zu thun, erzeiget mir derowegen die Barmhertzigkeit, meine
Haͤnde und Fuͤſſe von den ſchmertzlichen Banden zu er=
loͤſen, ich will euch ſo dann ein offenhertziges Bekaͤnntniß
35 meiner abſcheulichen Miſſethaten thun, nach dieſem aber
werdet ihr mich meiner Bitte gewaͤhren, und mir mit
einem toͤdtlichem Stoſſe den wohlverdienten Lohn der

Boßheit geben, mithin meiner Leibes= und Gewissens=Quaal
ein Ende machen, denn ihr seyd dessen, eurer Rache wegen
wol berechtiget, ich aber will solches annoch vor eine
besondere Gnade der Menschen erkennen, weil ich doch
bey GOTT keine Gnade und Barmhertzigkeit zu hoffen
habe, sondern gewiß weiß, daß ich in dem Reiche des
Teuffels, welchem ich mich schon seit vielen Jahren er=
geben, auf ewig verbleiben werde.

Es stunden uns bey diesen seinen letzten Worten
die Haare zu Berge, doch nachdem ich alle, mir verdächtig 10
vorkommende Sachen, auf die Seite geschafft und versteckt
hatte, wurden seine Hände und [213] Füsse der beschwer=
lichen Bande entlediget, und der tödtlich verwundete Cörper
auf eine Matratze gelegt.   Er empfand einige Linderung
der Schmertzen, wolte aber seine empfangene Wunde weder 15
anrühren noch besichtigen lassen, hielt im gegentheil an
die Concordia und mich ohngefehr folgende Rede.

Wisset, sagte er, daß ich aus einem der aller=
vornehmsten Geschlechte in Franckreich entsprossen bin,
welches ich, indem es mich als einen rechten Greuel der 20
Tugenden erzeuget, nicht einmal nahmhafft machen will.
Ich habe in meinem 18 den Jahre meine leibliche Schwester
genothzüchtiget, und nachhero, da es ihr gefiel, in die
3. Jahr Blut=Schande mit derselben getrieben.   Zwey
Huren=Kinder, die binnen der Zeit von ihr kamen, habe 25
ich ermordet, und in Schmeltz=Tiegeln als eine besondere
kostbare Massam zu Asche verbrannt.   Mein Vater und
Mutter entdeckten mit der Zeit unsere abscheuliche Blut=
schande, liessen sich auch angelegen seyn, eine fernere
Untersuchung unsers Lebens anzustellen, doch weil ich alles 30
bey Zeiten erfuhr, wurden sie beyde in einer Nacht durch
beygebrachtes Gifft in die andere Welt geschickt.   Hierauff
wolten meine Schwester und ich als Ehe=Leute, unter
verwechselten Nahmen, nach Spanien oder Engelland gehen,
allein eine andere wollüstige Hure zohe meine gestilleten 35
Begierden vollends von der Schwester ab, und auf sich,
weßwegen meine um Ehre, Gut und Gewissen betrogene

Schwester, sich nebst ihrer dritten von mir tragenden
Leibes-Frucht selbst ermordete, denen Gerichten aber ein
[214] ein offenhertziges Bekänntniß, meiner und ihrer
Schand und Mordthaten, schrifftlich hinterließ, ich aber
5 hatte kaum Zeit, mich, nebst meiner neu erwehlten Hure,
und etlichen kostbaren Sachen, unter verstellter Kleidung
und Nahmen, aus dem Lande zu machen. = = Hier
wolte dem Bösewicht auch seine eigene schändliche Zunge
den Dienst versagen, weßwegen ich, selbige zu stärcken,
10 ihm noch einen Becher Palmen-Safft reichen muste, worauff
er seine Rede also fortsetzte:
Ich weiß und mercke, sagte er, daß ich nicht eher
sterben kan, biß ich auch den sterblichen Menschen den
meisten Theil meiner schändlichen Lebens-Geschicht offen-
15 baret habe, wisset demnach, daß ich in Engelland, als
wohin ich mit meiner Hure geflüchtet war, nicht allein
diese, wegen ihrer Untreue, sondern nebst derselben 19. Seelen
allein durch Gifft hingerichtet habe.
Indessen aber hatte mich doch am Englischen Hofe,
20 auf eine ziemliche Stuffe der Glückseligkeit gebracht, allein
mein Ehrgeitz und ausschweiffende Wolluft stürtzten den
auf üblen Grunde ruhenden Bau, meiner zeitlichen Wohl-
farth gar bald darnieder, so daß ich unter abermals verwechselten Nahmen und in verstelleter Kleidung, als ein
25 Boots-Knecht, sehr arm und elend aus Engelland ab-
seegeln muste.
Ein gantz besonderes Glücke führete mich endlich
auf ein Holländisches Caper-Schiff, und machte nach und
nach aus mir einen ziemlich erfahrnen See-Mann, allein
30 wie ich mich durch Gifft-mischen, Meuchel-Mord, Ver-
rätherey und andere [215] Rancke mit der Zeit biß zu
dem Posten eines Capitains erhoben, ist wegen der kurtzen
Frist, die ich noch zu leben habe, unmöglich zu erzehlen.
Der letztere Sturm, dergleichen ich noch niemals, ihr aber
35 nebst mir ausgestanden, hätte mich bey nahe zur Erkäntniß meiner Sünden gebracht, allein der Satan, dem
ich mich bereits vor etlichen Jahren mit Leib und Seele

11*

verschrieben, hat mich durchaus nicht dahin gelangen laſſen,
im Gegentheil mein Hertze mit immerwährenden Boß=
heiten angefüllet. = = Er forderte hierbey nochmals
einen Trunck Palmen = Safft, tranck, ſahe hierauff die
Concordia mit ſtarren Augen an, und ſagte: Bejammerns= 5
würdige Concordia! Nehmet den Himmel zu einem Artzte
an, indem ich eure noch nicht einmal verblutete Hertzens=
Wunde von neuen aufreiſſe, und bekenne: daß ich gleich
in der erſten Minute, da eure Schönheit mir in die
Augen gefallen, die verzweiffelteſten Anſchläge gefaſſet, 10
eurer Perſon und Liebe theilhafftig zu werden.　Mehr
als 8. mal habe ich noch auf dem Schiffe Gelegenheit
geſucht, euren ſeeligen Gemahl mit Giffte hinzurichten:
doch da er ohne eure Geſellſchafft ſelten gegeſſen oder
getruncken hat, euer Leben aber, mir allzukoſtbar war, 15
ſind meine Anſtalten jederzeit vergeblich geweſen. Oeffentlich
habe niemals mit ihm anzubinden getrauet, weil ich wol
gemerckt, daß er mir an Hertzhafftigkeit überlegen, und
ihn hinterliſtiger Weiſe zu ermorden, wolte auf lange
Zeit nicht angehen, da ich befürchten muſte, daß ihr deß= 20
wegen einen tödtlichen Haß auf mich werffen möchtet.
Endlich aber gab mir der Teuffel und meine verfluchte
[216] Begierde, bey erſehener Gelegenheit die Gedancken
ein, euren ſeeligen Mann von der Klippe herunter zu
ſtürtzen. = = = Concordia wolte bey Anhörung dieſer 25
Beichte ohnmächtig werden, jedoch der wenige Reſt einer
bey ſich habenden, balſamiſchen Artzeney, ſtärckte ſie, nebſt
meinem zwar ängſtlichen doch kräfftigen Zureden, dermaſſen,
daß ſie das Ende dieſer jämmerlichen und erſchrecklichen 30
Geſchicht, mit ziemlicher Gelaſſenheit vollends abwarten konte.
　　Lemelie fuhr demnach im reden alſo fort: Euer
Ehe=Mann, Concordia! kam, indem er ein ſchönes Morgen=
Lied ſang, die Klippe hinauff geſtiegen, und erblickte mich
Seitwarts mit der Flinte im Anſchlage liegen.　Er er=
ſchrack hefftig, ohngeacht ich nicht auf ihn, ſondern nach 35
einem gegen mir über ſitzenden Vogel zielete, dem er mit
ſeiner Ankunfft verjagte.　Wiewol mir nun der Teuffel

gleich in die Ohren blieſz, dieſe ſchöne Gelegenheit, ihn
umzubringen, nicht vorbey ſtreichen zu laſſen, ſo war doch
ich noch liſtiger, als hitzig, warff meine Flinte zur Erden, eilete
und umarmete den van Leuven, und ſagte: Mein edler
Freund, ich ſpüre daſz ihr vielleicht einen böſen Verdacht
habt, als ob ich nach eurem Leben ſtünde; Allein entweder
laſſet ſelbigen ſahren, oder erſchieſſet mich auf der Stelle,
denn was iſt mir mein verdrieſzliches Leben ohne eure
Freundſchafft auf dieſer einſamen Inſul ſonſten nütze.
Van Leuven umarmete und küſſete mich hierauff gleich=
falls, verſicherte mich ſeiner aufrichtigen und getreuen
Freundſchafft, ſetzte auch viele gute Vermahnungen hinzu,
vermöge deren ich mich in Zukunfft [217] tugendhaffter
und Gottesfürchtiger auſſühren möchte. Ich ſchwur ihm
alles zu, was er vermuthlich gern von mir hören und
haben wolte, weſzwegen wir dem äuſerlichen Anſehen nach,
auf einmal die allerbeſten Freunde wurden, unter den
vertraulichſten Geſprächen aber lockte ich ihn unvermerckt
auf den oberſten Gipffel des Felſens, und zwar unter
dem Vorwande, als ob ich ein von ferne kommendes
Schiff wahrnähme, da nun der höchſterfreute van Leuven,
um ſelbiges zu ſehen, auf die von mir angemerckte ge=
ſährlichſte Stelle kam, ſtürtzte ich ihn mit einem eintzigen
ſtoſſe, und zwar an einem ſolchen Orthe hinab, daſz er
augenblicklich zerſchmettern muſte. Nachdem ich ſeines
Todes völlig verſichert war, gieng ich mit zittern zurücke,
weil mir die Worte ſeines geſungenen Morgen=Liedes:

Nimmſtu mich, GOTT in deine Hände,
So muſz gewiſz mein Lebens Ende
Den Meinen auch zum Troſt gedeyhn,
Es mag gleich ſchnell und kläglich ſeyn.

gar nicht aus den Gedancken fallen wolten, biſz der Teuffel
und meine unzüchtigen Begierden mir von neuen einen
Muth und, wegen meines künfftigen Verhaltens, ſerner
Lehren einblieſen. Jedoch, ſprach er mit ſeufftzender und
heiſerer Stimme: mein Gottes= und Ehrvergeſſenes Auf=

führen kan euch alles deſſen nachdrücklicher und beſſer
überzeugen, als mein beſchwerliches Reden.　Und Mons.
Albert, euch war der Todt ebenfalls ſchon vorlangſt ge=
geſchworen, inſoweit ihr euch als einen Verhinderer meines
Vergnügens angeben, und mir nicht als ei= [218] nem 5
Befehlshaber gehorchen würdet, jedoch das Verhängniß
hat ein anders beſchloſſen, indem ihr mich wiewol wieder
euren willen tödtlich verwundet habt.　Ach machet dero=
wegen meiner zeitlichen Marter ein Ende, rächet eure
Freunde und euch ſelbſt, und verſchaffet mich durch den 10
letzten Todes=Stich nur bald in das vor meine arme
Seele beſtimmte Quartier zu allen Teuffeln, denn bey
GOTT iſt vor dergleichen Sünder, wie ich bin, weder
Gnade noch Barmhertzigkeit zu hoffen.

　　Hiermit blieb er ſtille liegen, Concordia aber und 15
ich ſetzten allen unſeren anderweitigen Jammer bey Seite,
und ſuchten des Lemelie Seele durch die troſtreichſten
Sprüche aus des Teuffels Rachen zu reiſſen.　Allein,
ſeine Ohren waren verſtopfft, und ehe wir uns deſſen
verſahen, ſtach er ſich, mit einem bey ſich annoch ver= 20
borgen gehaltenen Meſſer, in etlichen Stichen das Hertze
ſelbſt vollends ab, und bließ unter gräßlichen Brüllen
ſeine ohnfehlbar ewig verdammte Seele aus.　Concordia
und ich wuſten vor Furcht, Schrecken und überhäuffter
Betrübniß nicht, was wir anfänglich reden oder thun 25
ſolten, doch, nachdem wir ein paar Stunden vorbey ſtreichen
laſſen, und unſere Sinnen wieder in einige Ordnung ge=
bracht hatten, ſchleppte ich den ſchändlichen Cörper bey
den Beinen an ſeinen Ort, und begrub ihn als ein Vieh,
weil er ſich im Leben noch viel ärger als ein Vieh auf= 30
geführet hatte.

　　Das war alſo eine zwar kurtze, doch mehr als Er=
ſtaunens=würdige Nachricht von dem ſchändlichen Leben,
Tode und Begräbniß eines ſolchen [219] Menſchen, der
der Erden eine verfluchte unnütze Laſt, dem Teuffel aber 35
eine deſto nützlichere Creatur geweſen.　Welcher Menſch,
der nur ein Füncklein Tugend in ſeiner Seelen heget,

wird nicht über dergleichen Abschaum aller Laster erstaunen,
und dessen durchteuffeltes Gemüthe verfluchen? Ich vor
meine Person hatte recht vom Glücke zu sagen, daß ich
seinen Mord=Streichen, noch so zu sagen, mit blauen
⁵ Augen entkommen war, wiewohl ich an meinen empfangenen
Wunden, die, wegen der sauren Arbeit bey dem Begräbnisse
dieses Höllenbrandes, starck erhitzt wurden, nachhero Angst
und Schmertzen genung auszustehen hatte.

Meine annoch eintzige Unglücks=Gefährtin, nehmlich
¹⁰ die Concordia, traff ich bey meiner Zurückkunfft sich fast
in Thränen badend an, weil ich nun der eintzige Zeuge
ihres Jammers war, und desselben Ursprung nur allzu
wohl wuste, wegen ihrer besondern Gottesfurcht und
anderer Tugenden aber in meiner Seelen ein hefftiges Mit=
¹⁵ leyden über ihr unglückliches Verhängniß hegte, und mein
selbst eigenes Theil ziemlich dabey hatte, so war mir um
so viel desto leichter, ihr im klagen und weinen Gesell=
schafft zu leisten, also vertiefften wir uns dermassen in
unserer Betrübniß, daß wir den gantzen Tag biß zu ein=
²⁰ brechender Nacht ohne Essen und Trincken bloß mit seufftzen,
weinen und klagen hinbrachten. Endlich da mir die ver=
nünfftigen Gedancken wiederum einfielen, daß wir mit
allzu übermäßiger Betrübniß unser Schicksal weder ver=
bessern noch verschlimmern, die höchste Macht aber dadurch
²⁵ nur noch mehr zum Zorne rei= [220] tzen könten, suchte
ich die Concordia so wohl als mich selbst zur Gedult zu
bewegen, und dieses gelunge mir auch in so weit, daß
wir einander zusagten: alles unser Bekümmerniß dem
Himmel anzubefehlen, und mit täglichen fleißigen Gebet
³⁰ und wahrer GOtt=Gelassenheit zu erwarten, was derselbe
ferner über uns verhängen würde.

Danach wischeten wir die Thränen aus den Augen,
stelleten uns recht hertzhafftig an, nahmen Speise und
Tranck, und suchten, nachdem wir mit einander andächtig
³⁵ gebetet und gesungen, ein jedes seine besondere Ruhe=
Stelle, und zwar beyde in einer Kammer. Concordia
verfiel in einen süssen Schlaff, ich aber konte wegen meiner

hefftig schmertzenden Wunden, die in Ermangelung guter
Pflaster und Salben nur bloß mit Leinwand bedeckt und
umwunden waren, fast kein Auge zuthun, doch da ich fast
gegen Morgen etwa eine Stunde geschlummert haben
mochte, fing Concordia erbärmlich zu winseln und zu weh=
klagen an, da ich nun vermeinete, daß sie solches wegen
eines schweren Traumes etwa im Schlaffe thäte, und, sie
sanffte zu ermuntern, auffstund, richtete sich dieselbe auf
einmahl in die Höhe, und sagte, indem ihr die grösten
Thränen=Tropffen von den Wangen herunter rolleten:
Ach, Monsieur Albert! Ach, nunmehro befinde ich mich
auf der höchsten Staffel meines Elendes! Ach Himmel,
erbarme dich meines Jammers! Du weist ja, daß ich die
Unzucht und Unkeuschheit Zeit Lebens von Grund der
Seelen gehasset, und die Keuschheit vor mein bestes Kleinod
geschätzet. Zwar habe mich durch über= [221] mäßige
Liebe von meinen seel. Ehe=Mann verleiten lassen, mit
ihm aus dem Hause meiner Eltern zu entfliehen, doch du
hast mich ja dieserwegen auch hart genug gestrafft. Wie=
wohl, gerechter Himmel, zürne nicht über meine unbe=
sonnenen Worte, ists noch nicht genung? Nun so straffe
mich ferner hier zeitlich, aber nur, nur, nur nicht ewig.

Hierauf rang sie die Hände aufs hefftigste, der Angst=
Schweiß lieff ihr über das gantze Gesichte, ja sie winselte,
schrye, und wunde sich auf ihren Lager als ein armer Wurm.

Ich wuste vor Angst, Schrecken und Zittern nicht,
was ich reden, oder wie ich mich gebärden solte, weil
nicht anders gedencken konte, als daß Concordia vielleicht
noch vor Tages Anbruch das Zeitliche gesegnen, mithin
mich als den allerelendesten Menschen auf dieser Insul
allein, ohne andere, als der Thiere Gesellschaft, verlassen
würde. Diese kläglichen Vorstellungen, nebst ihren schmertz=
hafften Bezeigen, rühreten mich dermassen hefftig, daß ich
auf Knie und Angesicht zur Erden fiel, und dermassen
eiffrig zu GOtt schrye, daß es fast das Ansehen hatte, als
ob ich den Allmächtigen mit Gewalt zwingen wolte, sich
der Concordia und meiner zu erbarmen.

Immittelst war dieselbe gantz stille worden, weß=
wegen ich voller Furcht und Hoffnung zu GOtt aufstund,
und besorgte, sie entweder in einer Ohnmacht oder wohl
gar todt anzutreffen. Jedoch zu meinem größten Troste,
5 lag sie in ziemlicher Linderung, wiewohl sehr ermattet,
da, nahm und drückte meine Hand, legte selbige auf ihre
Brust, und sagte [222] unter hefftigem Hertz = Klopffen:
Es ist an dem, Mons. Albert, daß eure und meine Tugend
von der Göttlichen Fürsehung auf eine harte Probe gesetzt
10 wird. Wisset demnach, mein eintziger Freund und Bey=
stand auf dieser Welt, daß ich in Kindes = Nöthen liege.
Auf euer hertzliches Gebet hat mir der Höchste Linderung
verschaffet, ich glaube, daß ich bloß um eurent willen noch
nicht sterben werde. Allein, ich bitte euch um GOttes
15 Barmhertzigkeit willen, lasset eure Keuschheit, Gottesfurcht
und andere Tugenden, bey meinem itzigen Zustande über
alle Fleisches=Lust, unkeusche Gedancken, ja über alle Be=
mühungen, die ich euch zu machen, von der Noth ge=
zwungen bin, triumphiren. Denn ich bin versichert, daß
20 alle äusserliche Versuchungen unsern keuschen Seelen keinen
Schaden zufügen können, so fern dieselben nur an sich
selbst rein von Lastern sind.

Hierauf legte ich meine lincke Hand auf ihre be=
kleidete Brust, meine rechte aber reckte ich in die Höhe,
25 und sprach: Liebste Concordia, ich schwere hiermit einen
würcklichen Eyd, daß ich zwar eure schöne Person unter
allen Weibs=Personen auf der gantzen Welt aufs aller=
wertheste achte und liebe, auch dieselbe jederzeit hoch zu
achten und zu lieben gedencke, wenn ich gleich, mit GOttes
30 Hülffe, wieder unter 1000. und mehr andere Weibs= und
Manns = Personen kommen solte; Allein wisset, daß ich
euch nicht im geringsten aus einer wollüstigen Absicht,
sondern bloß eurer Tugenden wegen liebe, auch alle geile
Brunst, dergleichen Lemelie verspüren lassen, aufs hefftigste
35 verfluche. Im Ge= [223] gentheil verspreche, so lange wir
beysammen zu leben gezwungen sind, aus guten Hertzen,
euch in allen treulich beyzustehen, und solte ja wider Ver=

muthen in Zukunfft bey mir etwa eine Luſt entſtehen,
mit eurer Perſon verehligt zu ſeyn, ſo will ich doch die=
ſelbe, um euch nicht verdrüßlich zu fallen, beſtändig unter=
drücken, hingegen allen Fleiß anwenden, euch mit der
Helffte derjenigen Schätze, die wir in Verwahrung haben, 5
dahin zu verſchaffen, wo es euch belieben wird, weiln ich
lieber Zeit=Lebens unvergnügt und Ehe=loß leben, als
eurer Ehre und Tugend die geringſte Gewalt anthun, mir
aber in meinem Gewiſſen nur den kleineſten Vorwurff
verurſachen wolte.   Verlaſſet euch derowegen ſicher auf 10
mein Verſprechen, worüber ich GOtt und alle heiligen
Engel zu Zeugen anruffe, faſſet einen friſchen Muth,
und fröliches Hertze. GOtt verleihe euch eine glückliche
Entbindung, trauet nechſt dem auf meinen getreuen Bey=
ſtand, thut eurer Geſundheit mit unnöthiger und vielleicht 15
gefährlicher Schamhafftigkeit keinen Schaden, ſondern ver=
laſſet euch auf euer und meine tugendhaffte Keuſchheit,
welche in dieſer äuſerſten Noth unverletzt bleiben ſoll.
Ich habe das feſte Vertrauen, der Himmel werde auch
dieſe höchſte Staffel unſeres Elendes glücklich überſteigen 20
helffen, und euch mir zum Troſt und Beyſtande geſund
und vergnügt beym Leben erhalten. Befehlet mir dero=
wegen nur ohne Scheu, was ich zu eurem Nutzen etwa
thun und herbey ſchaffen ſoll, GOtt wird uns, in dieſer
ſchweren Sache gantz unerfahrnen Leuten am beſten zu 25
rathen wiſſen.

[224] Dieſemnach küſſete die keuſche Frau aus reiner
Freundſchafft meine Hand, verſicherte mich, daß ſie auf
meine Redlichkeit ein vollkommenes Vertrauen ſetzte, und
bat, daß ich auſſen vor der Kammer ein Feuer anmachen, 30
anbey ſo wohl kaltes als warmes Waſſer bereit halten
möchte, weil ſie nechſt Göttlicher Hülffe ſich einer baldigen
Entbindung vermuthete. Ich eilete, ſo viel mir menſchlich
und möglich, ihrem Verlangen ein Genügen zu leiſten, ſo
bald aber alles in völliger Bereitſchafft, und ich wiederum 35
nach meiner Kreiſſenden ſehen wolte, fand ich dieſelbe in
gantz anderer Verfaſſung, indem ſie allen Vorrath von

ihren Betten in der Kammer herum gestreuet, sich mitten
in der Kammer auf ein Unter=Bette gesetzt, die grosse
Lampe darneben gestellet, und ihr neugebohrnes Töchter=
lein, in zwey Küssen eingehüllet, vor sich liegen hatte,
5 welches seine jämmerliche Ankunfft mit ziemlichen Schreyen
zu verstehen gab. Ich wurde vor Verwunderung und
Freude gantz bestürtzt, muste aber auf Concordiens sehn=
liches Bitten allhier zum ersten mahle das Amt einer
Bade=Mutter verrichten, welches mir auch sehr glücklich
10 von der Hand gegangen war, indem ich die kleine, wohl=
gebildete Creatur ihrer Mutter gantz rein und schön zurück=
lieferte.

Mittlerweile war der Tag völlig angebrochen, weß=
wegen ich, nachdem Concordia auf ihr ordentliches Lager
15 gebracht, und sich noch ziemlich bey Kräfften befand, aus=
gehen, ein Stücke Wild schiessen, und etliche gute Kräuter
zum Zugemüse eintragen wolte, indem unser Speise=
Vorrath [225] fast gäntzlich aufgezehret war. Doch selbige
bat mich, noch eine Stunde zu verziehen, und erstlich das
20 allernöthigste, nehmlich die heilige Tauffe ihres jungen
Töchterleins zu besorgen, inmassen man nicht wüste, wie
bald dergleichen zarte Creatur vom Tode übereilet werden
könte. Ich konte diese ihre Sorge selbst nicht anders als
vor höchst wichtig erkennen, nachdem wir uns also wegen
25 dieser heiligen und christlichen Handlung hinlänglich unter=
redet, vertrat ich die Stelle eines Priesters, tauffte das
Kindlein nach Anweisung der heiligen Schrifft, und legte
ihm ihrer Mutter Nahmen Concordia bey.

Hierauf ging ich mit meiner Flinte, wiewohl sehr
30 taumelend, matt und krafftloß, aus, und da mir gleich
über unsern gemachten Damme ein ziemlich starck und
feister Hirsch begegnete, setzte ich vor dieses mahl meine
sonst gewöhnliche Barmhertzigkeit bey seite, gab Feuer
und traff denselben so glücklich in die Brust hinein, daß
35 er so gleich auf der Stelle liegen blieb. Allein, dieses
grosse Thier trieb mir einen ziemlichen Schweiß aus, ehe
ich selbiges an Ort und Stelle bringen kunte. Jedoch

da meine Wöchnerin und ich selbst gute Krafft=Suppen
und andere gesunde Kräuter=Speisen höchst von nöthen
hatte, muste mir alle Arbeit leicht werden, und weil ich
also kein langes Federlesen machte, sondern alles aufs
hurtigste, wiewohl nicht nach den Regeln der Sparsamkeit, 5
einrichtete, war in der Mittags=Stunde schon eine gute
stärckende Mahlzeit fertig, welche Con- [226] cordia und
ich mit wunderwürdigen und ungewöhnlichen Appetite
einnahmen.

Jedoch, meine Freunde! sagte hier der Alt = Vater 10
Albertus, ich mercke, daß ich mich diesen Abend etwas
länger in Erzählung, als sonsten, aufgehalten habe, indem
sich meine müden Augen nach dem Schlafe sehnen. Also
brach er ab, mit dem Versprechen, morgendes Tages nach
unserer Zurückkunfft von Johannis-Raum fortzufahren, 15
und diesemnach legten wir uns, auf gehaltene Abend=
Andacht, ingesammt, wie er, zur Ruhe.

Die abermahls aufgehende und alles erfreuende Sonne
gab selbigen Morgen einem jeden das gewöhnliche Zeichen
aufzustehen.   So bald wir uns nun versammlet, das 20
Morgen=Gebet verrichtet, und das Früh=Stück eingenommen
hatten, ging die Reise in gewöhnlicher Suite durch den
grossen Garten über die Brücke des Westlichen Flusses,
auf Johannis-Raum zu.   Selbige Pflantz=Städte bestunde
aus 10. Häusern, in welchen allen man wahrnehmen 25
konte, daß die Eigenthums=Herrn denen andern, so wir
bißhero besucht, an guter Wirthschafft nicht das geringste
nachgaben.   Sie hatten ein besseres Feld, als die in
Jacobs=Raum, jedoch nicht so häuffigen Weinwachs, her=
gegen wegen des naheliegenden grossen Sees, den vor= 30
trefflichsten Fischfang, herrliche Waldung, Wildpret und
Ziegen in starcker Menge.   Die Bäche daselbst führeten
ebenfalls häuffige Gold=Körner, worvon uns eine starcke
Quantität geschenckt wurde.   Wir machten uns allhier das
Vergnügen, in wohl ausgearbeiteten Kähnen auf der grossen 35
[227] See herum zu fahren, und zugleich mit Angeln,
auch artigen Retzen, die vom Bast gewisser Bäume ge=

ſtrickt waren, zu fiſchen, durchſtrichen hierauf den Wald,
beſtiegen die oberſte Höhe des Felſens, und traffen da=
ſelbſt bey einem wohlgebaueten Wach = Hauſe 2. Stücken
Geſchützes an. Etliche Schritt hiervon erſahen wir ein
5 in den Felſen gehauenes groſſes Creutze, worein eine
zinnerne Platte gefügt war, die folgende Zeilen zu leſen gab:

†

†   †

Auf dieſer unglückſeeligen Stelle
10   iſt im Jahre Chriſti 1646.
am 11. Novembr.
der fromme Carl Franz van Leuven,
von dem gottloſen Schand=Buben Lemelie
meuchelmörderiſcher Weiſe
15   zum Felſen hinab geſtürtzt und
elendiglich zerſchmettert worden.
Doch ſeine Seele
wird ohne Zweiffel bey GOtt
in Gnaden ſeyn.

20   †   †

†

Unſer guter Alt=Vater Albertus hatte ſich mit groſſer
Mühe auch an dieſen Ort bringen laſſen, und zeigete uns
die Stelle, wo er nunmehro vor 79. Jahren und etlichen
25 Tagen den Cörper ſeines Vorwirths, zerſchmettert liegend,
angetroffen. Wir muſten erſtaunen, da wir die Gefahr
betrach= [228] teten, in welche er ſich geſetzt, denſelben in
die Höhe zu bringen. Voritzo aber war daſelbſt ein zwar
ſehr enger, doch bequemer Weg biß an die See gemacht,
30 welchen wir hinunter ſtiegen, und in der Bucht, Sud=
Weſtwärts, ein ziemlich ſtarckes Fahrzeug antraffen, womit
die Unſerigen öffters nach einer kleinern Inſul zu fahren
pflegten, indem dieſelbe nur etwa 2. Meilen von der
Felſen=Inſul entlegen war, in Umfange aber nicht

vielmehr als 5. oder 6 tehalb deutsche Meilen haben
mochte.

Es wurde beschlossen, daß wir nächstens das Fahr=
zeug ausbessern, und eine Spatzier=Fahrt nach besagter
kleinen Insul, welche Albertus klein Felsen=Burg benennet
hatte, vornehmen wolten.   Vor dießmal aber nahmen wir
unsern Rückweg durch Johannis=Raum, reichten den Ein=
wohnern die gewöhnlichen Geschencke, wurden dagegen von
ihnen mit einer vollkommenen guten Mahlzeit bewirthet,
die uns, weil die Mittags=Mahlzeit nicht ordentlich ge=
halten worden, trefflich zu statten kam, nahmen hierauff
danckbarlichen Abschied, und kamen diesen Abend etwas
später als sonsten auf der Albertus-Burg an.

Dem ohngeacht, und da zumalen niemand weiter
etwas zu speisen verlangete, sondern wir uns mit etlichen
Schaalen Coffeé, nebst einer Pfeiffe Toback zu behelffen
beredet, setzte bey solcher Gelegenheit unser Altvater seine
Geschichts=Erzehlung dergestalt fort:

Ich habe gestern gemeldet, wie wir damahligen beyden
Patienten die Mahlzeit mit guten Appetit verzehret, jedoch
Concordia befand sich sehr übel [229] drauff, indem sie
gegen Abend ein würckliches Fieber bekam, da denn der
abwechselnde Frost und Hitze die gantze Nacht hindurch
währete, weßwegen mir von Hertzen angst und bange
wurde, so daß ich meine eigenen Schmertzen noch lange
nicht so hefftig, als der Concordiae Zufall empfand.

Von Artzeneyen war zwar annoch ein sehr weniges
vorhanden, allein wie konte ich wagen ihr selbiges ein=
zugeben? da ich nicht den geringsten Verstand oder Nach=
richt hatte, ob ich meiner Patientin damit helffen oder
schaden könte. Gewiß es war ein starckes Versehen von
Mons. van Louven gewesen, daß er sich nicht mit einem
bessern Vorrath von Artzeneyen versorgt hatte, doch es
kan auch seyn, daß selbige mit verdorben waren, genung,
ich wuste die gantze Nacht nichts zu thun, als auf den
Knien bey der Concordia zu sitzen, ihr den kalten Schweiß
von Gesicht und Händen zu wischen, dann und wann

kühlende Blätter auf ihre Stirn und Arme zu binden,
nächst dem den allerhöchsten Artzt um unmittelbare kräfftige
Hülffe anzuflehen. Gegen Morgen hatte sie zwar, so wol
als ich, etwa 3. Stunden schlaff, allein die vorige Hitze
stellete sich Vormittags desto hefftiger wieder ein. Die
arme kleine Concordia fieng nunmehro auch, wie ich glaube,
vor Hunger und Durst, erbärmlich an zu schreyen, ver=
doppelte also unser Hertzeleyd auf jämmerliche Art, indem
sie von ihrer Mutter nicht einen Tropffen Nahrungs=Safft
erhalten konte. Es war mir allbereit in die Gedancken
kommen, ein paar melckende Ziegen einzufangen, allein
auch diese Thiere waren durch das öfftere schiessen der=
wassen wild [230] worden, daß sie sich allezeit auf 20.
biß 50. Schritt von mir entfernt hielten, also meine 3.
stündige Mühe vergeblich machten, also traf ich meine
beyden Concordien, bey meiner Zurückkunfft, in noch weit
elendern Zustande an, indem sie vor Mattigkeit kaum
noch lechzen konten. Solchergestallt wuste ich kein ander
Mittel, als allen beyden etwas von dem mit reinen
Wasser vermischten Palm=Saffte einzuflössen, indem sie sich
nun damit ein wenig erquickten, gab mir der Himmel
einen noch glücklichern Einfall. Denn ich lieff alsobald
wieder fort, und trug ein Körblein voll von der den
Europäischen Apricosen oder Morellen gleichförmigen, doch
weit grössern Frucht ein, schlug die harten Kernen entzwey,
und bereitete aus den inwendigen, welche an Annehmlich=
und Süßigkeit die süssen Mandeln bey weiten übertreffen,
auch noch viel gesünder seyn, eine unvergleichlich schöne
Milch, so wol auch ein herrliches Gemüse, mit welchen
beyden ich das kleine Würmlein ungemein kräfftig stärcken
und ernehren konte.

Concordia vergoß theils vor Schmertzen und Jammer,
theils vor Freuden, daß sich einige Nahrung vor ihr Kind
gefunden, die heissesten Thränen. Sie kostete auf mein
Zureden die schöne Milch, und labete sich selbst recht
hertzlich daran, ich aber, so bald ich dieses merckte: setzte
alle unwichtige Arbeit bey seite, und that weiter fast nichts

anders als dergleichen Früchte in grosser Menge einzu=
tragen, und Kernen aufzuschlagen, jedoch durffte nicht mehr
als auf einen Tag und Nacht Milch zubereiten, weil die
Ubernächtige ihre schmackhaffte Krafft allezeit verlohr.

[231] Solchergestalt befand sich nun nicht allein das
Kind vollkommen befriediget, sondern die Mutter konte
4. Tage hernach selbiges, zu aller Freude, aus ihrer Brust
stillen, und am 6ten Tage frisch und gesund das Bette
verlassen, auch, wiewol wider meinen Rath, allerhand
Arbeit mit verrichten. Wir danckten dem Allmächtigen
hertzlich mit beten und singen vor dessen augenscheinliche
Hülffe, und meineten nunmehro in so weit ausser aller
Gefahr zu seyn; Allein die Reihe des kranckliegens war
nun an mir, denn weil ich meine Haupt=Wunde nicht so
wohl als die auf der Schulter warten können, gerieth
dieselbe erstlich nach 12. Tagen dermassen schlimm, daß
mir der Kopff hefftig aufschwoll, und die innerliche grosse
Hitze den gantzen Cörper aufs grausamste überfiel.

War mein Bezeugen bey Concordiens Unpäßlichkeit
ängstlich und sorgfältig gewesen, so muß ich im gegentheil
bekennen, daß ihre Bekümmerniß die meinige zu übertreffen
schien, indem sie mich besser als sich und ihr Kind selbst
pflegte und wartete. Meine Wunden wurden mit ihrer
Milch ausgewaschen, und mit darein getauchten Tüchleins
bedeckt, mein gantzes Gesichte, Hande und Füsse aber be=
legte sie mit dergleichen Blättern, welche ihr so gute
Dienste gethan hatten, suchte mich anbey mit den kräff=
tigsten Speisen und Geträncken, so nur zu erfinden war,
zu erquicken. Allein es wolte binnen 10. Tagen nicht
das geringste anschlagen, sondern meine Kranckheit schien
immer mehr zu, als ab zu nehmen, welches Concordia,
ohngeacht ich mich stärcker stellete, als ich in der That
war, dennoch merckte, [232] und derowegen vor Hertzeleid
fast vergehen wolte. Ich bat sie instandig, ihr Betrübniß
zu mäßigen, weil ich das feste Vertrauen zu GOTT hätte,
und fast gantz gewiß versichert wäre, daß er mich nicht
so früh würde sterben lassen; Allein sie konte ihrem Klagen,

Seufzen und Thränen, durchaus keinen Einhalt thun, wolte ich also haben, daß sie des Nachts nur etwas ruhen solte, so muste mich zwingen, stille zu liegen, und thun als ob ich feste schlieffe, obgleich offters der grossen Schmertzen 5 wegen in 2. mal 24. Stunden kein rechter Schlaf in meine Augen kam. Da ich aber einsmals gegen Morgen sehr sanfft eingeschlummert war, träumte mich, als ob Don Cyrillo de Valaro vor meinem Bette säße, mich mit freundlichen Gebärden bey der rechten Hand anfassete und spräche: Ehrlicher Albert! sage mir doch, warum du meine hinterlassenen Schrifften zu deinem eigenen Wohlseyn nicht besser untersuchest. Gebrauche doch den Safft von diesem Kraut und Wurtzel, welches ich dir hiermit im Traume zeige, und welches häuffig vor dem Außgange 15 der Höle wächset, glaube dabey sicher, daß dich GOtt erhalten und deine Wunden heilen wird, im übrigen aber erwege meine Schrifften in Zukunfft etwas genauer, weil sie dir und deinen Nachkommen ein herrliches Licht geben. Ich fuhr vor grossen Freuden im Schlafe auf, und 20 streckte meine Hand nach der Pflantze aus, welche mir, meinen Gedancken nach, von Don Cyrillo vorgehalten wurde, merckte aber sogleich, daß es ein Traum gewesen. Concordia fragte mit weinenden Augen nach meinem Zustande. Ich bat, sie [283] solte einen frischen Muth fassen, 25 weil mir GOTT bald helffen würde, nahm mir auch kein Bedencken, ihr meinen nachdencklichen Traum völlig zu erzehlen. Hierauff wischete sie augenblicklich ihre Thränen ab, und sagte: Mein Freund, dieses ist gewiß kein blosser Traum, sondern ohnfehlbar ein Göttliches Gesichte, hier 30 habt ihr des Don Cyrillo Schriften, durchsuchet dieselben auß fleißigste, ich will inzwischen hingehen und vielerley Kräuter abpflücken, findet ihr dasjenige darunter, welches ihr im schlafe gesehen zu haben euch erinnern könnet, so wollen wir solches in GOTTES Nahmen zu euerer 35 Artzeney gebrauchen. Mein Zustand war ziemlich erleidlich, nachdem sie mir also des Don Cyrillo Schrifften, nebst einer brennenden

Lampe vor mein Lager gebracht, und eilig fortgegangen
war, fand ich ohne mühsames suchen diejenigen Blätter,
welche van Leuven und ich wenig geachtet, in Lateinischer
Sprache unter folgenden Titul: „Verzeichniß, wie, und
womit ich die, mir in meinen mühseeligen Leben gar öffters
zugestossenen Leibes=Gebrechen und Schäden geheilet habe.“
Ich lieff dasselbe so hurtig durch, als es meine nicht all=
zuvollkommene Wissenschafft der Lateinischen Sprache zu=
ließ, und fand die Gestalt, Tugend und Nutzbarkeit eines
gewissen Wund=Krauts, so wol bey der Gelegenheit, da
dem Don Cyrillo ein Stück Holtz auf dem Kopf gefallen
war, als auch da er sich mit dem Beile eine gefährliche
Wunde ins Bein versetzt, nicht weniger bey andern Be=
schädigungen, dermassen eigentlich und ausführlich beschrieben,
daß faft nicht zweiffeln kon= [234] te, es müste eben
selbiges Kraut und Wurtzel seyn, welches er mir im
Traume vorgehalten. Unter diesem meinen Nachsinnen,
kam Concordia mit einer gantzen Schürtze voll Kräuter
von verschiedenen Arten und Gestallten herbey, ich erblickte
hierunter nach wenigen herum werffen gar bald dasjenige,
was mir Don Cyrillo so wol schrifftlich bezeichnet, als
im Traume vorgehalten hatte. Derowegen richteten wir
selbiges nebst der Wurtzel nach seiner Vorschrifft zu,
machten anbey von etwas Wachs, Schiff=Pech) und Hirsch=
Unschlit ein Pflaster, verbanden damit meine Wunden,
und legten das zerquetschte Kraut und Wurtzel nicht allein
auf mein Gesicht, sondern fast über den gantzen Leib,
worvon sich die schlimmen Zufälle binnen 4. oder 5. Tagen
gäntzlich verlohren, und ich nach Verlauff zweyer Wochen
vollkommen heil und gesund wurde.

Nunmehro hatte so wol ich als Concordia recht er=
kennen lernen, was es vor ein edles thun um die Ge=
sundheit sey. Als wir derowegen unser Te Deum laudamus
abgesungen und gebetet hatten, wurde Rath gehalten, was
wir in Zukunfft täglich vor Arbeit vornehmen müsten,
um unsere kleine Wirthschafft in guten Stand zu setzen,
damit wir im fall der Noth sogleich alles, was wir

brauchten, bey der Hand haben könten. Tag und Nacht in der unterirrdischen, ob zwar sehr bequemen Höle zu wohnen, wolte Concordien durchaus nicht gefallen, derowegen fieng ich an, oben auf dem Hügel, neben der schönen Lauber=Hütte, ein bequemes Häußlein nebst einer kleinen Küche zu bauen, auch |235| einen kleinen Keller zu graben, in welchen letztern wir unser Geträncke, so wol als das frische Fleisch und andere Sachen, vor der grossen Hitze verbergen könten. Hiernechst machte ich vor die kleine Tochter zum Feyerabende, an einem abgelegenen Orte, eine bequeme, wiewol nicht eben allzu zierliche Wiege, worüber meine Haußwirthin, da ich ihr dieselbe unverhofft brachte, eine ungemeine Freude bezeigte, und dieselbe um den allergrösten Gold=Klumpen nicht vertauscht hätte, denn das Wiegen gefiel den kleinen Mägdelein dermassen wohl, daß wir selbst unsere einzige Freude daran sahen.

Unser ganzer Geträhde=Vorrath, welchen wir auf dieser Insul unter den wilden Gewächsen aufgesammlet hatten, bestund etwa in drey Hütten voll Europäischen Korns, 1. Hut voll Weitzen, 4. Hütten Gerste, und zwey ziemlich grossen Säcken voll Reiß, als von welchem letztern wir Mehl stampften, solches durchsiebeten und das Kind darmit nehreten, einen Sack Reiß aber, nebst dem andern Geträhde, zur Außsaat spareten. Uber dieses alles, fanden sich auch bey nahe 2. Hüte voll Erbsen, sonsten aber nichts von bekandten Früchten, desto mehr aber von un=bekandten, deren wir uns zwar nach und nach zur Leibes=Nahrung, in Ermangelung des Brodtes gebrauchen lerneten, doch ihre Nahmen als Plantains, James, Patates, Bananes und dergleichen mehr, nebst deren bessern und angenehmern Nutzung, erfuhren wir erstlich in vielen Jahren hernach von Robert Hülter, der kleinen Concordia nachherigem Ehe=Manne.

[236] Inzwischen wandte ich damaliger Zeit, jedes Morgens frühe 3. Stunden, und gegen Abend eben so viel, zu Bestellung meiner Aecker an, und zwar in der Gegend wo voritzo der grosse Garten ist, weil ich selbigen

12*

den Mangel der Sprache bey ihnen auszusetzen hatte.
Concordia kam auch darzu, und hatte nunmehro ein be=
sonderes Vergnügen an der Treuhertzigkeit dieser un=
vernünfftigen Thiere, der Krancke streckte seine Pfote gegen
dieselbe aus, so, daß es das Ansehen hatte, als ob er sie
willkommen heissen wolte, und da sie sich zu ihm nahete,
schmeichelte er ihr mit Leckung der Hände und andern
Liebkosungen auf [239] solche verbindliche Art, daß es
mit Lust anzusehen war. Die zwey Alten liessen hierauf
fort, kamen aber gegen Abend wieder, und brachten uns
zum Geschenck 2. grosse Nüsse mit, deren jede 5. biß 6. Pfund
wog, sie zerschlugen dieselben recht behutsam mit Steinen,
so, daß die Kernen nicht zerstückt wurden, welche sie uns
auf eine recht liebreiche Art praesentirten, und sich er=
freuten, da sie aus unsern Gebärden vermerckten, daß wir
deren Annehmlichkeit rühmeten. Ob ich nun gleich damahls
noch nicht wuste, daß diese Früchte Cocos-Nüsse hiessen,
sondern es nachhero erst von Robert Hülter erfuhr, so
reitzte mich doch deren Vortrefflichkeit an, den beyden
alten Affen so lange nachzuschleichen, biß ich endlich an
den Ort kam, wo in einem kleinen Bezirck etwa 15. biß
18. Bäume stunden, die dergleichen Früchte trugen, allein
Concordia und ich waren nicht so näschig, alle Nüsse
aufzuzehren, sondern steckten dieselben an vielen Orten
in die Erde, woher denn kommt, daß nunmehro auf dieser
Insul etliche 1000. Cocos-Bäume anzutreffen sind, welches
gewiß eine gantz besondere Nutz= und Kostbarkeit ist. Jedoch
wiederum auf unsere Affen zu kommen, so muß ich ferner
erzehlen, daß ohngeacht der Patient binnen 5. oder 6. Wochen
völlig gerade und glücklich curirt war, jedennoch weder
derselbe noch die zwey Alten von uns zu weichen be=
gehreten, im Gegentheil noch 2. junge mitbrachten, mithin
diese fünffe sich gäntzlich von ihrer andern Cameradschafft
absonderten, und also anstelleten, als ob sie würcklich bey
uns zu Hause gehöreten.

[240] Wir hatten aber von den 3. erwachsenen
weder Verdruß noch Schaden, denn alles was wir thaten,

afften sie nach), wurden uns auch nach und nach ungemein
nützlich, indem von ihnen eine ungemeine Menge der vor-
trefflichsten Früchte eingetragen wurden, so offt wir ihnen
nur ordentlich darzu gemachte Säcke anhingen, auffer dem
5 trugen sie das von mir klein gespaltete Holtz öffters von
weiten Orten her zur Küche, wiegten eins um das andere
unser Kind, langeten die angehängten Gefässe voll Wasser,
in Summa, sie thaten ohne den geringsten Verdruß fast
alle Arbeit mit, die wir verrichteten, und ihnen zu ver-
10 richten lehreten, so, daß uns dieses unser Hauß-Gesinde,
welches sich zumahlen selbst beköstigte, nicht allein viele
Erleichterung in der Arbeit, sondern auch auffer derselben
mit ihren poßirlichen Streichen manche vergnügte Stunde
machten. Nur die 2. jüngsten richteten zuweilen aus
15 Frevel mancherley Schaden und Unheil an, da wir aber
mit der allergrösten Verwunderung merckten, daß sie dieserwegen von den 2. Alten recht ordentlicher Weise mit
Gebärden und Schreyen gestrafft, ja öffters so gar geschlagen wurden, vergriffen wir uns sehr selten an ihnen,
20 wenn es aber ja geschahe, demüthigten sich die jungen
wie die zahmen Hunde, bey den Alten aber war dieserwegen nicht der geringste Eiffer zu spüren.

Dem allen ohngeacht war doch bey bei mir immer
ein geheimes Mißtrauen gegen dieses sich so getreu an-
25 stellende halb vernünfftige Gesinde, derowegen bauete ich
vor dieselben einen geraumlichen festen Stall mit einer
starcken Thüre, machte vor jedwe- [241] den Affen eine
bequeme Lager-Stätte, nebst einem Tische, Bäncken, ingleichen allerhand Spielwerck hinein, und verschloß unsere
30 Bedienten in selbigen, nicht allein des Nachts, sondern
auch bey Tage, so offt es uns beliebte.

Immittelst da ich vermerckte, daß die Sonne mit
ihren hitzigen Strahlen einiger massen von uns abzuweichen
begunte, und mehr Regen-Wetter, als bißhero, einfiel,
35 bestellete ich mit Concordiens treulicher Hülffe unser Feld,
nach des Don Cyrillo schrifftlicher Anweisung, aufs aller-
sorgfältigste, und behielt an jeder Sorte des Getreydes

auf den äusersten Nothfall, wenn ja alles ausgesäete ver=
derben solte, nur etwas weniges zurücke. Vom Reiß
aber, als wornit ich 2. grosse Aecker bestellet, behielten
wir dennoch bey nahe zwey gute Scheffel überley.

Hierauf hielten wir vor rathsam, uns auf den Winter
gefast zu machen, derowegen schoß ich einiges Wildpret,
und saltzten dasselbe, wie auch das ausgeschlachtete Ziegen=
Fleisch ein, wobey uns sowohl die alten als jungen Affen
gute Dienste thaten, indem sie das in den St███████
Raumer Saltz=Bergen ausgehauene Saltz auf ihren ████
biß in unsere unter=irrdische Höle tragen musten. ████
nächst schleppten wir einen grossen Hauffen █████
zusammen, baueten einen Camin in unserem █████
auf dem Hügel, trugen zu den allbereits eingesammleten
Früchten noch viel Kräuter und Wurtzeln ein, die theils
eingemacht, theils in Sand verscharret wurden, und kurtz
zu sagen, wir hatten uns dergestalt ange= [242] schickt,
als ob wir den allerhärtesten Winter in Holland, oder
andern noch viel kältern Ländern abzuwarten hätten.

Allein, wie befanden sich doch unsere vielen Sorgen,
grosse Bemühungen und furchtsame Vorstellungen, wo
nicht gäntzlich, doch meistentheils vergeblich? Denn unser
Herbst, welcher dem Holländischen Sommer bey nahe
gleich kam, war kaum verstrichen, als ein solcher Winter
einfiel, welchen man mit gutem Recht einen warmen und
angenehmen Herbst nennen konte, offtermahls fiel zwar
ein ziemlicher Nebel und Regen=Wetter ein, allein von
durchdringender Kälte, Schnee oder Eis, spüreten wir
so wenig als gar nichts, der grasigte Boden blieb immer
grün, und der guten Concordia zusammen getragene
grosse Heu=Hauffen dieneten zu nichts, als daß wir sie
hernach den Affen zum Lust=Spiele Preiß gaben, da sie
doch nebst vielen aufgetrockneten Baum=Blättern unserem
eingestalleten Viehe zur Winter=Nahrung bestimmt waren.
Unsere Saat war nach hertzens=Lust aufgegangen, und
die meisten Bäume veränderten sich fast nicht, diejenigen
aber, so ihre Blätter verlohren, waren noch nicht einmahl

völlig entblösset, da sie schon frische Blätter und Blüthen
austrieben. Solchergestalt wurde es wieder Frühling,
da wir noch immer auf den Winter hofften, weßwegen
wir die Wunder=Hand GOttes in diesem schönen Revier
5 mit erstaunender Verwunderung erkandten und verehreten.

Es war uns aber in der That ein wunderbarer
Wechsel gewesen, da wir das heilige Weyhnacht= |243| Fest
fast mitten im Sommer, Ostern im Herbst, wenig Wochen
nach der Weinlese, und Pfingsten in dem so genannten
10 Winter gefeyert hatten. Doch weil ich in meinen Schul=
Jahren etwas weniges in den Land=Charten und auf dem
Globo gelernet, auch unter Mons. van Leuvens hinter=
lassenen wenigen Land=Charten und Büchern eins fand,
welches mir meinen natürlichen Verstand ziemlicher massen
15 schärffte, so konte ich mich nicht allein bald in diese Ver=
änderung schicken, sondern auch die Concordia dessen be=
lehren, und meine Tage=Bücher oder Calender auf viele
Jahre in Voraus machen, damit wir doch wissen möchten,
wie wir uns in die Zeit schicken, und unsern Gottesdienst
20 gleich andern Christen in der weiten Welt anstellen solten.

Hierbey kan unberühret nicht lassen, daß ich nach der,
mit der Concordia genommenen Abrede, gleich in meinen
zu erst verfertigten Calender auf das Jahr 1647. Drey
besondere Fest= Bet= und Fast=Tage anzeichnete, als erstlich
25 den 10. Sept. an welchen wir zusammen in diese schöne
Insul eingestiegen waren, und derowegen GOtt, vor die
sonderbare Lebens=Erhaltung, so wohl im Sturme als
Kranckheit und andern Unglücks=Fällen, den schuldigen
Danck abstatten wolten. Zum andern den 11. Novembr.
30 an welchen wir jährlich den erbärmlichen Verlust unsers
lieben van Leuvens zu beklagen verbunden. Und drittens
den 11. Dec. der Concordiens glücklicher Entbindung,
hiernächst der Errettung von des Lemelie Schand= und
Mord=Streichen, auch unser bey= [244] derseits wieder
35 erlangter Gesundheit wegen angestellet war. Diese drey
Fest= Bet= und Fast=Tage, nebst andern besondern Feyer=
tagen, die ich Gedächtnisses wegen noch ferner hinzu ge=

füget, sind biß auf gegenwärtige Zeit von mir und den
Meinen allezeit unverbrüchlich gefeyert worden, und werdet
ihr, meine Lieben, kommenden Dienstag über 14. Tage,
da der 11. Dec. einfällt, dessen Zeugen seyn.

Jedoch, fuhr unser Alt=Vater Albertus fort, ich ₅
lehre wieder zu den Geschichten des 1647. Jahres, und
erinnere mich noch immer, daß wir mit dem neuen Früh=
Jahre, so zu sagen, fast von neuen anfingen lebhafft zu
werden, da wir uns nehmlich der verdrüßlichen Winters=
Noth allhier auf dieser Insul entübriget sahen.　　₁₀

Wiewohl nun bey uns nicht der geringste Mangel,
weder an Lebens=Mitteln, noch andern Bedürffnissen und
Bequemlichkeiten vorhanden war, so konte doch ich nicht
mäßig sitzen, sondern legte einen geraumlichen Küchen=
Garten an, und versetzte verschiedene Pflantzen und Wurtzeln ₁₅
hinein, die wir theils aus des Don Cyrillo Beschreibung,
theils aus eigener Erfahrung vor die annehmlichsten und
nützlichsten befunden hatten, um selbige nach unsern Ver=
langen gleich bey der Hand zu haben. Hiernächst legte
ich mich starck auf das Pfropffen und Fortsetzen junger ₂₀
Bäume, brachte die Wein=Reben in bessere Ordnung, machte
etliche Fisch=Kästen, setzte allerhand Arten von Fischen
hinein, um selbige, so offt wir Lust darzu hatten, gleich
heraus zu nehmen, bauete Schuppen und Ställe vor das
eingefangene Wildpret und Ziegen, zim= [245] merte Freß= ₂₅
Tröge, Wasser=Rinnen und Saltz=Lecken vor selbige Thiere,
und mit wenig Worten zu sagen, ich führete mich auf als
ein solcher guter Hauß=Wirth, der Zeit Lebens auf dieser
Insul zu verbleiben sich vorgesetzet hätte.

Inzwischen, ob gleich bey diesem allen Concordia ₃₀
mir wenig helffen durffte, so saß sie doch in dem Hause
niemahls müßig, sondern nehete vor sich, die kleine Tochter
und mich allerhand nöthige Kleidungs=Stücke, denn wir
hatten in denen, auf den Sand=Bäncken angeländeten
Ballen, vieles Tuch, Seyden=Zeug und Leinwand gefunden, ₃₅
so, daß wir vor unsere und wohl noch 20. Personen auf
Lebens=Zeit nothdürfftige Kleider daraus verfertigen kunten.

Es war zwar an vielen Tüchern und feydenen Zeugen
durch das eingedrungene See-Waffer die Farbe ziemlich
verändert worden, jedoch weil wir alles in der Sonne
zeitlich abgetrucknet hatten, ging ihm an der Haltbarkeit
5 ein weniges ab, und um die Zierlichkeit bekümmerten wir
uns noch weniger, weil Concordia das fchlimmfte zu erft
verarbeitete, und das befte biß auf künfftige Zeiten
verfparen wolte, wir aber der Mode wegen einander
nichts vor übel hielten.

10 Unfere Saat-Felder ftunden zu gehöriger Zeit in
erwünfchter Blüthe, fo, daß wir unfere befondere Freude
daran fahen, allein, die frembden Affen gewöhneten fich
ftarck dahin, rammelten darin herum, und machten vieles
zu fchanden, da nun unfere Hauß-Affen merckten, daß
15 mich diefes gewaltig verdroß, indem ich folche Freveler
mit Steinen und Prügeln verfolgte, waren fie täglich auf
[246] guter Hut, und unterftunden fich, ihre eigenen
Anverwandten und Cameraden mit Steinwerffen zu ver-
jagen. Diefe wichen zwar anfänglich etliche mahl, kamen
20 aber eines Tages etliche 20. ftarck wieder, und fingen mit
unfern getreuen Hauß-Bedienten einen ordentlichen Krieg
an. Ich erfahe diefes von ferne, lieff gefchwinde zurück,
und langete aus unferer Wohnung zwey geladene Flinten,
kehrete mich etwas näher zum Kampff-Platze, und wurde
25 gewahr, daß einer von den unfern, die mit rothen Halß-
Bändern gezeichnet waren, ftarck verwundet zu Boden lag,
gab derowegen 2. mahl auf einander Feuer, und legte
darmit 3. Feinde darnieder, weßwegen fich die gantze
feindliche Parthey auf die Flucht begab, meine 4. un-
30 befchädigten fiegend zurück kehreten, und den befchädigten
Alten mit traurigen Gebärden mir entgegen getragen
brachten, der aber, noch ehe wir unfere Wohnung erreichten,
an feiner tödlichen Haupt-Wunde ftarb.

Es war das Weiblein von den 2. Aelteften, und ich
35 kan nicht fagen, wie fehr der Wittber und die vermuthlichen Kinder fich über diefen Todes-Fall betrübt bezeugten.
Ich ging nach unferer Behaufung, erzehlete der Concordia,

was vorgegangen war, und diese ergriff nebst mir ein
Werckzeug, um ein Loch zu machen, worein wir die auf
dem Helden=Bette verstorbene Aeffin begraben wolten;
allein, wir traffen bey unserer Dahinkunfft niemand an,
sondern erblickten von ferne, daß die Leiche von den 5
4. Leidtragenden in den West=Fluß geworffen wurde,
kehreten derowegen zurück, und [247] sahen bald hernach
unsere noch übrigen 4. Bedienten gantz betrübt in ihren
Stall gehen, worinnen sie bey nahe zweymahl 24. Stunden
ohne Essen und Trincken stille liegen blieben, nachhero aber 10
gantz freudig wieder heraus kamen, und nachdem sie tapffer
gefressen und gesoffen, ihre vorige Arbeit verrichteten.
Mich ärgerte diese Begebenheit dermassen, daß ich alle
frembden Affen täglich mit Feuer und Schwerdt verfolgte,
und dieselben binnen Monats=Frist in die Waldung hinter 15
der grossen See vertrieb, so, daß sich gar kein eintziger
mehr in unserer Gegend sehen ließ, mithin konten wir
nebst unsern Hauß=Dienern in guter Ruh leben, wiewohl
der alte Wittber sich in wenig Tagen verlohr, doch aber
nebst einer jungen Gemahlin nach 6. Wochen wiederum 20
bey uns einkehrete, und den lächerlichsten Fleiß anwandte,
biß er dieselbe nach und nach in unsere Haußhaltung
ordentlich gewöhnete, so, daß wir sie mit der Zeit so
aufrichtig als die verstorbene erlandten, und ihr, das
besondere Gnaden=Zeichen eines rothen Halß=Bandes um= 25
zulegen, kein Bedencken trugen.

Mittlerzeit war nunmehro ein gantzes Jahr ver=
flossen, welches wir auf dieser Insul zugebracht, derowegen
auch der erste Fest= Bet= und Fast=Tag gefeyret wurde,
der andere, als unser besonderer Trauer=Tag, lieff ebenfalls 30
vorbey, und ich muß gestehen, daß, da wir wenig oder
nichts zu arbeiten hatten, unsere Sinnen wegen der er=
neuerten Betrübniß gantz niedergeschlagen waren. Dieselben,
um wiederum in etwas aufzumuntern, ging ich fast täglich
mit der Concordia, die ihr Kind im [248] Mantel trug, 35
durch den Felsen=Gang an die See spatziren, wohin wir
seit etlichen Monaten nicht gekommen, erblickten aber mit

nicht geringer Verwunderung, daß uns die Wellen einen
starcken Vorrath von allerhand eingepackten Waaren und
zerscheiterten Schiffs=Stücken zugeführet hatten. Ich fassete
so gleich den Vorsatz, alles auf unsere Insul zu schaffen,
5 allein, da mir ohnverhofft ein in ziemlicher Weite vorbey
fahrendes Schiff in die Augen kam, gerieth ich auf einmahl
gantz ausser mir selbst, so bald aber mein Geist sich wieder
erholte, fing ich an zu schreyen, zu schiessen, und mit einem
Tuche zu wincken, trieb auch solche mühsame, wiewohl ver=
10 gebliche Bemühung so lange, biß sich gegen Abend so
wohl das vorbey fahrende Schiff als die Sonne aus
unsern Gesichte verlohr, da ich denn meines Theils gantz
verdrüßlich und betrübt zurück kehrete, in lauter ver=
wirrten Gedancken aber unterweges mit Concordien kein
15 Wort redete, biß wir wieder in unserer Behausung an=
langten, allwo sich die 5. Affen als Wächter vor die
Thür gelagert hatten.
    Concordia bereitete die Abend=Mahlzeit, wir speiseten,
und hielten hierauf zusammen ein Gespräch, in welchem
20 ich vermerckte, daß sich dieselbe wenig oder nichts um
das vorbey gefahrne Schiff bekümmerte, auch grössere Lust
auf dieser Insul zu sterben bezeugte, als sich in den Schutz
frembder und vielleicht barbarischer Leute zu begeben.
Ich hielte ihr zwar dergleichen Gedancken, als einer furcht=
25 samen und schwachen Weibs=Person, die zumahlen ihres
unglücklichen Schicksals halber ei= [249] nen Ekel gegen
fernere Lust gefasset, zu gute, aber mit mir hatte es eine
gantz andere Beschaffenheit. Und was habe ich eben Ursach,
meine damahligen natürlichen Affecten zu verleugnen:
30 Ich war ein junger, starcker, und fast 20. jähriger Mensch,
der Geld, Gold, Edelgesteine und andere Güter im grösten
Uberfluß besaß, also gar wohl eine Frau ernehren konte,
allein, der Concordia hatte ich einen würcklichen Eid ge=
schworen, ihr mit Vorstellung meiner verliebten Begierden
35 keinen Verdruß zu erwecken, verspürete über dieses die
stärcksten Merckmahle, daß sie ihren seel. Ehe=Mann noch
nach dessen Tode hertzlich liebte, auf die kleine Concordia

aber zu warten, schien mir gar zu langweilig, obgleich
dieselbe ihrer schönen Mutter vollkommenes Ebenbild vor=
stellete. Wer kan mich also verdencken, daß meine Sehnsucht
so hefftig nach der Gesellschafft anderer ehrlichen Leute
anckerte, um mich unter ihnen in guten Stand zu setzen,   5
und eine tugendhaffte Ehegattin auszulesen.

Es verging mir demnach damahls fast alle Lust zur
Arbeit, verrichtete auch die allernöthigste, so zu sagen, fast
gezwungener Weise, hergegen brachte ich täglich die meisten
Stunden auf der Felsen=Höhe gegen Norden zu, machte 10
daselbst ein Feuer an, welches bey Tage starck rauchen
und des Nachts helle brennen muste, damit ein oder
anderes vorbey fahrendes Schiff bey uns anzuländen ge=
reitzet würde, wandte dabey meine Augen beständig auf
die offenbare See, und versuchte zum Zeitvertreibe, ob 15
ich auf der von Lemelie hinterlassenen Zitter von mir
selbst ein oder ander Lied könte [250] spielen lernen,
welches mir denn in weniger Zeit dermassen glückte, daß
ich fast alles, was ich singen, auch zugleich gantz wohl=
stimmig mit spielen konte.   20

Concordia wurde über dergleichen Aufführung ziemlich
verwirrt und niedergeschlagen, allein ich konnte meine
Sehnsucht unmöglich verbannen, vielweniger über das
Hertze bringen, derselben meine Gedancken zu offenbaren,
also lebten wir beyderseits in einem heimlichen Miß= 25
vergnügen und verdeckten Kummer, begegneten aber dennoch
einander nach wie vor, mit aller ehrerbiethigen, tugend=
hafften Freundschafft und Dienst=geflissenheit, ohne zu fragen,
was uns beyderseits auf dem Hertzen läge.

Mittlerweile war die Ernte=Zeit heran gerückt, und 30
unser Geträyde vollkommen reiff worden. Wir machten
uns derowegen dran, schnitten es ab, und brachten solches
mit Hülffe unserer getreuen Affen, bald in grosse Hauffen.
Eben dieselben musten auch fleißig dreschen helffen, ohn=
geacht aber viele Zeit vergieng, ehe wir die reinen Körner 35
in Säcke und Gefässe einschütten konten, so habe doch
nachhero ausgerechnet, daß wir von dieser unserer ersten

Außsaat ohngefähr erhalten hatten, 35. Scheffel Reiß,
10. biß 11. Scheffel Korn, 3. Scheffel Weitzen, 12. biß
14. Scheffel Gersten, und 4. Scheffel Erbsen.

Wie groß nun dieser Seegen war, und wie sehr wir
5 uns verbunden sahen, dem, der uns denselben angedeyhen
lassen, schuldigen Danck abzustatten, so konte doch meine
schwermüthige Sehnsucht nach [251] demjenigen was mir
einmal im Hertzen Wurtzel gefasset hatte, dadurch nicht
vermindert werden, sondern ich blieb einmal wie das
10 andere tiefsinnig, und Concordiens liebreiche und freund=
liche, jedoch tugendhaffte Reden und Stellungen, machten
meinen Zustand allem Ansehen nach nur immer gefähr=
licher. Doch blieb ich bey dem Vorsatze, ihr den gethanen
Eyd unverbrüchlich zu halten, und ehe zu sterben als
15 meine keusche Liebe gegen ihre schöne Person zu entdecken.

Unterdessen wurde uns zur selbigen Zeit ein grau=
sames Schrecken zugezogen, denn da eines Tages Concordia
so wol als ich nebst den Affen beschäfftiget waren, etwas
Korn zu stossen, und eine Probe von Mehl zu machen,
20 gieng erstgemeldte in die Wohnung, um nach dem Kinde
zu sehen, welches wir in seiner Wiege schlaffend verlassen
hatten, kam aber bald mit erbärmlichen Geschrey zurück
gelauffen und berichtete, daß das Kind nicht mehr vor=
handen, sondern aus der Wiege gestohlen sey, indem sie
25 die mit einem höltzernen Schlosse verwahrte Thüre eröffnet
gefunden, sonsten aber in der Wohnung nichts vermissete,
als das Kind und dessen Kleider. Meine Erstaunung war
dieserwegen ebenfalls fast unaussprechlich, ich lieff selbst
mit dahin, und empfand unsern kostbaren Verlust leyder
30 mehr als zu wahr. Demnach schlugen wir die Hände über
den Köpffen zusammen, und stelleten uns mit einem Worte,
nicht anders als verzweiffelte Menschen an, heuleten, schryen
und rieffen das Kind bey seinem Nahmen, allein da war
weder Stimme noch Antwort zu hören, das eiffrigste
35 Suchen auf [252] und um den Hügel unserer Wohnung
herum war fast 3. Stunden lang vergebens, doch endlich,
da ich von ferne die Spitze eines grossen Heu=Hauffens

sich bewegen sahe, gerieth ich plötzlich auf die Gedanken:
Ob vielleicht der eine von den jüngsten Affen unser
Töchterlein da hinauff getragen hätte, und fand, nachdem
ich auf einer angelegten Leiter hinauf gestiegen, mich nicht
betrogen. Denn das Kind und der Affe machten unterdessen, da sie zusammen ein frisches Obst speiseten, allerhand lächerliche Possen. Allein da das verzweiffelte Thier
meiner gewahr wurde, nahm es das Kind zwischen seine
Vorder=Pfoten, und rutschte mit selbigem auf jener Seite
des Hauffens herunter, worüber ich Schreckens wegen fast
von der Leiter gestürtzt wäre, allein es war glücklich ab-
gegangen. Denn da ich mich umsahe, lieff der Kinder=
Dieb mit seinem Raube aufs eiligste nach unserer Behausung, hatte, als ich ihn daselbst antraff, das fromme
Kind so geschickt aus= als angezogen, selbiges in seine
Wiege gelegt, saß auch darbey und wiegte es so ernst=
hafftig ein, als hätte er kein Wasser betrübt.

Ich wuste theils vor Freuden, theils vor Grimm
gegen diesen Freveler nicht gleich was ich machen solte,
mitlerweile aber kam Concordia, so die gantze Comoedie
ebenfalls von ferne mit angesehen hatte, mit Zittern und
Zagen herbey, indem sie nicht anders vermeynte, es würde
dem Kinde ein Unglück oder Schaden zugefügt seyn, da
sie es aber Besichtigte, und nicht allein frisch und gesund,
sondern über dieses ausserordentlich gutes Muths befand,
gaben wir uns endlich zufrieden, wiewol ich aber be= [253]
schloß, daß dieser allerleichtfertigste Affe seinen Frevel
durchaus mit dem Leben büssen solte, so wolte doch
Concordia aus Barmhertzigkeit hierein nicht willigen, sondern
bath: Daß ich es bey einer harten Leibes=Züchtigung bewenden lassen möchte, welches denn auch geschahe, indem
ich ihn mit einer grossen Ruthe von oben biß unten der=
massen peitschte, daß er sich in etlichen Tagen nicht
rühren konte, welches so viel fruchtete, daß er in künfftigen
Zeiten seine freveln Streiche ziemlicher massen unterließ.

Von nun an schien es, als ob uns die, zwar jederzeit
hertzlich lieb gewesene kleine Concordia, dennoch um ein

mercfliches lieber wäre, zumahlen da sie anfieng allein
zu lauffen, und verschiedene Worte auf eine angenehme
Art her zu lallen, ja dieses kleine Kind war öffters ver=
mögend meinen innerlichen Kummer ziemlicher massen zu
5 unterbrechen, wiewol nicht gäntzlich aufzuheben.

Nachdem wir aber einen ziemlichen Vorrath von
Rocken=Reiß= und Weitzen=Mehle durchgesiebt und zum Backen
tüchtig gemacht, ich auch einen kleinen Back=Ofen erbauet,
worinnen auf einmal 10. oder 12. drey biß 4. Pfündige
10 Brodte gebacken werden konten, und Concordia die erste
Probe ihrer Beckerey, zu unserer grösten Erquickung und
Freude glücklich abgeleget hatte; Konten wir uns an dieser
allerbesten Speise, so über Jahr und Tag nunmehro nicht
vor unser Maul kommen war, kaum satt sehen und essen.

15 Dem ohngeacht aber, verfiel ich doch fast gantz von
neuen in meine angewöhnte Melancholey, ließ [254] viele
Arbeits=Stücken liegen, die ich sonsten mit Lust vorzunehmen
gewohnt gewesen, nahm an dessen statt in den Nachmittags=
Stunden meine Flinte und Zitter, und stieg auf die Nord=
20 Felsen=Höhe, als wohin ich mir einen gantz ungefährlichen
Weg gehauen hatte.

Am Heil. 3. Königs=Tage des 1648 ten Jahres,
Mittags nach verrichteten Gottesdienste, war ich ebenfalls
im Begriff dahin zu steigen, Concordia aber, die solches
25 gewahr wurde, sagte lächelnd: Mons. Albert, ich sehe
daß ihr spatzieren gehen wollet, nehmet mir nicht übel,
wenn ich euch bitte, eure kleine Pflege=Tochter mit zu
nehmen, denn ich habe mir eine kleine nöthige Arbeit vor=
genommen, worbey ich von ihr nicht gern verhindert seyn
30 wolte, saget mir aber, wo ihr gegen Abend anzutreffen
seyd, damit ich euch nachfolgen und selbige zurück tragen
kan. Ich erfüllete ihr Begehren mit gröster Gefälligkeit,
nahm meine kleine Schmeichlerin, die so gern bey mir,
als ihrer Mutter blieb, auf den Arm, versorgte mich
35 mit einer Flasche Palmen=Safft, und etwas übrig ge=
bliebenen Weyhnachts=Kuchen, hängte meine Zitter und
Flinte auf den Rücken, und stieg also beladen den Nord=

Felß hinauf. Daselbst gab ich dem Kinde einige tändeleyen
zu spielen, stützte einen Arm unter den Kopf, sahe auf
die See, und hieng den unruhigen Gedancken wegen meines
Schicksals ziemlich lange nach. Endlich ergriff ich die Zitter
und sang etliche Lieder drein, welche ich theils zu Aus-
schüttung meiner Klagen, theils zur Gemüths-Beruhigung
aufgesetzt hatte. Da aber die kleine Schmeichlerin über
dieser Mu- [255] sic sanfft eingeschlaffen war, legte ich,
um selbige nicht zu verstöhren, die Zitter beyseite, zog
eine Bley=Feder und Pappier aus meiner Tasche, und
setzte mir ein neues Lied folgenden Innhalts auf:

1.

ACh! hätt' ich nur kein Schiff erblickt,
So wär ich länger ruhig blieben
Mein Unglück hat es her geschickt,
Und mir zur Qvaal zurück getrieben,
Verhängniß wilstu dich denn eines reichen Armen,
Und freyen Sclavens nicht zu rechter Zeit erbarmen?

2.

Soll meiner Jugend beste Krafft
In dieser Einsamkeit ersterben?
Ist das der Keuschheit Eigenschafft?
Will mich die Tugend selbst verderben?
So weiß ich nicht wie man die lasterhafften Seelen
Mit größrer Grausamkeit und Marter solte quälen.

3.

Ich liebe was und sag' es nicht,
Denn Eid und Tugend heist mich schweigen,
Mein gantz verdecktes Liebes=Licht
Darf seine Flamme gar nicht zeigen,
Dem Himmel selbsten ist mein Lieben nicht zuwieder;
Doch Schwur und Treue schlägt den Hofnungs-Bau darnieder.

[256] **4.**

Concordia du Wunder=Bild,
Man lernt an dir die Eintracht kennen,
Doch was in meinem Hertzen qvillt
5 Muß ich in Wahrheit Zwietracht nennen,
Ach! liesse mich das Glück mit dir vereinigt leben,
Wir würden nimmermehr in Haß und Zwietracht schweben.

5.

Doch bleib in deiner stillen Ruh,
10 Ich suche solche nicht zu stöhren;
Mein einzigs Wohl und Weh bist du,
Allein ich will der Sehnsucht wehren,
Weil deiner Schönheit Pracht vor mich zu kostbar scheinet,
Und weil des Schicksaals Schluß mein Wünschen glatt verneinet.

15 **6.**

Ich gönne dir ein beßres Glück,
Verknüpfft mit noch viel höhern Stande.
Führt uns der Himmel nur zurück
Nach unserm werthen Vater=Lande,
20 So wirstu letzlich noch dis harte Schicksal loben,
Ist gleich vor deinen Freund was schlechters aufgehoben.

Nachdem aber meine kleine Pflege=Tochter aufgewacht,
und von mir mit etwas Palm=Safft und Kuchen gestärkt
war, bezeigte dieselbe ein unschuldiges Belieben, den Klang
25 meiner Zitter ferner zu hören, derowegen nahm ich dieselbe
wieder auf, studirte eine Melodey auf mein gemachtes
Lied aus, [257] und wiederholte diesen Gesang binnen
etlichen Stunden so ofte, biß ich alles fertig auswendig
singen und spielen konte.

30 Hierauff nahm ich das kleine angenehme Kind in die
Arme vor mich, drückte es an meine Brust, küssete dasselbe
viele mal, und sagte im größten Liebes=Affect ohngefehr
folgende laute Worte: Ach du allerliebster kleiner Engel,

13*

wolte doch der Himmel daß du allbereit noch ein Mandel
Jahre zurück gelegt hätteſt, vielleicht wäre meine hefftige
Liebe bey dir glücklicher als bey deiner Mutter, aber ſo
lange Zeit zwiſchen Furcht und Hoffnung zu warten, iſt
eine würckliche Marter zu nennen. Ach wie vergnügt
wolte ich, als ein anderer Adam, meine gantze Lebens=
Zeit in dieſem Paradieſe zubringen, wenn nur nicht meine
beſten Jugend=Jahre, ohne eine geliebte Eva zu um=
armen, verrauchen ſolten. Gerechter Himmel, warum
ſchenkeſtu mir nicht auch die Krafft, den von Natur allen
Menſchen eingepflantzten Trieb zum Eheſtande gäntzlich
zu erſticken, und in dieſem Stücke ſo unempfindlich als
van Leuvens Wittbe zu ſeyn? Oder warum lenckeſtu
ihr Hertze nicht, ſich vor deinen allwiſſenden Augen mit
mir zu vereheligen, denn mein Hertze kenneſt du ja, und
weiſt, daß meine ſehnliche Liebe keine geile Brunſt, ſondern
deine heilige Ordnung zum Grunde hat. Ach was vor
einer harten Probe unterwirffſtu meine Keuſchheit und
Tugend, indem ich bey einer ſolchen vollkommen ſchönen
Wittfrau Tag und Nacht unentzündet leben ſoll. Doch
ich habe dir und ihr einen theuren Eyd geſchworen,
welches Gelübde ich denn ehe mit meinem Leben bezah=
[258] len, und mich nach und nach von der brennenden
Liebes=Gluth gantz verzehren laſſen, als ſelbiges leicht=
ſinniger Weiſe brechen will.

Einige hierbey aus meinen Augen rollende Thränen
hemmeten das fernere Reden, die kleine Concordia aber,
welche kein Auge von meinem Geſichte verwand hatte,
fieng dieſerwegen kläglich und bitterlich an zu weinen,
alſo drückte ich ſelbige aufs neue an meine Bruſt, küſſete
den mitleydigen Engel, und ſtund kurtz hernach mein und
ihrer Gemüths=Veränderung wegen auf, um noch ein
wenig auf der Felſen=Höhe herum zu ſpazieren. Doch
wenig Minuten hierauff kam die 3te Perſon unſerer
hieſigen menſchlichen Geſellſchafft herzu, und fragte auf
eine zwar ſehr freundliche, doch auch etwas tiefſſinnige
Art: Wie es uns gienge, und ob wir heute kein

erblickt hätten? Ich fand mich auf diese unvermuthete
Frage ziemlich betroffen, so daß die Röthe mir, wie ich
glaube, ziemlich ins Gesichte trat, sagte aber: Daß wir
heute so glücklich nicht gewesen wären. **Mons. Albert!**
5 gab Concordia darauff: Ich bitte euch sehr, sehet nicht
so oft nach vorbey fahrenden Schiffen, denn selbige werden
solchergestallt nur desto länger ausbleiben. Ihr habt seit
einem Jahre vieles entdeckt und erfahren, was ihr kurtz
vorhero nicht vermeynet habt, bedencket diese schöne Paradieß=
10 Insul, bedencket wiewol uns der Himmel mit Nahrung
und Kleidern versorgt, bedencket noch dabey den fast
unschätzbaren Schatz, welchen ihr ohne ängstliches Suchen
und ungedultiges Hoffen gefunden. Ist euch nun von dem
Himmel eine noch fernere gewünschte Glückselig=[259]keit
15 zugedacht, so habt doch nebst mir das feste Vertrauen,
daß selbige zu seiner Zeit uns unverhofft erfreuen werde.

Mein gantzes Hertze fand sich durch diese nachdenck=
lichen Reden gantz ungemein gerühret, jedoch war ich nicht
vermögend eine eintzige Sylbe darauff zu antworten,
20 derowegen Concordia das Gespräch auf andere Dinge
wendete, und endlich sagte: Kommet mein lieber Freund,
daß wir noch vor Sonnen Untergang unsere Wohnung
erreichen, ich habe einen gantz besonders schönen Fisch
gefangen, welcher euch so gut als mir schmecken wird,
25 denn ich glaube, daß ihr so starcken **appetit** als ich zum
Essen habt.

Ich war froh, daß sie den vorigen ernsthafften
discours unterlassen hatte, folgte ihren Willen und zwang
mich einiger massen zu einer aufgeräumtern Stellung.
30 Es war würcklich ein gantz besonders rarer Fisch, den sie
selbigen Mittag in ihren ausgesteckten Angeln gefangen
hatte, dieser wurde nebst zweyen Rebhünern zur Abend=
Mahlzeit aufgetragen, worbey mir denn Concordia, um
mich etwas lustiger zu machen, etliche Becher Wein mehr,
35 als sonst gewöhnlich einnöthigte, und endlich fragte: Habe
ich auch recht gemerckt Mons. Albert, daß ihr übermorgen
euer zwantzigstes Jahr zurück legen werdet. Ja Madame,

war meine Antwort, ich habe schon seit etlichen Tagen
daran gedacht. GOTT gebe, versetzte sie, daß eure
zukünfftige Lebens=Zeit vergnügter sey, allein darff ich
euch wol bitten, mir euren ausführlichen Lebens=Lauff zu
erzehlen, denn mein seel. Ehe=Herr hat mir einmals [260]
gesagt, daß derselbige theils kläglich, theils lustig anzu=
hören sey.

Ich war hierzu sogleich willig, und vermerckte, daß
bey Erwehnung meiner Kinderjährigen Unglücks=Fälle
Concordien zum öfftern die Augen voller Thränen stunden,
doch da ich nachhero die Geschichten von der Ammtmanns
Frau, der verwechselten Hosen, und den mir gespielten
Spitzbuben=Streich, mit offt untermengten Schertz=Reden
erzehlete, konte sie sich fast nicht satt lachen. Nachdem
ich aber aufs Ende kommen, sagte sie: Glaubet mir sicher
Mons. Albert, weil eure Jugend=Jahre sehr kläglich
gewesen, so wird euch GOTT in künfftiger Zeit um so
viel desto mehr erfreuen, wo ihr anders fortfahret ihm
zu dienen, euren Beruff fleißig abzuwarten, gedulbig zu
seyn, und euch der unnöthigen und verbothenen Sorgen
zu entschlagen. Ich versprach ihrer löblichen Ver=
mahnung eiffrigst nachzuleben, wünschte anbey, daß
ihre gute Propheceyung eintreffen möchte, worauff wir
unsere Abend=Beth=Stunde hielten, und uns zur Ruhe
legten.

Weiln mir nun Concordieus vergangenes Tages
geführten Reden so christlich als vernünfftig vorkamen,
beschloß ich, so viel möglich, alle Ungedult zu verbannen,
und mit aller Gelassenheit die fernere Hülffe des Himmels
zu erwarten. Folgendes Tages arbeitete ich solchergestalt
mehr, als seit etlichen Tagen geschehen war, und legte
mich von aushauung etlicher Höltzerner Gefäße, ziemlich
ermüdet, abermals zur Ruhe, da ich aber am drauff
folgenden Morgen, nemlich den 8ten Jan. 1648. aus
[261] meiner abgesonderten Kammer in die so genannte
Wohn=Stube kam, fand ich auf dem Tische nebst einem
grünen seydenen Schlaf=Rocke, und verschiedenen andern

neuen Kleidungs=Stücken, auch vieler weisser Wäsche, ein
zusammen gelegtes Pappier folgendes Innhalts:

Liebster Hertzens Freund!

ICH habe fast alles mit angehöret, was ihr gestern
5 auf dem Nord=Felsen, in Gesellschaft meiner kleinen Tochter,
offt wiederholt gesungen und geredet habt. Euer Verlangen
ist dem Triebe der Natur, der Vernunfft, auch Göttl.
und Menschl. Gesetzen gemäß; Ich hingegen bin eine
Wittbe, welcher der Himmel ein hartes erzeiget hat.
10 Allein ich weiß, daß Glück und Unglück von der Hand
des HErrn kömmt, welche ich bey allen Fällen in Demuth
küsse. Meinem seel. Mann habe ich die geschworne Treu
redlich gehalten, dessen GOtt und mein Gewissen Zeugniß
giebt. Ich habe seinen jämmerlichen Tod nunmehro ein
15 Jahr und zwey Monath aus auffrichtigen Hertzen beweint
und beklagt, werde auch denselben Zeit lebens, so offt ich
dran gedencke, schmertzlich beklagen, weil unser Ehe=Band
auf GOTTES Zulassung durch einen Meuchel=Mörder
vor der Zeit zerrissen worden. Ohngeacht ich aber solcher=
20 gestalt wieder frey und mein eigen bin, so würde mich
doch schwerlich zu einer anderwei=[262]tigen Ehe ent=
schlossen haben, wenn nicht eure reine und hertzliche Liebe
mein Hertz aufs neue empfindlich gemacht, und in Erwegung
eurer bißherigen tugendhafften Aufführung dahin gereitzet
25 hätte, mich selbst zu eurer künfftigen Gemahlin anzutragen.
Es stehet derowegen in eurem Gefallen, ob wir sogleich
Morgen an eurem Geburts=Tage uns, in Ermangelung
eines Priesters und anderer Zeugen, in GOttes und der
Heil. Engel erbethener Gegenwart selbst zusammen trauen,
30 und hinführo einander als eheliche Christen=Leute bey=
wohnen wollen. Denn weil ich eurer zu mir tragenden
Liebe und Treue völlig versichert bin, so könnet ihr im
Gegentheil vollkommen glauben, daß ich euch in diesen
Stücken nichts schuldig bleiben werde. Eure Frömmigkeit,
35 Tugend und Auffrichtigkeit dienen mir zu Bürgen daß
ihr mir dergleichen selbst eigenen Antrag meiner Person

vor keine leichtfertige Geilheit und ärgerliche Brunst aus=
legen werdet, denn da ihr aus Ubereilung mehr gelobet
habt, als GOTT und Menschen von euch forderten, doch
aber ehe löblich zu sterben, als solches zu brechen gesonnen
waret; Habe ich in dieser Einsamkeit, uns beyde zu ver= 5
gnügen, den Außspruch zu thun mich gezwungen gesehen.
Nehmet demnach die von euch so sehr geliebte Wittbe des
seel. van Leuvens, und lebet nach euren Versprechen
führohin mit derselben nim=[263]mermehr in Haß und
Zwietracht. GOTT sey mit uns allezeit. Nach Verlesung 10
dieses, werdet ihr mich bey dem Damme des Flusses
ziemlich beschämt finden, und ein mehreres mündlich mit
mir überlegen können, allwo zugleich den Glück=Wunsch
zu eurem Geburts=Tage abstatten wird, die euch auffrichtig
ergebene   15

Geschrieben   Concordia van Leuvens.

den 7. Jan.
  1648.

        Ich blieb nach Verlesung dieses Briefes dergestalt
entzückt stehen, daß ich mich in langer Zeit wegen der 20
unverhofften frölichen Nachricht nicht begreiffen kunte,
wolte auch fast auf die Gedancken gerathen, als suchte
mich Concordia nur in Versuchung zu führen, da aber
ihre bißherige aufrichtige Gemüths= und Lebens=Art in
etwas genauere Betrachtung gezogen hatte, ließ ich allen 25
Zweifel fahren, fassete ein besonders frisch Hertze, machte
mich auf den Weg, und fand meinen allerangenehmsten
Schatz mit ihrer kleinen Tochter, beym Damme in Grase
sitzend. Sie stund, so bald sie mich von ferne kommen
sahe, auf, mir entgegen zu gehen, nachdem ich ihr aber 30
einen glückseeligen Morgen gewünschet, erwiederte sie solchen
mit einem wohlersonnenen Glück=Wunsche wegen meines
Geburts=Tages. Ich stattete dieserwegen meine Danckjagung
ab, und wünschte ihr im gegentheil, ein beständiges Leibes=
und Seelen=Vergnügen. Da sie sich aber nach diesen auf 35

einen daselbst liegenden Baum=Schafft [264] gesetzt, und
mich, neben ihr Platz zu nehmen, gebeten hatte, brach mein
Mund in folgende Worte aus: Madame! eure schönen
Hände haben sich gestern bemühet an meine schlechte
Person einen Brieff zu schreiben, und wo dasjenige, was
mich angehet, keine Versuchung, sondern eures keuschen
Hertzens aufrichtige Meynung ist, so werde ich heute durch
des Himmels und eure Gnade, zum allerglückseeligsten
Menschen auf der gantzen Welt gemacht werden. Es würde
mir schwer fallen gnugsame Worte zu ersinnen, um damit
den unschätzbaren Werth eurer vollkommen tugendhafften
und Liebenswürdigsten Person einiger massen auszudrücken,
darum will ich nur sagen: Daß ihr würdig wäret, eines
grossen Fürsten Gemahlin zu seyn. Was aber bin ich
dargegen? Ein schlechter geringer Mensch, der = = =

Hier fiel mir Concordia in die Rede, und sagte,
indem sie mich sannft auf die Hand schlug: Liebster Julius,
ich bitte fanget nunmehro nicht erstlich an, viele unnöthige
Schmeicheleyen und ungewöhnliches Wort=Gepränge zu
machen, sondern seyd sein aufrichtig wie ich in meinem
Schreiben gewesen bin. Eure Tugend, Frömmigkeit und
mir geleisteten treuen Dienste, weiß ich mit nichts besser
zu vergelten, als wenn ich euch mich selbst zur Belohnung
anbiete, und versichere, daß eure Person bey mir in höhern
Werthe stehet, als des größten Fürsten oder andern Herrn,
wenn ich auch gleich das Außlesen unter tausenden haben
solte. Ist euch nun damit gedienet, so erkläret euch, damit
wir uns nachhero fernerer Anstallten wegen vertraulich
unter=[265]reden, und auf alle etwa bevorstehende Glücks=
unt Unglücks=Fälle gefast machen können.

Ich nahm hierauff ihre Hand, küssete und schloß
dieselbe zwischen meine beyden Hände, konte aber vor
übermäßigen Vergnügen kaum so viel Worte vorbringen,
als nöthig waren, sie meiner ewig währenden getreuen
Liebe zu versichern, anbey mich gäntzlich eigen zu geben,
und in allen Stücken nach dero Rath und Willen zu
leben. Nein mein ·Schatz! versetzte hierauff Concordia,

das Letztere verlange ich nicht, sondern ich werde euch
nach Gottes Ausspruche jederzeit als meinen Herrn zu
ehren und als meinen werthen Ehe=Mann beständig zu
lieben wissen. Ihr sollet durchaus meinem Rath und
Willen keine Folge leisten, in so ferne derselbe von euren, 5
Gottlob gesunden, Verstande nicht vor gut und billig
erkannt wird, weil ich mich als ein schwaches Werckzeug
zuweilen gar leicht übereilen kan.

Unter diesen ihren klugen Reden küssete ich zum
öfftern dero schönen Hände, und nahm mir endlich die 10
Kühnheit, einen feurigen Kuß auf ihre Rosen=Lippen zu
drücken, welchen sie mit einem andern ersetzte. Nachhero
stunden wir auf, um zu unsern heutigen Hochzeit=Feste
Anstalten zu machen. Ich schlachtete ein jung Reh, eine
junge Ziege, schoß ein paar Rebhüner, schaffte Fische 15
herbey, steckte die Braten an die Spiesse, welche unsere
Affen wenden musten, setzte das Koch=Fleisch zum Feuer,
und laß das Beste frische Obst aus, mittlerweile meine
Braut, Kuchen, Brod und allerley Gebackens zurichtete,
und unsere Wohnstube aufs herrlichste aus=[266]zierete, 20
so daß gegen Abend alles in schönster Ordnung war.

Demnach führeten wir, genommener Abrede nach,
·einander in meine Schlaf=Kammer, allwo auf einen reinlich
gedeckten Tische ein Crucifix stunde, welches wir mit unter
des Don Cyrillo Schätzen gefunden hatten. Vor selbigen 25
lag eine aufgeschlagene Bibel. Wir knieten beyde vor
diesem kleinen Altare nieder, und ich verlaß die 3. ersten
Capitel aus dem 1. Buch Mose. Hierauff redete ich
meine Braut also an: Liebste Concordia, ich frage euch
allhier vor dem Angesicht GOTTES und seiner Heil. 30
Engel, ob ihr mich Albert Julium zu einem ehelichen
Gemahl haben wollet? gleich wie ich euch zu meiner
ehelichen Gemahlin nach Göttlicher Ordnung, aus reinem
und keuschen Hertzen innigst begehre? Concordia ant=
wortete nicht allein mit einem lauten Ja, sondern reichte 35
mir auch ihre rechte Hand, welche ich nach verwechselten
Trau=Ringen in die meinige fügte, und also betete: „Du

heiliger wunderbarer GOTT, wir glauben ganß gewiß,
daß deine Vorsicht an diesem, von aller andern menschlichen
Gesellschafft entlegenen Orte, unsere Seelen vereiniget hat,
und in dieser Stunde auch die Leiber mit dem heiligen
5 Bande der Ehe zusammen füget, darum soll unter deinem
Schuße nichts als der Tod vermögend seyn dieses Band
zu brechen, und sollte ja auf dein Zulassen ein oder anderer
Unglücks=Fall die Leiber von einander scheiden, so sollen
doch unsere Seelen in beständiger Treue mit einander
10 vereinigt bleiben. Concordia sprach hierzu: Amen. Ich
aber schlug das [267] 8. Cap. im Buch Tobiä auf, und
betete des jungen Tobiä Gebeth vom 7. biß zu ende des
9ten Verses; wiewol ich etliche Worte nach unserm Zu=
stande veränderte, auch so viel zusetzte als mir meines
15 Herßens heilige Andacht eingab. Concordia machte aus
den Worten der jungen Sara, die im folgenden 10ten
Vers stehen, ein schönes Herß=brechendes und kräfftiges
Gebet. Nach diesem beteten wir einstimmig das Vater
Unser und den gewöhnlichen Seegen der Christlichen Kirche
20 über uns, sungen das Lied: Es woll uns GOTT genädig
seyn, etc. küsseten uns etliche mahl, und führeten einander
wieder zurück, bereiteten die Mahlzeit, setzten uns mit
unserer kleinen Concordia, die unter währenden Trau=
Actu so stille als ein Lamm gelegen hatte, zu Tische,
25 und nahmen unsere Speisen nebst dem köstlichen Geträncke
in solcher Vergnüglichkeit ein, als wohl jemahls ein
Braut=Paar in der ganßen Welt gethan haben mag.

Es schien, als ob aller vorhero ausgestandener
Kummer und Verdruß solchergestalt auf einmahl verjagt
30 wäre, wir vereinigten uns von nun an, einander in voll=
kommener Treue dergestalt hülffliche Hand zu leisten, und
unsere Anstalten auf solchen Fuß zu setzen, als ob wir
gar keine Hoffnung, von hier hinweg zu kommen, hätten,
hergegen aus blosser Lust, Zeit=Lebens auf dieser Insul
35 bleiben, im übrigen alles der Vorsehung des Himmels
andefehlen, und alle ängstlichen Sorgen wegen des Zu=
künfftigen einstellen wolten.

Indem aber die Zeit zum Schlaffen=gehen herbey
kam, jagte meine Braut mit liebreichen Ge=[268]bärden
zu mir: Mein allerliebster Ehe=Schatz, ich habe heute mit
Vergnügen wahrgenommen, daß ihr in vielen Stücken des
jungen Tobiä Sitten nachgefolget seyd, derowegen halte 5
vor löblich, züchtig und andächtig, daß wir diesen jungen
Ehe=Leuten noch in dem Stücke nachahmen, und die
3. ersten Nachte mit Beten zubringen, ehe wir uns ehelich
zusammen halten. Ich glaube gantz gewiß, daß GOTT
unsern Ehe=Stand um so viel desto mehr segnen und 10
beglückt machen wird.

Ihr redet, mein Engel, gab ich zur Antwort, als
eine vollkommen tugendhaffte, gottesfürchtige und keusche
Frau, und ich bin eurer Meinung vollkommen, derowegen
geschehe, was euch und mir gefällig ist. Solchergestalt 15
saßen wir alle drey Nachte beysammen, und vertrieben
dieselben mit andächtigen Beten, Singen und Bibel=Lesen,
schlieffen auch nur des Morgens einige Stunden, in der
vierdten Nacht aber opfferte ich meiner rechtmäßigen Ehe=
Liebste die erste Krafft meiner Jugend, und fand in ihren 20
Liebes=vollen Umarmungen ein solches entzückendes Ver=
gnügen, dessen unvergleichliche Vollkommenheit ich mir
vor der Zeit nimmermehr vorstellen können.

Wenige Tage hierauf verspürete sie die Zeichen ihrer
Schwangerschafft, und die kleine Concordia gewehnete sich 25
von sich selbst, von der Brust gäntzlich ab, zu andern
Speisen und Geträncke. Mittlerweile bescherete uns der
Himmel eine abermahlige und viel reichere Wein=Erndte
als die vorige, denn wir presseten über 500. Kannen
Most aus, truckneten biß 6. Scheffel Trauben auf, ohne 30
was von [269] uns und den Affen die gantze Weinlese
hindurch gegessen, auch von den frembden diebischen Affen
gestohlen und verderbt wurde. Denn dieses lose Gesindel
war wiederum so dreuste worden, daß es sich nicht allein
Schaaren=weise in unsern Weinbergen und Saat=Feldern, 35
sondern so gar gantz nahe um unsere Wohnung herum
sehen und spüren ließ. Weil ich aber schon damahls

3. leichte Stück=Geschützes auf die Insul geschafft hatte,
pflantzte ich dieselben gegen diejenigen Oerter, wo meine
Feinde öffters zu zwanzig biß funfzig beysammen hin
zu kommen pflegten, und richtete mit offt wiederholten
5 Ladungen von auserlesenen runden Steinen starcke Nieder=
lagen an, so, daß zuweilen 8. 10. 12. biß 16. todte und
verwundete auf dem Platze liegen blieben. Am aller=
wundersamsten kam mir hierbey dieses vor, daß unsere
Hauß= und Zucht=Affen nicht das allergeringste Mitleyden
10 über das Unglück ihrer Anverwandten, im Gegentheil ein
besonderes Vergnügen bezeugten, wenn sie die Verwundten
vollends todt schlagen, und die sämmtlichen Leichen in den
nächsten Fluß tragen konten. Ich habe solchergestalt und
auf noch andere listige Art in den ersten 6. Jahren fast
15 über 500. Affen getödtet, und dieselben auf der Insul
zu gantz raren Thieren gemacht, wie sie denn auch nachhero
von den Meinigen zwar aufs hefftigste verfolgt, doch wegen
ihrer Poßierlichkeit und Nutzung in vielen Stücken nicht
gar vertilget worden.

20 Nach glücklich beygelegten Affen=Kriege und zu gut
gemachter Trauben=Frucht, auch abermahliger Bestellung
der Weinberge und Saat=[270]Felder, war meine tägliche
Arbeit, diejenigen Waaren, welche uns Wind und See
von den in verschiedenen Stürmen zerscheiterten Schiffen
25 zugeführet hatte, durch den hohlen Felsen=Weg herauf in
unsere Verwahrung zu schaffen. Hilff Himmel! was
bekamen wir nicht solcher Gestalt noch vor Reichthümer in
unser Gewalt? Gold, Silber, edle Steine, schöne Zeuge,
Böckel= und geräuchert Fleisch nebst andern Victualien
30 war dasjenige, was am wenigsten geachtet wurde, hergegen
Coffeé, Theé, Chocolade, Gewürtze, ausgepichte Kisten
mit Zucker, Pech, Schwefel, Oehl, Talg, Butter, Pulver,
allerhand eisern, zinnern, kupffern und meßingen Hauß=
Geräthe, dicke und dünne Seile, höltzerne Gefäße u. d. gl.
35 ergötzte uns am allermeisten.

Unser Hauß=Gesinde, das nunmehro, da sich der ehe=
mahlige Patient auch eine Frau geholet, aus 6. Personen

bestund, that hierbey ungemeine Dienste, und meine liebe
Ehe=Frau brachte in der unterirrdischen Hüle alles, was
uns nützlich, an gehörigen Ort und Stelle, was aber von
dem See=Wasser verdorben war, musten ein paar Affen
auf einen darzu gemachten Roll=Wagen so gleich fort= 5
schaffen, und in den nächst gelegenen Fluß werffen. Nach
diesem, da eine grosse Menge zugeschnittener Breter und
Balcken von den zertrümmerten Schiffen vorhanden, er=
weiterte ich unsere Wohnung auf dem Hügel noch um ein
grosses, bauete auch der Affen Behausung geräumlicher, 10
und brachte, kurtz zu jagen, alles in solchen Stand, daß
wir bevorstehenden Winter wenig zu schaffen [271] hatten,
sondern in vergnügter Ruhe beysammen leben konten.

Unser Zeitvertreib war im Winter der allervergnügteste
von der Welt, denn wenn wir unsers Leibes mit den besten 15
Speisen und Geträncke wohl gepflegt, und nach Belieben
ein und andere leichte Arbeit getrieben hatten, konten wir
zuweilen etliche Stunden einander in die Arme schliessen
und mit untermengten Küssen allerhand artige Geschichte
erzehlen, worüber denn ein jedes seine besondere Meinung 20
eröffnete, so, daß es öffters zu einem starcken Wort=Streite
kam, allein, wir vertrugen uns letzlich immer in der Güte,
zumahlen, wenn die Sachen ins geheime Kammer=Gerichte
gespielet wurden.

Im Frühlinge, nehmlich am 19. Octobr. des Jahres 25
unserer Verehligung, wurde so wohl ich als meine aller=
liebste Ehe=Gattin nach ausgestandenen 4. stündigen ängst=
lichen Sorgen mit inniglichen Vergnügen überschüttet,
indem sie eben in der Mittags=Stunde ein paar kurtz auf
einander folgende Zwillings=Söhne zur Welt brachte. Sie 30
und ich hatten uns zeithero, so viel als erdencklich, darauf
geschickt gemacht, derowegen befand sich, unter Göttlichen
Beystande, meine zarte Schöne bey dieser gedoppelten Kinder=
Noth dennoch weit stärcker und kräfftiger als das erste
mahl. Ich gab meinen hertzlich geliebten Söhnen gleich 35
in der ersten Stunde die heil. Tauffe, und nennete den
ersten nach mir, Albertus, den andern aber nach meinem

seel. Vater, Stephanus, that anbey alles, was einem ge=
treuen Vater und [272] Ehe=Gatten gegen seine lieben
Kinder und wertheste Ehe=Gemahlin bey solchen Zustande
zu thun obliget, war im übrigen höchst glücklich und·
5 vergnügt, daß sich weder bey der Mutter noch bey den
Kindern einige besorgliche Zufälle ereigneten.

Ich kan nicht sagen, wie frölich sich die kleine Concordia, so allbereit wohl umher lauffen, und ziemlich
vernehmlich plaudern konte, über die Anwesenheit ihrer
10 kleinen Stieff=Brüder anstellete, denn sie war fast gar
nicht von ihnen hinweg zu bringen, unsere Affen aber
machten vor übermässigen Freuden ein solches wunderliches·
Geschrey, dergleichen ich von ihnen sonst niemahls gehöret,
als da sie bey dem ersten Kriege siegend zurück kamen,
15 erzeigten sich nachhero auch dermassen geschäfftig, dienst=
fertig und liebkosend um uns und die Kinder herum, daß:
wir ihnen kaum genung zu verrichten geben konten.

So weit war unser Alt=Vater Albertus selbigen
Abend in seiner Erzehlung kommen, als er die Zeit
20 beobachtete, sich zur Ruhe zu legen, worinnen wir andern·
ihm Gesellschafft leisteten. Des darauf folgenden Sonn=
abends wurde keine Reise vorgenommen, indem Herr
Mag. Schmelzer auf seine Predigt studirte, wir übrigen
aber denselben Tag auch nicht müßig, sondern mit Ein=
25 richtung allerhand nöthiger Sachen zubrachten, und uns
des Abends auf die morgende Sabbaths=Feyer praeparirten.
Selbiges war der 26. Sonntag p. Trinit. an welchem sich
etwa eine Stunde nach geschehenen Canonen=Schusse fast
alle gesunde Einwohner der Insel unter der Alberts-Burg.
30 [273] versammleten und den Gottesdienst mit eiffrigster
Andacht abwarteten, worbey Herr **Mag.** Schmelzer in einer
vortrefflichen Predigt, die, den Frommen erfreuliche, den
Gottlosen aber erschröckliche Zukunfft Christi zum Gerichte;
dermassen beweglich vorstellete, daß sich Alt und Jung un=
35 gemein darüber vergnügten. Nachmittags wurde Catechis-
mus-Examen gehalten, in welchen Hr. **Mag.** Schmelzer
sonderlich den Articul vom heil. Abendmahl Christi durch=

nahm, und diejenigen Menschen, welche selbiges zu genieſſen
zwar niemahls das Glück gehabt, dennoch von deſſen heiliger
Würde und Nutzbarkeit dermaſſen wohl unterrichtet befand, daß er nach einem gehaltenen weitläufftigen Sermou
über dieſe hochheilige Handelung, denen beyden Gemeinden 5
in Alberts- und Davids-Raum ankündigte, wie er ſich
dieſe gantze Woche hindurch alle Tage ohngefehr zwey
oder drey Stunden vor Untergang der Sonnen, in der
Alleé auf ihrer Gräntz-Scheidung einſtellen wolte, derowegen möchten ſich alle diejenigen, welche beyderley Ge- 10
ſchlechts über 14. Jahr alt wären, zu ihm verſammlen,
damit er ſie insgeſammt und jeden beſonders vornehmen,
und erforſchen könte, welche mit guten Gewiſſen künfftigen
Sonnabend zur Beichte, und Sonntags darauf zum heil.
Abendmahle zu laſſen wären, indem es billig, daß man 15
das neue Kirchen-Jahr mit ſolcher höchſt wichtigen Handlung
anfinge. Es entſtund hierüber eine allgemeine Freude,
zumahlen da er verſprach, in folgenden Wochen mit den
übrigen Gemeinden auf gleiche Art zu verfahren, und
immer 2. oder 3. auf [274] einmahl zu nehmen, biß er 20
ſie ingeſammt dieſer unſchätzbaren Glückſeeligkeit theilhafftig
gemacht. Hierauf wurden die anweſenden kleinen Kinder
von Mons. Wolffgangen mit allerhand Zuckerwerck und
Spiel-Sachen beſchenckt, nach einigen wichtigen Unterredungen mit den Stamm-Vätern aber kehrete ein jeder 25
vergnügt in ſeine Behauſung.

Der anbrechende Montag erinnerte unſern Alt-
Vater Albertum nebſt uns die Reiſe nach Chriſtophs-
Raum vorzunehmen, als wir derowegen unſern Weg
durch den groſſen Garten genommen, gelangeten wir 30
in der Gegend an, welche derſelbe zum GOttes-Acker
und Begräbniß vor die, auf dieſer Inſel verſtorbenen,
auserſehen hatte. Er führete uns ſo fort zu des
Don Cyrillo de Valaro aufgerichteten Gedächtniß-Säule,
die unten mit einem runden Mauerwerck umgeben, und 35
woran eine Zinnerne Tafel geſchlagen war, die folgende
Zeilen zu leſen gab:

HJer liegen die Gebeine
eines vermuthlich seelig verstorbenen Christen
und vornehmen Spanischen Edelmanns,
Nahmens
Don Cyrillo de Valaro,
welcher, dessen Uhrkunden gemäß,
den 9. Aug. 1475. gebohren,
Auf dem Wege aus West=Indien nebst 8. andern
Manns=Personen den 14. Nov. 1514. in dieser

10   Insel angelanget,
In Ermangelung eines tüchtigen Schiffs allhier
bleiben müssen,
[275] Seine Gefährten, die ihm in der Sterblichkeit
vorgegangen, ehrlich begraben,

15   und ihnen endlich
ao. 1606. ohne Zweiffel in den ersten Tagen
des Monats Julii gefolget;
Nachdem er auf dieser Insel
weder recht vergnügt noch gäntzlich unvergnügt

20   gelebt 92. Jahr,
Sein gantzes Alter aber gebracht
über 130. Jahr und 10. Monate.
Den Rest seines entseelten Cörpers haben erstlich
nach 40. Jahren gefunden, und auf dieser

25   Stätte aus christl. Liebe begraben
Carl Franz van Leuven und Albertus Julius.

Von dieser, des Don Cyrillo Gedächtniß=Säule, stunde
etwa 4. Schritt Ost=wärts eine ohngefähr 6. Elen hohe mit
ausgehauenen Steinen aufgeführte Pyramide, auf der ein=
30 gemauerten grossen Kupffernen Platte aber folgende Schrifft:

UNter diesem Grabmahle
erwartet der frölichen Auferstehung zum ewigen
Leben
eine Königin dieses Landes,
35   eine Crone ihres hinterlassenen Mannes,

und eine glückseelige Stamm=Mutter
vieler Lebendigen,
nehmlich
CONCORDIA, gebohrne PLÜRS,
die wegen ihrer Gottesfurcht, seltsamen Tugenden
und wunderbaren Schicksals,
[276] eines unsterblichen Ruhms würdig ist.
Sie ward gebohren zu Londen in Engelland
ben 4. Apr. 1627.
Vermählete sich zum' ersten mahle mit Herrn
Carl Franz van Leuven den 9. Mart. 1646.
Gebahr nach' dessen kläglichen Tode, am 11. Dec.
selbigen Jahres, von ihm eine Tochter.
Verknüpfte das durch Mörders=Hand zerrissene
adeliche Ehe=Band nachhero mit
Albert Julio
am 8. Januar. 1648.
Zeugete demselben 5. Söhne, 3. lebendige und
eine todte Tochter.
Ersahe also in ihrer ersten; und andern 68. jährigen
weniger 11.tägigen Ehe 9. lebendige und
1. todes Kind.
87. Kindes=Kinder, 151. Kindes=Kindes=Kinder,
und 5. Kindes=Kindes=Kindes=Kinder.
Starb auf den allein seeligmachenden Glauben an
Christum, ohne Schmertzen, sanfft und seelig
den 28. Dec. 1715.
Ihres Alters 88. Jahr, 8. Monat und 2. Wochen.
Und ward von ihrem zurückgelassenen getreuen
Ehe=Manne und allen Angehörigen unter
tausend Thränen allhier in ihre
Grufft gesenckt.

Gleich neben dieser Pyramide stund an des
Leuvens Gedächtniß=Säule diese Schrifft:

BEy dieser Gedächtniß=Säule
hoffet auf die ewige glückseelige Vereinigung

|277| mit seiner durch Mörders=Hand
getrenneten Seele
der unglückliche Cörper
Herrn CARL FRANZ van LEUVENS.
eines frommen, tugendhafften und tapffern
Edel=Manns aus Holland.
der mit seiner hertzlich=geliebten Gemahlin
Concordia, geb. Plürs,
nach Ceylon zu seegeln gedachte,
und nicht bedachte,
wie ungetreu das Meer zuweilen an denjenigen
handele, die sich darauf wagen.
Er entkam zwar dem entsetzlichen Sturme 1646.
im Monath Augusto glücklich, und setzte seinen
Fuß den 10. Sept. mit Freuden auf diese Insel,
hätte auch ohnfehlbar dem Verhängnisse
allhier mit ziemlichen Vergnügen
stille gehalten;
Allein, sein vermaledeyter Gefährte Lemelié, der
seine gegen die keusche Concordia loberenden
geilen Flammen, nach dessen Tode, gewiß
zu kühlen vermeynte,
stürtzte diesen redlichen Cavalier
am Tage Martini 1646.
von einem hohen Felsen herab,
der, nach dreyen Tagen erbärmlich zerschmettert
gefunden, von seiner schwangern keuschen Ge=
mahlin und getreuen Diener Albert Julio auf
diese Stätte begraben, und ihm gegen=
wärtiges Denkmahl gesetzt worden.

|278| Etwa anderthalb hundert Schritt von diesen
3. Ehren= und Gedächtniß=Säulen fanden wir, nahe am
Ufer des West=Flusses, des Lemelie Schand=Seule, um
welche herum ein grosser Hauffen Feld=Steine geworffen

14*

war, so, daß wir mit einiger Mühe hinzu gelangen, und folgende daran genagelten Zeilen lesen konten:

SPeye aus gegen diese Seule,
Mein Leser!
Denn
Allhier muß die unschuldige Erde
das todte Aas des vielschuldigen Lemelie
in ihrem Schoosse erdulden,
welches im Leben ihr zu einer schändlichen Last
gedienet.   10
Dieses Mord=Kindes rechter Nahme,
auch wo, wenn und von wem es gebohren,
ist unbekandt.
Doch kurtz vor seinem erschrecklichen Ende
hat er bekannt,   16
Daß Vater= Mutter= Kinder= und vieler andern
Menschen Mord, Blut=Schande, Hurerey, Gifft=
mischen, ja alle ersinnliche Laster sein Hand=
werck von Jugend an gewesen.
Carl Franz van Leuvens unschuldig=vergossenes   20
Blut schreyet auf dieser Insul biß an den
jüngsten Tag
Rache über ihn.
Indem aber dasselbe kaum erkaltet war,
hatte sich der Mord=Hund schon wiederum gerü=   25
stet, eine neue Mord=That an dem armen Albert
[279] Julio zu begehen, weil sich dieser unterstund, seiner
geil=brünstigen Gewaltthätigkeit bey der
keuschen Concordia zu widerstehen.
Aber,   30
da die Boßheit am grösten,
war die Straffe am nächsten,
denn das Kind der Finsterniß lieff in der Finsterniß
derselben entgegen,
und wurde
von dem unschuldig=verwundeten

ohne Vorsatz
tödtlich, doch schuldig, verwundet.
Dem ohngeacht schien ihm
die Busse und Bekehrung unmöglich,
das Zureden seiner Beleydigten unnützlich,
GOttes Barmhertzigkeit unkräfftig,
die Verzweiffelung aber unvermeidlich,
stach sich derowegen mit seinem Messer selbst das
ruchlose Hertz ab.
10   Und also
starb der Höllen=Brand als ein Vieh,
welcher gelebt als ein Vieh,
und wurde allhier eingescharrt als ein Vieh,
den 10. Decembr. 1646.
15   von
Albert Julio.
Der HErr sey Richter zwischen
uns und dir.

Wir bewunderten hierbey allerseits unsers Alt=Vaters
20 Alberti besondern Fleiß und Geschicklichkeit, brachten noch
über eine Stunde zu, die an=[280]dern Grab=Stätten,
welche alle mit kurtzen Schrifften bezeichnet waren, zu
besehen, und verfolgten hernachmahls unsern Weg auf
Christophs-Raum zu. Selbige Pflantz=Stätte bestund
25 aus 14. Wohn=Häusern, und führeten die Einwohner
gleich den andern allen eine sehr gute Haußhaltung, hatten
im übrigen fast eben dergleichen Feld= Weinbergs= und
Wasser=Nutzung als die Johannis-Raumer. Sonsten war
allhier die erste Haupt=Schleuse des Nord=Flusses, nebst
30 einer wohlgebaueten Brücke, zu betrachten. Im Garten=
Bau und Erzeugung herrlicher Baum=Früchte schienen sie
es fast allen andern zuvor zu thun. Nachdem wir aber
ihre Feld=Früchte, Weinberge und alles merckwürdige wohl
betrachtet, und bey ihnen eine gute Mittags=Mahlzeit ein=
35 genommen hatten, kehreten wir bey guter Zeit zurück auf
Alberts-Burg.

Herr Mag. Schmelzer begab sich von dar, versprochener
massen, in die Davids-Raumer Alleé, um seinen heiligen
Verrichtungen obzuliegen, wir andern halffen indessen mit
gröster Lust bey der Grund=Mauer der Kirche dasjenige
verrichten, was zu besserer Fortsetzung dabey vonnöthen war. 5
Nach Untergang der Sonnen aber, da Herr Mag. Schmelzer
zurück gekommen war, und die Abend=Mahlzeit mit uns ein=
genommen hatte, setzten wir uns in gewöhnlicher Gesellschafft
wieder zusammen, und höreten dem Alt=Vater Alberto in
Fortsetzung seiner Geschichts=Erzehlung dergestalt zu: 10

Meine Lieben, fing er an, ich erinnere mich, daß
meine letzten Reden das besondere Vergnügen [281]
erwehnet haben, welches ich nebst meiner lieben Ehe=
Gattin über unsere erstgebohrnen Zwillinge empfand, und
muß nochmahls wiederholen, daß selbiges unvergleichlich 15
war, zumahl, da meine Liebste, nach redlich ausgehaltenen
6. Wochen, ihre gewöhnliche Hauß=Arbeit frisch und gesund
vornehmen konte. Wir lebten also in dem allerglück=
seeligsten Zustande von der Welt, indem unsere Gemüther
nach nichts anders sich sehneten, als nach dem, was wir 20
täglich erlangen und haben konten, das Verlangen nach
unserm Vaterlande aber schien bey uns allen beyden gantz
erstorben zu seyn, so gar, daß ich mir nicht die aller=
geringste Mühe mehr gab, nach vorbey fahrenden Schiffen
zu sehen. Kam uns gleich die Tages=Arbeit öffters etwas 25
sauer an, so konten wir doch Abends und des Nachts
desto angenehmer ausruhen, wie sich denn öffters viele Tage
und Wochen ereigneten, in welchen wir nicht aus dringender
Noth, sondern bloß zur Lust arbeiten durfften.

Die kleine Concordia fing nunmehro an, da sie voll= 30
kommen deutlich, und zwar so wohl Teutsch als Englisch
reden gelernet, das angenehmste und schmeichelhaffteste Kind,
als eines in der gantzen Welt seyn mag, zu werden, weß=
wegen wir täglich viele Stunden zubrachten, mit selbiger
zu schertzen, und ihren artigen Kinder=Streichen zuzusehen, 35
ja zum öfftern uns selbsten als Kinder mit anzustellen
genöthiget waren.

Allein, meine lieben Freunde! (fagte hier unfer
Alt=Vater, indem er ein groffes, gefchriebenes Buch aus
einem Behältniß hervor langete) es kommt [282] mir theils
unmöglich, theils unnützlich und allzu langweilig vor,
5 wenn ich alle Kleinigkeiten, die nicht befonders merck=
würdig find, vorbringen wolte, derowegen will die Weit=
läufftigkeiten und dasjenige, wovon ihr euch ohnedem fchon
eine zulängliche Vorftellung machen könnet, vermeiden,
mit Beyhülffe diefes meines Zeit=Buchs aber nur die
10 denckwürdigften Begebenheiten nachfolgender Tage und
Jahre bis auf diefe Zeit erzehlen.

Demnach kam uns fehr feltfam vor, daß zu Ende
des Monats Junii 1649. auf unferer Infel ein ziemlich
kalter Winter einfiel, indem wir damahls binnen 3. Jahren
15 das erfte Eis= und Schnee=Flocken, auch eine ziemliche kalte
Lufft verfpüreten, doch da ich noch im Begriff war, unfere
Wohnung gegen diefes Ungemach beffer, als fonften, zu
verwahren, wurde es fchon wieder gelinde Wetter, und
diefer harte Winter hatte in allen kaum 16. oder
20 17. Tage gedauret.

Im Jahre 1650. den 16. Mart befchenckte uns der
Himmel wiederum mit einer jungen Tochter, welche in
der heil. Tauffe den Nahmen Maria bekam, und im
folgenden 1651 ten Jahre wurden wir abermahls am
25 14. Dec. mit einem jungen Sohne erfreuet, welcher den
Nahmen Johannes empfing. Diefes Jahr war wegen
ungemeiner Hitze fehr unfruchtbar an Getreyde und andern
Früchten, gab aber einen vortrefflichen Wein=Seegen, und
weil von vorigen Jahren noch ftarcker Getreyde=Vorrath
30 vorhanden, wuften wir dennoch von keinen Mangel zu
fagen.

Das 1652 te Jahr fchenckte einen defto reichli=[243]
chern Getreyde=Vorrath, hergegen wenig Wein. Mitten
in der Weinlefe ftarben unfere 2. älteften Affen, binnen
35 wenig Tagen kurtz auf einander, wir bedaureten diefe
2. klügften Thiere, hatten aber doch noch 4. Paar zu
unferer Bedienung, weil fich die erften 3. Paar ftarck

vermehret, wovon ich aber nur 2. paar junge Affen leben
ließ, und die übrigen heimlich ersäuffte, damit die Gesell=
schafft nicht zu mächtig und muthwillig werden möchte.

Im Jahre 1653. den 13. May kam meine werthe
Ehe = Gattin abermals mit einer gesunden und wohl=
gestallten Tochter ins Wochen=Bette, die in der Heil. Tauffe
den Nahmen Elisabeth empfieng. Also hatten wir nun=
mehro 3. Söhne und 3. Töchter, welche der fleißigen
Mutter Zeitvertreib und Arbeit genung machen konten.
Selbigen Winters fieng ich an mit Concordien, Albert
und Stephano, täglich etliche Stunden Schule zu halten,
indem ich ihnen die Buchstaben vormahlete und kennen
lehrete, fand auch dieselben so gelehrig, daß sie, mit Auß=
gang des Winters, schon ziemlich gut Teutsch und Eng=
lisch buchstabiren konten, ausser dem wurden ihnen von
der Mutter die nützlichsten Gebeter und Sprüche aus der
Bibel gelehret, so daß wir sie mit größten Vergnügen bald
Teutsch, bald Englisch, die Morgen= Abend= und Tisch=
Gebeter, vor dem Tische, konten beten hören und sehen.
Meine liebe Frau durffte mir nunmehro bey der Feld=
und andern sauren Arbeit wenig mehr helffen, sondern
muste sich schonen, um die Kinder desto besser und ge=
duldiger zu warten, ich hergegen, ließ es mir mit Bey=
hülffe der Affen, desto angelegener seyn, die nö= [284]
thigsten Nahrungs=Mittel von einer Zeit zur andern zu
besorgen.

Am ersten Heil. Christ=Tage anno 1655. brachte
meine angenehme Ehe=Liebste zum andern mahle ein paar
Zwillings=Söhne zur Welt, die ich zum Gedächtniß ihres
schönen Geburts=Tages, den ersten Christoph, und den
andern Christian tauffte, die arme Mutter befand sich
hierbey sehr übel, doch die Krasst des Allmächtigen halff
ihr in etlichen Wochen wiederum zu völliger Gesundheit.

Das 1656te Jahr ließ uns einen ziemlich ver=
drießlichen Herbst und Winter verspüren, indem der Erstere
ungemein viel Regen, der Letztere aber etwas starcke
Kälte und vielen Schnee mit sich brachte, es war dero=

wegen so wohl die darauff folgende Erndte, als auch die
Wein=Lese kaum des vierdten Theils so reichlich als in
vorigen Jahren, und dennoch war vor uns, unsere Kinder,
Affen und ander Vieh, alles im Uberflusse vorhanden.

5 Im 1657ten Jahre den 22. Septembr. gebahr
meine fruchtbare Ehe=Liebste noch eine Tochter, welche
Christina genennet wurde, und im 1660ten Jahre befand
sich dieselbe zum letzten mahle schwangeres Leibes, denn
weil sie eines Tages, da wir am Ufer des Flusses hin=
10 wandelten, unversehens strauchelte, einen schweren Fall
that, und ohnfehlbar im Flusse ertruncken wäre, woferne
ich sie nicht mit selbst eigener Lebens=Gefahr gerettet hätte;
war sie dermassen erschreckt und innerlich beschädigt worden,
daß sie zu unser beyderseits grösten Leydwesen am
15 9. Jul. eine unzeitige todte Tochter zur Welt, nachhero
aber über zwey gantzer Jahre zubrachte, [285] ehe die
vorige Gesundheit wieder zu erlangen war.

Nach Verlauf selbiger Zeit, befand sich mein werther
Ehe=Schatz zwar wiederum bey völligen Kräften, und
20 sahe in ihrem 35ten Jahre noch so schön und frisch aus
als eine Jungfrau, hat aber doch niemals wiedrum ins
Wochen=Bette kommen können. Gleichwohl wurden wir
darüber nicht ungedulbig, sondern danckten GOTT daß
sich unsere 9. lieben Kinder bey völliger Leibes=Gesundheit
25 befanden, und in Gottesfurcht und Zucht heran wuchsen,
wie ich denn nicht sagen kan, daß wir Ursach gehabt
hätten, uns über eins oder anderes zu ärgern, oder die
Schärffe zu gebrauchen, sondern muß gestehen, daß sie
bloß auf einen Winck und Wort ihrer Eltern alles thaten,
30 was von ihnen verlanget wurde, und eben dieses schrieben
wir nicht schlechter dings unserer klugen Auferziehung,
sondern einer besondern Gnade GOttes zu.

Meine Stief=Tochter Concordia, die nunmehro ihre
Mannbaren Jahre erreichte, war gewiß ein Mägdlein von
35 außbündiger Schönheit, Tugend, Klugheit und Gottesfurcht,
und wuste die Haußhaltung dermassen wol zu führen, daß
ich und ihre Mutter sonderlich eine grosse Erleichterung

unserer dahero gehabten Mühe und Arbeit verspüreten.
Selbige meine liebe Ehe=Gattin muste sich also mit Ge=
walt gute Tage machen, und ihre Zeit bloß mit der
kleinsten Kinder Lehrung und guter Erziehung vertreiben.
Meine zwey ältesten Zwillinge hatte ich mit Göttlicher 5
Hülffe schon so weit gebracht, daß sie den kleinern
Geschwister das Lesen, Schreiben |286] und Beten
wiederum beybringen konten, ich aber informirte selbst
alle meine Kinder früh Morgens 2. Stunden, und Abends
auch so lange. Ihre Mutter lösete mich hierinnen ordent= 10
lich ab, die übrige Zeit musten sie mit nützlicher Arbeit,
so viel ihre Kräffte vermochten, hinbringen, das Schieß=
Gewehr brauchen lernen, Fische, Vogel, Ziegen und Wild=
pret einfangen, in Summa,. sich in Zeiten so gewöhnen,
als ob sie so wol als wir Zeit Lebens auf dieser Insul 15
bleiben solten.

Immittelst erzehlten wir Eltern unsern Kindern
öffters von der Lebens=Art der Menschen in unsern
Vaterländern und andern Welt=Theilen, auch von unsern
eigenen Geschichten, so viel, als ihnen zu wissen nöthig 20
war: spüreten aber niemals, daß nur ein einpiges von
ihnen Lust bezeigte, selbige Länder oder Oerter zu sehen,
worüber sich meine Ehe=Frau hertzlich vergnügte, allein
ich unterdrückte meinen, seit einiger Zeit wieder auf=
gewachten Kummer, biß eines Tages unsere ältesten zwey 25
Söhne eiligst gelauffen kamen, und berichteten: Wie daß
sich gantz weit in der offenbaren See 3. grosse Schiffe
sehen liessen, worauff sich ohnfehlbar Menschen befinden
würden. Ihre Mutter gab ihnen zur Antwort: Lasset
sie fahren meine Kinder, weil wir nicht wissen, ob es 30
gute oder böse Menschen sind. Ich aber wurde von
meinen Gemüths=Bewegungen dergestalt übermeistert, daß
mir die Augen voll Thränen liessen, und solches zu ver=
bergen, gieng ich stillschweigend in die Kammer, und legte
mich mit Seuffzen aufs Lager. Meine Concordia folgte mir 35
auf dem Fusse nach, breitete sich über mich und sagte,
nach= |287] dem sie meinen Mund zum öfftern liebreich

geküsset hatte. Wie ist's, mein liebster Schatz, seyd ihr
der glückseeligen Lebens-Art, und eurer bißhero so hertzlich
geliebten Concordia, vielleicht schon auch gäntzlich über=
drüßig, weil sich eure Sehnsucht nach anderer Gesellschafft
aufs neue so starck verräth? Ihr irret euch, meine Aller=
liebste, gab ich zur Antwort, oder wollet etwa die erste
Probe machen, mich zu kräncken. Glaubet aber sicherlich,
zumahl wenn ich GOTT zum Zeugen anruffe, daß mir
gar nicht in die Gedancken kommen ist, von hier hinweg
zu reisen, oder euch zum Verdruß mich nach anderer
Gesellschafft zu sehnen, sondern ich wünsche von Hertzen,
meine übrige Lebens-Zeit auf dieser glückseeligen Städte mit
euch in Ruhe und Frieden hin zu bringen, zumal da wir
das schwerste nunmehro mit GOTTES Hülffe über=
wunden, und das gröste Vergnügen an unsern schönen
Kindern, annoch in Hoffnung, vor uns haben. Allein
saget mir um GOttes Willen, warum sollen wir uns
nicht nunmehro, da unsere Kinder ihre Mannbaren Jahre
zu erreichen beginnen, nach andern Menschen umsehen,
glaubet ihr etwa, GOTT werde sogleich 4. Männer und
5. Weiber vom Himmel herab fallen lassen, um unsere
Kinder mit selbigen zu begatten? Oder wollet ihr, daß
dieselben, so bald der natürliche Trieb die Vernunfft und
Frömmigkeit übermeistert, Blut-Schande begehen, und ein=
ander selbst heyrathen sollen? Da sey GOTT vor! Ihr
aber, mein Schatz, saget mir nun, wie eure Meinung
über meine höchst wichtigen Sorgen ist, ob wir nicht
Sünde und Schande von unsern bißhero wohlerzo= |288|
genen Kindern zu befürchten haben? und ob es Wohl=
gethan sey, wenn wir durch ein und andere Nachläßigkeit,
Gottes Allmacht ferner versuchen wollen?

Meine Concordia fieng hertzlich an zu weinen, da
sie mich in so ungewöhnlichen Eifer reden hörete, jedoch
die treue Seele umfassete meinen Halß, und sagte unter
hundert Küssen: Ihr habt recht, mein allerliebster Mann,
und sorget besser und vernünfftiger als ich. Verzeihet
mir meine Fehler, und glaubet sicherlich, daß ich, der=

gleichen Blut=schändlich Ehen zu erlauben, niemals gesinnet
gewesen, allein die Furcht vor bösen Menschen, die sich
etwa unseres Landes und unserer Güter gelüsten lassen,
euch ermorden, mich und meine Kinder schänden und zu
Sclaven machen könnten, hat mich jederzeit angetrieben, 5
zu wiederrathen, daß wir uns frembden und unbekannten
Leuten entdeckten, die vielleicht auch nicht einmal Christen
seyn möchten. Anbey habe mich beständig darauff verlassen,
daß GOtt schon von ohngefähr Menschen hersenden würde,
die uns etwa abführeten, oder unser Geschlecht vermehren 10
hülffen. Jedoch, mein allerliebster Julius, sagte sie weiter,
ich bekenne, daß ihr eine stärckere Einsicht habt als ich,
darum gehet hin mit unsern Söhnen, und versuchet, ob
ihr die vorbeyfahrenden Schiffe anhero ruffen könnet,
GOTT gebe nur, daß es Christen, und redliche Leute sind. 15

Dieses war also der erste und letzte Zwietracht, den
ich und meine liebe Ehe=Frau untereinander hatten, wo es
anders ein Zwietracht zu nennen ist. So bald wir uns nun
aber völlig verglichen, lieff ich mit mei=[289]nen Söhnen,
weil es noch hoch am Tage war, auf die Spitzen des 20
Nord=Felsens, schossen unsere Gewehre loß, schryen wie
thörichte Leute, machten Feuer und Rauch auf der Höhe,
und trieben solches die gantze Nacht hindurch, allein ausser
etlichen Stückschüssen höreten wir weiter nichts, sahen auch
bey aufgehender Sonne keines von den Schiffen mehr, wohl 25
aber eine stürmische düstere See, woraus ich schloß, daß
die Schiffe wegen widerwärtigen Winden unmöglich an=
länden können, wie gern sie vielleicht auch gewolt hätten.

Ich konte mich deßwegen in etlichen Tagen nicht
zufrieden geben, doch meine Ehe=Frau sprach mich endlich 30
mit diesen Worten zufrieden: Bekümmert euch nicht allzu=
sehr mein werther Albert, der HErr wirds versehen und
unsere Sorgen stillen, ehe wirs vielleicht am wenigsten
vermuthen.

Und gewiß, der Himmel ließ auch in diesem Stücke 35
ihre Hoffnung und festes Vertrauen nicht zu schanden
werden, denn etwan ein Jahr hernach, da ich am Tage

der Reinigung Mariä 1664. mit meiner gantzen
Familie Nachmittags am Meer=Ufer spatzieren gieng,
ersahen wir mit mäßiger Verwunderung: daß nach
einem daherigen hefftigem Sturme, die schäumenden Wellen,
5 nachdem sie sich gegen andere unbarmhertzig erzeiget, uns
abermals einige vermuthlich gute Waaren zugeführet hatten.
Zugleich aber fielen uns von ferne zwey Menschen in die
Augen, welche auf einen grossen Schiffs=Balcken sitzend,
sich an statt der Ruder mit ihren blossen Händen äusserst
10 bemüheten, eine, von den vor uns liegenden Sandbäncken
zu erreichen, und ihr Le=[290]ben darauff zu erretten.
Indem nun ich, nur vor wenig Monaten, das kleine
Boot, durch dessen Hülffe ich am allererſten mit Mons.
van Leuven bey dieser Felsen=Insul angelanget war, auß=
15 gebessert hatte, so wagte ich nebst meinen beyden älteſten
Söhnen, die nunmehro in ihr 16tes Jahr giengen, hinnein
zu treten, und diesen Nothleydenden zu Hülffe zu kommen,
welche unser aber nicht eher gewahr wurden, biß unser
Boot von ohngefehr sehr hefftig an ihren Balken stieß, so daß
20 der eine aus Mattigkeit herunter ins Wasser fiel. Doch
da ihm meine Söhne das Seil, woran wir das Boot zu
befestigen pflegten, hinaus wurffen, raffte er alle Kräfte
zusammen, hielt sich feste daran, und ward also von uns
gantz leichtlich ins Boot herein gezogen. Dieses war ein
25 alter fast gantz grau gewordener Mann, der andere aber,
dem dergleichen Gefälligkeit von uns erzeigt wurde, schien
ein Mann in seinen besten Jahren zu seyn.

Man merckte sehr genau, wie die Todes=Angst auf
ihren Gesichtern gantz eigentlich abgemahlet war, da sie
30 zumal uns gantz starr ansahen, jedoch nicht ein eintziges
Wort aussprechen konten, endlich aber, da wir schon
einen ziemlichen Strich auf der Zurückfarth gethan, fragt
ich den Alten auf deutsch: Wie er sich befände, allein er
schüttelte sein Haupt, und antwortete im Englischen, daß
35 er zwar meine Sprache nicht verstünde, gleichwol aber
merckte, wie es die teutsche Sprache sey. Ich fieng hierauf
sogleich an, mit ihm Englisch zu reden, weßwegen er mir

augenblicklich die Hände küssete und mich seinen Engel nennete.
Meine beyden Söhne klatsch=[291]ten derowegen in ihre
Hände, und fiengen ein Freuden=Geschrey an, gaben sich
auch gleich mit dem jungen Manne ins Gespräche, welcher alle
beyde umarmte und küssete, auch ihnen auf ihre einfältigen
Fragen liebreiche Antwort gab. Doch da ich merckte, daß
die beyden Verunglückten vor Mattigkeit kaum die Zunge
heben und die Augen aufthun konten, liessen wir dieselben ungestöhrt, und brachten sie halb schlaffend an
unsere Felsen=Insul.

Meine Concordia hatte binnen der Zeit beständig mit
den übrigen Kindern auf den Knien gelegen und GOTT um
unsere glückliche Zurückkunft angerufft, weil sie dem sehr
alten und geflickten Boote wenig zu getrauet, derowegen
war alles desto frölicher, da wir in Gesellschafft zweyer
andern Menschen bey ihnen ankamen. Sie hatte etwas
Vorrath von Speisen und Geträncke vor unsere Kinder
bey sich, welches den armen Frembdlingen gereicht wurde.
So bald nun selbiges mit gröster Begierde in ihren
Magen geschickt war, merckte man wohl, daß sie hertzlich
gern weiter mit uns reden wolten, allein da sie bereits
so viel zu verstehen gegeben, wie sie nunmehro 3. Nächte
und 4. Tage ohne Schlaff und Ruhe in den Meeres
Wellen zugebracht hätten, konten wir ihnen nicht verargen, daß sie uns fast unter den Händen einschliessen,
brachten aber doch beyde, wiewol mit grosser Mühe, durch
den holen Weg hinauff in die Insul.

Daselbst suncken sie als recht ohnmächtige Menschen
ins Graß nieder, und verfielen in den tieffsten Schlaff.
Meine beyden ältesten Söhne musten bey |292| ihnen
sitzen bleiben, ich aber gieng mit meiner übrigen Familie
nach Hause, nahm zwey Rollwagen, spannete vor jeden
4. Affen, kehrete damit wieder um, legte die Schlaffenden
ohne eintzige Empfindung drauff, und brachte dieselben
mit einbrechender Nacht in unsere Behausung auf ein
gutes Lager, welches ihnen mitlerweile meine Hauß=Frau
bereitet hatte. Beyde wachten fast zu gleicher Zeit nicht

früher auf, als andern Tages ohngefähr ein paar Stunden
vor Untergang der Sonnen, und ſo bald ich deſſen
vergewiſſert war, gieng ich zu ihnen in die Kammer,
legte vor jeden ein gut Kleid nebſt weiſſer Wäſche hin,
5 bat ſie möchten ſolches anlegen, nachhero zu uns heraus
kommen.

Indeſſen hatte meine Hauß-Frau eine köſtliche Mahlzeit zubereitet, den beſten Wein und ander Getränce
zurechte geſeßt, auch ſich nebſt ihren Kindern gantz ſauber
10 angekleidet. Wie demnach unſere Gäſte aus der Kammer
traten, fanden ſie alles in der ſchönſten Ordnung, und
blieben nach verrichteter Begrüſſung als ein paar ſteinerne
Bilder ſtehen. Meine Kinder muſten ihnen das Waſch-
Waſſer reichen, welches ſie annahmen und um Erlaubniß
15 baten, ſich vor der Thür zu reinigen. Ich gab ihnen
ohne eitle Ceremonien zu verſtehen, wie ſie allhier, als
ohnfehlbar gute chriſtliche Menſchen, ihre beliebige Gelegenheit brauchen könten, weßwegen ſie ſich auſſerhalb des
Hauſes, in der freyen Luft völlig ermunterten, nachhero
20 wieder zu uns kehreten, da denn der alte ohngefähr 60. jährige
Mann alſo zu reden anfieng: O du gütiger Himmel, welch
ein ſchönes Paradieß iſt dieſes? ſaget uns doch, o ihr
[293] glückſeligen Einwohner deſſelben, ob wir uns unter
Engeln oder ſterblichen Menſchen befinden? denn wir
25 können biß dieſe Stunde unſere Sinnen noch nicht überzeugen, ob wir noch auf der vorigen Welt leben; Oder
durch den zeitlichen Tod in eine andere Welt verſeßt
ſind? Liebſten Freunde, gab ich zur Antwort, es iſt mehr
als zu gewiß, daß wir eben ſolche mühſeelige und ſterbliche
30 Menſchen ſind als ihr. Vor nunmehro faſt 18. Jahren,
hat ein beſonderes Schickſaal mich und dieſe meine werthe
Ehe-Gattin auf dieſe Inſul geführet, die allhier in
Ordnung ſtehenden 9. Kinder aber, ſind, binnen ſolcher
Zeit, und in ſolcher Einſamkeit von uns entſproſſen, und
35 auſſer uns, die wir hier beyſammen ſind, iſt ſonſt keine
menſchliche Seele auf der gantzen Inſul anzutreffen.
Allein, fuhr ich fort, wir werden Zeit und Gelegenheit

genung haben, hiervon weitläufftiger mit einander zu
sprechen, derowegen lasset euch gefallen, unsere Speisen
und Getränke zu kosten, damit eure in dem Meere ver-
lohrenen Kräffte desto geschwinder wieder hergestellet werden.

Demnach setzten wir uns zu Tische, assen und
trunken ingesammt, mit grüsten appetite nach billigen
vergnügen. So bald aber das Danck-Gebeth gesprochen
war, und der Alte vermerckte, daß so wol ich als meine
Concordia von beyderseits Stande und Wesen gern benachrichtiget seyn möchten, vergnügte er unsere Neugierigkeit
mit einer weitläufftigen Erzehlung, die biß Mitternacht
währete. Ich aber will von selbiger nur kürtzlich so viel
melden, daß er sich Amias Hülter nennete, [294] und
vor etlichen Jahren ein Pachtmann verschiedener Königlicher Küchen-Güter in Engelland gewesen war. Sein
Gefährte hieß Robert Hülter, und war des Amias leiblichen Bruders Sohn. Ferner vernahmen wir mit Erstaunen, daß die aufrührischen Engelländer im Jahre 1649.
den 30. Jan. also 2. Jahr und 8. Monath nach unserer
Abreise, ihren guten König Carln grausamer Weise ent-
hauptet, und daß sich nach diesem einer, Nahmens
Oliverius Cromwel, von Geschlecht ein blosser Edelmann,
zum Beschützer des Reichs aufgeworffen hätte, dem anno
1658. sein Sohn, Richard Cromwel, in solcher Würde
gefolget, aber auch bald im folgenden Jahr wieder abgesetzt
wäre, worauff vor nunmehro fast 3. Jahren die Engelländer einen neuen König, nemlich Carln den Andern
erwählet, und unter dessen Regierung itzo ziemlich ruhig
lebten.

Der gute Amias Hülter, welcher ehedessen bei dem
enthaupteten König Carln in grossen Gnaden gewesen,
ein grosses Guth erworben, doch aber niemals geheyrathet,
war in solcher Unruhe fast um alles das Seinige gekommen, aus dem Lande gejagt worden und hatte kaum
so viel gerettet eine kleine Handlung über Meer anzufangen,
worbey er nach und nach zwar wiederum ein ziemliches
erworben, und dasselbe seinem Bruder Joseph Hülter

in Verwahrung gegeben. Dieser sein Bruder aber hatte
die reformirte Religion verlassen, sich nach Portugall ge=
wendet, daselbst zum andern mahle geheyrathet, und sein
zeitliches Glück ziemlich gemacht. Allein dessen Sohn
5 Robert war mit seines Vaters [295] Lebens=Art, und
sonderlich mit der Religions=Veränderung, nicht allerdings
zufrieden gewesen, derowegen annoch in seinen Jünglings=
Jahren mit seinem Vetter Amias zu Schiffe gegangen,
und hatte sich bey demselben in West=Indien ein ziemliches
10 an Gold und andern Schätzen gesammlet. Da aber vor
einigen Monathen die Versicherung eingelauffen, daß nun=
mehro, unter der Regierung König Carls des Andern, in
Engelland wiederum gute Zeiten wären, hatten sie Brasilien
verlassen, und sich auf ein Schiff verdingt, um mit selbigen
15 nach Portugall, von dar aber zurück nach Engelland, als
in ihr Vaterland zu reisen, und sich bey dem neuen
König zu melden. Allein ihr Vorhaben wird durch das
widerwärtige Verhängniß zeitlich unterbrochen, indem ein
grausamer Sturm das Schiff von der ordentlichen Strasse
20 ab= und an verborgene Klippen führet, allwo es bey
nächtlicher Zeit zerscheitert, und seine gantze Ladung an
Menschen und Gütern, in die wilden Fluthen wirfft.
In solcher Todes=Angst ergreiffen Amias und Robert den=
jenigen Balcken, von welchen wir sie, nachdem die armen
25 Menschen 3. Nächte und 4. Tage ein Spiel des Windes
und der Wellen gewesen, endlich noch eben zur rechten
Zeit zu erlösen das Glück hatten.

Meine Concordia wolte hierauff einige Nachricht
von den Ihrigen einziehen, konnte aber nichts weiter er=
30 fahren, als daß Amias ihren Vater zwar öffters gesehen,
gesprochen, auch ein und andern Geld=Verkehr mit ihm
gehabt, im übrigen aber wuste er von dessen Hauß=Wesen
nichts zu melden, [296] auffer daß er im 1648ten Jahre
noch im guten Stande gelebt hätte. Hergegen wuste
35 Robert, der bißhero wenig Worte gemacht, sich noch
gantz wohl zu erinnern, daß er zu der Zeit, als er
noch ein Knabe von 12. oder 13. Jahren gewesen, ver=

nommen, wie dem Banquier Plürs eine Tochter, Nahmens
Concordia, von einem Cavalier entführet worden sey, wo
sie aber hin, oder ob dieselbe wieder zurückgebracht worden,
wisse er nicht eigentlich zu sagen.

Wir berichteten ihnen demnach, daß sie allhier eben
diese Concordia Plürs vor sich sähen, versprachen aber
unsere Geschichte morgendes Tages ausführlicher zu er=
zehlen, und legten uns, nachdem wir die Abend=Beth=
Stunde in Englischer Sprache gehalten, sämmtlich zur
Ruhe.

Ich nahm mir nebst meiner Hauß=Frauen von nun
an nicht das geringste Bedencken, diesen beyden Gästen
und Lands=Leuten, welchen die Redlichkeit aus den Augen
leuchtete, und denen die Gottesfurcht sehr angenehm zu
seyn schien, alles zu offenbaren, was sich von Jugend an,
und sonderlich auf dieser Insul mit uns zugetragen hatte.
Nur einzig und allein verschwiegen wir ihnen des Don
Cyrillo vermaureten grossen Schätze, hatten aber dennoch
ausser diesem, so viel Reichthümer an Gold, Silber, edlen
Steinen und andern Kostbarkeiten aufzuweisen, daß sie
darüber erstauneten, und vermeynten: es wäre weder in
Engelland, noch sonst wo, ein Kauffmann, oder wol noch
weit grössere Standes=Person, ausser grossen Potentaten
anzutreffen, die sich Bemittelter zeigen könte als wir.
Dem ohngeacht, gab ich ihnen deutlich zu vernehmen, daß
ich [297] und meine Hauß=Frau diese Sachen sehr gering,
das Vergnügen aber, auf dieser Insul in Ruhe, ohne
Verfolgung, Kummer und Sorgen zu leben, desto höher
schätzten, und bäten GOTT weiter um keine mehrere
Glückseeligkeit, als daß er unsern Kindern fromme christ=
liche Ehegatten anhero schicken möchte, die da Lust hätten
auf dieser Insul mit ihnen in Ruhe und Friede zu
leben, weil dieselbe im Stande sey, ihre Einwohner fast
mit allem, was zur Leibes Nahrung und Nothdurfft ge=
hörig, reichlich und überflüßig zu versorgen.

Ich vermerckte unter diesen meinen Reden, daß dem
jungen Hülter das Geblüte ziemlich ins Angesichte trat,

da er zugleich feine Augen recht fehnlich auf meine
fchöne und tugend=volle Stieff=Tochter warff, jedoch nicht
eher als nach etlichen Tagen durch feinen Vetter Amias
bey mir und meiner Frauen um felbige anhalten ließ.
5 Da nun ich und diefelbe fchon deßfalls mit einander ge=
heime Abrede genommen, lieffen wir uns die Werbung
diefes wohlgebildeten und frommen jungen Mannes ge=
fallen, verfprachen ihm binnen 4. Wochen unfere Tochter
ehelich zuzuführen, doch mit der Bedingung, wenn er mit
10 guten Gewiffen fchweren könte und wolte, daß er (1) noch
unverheyrathet fey. (2) Unferm Gottesdienfte und Glauben
fich gleichförmig erzeigen. (3.) Friedlich mit feiner Frau
und uns leben, und (4.) Sie wieder ihren willen niemals
verlaffen, oder von diefer Inful, auffer der dringenden
15 Noth, hinweg führen, fondern Zeit Lebens allhier bleiben
wolle. Der gute Robert fchwur und verfprach alles zu
erfüllen, was wir von ihm begeh=[298]reten, und fetzte
hinzu: Daß diefes fchöne Tugend=Bild, nemlich feine zu=
künfftige Ehe=Liebfte, Reitzungen im Uberfluffe befäffe,
20 alle Sehnfucht nach andern Ländern, Menfchen und
Schätzen zu vertreiben. Hierauff wurde das Verlöbniß ge=
halten, worbey wir alle vor Freuden weineten, abfonderlich
der alte Amias, welcher hoch betheurete: Daß wir bey
unferm Schwieger=Sohne das allerredlichfte Gemüthe auf
25 der gantzen Welt angetroffen hätten, welches fich denn
auch, GOTT fey Danck, nachhero in allen Fällen alfo
eräufert hat.

Nun beklage ich, fagte der alte Amias, daß von
meinen Lebens=Jahren nicht etwa 30. oder wenigftens
30 20. können abgekaufft werden, um auch das Glück zu
haben, euer Schwieger=Sohn zu feyn, jedoch weil diefer
Wunfch vergeblich ift und ich einmal veraltet bin, fo will
nur GOTT bitten, daß er mich zum Werckzeuge gebrauchen
möge: Vor eure übrigen Kinder Ehegatten anhero zu
35 fchaffen. Ich habe, verfolgte er, keine thörichten Einfälle
hierzu, will alfo nur GOTT und etwas Zeit zu Hülffe
nehmen.

Folgende Tage wurde demnach alles zu dem ab=
geredeten Beylager veranstalltet, und am 14. Mart. 1664.
solches ordentlich vollzogen, an welchem Tage ich als
Vater und Priester, das verlobte Paar zusammen gab.
Ihre Ehe ist so vergnügt und glücklich, als Fruchtbar
gewesen, indem sie in folgenden Jahren 14. Kinder, als
nemlich 5. Söhne und 9. Töchter mit einander gezeuget
haben, welches mir und meiner lieben Hauß=Frau zum
stetigen Troste und Lust gereichte. zumal da unser
Schwieger=Sohn [299] aus eigenen Antriebe und hertz=
licher Liebe gegen uns, seinen eigenen Geschlechts Nahmen
zurück setzte, und sich gleich am ersten Hochzeit=Tage Robert
Julius nennete.

Wir baueten noch im selbigen Herbst ein neues
schönes und räumliches Hauß vor die jungen Ehe=Leute,
Amias war ihr Hauß=Genosse, und darbey ein kluger und
vortrefflicher Arbeiter, der meine gemachten Anstalten auf
der Insul in kurtzer Zeit auf weit bessern Fuß bringen
halff, so, daß wir in erwünschten Vergnügen mit einander
leben konten.

Unser Vorrath an Wein, Geträyde, eingesaltzenen
Fleische, Früchten und andern Lebens=Mitteln war der=
massen zu gewachsen, daß wir fast keine Gefässe, auch
keinen Platz in des Don Cyrillo unterirrdischen Gewöl=
bern, selbige zu verwahren, weiter finden konten, dem
ohngeacht, säeten und pflantzten wir doch Jahr aus, Jahr
ein, und speiseten die Affen, deren nunmehro etliche 20.
zu unsern Diensten waren, von dem Uberflusse, hätten
aber dennoch im 1666ten Jahre ohne unsern Schaden
gar wohl noch hundert andere Menschen ernehren können,
da sich aber niemand melden wolte, musten wir zu unsern
grösten Leydwesen eine grosse Menge des besten Geträydes
liederlich verderben lassen.

Amias erseuffzete hierüber öffters, und sagte eines
Abends, da wir vor unsern Hauß=Thüren die kühlen
Abend=Lüffte zur Erquickung abwarteten: Wie wunderbar
sind doch die Fügungen des Allmächtigen! Ach wie viel

tausend, und aber tausend sind doch unter den Christen
anzutreffen, die [300] mit ihrer sauern Hand=Arbeit kaum
so viel vor sich bringen, daß sie sich nach Vergnügen
ersättigen können.. Die wenigsten Reichen wollen den
Armen von ihrem Überflusse etwas ansehnliches mit=
theilen, weil sie sich besürchten, dadurch selbst in Armuth
zu gerathen, und wir Einwohner dieses Paradieses wolten
gern unsern Nächsten alles, was wir haben, mit geniessen
lassen, so muß es uns aber nur an Leuten sehlen, die
etwas von uns verlangen. Allein, mein werthester Julius,
fuhr er fort, stehet es zu verantworten, daß wir allhier
auf der saulen Banck liegen, und uns eine kleine Mühe
und Gefahr abschrecken lassen, zum wenigsten noch so viel
Menschen beyderley Geschlechts hieher zu verschaffen, als
zur Beheyrathung eurer Kinder von nöthen seyn, welche
ihren mannbaren Alter entgegen gehen, und ohne grosse
Sünde und Schande einander nicht selbst eheligen können?
Auf derowegen! Lasset uns den beherzten Entschluß fassen,
ein Schiff zu bauen, und unter starcken Vertrauen zu
Göttlichem Beystande an das nächst=gelegenste Land oder
Insul ansahren, wo sich Christen aufhalten, um vor eure
Kinder Männer und Weiber daselbst auszusuchen. Meine
Gedancken sind auf die Insul S. Helena gerichtet, allwo
sich Portugiesen niedergelassen haben, und wenn ich nebst
der Land= und See=Charte, die ich bey euch gesehen, alle
andern Umstände in Betrachtung ziehe, so versichert mich
ein geheimer Trieb, daß selbige Insul unsern Wunsch
nicht allein erfüllen, sondern auch nicht allzu weit von
hier entlegen seyn kan.

Meine Hauß=Frau und ich stutzten ziemlich über
[301] des Amias etwas allzu gefährlich scheinenden An=
schlag, ehe wir ihm gehörig darauf antworten, und gar
behutsame Einwürffe machen konten, da er aber alle die=
selben sehr vernünftig widerlegte, und diese Sache immer
leichter machte; gab endlich meine Concordia den Aus=
schlag, indem sie sagte: Lieben Freunde, wir wollen uns
dieserwegen den Kopff vor der Zeit nicht zerbrechen, ver=

suchet erstlich, wie weit es mit eurem Schiff-Bau zu
bringen ist, wird dasselbe fertig, und in solchen Zustand
gebracht, daß man sich vernunfft-mäßig darauf wagen,
und dergleichen gefährliche Reise vornehmen kan, und der
Himmel zeiget uns binnen solcher Zeit keine andere Mittel 5
und Wege, unserer Sorgen loß zu werden, so haben wir
nachhero noch Zeit genug, Rath zu halten, wie es anzufangen, auch wer, und wie viel von uns mit reisen sollen.

Nachdem diese Meinung von einem jeden gebilliget
worden, fingen wir gleich des folgenden Tages an, Bäume 10
zu fällen, und nachhero zn behauen, woraus Balcken,
Bohlen und Breter gehauen werden konten.   Auch wurde
dasjenige Holtz, welches uns die See von zerscheiterten
Schiffen zugeführet hatte, fleißig zusammen gesucht, doch
ein bald darauf einfallendes Regen-Wetter nebst dem 15
nöthigen Acker- und Wein-Bau verursachten, daß wir
den Schiffs-Bau biß zu gelegener und besserer Zeit aufschieben musten.

Im August-Monat aber anno 1667. da des Roberts
Ehe-Frau allbereit mit der zweyten Tochter ins Wochen- 20
Bette gekommen war, setzten un- [302] sere fleißigen Hände
die Schiffs-Arbeit aufs neue eifferig fort, so, daß wir
mit den vornehmsten Holtz-Stücken im April des 1668ten
Jahres nach des Amias Abrisse fast völlig fertig wurden.
Dem zu Folge wurde unter seiner Anweisung auch eine 25
Schmiede Werck-Stätte zu bauen angefangen, in welcher
die Nägel und anderes zum Schiff-Bau gehöriges Eisenwerck geschmiedet und zubereitet werden solte, hatten selbige
auch allbereit in ziemlich guten Stande, als eines Tages
meine 3. jüngsten Söhne, welche bestellet waren, die 30
leichtesten Holtz-Stücke mit Hülffe der Affen ans Ufer zu
schaffen, gelauffen kamen, und berichteten, daß sich nahe
an unserer Insul ein Schiff mit Menschen besetzt sehen
liesse; weßwegen wir ingesammt zwischen Furcht und
guter Hoffnung hinab zum Meer liessen, und ersahen, 35
wie bemeldtes Schiff auf eine der vor uns liegenden
Sand-Bäncke aufgelauffen war, und nicht weiter von der

Stelle kommen konte. Zwey darauf befindliche Männer
schienen uns mit ängstlichen Wincken zu sich zu nöthigen,
derowegen sich Robert mit meinen beyden ältesten Söhnen
in unser kleines Boot setzte, und zu ihnen hinüber fuhr,
5 ein langes Gespräch hielt, und endlich mit 9. frembden
Gästen, als 3. Weibs= und 6. Manns=Personen wieder
zu uns kam. Allein, diese Elenden schienen allesammt
den Todten ähnlicher als den Lebendigen zu seyn, wie
denn auch nur ein Weibs=Bild und zwey Männer noch
10 so viel Kräffte hatten, mit uns hinauf in die Insul zu
steigen, die übrigen 6., welche fast nicht auf die matten
Füsse treten konten, musten hinauf getragen werden.

[303] Der alte hocherfahrene Amias erkandte so gleich,
was sie selbsten gestehen musten, nehmlich, daß sie nicht
15 allein vom Hunger, sondern auch durch eine schlimme
See=Kranckheit, welche der Schaarbock genennet würde,
in solchen kläglichen Zustand gerathen wären, derowegen
wurde ihnen so gleich Roberts Wohnhaus znm Krancken=
Hause eingeräumet, anbey von Stund an zur besten Ver=
20 pflegung alle Anstalt gemacht.

Wir bekümmerten uns in den ersten Tagen so wenig
um ihren Stand und Wesen, als sie sich um das unserige,
doch konte man mehr als zu wohl spüren, wie vergnügt
und erkänntlich ihre Hertzen wegen der guten Bewirthung
25 wären, dem allen ohngeacht aber sturben so gleich, noch
ehe 8. Tage verlieffen, eine Weibs= und zwey Manns=
Personen, und in folgender Woche folgte die 3te Manns=
Person; weil das Übel vermuthlich allzu starck bey ihnen
eingerissen, oder auch wohl keine Maasse im Essen und
30 Trincken gehalten war. Die Todten wurden von uns
mit grossen Leydwesen ehrlich begraben, und die annoch
übrigen sehr schwachen desto fleißiger gepflegt. Amias
machte ihnen Artzeneyen von unsern annoch grünenden
Kräutern und Wurtzeln, gab auch keinem auf einmahl
35 mehr Speise und Tranck, als er vor rathsam hielt, woher
es nebst Göttlicher Hülffe endlich kam, daß sich die noch
übrigen 5. Gäste binnen wenig Wochen völlig erholeten,

und nicht die geringsten Merckmahle einer Kranckheit mehr
verspüreten.

Nun solte ich zwar, meine Lieben, sagte hiermit
unser Alt=Vater Albertus, euch billig noch berich= [304] ten,
wer die Frembdlinge gewesen, und durch was vor ein 5
Schicksal selbige zu uns gekommen wären, allein mich
bedünckt, meine Erzehlung möchte solcher Gestalt auf heute
allzu lange währen, darum will Morgen, so es GOTT
gefällt, wenn wir von Roberts-Raum zurücke kommen,
damit den Anfang machen.   Wir, als seine Zuhörer, 10
waren auch damit vergnügt, und traten folgendes Tages
auf gewöhnliche Weise den Weg nach Roberts-Raum an.

Hieselbst fanden wir die leiblichen Kinder und fernere
Abstammlinge von Robert Hülter,   und der jüngern
Concordia in 16. ungemein zierlich erbaueten Wohn= 15
häusern ihre gute Wirthschafft führen, indem sie ein wohl=
bestelltes Feld um und neben sich, die Weinberge aber
mit den Christophs = Raumern gemeinschafftlich hatten.
Der älteste Sohn des Roberts führete uns in seiner seel.
Eltern Hauß, welches er nach deren Tode in Besitz ge= 20
nommen hatte, und zeigete nicht allein eine alte Englische
Bibel, Gesang= und Gebet=Buch auf, welches von dem
gantzen Geschlecht als ein besonderes Heiligthum gehalten
wurde, sondern nächst diesem auch allerhand andere kost=
bare und sehens=würdige Dinge, die der Stamm=Vater 25
Robert zum Andencken seiner Klugheit und Geschicklichkeit
denen Nachkommen hinterlassen hatte.   Auf der äusersten
Felsen=Höhe gegen Osten war ein bequemliches Wacht=
Hauß erbaut, welches wir nebst denen dreyen dabey ge=
pflantzten Stücken Geschützes in Augenschein nahmen, und 30
uns anbey über das viele im Walde herumlauffende Wild
sonderlich [305] ergötzten, nachhero in dem Robertischen
Stamm=Hauße aufs köstlichste bewirthet wurden, doch aber,
nachdem diese Gemeine in jedes Hauß eine Englische Bibel
und Gesang=Buch, nebst andern gewöhnlichen Geschencken 35
vor die Jugend empfangen hatte, zu rechter Zeit den
Rückweg auf Alberts-Burg antraten.

Mittlerweile, da Herr **Mag.** Schmelzer in die Davids-
Raumer Allee, seine Geistlichen Unterrichtungen fortzu=
setzen, spatziret war, und wir andern mit größter Begierde
am Kirchen=Bau arbeiten halffen, hatte unser Alt=Vater
5 Albertus seine beyden ältesten Söhne, nehmlich Albertum
und Stephanum, nebst ihren annoch lebenden Ehe=Weibern,
ingleichen den David Julius, sonst Rawkin genannt, mit
seiner Ehe=Frau Christina, welche des Alt=Vaters jüngste
Tochter war, zu sich beschieden, um die Abend=Mahlzeit
10 mit uns andern allen einzunehmen, da sich nun selbige
nebst Herrn Mag Schmelzern eingestellet, und wir
sämmtlich gespeiset, auch unsere übrige Gesellschaffter
sich beuhrlaubt hatten; blieben der Alt=Vater Albertus,
dessen Söhne, Albertus und Stephanus, nebst ihren
15 Weibern, David und Christina, Hr. Mag. Schmelzer,
Mons. Wolffgang und ich, also unser 10. Personen
beysammen sitzen, da denn unser Alt=Vater also zu
reden anfing:
        Ich habe, meine lieben Freunde, gestern Abend ver=
20 sprochen, euch nähern Bericht von denjenigen Personen
zu erstatten, die wir im 1668ten Jahre, als ausgehun=
gerte und kranke Leute aufzunehmen, das Glück hatten,
weil aber drey von denselben [306] annoch am Leben,
und allhier gegenwärtig sind, als nehmlich dieser mein
25 lieber Schwieger=Sohn, David, und denn meine beyden
lieben Schwieger=Töchter des Alberti und Stephani Ge=
mahlinnen, so habe vor annehmlicher erachtet, in eurer
Gegenwart selbige zu bitten, daß sie uns ihre Lebens=
Geschichte selbst erzehlen möchten. Ich weiß, meine fromme
30 Tochter, sagte er hierauf zu des Alberti jun. Gemahlin,
wie die Kräffte eures vortrefflichen Verstandes, Gedächt=
nisses und der Wohlredenheit annoch so vollkommen bey
euch anzutreffen sind, als alle andere Tugenden, ohngeacht
die Zeit uns alle auf dieser Insul ziemlich verändert hat.
35 Derowegen habt die Güte, diesem meinem Vettern und
andern werthen Freunden, einen eigenmündlichen Bericht
von den Begebenheiten eurer Jugend abzustatten, damit

sie desto mehr Ursach haben, sich über die Wunder=Hand
des Himmels zu verwundern.

Demnach stund die bey nahe 80. jährige **Matrone**,
deren Gesichts= und Leibes=Gestalt auch in so hohen Alter
noch viele Annehmlichkeiten zeigete, von ihrem Stuhle auf, 5
küssete erstlich unsern Alt=Vater, setzte sich, nachdem sie
sich gegen die übrigen höflich verneiget, wiederum nieder,
und fing ihre Erzehlung folgender massen an:

Es ist etwas schweres, meine Lieben, daß eine Frau
von solchen Jahren, als ich bin, annoch von ihrer Jugend 10
reden soll, weil gemeiniglich darbey viele Thorheiten vorzu=
kommen pflegen, die einem reiffern Verstande verächtlich
sind, doch da das menschliche Leben überhaupt ein Zu=
sammenhang [307] vieler Thorheiten, wiewohl bey einem
mehr als bey dem andern zu nennen ist, will ich mich 15
nicht abschrecken lassen, dem Befehle meines hertzlich ge=
liebten Schwieger=Vaters Gehorsam zu leisten, und die
Aufmercksamkeit edler Freunde zu vergnügen, welche mir
als einer betagten Frauen nicht verüblen werden, wenn
ich nicht alles mehr in behöriger Zierlichkeit und Ord= 20
nung vorzubringen geschickt bin.

Mein Nahme ist **Judith van Manders**, und bin
1648. eben um selbige Zeit gebohren, da die vereinigten
Niederländer wegen des allgemeinen Friedens=Schlusses
und ihrer glücklich erlangten Freyheit in grösten Freuden 25
begriffen gewesen. Mein Vater war einer der ansehn=
lichsten und reichsten Männer zu Middelburg in Seeland
wohnhafft, der der Republic so wohl als seine Vorfahren
gewiß recht wichtige Dienste geleistet hatte, auch dieser=
wegen zu einem Mit=Gliede des hohen Raths erwehlet 30
worden. Ich wurde, nebst einer ältern Schwester und
zweyen Brüdern, so erzogen, wie es der Stand und das
grosse Vermögen unserer Eltern erforderte, deren Haupt=
Zweck eintzig und allein dieser war, aus ihren Kindern
Gottesfürchtige und tugendhaffte Menschen zu machen. 35
Wie denn auch keines aus der Art schlug, als unser ältester
Bruder, der zwar jederzeit von aussen einen guten Schein

von sich gab, in Geheim aber allen Wollüsten und lieber=
lichem Leben oblage. Kaum hatte meine Schwester das
16te und ich mein 14des Jahr erreicht, als sich schon
eine ziemliche Anzahl junger vornehmer Leute um unsere
⁵ Belandtschaft bewar=[308]ben, indem meine Schwester
Philippine vor eine der schönsten Jungfrauen in Middel=
burg gehalten wurde, von meiner Gesichts=Bildung aber
ging die Rede, als ob ich, ohne Ruhm zu melden, nicht
allein meine Schwester, sondern auch alles andere Frauen=
¹⁰ zimmer im Lande an Schönheit übertreffen solte. Doch
schrieb man mir als einen besonders grossen Fehler zu,
daß ich eines allzu stillen, eigensinnigen, melancholischen,
dahero verdrüßlichen temperaments wäre, dahingegen
meine Schwester eine aufgeräumte und muntere Lebens=
¹⁵ Art blicken liesse.

Wiewohl ich mich nun um dergleichen Vorwürffe
wenig bekümmerte, so war dennoch gesinnet, dergleichen
Aufführung bey ein oder anderer Gelegenheit möglichstens
zu verbergen, zumahlen wenn mein ältester Bruder William
²⁰ dann und wann frembde Cavaliers in unser Hauß brachte.
Solches war wenige mahl geschehen, als ich schon an
einem, Jan van Landre genannt, einen eiffrigen Lieb=
haber wahrnahm, dessen gantz besonderer Hertzens=Freund,
Joseph van Zutphen, meine Schwester Philippinam eben=
²⁵ falls aufs äuserste zu bedienen suchte. Eines Abends,
da wir solcher Gestalt in zuläßigen Vergnügen beysammen
sassen, und aus einem Glücks=Topffe, den Joseph van
Zutphen mitgebracht hatte, allerhand lächerliche Loose
zohen, bekam ich unter andern eines, worauf geschrieben
³⁰ stund: Ich müste mich von demjenigen, der mich am
meisten liebte, 10. mahl küssen lassen. Hierüber entstund
unter 6. anwesenden Manns=Personen ein Streit, welcher
mir zu entscheiden, anheim [309] gestellet wurde, allein,
um viele Weitläufftigkeiten zu vermeiden, sprach ich:
³⁵ Meine Herren! Man giebt mir ohnedem Schuld, daß ich
eigensinnig und allzu wunderlich sey, derowegen lasset es
dabey bewenden, und erlaubet mir, daß ich mein Arm=

band auf den Boden der Kammer werffe, wer nun selbiges
am ersten erhaschet, soll nicht allein mich 10. mahl küssen,
sondern auch das Armband zum Angedencken behalten.

. Dieser Vorschlag wurde von allen mit besondern
Vergnügen angenommen, Joseph aber erwischte am aller-
geschwindesten das Arm-Band, welches Jan van Landre,
der es an dem äuserften Ende nicht fest halten können,
ihm überlassen muste.   Jedoch er wandte sich zu ihm,
und sagte mit grosser Bescheidenheit: Überlasset mir, mein
Bruder, nebst diesem Arm-Bande euer darauf hafftendes
Recht, wo es euch gefällig ist, zumahl da ihr allbereits
euer Theil habet, und versichert seyn könnet, daß ich dergleichen Kostbarkeit nicht umsonst von euch zu empfangen
begehre.   Allein Joseph empfand dieses Ansinnen dermassen übel, daß er in hefftigster Erbitterung gegen seinen
Freund also herausfuhr: Wer hat euch die Briefe vorgelesen, Jan van Landre, da ihr behaupten wollet, wie
ich allbereits mein Theil habe?   Und was wollet ihr mit
dergleichen niederträchtigen Zumuthungen bey mir gewinnen?   Meinet ihr etwa, daß mein Gemüth so Pöbel-
hafft beschaffen als das eure?   und daß ich eine Kostbarkeit verkauffen soll, die doch weder von euch noch eurer
gantzen Freundschafft nach ihrem Werth bezahlet werden
kan?   Verschonet mich derowegen in   Zu= [310] kunfft
mit solchen thörichten Reden, oder man wird euch zeigen,
wer Joseph van Zutphen sey.

Indem nun von diesen beyden jungen Stutzern einer
so viel Galle und Feuer bey sich führete, als der andere,
kam es gar geschwind zum hefftigsten Wort-Streite, und
fehlete wenig, daß sie nicht ihre Degen-Klingen in unserer
Gegenwart gemessen hätten, doch auf Zureden anderer
wurde unter ihnen ein Schein-Friede gestifftet, der aber
nicht länger währete, biß auf folgenden Morgen, da beyde
mit erwählten Beyständen vor der Stadt einen Zwey-
Kampff unter sich vornahmen, in welchem Joseph von
seinem vormahligen Hertzens-Freunde dem Jan tödtlich
verwundet auf dem Platze liegen blieb; der Mörder aber

seine Flucht nach Frankreich nahm, von wannen er gar
bald an mich die verliebtesten Briefe schrieb, und ver=
sprach, seine Sachen aufs längste binnen einem halben
Jahre dahin zu richten, daß er sich wiederum ohne Gefahr
5 in Middelburg dürffte sehen lassen, wenn er nur sichere
Rechnung auf die Eroberung meines Hertzens machen könte.

Allein, bey mir war hinführo weder an die geringste
Liebe noch Aussöhnung vor Jan van Landre zu gedencken,
und ob ich gleich vor der Zeit seinetwegen mehr Empfindlich=
10 keit als vor Joseph und andre Manns=Personen in mir
verspüret, so löschete doch seine eigene mit Blut besudelte
Hand und das klägliche Angedencken des meinetwegen
jämmerlich Entleibten das kaum angezündete Füncklein
der Liebe in meinem Hertzen auf einmahl völlig aus,
15 mithin vermehrete sich mein angebohrnes melancholi=
[311] sches Wesen dermassen, daß meinen Eltern dieser=
halb nicht allzu wohl zu Muthe wurde, indem sie be=
fürchteten, ich möchte mit der Zeit gar eine Närrin werden.

Meine Schwester Philippine hergegen, schlug ihren
20 erstochenen Liebhaber in wenig Wochen aus dem Sinne,
entweder weil sie ihn eben noch nicht starck genug geliebet,
oder Lust hatte, dessen Stelle bald mit einem andern
ersetzt zu sehen, denn sie war zwar voller Feuer, jedoch
in der Liebe sehr behutsam und eckel. Wenige Zeit
25 hernach stellete sich ein mit allen Glücks=Gaben wohl=
versehener Liebhaber bey ihr dar, er hatte bey einer
Gasterey Gelegenheit genommen, meine Schwester zu unter=
halten, sich in sie verliebt, den Zutritt in unser Hauß
gefunden, ihr Hertz fast gäntzlich gewonnen, und es war
30 schon so weit gekommen, daß beyderseits Eltern das
öffentliche Verlöbniß zwischen diesen Verliebten anstellen
wolten, als dieser mein zukünfftiger Schwager, vor dem
ich mich jederzeit verborgen gehalten hatte, meiner Person
eines Tages unverhofft, und zwar in meiner Schwester
35 Zimmer, ansichtig wurde. Ich wäre ihm gerne entwischt,
allein, er verrannte mir den Paß, so, daß ich mich recht
gezwungen sahe, seine Complimenten anzuhören und zu

beantworten. Aber! welch ein Unglück entstunde nicht hieraus? Denn der thörichte Mensch, welcher nicht einmahl eine völlige Stunde mit mir umgangen war, veränderte so fort sein gantzes Vorhaben, und wirfft alle Liebe, die er bißhero eintzig und allein zu meiner Schwester ge= tragen hatte, nunmehro auf mich, ließ auch gleich folgendes Tages offenhertzig [312] bey den Eltern um meine Person anhalten. Dieses machte eine ziemliche Verwirrung in unserm Hause. Unsere Eltern wolten diese herrliche Parthie durchaus nicht fahren laffen, es möchte auch unter ihren beyden Töchter betreffen, welche es wolle. Meine Schwester stellete sich über ihren ungetreuen Liebhaber halb rasend an, und ohngeacht ich hoch und theuer schwur, einem solchen Wetterhahne nimmermehr die ehlige Hand zu geben, so wolte sich doch dadurch keines von allen Interessenten befriedigen laffen. Meine Schwester hätte mich gern mit den Augen ermordet, die Eltern wandten allen Fleiß an, uns zu versöhnen, und versuchten, bald den wanckelmüthigen Liebhaber auf vorige Wege zu bringen, bald mich zu bereden, daß ich ihm mein Hertz schencken sollte; Allein, es war so wohl eines als das andere ver= geblich, indem ich bey meinem einmahl gethanen Schwure beständig zu verharren beschloß, und wenn es auch mein Leben kosten solte.

Wie demnach der Wetterhahn sahe, daß bey mir durchaus nichts zu erhalten war, fing er wiederum an, bey meiner Schwester gelinde Sayten aufzuziehen, und diese spielete ihre Person dermaßen schalckhafft, biß er sich aus eigenem Antriebe bequemete, sie auf den Knien um Vergebung seines begangenen Fehlers, und um die vor= mahlige Gegen=Liebe anzusprechen. Allein, diese ver= meinete nunmehro erstlich sich völlige Genugthuung vor ihre beleidigte Ehre zu verschaffen, sagte derowegen, so bald sie ihn von der Erde aufgehoben hatte: Mein Herr! ich glaube, daß ihr mich vor einiger Zeit vollkommen geliebt, auch so viel Merckmahle einer hertz=[313]lichen Gegen=Liebe von mir empfangen habt, als ein rechtschaffener

Mensch von einem honnetten Frauenzimmer verlangen
kan. Dem ohngeachtet habt ihr euer veränderliches Ge=
müthe unmöglich verbergen können. Jedoch es ist vorbey,
und es soll euch Seiten meiner alles hertzlich vergeben seyn.
5 Ich schwere auch zu GOtt, daß ich dieser wegen nimmer=
mehr die geringste Feindschafft gegen eure Person hegen,
anbey aber auch nimmermehr eure Ehe=Gattin werden
will, weil die Furcht wegen der zukünfftigen Unbeständigkeit
so wohl euch als mir bloß zur beständigen Marter und
10 Quaal gereichen würde.

Alle Anwesenden stutzten gewaltig hierüber, wandten
auch so wohl als der Neu=Verliebte allen Fleiß und
Beredsamkeit an, meine Schwester auf bessern Sinn zu
bringen, jedoch es halff alles nichts, sondern der un=
15 beständige Liebhaber muste wohlverdienter Weise nunmehro
bey beyden Schwestern durch den Korb zu fallen sich
belieben lassen.

Solcher Gestalt nun wurden wir beyden Schwestern
wiederum ziemlich einig, wiewohl die Eltern mit unsern
20 eigensinnigen Köpffen nicht allerdings zufrieden waren,
indem sich bey uns nicht die geringste Lust zu heyrathen, oder
wenigstens mit Manns=Personen umzugehen zeigen wolte.

Endlich, da nach erwehnten unglücklichen Heyraths=
Tractaten fast anderthalbes Jahr verstrichen war, fand
25 ein junger, etwa 28. jähriger Cavalier allerhand artige
Mittel, sich bey meiner Schwester einzuschmeicheln. Er
hielt starcke Freundschafft mit meinen Brüdern, nennete sich
Alexander de |314| la Marck, und war seinem Vor=
geben nach von dem Geschlecht des Grafens Lumay de
30 la Marck, der sich vor fast 100. Jahren durch die Er=
oberung der Stadt Briel in Diensten des Printzen von
Oranien einen unsterblichen Ruhm erworben, und so zu
sagen, den Grund zur Holländischen Republic gelegt hatte.
Unsere Eltern waren mit seiner Anwerbung wohl zufrieden,
35 weil er ein wohlgestalter, bescheidener und kluger Mensch
war, der sein grosses Vermögen bey allen Gelegenheiten
sattsam hervorblicken ließ. Doch wolten sie ihm das Ja=

Wort nicht eher geben, biß er sich deßfalls mit Philippinen
völlig verglichen hätte. Ob nun diese gleich ihre Resolution immer von einer Zeit zur andern verschob, so
wurde Alexander dennoch nicht verdrüßlich, indem er sich
allzuwohl vorstellete, daß es aus keiner andern Ursache
geschähe, als seine Beständigkeit auf die Probe zu setzen,
und gegentheils wuste ihn Philippino jederzeit mit der
holdseligsten, doch ehrbarsten Freundlichkeit zu begegnen,
wodurch seine Gedult und langes Warten sehr versüsset
zu werden schien.

    Meiner Schwester, Brüdern und ihm zu Gefallen,
ließ ich mich gar öffters mit bey ihren angestellten Lustbar=
leiten finden; doch aber durchaus von keinem Liebhaber
ins Netz bringen, ob sich schon viele deßwegen ziemliche
Mühe gaben. Gallus van Witt, unser ehemaliger Liebster,
gesellete sich nach und nach auch wieder zu uns, ließ aber
nicht den geringsten Unmuth mehr, wegen des empfangenen
Korbes, spüren, sondern zeigte ein beständiges freyes
Wesen, und sagte ausdrücklich, [315] daß, da es ihm im
Lieben auf doppelte Art unglücklich ergangen, er nunmehro
fest beschlossen hätte, nimmermehr zu heyrathen. Meine
Schwester wünschte ihm also einsmahls, daß er dergleichen
Sinnen ändern, hergegen uns alle sein bald auf sein
Hochzeit=Fest zu seiner vollkommen schönen Liebste, ein=
laden möchte. Da er aber hierbey mit dem Kopffe
schüttelte, sagte ich: So recht Mons. de Witt, nunmehro
bin ich euch vor meine Person desto günstiger, weil ihr
so wenig Lust als ich zum Heyrathen bezeiget. Er er=
röthete hierüber und versetzte: Madomoiselle, ich wäre
glücklich genung, wenn ich nur den geringsten Theil eurer
beyder Gewogenheit wieder erlangen könte, und euch zum
wenigsten als ein Freund oder Bruder lieben dürffte, ob
ihr gleich beyderseits mich zu lieben, und ich gleichfalls
das Heyrathen überhaupt verredet und verschworen. Es
wird euch, sagte hierauff Philippino, mit solchen Be=
dingungen jederzeit erlaubt, uns zu lieben und zu küssen.

    Auf dieses Wort unterstund sich van Witt die Probe

mit küssen zu machen, welches wir ihm als einen Scherz
nicht verweigern konten, nachhero aber führete er sich aber
bey allen Gelegenheiten desto bescheidener auf.

Eines Tages brachten de la Marck, und meine
5 Brüder, nicht allein den Gallus de Witt, sondern auch
einen unbekandten vornehmen See=Fahrer mit sich, der
erst neulich von den Bantamischen und Moluccischen
Insuln, in Middelburg angelanget war; und wie er sagte,
ehester Tages wieder dahin seegeln wolte. Mein Vater
10 hatte so wol als wir [316] andern alle, ein grosses Ver=
gnügen, dessen wundersame Zufälle und den glückseligen
Zustand selbiger Insuln, die der Republic so Vortheil=
hafftig wären, anzuhören, schien sich auch kein Bedencken
zu nehmen, mit der Zeit, einen von seinen Söhnen auf
15 einem Schiffe dahin auszurüsten, worzu denn der Jüngere
mehr Lust bezeigte, als der Aeltere. Damit er aber mit
diesem erfahrnen See=Manne in desto genauere Kund=
schafft kommen möchte, wurde derselbe in unserm Hause
3. Tage nach einander aufs Beste bewirthet. Nach deren
20 Verlauff bat sich der See=Fahrer bey meinem Vater aus:
derselbe möchte seinen 4. Kindern erlauben, daß sie nebst
Alexander de la Mark und Gallus van Witt, auf seinem
Schiffe, selbiges zu besehen, einsprechen dürfften, allwo er
dieselben zur Danckbarkeit vor genossene Ehren=Bezeugung
25 so gut als möglich bewirthen, und mit einigen ausländischen
geringen Sachen beschencken wolte.

Unsere Eltern liessen sich hierzu leichtlich bereden,
also wurden wir gleich folgenden Tages um Mittags=Zeit,
von unsern aufgeworffenen Wohlthäter abgeholet und auf
30 sein Schiff geführet, wiewol mein jüngster Bruder, der
sich vergangene Nacht etwas übel befunden hatte, zu Hause
bleiben muste. Auf diesem Schiffe fanden wir solche Zu=
bereitungen, deren wir uns nimmermehr versehen hatten,
denn die Seegel waren alle vom schönsten seidenen Zeuge
35 gemacht, und die Tauen mit vielerley farbigen Bändern
umwunden. Ruder und anderes Holzwerck gemahlet und
vergulbet, und das Schiff inwendig mit den schönsten

Tapeten ausgeschlagen, [317] wie denn auch die Boots=
Leute in solche Liberey gekleidet waren, dergleichen de
la Mark und Witt ihren Bedienten zu geben pflegten.
Ehe wir uns hierüber sattsam verwundern konten, wurde
die Gesellschafft durch Ankunfft noch zweyer Damen, und
eines wohlgekleyeten jungen Menschen verstärckt, welchen
mein Bruder William, auf geheimes Befragen, vor einen
Frantzösischen jungen Edelmann Nahmens Henry de Fron-
tignan, das eine Frauenzimmer aber, vor seine Schwester
Margarithe, und die andere vor dessen Liebste, -Antonia
de Beziers ausgab. Meine Schwester und ich hatten gar
kein Ursach, an unsers Bruders Bericht zu zweiffeln, liessen
uns derowegen gar bald mit diesen schönen Damen ins
Gespräche ein, und fanden dieselben so wohl, als den
vermeynten Frantzösischen Edelmann, von gantz besonderer
Klugheit und Beredsamkeit.
      Es war angestellet, daß wir auf dem Ober=Deck des
Schiffs in freyer Luft speisen solten, da aber ein in Seeland nicht ungewöhnlicher Regen einfiel, muste dieses unter
dem Verdeck geschehen. Mein Bruder that den Vorschlag,
was massen es uns allen zu weit grössern Vergnügen
gereichen würde, wenn uns unser Wirth bey so guten
Winde eine Meile oder etwas weiter in die See, und
gegen Abend wieder zurück führen liesse, welches denn
niemanden von der Gesellschafft zuwider war, vielmehr
empfanden wir so wohl hiebey, als an den herrlichen
Tractamenten, wohlklingender Music, und nachhero an
allerhand ehrbaren Lust=Spielen einen besondern Wohlgefallen. Weil aber unser [318] Wirth, Wetters= und
Windes wegen alle Schau=Löcher hatte zu nageln, und
bey hellem Tage Wachs=Lichter anzünden lassen, so kunten
wir bey so vielen Luftreichen Zeitvertreibungen nicht
gewahr werden, ob es Tag oder Nacht sey, biß die Sonne
allbereit vor 2. oder 3. Stunden untergegangen war.
Mir kam es endlich sehr bedencklich vor, daß unsere Manns-
Personen einander den Wein ungewöhnlich starck zutranken,
auch daß die beyden Frantzösischen Damen fast so gut

mit sauffen konten als das Manns=Volck. Derowegen gab
ich meiner Schwester einen Winck, welche sogleich folgte,
und mit mir auf das Oberdeck hinauff stieg, da wir denn,
zu unser beyder größten Mißvergnügen, einen schwartz
5 gewölckten Himmel, nebst annoch anhaltenden starcken
Regen, um unser Schiff herum lauter entsetzlich schäumende
Wellen, von ferne aber, den Glantz eines kleinen Lichts
gewahr wurden.

Es wurde gleich verabredet unsern Verdruß zu ver=
10 bergen, derowegen fieng meine Schwester, so bald wir
wieder zur andern Gesellschafft kamen, nur dieses zu sagen
an: Hilff Himmel meine Freunde! es ist allbereits Mitter=
nacht. Wenn wollen wir wieder nach Middelburg kommen?
und was werden unsere Eltern sagen? Gebet euch zu=
15 frieden meine Schwestern, antwortete unser Bruder William,
ich will bey den Eltern alles verantworten, folget nur
meinem Beyspiele, und lasset euch von euren Liebhabern
also umarmen, wie ich diesen meinen Hertzens=Schatz
umarme. Zu gleicher Zeit nahm er die Margarithe vom
20 Stuhle, und setzte sie auf [319] seinen Schooß, welche
alles geduldig litte, und als die ärgste Schand=Metze mit
sich umgehen ließ. Der vermeynte Edelmann, Henry,
that mit seiner Buhlerin ein gleiches, jedoch Alexander
und Gallus scheueten sich dem Ansehen nach noch in etwas,
25 mit uns beyden Schwestern auf eben diese Arth zu
verfahren, ohngeachtet sie von unsern leiblichen Bruder
hierzu trefflich angefrischet wurden.

Philippine und ich erstauneten über dergleichen An=
blick, wusten aber noch nicht, ob es ein Schertz heissen
30 solte, oder ob wir im Ernst verrathen oder verkaufft
wären. Jedennoch verliessen wir die unkeusche Gesell=
schafft, rufften Gegenwärtige meine Schwägerin, des edlen
Stephani noch itzige Ehe=Gemahlin, damals aber, als unsere
getreue Dienerin herbey, und setzten uns, in lauter ver=
35 wirrten Gedancken, bey einer auf dem Oberlof des Schiffs
brennend stehenden Laterne nieder.

Der verfluchte Wohlthäter, nemlich unser vermeint=

licher Wirth, welcher sich als ein Vieh besoffen hatte, kam
hinauff und sagte mit stammlender Zunge: Sorget nicht
ihr schönen Kinder! ehe es noch einmal Nacht wird, werdet
ihr in euren Braut=Bette liegen. Wir wolten weiter mit
ihm reden; Allein das überflüßig eingeschlungene Geträncke
suchte seinen Außgang bey ihm überall, auf so gewaltsame
Art, daß er auf einmal als ein Ochse darnieder stürtzte,
und uns, den gräßlichen Gestanck zu vermeiden, eine andere
Stelle zu suchen zwunge.

Philippine und ich waren bey dergleichen schänblichen
spectacul fast ausser Sinnen gekommen, und [320] fielen
in noch stärckere Verzweiffelung, als gegenwärtige unsere
getreue Sabina plötzlich in die Hände schlug, und mit
ängstlichen Seufftzen schrye: Ach meine liebsten Jungfrauen!
Wir sind, allem Ansehen nach, schändlich verrathen und
verkaufft, werden auch ohne ein besonderes Wunderwerck
des Himmels, weder eure Eltern, noch die Stadt Middel=
burg jemals wieder zu sehen kriegen. Derowegen lasset
uns nur den festen Entschluß fassen, lieber unser Leben,
als die Keuschheit und Ehre zu verlieren. Auf ferneres
Befragen gab sie zu verstehen; Daß ein ehrliebender auf
diesem Schiffe befindlicher Reisender ihr mit wenig Worten
so viel gesagt: Daß sie an unsern bevorstehenden Unglücke
nicht den geringsten Zweiffel tragen könne.

Wie gesagt, wir hätten solchergestalt verzweiffeln
mögen, und musten unter uns Dreyen alle Mittel an=
wenden, der bevorstehenden Ohnmacht zu entgehen; Als ein
resoluter Teutscher, Nahmens Simon Heinrich Schimmer,
Jacob Larson ein Schwede, und gegenwärtiger David
Rawkin ein Engelländer, (welche alle Drey nachhero allhier
meine werthen Schwäger worden sind,) nebst noch 2. andern
redlichen Leuten, zu unserm Troste bey uns erschienen.
Schimmer führete das Wort in aller stille, und sagte:
Glaubet sicherlich, schönsten Kinder, daß ihr durch eure
eigenen Anverwandten und Liebhaber verrathen worden.
Zum Unglück haben ich und diese redlichen Leute solches
itzo erst vor einer Stunde von einem getreuen Boots=

Knechte erfahren, da wir schon sehr weit vom festen Lande
entfernet sind, sonsten wolten wir euch gar bald in [321]
Freyheit gesetzt haben; Allein nunmehro ist es unmöglich,
wir hätten denn das Glück uns in künfftigen Tagen einen
5 stärckern Anhang zu verschaffen. Solte euch aber im=
mittelst Gewalt angethan werden, so ruffet um Hülffe,
und seyd völlig versichert, daß zum wenigsten wir 5. wehr=
hafften Leute, ehe unser Leben dran setzen, als euch
schänden lassen wollen.

10 Wir hatten kaum Zeit, drey Worte, zu bezeugung
unserer erkänntlichen Danckbarkeit, gegen diese 5. vom
Himmel zugesandten redlichen Leute, vorzubringen; als
unser leichtfertiger Bruder, von de la Mark und Witt
begleitet, herzu kam, uns hinunter zu holen. Witt stolperte
15 über den in seinem Unflath liegenden Wirth her, und
balsamirte sich und seine Kleider so, daß er sich als eine
Bestie hinweg schleppen lassen muste, William sanck gleich=
falls, da er die freye Lufft empfand, zu Boden, de la
Mark aber war noch bey ziemlichen Verstande, und brachte
20 es durch viele scheinheilige Reden und Liebkosungen endlich
dahin, daß Philippine, ich und unsere Sabina, uns endlich
betäuben liessen, wieder hinunter in die Cajute zu steigen.

Aber, o welch ein schändlicher Spektakul fiel uns
allhier in die Augen. Der saubere Frantzösische von Adel
25 saß, zwischen den zweyen verfluchten Schand=Huren, Mutter=
nackend vor dem Camine, und zwar in einer solchen ärger=
lichen Stellung, daß wir mit lauten Geschrey zurück fuhren,
und uns in einen besondern Winckel mit verhülleten An=
gesichtern versteckten.

30 De la Mark kam hinter uns her, und wolte aus
[322] der Sache einen Schertz machen, allein Philippine
sagte: Bleibet uns vom Halse ihr vermaledeyten Ver=
räther, oder der erste, der uns angreifft, soll auf der
Stelle mit dem Brod=Messer erstochen werden. Weiln
35 nun de la Mark spürete, daß wenig zu thun sey, erwartete
er so wol, als wir, in einem andern Winckel des Tages.
Dieser war kaum angebrochen, als wir uns in die Höhe

machten und nach dem Lande umsahen, allein es wolte
sich unsern begierigen Augen, ausser dem Schiffe, sonsten
nichts zeigen, als Wasser und Himmel. . Die Sonne gieng
ungemein hell und klar auf, fand alle andern im festen
schlafe liegen, uns drey Elenden aber in schmertzlichen 5
Klagen und heissen Thränen, die wir anderer Menschen
Boßheit wegen zu vergiessen Ursach hatten.

Kaum hatten die vollen Sauen den Rausch aus=
geschlafen, da die gantze ehrbare Zunfft zum Vorscheine
kam, und uns, mit ihnen Caffee zu trincken nöthigte. 10
An statt des Morgen=Grusses aber, lasen wir unserm gott=
losen Bruder ein solches Capitel, worüber einem etwas
weniger ruchlosen Menschen hätten die Haare zu Berge
stehen mögen. Doch dieser Schand=Fleck der Natur ver=
lachte unsern Eifer anfänglich, nahm aber hernach eine 15
etwas ernsthafftere mine an, und hielt folgende Rede:
Lieben Schwestern, seyd versichert, daß, ausser meiner Liebsten
Margaretha, mir auf der Welt niemand lieber ist als
ihr, und meine drey besten Freunde, nemlich: Gallus,
Alexander und Henry. Der erste, welcher dich Judith 20
aufs allerhefftigste liebet, ist zur gnüge bekannt. Alexander,
ob er gleich biß=[323]hero so wol als Henry nur ein
armer Schlucker gewesen; hat alle Eigenschafften an sich,
Philippinen zu vergnügen, und vor die gute Sabina wird
sich auch bald ein braver Kerl finden. Derowegen, lieben 25
Seelen, schicket euch in die Zeit. Nach Middelburg wiederum
zu kommen, ist unmöglich, alles aber, was ihr nöthig habt,
ist auf diesem Schiff vorräthig anzutreffen. Auf der Insul
Amboina werden wir unsere zukünfftige Lebens=Zeit in=
gesammt in grösten Vergnügen zubringen können, wenn 30
ihr nur erstlich eure eigensinnigen Köpffe in Ordnung
gebracht, und nach unserer Lebens=Art eingerichtet habt.

Nunmehro war mir und meiner Schwester ferner
unmöglich, uns einer Ohnmacht zu erwehren, also sancken
wir zu Boden, und kamen erstlich etliche Stunden hernach 35
wieder in den Stand, unsere Vernunfft zu gebrauchen,
da wir uns denn in einer besondern Schiffs=Kammer allein,

unter den Händen unserer getreuen Sabina befanden.
Diese hatte mittlerweile von den beyden schändlichen Dirnen
das gantze Geheimniß, und zwar folgenden Umbständen
nach, erfahren:

5 Gallus van Witt, als der Haupt=Uhrheber unsers
Unglücks, hat gleich nach seinem, bey beyden Schwestern
umgeschlagenen Liebes=Glücke, die allervertrauteste Freund=
schafft mit unserm Bruder.William gemacht, und demselben
vorgestellet: Daß er ohnmöglich leben könne, er müsse
10 denn eine von dessen Schwestern zur Frau haben, und
solte er auch sein gantzes Vermögen, welches bey nahe
in 2. Tonnen Goldes bestünde, dran setzen. William ver=
[324]sichert ihn seines geneigten Willens hierüber, ver=
spricht sich in allen zu seinen Diensten, und beklagt nur,
15 daß er kein Mittel zu erfinden wisse, seines Hertzens=
Freundes Verlangen zu stillen. Gallus aber, der seit der
Zeit beständig, so wohl auf einen gewaltsamen, als listigen
Anschlag gesonnen, führet den William zu dem liederlichen
Commoedianten=Volcke, nemlich: Alexandern, Henry, An=
20 tonien und Margarithen, da sich denn derselbe sogleich
aufs allerhefftigste in die Letztere verliebt, ja sich ihr und
den übrigen schändlichen Verräthern gantz zu eigen ergiebt.
Alexander wird demnach, als der Ansehnlichste, auf des
Gallus Unkosten, in solchen Stand gesetzt, sich als einer
25 der vornehmsten Cavaliers aufzuführen und um Philippinen
zu werben, mittlerweile kleiden sie einen alten verunglückten
See=Räuber, vor einen erfahrnen Ost=Indien=Fahrer an,
der unsere Eltern und uns betrügen helffen, ja uns armen
einfältigen Kinder in das verfluchte Schiff locken muß,
30 welches Gallus und mein Bruder, zu unserm Raube, so
fälschlich mit grossen Kosten ausgerüstet hatten, um damit
eine Farth nach den Moluccischen Insuln vorzunehmen.
Der letztere, nemlich mein Bruder, hatte nicht allein den
Eltern eine erstaunliche Summe Geldes auf listige Art
35 entwendet, sondern auch Philippinens, und meine Kleinodien
und Baarschafften mit auf das Schiff gebracht, damit aber
doch ja unsere Eltern ihrer Kinder nicht alle auf einmal

beraubt würden, giebt der verteuffelte Mensch dem jüngern
Bruder, Abends vorhero, unvermerckt ein starckes Brech=
Pulver ein, damit er künfftigen Tages bey der [325]
Schiffs=Lust nicht erscheinen, und folglich in unserer Ent=
führung keine Verhinderung machen könne.

Bey solchen unerhörten schändlichen Umbständen sahen
wir also vollkommen, daß vor uns keine Hoffnung übrig
war diesem Unglücke zu entgehen, derowegen ergaben wir
uns fast gäntzlich der Verzweiffelung, und wolten uns in
der ersten Wuth mit den Brod=Messern selbst ermorden,
doch dem Himmel sey Danck, daß unsere liebste und ge=
treuste Sabina damals weit mehr Verstand als wir besaß,
unsere Seelen aus des Satans Klauen zu erretten. Sie
wird sich annoch sehr wol erinnern können, was sie vor
Arbeit und Mühe mit uns beyden unglücklichen Schwestern
gehabt, und wie sie endlich, da nichts verfangen wolte,
in solche Heldenmüthige Worte ausbrach: Fasset ein Hertze,
meine gebiethenden Jungfrauen! Lasset uns abwarten,
wer sich unterstehen will uns zu schänden, und solche
Teuffels erstlich ermorden, hernach wollen wir uns der
Barmhertzigkeit des Himmels überlassen, die es vielleicht
besser fügen wird als wir vermeynen.

Kaum hatte sie diese tapffern Worte ausgesprochen,
so wurde ein grosser Lermen im Schiffe, und Sabina
zohe Nachricht ein, daß ein See=Räuber uns verfolgte,
auch vielleicht bald Feuer geben würde. Wir wünschten,
daß es ein Frantzose oder Engelländer seyn, der immerhin
unser Schiff erobern, und alle Verräther tobt schlagen
möchte, so hätten wir doch ehe Hoffnung gegen Versprechung
einer starcken ranzion, von ihm Ehre und Freyheit zu
erhalten. Allein weil der Wind unsern Verräthern
günstiger, ausserdem auch unser Schiff sehr [326] wol
bestellt, leicht und flüchtig war, so brach die Nacht aber=
mals herein, ehe was weiters vorgieng.

Wir hatten den gantzen Tag ohne Essen und Trincken
zugebracht, liessen uns aber des Nachts von Sabinen be=
reden, etwas zu geniessen, und da weder William noch

jemand anders, noch zur Zeit das Hertz hatte vor unsere
Augen zu kommen, so verwahreten wir unsere Kammer
aufs Beste, und gönneten den von Thränen geschwächten
Augen, eine wiewol sehr ängstliche Ruhe.

5 Folgendes Tages befanden sich Philippine und Sabina
so wol als ich in erbärmlichen Zustande, denn die gewöhnliche See-Kranckheit setzte uns dermassen hefftig zu,
daß wir nichts gewissers als einen baldigen und höchst-
gewünschten Tod vermutheten; Allein der Himmel hatte
10 selbigen noch nicht über uns verhänget, denn, nachdem
wir über 15. Tage im ärgsten phantasiren, ja völligen
Rasen zugebracht; ließ es sich nicht allein zur Besserung
an, sondern unsere Gesundheit wurde nachhero, binnen
etlichen Wochen, wieder unsern Willen, völlig hergestellet.

15 Zeitwährender unserer Kranckheit, hatten sich nicht
allein die ehrbaren Damon, sondern auch die übrigen Verräther wegen unserer Bedienung viele Mühe geben wollen,
waren aber jederzeit garstig empfangen worden. Indem
wir ihnen öffters ins Gesichte gespyen, alles, was wir
20 erlangen können, an die Köpffe geworffen, auch allen Fleiß
angewendet hatten, ihnen die verhurten Augen auszukratzen.
Weßwegen sie endlich vor dienlicher erachtet, sich |327|
abwesend zu halten, und die Bedienung einer schon ziemlich
alten Magd, welche vor Antonien und Margarithen mit-
25 genommen war, zu überlassen. Nachdem aber unsere
Gesundheit wiederum gäntzlich erlangt, und es eine fast
unmögliche Sache war, beständig in der düstern Schiffs-
Kammer zu bleiben, begaben wir uns, auf unserer liebsten
Sabine öffteres Bitten, auf das Obertheil des Schiffs, um
30 bey damahligen schönen Wetter frische Lufft zu schöpffen.
Unsere Verräther waren dieses kaum gewahr worden, da
die gantze Schaar herzu kam, zum neuen guten Wohlstande
Glück wünschte und hoch betheurete, daß sich unsere Schönheit nach überstandener Kranckheit gedoppelt hervor thäte.
35 Wir beantworteten aber alles dieses mit lauter verächtlichen Worten und Gebärden, wolten auch durchaus
mit ihnen keine Gemeinschafft pflegen, liessen uns aber

doch endlich durch alltägliches demüthiges und höffliches
Zureden bewegen, in ihrer Gesellschafft zu essen und
zu trincken, hergegen erzeigten sich unsere standhafften
Gemüther desto ergrimmter, wenn etwa Gallus oder
Alexander etwas verliebtes vorbringen wolten.

William unterstund sich, uns dieserwegen den Text
zu lesen, und vorzustellen, wie wir am klügsten thäten,
wenn wir den bißherigen Eigensinn und Widerwillen ver=
banneten, hergegen unsern Liebhabern gutwillig den Zweck
ihres Wunsches erreichen liessen, ehe sie auf verzweiffelte, uns
vielleicht noch unanständigere Mittel gedächten, denen wir mit
aller unserer Macht nicht widerstehen könten, da zumahlen
alle Hoffnung zur Flucht, oder anderer [328] Erlösung
nunmehro vergebens sey. Allein dieser verfluchte Kuppler
wurde mit wenigen, doch dermassen hitzigen Worten, und
Geberden dergestalt abgewiesen, daß er als ein begossener
Hund, wiewol unter hefftigen Drohungen zurücke gieng,
und seinen Absendern eine gantz unangenehme Antwort
brachte. Sie kamen hierauff selbst, um ihr Heyl nochmals
in der Güte, und zwar mit den allerverliebtesten und
verpflichtetsten Worten und Betheurungen, zu versuchen, da
aber auch diesesmal ihr schändliches Ansinnen, verdammet
und verflucht, auch ihnen der verwegne Jungfrauen=Raub
beherzt zu Gemüthe geführet und zugeschworen wurde,
daß sie in alle Ewigkeit kein Teil an uns überkommen
solten, hatten wir uns abermals auf etliche Wochen Friede
geschafft.

Endlich aber wolte die geile Brunst dieser verhurten
Schand=Buben sich weiter durch nichts unterdrücken lassen,
sondern in volle Flammen ausbrechen, denn wir wurden
einstens in der Nacht von dreyen Schelmen, nemlich
Alexander, Gallus und dem Schiffs=Quartiermeister
plötzlich überfallen, die uns nunmehro mit Gewalt ihren
vermaledeyten geilen Lüsten aufopffern wolten. Indem
wir uns aber dergleichen Boßheit schon vorlängst träumen
lassen, hatten so wol Philippine und Sabina als ich, be=
ständig ein blosses Taschen=Messer unter dem Haupte zu=

rechte gelegt, und selbiges allbereit zur Wehre gefasset, da
unsere Kammer in einem Augenblicke aufgestossen wurde.
Alexander warff sich auf meine Schwester, Gallus auf
mich, und der Quartiermeister auf die ehrliche Sabinen.
[329] Und zwar mit solcher furie, daß wir Augenblicklich
zu ersticken vermeynten. Doch aus dieser angestellten
schändlichen Commoedie, ward gar bald eine blutige
Tragoedie, denn da wir nur ein wenig Lufft schöpfften,
und das in den Händen verborgene Gewehr andringen
kunten, stiessen wir fast zu gleicher Zeit auf die ver=
fluchten Huren=Hängste loß, so daß unsere Kleider von
den schelmischen hitzigen Geblüte ziemlich bespritzt wurden.

Der Quartiermeister blieb nach einem eintzigen auß=
gestossenen brüllenden Seufftzer, stracks todt auf der Stelle
liegen, weil ihm die tapffere Sabina, allen Vermuthen
nach, mit ihrem grossen und scharffen Messer das Hertz
gäntzlich durchstossen hatte. Alexander, den meine
Schwester durch den Hals, und Gallus, welchen ich in die
lincke Bauch=Seite gefärlich verwundet, wichen taumelnd
zurück, wir drey Zitterenden aber, schryen aus vollem Halse
Zeter und Mordio.

William und Henry kamen herzu gelauffen, und
wolten Mine machen, ihrer schelmischen Mit=Brüder Blut
mit dicken Knütteln an uns zu rächen, zu gleicher Zeit
aber erschienen der tapffere Schimmer, Larson, Rawkin
und etwa noch 4. oder 6. andere redliche Leute, welche
bald Stillestandt machten, und uns in ihren Schutz nahmen,
auch Angesichts aller andern theuer schwuren, unsere Ehre
biß auf die letzte Minute ihres Lebens zu beschirmen.
William und Henry mußten also nicht allein mit ihrem
Anhange zu Creutze kriechen, sondern sich so gar mit ihren
Huren aus der besten Schiffs=Kammer heraus werffen
lassen, in welche wir eingewie [330] sen, und von Schimmers Anhang Tags und Nachts hindurch wol bewahret
wurden. Das schändliche Aas des Quartiermeisters wurde
als ein Luder ins Meer geworffen, Alexander und Gallus
lagen unter den Händen des Schiffs=Barbierers, Schimmer

aber und sein Anhang spieleten den Meister auf dem
Schiffe, und setzten die andern alle in ziemliche Furcht,
ja da der alte so genannte Schiffs-Capitain, nebst William
und Henry, sich von neuen mausig machen wolten, fehlete
es nicht viel, daß beyde Partheyen einander in die Haare
gerathen wären, ohngeacht niemand sichere Rechnung
machen konte, welches die stärckste wäre.

Solcher Verwirrung ohngeacht wurde die Reise nach
Ost-Indien bey favorablen Winde und Wetter dennoch
immer eifferig fortgesetzt, welches uns zwar höchst mißfällig
war, doch da wir gezwungener Weise dem Verhängniß
stille halten musten, richteten sich unsere in etwas ruhigere
Sinnen eintzig und allein dahin, dessen Ziel zu errathen.

Die um die Gegend des grünen Vor-Gebürges sehr
scharff creutzenden See-Räuber, veruhrsachten so viel, daß
sich die streitigen Partheyen des Schiffes auf gewisse
Puncte ziemlich wieder vereinigten, um den gemeinschafftlichen Feinden desto bessern Widerstandt zu thun,
worunter aber der Haupt-Punct war, daß man uns
3. Frauenzimmer nicht im geringsten kräncken, sondern
mit geziemenden Respect alle selbst beliebige Freyheit
lassen solte. Demnach lebten wir in einigen Stücken
ziemlich vergnügt, kamen aber mit keinem Fusse an Land,
ohngeacht schon 3. mal unterwegs frisch Wasser {331} und
Victualien von den herum liegenden Insuln eingenommen
worden. Gallus und Alexander, die nach etlichen Wochen
von ihren gefährlichen Wunden völlig hergestellet waren,
scheueten sich uns unter Augen zu treten, William und
Henry redeten ebenfalls so wenig, als ihre Huren mit
uns, und kurtz zu sagen: Es war eine recht wunderliche
Wirthschafft auf diesem Schiffe, biß uns ein Aethiopischer
See-Räuber dermassen nahe kam, daß sich die Unserigen
genöthiget sahen, mit möglichster Tapfferkeit entgegen zu
gehen.

Es entstunde dannenhero ein hefftiges Treffen, worinnen endlich gegen Abend der Mohr überwunden wurde,
und sich mit allen, auf seinem Raub-Schiffe befindlichen,

zur Beute übergeben muste. Hierbey wurden 13. Christen=
Sclaven in Freyheit, hergegen 29. Mohren in unsere
Sclaverey gebracht, anbey verschiedene kostbare Waaren
und Kleinodien unter die Siegenden vertheilet, welche
5 nicht mehr als 5. Todte nnd etwa 12. oder 16. Ver=
wundete zehleten. Nachhero entstund ein grosser Streit,
ob das eroberte Schiff versenckt, oder beybehalten werden
solte. Gallus und sein Anhang verlangten das Versencken,
Schimmer aber setzte sich mit seiner Parthey dermassen
10 starck darwieder, biß er in so weit durchdrunge, daß alles
Volck auf die zwey Schiffe ordentlich getheilet wurde.
Also kam Schimmer mit seinem Anhange, worunter auch
ich, Phillipine und Sabina begriffen waren, auf das
Mohrische Schiff, konte aber dennoch nicht verwehren,
15 daß Gallus und Alexander auf selbigem das Commando
überkamen, dahingegen Wil- [332] liam und Henry nebst
ihren Schand=Metzen auf dem ersten Schiffe blieben, und
aus besonderer Güte eine erbeutete Schand=Hure, die
zwar dem Gesichte nach eine weisse Christin, aber ihrer
20 Aufführung nach ein von allen Sünden geschwärztes
Luder war, an Alexandern und Gallus zur Nothhelfferin
überliessen. Dieser Schand=Balg, deren Geilheit un=
aussprechlich, und die, so wohl mit dem einen als dem
andern, das verfluchteste Leben führete, ist nebst uns noch
25 biß hieher auf diese Insul gekommen, doch aber gleich in
den ersten Tagen verreckt.

Jedoch behöriger Ordnung wegen, muß in meiner
Erzehlung melden, daß damahls unsere beyden Schiffe
ihren Lauff eiffrigst nach dem Vorgebürge der guten Hoff=
30 nung richteten, aber durch einen lange anhaltenden Sturm
davon abgetrieben wurden. Das Middelburgische Schiff
verlohr sich von dem Unsern, kam aber am fünfften Tage
unverhofft wieder zu uns, und zwar bey solcher Zeit, da
es schiene, als ob alles Ungewitter vorbey wäre, und das
35 schönste Wetter zum Vorscheine kommen wolte. Wir
ruderten ihm mit möglichsten Kräfften entgegen, weil
unsern Commandeurs, die, nebst ihren wenigen Getreuen,

wenig oder gar nichts von der künstlichen Seefahrt verstunden, an deſſen Geſellſchafft nur allzu viel gelegen war.
Allein, nach meinen Gedancken hatte die Allmachts-Hand
des Allerhöchſten dieſes Schiff keiner andern Urſache wegen
wieder ſo nahe zu uns geführet, als, uns allen an demſelben ein Zeichen ſeiner ſtrengen Gerechtigkeit ſehen zu
laſſen, denn wir waren kaum noch [333] eines Büchſen-
Schuſſes weit von einander, als es mit einem entſetzlichen
Krachen plötzlich zerſchmetterte, und theils in die Lufft
geſprengt, theils Stück-weiſe auf dem Waſſer aus einander
getrieben wurde, ſo, daß hiervon auch unſer Schiff ſich
grauſamer Weiſe erſchütterte, und mit Pfeil-mäßiger Ge-
ſchwindigkeit eines Canonen-Schuſſes weit zurückgeſchleudert
wurde. Dennoch richteten wir unſern Weg wieder nach
der unglückſeeligen Stelle, um vielleicht noch einige im
Meere zapplende Menſchen zu erretten, allein, es war
hieſelbſt keine lebendige Seele, auch ſonſten nichts als
noch einige zerſtückte Balcken und Breter anzutreffen.

Was dieſer unverhoffte Streich in unſern und der
übrigen Geſellſchafft Gemüthern vor verſchiedene Bewegungen mag verurſachet haben, iſt leichtlich zu erachten.
Wir Schweſtern beweineten nichts, als unſers in ſeinen
Sünden hingerafften Bruders arme Seele, erkühneten
uns aber nicht, über die Straff-Gerichte des Allerhöchſten
Beſchwerde zu führen. Wie Alexandern und Gallus zu
Muthe war, ließ ſich leichtlich ſchlieſſen, indem ſie von
ſelbigem Tage an keine fröliche Mine mehr machen, auch
ſich um nichts bekümmern konten, ſondern das Commando
an Mons. Schimmern gutwillig überlieſſen, der, gegen
den nochmahls entſtehenden Sturm, die beſten und klügſten
Verfaſſungen machte. Selbiger hielt abermahls biß auf
den 6ten Tag, und hatte alle unſere Leute dermaſſen
abgemattet, daß ſie wie die Fliegen dahin fielen, und nach
gehaltener Ruhe im Eſſen und Trincken die verlohrnen
Kräffte wieder ſuchten, [334] ob ſchon kein einziger eigentlich
wiſſen konte, um welche Gegend der Welt wir uns befänden.

Fünff Wochen lieffen wir also in der Irre herum, und hatten binnen der Zeit nicht allein viele Beschädigungen an Schiffe erlitten, sondern auch alle Ancker, Mast und besten Seegel verlohren, und zum allergrösten Unglücke ging mit der 6ten Woche nicht allein das süsse Wasser, sondern auch fast aller Proviant zum Ende, doch hatte der ehrliche Schimmer die Vorsicht gebraucht, in unsere Kammer nach und nach heimlich so viel einzutragen, wovon wir und seine Freunde noch einige Wochen länger als die andern gut zu leben hatten; dahingegen Alexander, Gallus und andere allbereit anfangen musten, Leder und andere noch eckelere Sachen zu ihrer Speise zu suchen.

Endlich mochte ein schändlicher Bube unsere liebe Sabina an einem harten Stücke Zwieback haben nagen sehen, weßwegen so gleich ein Lermen entstund, so, daß viele behaupten wolten, es müste noch vor alle Vorrath genug vorhanden seyn. Derowegen rotteten sich etliche zusammen, brachen in unsere Kammer ein, und da sie noch vor etwa 10. Personen auf 3. Wochen Speise darinnen fanden, wurden wir dieser wegen erbärmlich, ja fast biß auf den Todt von ihnen geprügelt. Mons. Schimmer hatte dieses Lerm nicht so bald vernommen, als er mit seinen Freunden herzu kam, und uns aus ihren Händen retten wolte, da aber so gleich einer von seiner Parthey darnieder gestochen wurde, kam es zu einem solchen entsetzlichen Blutvergiessen, daß, wenn ich noch daran gedencke, mir die Haare zu [335] Berge stehen. Alexander und Gallus, welche sich nunmehro als öffentliche Rädels-Führer und abgesagte Feinde darstelleten, auch Schimmern ziemlich ins Haupt verwundet hatten, musten alle beyde von seinen Händen sterben, und da die andern seiner Löwen-mäßigen Tapfferkeit nachahmeten, wurden ihre Feinde binnen einer Stunde meistens vertilget, die übrigen aber baten mit Aufzeigung ihrer blutigen Merckmahle um Gnade und Leben.

Es waren nunmehro in allen noch 25. Seelen auf dem Schiffe, worunter 5. Mohren und das schändliche

Weibs-Bild begriffen waren, diese letztere wolte Schimmer
durchaus ins Meer werffen, allein auf mein und meiner
Schwester Bitten ließ ers bleiben. Aller Speise-Vorrath
wurde unter die Guten und Bösen in zwey gleiche Theile
getheilet, ohngeacht sich der Frommen ihrer 14. der Bösen
aber nur 11. befanden, nachdem aber das süsse Wasser
ausgetruncken war, und wir uns nur mit zubereiteten
See-Wasser behelffen musten, riß die schädliche Kranckheit,
nehmlich der Schaarbock, als mit welchem ohnedem schon
viele befallen worden, auf einmahl dermassen hefftig ein,
daß in wenig Tagen von beyden Theilen 10. Personen
sturben. Endlich kam die Reihe auch an meine liebe
Schwester, welche ich mit bittern Thränen und Sabinens
getreuer Hülffe auf ein Bret band, und selbige den wilden
Fluthen zum Begräbniß übergab. Es folgten ihr kurtz
darauf noch 5. andere, die theils vom Hunger, theils von
der Kranckheit hingerafft wurden, und da wir übrigen,
nehmlich: Ich, Sabina, Schimmer, Larson, Rawkin,
[336] Schmerd, Hulst, Farding, und das schändliche
Weibs-Bild, die sich Clara nennete, auch nunmehro weder
zu beissen, noch zu brocken hatten, über dieses von er-
wehnter Kranckheit hefftig angegriffen waren, erwarteten
wir fast täglich die letzte Stunde unseres Lebens; Allein,
die sonderbare gnädige Fügung des barmhertzigen Himmels
führete uns endlich gegen diesen von aussen wüste scheinenden Felsen, in der That aber unsern werthen Erret-
tern in die Hände, welche keinen Augenblick versäumeten,
die allerelendesten Leute von der gantzen Welt, nemlich
uns, in beglücktern, ja in den allerglückseeligsten Stand
auf Erden zu versetzen. Schmerd, Hulst und Farding,
die 3. redlichen und frommen Leute, musten zwar so wohl
als die schandbare Clara, gleich in den ersten Tagen
allhier ihren Geist aufgeben, doch wir noch übrigen 5.,
wurden durch GOttes Barmhertzigkeit und durch die gute
Verpflegung dieser frommen Leute erhalten. Wie nachhero
ich, meinem liebsten Alberto, der mich auf seinem Rücken
in dieses Paradies getragen, und wie diese liebe Sabina

ihrem Gemahl Stephano, der ihr eben dergleichen Gütig=
keit erwiesen, zu Theile worden, auch was sich weiter
mit uns damahls neu angekommenen Gästen zugetragen,
wird vielleicht ein andermahl bequemlicher zu erzehlen
5 seyn, wiewohl ich nicht zweiffele, daß es mein liebster
Schwieger=Vater geschickter als ich verrichten wird. Voritzo
bitte nur mit meinem guten Willen zufrieden zu seyn.

Also endigte die angenehme Matrono vor dieses mahl
ihre Erzehlung, weil es allbereits ziemlich spä=[337]te
10 war. Wir danckten derselben davor mit einem liebreichen
Hand=Kusse, und legten uns hernach sämmtlich zur Ruhe,
nahmen aber nächstfolgenden Morgen unsere Lust=Fahrt
auf Christians=Raum zu. Hieselbst waren nicht mehr als
10. wohl erbauete Feuer=Stätten, nebst darzu gehörigen
15 Scheuern, Ställen, und ungemein schönen Garten=Wercke
anzutreffen, anbey die Haupt=Schleusen des Nord=Flusses,
nebst dem Canal, der das Wasser zu beliebiger Zeit in
die kleine See zu führen, durch Menschen=Hände ausgegraben
war, wohl Betrachtens=würdig. Diese Pflantz=Stadt lag
20 also zwischen den Flüssen ungemein lustig, hatte zwar in
ihrem Bezirck keine Weinberge, hergegen so wohl als
andere ein vortrefflich wohlbestelltes Feld, Holtzung, Wild
und herrlichen Fischfang. Vor die gute Aufsicht, und
Besorgung wegen der Brücken und Schleusen, musten ihnen
25 alle andern Einwohner der Insul sonderlich verbunden
seyn, auch davor einen gewissen Zoll an Weine, Saltz
und andern Dingen, die sie nicht selbst in der Nähe haben
konten, entrichten.

Wir hielten uns allhier nicht lange auf, sondern
30 reiseten, nachdem wir ihnen das gewöhnliche Geschencke
gereicht, und die Mittags=Mahlzeit eingenommen hatten,
wieder zurück. Abends, zu gewöhnlicher Zeit aber, fing
David Rawkin auf Erinnerung des Alt=Vaters denen
Versammleten seine Lebens=Geschicht folgender massen zu
35 erzehlen an:

Ich stamme, sagte er, aus einem der vornehmsten
Lords=Geschlechte in Engelland her, und bin [338] dennoch

im Jahr 1640. von sehr armen Eltern in einer Bauer-
Hütte auf dem Dorffe gebohren worden, weiln das Verbrechen meiner Vor-Eltern, so wohl väterlicher als mütter-
licher Seite, ihre Nachkommen nicht allein um alles Vermögen, sondern so gar um ihren sonst ehrlichen Geschlechts- 5
Nahmen gebracht, indem sie denselben aus Noth verläugnen,
und sich nachhero schlecht weg Rawkins nennen müssen,
um nur in einer frembden Provintz ohne Schimpff ruhig,
obschon elend, zu leben.   Meine Eltern, ob sie gleich
unschuldig an allen Ubelthaten der Ihrigen gewesen, waren 1
doch durch derselben Fall gäntzlich mit niedergeschlagen
worden, so, daß sie, einem fürchterlichen Gefängnisse und
andern Beschwerlichkeiten zu entgehen, mit ihren besten
Sachen die Flucht genommen hatten.   Doch, wenn sich
das Verhängniß einmahl vorgesetzt hat, unglückseelige 1
Menschen nachdrücklich zu verfolgen, so müssen sich auch
auf der allersichersten Straffe ihre Feinde finden lassen.
So war es meinen Eltern ergangen, denn da sie allbereit
weit genung hinweg, also von ihren Verfolgern sicher zu
seyn vermeinen, werden die armen Leute des Nachts von 2
einer Rotte Strassen-Räuber überfallen, und biß aufs
blosse Hembde ausgeplündert und fortgejagt, so, daß sie
kaum mit anbrechenden Tage eine Mühle antreffen können,
in welche sie von der barmhertzigen Müllerin aufgenommen
und mit etlichen alten Kleidern bedeckt werden.   Weiln 2
aber der darzu kommende närrische Müller hierüber scheele
Augen macht, und sich so wenig durch meiner Eltern
gehabtes Unglück, als durch meiner Eltern [339] Schönheit
und Zärtlichkeit zum Mitleiden bewegen lässet, müssen sie,
nachdem er doch aus besondern Gnaden ihnen ein halbes 3
Brod und 2. Käse gegeben, ihren Stab weiter setzen,
werden aber von einer Vieh-Magd die ihnen die barmhertzige Müllerin nachgeschickt, in eine kleine Bauer-Wohnung
des nächst-gelegenen Dorffs geführet, anbey wird ihnen
eine halbe Guinee an Gelde überreicht, und der Bauers- 3
Frau befohlen, diese Gäste auf der Müllerin Unkosten
bestens zu bewirthen.

Also haben meine arme Eltern allhier Zeit genung
gehabt, ihr Unglück zu bejammern, anbey aber dennoch
die besondere Vorsorge GOttes und die Gütigkeit der
Müllerin zu preisen, welche fromme Frau meine Mutter
5 wenigstens wöchentlich ein paar mahl besucht, und unter
der Hand wider ihres Mannes Wissen reichlich versorget,
weiln sie als eine betagte Frau, die weder Kinder noch
andere Erben, als ihren unvernünfftigen Mann, dem sie
alles zugebracht hatte, sich ein Vergnügen machte, armen
10 Leuten von ihrem Uberflusse gutes zu thun.

In der dritten Woche ihres dasigen Aufenthalts
kömmt meine Mutter mit mir ins Wochen=Bette, die
Müllerin nebst andern Bauers=Leuten werden zu meinen
Tauff=Zeugen erwehlet, welche erstere die gantze Aus=
15 richtung aus ihren Beutel bezahlet, und meiner Mutter
aufs äuserste verbietet, ihr grosses Armuth niemanden
kund zu geben, sondern jedermann zu bereden, ihr Mann,
als mein Vater, sey ein von einem unruhigen Bischoffe
vertriebener Schulmeister.

20 [340] Dieser Einfall scheinet meinem Vater sehr
geschicklich, seinen Stand, Person und gantzes Wesen, allen
erforderlichen Umständen nach, zu verbergen, derowegen
macht er sich denselben von Stund an wohl zu Nutze,
und passiret auch solcher Gestalt vor allen Leuten, als
25 ein abgedanckter Schulmeister, zumahl da er sich eine darzu
behörige Kleidung verfertigen lässet. Er schrieb eine sehr
feine Hand, derowegen geben ihm die daherum wohnenden
Pfarr=Herren und andere Gelehrten so viel abzuschreiben,
daß er das tägliche Brod vor sich, meine Mutter und
30 mich damit kümmerlich verdienen kan, und also der
wohlthätigen Müllerin nicht allzu beschwerlich fallen darff,
die dem ohngeacht nicht unterließ, meine Mutter wöchentlich
mit Gelde und andern Bedürfnissen zu versorgen.

Doch etwa ein halbes Jahr nach meiner Geburth
35 legt sich diese Wohlthäterin unverhofft aufs crancken Bette
nieder, und stirbt, nachdem sie vorhero meine Mutter zu
sich kommen lassen, und derselben einen Beutel mit Gold=

17*

Stücken, die sich am Werthe höher als 40. Pfund Sterlings
belauffen, zu meiner Erziehung eingehändiget, und aus=
drücklich gesagt hatte, daß wir dieses ihres heimlich ge=
sammleten Schatz=Geldes würdiger und bedürfftiger wären,
als ihr ungetreuer Mann, der ein weit mehreres mit 5
Huren durchgebracht, und vielleicht alles, was er durch
die Heyrath mit ihr erworben, nach ihrem Tode auch bald
durchbringen würde.

Mit diesem kleinen Capitale sehen sich meine Eltern
bey ihren damahligen Zustande ziemlich geholf= [341] fen, 10
und mein Vater läßt sich in den Sinn kommen, seine
Frau und Kind aufzupacken, und mit diesem Gelde nach
Holland oder Franckreich überzugehen, um daselbst entweder
zu Lande oder zur See Kriegs=Dienste zu suchen, allein,
auf inständiges Bitten meiner Mutter, läßt er sich solche 15
löbliche Gedancken vergehen, und dahin bringen, daß er
den erledigten Schulmeister=Dienst in unsern Dorffe an=
nimmt, der jährlich, alles zusammen gerechnet, etwa 10.
Pfund Sterlings Einkommens gehabt.

Vier Jahr lang verwaltet mein Vater diesen Dienst 20
in stillen Vergnügen, weil sich sein und meiner Mutter
Sinn nun gäntzlich in dergleichen Lebens=Art verliebet.
Jederman ist vollkommen wohl mit ihm zufrieden und
bemühet, seinen Fleiß mit ausserordentlichen Geschencken
zu vergelten, weßwegen meine Eltern einen kleinen Anfang 25
zu Erkauffung eines Bauer=Gütgens machen, und ihr
bißhero zusammen gespartes Geld an Ländereyen legen
wollen, weil aber noch etwas weniges an den bedungenen
Kauff=Geldern mangelt, siehet sich meine Mutter genöthiget,
das letzte und beste gehänckelte Gold=Stück, so sie von 30
der Müllerin bekommen, bey ihrer Nachbarin zu versetzen.

Diese falsche Frau gibt zwar so viele kleine Müntze
darauf, als meine Mutter begehret, weil sie aber das
sehr kennbare Gold=Stück sehr öffters bey der verstorbenen
Müllerin gesehen, über dieses mit dem Müller in ver= 35
bothener Buhlschafft leben mag, zeiget sie das Gold=Stück
dem Müller, der dasselbe gegen ein ander Pfand von ihr

nimmt, zum [342] Ober=Richter trägt, meinen Vater und
Mutter eines Diebstahls halber anklagt, und es dahin
bringt, daß beyde zugleich plötzlich, unwissend warum,
gefangen und in Ketten und Banden geschlossen werden.

5 Anfänglich vermeynet mein Vater, seine Feinde am
Königlichen Hofe würden ihn allhier ausgekundschafft und
feste gemacht haben, erschrickt aber desto hefftiger, als man
ihn so wohl als meine Mutter wegen des Diebstahls, den
sie bey der verstorbenen Müllerin unternommen haben
10 solten, zur Rede setzt. Sintemal aber in diesem Stücke
beyde ein gutes Gewissen haben, und fernere Weitläufftig=
keiten zu vermeiden, dem Ober=Richter die gantze Sache
offenbaren, werden sie zwar nach fernern weitläufftigen
Untersuchungen von des Müllers Anklage loß gesprochen,
15 jedennoch so lange in gefänglicher Hafft behalten, biß sie
ihres Standes und Wesens halber gewissere Versicherungen
einbrächten, weiln das Vorgeben wegen eines vertriebenen
Schulmeisters falsch befunden worden, und der Ober=Richter,
ich weiß nicht was vor andere verdächtige Personen, in
20 ihrer Haut gesucht.

Mittlerweile lieff ich armer 6.jähriger Wurm in der
Irre herum, und nehrete mich von den Brosamen, die
von frembder Leute Tische fielen, hatte zwar öffters
Erlaubniß, meine Eltern in ihren Gefängnisse zu besuchen,
25 welche aber, so offt sie mich sahen, die bittersten Thränen
vergossen, und vor Jammer hätten vergehen mögen. Da
ich nun solcher Gestalt wenig Freude bey ihnen hatte, kam
[343] ich künfftig desto sparsamer zu ihnen, gesellete mich
hergegen fast täglich zu einem Gänse=Hirten, bey dem ich
30 das Vergnügen hatte, im Felde herum zu lauffen, und
mit den mir höchst angenehmen Creaturen, nehmlich den
jungen und alten Gänsen, zu spielen, und sie hüten zu
helffen, wovor mich der Gänse=Hirte mit aller Nothdurfft
ziemlich versorgte.

35 Eines Tages, da sich dieser mein Wohlthäter an
einen schattigten Orte zur Ruhe gelegt, und mir das
Commando über die Gänse allein überlassen hatte; kam

ein Cavalier mit zweyen Bedienten geritten, welchen ein
grosser Englischer Hund folgte. Dieser tummelte sich
unter meinen Gänsen lustig herum, und biß fast in einem
Augenblick 5. oder 6. Stück zu Tode. So klein als ich
war, so hefftig ergrimmte mein Zorn über diesen Mörder, [5]
lieff derowegen als ein junger Wüterich auf denselben loß,
und stieß ihm mit einen bey mir habenden spitzigen Stock
dermassen tieff in den Leib hinein, daß er auf der Stelle
liegen blieb. Der eine Bediente des Cavaliers kam dero=
wegen schrecklich erbost zurück geritten, und gab mir mit [10]
der Peitsche einen ziemlichen Hieb über die Lenden, weß=
wegen ich noch ergrimmter wurde, und seinem Pferde
etliche blutige Stiche gab.

Hierauf kam so wohl mein Meister als der Cavalier
selbst herbey, welcher letztere über die Hertzhafftigkeit eines [15]
solchen kleinen Knabens, wie ich war, recht erstaunete, zu=
mahlen ich denjenigen, der mich geschlagen hatte, noch
immer mit grimmigen Gebärden ansahe. Der Cavalier
aber ließ sich [344] mit dem Gänse=General in ein langes
Gespräch ein, und erfuhr von demselben mein und meiner [20]
Eltern Zustand. Es ist Schade, sagte hierauf der Cavalier,
daß dieser Knabe, dessen Gesichts=Züge und angebohrne
Hertzhafftigkeit etwas besonderes zeigen, in seiner zarten
Jugend verwahrloset werden soll. Wie heissest du, mein
Sohn? fragte er mit einer liebreichen Mine, David Rawkin, [25]
gab ich gantz trotzig zur Antwort. Er fragte mich weiter:
Ob ich mit ihm reisen, und bey ihm bleiben wolte, denn
er wäre ein Edelmann, der nicht ferne von hier sein
Schloß hätte, und gesinnet sey, mich in einen weit bessern
Stand zu setzen, als worinnen ich mich itzo befände.   [30]

Ich besonne mich nicht lange, sondern versprach ihm,
gantz gern zu folgen, doch mit dem Bedinge, wenn er
mir vor dem bösen Kerl Friede schaffen, und meinen
Eltern aus dem Gefängniß helffen wolte. Er belachte
das erstere, und versicherte, daß mir niemand Leyd zufügen [35]
solte, wegen meiner Eltern aber wolle er mit dem Ober=
Richter reden.

Demnach nahm mich derjenige Bediente, welcher mein Feind gewesen, nunmehro mit sehr freundlichen Gebärden hinter sich aufs Pferd, und folgten dem Cavalier, der dem Gänse=Hirten 2. Hände voll Geld gegeben, und 5 befohlen hatte, meinen Eltern die Helffte davon zu bringen, und ihnen zu sagen, wo ich geblieben wäre.

Es ift nicht zu beschreiben, mit was vor Gewogenheit ich nicht allein von des Edelmanns Frau und ihren zwey 8. biß 10. jahrigen Kindern, als einem Sohne und einer 10 Tochter, sondern auch von [345] dem gantzen Hauß=Gesinde angenommen wurde, weil mein munteres Wesen allen angenehm war. Man stectte mich sogleich in andere Kleider, und machte in allen Stücken zu meiner Auferziehung den herrlichsten Anfang. Mein Herr nahm 15 mich wenig Tage hernach mit sich zum Ober=Richter, und würctte so viel, daß meine Eltern, die derselbe im Gefängnisse fast gantz vergessen zu haben schien, aufs neue zum Verhör kamen. Kaum aber hatte mein Herr meinen Vater und Mutter recht in die Augen gefaffet, 20 als ihm die Thränen von den Wangen rolleten, und er sich nicht enthalten konte, vom Stuhle aufzustehen, sie beyderseits zu umarmen.

Mein Vater sahe sich solcher Gestalt entdeckt, hielt derowegen vor weit schädlicher, sich gegen dem Ober= 25 Richter ferner zu verstellen, sondern offenbarete demselben seinen gantzen Stand und Wesen. Mein Edelmann, der sich Eduard Sadby nennete, sagte öffentlich: Ich bin in meinem Hertzen völlig überzeugt, daß diese armen Leute an dem Laster der beleydigten Majestät, welches ihre 30 Eltern und Freunde begangen haben, unschuldig find, man verfähret zu scharff, indem man die Straffe der Eltern auch auf die unschuldigen Kinder ausdehnet. Mein Ge=wissen läft es unmöglich zu, diese Erbarmens=würdigen Standes=Personen mit verdammen zu helffen, ohngeacht 35 ihre Vorfahren seit hundert Jahren her meines Geschlechts Todt=Feinde gewesen sind.

Mit allen diesen Vorstellungen aber konte der ehrliche

Eduard nichts mehr ausrichten, als daß [346] meinen
Eltern alle ihre verarrestirten Sachen wieder gegeben,
und sie in einer, ihrem Stande nach, leiblichern Verwahrung
gehalten wurden, weil der Ober=Richter zu vernehmen gab,
daß er sie, seiner Pflicht gemäß, nicht eher völlig loß⁵
geben könne, biß er die gantze Sache nach London berichtet,
und von daher Befehl empfangen hätte, was er mit
ihnen machen solte.   Hiermit musten wir vor dieses mahl
alle zufrieden seyn, ich wurde von ihnen viele hundert
mahl geküsset, und muste mit meinem gütigen Pflege=Vater 10
wieder auf sein Schloß reisen, der mich von nun an so
wohl als seine leibliche Kinder zu verpflegen Anstalt machte,
auch meine Eltern mit hundert Pfund Sterlings, ingleichen
mit allerhand Standes=mäßigen Kleidern und andern
Sachen beschenckte.   15
     Allein, das Unglück war noch lange nicht ermüdet,
meine armen Eltern zu verfolgen, denn nach etlichen
Wochen lieff bey dem Ober=Richter ein Königlicher Befehl
ein, welcher also lautete: Daß ohngeacht wider meine
Eltern nichts erhebliches vorhanden wäre, welches sie des 20
Verbrechens ihrer Verwandten, mitschuldig erklären könne,
so solten sie dem ohngeacht, verschiedener Muthmassungen
wegen, in das Staats=Gefängniß nach London geliefert
werden.
     Diesemnach wurden dieselben unvermuthet dahin 25
geschafft, und musten im Tour, obgleich als höchst=unschuldig
befundene, dennoch ihren Feinden zu Liebe, die ihre Güter
unter sich getheilet, so lange schwitzen, biß sie etliche
Monate nach des Königs Enthauptung, ihre Freyheit
nebst der Hoff= [347] nung zu ihren Erb=Gütern, wieder 30
bekamen; allein, der Gram und Kummer hatte seit etlichen
Jahren beyde dermassen entkräfftet, daß sie sich in ihren
besten Jahren fast zugleich aufs Krancken=Bette legten,
und binnen 3. Tagen einander im Tode folgeten.
     Ich hatte vor dem mir höchst=schmertzlichen Abschiede 35
noch das Glück, den Väterlichen und Mütterlichen letzten
Seegen zu empfangen, ihnen die Augen zuzudrücken, anbey

ein Erbe ihres gantzen Vermögens, das sich etwa auf
150. Pfund Sterl. nebst einem grossen Sacke voll Hoffnung
belieff, zu werden.

Eduard ließ meine Eltern Standes=mäßig zur Erden
5 bestatten, und nahm sich nachhero meiner als ein getreuer
Vater an, allein, ich weiß nicht, weßwegen er hernach
im Jahre 1653. mit dem Protector Cromwel zerfiel,
weßwegen er ermordet, und sein Weib und Kinder in
eben so elenden Zustand gesetzt wurden, als der meinige war.
10 Mit diesem Pfeiler fiel das gantze Gebäude meiner
Hoffnung, wiederum in den Stand meiner Vor=Eltern
zu kommen, gäntzlich darnieder, weil ich als ein 13. jähriger
Knabe keinen eintzigen Freund zu suchen wuste, der sich
meiner mit Nachdruck annehmen möchte. Derowegen begab
15 ich mich zu einem Kauffmanne, welchen Eduard meinet=
wegen 200. Pfund Sterlings auf Wucher gegeben hatte,
und verzehrete bey ihm das Interesse. Dieser wolte
mich zwar zu seiner Handthierung bereden, weil ich aber
durchaus keine Lust darzu hatte, hergegen entweder ein
20 Gelehrter oder ein Soldat werden wolte, [348] muste er
mich einem guten Meister der Sprachen übergeben, bey
dem ich mich dergestalt angriff, daß ich binnen Jahres=
Frist mehr gefasset, als andere, die mich an Jahren weit
übertraffen.

25 Eines Tages, da ich auf denjenigen Platz spatziren
ging, wo ein neues Regiment Soldaten gemustert werden
solte, fiel mir ein Mann in die Augen, der von allen
andern Menschen sonderbar respectiret wurde. Ich fragte
einen bey mir stehenden alten Mann: Wer dieser Herr
30 sey? und bekam zur Antwort: daß dieses derjenige Mann
sey, welcher der gantzen Nation Freyheit und Glückseligkeit
wieder hergestellet hätte, der auch einem jeden Unterdrückten
sein rechtes Recht verschaffte. Wie heisset er mit Namen?
war meine weitere Frage, worauf mir der Alte zur
35 Antwort gab: Er heisset Oliverius Cromwell, und ist
nunmehro des gantzes Landes Protector.

Ich stund eine kleine Weile in Gedancken, und fragte

meinen Alten nochmahls: Solte denn dieser Oliverius
Cromwell im Ernste so ein redlicher Mann seyn?

Indem kehrete sich Cromwell selbst gegen mich, und
sahe mir starr unter die Augen. Ich sahe ihn nicht
weniger starr an, und brach plötzlich mit unerschrockenem
Muthe in folgende Worte aus: Mein Herr, verzeihet
mir! ich höre, daß ihr derjenige Mann seyn sollet, der
einem jeden, er sey auch wer er sey, sein rechtes Recht
verschaffe, derowegen liegt es nur an euch, dieserwegen
eine Probe an mir abzulegen, weil schwerlich ein gebohrner
vornehmer Engelländer härter und unschuldiger gedrückt
ist als eben ich.

[349] Cromwell ließ seine Bestürtzung über meine
Freymüthigkeit deutlich genug spüren, fassete aber meine
Hand, und führete mich abseits, allwo er meinen Nahmen,
Stand und Noth auf einmahl in kurtzen Worten erfuhr.
Er sagte weiter nichts darzu als dieses: Habt kurtze Zeit
Gedult, mein Sohn! ich werde nicht ruhen, biß euch
geholffen ist, und damit ihr glaubet, daß es mein rechter
Ernst sey, will ich euch gleich auf der Stelle ein Zeichen
davon geben. Hiermit führete er mich mitten unter einen
Troupp Soldaten, nahm einem Fähndrich die Fahne aus
der Hand, übergab selbige an mich, machte also auf der
Stätte aus mir einen Fähnrich, und aus dem vorigen
einen Lieutenant.

Mein Monathlicher Sold belieff sich zwar nicht
höher als auf 8. Pfund Sterlings, doch Cromwells Frey-
gebigkeit brachte mir desto mehr ein, so, daß nicht allein
keine Noth leiden, sondern mich so gut und besser als
andere Ober-Officiers aufführen konte. Immittelst verzögerte sich aber die Wiedereinsetzung in meine Güter dermassen, biß Cromwell endlich darüber verstarb, sein wunderlicher Sohn Richard verworffen, und der neue König,
Carl der andere, wiederum ins Land geruffen wurde.
Bey welcher Gelegenheit sich meine Feinde aufs neue
wider mich empöreten, und es dahin brachten, daß ich
meine Kriegs-Bedienung verließ, und mit 400. Pfund

Sterl. baaren Gelde nach Holland überging, des festen
Vorsatzes, mein, mir und meinen Vorfahren so wider=
wärtiges Vaterland nimmermehr wieder mit einem Fuße
zu betreten.

5 Ich hatte gleich mein zwanzigstes Jahr erreicht, [350]
da mich das Glücke nach Holland überbrachte, allwo ich
binnen einem halben Jahre viel schöne Städte besahe,
doch in keiner derselben einen andern Trost vor mich
fand, als mein künfftiges Glück oder Unglück auf der
10 See zu suchen.   Weil aber meine Sinnen hierzu noch keine
vollkommene Lust hatten, so setzte meine Reise nach
Teutschland fort, um selbiges als das Hertz von gantz
Europa wohl zu betrachten.   Mein Haupt=Absehen aber
war entweder unter den Käyserl. oder Chur=Brandenburgl.
15 Völckern Kriegs=Dienste zu suchen, jedoch zu meinem
grösten Verdrusse wurde eben Friede, und mir zu gefallen
wolte keinem eintzigen wiederum Lust ankommen, Krieg
anzufangen.
Inzwischen passirete mir auf dem Wege durch den
20 beruffenen Thüringer Wald, ein verzweiffelter Streich, denn
als ich eines Abends von einem grausamen Donner=
Wetter und Platz=Regen überfallen war, so sahe mich bey
hereinbrechender Nacht genöthiget, vom Pferde abzusteigen
und selbiges zu führen, biß endlich, da ich mich schon
25 weit verirret und etwa gegen Mitternacht mit selbigen
meine Ruhe unter einem grossen Eichbaume suchen wolte,
der Schein eines von ferne brennenden Lichts, durch die
Sträucher in meine Augen fiel, der mich bewegte meinen
Gaul aufs neue zu beunruhigen, um dieses Licht zu er=
30 reichen.   Nach verfliessung einer halben Stunde war ich
gantz nahe dabey, und fand selbiges in einem Hause, wo
alles herrlich und in Freuden zuging, indem ich von
auffen eine wunderlich schnarrende Music hürete, und
durch das Fenster 5. oder 6. paar Menschen im Tantze
35 erblickte.   Mein [351] vom vielen Regen ziemlich er=
kälteter Leib, sehnete sich nach einer warmen Stube, dero=
wegen pochte an, bat die heraus guckenden Leute um ein

Nacht-Quartier, und wurde von ihnen aufs freundlichste
empfangen. Der sich angebende Wirth führete mein Pferd
in. einen Stall, brachte meinen blauen Mantel-Sack in
die Stube, ließ dieselbe warm machen, daß ich meine
naſſen Kleider trocknen möchte, und ſetzte mir einige, eben ₅
nicht unappetitliche Speiſen für, die mein hungeriger Magen
mit gröſter Begierde zu ſich nahm. Nachhero hätte mich
zwar gern mit drey anweſenden anſehnlichen Manns-
Perſonen ins Geſpräche gegeben, da ſie aber weder Engel-
noch Holländiſch, vielweniger mein weniges Latein ver- ₁₀
ſtehen konten, und mit zerſtückten Deutſchen nicht zufrieden
ſeyn wolten, legte ich mich auf die Streu nieder, und
zwar an die Seite eines Menſchen, welchen der Wirth
vor einen bettlenden Studenten ausgab, blieb auch bey
ihm liegen, ohngeacht mir der gute Wirth nachhero unter ₁₅
dem Vorwande, daß ich allhier voller Ungeziefer werden
würde, eine andere Stelle anwieſe.

Ich hatte die Thorheit begangen, verſchiedene Gold-
Stücke aus meinem Beutel ſehen zu laſſen, jedoch ſelbige
nachhero ſo wol als mein übriges Geld um den Leib ₂₀
herum wol verwahret, meinen Mantel-Sack unter den
Kopf, Piſtolen und Degen aber neben mich gelegt. Allein
dergleichen Vorſicht war in ſo weit vergeblich, da ich in
einen ſolchen tieffen Schlaff verfalle, der, wo es GOTT
nicht ſonderlich verhütet, mich in den Todes-Schlaf ver- ₂₅
ſenckt hätte. Denn kaum zwey Stunden nach mei-[352]nem
niederliegen, machten die drey anſehnlichen Manns-
Perſonen, welches in der That Spitzbuben waren, einen
Anſchlag auf mein Leben, hätten mich auch mit leichter
Mühe ermorden können, wenn nicht der ehrliche neben ₃₀
mir liegende studiosus, welches der nunmehro ſeelige
Simon Heinrich Schimmer war, im verſtellten Schlafe
alles angehöret, und mich errettet hätte.

Die Mörder nehmen vorhero einen kurtzen Abtritt
aus der Stube, derowegen wendet Schimmer allen Fleiß ₃₅
an, mich zu ermuntern, da aber ſolches unmöglich iſt,
nimmt er meine zum Häupten liegenden Piſtolen und

Degen unter ſeinen Rock, welcher ihm zur Decke dienete,
vermerckt aber bald, daß alle drey wieder zurück kommen,
und daß einer mit einem großen Meſſer in der Hand,
mir die Kehle abzuſchneiden, mine macht.

⁵ Es haben ſich kaum ihrer zwey auf die Knie geſetzt,
einer nemlich, mir den tödtlichen Schnitt zu geben, der
andere aber Schimmers Bewegung in acht zu nehmen, als
dieſer Letztere plötzlich aufſpringet, und faſt in einem
tempo alle beyde zugleich darnieder ſchieſſet, weil er noch
¹⁰ vor meinem niederliegen wahr genommen, daß ich die
Piſtolen ausgezogen und jede mit 2. Kugeln friſch geladen
hatte. Indem ich durch dieſen gedoppelten Knall plötzlich
auffuhr, erblickte ich, daß der dritte Haupt-Spitz-Bube
von Schimmern mit dem Degen darnieder geſtochen wurde.

¹⁵ Dem ohngeacht hatten ſich noch 3. Mannes- und 4. Weibs-
Perſonen vom Lager erhoben, welche uns mit Hölzernen
Gewehren darnieder zu ſchlagen vermeyneten, allein da
ich unter Schim-[353]mers Rocke meinen Degen fand und
zum Zuge kam, wurde in kurtzen reine Arbeit gemacht,
²⁰ ſo, daß dieſe 7. Perſonen elendiglich zugerichtet, auf ihr
voriges Lager niederfallen muſten. Am lächerlichſten
war dieſes bey dem gantzen Streite, daß mich eine Weibs-
Perſon, mit einer ziemlich ſtarck angefüllten Katze voll
Geld, über den Kopf ſchlug, ſo daß mir faſt hören und
²⁵ ſehen vergangen wäre, da aber dieſe Amazonin durch
einen gewaltigen Hieb über den Kopff in Ohnmacht
gebracht, hatte ich Zeit genung, mich ihres koſtbaren Ge-
wehrs zu bemächtigen, und ſelbiges in meinem Buſen
zu verbergen.

³⁰ Mittlerweile da Schimmer, mit dem von mir geforderten Kraut und Loth, die Piſtolen aufs neue pfefferte,
kam der Wirth mit noch zwey Handfeſten Kerln herzu,
und fragte: Was es gäbe? Schimmer antwortete: Es
giebt allhier Schelme und Spitzbuben zu ermorden, und
³⁵ derjenige ſo die geringſte mine macht uns anzugreiffen,
ſoll ihnen im Tode Geſellſchafft leiſten. Demnach ſtelleten
ſich der Wirth nebſt ſeynen Beyſtänden, als die ehrlichſten

Leute von der Welt, schlugen die Hände zusammen und
schryen: O welch ein Anblick? Was hat uns das Unglück
heute vor Gäste zugeführet? Allein Schimmer stellete sich
als ein anderer Horculus an, und befahl, daß der Wirth
sogleich mein Pferd gesattelt hervor führen solte, mittler=
weile sich seine zwey Beystände als ein paar Hunde vor
der Stuben=Thür niederlegen musten. Wir beyde kleideten
uns inzwischen völlig an, liessen mein Pferd herausführen,
die Thür eröffnen, und durch [354] den Wirth den
Mantel=Sack aufbinden, reiseten also noch vor Tages=
Anbruch hinweg, und bedachten hernach erstlich, daß der
Wirth vor großer Angst nicht ein mal die Zehrungs=
Kosten gefordert hatte, vor welche ihm allen Ansehen nach
3. oder 4. Todte, und 6. sehr Verwundete hinterlassen
waren.

Wir leiteten das Pferd hinter uns her, und folgeten
Schritt vor Schritt, ohne ein Wort mit einander zu reden,
dem gebähnten Wege, auch unwissend, wo uns selbiger
hinführete, biß endlich der helle Tag anbrach, der mir
dieses mal mehr als sonsten, mit gantz besonderer Schätz=
barkeit in die Augen leuchtete. Doch da ich mein Pferd
betrachtete, befand sich, daß mir der Wirth, statt meines
blauen Mantel=Sacks, einen grünen aufgebunden hatte.
Ich gab solches dem redlichen Schimmer, mit dem ich auf
dem Wege in Erwegung unserer beyderseits Bestürzung
noch kein Wort gesprochen hatte, so gut zu verstehen, als
mir die Lateinische Sprache aus dem Munde fliessen
wolte, und dieser war so neugierig als ich, zu wissen,
was wir vor Raritäten darinnen antreffen würden. Dero=
wegen führeten wir das Pferd seitwarts ins Gebüsche,
packten den Mantel=Sack ab, und fanden darinnen 5. ver=
guldete silberne Kelche, 2. silberne Oblaten = Schachteln,
vielerley Beschläge so von Büchern abgebrochen war, nebst
andern kostbarn und mit Perlen gestickten Kirchen=Ornaten,
gantz zuletzt aber kam uns in einem Bündel zusammen
gewickelter schwartzer Wäsche, ein lederner Beutel in die
Hände, worinnen sich 600. Stück species Ducaten befanden.

[355] Schimmern überfiel bey dieſem Funde ſo wol als mich, ein grauſamer Schrecken, ſo daß der Angſt=Schweiß über unſere Geſichter lieff, und wir beyderſeits nicht wuſten was mit dieſen mobilien anzufangen ſey. Endlich da wir einander lange genung angeſehen, ſagte mein Geſährte: Wehrter Frembdling, ich mercke aus allen Umbſtänden daß ihr ſo ein redliches Hertze im Leibe habt als ich, derowegen wollen wir Gelegenheit ſuchen, die, zu GOttes Ehre geweyheten Sachen und Heiligthümer, von uns ab= und an einen ſolchen Orth zu ſchaffen, von wannen ſie wiederum an ihre Eigenthümer geliefert werden können, denn diejenigen, welche vergangene Nacht von uns getödtet und verwundet worden, ſind ohnſehlbar Kirchen=Diebe geweſen. Was aber dieſe 600. spec. Ducaten an=belanget, ſo halte darvor daß wir dieſelben zur recreation vor unſere ausgeſtandene Gefahr und Mühe wol behalten können. Saget, ſprach er, mir derowegen euer Gutachten.

Ich gab zu verſtehen daß meine Gedancken mit den Seinigen vollkommen überein ſtimmeten, alſo packten wir wiederum auf, und ſetzten unſern Weg ſo eilig, als es möglich war, weiter fort, da mir denn Schimmer unter=weges ſagte: Ich ſolte mich nur um nichts bekümmern, denn weil ich ohne dem der teutſchen Sprache unkundig wäre, wolte er ſchon alles ſo einzurichten trachten, daß wir ohne fernere Weitläuffigkeit und Gefahr weit genug fortkommen könten, wohin es uns beliebte.

Es kam uns zwar überaus Beſchwerlich vor, den gantzen Tag durch den fürchterlichen Wald, [356] und zwar ohne Speiſe und Tranck zu reiſen, jedoch endlich mit Untergang der Sonnen erreichten wir einen ziemlich groſſen Flecken, allwo Schimmer ſogleich nach des Prieſters Wohnung fragte, und nebſt mir, vor derſelben halten blieb.

Der Ehrwürdige etwa 60. jährige Prieſter kam gar bald vor die Thür, welchen Schimmer in Lateiniſcher Sprache ohngefehr alſo anredete: Mein Herr! Es möchte uns vielleicht vor eine Unhöfflichkeit ausgelegt werden, bey euch um ein Nacht=Quartier zu bitten, indem wir

als gantz frembde Leute in das ordentliche Wirthshaus
gehören, allein es zwinget uns eine gantz besondere Begebenheit, in Betrachtung eures heiligen Amts, bey euch
Rath und Hülffe zu suchen.   Derowegen schlaget uns keins
von beyden ab, und glaubet gewiß, daß in uns beyden
keine Boßheit, sondern zwei redliche Hertzen befindlich.
Habt ihr aber dieser Versicherung ohngeacht ein Mißtrauen,
welches man euch in Erwegung der vielen herumschweiffenden
Mörder, Spitzbuben und Diebe zu gute halten muß, so
brauchet zwar alle erdenckliche Vorsicht, lasset euch aber
immittelst erbitten unser Geheimniß anzuhören.

Der gute ehrliche Geistliche machte nicht die geringste
Einwendung, sondern befahl unser Pferd in den Stall zu
führen, uns selbst aber nöthigte er sehr treuhertzig in seine
Stube, allwo wir von seiner Hausfrau, und bereits
erwachsenen Kindern, wohl empfangen wurden. Nachdem
wir, auf ihr hefftiges Bitten, die Abend=Mahlzeit bey
ihnen eingenommen, führete uns der ehrwürdige Pfarrer
auf [357] seine Studier-Stube, und hörete nicht allein
die in vergangener Nacht vorgefallene Mord=Geschicht mit
Erstaunen an, sondern entsetzte sich noch mehr, da wir
ihm das auf wunderbare Weise erhaltene Kirchen=Geschmeide
und Geräthe aufzeigeten, denn er erkannte sogleich an gewissen Zeichnungen, daß es ohnfehlbar aus der Kirche
einer etwa 3. Meilen von seinem Dorffe liegenden Stadt
seyn müsse, und hofte, deßfals sichere Nachricht von einem
vornehmen Beamten selbiger Stadt zu erhalten, welcher
Morgendes Tages ohnfehlbar zu ihm kommen und mit
einer seiner Töchter Verlöbniß halten würde.

Schimmer fragte ihn hierauff, ob wir als ehrliche
Leute genung thäten, wenn wir alle diese Sachen seiner
Verwahrung und Sorge überliessen, selbige wiederum an
gehörigen Ort zu liefern, uns aber, da wir uns nicht
gern in fernere Weitläufftigkeiten verwickelt sähen, auf die
weitere Reise machten.   Der Priester besonne sich ein
wenig, und sagte endlich: Was massen er derjenige nicht
sey, der uns etwa Verdrießlichkeiten in den Weg zu legen

ober aufzuhalten gesonnen, sondern uns vielmehr auf
mögliche Art forthelffen, und die Kirchen=Güter so bald
es thunlich, wieder an ihren gehörigen Orth bringen
wolte. Allein meine Herrn, setzte er hinzu, da euch allen
5 beyden die Redlichkeit aus den Augen leuchtet, eure Begebenheit sehr wichtig, und die Auslieferung solcher kostbaren Sachen höchst rühmlich und merckwürdig ist; Warum
lasset ihr euch einen kleinen Auffenthalt oder wenige Versäumniß abschrecken, GOTT zu Ehren und der [358]
10 Weltlichen Obrigkeit zum Vergnügen, diese Geschichte
öffentlich kund zu machen? Schimmer versetzte hierauff:
Mein Ehrwürdiger Herr! ich nehme mir kein Bedencken,
euch mein gantzes Hertz zu offenbaren. Wisset demnach,
daß ich aus der Lippischen Grasschafft gebürtig bin, und
15 vor etlichen Jahren auf der berühmten Universität Jena
dem studiren obgelegen habe, im Jahr 1655. aber hatte
das Unglück, an einem nicht gar zu weit von hier liegenden
Fürstlichen Hofe, allwo ich etwas zu suchen hatte, mit einem
jungen Cavalier in Händel zu gerathen, und denselben
20 im ordentlichen Duell zu erlegen, weßwegen ich flüchtig
werden, und endlich unter Käyserlichen Kriegs=Völckern mit
Gewalt Dienste nehmen muste. Weil mich nun dabey
wohl hielt, und über dieses ein ziemlich Stück Geld anzuwenden hatte, gab mir mein Obrister gleich im andern
25 Jahre den besten Unter=Officiers Platz, nebst der Hoffnung,
daß, wenn ich fortführe mich wohl zu halten, mir mit
ehesten eine Fahne in die Hand gegeben werden solte.
Allein vor etwa 4. Monathen, da wir in Oesterreichischen
Landen die Winter=Quartiere genossen, machte mich mein
30 Obrister über alles vermuthen zum Lieutenant bey seiner
Leib=Compagnie, welches plötzliche Verfahren mir den
bittersten Haß aller andern, denen ich solchergestalt vorgezogen worden, über den Hals zohe, und da zumahlen ein
Lutheraner bin, so wurde zum öfftern hinter dem Rücken
35 vor einen verfluchten Ketzer gescholten, der des Obristen
Hertz ohnfehlbar bezaubert hätte. Mithin verschweren sich
etliche, mir bey ehester Gelegenheit das Lebens=Licht aus-

[359] zublasen, wolten auch solches einesmahls, da ich in ihre Gesellschafft gerieth, zu Wercke richten, allein das Blat wendete sich, indem ich noch bey zeiten mein Seiten=Gewehr ergriff, zwey darnieder stieß, 3. sehr starck verwundete, und nachhero ebenfalls sehr verwundet in Arrest kam.

Es wurde mir viel von harquibousiren vorgeschwatzt, derowegen stellete mich, ohngeacht meine Wunden bey nahe gäntzlich curiret waren, dennoch immer sehr kranck an, biß ich endlich des Nachts Gelegenheit nahm zu entfliehen, meine Kleider bey Regensburg mit einem armen Studioso zu verwechseln, und unter dessen schwartzer Kleidung in ärmlicher Gestalt glücklich durch, und biß in diejenige Mord=Grube des Thüringer Waldes zu kommen, allwo ich diesen jungen Engelländer aus seiner Mörder Händen befreyen zu helffen das Glück hatte. Sehet also mein werther Herr, verfolgte Schimmer seine Rede, bey der= gleichen Umständen will es sich nicht wol thun lassen, daß ich mich um hiesige Gegend lange aufhalte, oder meinen Nahmen kund mache, weil ich gar leicht, den vor 5. Jahren erzürneten Fürsten, der seinen erstochenen Cavalier wol noch nicht vergessen hat, in die Hände fallen könte. In Detmold aber, allwo meine Eltern seyn, will ich mich finden lassen, und bemühet leben meine Sachen an erwehnten Fürstlichen Hofe auszumachen.

Habt ihr sonsten keine Furcht, versetzte hierauff der Priester, so will ich euch bei GOTT versichern, daß ihr um diese Gegend vor dergleichen Gefahr so sicher leben könnet, als in eurem Vaterlan= [360] de. Da er auch über dieses versprach, mit seinem zukünfftigen Schwieger= Sohne alles zu unsern weit grössern Vortheil und Nutzen einzurichten, beschlossen wir, uns diesem redlichen Manne völlig anzuvertrauen, die 600. spec. Ducaten aber, biß auf fernern Bescheid, zu verschweigen, als welche ich nebst der im Streit eroberten Geld=Katze, in welcher sich vor fast dritthalb hundert teutscher Thaler Silber=Müntze befand, in meine Reit=Taschen verbarg, und Schimmern ver= sprach, so wol eins als das andre, redlich mit ihm zu theilen.

Mittlerweile schrieb der Priester die gantze Begeben=
heit an seinen zukünfftigen Eidam, und schickte noch selbige
Nacht einen reitenden Boten zu selbigem in die Stadt,
von wannen denn der hurtige und redliche Beambte
5 folgenden Morgen bey guter Zeit ankam, und die Kirchen=
Güter, welche nur erstlich vor drey Tagen aus dasiger
Stadt=Kirchen gestohlen worden, mit grösten Freuden in
Empfang nahm. Schimmer und ich liessen uns sogleich
bereden mit ihm, nebst ohngefähr 20. wohl bewehrten
10 Bauern zu Pferde, die vortreffliche Herberge im Walde
noch einmal zu besuchen, welche wir denn gegen Mitter=
nacht nach vielen suchen endlich fanden. Jedoch nicht
allein der verzweiffelte Wirth mit seiner gantzen Familie,
sondern auch die andern Galgen=Vögel waren alle aus=
15 geflogen, bis auf 2. Weibs= und eine Manns=Person, die
gefährlich verwundet in der Stube lagen, und von einer
Stein alten Frau verpflegt wurden. Diese wolte anfänglich
von nichts wissen, stellete sich auch gäntzlich taub und halb
blind an, doch endlich nach scharffen Dro= [361] hungen
20 zeigete sie einen alten wohlverdeckten Brunnen, aus welchen
nicht allein die vier käntlichen Cörper, der von uns
erschossenen und erstochenen Spitzbuben, sondern über
dieses, noch 5. theils halb, theils gäntzlich abgefaulte
Menschen=Gerippe gezogen wurden. Im übrigen wurde so
25 wol von den Verwundeten als auch von der alten Frau
bekräfftiget, daß der Wirth, nebst den Seinigen und
etlichen Gästen, schon gestrigen Vormittags mit Sack und
Pack außgezogen wäre, auch nichts zurück gelassen hätte,
als etliche schlechte Stücken Hauß=Geräthe und etwas
30 Lebens=Mittel vor die Verwundeten, die nicht mit fort=
zubringen gewesen. Folgenden Tages fanden sich nach
genauerer Durchsuchung noch 13. im Keller vergrabene
menschliche Cörper, die ohnfehlbar von diesem höllischen
Gastwirthe und seinen verteuffelten Zunfftgenossen ermordet
35 seyn mochten, und uns allen ein wehmütiges Klagen über
die unmenschliche Verfolgung der Menschen gegen ihre
Neben=Menschen auspresseten. Immittelst kamen die, von

18*

dem klugen Beamten bestellte 2. Wagens an, auf welche,
da sonst weiter allhier nichts zu thun war, die 3. Ver=
wundeten, nebst der alten Frau gesetzt, und unter Begleitung
10. Handfester Bauern zu Pferde, nach der Stadt zu=
geschickt wurden.

Der Beambte, welcher, nebst uns und den übrigen,
das gantze Hauß, Hoff und Garten nochmals eiffrig durch=
sucht, und ferner nichts merckwürdiges angetroffen hatte,
war nunmehro auch gesinnet auf den Rückweg zu gedencken,
Schimmer aber, der seine in Händen habende Rade=Haue
von ohnge=[362]fähr auf den Küchen=Heerd warff, und
dabey ein besonderes Getöse anmerckte, nahm dieselbe
nochmals auf, that etliche Hiebe hinein, und entdeckte, wieder
alles Vermuthen, einen darein vermaureten Kessel, worinnen
sich, da es nachhero überschlagen wurde, 2000. Thlr. Geld,
und bey nahe eben so viel Gold und Silberwerck befand.
Wir erstauneten alle darüber, und wusten nicht zu begreiffen,
wie es möglich, daß der Wirth dergleichen kostbaren Schatz
im Stich lassen können, muthmasseten aber, daß er vielleicht
beschlossen, denselben auf ein ander mal abzuholen. Indem
trat ein alter Bauer auf, welcher erzehlete: Daß vor
etliche 40. Jahren in Kriegs=Zeiten ebenfalls ein Wirth
aus diesem Hause, Mord und Dieberey halber, gerädert
worden, der noch auf dem Richt=Platze, kurtz vor seinem
unbußfertigen Ende, versprochen hätte, einen Schatz von
mehr als 4000. Thlr. Werth zu entdecken, daferne man
ihm das Leben schencken wolle. Allein die Gerichts=Herren,
welche mehr als zu viel Proben seiner Schelmerey erfahren,
hätten nichts anhören wollen, sondern das Urtheil an ihm
vollziehen lassen. Demnach könne es wol seyn, daß seine
Nachkommen hiervon nichts gewust, und diesen unverhofft
gefundenen Schatz also entbehren müssen.

Der hierdurch zuletzt noch ungemein erfreute Beamte
theilete selbigen versiegelt in etliche Futter=Säcke der Bauren,
und hiermit nahmen wir unsern Weg zurück, er in die
Stadt, Schimmer und ich, nebst 4. Bauern aber, zu unsern
gutthätigen Pfarrer, der über die fernere Nachricht unserer

Ge= [363] ſchicht um ſo viel deſto mehr Verwunderung
und Beſtürtzung zeigte.

Wir hatten dem redlichen Beamten verſprochen, ſeiner
daſelbſt zu erwarten, und dieſer ſtellete ſich am 3ten Tage
5 bey uns ein, brachte vor Schimmern und mich 200. spec.
Ducaten zum Geſchencke mit, ingleichen ein gantz Stück
Scharlach nebſt allem Zubehör der Kleidungen, die uns zwey
Schneiders aus der Stadt in der Pfarr=Wohnung ſogleich
verfertigen muſten. Mittlerweile protocollirte er unſere
10 nochmahlige Außſage wegen dieſer Begebenheit, hielt darauff
ſein Verlöbniß mit des Prieſters Tochter, welches Freuden=
Feſt wir beyderſeits abwarten muſten, nachhero aber, da
ſich Schimmer ein gutes Pferd erkaufft, und unſere übrige
Equippage völlig gut eingerichtet war, nahmen wir von
15 dem guthertzigen Prieſter und den Seinigen danckbarlich
Abſchied, lieſſen uns von 6. Handfeſten, wohlbewaffneten
und gut berittenen Bauern zurück durch den Thüringer Wald
begleiten, und ſetzten nachhero unſere Reiſe ohne fernern
Anſtoß auf Detmold fort, allwo wir von Schimmers Mutter,
20 die ihren Mann nur etwa vor 6. oder 8. Wochen durch
den Tod eingebüſſet hatte, hertzlich wol empfangen wurden.

Hierſelbſt theileten wir die, auf unſerer Reiſe wunder=
bar erworbenen Gelder, ehrlich mit einander und lebten
über ein Jahr als getreue Brüder zuſammen, binnen welcher
25 Zeit ich dermaſſen gut Teutſch lernete, daß faſt meine
Mutter=Sprache darüber vergaß, wie ich mich denn auch
in ſolcher = Zeit zur Evangeliſch=Lutheriſchen Religion
wand=[364]te, und den verwirrten Engliſchen Secten gäntz=
lich abſagte.

30 Schimmers Bruder hatte die Väterlichen Güter all=
bereit angenommen, und ihm etwa 3000. teutſcher Thaler
heraus gegeben, welche dieſer zu Bürgerlicher Nahrung
anlegen, und eine Jungfrau von nicht weniger guten
Mitteln erheyrathen, mich aber auf gleiche Art mit ſeiner
35 eintzigen ſchönen Schweſter verſorgen wolte. Allein zu
meinem gröſten Verdruſſe hatte ſich dieſelbe allbereits
mit einem wohlhabenden andern jungen Menſchen ver=

plempert, so daß meine zu ihr tragende aufrichtige Liebe
vergeblich war, und da vollends meines lieben Schimmers
Liebste, etwa 3. Wochen vor dem angestellten Hochzeit=
Feste, durch den Tod hinweg gerafft wurde; fasseten wir
beyderseits einen gantz andern Schluß, nahmen ein jeder
von seinem Vermögen 1000 spec. Ducaten, legten die
übrigen Gelder in sichere Hände, und begaben uns unter
die Holländischen Ost=Indien=Fahrer, allwo wir auf zwey
glücklichen Reisen unser Vermögen ziemlich verstärckten,
derowegen auch gesonnen waren, die dritte zu unternehmen,
als uns die verzweiffelten Verräther, Alexander und
Gallus, das Maul mit der Hoffnung eines grossen Ge=
winstes wässerig machten, und dahin brachten, in ihrer
Gesellschafft nach der Insul Amboina zu schiffen.

Was auf dieser Fahrt vorgegangen, hat meine
werthe Schwägerin, des Alberti II. Gemahlin, mit behörigen
Umbständen erzehlet, derowegen will nur noch dieses
melden, daß Schimmer und ich eine heimliche Liebe auf
die beyden tugendhafften [365] Schwestern, nemlich
Philippinen und Judith geworffen hatten, ingleichen daß
sich Jacob Larson, der unser dritter Mann und besonderer
Hertzens=Freund war, nach Sabinens Besitzung sehnete.
Doch keiner von allen dreyen hatte das Hertze, seinem
Geliebten Gegenstande die verliebten Flammen zu ent=
decken, zumahlen da ihre Gemüther, durch damahlige
ängstliche Bekümmernisse, einmal über das andere in die
schmertzlichsten Verdrießlichkeiten verfielen. In welchem
elenden Zustande denn auch die fromme und keusche
Philippine ihr junges Leben kläglich einbüssete, welches
Schimmern als ihren ehrerbietigen Liebhaber in geheim
1000. Thränen auspressete, indem ihm dieser Todes=Fall
weit heftiger schmertzte, als der plötzliche Abschied seiner
ersten Liebste. Ich und Larson hergegen verharreten
in dem festen Vorsatze, so bald wir einen sichern Platz auf
dem Lande erreicht, unsern beyden Leit=Sternen die Be=
schaffenheit und Leydenschafft der Hertzen zu offenbaren,
und allen Fleiß anzuwenden, ihrer ungezwungenen schätz=

baren Gegen=Gunst theilhafftig zu werden. Dieses ge=
schahe nun so bald wir auf hiesiger Felsen=Insul unsere
Gesundheit völlig wieder erlangt hatten. Der Vortrag
wurde nicht allein guthertzig aufgenommen, sondern wir
5 hatten auch beyderseits Hoffnung bey unsern schönen
Liebsten glücklich zu werden. Doch Amias und Robert
Hülter brachten es durch vernünfftige Vorstellungen dahin,
daß wir insgesammt guter Ordnung wegen unsere Hertzen
beruhigten, und selbige auf andere Art vertauschten. Also
10 kam meine innigst geliebte Middelburgische Judith an
Al-[366]bertum II. Sabina an Stephanum, Jacob Larson
bekam zu seinem Theile, weil er der älteste unter uns
war, auch die älteste Tochter unsers theuren Altvaters,
Schimmer nahm mit größten Vergnügen von dessen
15 Händen die andere, und ich wartete mit innigsten Ver=
gnügen auf meine, ihren zweyen Schwestern an Schönheit
und Tugend gleichförmige Christina bey nahe noch 6. Jahre,
weil ihr beständig zarter und kränklicher Zustand unsere
Hochzeit etliche Jahr weiter, bis ins 1674te hinaus ver=
20 schobe. Wie vergnügt wir unsere Zeit beyderseits biß auf
diese Stunde zugebracht, ist nicht auszusprechen. Mein
Vaterland, oder nur einen einzigen Ort von Europa
wieder zu sehen, ist niemals mein Wunsch gewesen, dero=
wegen habe mein weniges zurück gelassenes Vermögen, so
25 wohl als Schimmer, gern im Stich gelassen und frembden
Leuten gegönnet, bin auch entschlossen, biß an mein Ende
dem Himmel unaufhörlichen Danck abzustatten, daß er mich
an einen solchen Ort geführet, allwo die Tugenden in
ihrer angebohrnen Schönheit anzutreffen, hergegen die
30 Laster des Landes fast gäntzlich verbannet und ver=
wiesen sind.

Hiermit endigte David Rawkin die Erzehlung seiner
und seines Freundes Schimmers Lebens=Geschicht, welche
wir nicht weniger als alles Vorige mit besondern
35 Vergnügen angehöret hatten, und uns deßwegen aufs
höfflichste gegen diesen 85.jährigen Greiß, der seines hohen
Alters ohngeacht noch so frisch und munter, als ein Mann

von etwa 40. Jahren war, aufs höfflichste bedanckten.
Der Altvater aber sagte zu demselben: Mein werther
[367] Sohn, ihr habt eure Erzehlung vorizo zwar kurtz,
doch sehr gut gethan, jedennoch seyd ihr denen zuletzt angekommenen lieben Freunden den Bericht von euren
zweyen Ost=Indischen Reisen annoch schuldig blieben, und
weil selbiger viel merckwürdiges in sich fasset, mögen sie
euch zur andern Zeit darum ersuchen.   Was den Jacob
Larson anbelanget, so will ich mit wenigen dieses von
ihm melden: Er war ein gebohrner Schwede, und
also ebenfalls Lutherischer Religion, seines Handwercks ein
Schlösser, der in allerhand Eisen= und Stahl=Arbeit ungemeine Erfahrenheit und Kunst zeigete.   In seinem
24. Jahre hatte ihn die gantz besondere Lust zum Reisen
aufs Schiff getrieben, und durch verschiedene Zufälle zum
fertigen See=Manne gemacht.   Ost= und West=Indien
hatte derselbe ziemlich durchkrochen, und dabey öffters
grossen Reichthum erworben, welchen er aber jederzeit gar
plötzlich und zwar öffters aufs gefährlichste, nicht selten
auch auf lächerliche Art wiederum verlohren.   Dennoch
ist er einmal so standhafft als das andere, auf Besehung
frembder Länder und Völcker geblieben, und ich glaube,
daß er nimmermehr auf dieser Insul Stand gehalten,
wenn ihm nicht meine Tochter, die er als seine Frau
sehr hefftig liebte, sonderlich aber die bald auf einander
folgenden Leibes=Erben, eine ruhigere Lebens=Art ein-
geflösset hätten. Es ist nicht auszusprechen, wie nützlich
dieser treffliche Mann mir und allen meinen Kindern
gewesen, denn er hat nicht allein Eisen= und Metall=
Steine allhier erfunden, sondern auch selbiges ausgeschmeltzt
und auf viele Jahre hinaus nützliche Instrumenten dar=
[368] aus verfertiget, daß wir das Schieß=Pulver zur
Noth selbst, wiewol nicht so gar fein als das Europäische,
machen können, haben wir ebenfalls seiner Geschicklichkeit
zu dancken, ja noch viel andere Sachen mehr, welche
hinführo den Meinigen Gelegenheit geben werden seines
Nahmens Gedächtniß zu verehren.   Er ist nur vor

6. Jahren seiner seeligen Frauen im Tode gefolget, und
hat den seeligen Schimmer etwa um 3. Jahre überlebt,
der vielleicht auch noch nicht so bald gestorben wäre, wenn
er nicht durch einen umgeschlagenen Balcken bey dem
5 Gebäude seiner Kinder, so sehr beschädigt und ungesund
worden wäre. Jedoch sie sind ohnsehlbar in der ewig
seeligen Ruhe, welche man ihnen des zeitlichen Lebens
wegen nicht mißgönnen muß.

Nunmehro aber meine Lieben, sagte hierbey unser
10 Altvater, wird es Zeit seyn, daß wir uns sämmtlich der
Ruhe bedienen, um Morgen geliebt es Gott des seel.
Schimmers und seiner Nachkommen Wohnstädte in Augen=
schein zu nehmen. Demnach folgten wir dessen Rathe
in diesem Stück desto williger, weil es allbereit Mitter=
15 nacht war, folgenden Morgens aber, da nach genossener
Ruhe und eingenommenen Früh = Stück, der jüngere
Albertus, Stephanus und David mit ihren Gemahlinnen,
dieses mahl Abschied von uns nahmen, und wiederum zu
den ihrigen kehreten, setzten wir übrigen nebst dem Alt=
20 vater die Reise auf Simons-Raum fort.

Allda nahmen wir erstlich eine feine Brücke über
den Nord=Fluß in Augenschein, nebst derjeni=[369]gen
Schleuse, welche auf den Nothfall gemacht war, wenn
etwa die Haupt=Schleusen in Christians-Raum nicht ver=
25 mögend wären den Lauf des Flusses, welcher zu gewissen
Zeiten sehr hefftig und schnelle trieb, gnugsamen Wider=
stand zu thun. Die Pflantz=Stadt selbst bestunde aus
13. Wohnhäusern, worunter aber 3. befindlich, die vor
junge Anfänger nur kürtzlich neu aufgebauet, und noch
30 nicht bezogen waren. Ihr Haußhaltungs=Wesen zeigte sich
denen übrigen Insulanern, der Nahrhafftigkeit und accuratesse wegen, in allen gleichförmig, doch fanden sich ausser=
dem etliche Künstler unter ihnen, welche die artigsten und
nützlichsten Geschirre, nebst andern Sachen, von einem ver=
35 mischten Metall sauber giessen und ausarbeiten, auch die
Formen selbst darzu machen konten, welches der seel.
Simon Heinrich Schimmer durch seine eigene Klugheit,

und Larsons Beyhülffe erfunden und seine Kinder damit belehret hatte. Im übrigen waren alle, in der Bau=Kunst und andern nöthigen Handthierungen, nach dasiger Art ungemein wohl erfahren.

Nachdem wir allen Haußwirthen daselbst eine kurtze Visite gegeben, und ihr gantzes Wesen wohl beobachtet hatten, begleiteten uns die Mehresten in den grossen Thier=Garten, den der Altvater bereits vor langen Jahren in der Nord=Ost=Ecke der Insul angelegt und einiges Wild hinein geschaffet hatte, welches nachhero zu einer solchen Menge gediehen und dermassen Zahm worden, daß man es mit Händen greiffen und schlachten konte, so offt man Lust darzu bekam. Dieser schöne Thier=Gar= [370] ten wurde von verschiedenen kleinen Bächlein durchstreifft, die aus der kleinen Oestlichen See gerauschet kamen, und sich in den äusersten Felsen=Löchern verlohren. Wir nahmen ermeldte kleine See, welche etwa tausend Schritte im Um=sange hatte, wohl in Augenschein, passirten über den Ost=Fluß vermittelst einer verzäunten Brücke, und bemerckten, daß sich selbiger Fluß mit entsetzlichen Getöse in die holen Felsen=Klüffte hinein stürtzte, worbey uns gesagt wurde, was massen er ausserhalb nicht als ein Fluß, sondern in unzehlige Strudels zertheilt, in Gestalt der allerschönsten fontaine wiederum zum Vorscheine käme, und sich solcher=gestalt in die See verlöhre. Die andere Seite der See, nach Ost=Süden zu, war wegen der vielen starcken Bäche, die ihren Ursprung im Walde aus vielen sumpffigten Oertern nahmen, und durch ihren Zusammenfluß die kleine See machten, nicht wol zu umgehen, derowegen kehreten wir über die Brücke des Ost=Flusses, durch den Thier=Garten zurück nach Simons-Raum, wurden von dasigen Einwohnern herrlich gespeiset und getränckt, reichten ihnen die gewöhnlichen Geschencke, und kehreten nachhero zurücke. Herr Mag. Schmelzer nahm seinen Weg in die Davids-Raumer Alleé, um daselbst seine Catechismus=Lehren fort=zusetzen, wir aber kehreten zurück und halffen bis zu dessen Zurückkunfft am Kirchen=Bau arbeiten, nahmen nachhero

auf der Albertus-Burg die Abend=Mahlzeit ein, worauff
der Altvater, uns Versammleten den Rest seiner vor=
genommenen Lebens=Geschicht mitzutheilen, folgender massen
anhub: [371] Nunmehro wisset, ihr meine Geliebten, wer
diejenigen Haupt=Personen gewesen sind, die ich im 1668ten
Jahre mit Freuden auf meiner Insul ankommen und
bleiben sahe. Also befanden wir uns sämtliche Einwohner
derselben 20. Personen starck, als 11. männliches Geschlechts,
unter welchen meine beyden jüngsten Zwillinge, Christoph
und Christian im 13den Jahre stunden, und dann 9. Weibs=
Bilder, worunter meine 11.jährige Tochter Christina und
Roberts zwey kleinen Töchter, annoch in völliger Unschuld
befindlich waren. Unsere zuletzt angekommenen Frembdlinge
machten sich zwar ein grosses Vergnügen mit an die erforder=
liche Nahrungs=Arbeit zu gehen, auch bequemliche Hütten
vor sich zu bauen, jedennoch konten weder ich und die
Meinigen, noch Amias und Robert eigentlich klug werden,
ob sie gesinnet wären bey uns zu bleiben, oder ihr Glück
anderwärts zu suchen. Denn sie brachten nicht allein durch
unsere Beyhülffe ihr Schiff mit gröster Mühe in die Bucht,
sondern setzten selbiges binnen kurtzer Zeit in Seegelfertigen
Zustand. Endlich, da der ehrliche Schimmer alles genauer
überlegt, und von unserer Wirtschafft völlige Kundschafft
eingezogen hatte, Verliebter er sich in meine Tochter Elisabeth,
und brachte seine beyden Gefährten, nemlich Jacob und
David dahin, daß sie sich nicht allein auf sein, sondern der
übrigen Frembdlinge Zureden, bewegen liessen, ihre beyden
Geliebten an meine ältesten Zwillinge abzutreten, hergegen
ihre Hertzen auf meine zwey übrigen Töchter zu lencken.
Demnach wurden im 1669ten Jahre, Jacob Larson .mit
Maria, Schim-[372]mer mit Elisabeth, mein ältester Sohn
mit Judith, und Stephanus mit Sabinen, von mir ehelich
zusammen gegeben, der gute David aber, dessen zugetheilte
Christina noch allzu jung war, geduldete sich noch etliche
Jahr, und lebte unter uns als ein unverdrossener red=
licher Mann.

Die Lust ein neues Schiff zu bauen war nunmehro

so wol dem Amias, als uns andern allen vergangen, indem das zuletzt angekommene von solcher Güte schiene, mit selbigem eine Reise um die gantze Welt zu unternehmen, jedoch es wurden alle Schätze an Gelde und andern Kostbarkeiten, Waaren, Pulver und Geschütze gäntzlich ausgeladen, und auf die Insul, das Schiff selbst aber an gehörigen Ort in Sicherheit gebracht. Nachhero ergaben wir uns der bequemlichsten Hauß-Arbeit und dem Land-Baue dermassen, und mit solcher Gemächlichkeit, daß wir zwar als gute Hauß-Wirthe, aber nicht als eitele Bauch- und Mammons-Diener zu erkennen waren. Das ist so viel gesagt, wir baueten uns mehrere und bequemlichere Wohnungen, bestelleten mehr Felder, Gärten und Weinberge, brachten verschiedene Werckstädten zur Holtz- Stein- Metall- und Saltz-Zurichtung in behörige Ordnung, trieben aber damit nicht den geringsten Wucher, und hatten solchergestalt gar keines Geldes von nöthen, weil ein jeder mit demjenigen, was er hatte, seinen Nächsten umsonst, und mit Lust zu dienen geflissen war. [373] Im übrigen brachten wir unsere Zeit dermassen vergnügt zu, daß es keinem eintzigen gereuete, von dem Schicksal auf diese Insul verbannet zu seyn. Meine liebe Concordia aber und ich waren dennoch wohl die allervergnügtesten, da wir uns nunmehro über die Einsamkeit zu beschweren keine fernere Ursache hatten, sondern unserer Kinder Familien im besten Wachsthum sahen, und zu Ende des 1670ten Jahres allbereit 9. Kindes-Kinder, nehmlich 6. Söhne und 3. Töchter küssen konten, ohngeacht wir dazumahl kaum die Helffte der schrifftmäßigen menschlichen Jahre überschritten hatten, also gar frühzeitig Groß-Eltern genennet wurden.

Unser dritter Sohn, Johannes, trat damahls in sein zwantzigstes Jahr, und ließ in allen seinen Wesen den natürlichen Trieb spüren, daß er sich nach der Lebens-Art seiner ältern Brüder, das ist, nach einem Ehe-Gemahl, sehnete. Seine Mutter und ich liessen uns dessen Sehnsucht ungemein zu Hertzen gehen, wusten ihm aber weder zu rathen noch zu helffen, biß sich endlich der alte Amias des schwermüthigen Jünglings erbarmete, und die Schiff-

Fahrt nach der Helenen=Inful von neuem aufs Tapet
brachte, fintemahl ein tüchtiges Schiff in Bereitschafft lag,
welches weiter nichts als behörige Ausrüftung bedurffte.
Meine Concordia wollte hierein anfänglich durchaus nicht
5 willigen, doch enblich ließ fie fich durch die trifftigften Vor=
ftellungen der meiften Stimmen fo wohl als ich über=
winden, und willigte, wiewohl mit thränenden Augen,
darein, daß Amias, Robert, Jacob, [374] Simon, nebft
allen unfern 5. Söhnen zu Schiffe gehen folten, um vor
10 die 3. Jüngften Weiber zu fuchen, wo fie felbige finden
könten.   David Rawkin, weil er keine befondere Luft zum
Reifen bezeugte, wurde von den andern felbft erfucht, feiner
jungen Braut wegen zurück zu bleiben, hergegen gaben fich
Stephani, Jacobs und Simons Gemahlinnen von freyem
15 Willen an, diefe Reife mit zu thun, und bey ihren Männern
gutes und böfes zu erfahren.   Roberts und Alberts Weiber
aber, die ebenfalls nicht geringe Luft bezeigten, dergleichen
Fahrt mit zu wagen, wurden genöthiget, bei uns zu bleiben,
weil fie fich beyde hoch=fchwangern Leibes befanden.
20   Dennoch gingen binnen wenig Tagen alle Anftalten
faft noch hurtiger von ftatten, als unfere vorherige Ent=
fchlieffung, und die erwehnten 12. Perfonen waren den
14. Januar. 1671. überhaupt mit allen fertig in See zu
gehen, weil das Schiff mit gnugfamen Lebens=Mitteln,
25 Gelde, nothdürfftigen Gütern, Gewehr und dergleichen voll=
kommen gut ausgerüftet, auch weiter nichts auf demfelben
mangelte, als etwa noch 2. mahl fo viel Perfonen.
     Jedoch der tapffere Amias, als Capitain diefes
wenigen Schiffs=Volcks, war dermaffen muthig, daß die
30 übrigen alle mit Freuden auf die Stunde ihrer Abfahrt
warteten.
     Nachdem alfo Amias, Robert, Jacob und Simon
mir einen theuren Eyd gefchworen, keine weitern Abend=
theuern zu fuchen, als diejenigen, fo unter uns abgeredet
35 waren, im Gegentheil meine Kinder, fo bald nur vor die=
felben 3. anftändige [375] Weibs=Perfonen ausgefunden,
eiligft wieder zurück zu führen, gingen fie den 16ten Jan.

um Mittags=Zeit freudig unter Seegel, stieffen unter un=
zehligen Glückwünschungen von dieser Insul ab, und
wurden von uns Zurückbleibenden mit thränenden Augen
und ängstlichen Gebärden so weit begleitet, biß sie sich
nach etlichen Stunden sammt ihren Schiffe gäntzlich aus
unsern Gesichte verlohren.

Solcher Gestalt kehreten Ich, David, und die beyden
Concordien zurück in unsere Behausung, allwo Judith
und meine jüngste Tochter Christina, auf die kleinen
9. Kinder Achtung zu haben, geblieben waren. Unser
erstes war, so gleich sämmtlich auf die Knie nieder zu
fallen, und GOTT um gnädige Erhaltung der Reisenden
wehmüthigst anzuflehen, welches nachhero Zeit ihrer Ab=
wesenheit alltäglich 3. mahl geschahe. David und ich
liessen es uns mittlerweile nicht wenig sauer werden, um
unsere übrigen Früchte und den Wein völlig einzuerndten,
auch nachhero so viel Feld wiederum zu bestellen, als in
unsern und der wohlgezogenen Affen Vermögen stund.
Die 3. Weiber aber durfften vor nichts sorgen, als die
Küche zu bestellen, und die unmündigen Kinder mit
Christinens Beyhülffe wohl zu verpflegen.

Jedoch weil sich ein jeder leichtlich einbilden kan,
daß wir die Hände allerseits nicht werden in Schooß ge=
legt haben, und ich ohnedem schon viel von unserer ge=
wöhnlichen Arbeit und Haußhaltungs=Art gemeldet, so will
voritzo nur erzehlen, wie es meinen See=fahrenden Kindern
ergangen. Selbige [376] hatten biß in die 8te Woche
vortrefflichen Wind uud Wetter gehabt, dennoch müssen
die meisten unter ihnen der See den gewöhnlichen Zoll
liefern, allein, sie erholen sich deßfalls gar zeitig wieder,
bis auf die eintzige Elisabeth, deren Kranckheit dermassen
zunimmt, daß auch von allen an ihren Leben gezweiffelt
wird. Simon Schimmer hatte seine getreue eheliche Liebe
bey dieser kümmerlichen Gelegenheit dermassen spüren
lassen, daß ein jeder von seiner Aufrichtigkeit und Redlich=
keit Zeugniß geben können, indem er nicht von ihrer Seite
weicht, und den Himmel beständig mit thränenden Augen

anflehet, das Schiff an ein Land zu treiben, weil er ver=
meinet, daß seine Elisabeth ihres Lebens auf dem Lande
weit besser als auf der See versichert seyn könne. Endlich
erhöret GOtt dieses eyffrige Gebet, und führet sie im mittel
5 der 6ten Woche an eine kleine flache Insel, bey welcher
sie anländen, jedoch weder Menschen noch Thiere, aus=
genommen Schild=Kröten und etliche Arten von Vögeln
und Fischen darauff antreffen. Amias führet das Schiff
um so viel desto lieber in einen daselbst befindlichen
10 guten Hafen, weil er und Jacob, als wohlerfahrene See=
Fahrer, aus verschiedenen natürlichen Merckzeichen, einen
bevorstehenden starcken Sturm muthmassen. Befinden sich
auch hierinnen nicht im geringsten betrogen, da etwa
24. Stunden nach ihrem Aussteigen, als sie sich bereits
15 etliche gute Hütten erbauet haben, ein solches Ungewitter
auf der See entstehet, welches leichtlich vermögend ge=
wesen, diesen wenigen und theils schwachen Leuten den
Untergang zu befördern. [377] In solcher Sicherheit
aber, sehen sie den entsetzlichen Sturm mit ruhigerer Ge=
20 mächligkeit an, und sind nur bemühet, sich vor dem
öffters anfallenden Winde und Regen wohl zu verwahren,
welcher letztere ihnen doch vielmehr zu einiger Erquickung
dienen muß, da selbiges Wasser weit besser und annehm=
licher befunden wird, als ihr süsses Wasser auf dem
25 Schiffe. Amias, Robert und Jacob schaffen hingegen in
diesem Stücke noch bessern Rath, indem sie an vielen
Orten eingraben, und endlich die angenehmsten süssen
Wasser=Brunnen erfinden. An andern erforderlichen
Lebens=Mitteln aber haben sie nicht den geringsten Mangel,
30 weil sie mit demjenigen, was meine Insul Felsenburg
zur Nahrung hervor bringet, auf länger als 2. Jahr
wohl versorgt waren.

Nachdem der Sturm dieses mahl vorbey, auch die
krancke Elisabeth sich in ziemlich verbesserten Zustande be=
35 findet, halten Amias und die übrigen vors rathsamste,
wiederum zu Schiffe zu gehen und ein solches Erdreich
zu suchen, auf welchem sich Menschen befänden, doch

Schimmer, der sich starck darwider setzt, und seine
Elisabeth vorhero vollkommen gesund sehen will, erhält
endlich durch vieles Bitten so viel, daß sie sämmtlich
beschliessen, wenigstens noch 8. Tage auf selbiger wüsten
Insul zu verbleiben, ohngeacht dieselbe ein schlechtes Erdreich hätte, welches denen Menschen weiter nichts zum
Nutzen darreichte, als einige schlechte Kräuter, aber desto
mehr theils hohe, theils dicke Bäume, die zum Schiff-Bau
wohl zu gebrauchen gewesen.

Meine guten Kinder hatten nicht Ursach gehabt, 10
[378] diese ihre Versäumniß zu bereuen, denn ehe noch
diese 8. Tage vergehen, fällt abermahls ein solches
Sturm-Wetter ein, welches das vorige an Grausamkeit
noch weit übertrifft, da aber auch dessen 4. tägige Wuth
mit einer angenehmen und stillen Witterung verwechselt 15
wird, hören sie eines Morgens früh noch in der Demmerung ein plötzliches Donnern des groben und kleinen
Geschützes auf der See, und zwar, aller Muthmassungen
nach, ganz nahe an ihrer wüsten Insul. Es ist leicht
zu glauben, daß ihnen sehr bange um die Hertzen müsse 20
gewesen seyn, zumahlen da sie bey völlig herein brechenden
Sonnen-Lichte gewahr werden, daß ein mit Holländischen
Flaggen bestecktes Schiff von zweyen Barbarischen Schiffen
angefochten und bestritten wird, der Holländer wehret sich
dermassen, daß der eine Barbar gegen Mittag zu Grunde 25
sincken muß, nichts desto weniger setzet ihm der Letztere
so grausam zu, daß bald hernach der Holländer in letzten
Zügen zu liegen scheint.

Bey solchen Gefährlichen Umständen vermercken
Amias, Robert, Jacob und Simon, daß sie nebst 30
den Ihrigen ebenfalls entdeckt und verlohren gehen
würden, daferne der Holländer das Unglück haben solte,
unten zu liegen, fassen derowegen einen jählingen und
verzweiffelten Entschluß, begeben sich mit Sack und Pack
in ihr mit 8. Canonen besetztes Schiff, schlupffen aus 35
dem kleinen Hafen heraus, gehen dem Barbar in Rücken,
und geben zweymahl tüchtig Feuer auf denselben, weß-

wegen dieser in entsetzliches Schrecken geräth, der Holländer
aber neuen Muth bekömmt, und seinen Feind mit [379]
frischer recht verzweiffelter Wuth zu Leibe gehet. Die
Meinigen lösen ihre Canonen in gemessener Weite noch
5 zweymahl kurtz auf einander gegen den Barbar, und
helffen es endlich dahin bringen, daß derselbe von dem
Holländer nach einem rasenden Gefechte vollends gäntzlich
überwunden, dessen Schiff aber mit allen darauf befind=
lichen Gefangenen an die wüste und unbenahmte Insel
10 geführet wird.

Der Hauptmann nebst den übrigen Herren des
Holländischen Schiffs können kaum die Zeit erwarten, biß
sie Gelegenheit haben, meinen Kindern, als ihren tapffern
Lebens=Errettern, ihre danckbare Erkänntlichkeit so wohl
15 mit Worten als in der That zu bezeugen, erstaunen aber
nicht wenig, als sie dieselben in so geringer Anzahl und
von so wenigen Kräfften antreffen, erkennen derohalben
gleich, daß der kühne Vorsatz nebst einer geschickten und
glücklich ausgeschlagenen List das beste bey der Sache
20 gethan hätten.

Nichts desto weniger biethen die guten Leute den
Meinigen die Helffte von allen eroberten Gut und Geldern
an, weil aber dieselben ausser einigen geringen Sachen
sonsten kein ander Andencken wegen des Streits und der
25 Holländer Höflichkeit annehmen wollen; werden die letztern
in noch weit grössere Verwunderung gesetzt, indem sich
die ihnen zugetheilte Beute höher als 12000. Thlr. be=
lauffen hatte.

Immittelst, da die Holländer sich genöthiget sehen,
30 zu völliger Ausbesserung ihres Schiffs wenigstens 14. Tage
auf selbiger Insul stille zu liegen, [380] beschliessen die
Meinigen anfänglich auch, biß zu deren Abfahrt allda zu
verharren. Zumahlen, da Amias gewahr wird, daß sich
verschiedene, theils noch gar junge, theils schon etwas ältere
35 Frauens=Personen unter ihnen befinden. Er sucht so wohl
als Robert, Jacob und Simon, mit selbigen ins Gespräch
zu kommen; doch der Letztere ist am glücklichsten, indem er

gleich andern Tags darauf, eine, von ermeldten Weibs=
Bildern, hinter einem dicken Gesträuche in der Einsamkeit
höchst betrübt und weinend antrifft. Schimmer erkundigt
sich auf besonders höfliche Weise nach der Ursach ihres
Betrübnisses, und erfährt so gleich, daß sie eine Wittbe sey,
deren Mann vor etwa 3. Monaten auf diesem Schiffe auch
in einem Streite mit den See=Räubern tobt geschossen
worden, und die nebst ihrer 14. jährigen Stieff=Tochter zwar
gern auf dem Cap der guten Hoffnung ihres seel. Mannes
hinterlassene Güter zu Gelde machen wolte, allein, sie
würde von einem, auf diesem Holländischen Schiffe befind=
lichen Kauffmanne, dermassen mit Liebe geplagt, daß sie
billig zu befürchten hätte, er möchte es mit seinem starcken
Anhange und Geschencken also listig zu Karten trachten,
daß sie sich endlich gezwungener Weise an ihm ergeben
müsse. Schimmer stellet ihr vor, daß sie als eine annoch
sehr junge Frau noch gar süglich zur andern Ehe schreiten,
und einen Mann, der sie zumahlen hefftig liebte, glücklich
machen könne; ob auch derselbe ihr eben an Gütern und
Vermögen nicht gleich sey; Allein die betrübte Frau spricht:
Ihr habt recht, mein Herr! ich bin noch nicht veraltert,
weil sich mein [381] gantzes Lebens=Alter wenig Wochen
über 24. Jahr erstreckt, und ich Zeit meines Ehe=Standes
nur zwey Kinder zur Welt gebracht habe. Derowegen
würde mich auch nicht wegern, in die andere Ehe zu treten,
allein, mein ungestümer Liebhaber ist die allerlasterhaffteste
Manns=Person von der Welt, der sich nicht scheuen solte,
Mutter, Tochter und Magd auf einmahl zu lieben, dem=
nach hat mein Hertz einen recht natürlichen Abscheu vor
seiner Person, ja ich wolte nicht allein meines seel. Mannes
Verlassenschafft, die sich höher als 10 000 Thlr. belauffen
soll, sondern noch ein mehreres darum willig hergeben,
wenn ich entweder in Holland, oder an einem andern
ehrlichen Orte, in ungezwungener Einsamkeit hinzubringen
Gelegenheit finden könte. .

  Schimmer thut hierauf noch verschiedene Fragen an
dieselbe, und da er diese Frau vollkommen also gesinnet

befindet, wie er wünscht, ermahnet er sie, ihr Hertz in
Gedult zu faffen, weil ihrem Begehren gar leicht ein
Genügen geleiftet werden könne, daferne sie sich seiner
Tugend und guten Raths völlig anvertrauen wolle. Nur
müfte er vorhero erftlich mit einigen seiner Gesellschaffter
von dieser Sachen reden, damit er etwa Morgen um diese
Zeit und auf selbiger Stelle fernere Abrede mit ihr
nehmen könne.

Die tugendhaffte Wittbe fängt hierauf gleich an,
diesen Mann vor einen ihr von GOTT zugeschickten
menschlichen Engel zu halten, und wischet mit hertzlichen
Vertrauen die Thränen aus ihren bekümmerten Augen.
Schimmer verläft also die= [382] felbe, und begiebt sich zu
seiner übrigen Gesellschafft, welcher er diese Begebenheit
gründlich zu Gemüthe führet, und erwehnte Wittbe als
ein vollkommenes Bild der Tugend heraus streicht. Amias
bricht solcher Geftalt auf einmahl in diese Worte aus:
Erkennet doch, meine Kinder, die besondere Fügung des
Himmels, denn ich zweiffele nicht, die schöne Wittbe ift vor
unfern Johannem, und ihre Stieff=Tochter vor Christoph
beftimmet, hilfft uns nun der Himmel allhier noch zu der
dritten Weibs=Person vor unfern Christian, so haben wir
das Ziel unferer Reise erreichet, und können mit Vergnügen
auf eine fügliche Zurückkehr dencken.

Demnach sind sie allerseits nur darauf bedacht, der
jungen Wittbe eine gute Vorstellung von ihrem gantzen
Wesen zu machen, und da dieselbe noch an eben demselben
Abend von Marien und Sabinen in ihre Hütte geführet
wird, um die annoch etwas kräncfliche Elisabeth zu besuchen,
tan sich dieselbe nicht genungsam verwundern, dafelbft eine
solche Gesellschafft anzutreffen, welche ich, als ihr Stamm=
Vater, wegen der Wohlgezogenheit, Gottesfurcht und Tugend
nicht selbft weitläufftig rühmen mag. Ach meine Lieben!
rufft die fromme Wittbe aus, sagt mir doch, wo ift das
Land, aus welchen man auf einmahl so viel Tugendhaffte
Leute hinwegreifen läffet? Haben euch denn etwa die gott=
losen Einwohner desselben zum Weichen gezwungen? Denn

es ist ja bekannt, daß die böse Welt fast gar keine Frommen mehr, sie mögen auch jung oder alt seyn, unter sich leiden will. Nein, meine schöne Frau, fällt ihr der alte Amias hierbey [383] in die Rede, ich versichere, daß wir, die hier vor euren Augen sitzen, der Tugend wegen noch die geringsten heissen, denn diejenigen, so wir zurück gelassen, sind noch viel vollkommener, und wir leben nur bemühet, ihnen gleich zu werden. Dieses war nun (sagte hierbey unser Alt=Vater Albertus) eine starcke Schmeicheley, allein, es hatte dem ehrlichen Amias damahls also zu reden beliebt, die Dame aber siehet denselben starr an und spricht: Mein Herr! euer Ehrwürdiges graues Haupt bringet vielen Respect zu wege, sonsten wolte sagen, daß ich nicht wüste, wie ich mit euch dran wäre, ob ihr nemlich etwa mit mir scherzen, oder sonsten etwas einfältiges aus meinen Gedanken locken woltet?

Diese Reden macht sich Amias zu Nutze, und versetzt dieses darauf: Madam! dencket von mir was ihr wollet, nur richtet meine Reden nicht ehe nach der Schärffe, biß ich euch eine Geschicht erzehlet, die gewiß nicht verdrüßlich anzuhören, und dabey die klare Wahrheit ist. Hierauf fängt er an, als einer, der meine und der Meinigen gantze Lebens=Geschicht vollkommen inne hatte, alles dasjenige auf dem Nagel her zu sagen, was uns passiret ist, und worüber sich die Dame am Ende vor Verwunderung fast nicht zu begreiffen weiß. Hiermit aber ist es noch nicht genung, sondern Amias bittet dieselbe, von allen dem, was sie anitzo gehöret, bey ihrer Gesellschafft nichts kundbar zu machen, indem sie gewisser Ursachen wegen, sonst Niemanden als ihr alleine, dergleichen Geheimnisse wissen laffen, vielmehr einem jeden be= [384] reden wolten, sie hätten auf der Insul St. Helenae ein besonderes Gewerbe auszurichten. Virgilia van Catmers, so nennet sich diese Dame, verspricht nicht allein vollkommene Verschwiegenheit, sondern bittet auch um GOttes willen, sie nebst ihrer Stieff=Tochter, welches ein Kind guter Art sey, mit in dergleichen irrdisches Himmelreich (also hatte sie meine

Felsen=Insul genennet) zu nehmen, und derselben einen
tugendhafften Mann heyrathen zu helffen. Ich vor meine
Person, setzt sie hinzu, kan mit Wahrheit sagen, daß ich
mein übriges Leben eben so gern im tugendhafften ledigen
5 Stande, als in der besten Ehe zubringen wolte, weil ich
von Jugend an biß auf diese Stunde Trübsal und Angst
genug ausgestanden habe, mich also nach einem ruhigern
Leben sehne. Meine Stieff=Tochter aber, deren Stieff=
Mutter ich nur seit 5. Jahren bin, und die ich ihres
10 sonderbaren Gehorsams wegen als mein eigen Kind liebe,
möchte ich gern wohl versorgt wissen, weil dieselbe, im Fall
wir das Cap der guten Hoffnung nicht erreichen solten,
von ihrem väterlichen Erbtheile nichts zu hoffen hat, als
diejenigen Kostbarkeiten, welche ich bey mir führe, und sich
15 allein an Golde, Silber, Kleinodien und Gelde ohngefähr
auf 16000. Ducaten belauffen, die uns aber noch
gar leicht durch Sturm oder See=Räuber geraubt werden
können.

Amias antwortet hierauf, daß dergleichen zeitliche
20 Güter bey uns in grosser Menge anzutreffen wären, doch
aber nichts geachtet würden, weil sie auf unserer Insul
wenigen oder gar keinen Nutzen [385] schaffen könten, im
übrigen verspricht er binnen 2. Tagen völlige Resolution
von sich zu geben, ob er sie nebst ihrer Tochter unter
25 gewissen Bedingungen, ohne Gefahr, und mit guten Gewissen,
mit sich führen könne oder nicht, lässet also die ehrliche
Virgiliam vor dieses mahl zwischen Furcht und Hoffnung
wiederum von der Gesellschafft Abschied nehmen.

Folgende zwey Tage legt er unter der Hand, und
30 zwar auf gantz klügliche Art, genaue Kundschafft auf ihr
von Jugend an geführtes Leben und Wandel, und erfähret
mit Vergnügen, daß sie ihn in keinem Stücke mit Unwahrheit
berichtet habe. Demnach fragt er erstlich den Johannem,
ob er die Virgiliam zu seiner Ehe=Frau beliebte, und so bald
35 dieser sein treuhertziges Ja=Wort mit besondern frölichen
Gemüths=Bewegungen von sich gegeben, sucht er abermahlige
Gelegenheit, Virgiliam nebst ihrer Tochter Gertraud in

seine Hütten zu locken, welche letztere er als ein recht ungemein wohlgezogenes Kind befindet.

Demnach eröffnet er den tugendhafften Wittbe sein gantzes Hertze, wie er nemlich gesonnen sey, sie nebst ihrer Stieff=Tochter mit grösten Freuden auf sein' Schiff zu 5 nehmen, doch mit diesen beyden Bedingungen, daß sie sich gelieben lassen wolle, den Johannem, welchen er ihr vor die Augen stellet, zum Ehe=Manne zu nehmen, und dann sich zu bemühen, noch die 3te keusche Weibs=Person, die ohnfehlbar in ihrer Aufwärterin Blandina anzutreffen seyn 10 würde, mit zu führen. Im übrigen dürffte keines von ihnen vor das Heyraths=Gut [386] sorgen, weil alles, was ihr Hertz begehren könne, bey den Seinigen in Uberfluß anzutreffen wäre.

Meine Herren! versetzt hierauf Virgilia, ich mercke 15 und verstehe aus allen Umständen nunmehro zur Gnüge, daß es euch annoch nur an 3. Weibs=Personen mangelt, eure übrigen und ledigen Manns=Personen zu beweiben, derowegen sind euch, so wohl meine Stieff=Tochter, als meine 17. jährige Aufwärterin hiermit zugesagt, weil ich 20 gewiß glaube, daß ihr sonderlich die erstere mit dem Ehe= stande nicht übereilen werdet. Was meine eigene Person anbetrifft, sagt sie ferner, so habe ich zwar an gegen= wärtigen frommen Menschen, der, wie ihr sagt, Johannes Julius heisset, und ehrlicher Leute Kind ist, nicht das aller= 25 geringste auszusetzen; allein, ich werde keinem Menschen, er sey auch wer er sey, weder mein Wort noch die Hand zur Ehe geben, biß mein Trauer=Jahr, um meinen seeligen Mann, und einen 2. jährigen Sohn, der nur wenig Tage vor seinem Vater verstorben, zu Ende gelauffen ist. Nach 30 diesem aber will ich erwarten, wie es der Himmel mit meiner Person fügen wird. Ist es nun bey dergleichen Schlusse euch anständig, mich, nebst meiner Tochter und Magd, vor deren Ehre ich Bürge bin, heimlich mit hinweg zu führen, so soll euch vor uns dreyen ein Braut=Schatz, 35 von 16 000 Ducaten werth, binnen wenig Stunden ein= geliefert werden.

Amias will so wohl, als alle die andern, nicht das
geringste von Schätzen wissen, ist aber desto erfreuter, daß
er ihrer Personen wegen völlige Versicherung erhalten,
nimmt derowegen diesen und [387] den folgenden Tag
5 die sicherste Abrede mit Virgilien, so, daß weder der in
sie verliebte Kauffmann, noch jemand anders auf deren
vorgesetzte Flucht Verdacht legen kan.

Etliche Tage hernach, da die guten Holländer ihr
Schiff, um selbiges desto bequemer auszubessern, auf die
10 Seite gelegt, die kleinern Boote nebst allen andern Sachen
aufs Land gezogen, und ihr Pulver zu trocknen, solches
an die Sonne gelegt haben; kömmt Amias zu ihnen, und
meldet, wie es ihm zu beschwerlich falle, bey diesem guten
Wetter und Winde allhier stille zu liegen. Er wolle
15 demnach, in Betrachtung, daß sie wenigstens noch 3. biß
4. Wochen allhier verharren müsten, seine Reise nach der
Insel S. Helenae fortsetzen, seine Sachen daselbst behörig
einrichten, nachhero auf dem Rückwege wiederum allhier
ansprechen, und nebst den Seinigen in ihrer Gesellschafft
20 mit nach einer Ost=Indischen guten Insul schiffen. In=
zwischen wolle er sie, gegen baare Bezahlung, um etwas
Pulver und Bley angesprochen haben, als woran es ihm
ziemlich mangele.

Die treuhertzigen Holländer setzen in seine Reden
25 nicht das geringste Mißtrauen, versprechen einen gantzen
Monat auf ihn zu warten, weil erwehnte Insel ohnmöglich
über 100. Meilen von dar liegen könne, verehren dem
guten Manne 4. grosse Faß Pulver, nebst etlichen Centnern
Bley, wie auch allerhand treffliche Europäische Victualien,
30 welche er mit andern, die auf unserer Insul gewachsen
waren, ersetzet, und dabey Gelegenheit nimmt, von diesem
und jenen allerhand Sämereyen, Frucht=[388]Kernen und
Blumen=Gewächse auszubitten, gibt anbey zu verstehen,
daß er ohnfehlbar des 3ten Tages aufbrechen, und unter
35 Seegel gehen wolte; Allein der schlaue Fuchs schiffet sich
hurtiger ein, als die Holländer vermeynen, und wartet
auf sonst nichts, als die 3. bestellten Weibes=Personen.

Da sich nun diese in der andern Nacht mit Sack und
Pack einfinden, lichtet er seine Ancker und läufft unter
guten Winde in die offenbare See, ohne daß es ein
einziger von den Holländern gewahr wird. Mit anbrechenden
Tage sehen sie die wüste Insul nur noch in etwas von
ferne, weßwegen Amias 2. Canonen löset, um von den
Holländern ehrlichen Abschied zu nehmen, die ihm vom
Lande mit 4. Schüssen antworten, woraus er schliesset,
daß sie ihren kostbaren Verlust noch nicht empfänden,
derowegen desto freudiger die Seegel auffspannet, und
seinen Weg auf Felsenburg richtet.

Die Rück=Reise war dermassen bequem und geruhig
gewesen, daß sie weiter keine Ursach zu klagen gehabt, als
über die um solche Zeit ganz ungewöhnliche Wind=Stille,
welche ihnen, da sie nicht vermögend gewesen, der starcken
Ruder=Arbeit beständig obzuliegen, eine ziemlich langsame
Fahrt verursachet hatte.

Es begegnet ihnen weder Schiff noch etwas anders
merckwürdiges, auch will sich ihren Augen weder dieses
oder jenes Land offenbaren, und da nachhero vollends ein
täglicher, hefftiger Regen und Nebel einfällt, wird ihr
Kummer noch grösser, ja die meisten fangen an zu zweiffeln,
die Ihrigen auf der Felsen=Insul jemahls wieder zu sehen
zu kriegen. [389] Doch Amias und Jacob lassen wegen
ihrer besondern Wissenschafft und Erfahrenheit im Compass,
See=Charten und andern zur Schiff=Fahrt gehörigen Instrumenten den Muth nicht sincken, sondern reden den
übrigen so lange tröstlich zu, biß sie am 9ten Maji, in
den Mittags=Stunden, dieses gelobte Land an seinen von
der Natur erbaueten Thürmern und Mauern von weiten
erkennen. Jacob, der so glücklich ist, solches am ersten
wahrzunehmen, brennet abgeredter massen, gleich eine Canone
ab, worauf die im Schiff befindlichen 15. Personen sich
so gleich versammlen, und zu allererst in einer andächtigen
Bet=Stunde dem Höchsten ihr schuldiges Danck=Opffer
bringen.

Es ist ihnen selbiges Tages unmöglich, die Felsen=

Inſul zu erreichen, weßwegen ſie mit herein brechender
Nacht Ancker werffen, um bey der Finſterniß nicht etwa
auf die herum liegenden verborgenen Klippen und Sand=
Bäncke aufzulauffen.   Indem aber hiermit erſtlich eine,
5 kurtz darauf 2. und abermals 3. Canonen von ihnen
gelöſet wurden, muſte ſolches, und zwar eben, als wir
Inſulaner uns zur Ruhe legen wolten, in unſere Ohren
ſchallen.   David kam mir demnach in ſeinem Nacht=Habit
entgegen gelauffen, und ſagte: Mein Herr! wo ich nicht
10 träume, ſo liegen die Unſerigen vor der Inſul, denn ich
habe das abgeredte Zeichen mit Canonen vernommen.
Recht, mein Sohn! gab ich zur Antwort, ich und die
übrigen haben es auch gehöret.   Alſofort machten wir uns
beyderſeits auf, nahmen etliche Raqueten nebſt Pulver
15 und Feuer zu uns, lieſſen auf die Höhe des Nord=[390]
Felſens, gaben erſtlich aus zweyen Canonen Feuer, zündeten
hernach 2. Raquetten an, und höreten hierauff nicht allein
des Schiffs 8. Canonen löſen, ſondern ſahen auch auf
demſelben allerhand artige Luſt=Feuer, welches uns die
20 gewiſſe Verſicherung gab, daß es kein anders als meiner
Kinder Schiff ſey.   Dieſem nach verſchoſſen wir, ihnen
und uns zur Luſt, alles gegenwärtige Pulver und giengen
um Mitternachts=Zeit wieder zurück, ſtunden aber noch
vor Tage wieder auf, verſchützten die Schleuſe des Nord=
25 Fluſſes, machten alſo unſere Thor=Fahrt trocken, und
giengen hinab an das Meer=Uſer, allwo in kurtzen unſere
Verreiſeten glücklich an Land ſtiegen, und von mir und
David die erſten Bewillkommungs=Küſſe empfiengen.   So
bald wir nebſt ihnen den fürchterlichen hohlen Felſen=Weg
30 hinauff geſtiegen waren, und unſere Inſul betraten, kam
uns meine Concordia mit der gantzen Familie entgegen,
indem ſie die 9. Enckel auf einen groſſen Rollwagen ge=
ſetzt, und durch die Affen hierher fahren laſſen.   Nun=
mehro gieng es wieder an ein neues Bewillkommen, jedoch
35 es wurden auf mein Zureden nicht viel Weitläufftigkeiten
gemacht, biß wir ingeſamt auf dieſem Hügel in unſern
Wohnungen anlangeten.

Ich will, meine Lieben! sagte hier unser Altvater,
die Freuden-Bezeugungen von beyden Theilen, nebst allen
andern, was biß zu eingenommener Mittags-Mahlzeit vorgegangen, mit Stillschweigen übergehen, und nur dieses
Berichten: daß mir nachhero die Meinigen einen umständ- 5
lichen Bericht von ihrer Reise abstatteten, worauff die
mit [391] angekommene junge Wittbe ihren wunderbaren
Lebens-Lauff weitläufftig zu erzehlen anfieng.   Da aber
ich, meine Lieben! entschuldigte sich der Altvater, mich
nicht im Stande befinde, selbigen so deutlich zu erzehlen, 10
als er von ihrer eigenen Hand beschrieben ist, so will ich
denselben hiermit meinem lieben Vetter Eberhard ein-
händigen, damit er euch solche Geschicht vorlesen könne.
Ich Eberhard Julius empfieng also, aus des Altvaters Händen, dieses in Holländischer Sprache geschriebene 15
Frauenzimmer-Manuscript, welches ich sofort denen andern
in Teutscher Sprache also lautend herlaß:
Im Jahr Christi 1647. bin ich, von Jugend auf
sehr Unglückseelige, nunmehro aber da ich dieses auf der
Insul Felsenburg schreibe, sehr, ja vollkommen vergnügte 20
Virgilia van Cattmers zur Welt gebohren worden.   Mein
Vater war ein Rechts-Gelehrter und Procurator zu
Rotterdam, der wegen seiner besondern Gelehrsamkeit,
die Kundschafft der vornehmsten Leute, um ihnen in ihren
Streit-Sachen beyzustehen erlangt, und Hoffnung gehabt, 25
mit ehesten eine vornehmere Bedienung zu bekommen.
Allein, er wurde eines Abends auf freyer Strasse Meuchel-
mördischer Weise, mit 9. Dolch-Stichen ums Leben gebracht,
und zwar eben um die Zeit, da meine Mutter 5. Tage
vorher abermals einer jungen Tochter genesen war.   Ich 30
bin damals 4. Jahr und 6. Monat alt gewesen, weiß
mich aber noch wohl zu erinnern, wie jämmerlich es aus-
sahe: Da der annoch starck blutende Cörper meines Vaters,
von darzu bestellten Personen besichtiget, [392] und dabey
öffentlich gesagt wurde, daß . diesen Mord kein anderer 35
Mensch angestellet hätte, als ein Gewissenloser reicher
Mann, gegen welchen er Tags vorhero einen rechtlichen

Process zum Ende gebracht, der mehr als hundert tausend
Thaler anbetroffen, und worbey mein Vater vor seine Mühe
sogleich auf der Stelle 2000. Thaler bekommen hatte.

Vor meine Person war es Unglücklich genung zu
5 schätzen, einen treuen Vater solchergestalt zu verlieren,
allein das unerforschliche Schicksal hatte noch ein mehreres
über mich beschlossen, denn zwölff Tage hernach starb auch
meine liebe Mutter, und nahm ihr jüngst gebohrnes
Töchterlein, welches nur 4. Stunden vorher verschieden,
10 zugleich mit in das Grab. Indem ich nun die einzige
Erbin von meiner Eltern Verlassenschafft war, so fand sich
gar bald ein wohlhabender Kauffmann, der meiner Mutter
wegen, mein naher Vetter war, und also nebst meinem
zu Gelde geschlagenen Erbtheile, die Vormundschafft über=
15 nahm. Mein Vermögen belief sich etwa auf 18 000. Thlr.
ohne den Schmuck, Kleider=Werck und schönen Hauß=Rath,
den mir meine Mutter in ihrer wohlbestellten Haußhaltung
zurück gelassen hatte. Allein die Frau meines Pflege=
Vaters war, nebst andern Lastern, dem schändlichen Geitze
20 dermassen ergeben, daß sie meine schönsten Sachen unter
ihre drey Töchter vertheilete, denen ich bey zunehmenden
Jahren als eine Magd auffwarten, und nur zufrieden seyn
muste, wenn mich Mutter und Töchter nicht täglich aufs
erbärmlichste mit Schlägen tractirten. Wem [393] wolte
25 ich mein Elend klagen, da ich in der gantzen Stadt sonst
keinen Anverwandten hatte, frembden Leuten aber durffte
mein Hertz nicht eröffnen, weil meine Auffrichtigkeit schon
öffters übel angekommen war, und von denen 4. Furien
desto übler belohnet wurde.

30 Solchergestalt ertrug ich mein Elend biß ins 14. Jahr
mit gröster Gedult, und wuchs zu aller Leute Ver=
wunderung, und bey schlechter Verpflegung dennoch starck
in die Höhe. Meiner Pflege=Mutter allergröster Verdruß
aber bestund darinne, daß die meisten Leute von meiner
35 Gesichts=Bildung, Leibes=Gestalt und gantzen Wesen mehr
Wesens und rühmens machten als von ihren eigenen
Töchtern, welche nicht allein von Natur ziemlich heßlich

gebildet, sondern auch einer geilen und leichtfertigen Lebens=
Art gewohnt waren. Ich muste dieserwegen viele Schmach=
Reden und Verdrießlichkeiten erdulden, war aber bereits
dermassen im Elende abgehärtet, daß mich fast nicht mehr
darum bekümmerte.

Mitlerweile bekam ich ohnvermuthet einen Liebhaber
an dem vornehmsten Handels=Diener meines Pflege=Vaters,
dieses war ein Mensch von etliche 20. Jahren, und konte
täglich mit Augen ansehen, wie unbillig und schändlich ich
arme Wäyse, vor mein Geld, welches mein Pflege=Vater
in seinen Nutzen verwendet hatte, tractiret wurde, weiln
ihm aber alle Gelegenheit abgeschnitten war, mit mir ein
vertrautes Gespräch zu halten, steckte er mir eines Tages
einen kleinen Brief in die Hand, worinnen nicht allein
sein hefftiges Mitleyden we= [394] gen meines Zustandes,
sondern auch die Ursachen desselben, nebst dem Antrage
seiner treuen Liebe befindlich, mit dem Versprechen: Daß,
wo ich mich entschliessen wolte eine Heyrath mit ihm zu
treffen; er meine Person ehester Tages aus diesem Jammer=
Stande erlösen, und mir zu meinem Väter= und Mütter=
lichen Erbtheile verhelffen wolle, um welches es ohnedem
itzo · sehr gefährlich stünde, da mein Pfleg=Vater, allem
Ansehen nach, in kurtzer Zeit banquerot werden müste.

Ich armes unschuldiges Kind wuste mir einen schlechten
Begriff von allen diesen Vorstellungen zu machen, und
war noch darzu so unglücklich, diesen aufrichtigen Brief zu
verlieren, ehe ich denselben weder schrifftlich noch mündlich
beantworten konte. Meine Pflege=Mutter hatte denselben
gefunden, ließ sich aber nicht das geringste gegen mich
mercken, ausserdem daß ich nicht aus meiner Kammer gehen
durffte, und solcher gestalt als eine Gefangene leben muste,
wenig Tage hernach aber erfuhr ich, daß man diesen
Handels=Diener früh in seinem Bette tod gefunden hätte,
und wäre er allen Umständen nach an einem Steck=Flusse
gestorben.

Der Himmel wird am besten wissen, ob dieser redliche
Mensch nicht, seiner zu mir tragenden Liebe wegen, von

meiner bösen Pflege=Mutter mit Gifft hingerichtet worden,
denn wie jung ich auch damals war, so konte doch leichtlich
einsehen, was vor eine ruchlose Lebens=Art, zumahlen in
Abwesenheit meines Pflege=Vaters im Hause vorgieng.
5 Immittelbst traff dennoch ein, was der verstorbene
Han= [395] dels=Diener vorher geweissaget hatte, denn
wenig Monathe hernach machte sich mein Vetter oder
Pflege=Vater aus dem Staube und überließ seinen
Gläubigern ein ziemlich ausgeleertes Nest, dessen Frau
10 aber behielt dennoch ihr Hauß nebst andern zu ihm
gebrachten Sachen, so daß dieselbe mit ihren Kindern
annoch ihr gutes Auskommen haben konte. Ich vor meine
Person muste zwar bey ihr bleiben, durffte mich aber
niemals unterstehen zu fragen, wie es um mein Vermögen
15 stünde, biß endlich ihr ältester Sohn aus Ost=Indien zurück
kam, und sich über das verkehrte Hauß=Wesen seiner
Eltern nicht wenig verwunderte. Er mochte von vertrauten
Freunden gar bald erfahren haben, daß nicht so wohl
seines Vaters Nachläßigkeit als die üble Wirthschafft seiner
20 Mutter und Schwestern an diesem Unglück Schuld habe,
derowegen fieng er als ein tugendhafftiger und verständiger
Mensch gar bald an, ihnen ihr übles Leben anfänglich
ziemlich sanfftmüthig, hernach aber desto ernstlicher zu
Gemüthe zu führen, allein die 4. Furien bissen sich weiblich
25 mit ihm herum, musten aber doch zuletzt ziemlich nachgeben,
weil sie nicht Unrecht vermuthen konten, daß er durch
seinen erworbenen Credit und grosses Gut, ihr verfallenes
Glück wiederum herzustellen vermögend sey. So bald ich
dieses merckte, nahm ich auch keinen fernern Auffschub,
30 diesem redlichen Manne meine Noth zu klagen, und da
es sich eben schickte, daß ich ihm eines Tages auf Befehl
seiner Mutter ein Körbgen mit sauberer Wäsche über=
bringen mußte, gab solches die beste Gelegenheit ihm
meines Hertzens=Gedancken zu [396] offenbaren. Er schien
35 mir diesen Tag etwas aufgeräumter und freundlicher als
wohl sonsten gewöhnlich, nachdem ich ihm also meinen
Gruß abgestattet, und die Wäsche eingehändiget hatte,

sprach er: Es ist keine gute Anzeigung vor mich, artige
Virgilia, da ihr das erste mal auf meiner Stube mit
einem Körbgen erscheinet, gewiß dieses solte mich fast
abschrecken, euch einen Vortrag meiner aufrichtigen und
ehrlichen Liebe zu thun. Ich schlug auf diese Reden
meine Augen zur Erden nieder, aus welchen alsofort die
hellen Thränen fielen, und gab mit gebrochenen ängstlichen
Worten so viel darauff: Ach mein Herr! Nehmet euch
nicht vor, mit einer unglückseeligen Person zu scherzen, 10
erbarmet euch vielmehr einer armen von aller Welt verlassenen Waise, die nach ihren ziemlichen Erbtheil, nicht
einmal fragen darff, über dieses vor ihr eigen Geld als
die geringste Magd dienen, und wie von Jugend auf, so
noch biß diesen Tag, die erbärmlichsten Schläge von eurer
Mutter und Schwestern erdulden muß. Wie? Was hör 15
ich? gab er mir zur Antwort, ich vermeine euer Geld sey
in Banco gethan, und die Meinigen berechnen euch die
Zinsen davon? Ach mein Herr! versetzte ich, nichts weniger
als dieses, euer Vater hat das **Capital** nebst Zinsen, und
allen meinen andern Sachen an sich genommen, wo es 20
aber hingekommen ist, darnach habe ich biß auf diese
Stunde noch nicht fragen dürffen, wenn ich nicht die
erbärmlichsten Martern erdulden wollen. Das sey dem
Himmel geklagt! schrye hierauff Ambrosius van Keelen,
denn also war sein Nahme, schlug anbey die Hände [397] 25
über dem Kopffe zusammen, und saß eine lange Zeit auf
dem Stuhle in tieffen Gedancken. Ich wuste solchergestalt
nicht wie ich mit ihm daran war, fuhr derowegen im
Weinen fort, fiel endlich nieder, umfassete seine Knie und
sagte: Ich bitte euch um GOttes willen mein Herr, nehmet 30
es nicht übel, daß ich euch mein Elend geklagt habe, verschaffet nur, daß mir eure Mutter, auf meine gantze
gerechte Forderung, etwa zwey oder drey hundert Thaler
zahle, so soll das übrige gäntzlich vergessen seyn, ich aber
will mich alsobald aus ihrem Hause hinweg begeben und 35
andere Dienste suchen, vielleicht ist der Himmel so gnädig,
mir etwa mit der Zeit einen ehrbaren Handwercks-Mann

zuzuführen, der mich zur Ehe nimmt, und auf meine
Lebens-Zeit ernehret, denn ich kan die Tyranney eurer
Mutter und Schwestern ohnmöglich länger ertragen. Der
gute Mensch konte sich solchergestalt der Thränen selbst
nicht enthalten, hub mich aber sehr liebreich von der Erde
auf, drückte einen keuschen Kuß auf meine Stirn, und
sagte: Gebt euch zufrieden meine Freundin, ich schwere zu
GOTT! daß mein gantzes Vermögen, biß auf diese wenigen
Kleider so ich auf meinem Leibe trage, zu eurer Beruhigung
bereit seyn soll, denn ich müste befürchten, daß GOTT,
bey so gestallten Sachen, die Mißhandlung meiner Eltern
an mir heimsuchte, indessen gehet hin und lasset euch
diesen Tag über, weder gegen meine Mutter noch Ge=
schwister nicht das geringste mercken, ich aber will noch
vor Abends eures Anliegens wegen mit ihnen sprechen,
und gleich morgendes Tages Anstalt ma= [398] chen, daß
ihr Standesmäßig gekleidet und gehalten werdet.

Ich trocknete demnach meine Augen, gieng mit ge=
trösteten Hertzen von ihm, er aber besuchte gute Freunde,
und nahm noch selbigen Abend Gelegenheit mit seiner
Mutter und Schwestern meinetwegen zu sprechen. Wiewol
nun dieselben mich auf sein Begehren, um sein Gespräch
nicht mit anzuhören, beyseits geschafft hatten, so habe doch
nachhero vernommen, daß er ihnen das Gesetz ungemein
scharff geprediget, und sonderlich dieses vorgeworffen hat:
Wie es zu verantworten stünde, daß sie meine Gelder
durchgebracht, Kleider und Geschmeide unter sich getheilet,
und über dieses alles, so jämmerlich gepeiniget hätten?
Allein auf solche Art wurde die gantze Hölle auf einmal
angezündet, denn nachdem Ambrosius wieder auf seine
Stube gegangen, ich aber meinen Henckern nur entgegen
getreten war, redete mich die Alte mit funckelnden Augen
also an: Was hastu verfluchter Findling vor ein geheimes
Verständniß mit meinem Sohne? und weßwegen wilstu
mir denselben auf den Hals hetzen? Ich hatte meinen
Mund noch nicht einmal zur Rechtfertigung aufgethan, da
alle 4. Furien über mich herfielen und recht Mörderisch

mit mir umgiengen, denn ausserdem, daß mir die helffte
meiner Haupt=Haare ausgeraufft, das Gesichte zerkratzt,
auch Maul und Nase Blutrünstig geschlagen wurden, trat
mich die Alte etliche mahl dergestalt hefftig auf den Unter=
Leib und Magen, daß ich unter ihren Mörder=Klauen
ohnmächtig, ja mehr als halb todt liegen blieb. Eine alte
Dienst=Magd [399] die dergleichen Mord=Spiel weder ver=
wehren, noch in die Länge ansehen kan, laufft alsobald
und rufft den Ambrosius zu Hülffe. Dieser kömmt nebst
seinem Diener eiligst herzu, und findet mich in dem aller=
erbärmlichsten Zustande, läst derowegen seinem gerechten
Eiffer den Zügel schiessen, und zerprügelt seine 3. leib=
lichen Schwestern dergestalt, daß sie in vielen Wochen
nicht aus den Betten steigen können, mich halb todte
Creatur aber, trägt er auf den Armen in sein eigenes
Bette, lässet nebst einem verständigen Artzte, zwey Wart=
Frauen holen, machte also zu meiner besten Verpflegung
und Cur die herrlichsten Anstalten. Ich erkannte sein
redliches Gemüthe mehr als zu wohl, indem er sich fast
niemals zu meinem Bette nahete, oder sich meines Zu=
standes erkundigte, daß ihm nicht die hellen Thränen von
den Wangen herab gelauffen wären, so bald er auch merckte
daß es mir unmöglich wäre, in diesem vor mich unglück=
seeligen Hause einige Ruhe zu geniessen, vielweniger auf
meine Genesung zu hoffen, ließ er mich in ein anderes,
nächst dem seinen gelegenes Haus bringen, allwo in dem
einsamen Hinter=Gebäude eine schöne Gelegenheit zu meiner
desto bessern Verpflegung bereitet war.

Er ließ es also an nichts fehlen meine Genesung
aufs eiligste zu befördern, und besuchte mich täglich sehr
öffters, allein meine Kranckheit schien von Tage zu Tage
gefährlicher zu werden, weilen die Fuß=Tritte meiner alten
Pflege=Mutter eine starcke Geschwulst in meinem Unterleibe
veruhrsacht hatten, welche mit einem schlimmen Fieber ver=
gesellschafftet war, so, daß der Medicus [400] nachdem er
über drey Monat an mir curiret hatte, endlich zu ver=
nehmen gab: es müsse sich irgendwo ein Geschwür im

Leibe angesetzt haben, welches, nachdem es zum Aufbrechen
gediehen, mir entweder einen plötzlichen Todt, oder balbige
Genesung verursachen könte.

Ambrosius stellete sich hierbey gantz Trostloß an,
5 zumahlen da ihm sein Compagnon aus Amsterdam be=
richtete: wie die Spanier ein Holländisches Schiff angehalten
hätten, worauff sich von ihren gemeinschafftlichen Waaren
allein, noch mehr als 20000. Thlr. Werth befänden,
demnach müsse sich Ambrosius in aller Eil dahin begeben,
10 um selbiges Schiff zu lösen, weiln er, nemlich der
Compagnon, wegen eines Bein=Bruchs ohnmöglich solche
Reise antreten könte.

Er hatte mir dieses kaum eröffnet, da ich ihn um=
ständig bat, um meiner Person wegen dergleichen wichtiges
15 Geschäffte nicht zu verabsäumen, indem ich die stärckste
Hoffnung zu GOTT hätte, daß mich derselbe binnen der
Zeit seines Abwesens, vielleicht gesund herstellen würde,
solte ich aber ja sterben, so bäte mir nichts anders aus,
als vorhero die Verfügung zu machen, daß ich ehrlich
20 begraben, und hinkünfftig dann und wann seines guten
Andenckens gewürdiget würde. Ach! sprach er hierauff
mit weinenden Augen, sterbt ihr meine allerliebste
Virgilia, so stirbt mit euch alles mein künfftiges Ver=
gnügen, denn wisset: Daß ich eure Person eintzig und
25 allein zu meinem Ehe=Gemahl erwehlet habe, soferne ich
aber euch verlieren solte, ist mein Vorsatz, nimmermehr
zu Heyrathen, saget derowegen, [401] ob ihr nach wieder=
erlangter Gesundheit meine getreue Liebe mit völliger
Gegen=Liebe belohnen wollet? Ich stelle, gab ich hierauff
30 zur Antwort, meine Ehre, zeitliches Glück und alles was
an mir ist, in eure Hände, glaubet demnach, daß ich als
eine arme Waise euch gäntzlich eigen bin, und machet mit
mir, was ihr bey GOTT, eurem guten Gewissen und der
ehrbaren Welt verantworten könnet. Uber diese Erklärung
35 zeigte sich Ambrosius dermassen vergnügt, daß er fast
kein Wort vorzubringen wuste, jedoch erkühnete er sich
einen feurigen Kuß auf meine Lippen zu drücken, und

weiln dieses der erste war, den ich meines wissens von einer Manns=Person auf meinen Mund empfangen, gieng es ohne sonderbare Beschämung nicht ab, jedoch nachdem er mir seine beständige Treue aufs heiligste zugeschworen hatte, konte ich ihm nicht verwehren, dergleichen auf meinen 5 blassen Wangen, Lippen und Händen noch öffter zu wiederholen.　Wir brachten also fast einen halben Tag mit den treuherzigsten Gesprächen hin, und endlich ge= lückte es mir ihn zu bereden, daß er gleich Morgendes Tages die Reise nach Spanien vornahm, nachdem er von 10 mir den allerzärtlichsten Abschied genommen, 1000. Stück Ducaten zu meiner Verpflegung zurück gelassen, und sonsten meinetwegen die eiffrigste Sorgfalt vorgekehret hatte.

Etwa einen Monat nach meines werthen Ambrosii 15 Abreise, brach das Geschwür in meinem Leibe, welches sich des Artzts, und meiner eigenen Meynung nach, am Magen und Zwerchfell angesetzt hatte, in der Nacht plötz= lich auf, weßwegen etliche Tage [402] nach einander eine erstaunliche Menge Eiter durch den Stuhlgang zum Vor= 20 schein kam, hierauff begunte mein dicker Leib allmählig zu fallen, das Fieber nachzulassen, mithin die Hoffnung, meiner völligen Genesung wegen, immer mehr und mehr zuzunehmen.　Allein das Unglück, welches mich von Jugend an so grausam verfolget, hatte sich schon wieder aufs neue 25 gerüstet, mir den allerempfindlichsten Streich zu spielen, denn da ich einst um Mitternacht im süssen Schlummer lag, wurde meine Thür von den Gerichts=Dienern plötzlich eröffnet, ich, nebst meiner Wart=Frau in das gemeine Stadt=Gefängniß gebracht, und meiner großen Schwachheit 30 ohngeacht, mit schweren Ketten belegt, ohne zu wissen aus was Ursachen man also grausam mit mir umgienge.　Gleich folgendes Tages aber erfuhr ich mehr als zu klar, in was vor bösen Verdacht ich arme unschuldige Creatur gehalten wurde, denn es kamen etliche ansehnliche Männer 35 im Gefängnisse bey mir an, welche, nach weitläufftiger Erkundigung wegen meines Lebens und Wandels, endlich

eine roth angestrichene Schachtel herbey bringen liessen,
und mich befragten: Ob diese Schachtel mir zugehörete,
oder sonsten etwa känntlich sey? Ich konte mit guten
Gewissen und freyen Muthe Nein darzu sagen, so bald
5 aber dieselbe eröffnet und mir ein hälb verfaultes Kind
darinnen gezeiget wurde, entsetzte ich mich dergestalt über
diesen eckelhafften Anblick, daß mir Augenblicklich eine
Ohnmacht zustieß. Nachdem man meine entwichenen
Geister aber wiederum in einige Ordnung gebracht, wurde
10 ich auß neue befragt: Ob dieses [403] Kind nicht von mir
zur Welt gebohren, nachhero ermordet und hinweg ge=
worffen worden? Ich erfüllete das gantze Gemach mit
meinem Geschrey, und bezeugte meine Unschuld nicht allein
mit hefftigen Thränen, sondern auch mit den nachdrück=
15 lichsten Reden, allein alles dieses fand keine statt, denn
es wurden zwey, mit meiner seel. Mutter Nahmen be=
zeichnete Teller=Tüchlein, zwar als stumme, doch der
Richter Meynung nach, allergewisseste Zeugen dargelegt,
in welche das Kind gewickelt gewesen, ich aber konte nicht
20 läugnen, daß unter meinem wenigen weissen Zeuge, eben
dergleichen Teller=Tücher befindlich wären. Es wurde
mir über dieses auferlegt mich von zwey Weh=Müttern
besichtigen zu lassen, da nun nicht anders gedachte, es
würde, durch dieses höchst empfindliche Mittel, meine Un=
25 schuld völlig an Tag kommen, so muste doch zu meinem
allergrösten Schmertzen erfahren, wie diese ohne allen
Scheu bekräfftigten, daß ich, allen Umständen nach, vor
weniger Zeit ein Kind zur Welt gedoren haben müsse.
Ich beruffte mich hierbey auf meinen bißherigen Artzt so
30 wol, als auf meine zwey Wart=Frauen, allein der Artzt
hatte die Schultern gezuckt und bekennet, daß er nicht
eigentlich sagen könne, wie es mit mir beschaffen gewesen, ob
er mich gleich auf ein innerliches Magen=Geschwür
curiret hätte, die eine Wart=Frau aber zog ihren Kopf
35 aus der Schlinge und sagte: Sie wisse von meinem
Zustande wenig zu sagen, weil sie zwar öffters bey Tage,
selten aber des Nachts bey mir gewesen wäre, schob hier=

mit alles auf die andere Wart=Frau, die so wohl als ich
in Ketten und Banden lag.

[404] O du barmhertziger GOTT! rieff ich aus,
wie kanstu zugeben, daß sich alle ängstlichen Umstände mit
der Boßheit der Menschen vereinigen müssen, einer höchst
unschuldigen armen Waise Unglück zu befördern. O ihr
Richter, schrye ich, übereilet euch nicht zu meinem Ver=
derben, sondern höret mich an, auf daß euch GOtt wiederum
höre. Hiermit erzehlete ich ihnen meinen von Kindes=
Beinen an geführten Jammer=Stand deutlich genung, allein
da es zum Ende kam, hatte ich tauben Ohren geprediget
und sonsten kein ander Lob davon, als daß ich eine sehr
gewitzigte Metze und gute Rednerin sey, dem allen ohn=
geacht aber solte ich mir nur keine Hoffnung machen sie zu
verwirren, sondern nur bey Zeiten mein Verbrechen in
der Güte gestehen, widrigenfalls würde ehester Tage An=
stalt zu meiner Tortur gemacht werden. Dieses war der
Bescheid, welchen mir die allzuernsthafften Inquisiteurs
hinterliessen, ich armes von aller Welt verlassenes Mägdlein
wuste mir weder zu helffen noch zu rathen, zumahlen,
da ich von neuen in ein solches hitziges Fieber verfiel,
welches meinen Verstand biß in die 4te Woche gantz ver=
rückte. So bald mich aber durch die gereichten guten
Artzeneyen nur in etwas wiederum erholet hatte, ver=
hüreten mich die Inquisiteurs aufs neue, bekamen aber,
Seiten meiner, keine andere Erklärung als vormals, weß=
wegen sie mir noch drey Tage Bedenck=Zeit gaben, nach
deren Verlauff aber in Gesellschafft des Scharff=Richters
erschienen, der sein peinliches Werckzeug vor meine Augen
legte, und mit grimmigen Gebärden sagte: Daß er mich
in kurtzer Zeit zur [405] bessern Bekänntniß meiner Boß=
heiten bringen wolle.

Bey dem Anblicke so gestellter Sachen veränderte sich
meine gantze Natur dergestalt, daß ich auf einmal Lust
bekam, ehe tausendmal den Tod, als dergleichen Pein zu
erleiden, demnach sprach ich mit gröster Hertzhafftigkeit
dieses zu meinen Richtern: Wohlan! ich spüre, daß ich

meines zeitlichen Glücks, Ehre und Lebens wegen, von
GOTT und aller Welt verlaffen bin, auch der fchmählichen
Tortur auf keine andere Art entgehen kan, als wenn ich
alles dasjenige, was ihr an mir fucht, eingeftehe und ver=
richtet zu haben auf mich nehme, derowegen verfchonet
mich nur mit unnöthiger Marter, und erfraget von mir
was euch beliebt, fo will ich euch nach euren Belieben
antworten, es mag mir nun zu meinem zeitlichen Glück
und Leben nützlich oder fchädlich feyn. Hierauff thaten
fie eine klägliche Ermahnung an mich, GOtte, wie auch
der Obrigkeit ein wahrhafftiges Bekänntniß abzuftatten,
und fiengen an, mir mehr als 30. Fragen vorzulegen,
allein fo bald ich nur ein oder andere mit guten Ge=
wiffen und der Wahrheit nach verneinen, und etwas gewiffes
zu meiner Entfchuldigung vorbringen wolte, wurde alfo=
bald der Scharff=Richter mit feinen Marter=Inftrumenten
näher zu treten ermahnet, weßwegen ich aus Angft augen=
blicklich meinen Sinn änderte und fo antwortete, wie es
meine Inquifiteurs gerne hören und haben wolten. Kurtz
zu melden, es kam fo viel heraus, daß ich das mir un=
bekannte halb verfaulte Kind von Ambrofio empfangen,
zur Welt gebohren, felbft ermordet, und folches durch
meine [406] Wart=Frau in einen Canal werffen laffen,
woran doch in der That Ambrofius und die Wart=Frau,
fo wol als ich · vor GOTT und allen heiligen Engeln
unfchuldig waren.

Solchergeftalt vermeynten nun meine Inquifiteurs
ihr Ammt an mir rechtfchaffener Weife verwaltet zu haben,
lieffen derowegen das Gerüchte durch die gantze Stadt
erfchallen, daß ich nunmehro in der Güte ohne alle Marter
den Kinder=Mord nebft allen behörigen Umftänden folcher=
geftalt bekennet, daß niemand daran zu zweiffeln Urfach
haben könnte, demnach war nichts mehr übrig als zu
beftimmen, auf was vor Art und welchen Tag die arme
Virgilia vom Leben zum Tode gebracht werden folte.
Inzwifchen wurde noch zur Zeit kein Priefter oder Seel=
Sorger zu mir gefendet, ohngeacht ich fchon etliche Tage

darum angehalten hatte. Endlich aber, nachdem noch zwey
Wochen verlauffen, stellete sich ein solcher, und zwar ein
mir wohl bekandter frommer Prediger bey mir ein.
Nach gethanem Grusse war seine ernsthaffte und echte
Frage: Ob ich die berüchtigte junge Raben=Mutter und
Kinder=Mörderin sey, auch wie ich mich so wohl in
meinem Gewissen als wegen der Leibes=Gesundheit be=
fände? Mein Herr! gab ich ihm sehr freymüthig zur
Antwort, in meinem Gewissen befinde ich mich weit besser
und gesunder als am Leibe, sonsten kan ich GOTT einzig
und allein zum Zeugen anruffen, daß ich niemals eine
Mutter, weder eines todten noch lebendigen Kindes ge=
wesen bin, vielweniger ein Kind ermordet oder solches zu
ermorden zugelassen habe. Ja, ich ruffe nochmals GOTT
zum Zeu=[407]gen an, daß ich niemals von einem Manne
erkannt und also noch eine reine und keusche Jungfrau
bin, jedoch das grausame Verfahren meiner Inquisiteurs
und die grosse Furcht vor der Tortur, haben mich ge=
zwungen solche Sachen zu bekennen, von denen mir niemals
etwas in die Gedancken kommen ist, und noch biß diese
Stunde bin ich entschlossen, lieber mit freudigen Hertzen
in den Tod zu gehen, als die Tortur auszustehen. Der
fromme Mann sahe mir starr in die Augen, als ob er
aus selbigen die Bekräfftigung meiner Reden vernehmen
wolte, und schärffte mir das Gewissen in allen Stücken
ungemein, nachdem ich aber bey der ihm gethanen Aussage
verharrete, und meinen gantzen Lebens=Lauff erzehlet hatte,
sprach er: Meine Tochter, eure Rechts=Händel müssen, ob
GOTT will, in kurtzen auf andern Fuß kommen, ich
spreche euch zwar keineswegs vor Recht, daß ihr, aus
Furcht vor der Tortur, euch zu einer Kinder= und Selbst=
Mörderin machet, allein es sind noch andere eurer Einfalt
unbewuste Mittel vorhanden eure Schuld oder Unschuld
ans Licht zu bringen. Hierauff setzte er noch einige
tröstliche Ermahnungen hinzu, und nahm mit dem Ver=
sprechen Abschied, mich längstens in zweyen Tagen
wiederum zu besuchen.

Allein gleich folgenden Tages erfuhr ich ohnverhofft, daß mich GOTT durch zweyerley Hülffs=Mittel, mit ehesten aus meinem Elende heraus reissen würde, denn vors erste war meine Unschuld schon ziemlich ans Tages=
5 Licht gekommen, da die alte Dienst=Magd meiner Pflege= Mutter, aus eigenem Gewissens=Triebe, der Obrigkeit an= gezeiget [408] hatte, wie nicht ich, sondern die mittelste Tochter meiner Pflege=Mutter das gefundene Kind ge= bohren, selbiges, vermittelst einer grossen Nadel, ermordet,
10 eingepackt, und hinweg zu werffen befohlen hätte, und zwar so hätten nicht allein die übrigen zwey Schwestern, sondern auch die Mutter selbst mit Hand angelegt, die= weiln es bey ihnen nicht das erste mahl sey, dergleichen Thaten begangen zu haben. Meine andere tröstliche Zeitung
15 war, daß mein bester Freund Ambrosius vor wenig Stunden zurück gekommen, und zu meiner Befreyung die äusersten Mittel anzuwenden, allbereits im Begriff sey.

Er bekam noch selbigen Abends Erlaubniß, mich in meinem Gefängnisse zu besuchen, und wäre bey nahe in
20 Ohnmacht gefallen, da er mich Elende annoch in Ketten und Banden liegen sahe, allein, er hatte doch nach Ver= lauff einer halben Stunde, so wohl als ich, das Vergnügen, mich von den Banden entlediget, und in ein reputirlicher Gefängniß gebracht zu sehen. Ich will mich nicht auf=
25 halten zu beschreiben, wie jämmerlich und dennoch zärtlich und tröstlich diese unsere Wiederzusammenkunfft war, sondern nur melden, daß ich nach zweyen Tagen durch seine ernstliche Bemühung in völlige Freiheit gesetzt wurde. Uber dieses ließ er es sich sehr viel kosten, wegen meiner
30 Unschuld hinlängliche Erstattung des erlittenen Schimpffs von meinen allzu hitzigen Inquisiteurs zu erhalten, empfing auch so wohl von den geistlichen als weltlichen Gerichten die herrlichsten Ehren=Zeugnisse vor seine und meine Person, am allermeisten aber erfreuete [409] er sich über
35 meine in wenig Wochen völlig wieder erlangte Gesundheit.

Nach der Zeit bemühete sich Ambrosius, seine laster= haffte Mutter und schändliche Schwestern, vermittelst einer

groſſen Geld=Summe, von der fernern Inquiſition zu be=
freyen, zumahlen da ich ihnen das mir zugefügte Unrecht
von Hertzen vergeben hatte, allein, er konte nichts erhalten,
ſondern muſte der Gerechtigkeit den Lauff laſſen, weil ſie
nach der Zeit überzeugt wurden, daß dieſes ſchon das 5
dritte Kind ſey, welches ſeine zwey älteſten Schweſtern
gebohren, und mit Beyhülffe ihrer Mutter ermordet
hätten, weßwegen ſie auch ihren verdienten Lohn empfingen,
indem die Mutter nebſt den zwey älteſten mit dem Leben
büſſen, die jüngſte aber in ein Zucht=Hauß wandern muſte. 10
    Jedoch, ehe noch dieſes geſchahe, reiſete mein Am-
broſius mit mir nach Amſterdam, weil er vermuthlich
dieſes traurige Spectacul nicht abwarten wolte, ließ ſich
aber doch noch in ſelbigem Jahre mit mir ehelich ver=
binden, und ich kan nicht anders ſagen, als daß ich ein 15
halbes Jahr lang ein recht ſtilles und vergnügtes Leben
mit ihm geführet habe, indem er eine der beſten Hand=
lungen mit ſeinem Compagnon daſelbſt anlegte. Allein,
weil das Verhängniß einmahl beſchloſſen hatte, daß meiner
Jugend Jahre in lauter Betrübniß zugebracht werden 20
ſolten, ſo muſte mein getreuer Ambroſius über Ver=
muthen den gefährlichſten Anfall der rothen Ruhr be=
kommen, welche ihn in 17. Tagen dermaſſen abmattete,
daß er ſeinen Geiſt darüber aufgab, und im 31. Jahre
ſeines Alters mich zu [410] einer ſehr jungen, aber deſto 25
betrübtern Wittbe machte. Ich will meinen dieſerhalb
empfundenen Jammer nicht weitläufftig beſchreiben, genung,
wenn ich ſage, daß mein Hertz nichts mehr wünſchte, als
ihm im Grabe an der Seite zu liegen. Der getreue
Ambroſius aber hatte noch vor ſeinem Ende vor mein 30
zeitliches Glück geſorget, und meine Perſon ſo wohl als
ſein gantzes Vermögen an ſeinen Compagnon vermacht,
doch mit dem Vorbehalt, daß, wo ich wider Vermuthen
denſelben nicht zum andern Manne verlangete, er mir
überhaupt vor alles 12000. Thlr. auszahlen, und mir 35
meinen freyen Willen laſſen ſolte.
    Wilhelm van Cattmer, ſo hieß der Compagnon

meines seel. Ehemannes, war ein Mann von 33. Jahren,
und nur seit zweyen Jahren ein Wittber gewesen, hatte
von seiner verstorbenen Frauen eine einzige Tochter,
Gertraud genannt, bey sich, die aber, wegen ihrer Kind=
5 heit, seinem Hauß=Wesen noch nicht vorstehen konte, dero=
wegen gab er mir nach verflossenen Trauer=Jahre so
wohl seine aufrichtige Liebe, als den letzten Willen meines
seel. Mannes sehr beweglich zu verstehen, und drunge sich
endlich durch tägliches Anhalten um meine Gegen=Gunst
10 solcher Gestalt in mein Hertz, daß ich mich entschloß, die
Heyrath mit ihm einzugehen, weil er mich hinlänglich
überführete, daß so wohl der Wittben=Stand, als eine
anderweitige Heyrath mit Zurücksetzung seiner Person, vor
mich sehr gefährlich sey.

15 Ich hatte keine Ursach über diesen andern Mann
zu klagen, denn er hat mich nach der Zeit in unsern
[411] 5.jährigen Ehe=Stande mit keiner Gebärde, viel=
weniger mit einem Worte betrübt. Zehen Monat nach
unserer Verehligung kam ich mit einer jungen Tochter
20 ins Kind=Bette, welche aber nach anderthalb Jahren an
Masern starb, doch wurde dieser Verlust bald wiederum
ersetzt, da ich zum andern mahle mit einem jungen Sohne
nieder kam, worüber mein Ehe=Mann eine ungemeine
Freude bezeigte, und mir um so viel desto mehr Liebes=
25 Bezeugungen erwiese. Bey nahe zwey Jahr hernach er=
hielt mein Wilhelm die betrübte Nachricht, daß sein leid=
licher Vater auf dem Cap der guten Hoffnung Todes
verblichen sey, weil nun derselbe in ermeldten Lande vor
mehr als 30000. Thaler werth Güter angebauet und
30 besessen hatte; als beredete er sich dieserwegen mit seinem
einzigen Bruder und einer Schwester, fassete auch endlich
den Schluß, selbige Güter in Besitz zu nehmen, und
seinem Geschwister zwey Theile des Werths heraus zu
geben. Er fragte zwar vorhero mich um Rath, auch ob
35 ich mich entschliessen könte, Europam zu verlassen, und
in einem andern Welt=Theile zu wohnen, beschrieb mir
anbey die Lage und Lebens=Art in selbigem fernen Lande

aus der massen angenehm, so bald ich nun merckte, daß
ihm so gar sehr viel daran gelegen wäre, gab ich alsofort
meinen Willen drein, und versprach, in seiner Gesellschafft
viel lieber mit ans Ende der Welt zu reisen, als ohne
ihn in Amsterdam zu bleiben.   Demnach wurde aufs
eiligste Anstalt zu unserer Reise gemacht, wir machten
unsere besten Sachen theils zu Gelde, theils aber liessen
wir selbige [412] in Verwahrung unsers Schwagers, der
ein wohlhabender Jubelier war, und reiseten in GOttes
Nahmen von Amsterdam ab, dem Cap der guten
Hoffnung oder vielmehr unserm Unglück entgegen, denn
mittlerweile, da wir an den Canarischen Insuln, uns ein
wenig zu erfrischen, angelandet waren, starb unser kleiner
Sohn, und wurde auch daselbst zur Erde bestattet.   Wenig
Tage hierauf wurde die fernere Reise fortgesetzt, und mein
Betrübniß vollkommen zu machen, überfielen uns zwey
Räuber, mit welchen sich unser Schiff ins Treffen ein-
lassen muste, auch so glücklich war, selbigen zu entgehen,
ich aber solte doch dabey die allerunglückseeligste sein, indem
mein lieber Mann mit einer kleinen Kugel durch den
Kopff geschossen wurde, und dieserwegen sein redliches
Leben einbüssen muste.

Der Himmel weiß, ob mein seeliger William seinen
tödtlichen Schuß nicht vielmehr von einem Meuchel=Mörder
als von den See=Räubern bekommen hatte, denn alle
Umstände kamen mir dabey sehr verdächtig vor, jedoch,
GOtt verzeihe es mir, wenn ich den Severin Water in
unrechten Verdacht halte.

Dieser Severin Water war ein junger Holländischer,
sehr frecher, und wollüstiger Kauffmann, und hatte schon
öffters in Amsterdam Gelegenheit gesucht, mich zu einem
schändlichen Ehe=Bruche zu verführen. Ich hatte ihn
schon verschiedene mahl gewarnet, meine Tugend mit dergleichen verdammten Ansinnen zu verschonen, oder ich
würde mich genöthiget finden, solches meinem Manne [413]
zu eröffnen, da er aber dennoch nicht nachlassen wolte,
bat ich würcklich meinen Mann inständig, seine und meine

Ehre gegen diesen geilen Bock zu schützen, allein, mein
William gab mir zur Antwort: Mein Engel, lasset den
Haasen lauffen, er ist ein wollüstiger Narr, und weil ich
mich eurer Tugend vollkommen versichert halte, so weiß
5 ich auch, daß er zu meinem Nachtheil nichts bey euch
erhalten wird, indessen ist es nicht rathsam, ihn noch zur
Zeit zum offenbaren Feinde zu machen, weil ich durch
seine Person auf dem Cap der guten Hoffnung einen
besonderen wichtigen Vortheil erlangen kan. Und eben
10 in dieser Absicht sahe es auch mein William nicht ungern,
daß Severin in seiner Gesellschafft mit dahin reisete. Ich
indessen war um so viel desto mehr verdrüßlich, da ich
diesen geilen Bock alltäglich vor mir sehen, und mit ihm
reden mußte, er führete sich aber bey meines Mannes
15 Leben noch ziemlich vernünfftig auf, jedoch gleich etliche
Tage nach dessen jämmerlichen Tode, trug er mir so gleich
seine eigene schändliche Person zur neuen Heyrath an.
Ich nahm diese Leichtsinnigkeit sehr übel auf, und bat
ihn, mich zum wenigsten auf ein Jahr lang mit dergleichen
20 Antrage zu verschonen, allein er verlachte meine Einfalt,
und sagte mit frechen Gebärden: Er frage ja nichts
darnach, ich möchte schwanger seyn oder nicht, genung, er
wolle meine Leibes=Frucht vor die seinige erkennen, über
dieses wäre man auf den Schiffen der Geistlichen Kirchen=
25 Censur nicht also unterworffen, als in unsern Vaterlande,
und was dergleichen Geschwätzes mehr war, mich zu [414]
einer gleichmäßigen schändlichen Leichtsinnigkeit zu bewegen,
da ich aber, ohngeacht ich wohl wuste, daß sich nicht die
geringsten Zeichen einer Schwangerschafft bey mir äuserten,
30 dennoch einen natürlichen Abscheu so wohl vor der Person
als dem gantzen Wesen dieses Wüstlings hatte, so suchte
ihn, vermöge der verdrüßlichsten und schimpfflichsten Reden,
mir vom Halse zu schaffen; Allein, der freche Bube kehrete
sich an nichts, sondern schwur, ehe sein gantzes Vermögen
35 nebst dem Leben zu verlieren, als mich dem Wittwen=
Stande oder einem andern Manne zu überlassen, sagte
mir anbey frey unter die Augen, so lange wolle er noch

Gedult haben, biß wir das Cap der guten Hoffnung
erreicht hätten, nach diesem würde sich zeigen, ob er mich
mit Güte oder Gewalt ins Ehe=Bette ziehen müsse.

Ich Elende wuste gegen diesen Trotzer nirgends
Schutz zu finden, weil er die Befehlshaber des Schiffs
so wohl als die meisten andern Leute durch Geschencke und
Gaben auf seine Seite gelenckt hatte, solcher Gestalt wurden
meine jämmerlichen Klagen fast von jederman verlacht,
und ich selbst ein Spott der ungehobelten Boots=Knechte,
indem mir ein jeder vorwarff, meine Keuschheit wäre nur
ein verstelltes Wesen, ich wolte nur sehr gebeten seyn,
würde aber meine Tugend schon wohlfeiler verkauffen, so
bald nur ein junger Mann = = = =

Ich scheue mich, an die lasterhafften Reden länger zu
gedencken, welche ich mit gröster Hertzens=Quaal von diesen
Unflätern täglich anhören muste, über dieses klagte mir
meine Aufwärterin Blandina [415] mit weinenden Augen,
daß ihr Severin schändliche Unzucht zugemuthet, und ver=
sprochen hätte, sie auf dem Cap der guten Hoffnung nebst
mir, als seine Kebs=Frau, beyzubehalten, allein, sie hatte
ihm ins Angesicht gespyen, davor aber eine derbe Maul=
schelle hinnehmen müssen. Meiner zarten und fast noch
nicht mannbaren Stieff=Tochter, der Gertraud, hatte der
Schand=Bock ebenfalls seine Geilheit angetragen, und fast
Willens gehabt, dieses fromme Kind zu nothzüchtigen, der
Himmel aber führete mich noch bey Zeiten dahin, diese
Unschuldige zu retten.

Solcher Gestalt war nun mein Jammer=Stand aber=
mahls auf der höchsten Stuffe des Unglücks, die Hülffe des
Höchsten aber desto näher. Ich will aber nicht weiter
beschreiben, welcher Gestalt ich nebst meiner Tochter und
Aufwärterin von den Kindern und Befreunden des theuren
Alt=Vaters Albert Julii aus dieser Angst gerissen und
errettet worden, weil ich doch versichert bin, daß selbiger
solches alles in seiner Geschichts=Beschreibung so wohl als
mein übriges Schicksal, nebst andern mit aufgezeichnet hat,
sondern hiermit meine Lebens=Beschreibung schliessen, und

das Urtheil darüber andern überlaffen. GOTT und mein
Gewiffen überzeugen mich keiner muthwilligen und groben
Sünden, wäre ich aber ja eine lasterhaffte Weibs=Perfon
gewefen, fo hätte thöricht gehandelt, alles mit folchen Um=
⁵ ftänden zu befchreiben, woraus vielleicht mancher etwas
fchlimmeres von mir muthmaffen könte.

[416] Diefes war alfo alles, was ich Eberhard Julius
meinen Zuhörern, von der Virgilia eigenen Hand gefchrieben,
¹⁰ vorlefen konte, worauf der Alt=Vater feine Erzehlung
folgender maffen fortfetzte:
Unfere allerfeitige Freude über die gewünfchte Wieder=
kunfft der Meinigen war gantz unvergleichlich, zumahlen
da die mitgekommene junge Wittbe nebft ihrer Tochter
¹⁵ und einer nicht weniger artigen Jungfrau bey unferer
Lebens=Art ein vollkommenes Vergnügen bezeugten. Alfo
wurde der bevorftehende Winter fo wohl als der darauf
folgende Sommer mit lauter Ergötzlichkeit zugebracht.
Das Schiff luden meine Kinder aus, und ftieffen es als
²⁰ eine nicht allzu nöthige Sache in die Bucht, weil wir uns
nach keinen weitern Handel mit andern Leuten fehneten.
Dahingegen erweiterten wir unfere alten Wohnungen,
baueten noch etliche neue, verfperreten alle Zugänge zu
unferer Inful, und fetzten die Hauß=Wirthfchafften in
²⁵ immer beffern Stand. Amias hatte von einem Holländer
ein Glaß voll Lein=Saamen bekommen, von welchen er
etwas ausfäete, um Flachs zu zeugen, damit die Weiber
Spinnwerck bekämen, über diefes war feine gröfte Freude
daß diejenigen Blumen und andere Gewächfe zu ihrer Zeit
³⁰ fo fchön zum Vorfchein kamen, zu welchen er die Saamen,
Zwiebeln und Kernen von den Holländern erbettelt und
mitgebracht hatte. Seiner Vorficht, guter Wartung und
befonderen Klugheit habe ich es eintzig und allein zu
dancken, daß mein groffer Garten, zu welchen er im
³⁵ Jahr 1672. den Grund gelegt, in guten Stande ift.

[417] Doch eben in selbigem Jahre, ließ sich die tugend= haffte Virgilia van Cattmers, und zwar am 8. Jan., nemlich an meinem Geburths=Tage, mit meinem Sohne Johanne durch meine Hand ehelich zusammen geben, und weil der jüngste Zwilling, Christian, seine ihm zugetheilte Blandina an seinen ältern Bruder Christoph gutwillig überließ, anbey aber mit ruhigen Hertzen auf die Gertraud warten wolte, so geschahe dem Christoph und der Blandina, die einander allem Ansehen nach recht hertzlich liebten, ein gleiches, so, daß wir abermahls zwey Hochzeit=Feste zugleich begingen.

Im Jahr 1674. wurden endlich die letzten zwey von meinen leiblichen Kindern verehliget, nemlich Christian mit Gertraud, und Christina mit David Rawkin, als welcher letztere gnungsam Proben seiner treuen und geduldigen Liebe zu Tage gelegt hatte. Demnach waren alle die Meinigen dermassen wohl begattet und berathen, daß es, unser aller vernünfftigen Meinung nach, unmöglich besser erdacht und ausgesucht werden können, jedoch waren meine Concordia und ich ohnstreitig die allervergnügtesten zu nennen, denn alle die Unserigen erzeigten uns aus willigen ungezwungenen Hertzen den allergenausten Gehorsam, der mit einer zärtlichen Ehrerbietung verknüpfft war, wolten auch durchaus nicht geschehen lassen, daß wir uns mit beschwerlicher Arbeit bemühen solten, sondern suchten alle Gelegenheit, uns derselben zu überheben, von selbst, so, daß eine vollkommene Liebe und Eintracht unter uns allen anzutreffen war. Der Himmel erzeigte sich auch dermassen gnädig gegen uns [418] von allen andern abgesonderte Menschen, daß wir seine barmhertzige Vor= sorge in allen Stücken gantz sonderbar verspüren konten, und nicht die geringste Ursache hatten, über Mangel oder andere dem menschlichen Geschlecht sonst zustossende betrübte Zufälle zu klagen, hergegen nahmen unsere Familien mit den Jahren dermassen zu, daß man recht vergnügt über= rechnen konte, wie mit der Zeit aus denselben ein grosses Volck entstehen würde.

Im Jahr 1683. aber begegnete uns der erste
klägliche Zufall, und zwar solcher Gestalt: Wir hatten seit
etlichen Jahren her, bey müßigen Zeiten, alle diejenigen
Oerter an den auswendigen Klippen, wo wir nur ver=
merckten, daß jemand dieselben besteigen, und uns über=
fallen könte, durch fleißige Hand=Arbeit und Sprengung
mit Pulver, dermaßen zugerichtet, daß auch nicht einmahl
eine Katze hinauf klettern, und die Höhe erreichen können,
hergegen arbeiteten wir zu unserer eigenen Bequemlichkeit
4. ziemlich verborgene krumme Gänge, an 4. Orten,
nehmlich: Gegen Norden, Osten, Süden und Westen zu,
zwischen den Felsen=Klippen hinab, die niemand so leicht
ausfinden konte, als wer Bescheid darum wuste, und dieses
geschahe aus keiner andern Ursache, als daß wir nicht
die Mühe haben wolten, um aller Kleinigkeiten wegen, die
etwa zwey oder drey Personen an der See zu verrichten
hätten, allezeit die grossen und gantz neu gemachten
Schleusen auf= und zu zu machen. Jedoch, wie ihr meine
Lieben selbst wahrgenommen habt, verwahreten wir den
Aus= und Eingang solcher bequemlicher Wege mit tieffen
|419| Abschnitten und andern Verhindernissen, solcher
Gestalt, daß niemanden, ohne die herab gelassenen kleinen
Zug=Brücken, die doch von eines eintzigen Menschen Händen
leicht zu regieren sind, weder herüber= noch hinüber zu
kommen vermögend ist. Indem nun alle Seiten und Ecken
durch unermüdeten vieljährigen Fleiß in vollkommen guten
Stand gesetzt waren, biß auf noch etwas weniges an der
West=Seite, allwo, auf des Amias Angeben, noch ein
ziemlich Stück Felsen abgesprengt werden solte, versahe es
der redliche Mann hierbey dermaßen schlimm, daß, da er
sich nicht weit genung entfernt hatte, sein linckes Bein
durch ein grosses fliegendes Stein=Stücke erbärmlich
gequetscht und zerschmettert wurde, welcher Schade denn
in wenig Tagen diesem redlichen Manne, ohngeacht aller
angewandten kräfftigen Wund=Mittel, die auf unserer Insul
in grosser Menge anzutreffen sind, und die wir so wohl
aus des Don Cyrillo Anweisung, als aus eigener Erfahrung

ziemlich erkennen gelernet, sein edles Leben, wiewohl im
hohen Alter, doch bey gesunden Kräfften und frischen
Hertzen, uns allen aber noch viel zu .früh, verkürtzte.

Es war wohl kein eintziger, ausgenommen die gantz
jungen Kinder, auf dieser Insel anzutreffen, der dem
guten Robert, als dessen Bruders Sohne, im wehmüthigsten
Klagen, wegen dieses unverhofften Todes und Unglücks=
Falles, nicht eifrige Gesellschafft geleistet hätte, Jacob,
Simon und David, die alle drey in der Tischler=Arbeit
die geschicktesten waren, machten ihm einen recht schönen
Sarg nach Teutscher Art, worein wir den zierlich [420] an=
gekleideten Cörper legten, und an denjenigen Ort, welchen
ich vor längst zum Begräbniß der Todten ausersehen,
ehrlich zur Erde bestatteten.

Robert, der in damahligem 19ten Jahre seines
Eheftandes mit der jüngern Concordia allbereit 11. Kinder,
als 3. Söhne und 8. Töchter, gezeuget hatte, war nun=
mehro der erste, der sich von uns trennete, und vor sich
und sein Geschlechte eine eigene Pflantz=Stadt, jenseit des
Canals gegen Osten zu, anlegte, weil uns der Platz und
die Gegend um den Hügel herum, fast zu enge werden
wolte. Mein ältester Sohn, Albert, folgte dessen Bey=
spiele mit seiner Judith, 6. Söhnen und 2. Töchtern am
ersten, und legte seine Pflantz=Stadt Nordwerts an.
Diesem that Stephanus mit seiner Sabina, 4. Söhnen
und 5. Töchtern, ein gleiches nach, und zwar im
Jahr 1685. da er seine Wohnung jenseit des West=
Flusses aufschlug. Im folgenden Jahre folgte Jacob und
Maria mit 3. Söhnen und 4. Töchtern, ingleichen Simon
mit 3. Söhnen und 2. Töchtern, auch Johannes mit der
Virgilia, 2. Söhnen und 5. Töchtern.

Ich ersahe meine besondere Freude hieran, und weil
sie alle als Brüder einander im Hauß=Bauen und andern
Dinge redlich zu Hülffe kamen, so machte auch ich mir
die gröste Freude daraus, ihnen kräfftige Handreichung zu
thun. Bey uns auf dem Hügel aber wohnete also niemand
mher, als David und Christina mit 3. Söhnen und

3. Töchtern, Christoph mit 3. Söhnen und 4. Töchtern,
und letzlich Christian mit 2. Söhnen und einer Tochter,
ingesammt, meine Concordia und mich [421] mit ge=
rechnet, 24. Seelen, ausserhalb des Hügels aber 59. Seelen.
Summa, im Jahr 1688. da die erstere Haupt=Vertheilung
vollendet wurde, aller auf dieser Insul lebenden Menschen, 83.
Nehmlich 39. Mannes= und 44. Weibs=Personen.

Ich habe euch aber, meine Lieben, diese Rechnung
nur dieserwegen vorgehalten, weil ich eben im 1688ten
Jahre mein Sechzigstes Lebens=Jahr, und das Vierzigste
Jahr meines vergnügt=geführten Ehestandes zurück gelegt
hatte, auch weil, ausser meinem letzten Töchterlein, biß
auf selbige Zeit kein eintziges noch mehr von meinen
Kindern oder Kindes=Kindern gestorben war, welches doch
nachhero eben so wohl unter uns, als unter andern sterb=
lichen Menschen=Kindern geschahe, wie mein ordentlich ge=
führtes Todten=Register solches bezeuget, und auf Begehren
zur andern Zeit vorgezeigt werden kan.

Nun solte zwar auch von meiner Kindes=Kinder
fernerer Verheyrathung ordentliche Meldung thun, allein,
wem wird sonderlich mit solchen allzu grossen Weit=
läufftigkeiten gedienet seyn, zumahlen sich ein jeder leichtlich
einbilden kan, daß sie sich mit Niemand anders als ihrer
Väter und Mütter, Brüders= und Schwester=Kindern haben
verehligen können, welches, so viel mir wissend, Göttlicher
Ordnung nicht gäntzlich zuwider ist, und worzu mein
erster Sohnes=Sohn, Albertus der dritte allhier, anno 1689.
mit Roberts ältesten Tochter den Anfang machte, welchen
die andern Mannbaren, zu gehöriger Zeit biß auf diesen
Tag nachgefolget sind.

[422] Es mag aber, ließ sich hierauf unser Alt=
Vater, hören, hiermit auf diesen Abend sein Bewenden
haben, doch Morgen, geliebt es GOtt, und zwar nach
verrichteten Morgen=Gebeth und eingenommenen Frühstück,
da wir ohnedem einen Rast=Tag machen können, will ich
den übrigen Rest meiner Erzehlung von denjenigen
Merckwürdigkeiten thun, die mir biß auf des Capitain

Wolffgangs Ankunfft im Jahr 1721. annoch Erzehlens-
würdig scheinen, und ohngefähr beyfallen werden.

Demnach legten wir uns abermahls sämmtlich zur
Ruhe, da nun dieselbe nebst der von dem Alt-Vater bestimmten Zeit abgewartet war, gab er uns den Beschluß
seiner bißhero ordentlich an einander gehenckten Erzehlung
also zu vernehmen.

Im Jahr 1692. wandten sich endlich die 3. letzten
Stämme auch von unserm Hügel, und baueten an selbst
erwehlten Orten ihre eigene Pflantz-Städten vor sich und
ihre Nachkommen an, damit aber meine liebe Concordia und
ich nicht alleine gelassen würden, schickte uns ein jeder
von den 9. Stämmen eins seiner Kinder zur Bedienung
und Gesellschafft zu, also hatten wir 5. Jünglinge und
4. Mägdleins nicht allein zum Zeitvertreibe, sondern auch
zu täglichen Lust-Arbeitern und Küchen-Gehülffen um
und neben uns, denn vor Brodt und andere gute Lebens-
Mittel durfften wir keine Sorge tragen, weil die Stamm-
Väter alles im Uberflusse auf den Hügel schafften. Die
Affen machten bey allen diesen neuen Einrichtungen die
liederlichsten Streiche, denn ob ich gleich dieselben ordentlich als
Sclaven meinen Kindern zugetheilet [423] und ein jeder
Stamm die seinigen mit einem besondern Halß-Bande gezeichnet
hatte, so wolten sich dieselben anfänglich doch durchaus nicht
zertheilen lassen, sondern versammleten sich gar öffters
alle wieder auf dem Hügel bey meinen zweyen alten Affen,
die ich vor mich behalten hatte, biß sie endlich theils mit
Schlägen, theils mit guten Worten zum Gehorsam gebracht wurden.

Im Jahre 1694. fingen meine sämmtlichen Kinder
an, gegenwärtiges viereckte schöne Gebäude auf diesem
Hügel vor mich, als ihren Vater und König, zur Residentz
aufzubauen, mit welchen sie erstlich nach 3en Jahren
völlig fertig wurden, weßwegen ich meine alte Hütte ab-
reissen und gantz hinweg schaffen ließ, das neue hergegen
bezohe, und es Alberts-Burg nennete, nachhero habe in
selbigem, durch den Hügel hindurch biß in des Don

Cyrillo unterirrdische Höle, eine bequemliche Treppe hauen, den auswendigen Eingang derselben aber biß auf ein Lufft=Loch vermauren und verschütten lassen, so, daß mir selbige kostbare Höle nunmehro zum herrlichsten Keller= Gewölbe dienet.

So bald die Burg fertig, wurde der gantze Hügel mit doppelten Reihen der ansehnlichsten Bäume in der Rundung umsetzt, ingleichen der Anfang von mir gemacht, zu den beyden Alléen, zwischen welchen Alberts-Raum mitten inne liegt, und die nunmehro seit etliche 20. Jahren zum zierlichsten Stande kommen sind, wie ich denn nebst meiner Concordia manche schöne Stunde mit Spaziren=gehen darinne zugebracht habe.

[424] Im 1698ten Jahre stieß uns abermahls eine der merckwürdigsten Begebenheiten vor. Denn da David Rawkins drey ältesten Söhne eines Tages den Nord=Steg hinnab an die See gestiegen waren, um das Fett von einem ertödteten See=Löwen auszuschneiden, erblicken sie von ohngefähr ein Schiff, welches auf den Sand=Bäncken vor unsern Felsen gestrandet hatte. Sie lauffen geschwind zurück und melden es ihrem Vater, welcher erstlich zu mir kam, um sich Raths zu erholen, ob man, daferne es etwa Nothleydende wären, ihnen zu Hülffe kommen möchte? Ich ließ alle wehrhaffte Personen auf der Insul zusammen ruffen, ihr Gewehr und Waffen ergreiffen, und alle Zugänge wohl besetzen, und begab mich mit etlichen in eigener Person auf die Höhe. Von dar ersahen wir nun zwar das gestrandete Schiff sehr eigentlich, wurden aber keines Menschen darauff gewahr, ohngeacht einer um den andern mit des seel. Amias hinterlassenen Perspectiv fleißig Acht hatte, biß der Abend herein zu brechen begunte, da wir meisten, uns wiederum zurück begaben, doch aber die gantze Nacht hindurch die Wachten wohl bestellet hielten, indem zu besorgen war, es möchten etwa See=Räuber oder andere Feinde seyn, die vorigen Tages unsere jungen Leute von ferne erblickt, derowegen ein Boot mit Mannschafft ausgesetzt hätten, um den

Felsen auszukundschafften, mittlerweile sich die übrigen im Schiffe verbergen müsten.

Allein wir wurden weder am andern, dritten, vierdten, fünfften noch sechsten Tage nichts mehr gewahr, als das auf einer Stelle bleibende Schiff, [425] welches weder Masten noch ·Seegel auf sich zeigte. Derowegen fasseten endlich am siebenden Tage David, nebst noch 11. andern wohl bewaffneten starcken Leuten, das Hertze, in unser grosses Boot, welches wir nur vor wenig Jahren zu Ausübung unserer Strand=Gerechtigkeit verfertiget, einzusteigen, und sich dem Schiffe zu nähern.

Nachdem sie selbiges erreicht und betreten, kommen dem David sogleich in einem Winckel zwey Personen vor Augen, welche bey einem todten menschlichen Cörper sitzen, mit grossen Messern ein Stück nach dem andern von selbigen abschneiden, und solche Stücken als rechte heißhungerige Wölffe eiligst verschlingen. Uber diesen gräßlichen Anblick werden alle die Meinigen in nicht ge= ringes Erstaunen gesetzt, jedoch selbiges wird um so viel mehr vergrössert, da einer von diesen Menschen=Fressern jählings auffspringet, und einen von Davids Söhnen, mit seinem grossen Messer zu erstechen sucht, doch da dieser Jüngling seinen Feind mit der Flinte, als einen leichten Stroh=Wisch zu Boden rennet, werden endlich alle beyde mit leichter Müh überwältiget und gebunden hingelegt.

Hierauff durchsuchen sie weiter alle Kammern, Ecken und Winckel des Schiffs, finden aber weder Menschen, Vieh, noch sonsten etwas, wovor sie sich ferner zu fürchten Ursach hätten. Hergegen an dessen statt einen unschätz= baren Vorrath an kostbaren Zeug und Gewürtz=Waaren, schönen Thier=Häuten, zugerichteten Ledern und andern vortrefflichen Sachen. Uber dieses alles trifft David auf die fünfftehalb Centner ungemünztet Gold, 14. Centner [426] Silber, 2. Schlag=Fässer voll Perlen, und drey Kisten voll gemünztes Gold und Silber an, von dessen Glantze, indem er an seiner Jugend Jahre gedenckt, seine Augen gantz verblendet werden.

Jedoch meine guten Kinder halten sich hierbey nicht
lange auf, sondern greiffen zu allererst nach den kostbarn
Zeug= und Gewürtz=Waaren, tragen so viel davon in das
Boot als ihnen möglich ist, nehmen die zwey Gebundenen
5 mit sich, und kamen also, nachdem sie nicht länger als
etwa 4. Stunden aussen gewesen, wieder zurück, und zwar
durch den Waffer=Weg, auf die Insul. Wir vermerckten
gar bald an den zweyen Gebundenen, daß es rasende
Menschen wären, indem sie uns die gräßlichsten Gebärden
10 zeigten, so oft sie jemand ansahe, mit den Zähnen
knirscheten, diejenigen Speisen aber, welche ihnen vor=
gehalten wurden, hurtiger als die Kraniche verschlungen,
weßwegen zu Alberts-Raum, ein jeder in eine besondere
Kammer gesperret, und mit gebundenen Händen und
15 Füffen aufs Lager gelegt, dabey aber allmählig mit immer
mehr und mehr Speise und Tranck gestärckt wurde. Allein
der schlimmste unter den Beyden, reiffet folgende Nacht
seine Bande an Händen und Füffen entzwey, friffet erstlich
allen herum liegenden Speise=Vorrath auf, erbarmt sich
20 hiernächst über ein Fäßlein, welches mit einer besondern
Art von eingemachten Wurtzeln angefüllet ist, und frist
selbiges ebenfalls biß auf die Helffte aus, bricht hernach
die Thür entzwey, und läufft dem Nord=Walde zu, allwo
er folgendes Tages gegen Abend, jämmerlich zerborsten,
25 gefunden, und auf selbiger Stelle begraben wurde.
[427] Der andere arme Mensch schien zwar etwas ruhiger
zu werden, allein man merckte doch, daß er seines Ver=
standes nicht mächtig werden konte, ohngeacht wir ihn drey
Tage nach einander aufs Beste verpflegten. Endlich am
30 4ten Tage, da ich Nachmittags bey ihm in der Kammer
gantz stille saß, kam ihm das Reden auf einmal an, indem
er mit schwacher Stimme rieff: JESUS, Maria, Joseph!
Ich fragte ihn erstlich auf Deutsch, hernach in Holländischer
und letzlich in Englischer wie auch in Lateinischer Sprache:
35 Wie ihm zu Muthe wäre, jedoch er redete etliche Spanische
Worte, welche ich nicht verstund, derowegen meinen
Schwieger=Sohn Robert herein ruffte, der ihn meine

Frage in Spanischer Sprache erklärete, und zur Antwort
erhielt: Es stünde sehr schlecht um ihn und sein Leben.
Robert versetzte, weil er JESUM zum Helffer angerufft,
werde es nicht schlecht um ihn stehen, er möge sterben
oder leben. Ich hoffe es mein Freund, war seine Antwort, 5
dahero ihn Robert noch ferner tröstete, und bat: wo es
seine Kräffte zuliessen, uns mit wenig Worten zu berichten:
Was es mit ihm und dem Schiffe vor eine Beschaffenheit
habe? Hierauff sagte der arme Mensch: Mein Freund!
Das Schiff, ich und alles was darauff ist, gehöret dem 10
Könige von Spanien. Ein hefftiger Sturm hat uns von
dessen West=Indischen Flotte getrennet, und zweyen Raub=
Schiffen entgegen geführet, denen wir aber durch Tapffer=
keit und endliche Flucht entgangen sind. Jedoch die fernern
Stürme haben uns nicht vergönnet, einen sichern Hafen zu 15
finden, vielweniger den Abgang unserer Lebens= [428] Mittel
zu ersetzen. Unsere Cameraden selbst haben Verrätherisch
gehandelt, denn da sie von ferne Land sehen, und selbiges
mit dem übel zugerichteten Schiffe nicht zu erreichen getrauen,
werffen sich die Gesunden ins Boot und lassen etliche 20
Krancke, ohne alle Lebens=Mittel zurücke. Wir wünschten
den Tod, da aber selbiger, zu Endigung unserer Marter,
sich nicht bey allen auf einmal einstellen wolte, musten
wir uns aus Hunger an die Cörper derjenigen machen,
welche am ersten sturben, hierüber hat unsere Krranckheit 25
dermassen zugenommen, daß ich vor meine Person selbst
nicht gewust habe, ob ich noch lebte oder allbereits
todt wäre.

Robert versuchte zwar noch ein und anderes von
ihm zu erforschen, da aber des elenden Spaniers Schwachheit 30
allzugroß war, musten wir uns mit dem Bescheide: Er
wolle Morgen, wenn er noch lebte, ein mehreres reden,
begnügen lassen. Allein nachdem er die gantze Nacht
hindurch ziemlich ruhig gelegen, starb er uns, mit
anbrechenden Tage, sehr sanfft unter den Händen, und 35
wurde seiner mit wenig Worten und Gebärden bezeigten
christlichen Andacht wegen, an die Seite unsers Gottes=

Ackers begraben. Solchergestalt war niemand näher die
auf dem Schiff befindlichen Sachen in Verwahrung zu
nehmen, als ich und die Meinigen, und weil wir dem
Könige von Spanien auf keinerley Weise verbunden waren,
5 so hielt ich nicht vor klug gehandelt, meinen Kindern das
Strand=Recht zu verwehren, welche demnach in wenig
Tagen das gantze Schiff, nebst allen darauff befindlichen
Sachen, nach und nach Stückweise auf die Insul brachten.
[429] Ich theilete alle nützliche Waaren unter dieselben zu
10 gleichen Theilen aus, biß auf das Gold, Silber, Perlen, Edel=
gesteine und Geld, welches von mir, um ihnen alle Gelegen=
heit zum Hoffart, Geitz, Wucher und andern daraus folgenden
Lastern zu benehmen, in meinen Keller zu des Don Cyrillo
und andern vorhero erbeuteten Schätzen legte, auch dieser=
15 wegen von ihnen nicht die geringste scheele mine empfieng.
      Der erste Jan. im Jahr Christi 1700. wurde nicht
allein als der Neue Jahrs=Tag und Fest der Beschneidung
Christi, sondern über dieses als ein solcher Tag, an
welchen wir ein neues Jahrhundert, und zwar das 18de
20 nach Christi Gebuhrt antraten, recht besonders frölich von
uns gefeyert, indem wir nicht allein alle unsere Canonen
löseten, deren wir auf dem letztern Spanischen Schiffe
noch 12. Stück nebst einem starcken Vorrath an Schieß=
Pulver überkommen hatten, sondern auch nach zweymahligen
25 verrichteten Gottesdienste, unsere Jugend mit Blumen=
Kräntzen ausziereten, und selbige im Reyhen herum singen
und tantzen liessen. Folgendes Tages ließ ich, vor die
junge Mannschafft, von 16. Jahren und drüber, die
annoch gegenwärtige Vogel=Stange aufrichten, einen
30 höltzernen Vogel daran häncken, wornach sie schiessen
musten, da denn diejenigen, welche sich wohl hielten, nebst
einem Blumen=Crantze verschiedene neue Kleidungs=Stücke,
Aexte, Sägen, und dergleichen, derjenige aber so das letzte
Stück herab schoß, von meiner Concordia ein gantz neues
35 Kleid, und von mir eine kostbare Flinte zum Lohne bekam.
Diese Lust ist nachhero all=[430]jährlich einmahl um diese
Zeit vorgenommen worden.

Am 8. Jan. selbigen Jahres, als an meinen Geburts-
und Vereheligungs=Tage, beschenckte mich der ehrliche
Simon Schimmer mit einem neugemachten artigen Wagen,
der von zweyen zahmgemachten Hirschen gezogen wurde,
also sehr bequem war, mich und meine Concordia von
einem Orte zum andern spatzieren zu führen. Schimmer
hatte diese beyden Hirsche noch gantz jung aus dem Thier=
Garten genommen, und selbige durch täglichen unverdrossenen
Fleiß, dermassen Kirre gewöhnet, daß sie sich Regieren
liessen wie man wolte. Ihm haben es nachhero meine
übrigen Kinder nach gethan, und in wenig Jahren viel
dergleichen zahme Thiere auferzogen.

Nun könte ich zwar noch vieles anführen, als nemlich:
von Entdeckung der Insul Klein=Felsenburg. Von Er=
zeugung des Flachses, und wie unsere Weiber denselben
zubereiten, spinnen und wircken lernen. Von allerhand
andern Handwercken, die wir mit der Zeit durch öffteres
Versuchen ohne Lehrmeisters einander selbst gelehret und
zu Stande bringen helffen. Von allerhand Waaren und
Geräthschafften, die uns von Zeit zu Zeit durch die Winde
und Wellen zugeführet worden. Von meiner 9. Stämme
Vermehrung und immer besserer Wirthschaffts=Ein=
richtung im Acker= Garten= und Wein=Bau. Von meiner
eigenen Wirthschafft, Schatz= Rüst= und Vorraths=Kammer
und dergleichen; Allein meine Lieben, weil wir doch
länger beysammen bleiben, und GOTT mir hof=[431]fentlich
noch das Leben eine kleine Zeit gönnen wird, so will
selbiges biß auf andere Zeiten versparen, damit wir in
künfftigen Tagen bei dieser und jener Gelegenheit darüber
mit einander zu sprechen Ursach finden, vor jetzo aber
will damit schliessen, wenn ich noch gemeldet habe, was
der Tod in dem eingetretenen 18den Seculo vor Haupt=
Personen, aus diesem unsern irrdischen, in das Himmlische
Paradieß versetzt hat, solches aber sind folgende:

1. Johannes mein dritter leiblicher Sohn starb 1706.
   seines Alters 55. Jahr.
2. Maria meine älteste Tochter, starb 1708. ihres
   Alters 58. Jahr.

3. Elisabeth meine zweyte Tochter ſtarb 1711. ihres Alters 58. Jahr.

4. Virgilia van Cattmers Johannis Gemahl. ſtarb 1713. ihres Alters 66. Jahr.

5. Meine ſeel. Ehe=Gemahlin Concordia, ſtarb 1715. ihres Alters im 89ten Jahre.

6. Simon Heinrich Julius, ſonſt Schimmer, ſtarb 1716. ſeines Alters 84. Jahr.

7. Die jüngere Concordia und 8. Robert Julius, ſonſt Hülter, ſturben binnen 6. Tagen, als treue Ehe=Leute. 1718. ihres Alters, ſie im 72. und Er im 84. Jahre.

9. Jacob Julius, ſonſt Larson, ſtarb 1719. ſeines Alters 89. Jahr.

10. Blandina, Christophs Gemahl. ſtarb 1719. ihres Alters 65. Jahr.

11. Gertraud, Christians Gemahl. ſtarb 1723. ihres Alters 66. Jahre.

Nunmehro, mein Herr Wolffgang! ſagte hier=[432]auff der Altvater Albertus, indem er ſich, wegen Erinnerung ſeiner verſtorbenen Geliebten, mit weinenden Augen zum Capitain Wolffgang wandte, werdet ihr von der Güte ſeyn, und dasjenige anführen, was ihr binnen der Zeit eurer erſten Anweſenheit auf dieſer Inſul angetroffen und verbeſſert habt.

Demnach ſetzte ſelbiger redliche Mann des Altvaters und ſeine eigene Geſchicht folgender maſſen fort: Ich habe euch, meine wertheſten Freunde, (ſagte er zu Herrn Mag. Schmeltzern und mir,) meine Lebens=Geſchicht, zeit=währender unſerer Schiffarth biß dahin wiſſend gemacht: Da ich von meinen ſchelmiſchen Gefährten an dieſen ver=meintlichen wüſten Felſen ausgeſetzt, nachhero aber von hieſigen frommen Einwohnern erquickt und aufgenommen worden. Dieſe meine merckwürdige Lebens=Erhaltung nun, kan ich im geringſten nicht einer ohngefähren Glücks=Fügung, ſondern einzig und allein der ſonderbaren Barm=

hertzigen Vorsorge GOTTES zuschreiben, denn die
Einwohner dieser Insul wären damals meines vorbey
fahrenden Schiffs so wenig als meiner Aussetzung gewahr
worden, wusten also nichts darvon, daß ich elender Mensch
vor ihrem Wasser=Thore lag, und verschmachten wolte. 5
Doch eben an demselben Tage, welchen ich damahligen
Umständen nach, vor den letzten meines Lebens hielt,
regieret GOTT, die Hertzen 6. ehrlicher Männer aus
Simons- und Christians Geschlechte, mit ihrem Gewehr
nach dem in der Bucht liegenden Boote zu gehen, auf 10
selbigen eine Fahrt nach der West=Seite zu thun, und [433]
allda auf einige See=Löwen und See=Kälber zu lauren.
Diese waren also, kurtz gesagt, die damahligen Werckzeuge
GOTTES zu meiner Errettung, indem sie mich erstlich
durch den Wasser=Weg zurück in ihre Behausung führeten, 15
völlig erquickten, und nachhero dem Altvater von meiner
Anwesenheit Nachricht gaben.   Dieser unvergleichliche
Mann, den GOTT noch viele Jahre zu meinem und der
Seinigen Trost erhalten wolle, hatte kaum das vornehmste
von meinen Glücks= und Unglücks=Fällen angehöret, als 20
er mich sogleich hertzlich umarmete, und versprach: Mir
meinen erlittenen Schaden dreyfach zu ersetzen, weil er
solches zu thun wohl im Stande sey, und da ich keine
Lust auf dieser Insul zu bleiben hätte, würde sich mit
der Zeit schon Gelegenheit finden, wieder in mein Vater= 25
land zurück zu kommen.   Immittelst nahm er mich sogleich
mit auf seinen Hügel, gab mir eine eigene wohl zubereitete
Kammer ein, zog mich mit an seine Tafel, und versorgte
mich also mit den köstlichsten Speisen, Geträncke, Kleidern,
ja mit allem, was mein Hertz verlangen konte, recht im 30
überflusse. Ich bin jederzeit ein Feind des Müßigganges
gewesen, derowegen machte mir alltäglich, bald hier bald
dar, genung zu schaffen, indem ich nicht allein etliche 12.
bis 16. jährige Knaben auslase, und dieselben in allerhand
nützlichen Wissenschafften, welche zwar allhier nicht gäntzlich 35
unbekannt, doch ziemlich dunckel und Beschwerlich fielen,
auf eine weit leichtere Weise unterrichtete, sondern auch

den Acker= Wein= und Garten=Bau fleißig besorgen halff.
Mein Wohlthäter bezeugte [434] nicht allein hierüber
seinen besondern Wohlgefallen, sondern ich wurde bey
weiterer Bekandtschafft von allen Einwohnern, Jung und
5 Alt, fast auf den Händen getragen, weßwegen ein Streit
in meinen Hertzen entstund: Ob ich bei ereigneter Gelegenheit
diese Insul verlassen, oder meine übrige Lebens=Zeit auf
derselben zubringen wolte, als welches Letztere alle Ein=
wohner sehnlich wünscheten, allein meine wunderlich herum
10 schweiffenden Sinnen konten zu keinem beständigen Schlusse
kommen, sondern ich wanckte zwey gantzer Jahre lang
von einer Seite zur andern, biß endlich im dritten Jahre
folgende Liebes=Begebenheit mich zu dem festen Vorsatze
brachte: alles Guth, Ehre und Vergnügen, was ich etwa
15 noch in Europa zu hoffen haben könte, gäntzlich aus dem
Sinne zu schlagen, und mich allhier auf Lebens=Zeit feste
zu setzen: Der gantze Handel aber fügte sich also: Der
Stamm=Vater Christian hatte eine vortreffliche schöne und
tugendhaffte Tochter, Sophia genannt, um welche ein
20 junger Geselle, aus dem Jacobischen Geschlecht, sich eiffrig
bemühete, dieselbe zur Ehe zu haben, allein da diese
Jungfrau denselben, so wohl als 4. andere, die schon
vorhero um sie angehalten hatten, höflich zurück wiese,
und durchaus in keine Heyrath mit ihm willigen wolte,
25 bat mich der Vater Christian eines Tages zu Gaste, und
trug mir an: Ob ich, als ein kluger Frembdling, nicht
etwa von seiner Tochter ausforschen könne und wolle,
weßwegen sie diesen Junggesellen, der ihrer so eiffrig
begehrte, ihre eheliche Hand nicht reichen möchte; Ich
30 nahm diese Commission willig auf, begab mich mit guter
ma-[435]nier zu der schönen Sophie, welche im Garten
unter einem grünen schattigen Baume mit der Spindel
die zärtesten Flachs=Faden spann, weßwegen ich Gelegenheit
ergriff mich bey ihr nieder zu setzen, und ihrer zarten
35 Arbeit zuzusehen, welche ihre geschickten und saubern
Hände gewiß recht anmuthig verrichteten.

Nach ein und andern schertzhafften jedoch tugend=

hafften Gesprächen, kam ich endlich auf mein propos, und
fragte etwas ernsthaffter: Warum sie denn so eigensinnig
im Lieben sey, und denjenigen Jungen Gesellen, welcher
sie so hefftig liebte, nicht zum Manne haben wolle. Das
artige Kind erröthete hierüber, wolte aber nicht ein Wort 5
antworten, welches ich vielmehr ihrer Schamhafftigkeit,
als einer Blödigkeit des Verstandes zurechnen muste, in=
dem ich allbereit zur Gnüge verspüret daß sie einen vor=
trefflichen Geist und aufgeräumten Sinn hatte. Dero=
wegen setzte noch öffter an, und brachte es endlich durch 10
vieles Bitten dahin, daß sie mir ihr gantzes Hertz in
folgenden Worten eröffnete: Mein Herr! sagte sie, ich
zweiffele nicht im geringsten, daß ihr von den Meinigen
abgeschickt seyd, meines Hertzens Gedancken auszuforschen,
doch weil ich euch vor einen der redlichsten und tugend= 15
hafftesten Leute halte, so will ich mich nicht schämen euch
das zu vertrauen, was ich auch meinem Vater und Ge=
schwister, geschweige denn andern Befreundten, zu eröffnen
Scheu getragen habe. Wisset demnach, daß mir unmöglich
ist einen Mann zu nehmen, der um so viele Jahre 20
jünger ist als ich, bedencket doch, ich habe allbereit mein
32stes Jahr zurückge=[436]legt, und soll einen jungen
Menschen Heyrathen, der sein zwantzigstes noch nicht ein
mal erreicht hat. Es ist ja Gottlob kein Mangel an
Weibs=Personen auf dieser Insul, hergegen hat er so 25
wohl als andere noch das Auslesen unter vielen, wird
also nicht unverheyrathet sterben dürffen, wenn er gleich
mich nicht zur Ehe bekömmt, solte aber ich gleich ohn=
verheyrathet sterben müssen, so wird mir dieses weder
im Leben noch im Tode den allergeringsten Verdruß er= 30
wecken. Ich verwunderte mich ziemlicher massen über
dieses 32. jährigen artigen Frauenzimmers resolution,
und hätte, ihrem Ansehen und gantzen Wesen nach, die=
selbe kaum mit guten Gewissen auf 20. Jahr geschätzet,
doch da ich in ihren Reden einen lautern Ernst verspürete, 35
gab ich ihr vollkommen Recht und fragte nur: Warum
sie aber denn allbereit 4. andere Liebhaber vor diesem

leßtern abgewiesen hätte? Worauff sie antwortete: Sie
sind alle wenigstens 10. biß 12. Jahr jünger gewesen
als ich, derowegen habe unmöglich eine Heyrath mit ihnen
treffen können, sondern viel lieber ledig bleiben wollen.

5   Hierauff lenckte ich unser Gespräch, um ihren edlen
Verstand ferner zu untersuchen auf andere Sachen, und
fand denselben so wohl in geistlichen als weltlichen Sachen
dermassen geschärfft, daß ich so zu sagen fast darüber er=
staunete, und mit innigsten Vergnügen so lange bey ihr
10 sißen blieb, biß sich unvermerckt die Sonne hinter die
hohen Felsen=Spißen verlohr, weßwegen wir beyderseits
den Garten verliessen, und weil ich im Hause vernahm,
daß sich der Vater Christian auf der Schleusen=Brücke
[437] befände, wünschete ich der schönen Sophie nebst
15 den übrigen eine gute Nacht, und begab mich zu ihm.
Indem er mir nun das Geleite bis auf die Alberts-Burg
zu unserm Alt=Vater gab, erzehlete ich ihm unterwegens
seiner tugendhafften Tochter vernünfftiges Bedencken über
die angetragene Heyrath sowohl als ihren ernstlich ge=
20 fasseten Schluß, worüber er sich ebenfalls nicht wenig
verwunderte, und deßfalls erstlich den Altvater um Rath
fragen wolte. Derselbe nun that nach einigen überlegen
diesen Ausspruch: Zwinge dein Kind nicht, mein Sohn
Christian, denn Sophia ist eine keusche und Gottesfürchtige
25 Tochter, deren Eigensinn in diesem Stück unsträflich ist,
ich werde ihren Liebhaber Andream anderweit berathen,
und versuchen ob ich Nicolaum, deines seel. Bruders
Johannis dritten Sohn, der einige Jahre älter ist, mit
der frommen Sophie vereheligen kan.

30   Wir geriethen demnach auf andere Gespräche, allein
ich weiß nicht wie es so geschwinde bey mir zugieng, daß ich
auf einmahl gantz tiefffinnig wurde, welches der liebe Alt=
vater sogleich merckte, und sich um meine jählinge Ver=
änderung nicht wenig bekümmerte, doch da ich sonst nichts
35 als einen kleinen Kopff=Schmertzen vorzuwenden wuste,
ließ er mich in Hofnung baldiger Besserung zu Bette
gehen. Allein ich lage lange biß nach Mitternacht, ehe

die geringste Luſt zum Schlafe in meine Augen kommen
wolte, und, nur kurtz von der Sache zu reden, ich ſpürete
nichts richtigers in meinem Hertzen, als daß es ſich voll=
kommen in die ſchöne und tugendhaffte Sophie verliebt
hätte. Hergegen machten mir des [438] lieben Altvaters
geſprochene Worte: Ich werde verſuchen, ob ich Nicolaum
mit der frommen Sophie vereheligen kan, den allergröſten
Kummer, denn erſtlich hatte ich als ein elender Ein=
kömmling noch die gröſte Urſach zu zweiffeln, ob ich der
ſchönen Sophie Gegen=Gunſt erlangen, und vors andere
ſchwerlich zu hoffen, daß mich der Altvater ſeinem Enckel
Nicolao vorziehen würde. Nachdem ich mich aber dieſer=
wegen noch eine gute Weile auf meinem Lager herum ge=
worffen, und meiner neuen Liebe nachgedacht hatte, faſſete
ich endlich den feſten Vorſatz keine Zeit zu verſäumen,
ſondern meinem aufrichtigen Wohlthäter mein gantzes
Hertze, gleich Morgen früh zu offenbaren, nachhero, auf
deſſen redliches Gutachten, ſelbiges der ſchönen Sophie ohne
alle Weitläufftigkeiten ehrlich anzutragen.

Hierauff lieſſen ſich endlich meine Furcht und
Hoffnungs=volle Sinnen durch den Schlaff überwältigen,
doch die Einbildungs=Kräffte machten ihnen das Vergnügen,
die ſchöne Sophie auch im Traume darzuſtellen, ſo, daß
ſich mein Geiſt den gantzen übrigen Theil der Nacht hin=
durch mit derſelben unterredete, und ſo wohl an ihrer
äuſerlichen ſchönen Geſtalt, als innerlichen vortreflichen
Gemüths=Gaben ergötzte. Ich wachte gegen Morgen auf,
ſchlieff aber unter dem Wunſche, dergleichen Traum öffter
zu haben, bald wieder ein, da mir denn vorkam, als ob
meine auf der Inſul Bonair ſeelig verſtorbene Salome,
die tugendhaffte Sophie in meine Kammer geführet brächte,
und derſelben ihren Trau=Ring, den ich ihr mit in den
[439] Sarg gegeben hatte, mit fröhlichen Gebärden über=
lieferte, hernach zurücke gieng und Sophien an meiner
Seiten ſtehen ließ. Hierüber erwachte ich zum andern
mahle, und weil die Morgen=Röthe bereits durch mein
von durchſichtigen Fiſch=Häuten gemachtes Fenſter ſchimmerte,

ftund ich, ohne den Altvater zu erwecken, fachte auf,
fpazierete in deffen großen Luft-Garten, und fetzte mich
auf eine, zwifchen den Bäumen gemachte Rafen-Band,
verrichtete mein Morgen-Gebeth, fung etliche geiftliche
5 Lieder, zohe nach diefen meine Schreib-Tafel, die mir
nebft andern Kleinigkeiten von meinen Verräthern annoch
in Kleidern gelaffen worden, hervor, und fchrieb folgendes
Lied hinnein.

1.

10   UNverhoffte Liebes-Netze
        Haben meinen Geift beftrickt.
        Das, woran ich mich ergötze,
        Hat mein Auge kaum erblickt;
        Kaum, ja kaum ein wenig Stunden,
15   Da der güldnen Freyheit Pracht
        Ferner keinen Platz gefunden,
        Darum nimmt fie gute Nacht.

2.

        Holder Himmel! darff ich fragen:
20   Wilft du mich im Ernft erfreun?
        Soll, nach vielen fchweren Plagen,
        Hier mein ruhigs Eden feyn?
        O! fo macht dein Wunder-Fügen,
        Und die füffe Sclaverey,
25   Mich von allen Mißvergnügen,
        Sorgen, Noth und Kummer frey.

[440]   ### 3.

        Nun fo fülle, die ich liebe,
        Bald mit Glut und Flammen an,
30   Bringe fie durch reine Triebe
        Auf die keufche Liebes-Bahn,
        Und erfetze meinem Hertzen,
        Was es eh'mals eingebüßt;
        Denn fo werden deffen Schmertzen
35   Durch erneute Luft verfüßt.

    Kaum hatte ich diefen meinen poëtifchen Einfall zu-
rechte gebracht, als ich ihn unter einer belanbten weltlichen Melodey abzufingen etliche mahl probirte, und
nicht vermerckte, daß ich an dem lieben Altvater einen

aufmercksamen Zuhörer bekommen, biß er mich sanfft auf
die Schulter klopffte und sagte: Ists möglich mein Freund,
daß ihr in meine Auffrichtigkeit einigen Zweiffel setzen
und mir euer Liebes=Geheimniß verschweigen könnet, welches
doch ohnfehlbar auf einem tugendhafften Grunde ruhet? 5
Ich fand mich solchergestalt nicht wenig betroffen, ent=
schuldigte meine bißherige Verschwiegenheit mit solchen
Worten, die der Wahrheit gemäß waren, und offenbarte
ihm hierauff mein gantzes Hertze. Es ist gut, mein Freund,
versetzte der werthe Altvater dargegen, Sophia soll euch 10
nicht vorenthalten werden, allein übereilet euch nicht,
sondern machet vorhero weitere Bekanntschafft mit der=
selben, untersuchet so wohl ihre als eure selbst eigene
Gemüths=Neigungen, wann ihr so dann vor thunlich be=
findet, eure Lebens=Zeit auf dieser Insul mit einander 15
zuzubringen, soll euch er=[441]laubt seyn, mit selbiger in
den Stand der Ehe zu treten, doch das sage ich zum
voraus: Daß ihr so wohl, als meine vorigen Schwieger=
Söhne einen cörperlichen Eyd schweren müsset, so lange
als meine Augen offen stehen, nichts von dieser Insel, 20
vielweniger eines meiner Kinder eigenmächtiger oder heim=
licher Weise hinweg zu führen. Nächst diesem, war seine
fernere Rede, hat mir ohnfehlbar der Geist GOttes ein
besonderes Vorhaben eingegeben, zu dessen Ausführung
mir keine tüchtigere Person von der Welt vorkommen 25
können, als die eurige. Ich danckte dem lieben Alt=Vater
nicht allein vor dessen gütiges Erbiethen, sondern ver=
sprach auch, was so wohl den Eyd, als alles andere be=
träffe, so er von mir verlangen würde, nach meinem
äusersten Vermögen ein völliges Genügen zu leisten. Der= 30
selbe aber verlangte vorhero nochmahls eine umständliche
Erzehlung meiner Lebens=Geschichte, worinnen ich ihm noch
selbigen Tage gehorsamete, und ohngefähr mit erwehnete:
Wie ich in einer gewissen berühmten Handels=Stadt, unter
andern auch mit einem Kauffmanne in Bekandtschafft ge= 35
rathen, der ebenfalls den Zunahmen Julius geführet hätte,
doch, da ich von dessen Geschlecht und Herkommen keine

fernere Nachricht zu geben wuſte, erſeuffzete der liebe
Alt=Vater dieſerwegen, und wünſchte, daß ſelbiger Kauff=
mann ein Befreundter von ihm, oder gar ein Abſtamm=
ling von ſeinen ohnfehlbar nunmehro ſeel. Bruder ſeyn
5 möchte; Allein, ich konte, wie bereits gemeldet, hiervon ſo
wenig, als von des Kauffmanns übriger Familie und
deſſen Zu=[442]ſtande Nachricht geben. Derowegen brach
endlich der werthe Alt=Vater loß, und hielt mir in einer
weitläufftigen Rede den glückſeeligen Zuſtand vor, in
10 welchen er ſich nebſt den Seinigen auf dieſer Inſul von
GOtt geſetzt ſähe. Nur dieſes einßige beunruhige ſein
Gewiſſen, daß nemlich er und die Seinigen ohne Prieſter
ſeyn, mithin des heiligen Abendmahls nebſt anderer geiſt=
licher Gaben beraubt leben müſten: Uber dieſes, da die
15 Anzahl der Weibs=Perſonen auf der Inſul ſtärcker ſey,
als der Männer, ſo wäre zu wünſchen, daß noch einige
zum Ehe=Stande tüchtige Handwercker und Künſtler anhero
gebracht werden könten, welches dem gemeinen Weſen zum
ſonderbaren Nutzen, und manchen armen Europäer, der
20 ſein Brod nicht wohl finden könte, zum ruhigen Ver=
gnügen gereichen würde. Und letzlich wünſchte der liebe
Alt=Vater, vor ſeinem Ende noch einen ſeiner Bluts=
Freunde aus Europa bey ſich zu ſehen, um demſelben
einen Theil ſeines faſt unſchätzbaren Schatzes zuzuwenden,
25 denn, ſagte er: Was ſind dieſe Glücks=Güter mir und
den Meinigen auf dieſer Inſul nütze, da wir mit
niemanden in der Welt Handel und Wandel zu treiben
geſonnen? Und geſetzt auch, daß dieſes in Zukunfft ge=
ſchehen ſolte, ſo trägt dieſe Inſul ſo viele Reichthümer
30 und Koſtbarkeiten in ihrem Schooſſe, wovor alles das=
jenige, was etwa bedürfftig ſeyn möchte, vielfältig ein=
gehandelt werden kan. Demnach möchte es wohl ſeyn,
daß ſich meines Bruders Geſchlecht in Europa in ſolchem
Zuſtande befände, dergleichen Schätze beſſer als wir zu
35 gebrauchen und an=[443]zulegen; Warum ſolte ich alſo
ihnen nicht gönnen, was uns überflüßig iſt und Schaden
bringen kan? Oder ſolche Dinge, die GOtt dem Menſchen

zum löblichen Gebrauch erschaffen, heimtückischer und
geiziger Weise unter der Erden versteckt behalten?

Nachdem er nun noch sehr vieles von diesen Sachen
mit mir gesprochen, schloß er endlich mit diesen treuherzigen
Worten: Ihr wisset nunmehro, mein redlicher Freund,
Wolffgang, was mir auf dem Hertzen liegt, und euer
eigener guter Verstand wird noch mehr anmercken, was
etwa zu Verbesserung unseres Zustandes von nöthen sey,
darum saget mir in der Furcht GOttes eure aufrichtige
Meinung: Ob ihr euch entschliessen wollet, noch eine Reise
in Europam zu unternehmen, mein Hertz und Gewissen,
gemeldten Stücken nach, zu beruhigen, und nach glücklicher
Zurückkunfft Sophien zu ehligen. An Gelde, Gold, Silber
und Kleinodien will ich zwey biß drey mahl hundert
tausend Thaler werth zu Reise=Kosten geben, was sonsten
noch darzu erfordert wird, ist nothdürfftig vorhanden,
wegen der Reise=Gesellschafft und anderer Umstände aber
müsten wir erstlich genauere Abrede nehmen, denn mit
meinem Willen soll keines von meinen Kindern seinen Fuß
auf die Europäische Erde setzen.

Ich nahm nicht den geringsten Aufschub, dem lieben
Alt=Vater, unter den theuresten Versicherungen meiner
Redlichkeit und Treue, alles einzuwilligen, was er von
mir verlangte, weil ich mir so gleich die feste Hoffnung
machte, GOtt würde mich auf dieser Reise, die hauptsächlich
seines [444] Diensts und Ehre wegen vorgenommen sey,
nicht unglücklich werden lassen. Derowegen wurden David
und die andern Stamm=Väter zu Rathe gezogen, und
endlich beschlossen wir ingesammt, unser leichtes Schiff in
guten Stand zu setzen, auf welchen mich David nebst
30. Mann biß auf die Insul St. Helenae bringen, daselbst
aussetzen, und nachhero mit seiner Mannschafft so gleich
wieder zurück auf Felsenburg seegeln solte.

Mittlerweile, da fast alle starcke Leute keine Zeit
noch Mühe spareten, das Schiff nach meinem Angeben
auszubessern, und Seegel=fertig zu machen, nahm ich alle
Abend Gelegenheit, mich mit der schönen Sophie in Ge-

sprächen zu vergnügen, auch endlich die Kühnheit, derselben
mein Hertz anzubieten, weil nun der liebe Alt=Vater
allbereit die Bahne vor mich gebrochen hatte, konte mein
verliebtes Ansinnen um desto weniger unglücklich seyn,
5 sondern, kurtz zu sagen, wir vertauschten bei einem öffent=
lichen Verlöbnisse unsere Hertzen mit solcher Zärtlichkeit,
die mir auszusprechen unmöglich ist, und verschoben die
Vollziehung dieses ehelichen Bündnisses bis auf meine, in
der Hoffnung, glückliche Zurückkunfft.

10   Gegen Michaelis-Tag des verwichenen 1724 ten Jahres
wurden wir also mit Ausrüstung unsers Schiffs, welches
ich die Taube benennete, und demselben Holländische Flaggen
aufsteckte, vollkommen fertig, es war bereits mit Proviant
und allem andern wohl versehen, der gute alte David
15 Julius, der jedoch an Leibes= und Gemüths=Kräfften es
noch manchem jungen Manne zuvor that, hielt sich [445]
mit seiner auserlesenen und wohl bewaffneten jungen
Mannschafft alltäglich parat, einzusteigen, exercirte aber
dieselben binnen der Zeit auf recht lustige und geschickte
20 Art. Da es demnach nur an meiner Abfertigung lage,
ließ mich der Alt=Vater, weil er eben damahls einiges
Reissen in Knien hatte, also nicht ausgehen konte, vor
sein Bette kommen, und führete mir nochmahls alles das=
jenige, was ich ihm zu leisten versprochen, liebreich zu
25 Gemüthe, ermahnete mich anbey GOtt, ihm und den
Seinigen, diesen wichtigen und eines ewigen Ruhms
würdigen Dienst, redlich und getreu zu erweisen, welchen
GOTT ohnfehlbar zeitlich und ewig vergelten würde.
Ich legte hierauf meine lincke Hand auf seine Brust, die
30 rechte aber richtete ich zu GOTT im Himmel in die Höhe,
und schwur einen theuren Eyd, nicht allein die mir auf=
getragenen 3. Haupt=Puncte nach meinem besten Vermögen
zu besorgen, sondern auch alles andere, was dem gemeinen
Wesen zur Verbesserung gereichlich, wohl zu beobachten.
35 Hierauf lieferte er mir denjenigen Brief ein, welchen ich
euch, mein Eberhard Julius, in Amsterdam annoch wohl
versiegelt übergeben habe, und wiese mich zugleich in eine

22*

Kammer, allwo ich aus einem grossen Pack=Fasse an Geld,
Gold und Edlen=Steinen so viel nehmen möchte, als mir
beliebte. Es befanden sich in selbigen am Werth mehr
denn 5. bis 6. Tonnen Schatzes, doch ich nahm nicht mehr
davon als 30. runde Stücken gediehenes Goldes, deren
ich jedes ohngefähr 10. Pfund schwer befand, nächst diesen
an Spanischer Gold= und Silber=Müntze [446] 50000. Thlr.
werth, ingleichen an Perlen und Kleinodien ebenfalls einer
halben Tonne Goldes werth. Ich brauchte die Vorsicht,
die kostbarsten Kleinodien und grossen güldnen Müntzen
so wohl in einen bequemen Gürtel, den ich auf den blossen
Leibe trug, als auch in meine Unter=Kleider zu verwahren,
die grossen Gold=Klumpen aber wurden zerhackt, und in
die mit den allerbesten Rosinen angefülleten Körbe ver=
theilet und verborgen. Mit den Perlen thaten wir ein
gleiches, das gemüntzte Geld aber vertheilete ich in ver=
schiedene Lederne Beutel, und verwahrete es also, daß es
zur Zeit der Noth gleich bey der Hand seyn möchte.
Dem Alt=Vater gefielen zwar meine Anstalten, jedennoch
aber war er der Meynung, ich würde mit so wenigen
Gütern nicht alles ausrichten können. Doch, da ihm vor=
stellete, wie es sich nicht schicken würde, mit mehr als
einem Schiffe wieder zurück zu kehren, also ein überflüßiges
Geld und Gut mir nur zur Last und schlimmen Verdacht
gereichen könne; überließ er alles meiner Conduite, und
also gingen wir nach genommenen zärtlichen Abschiede
unter tausend Glückwünschen der zurück bleibenden Insulaner
am 2ten Octobr. 1724. vergnügt unter Seegel, wurden
auch durch einen favorablen Wind dermassen hurtig fort=
geführet, daß wir noch vor Untergang der Sonnen Felsen=
burg aus den Augen verlohren.

Unterwegs, nachdem diejenigen, so des Reisens
ungewohnt, der See den bekannten verdrüßlichen Tribut
abgestattet, und sich völlig erholet hatten, war unser
täglicher Zeitvertreib, daß [447] ich meine Gefährten im
richtigen Gebrauch des Compasses, der See Charten und
andern Vortheilen bey der Schiffs=Arbeit, immer besser

belehrete, damit sie ihren Rückweg nach Felsenburg desto
leichter zu finden, und sich bey ereignenden Sturme oder
andern Zufällen eher zu helffen wüsten, ohngeacht sich
deßfalls bei einigen, und sonderlich bei dem guten alten
5 David, der das Steuer=Ruder beständig besorgte, bereits
eine ziemliche Wissenschafft befand.

Solchergestalt erreichten wir, ohne die geringste
Gefahr ausgestanden zu haben, die Insul St. Helenae
noch eher, als ich fast vermuthet hatte, und traffen daselbst
10 etliche 20. Engell= und Holländische Schiffe an, welche
theils nach Ost=Indien reisen, theils aber, als von dar
zurück kommende, den Cours nach ihren Vater=Lande
nehmen wolten. Hier wolte es nun Kunst heissen, Rede
und Antwort zu gestehen, und doch dabey das Geheimniß,
15 woran uns allen so viel gelegen, zu verschweigen, dero=
weden studirte ich auf allerhand scheinbare Erfindungen,
welche mit meinen Gefährten abredete, und hiermit auch
so glücklich war, alle diejenigen, so sich um mein Wesen
bekümmerten, behörig abzuführen. Von den Holländern
20 traff ich keinen einzigen belandten Menschen an, hergegen
kam mir ein Englischer Capitain unvermuthet zu Gesichte,
dem ich vor Jahren auf der Fahrt nach West=Indien
einen kleinen Dienst geleistet hatte, diesem gab ich mich zu
erkennen, und wurde von ihm aufs freundlichste empfangen
25 und tractiret. Er judicirte anfangs aus meinem äuser=
lichen We=[448]sen, daß ich ohnfehlbar unglücklich worden,
und in Nöthen stäcke? Weßwegen ich ihm gestund, daß
zwar einige unglückliche Begebenheiten mich um mein
Schiff, keines weges aber um das gantze Vermögen
30 gebracht, sondern ich hätte noch so viel gerettet, daß mich
im Stande befände, eine neue Ausrüstung vorzunehmen,
so bald ich nur Amsterdam erreichte. Er wandte demnach
einige Mühe an, mich zu bereden, in seiner Gesellschafft
mit nach Java zu gehen, und versprach bey dieser Reise
35 grossen Profit, auch bald ein Schiffs=Commando vor mich
zu schaffen, allein, ich danckte ihm hiervor, und bat dar=
gegen, mich an einen seiner Lands=Leute, die in ihr

Vater-Land reiseten, zu recommendiren, um meine Person
und Sachen vor gute Bezahlung biß dahin zu nehmen,
weil ich allbereit so viel wüste, daß mir meine Lands-
Leute, nehmlich die Holländer, diesen Dienst nicht leisten
könten, indem sie sich selbsten schon zu starck überladen
hätten. Hierzu war der ehrliche Mann nun gleich bereit,
führete mich zu einem nicht weniger redlichen Patrone,
mit welchen ich des Handels bald einig wurde, meine
Sachen, die in Ballen, Fässer und Körbe eingepackt waren,
zu ihm einschiffte, und den Vater David mit den Seinigen,
nachdem sie sonst nichts als frisches Wasser eingenommen
hatten, wieder zurück schickte, unter dem Vorwande, als
hätten dieselben noch viele auf der Insul Martin Vas
vergrabene und ausgesetzte Waaren abzuholen, mit welchen
sie nachhero ebenfalls nach Holland seegeln und mich
daselbst antreffen würden. Allein, wie ich nunmehro
ver-|449|nommen, so haben sie den Rückweg nach Felsen-
burg so glücklich, als den nach St. Helena, wieder gefunden,
auch unterwegs nicht den geringsten Anstoß erlitten. Mir
vor meine Person gieng es nicht weniger nach Wunsche,
denn, nachdem ich nur 11. Tage in allen, vor St. Helena
stille gelegen, lichtete der Patron seine Ancker, und seegelte
in Gesellschafft von 13. Engell- und Holländischen Schiffen
seine Strasse. Der Himmel schien uns recht ausserordentlich
gewogen zu seyn, denn es regte sich nicht die geringste
wiederwärtige Lufft, auch durfften wir uns vor feindlichen
Anfällen gantz nicht fürchten, indem unser Schiff von den
andern bedeckt wurde. Doch, da ich in Canarien einen
bekandten Holländer antraff, der mich um ein billiges mit
nach Amsterdam nehmen wolte, über dieses mein Engelländer sich genöthiget sahe, um sein Schiff auszubessern,
allda in etwas zu verbleiben, so bezahlte ich dem letztern
noch ein mehreres, als das Gedinge biß nach Engelland
austruge, schiffte mich vieler Ursachen wegen höchst vergnügt
bey dem Holländer ein, und kam am 10. Febr. glücklich
in Amsterdam an.

Etwas recht nachdenckliches ist, daß ich gleich in dem

erſten Gaſt=Hauſe, worinnen ich abtreten, und meine
Sachen hinſchaffen wolte, einen von denjenigen Mord=
Buben antraff, die mich, dem **Jean le Grand** zu gefallen,
gebunden, und an die Inſul Felſenburg ausgeſetzt hatten.
5 Der Schelm wolte, ſo bald er mich erkandte, gleich ent=
wiſchen, weil ihm ſein Gewiſſen überzeugte, daß er den
Strick um den Halß verdienet hätte. Derowegen [450]
trat ich vor, ſchlug die Thür zu, und ſagte: Halt,
Camerad! wir haben einander vor drey Jahren oder
10 etwas drüber gekandt, alſo müſſen wir mit einander
ſprechen: Wie hälts? Was macht **Jean le Grand**? hat er
viel auf ſeinen geſtohlnen Schiffe erworben? Ach mein
Herr! gab dieſer Strauch=Dieb zur Antwort, das Schiff
und alle, die darauf geweſen, ſind vor ihre Untreu ſattſam
15 geſtrafft, denn das erſtere iſt ohnweit **Madagascar** ge=
borſten und verſuncken, **Jean le Grand** aber hat nebſt
allen Leuten elendiglich erſauffen müſſen, ja es hat ſich
niemand retten können, als ich und noch 3. andere, die
es mit euch gut gemeynet haben. So haſt du es, ver=
20 ſetzte ich, auch gut mit mir gemeynet? Ach, mein Herr!
ſchrye er, indem er ſich zu meinen Füſſen warff, iſt gleich
in einem Stücke von mir Boßheit verübt worden, ſo
habe doch ich hauptſächlich hintertreiben helffen, daß man
euch nicht ermordet hat, welches, wie ihr leichtlich glauben
25 werdet, von dem gantzen Complot beſchloſſen war. Ich
wuſte, daß dieſer Kerl zwar ein ziemlicher Böſewicht,
jedoch keiner von den allerſchlimmſten geweſen war, dero=
wegen, als mir zugleich die Geſchicht **Josephs** und ſeiner
Brüder einfiel, jammerte mich ſeiner, ſo, daß ich ihn auf=
30 hub nnd ſagte: Siehe, du weiſt ohnfehlbar, welches dein
Lohn ſeyn würde, wenn ich die an mir begangene Boßheit
gehöriges Orts anhängig machen wolte; Allein, ich ver=
gebe dir alles mit Mund und Hertzen, wünſche auch, daß
dir GOtt alle deine Sünde vergeben möge, ſo du jemahls
35 begangen. Mercke das Exempel der Rache GOttes an
deinen unglückli=[451]chen Mitgeſellen, wo du mich anders
nicht beleugſt, und beſſere dich. Mit mir habt ihrs böſe

zu machen gedacht, aber GOtt hats gut gemacht, denn ich
habe voritzo mehr Geld und Güter, als ich jemahls ge=
habt habe. Hiermit zohe ich ein Gold=Stück, am Werth
von 20. deutschen Thalern, aus meinem Beutel, verehrte
ihm dasselbe, und versprach, noch ein mehreres zu thun,
wenn er mir diejenigen herbringen könne, welche sich nebst
ihm von dem verunglückten Schiffe gerettet hätten. Der
neubelebte arme Sünder machte mir also aufs neue die
demüthigsten und danckbarlichsten Bezeugungen, und ver=
sprach, noch vor Abends zwey von den erwehnten Personen,
nehmlich Philipp Wilhelm Horn, und Adam Gorques.
zu mir zu bringen, den dritten aber, welches Conrad
Bellier gewesen, wisse er nicht mehr anzutreffen, sondern
glaubte, daß derselbe mit nach Gröenland auf den Wall=
Fisch=Fang gegangen sey.   Ich hätte nicht vermeynet, daß
der Vogel sein Wort halten würde, allein, Nachmittags
brachte er beyde erst erwehnten in mein Logis, welche
denn, so bald sie mich erblickten, mir mit Thränen um
den Hals fielen, und ihre besondere Freude über meine
Lebens=Erhaltung nicht genug an den Tag zu legen
wusten. Ich hatte ebenfalls nicht geringe Freude, diese
ehrlichen Leute zu sehen, weiln gewiß wuste, daß sie nicht
in den Rath der Gottlosen eingestimmet hatten, sonderlich
machte mir Horns Person ein grosses Vergnügen, dessen
Klugheit, Erfahrenheit und Courage mir von einigen
Jahren her mehr als zu bekandt war. Er hatte sich ohn=
längst wiederum [452] in Qualität eines Quartiermeisters
engagiret, und zu einer frischen Reise nach Batavia parat
gemacht, jedoch, so bald er vernahm, daß ich ebenfalls
wiederum ein Schiff ausrüsten, und eine neue Tour
nehmen wolte, versprach er, sich gleich morgenden Tag
wiederum loß zu machen, und bey mir zu bleiben. Ich
schenckte diesen letztern zweyen, so bald sich der erste
liederliche Vogel hinweg gemacht, jeden 20. Ducaten, Horn
aber, der zwey Tage hernach wieder zu mir kam, und
berichtete, daß er nunmehro frey und gäntzlich zu meinen
Diensten stünde, empfing aus meinen Händen noch

50. Ducaten zum Angelde, und nahm alle diejenigen
Verrichtungen, so ich ihm auftrug, mit Freuden über sich.

Ich heuerte mir ein bequemer und sicherer Quartier,
nahm die vor etlichen Jahren in Banco gelegten Gelder
5 zwar nicht zurück, assignirte aber dieselben an mein Ge=
schwister, und that denselben meine Anwesenheit in Amsterdam
zu wissen, meldete doch anbey, daß ich mich nicht lange
daselbst aufhalten, sondern chestens nach Ost=Indien zurück
reisen, und allborten Zeit Lebens bleiben würde, weßwegen
10 sich niemand zu mir bemühen, sondern ein oder der
andere nur schreiben dürffte, wie sich die Meinigen be=
fänden. Mittlerweile muste mir Horn die Perlen und
einige Gold=Klumpen zu gangbaren Gelde machen, wovor
ich ihm die vortrefflichen Felsenburgischen Rosinen zur
15 Ergötzlichkeit überließ, aus welchen er sich denn ein ziemlich
Stück Geld lösete.

Hierauf sahe ich mich nach einem Nagel=neuen [453]
Schiffe um, und da ich dergleichen angetroffen und baar
bezahlet hatte, gab ich ihm den Nahmen der getreue
20 Paris, Horn aber empfing von mir eine punctation, wie
es völlig ausgerüstet, und mit was vor Leuten es besetzt
werden solte. Ob ich nun schon keinen bösen Verdacht
auf diesen ehrlichen Menschen hatte, so muste er doch alle
hierzu benöthigten Gelder von einem Banquier, der mein
25 vertrauter Hertzens=Freund von alten Zeiten her war, ab=
fordern, und eben diesen hatte ich auch zum Ober=Aufseher
meiner Angelegenheiten bestellet, bevor ich die Reise, mein
Eberhard, nach eurer Geburths=Stadt antrat. Dieselbe
nun erreichte ich am verwichenen 6ten Maji. Aber, o
30 Himmel! wie erschrack mein gantzes Hertze nicht, da ich
auf die erste Frage, nach dem reichen Kauffmann Julius,
von meinem Wirthe die betrübte Zeitung erfuhr, daß der=
selbe nur vor wenig Wochen unvermuthet banquerot
worden, und dem sichersten Vernehmen nach, eine Reise
35 nach Ost= oder West=Indien angetreten hätte. Ich kan
nicht anders sagen, als daß ein seder Mensch, der auf
mein weiteres Fragen des Gast=Wirths Relation be=

kräfftigte, auch dieses redlichen Kauffmanns Unglück beklagte, ja die vornehmsten wolten behaupten: Es sey ein
grosser Fehler und Ubereilung von ihm, daß er sich aus
dem Staube gemacht, immassen allen seinen Creditoren
bekandt, daß er kein liederlicher und muthwilliger 5
Banquerotteur sey, dahero würde ein jeder gantz gern
mit ihm in die Gelegenheit gesehen, und vielleicht zu
seinem Wiederaufkommen etwas beygetragen haben. Allein,
was konten mir nunmehro [454] alle diese sonst gar
wohl klingenden Reden helffen, der Kauffmann Julius 10
war fort, und ich konte weiter nichts von seinem gantzen
Wesen zu meinem Vortheil erfahren, als daß er einen
eintzigen Sohn habe, der auf der Universität in Leipzig
studire. Demnach ergriff ich Feder und Dinte, setzte
einen Brief an diesen mir so fromm beschriebenen Studiosum 15
auf, um zu versuchen, ob ich der selbst eigenen Reise nach
Leipzig überhoben seyn, und euch, mein Eberhard, durch
Schrifften zu mir locken könte. Der Himmel ist selbsten
mit im Spiele gewesen, darum hat mirs gelungen, ich
setzte euch und allen andern, die ich zu Reise-Gefährten 20
mitnehmen wolte, einen sehr kurtzen Termin, glaubte auch
nichts weniger, als so zeitlich von Amsterdam abzusegeln,
und dennoch muste sich alles nach Hertzens Wunsche schicken.
Meiner allergrösten Sorge aber nicht zu vergessen, muß
ich melden, daß mich eines Mittags nach der Mahlzeit 25
auf den Weg machte, um dem Seniori des dasigen Geistl.
Ministerii eine Visite zu geben, und denselben zu bitten,
mir einen seinen Exemplarischen Menschen zum Schiffs-
Prediger zuzuweisen; weil ich aber den Herrn Senior nicht
zu Hause fand, und erstlich folgenden Morgen wieder zu 30
ihm bestellet wurde, nahm ich einen Spatzier-Gang ausserhalb der Stadt in einem lustigen Gange vor, allwo ich
ohngefähr einen schwartz=gekleideten Menschen in tieffen
Gedancken vor mir hergehend ersahe. Derowegen ver-
doppelten sich meine Schritte, so, daß er von mir bald 35
eingeholet wurde. Es ist gegenwärtiger Herr Mag.
Schmeltzer, und ohngeacht ich [455] ihn zuvor niemahls

gesehen, sagte mir doch mein Hertze so gleich, daß er ein
Theologus seyn müste. Wir grüsseten einander freundlich,
und ich nahm mir die Freyheit, ihn zu fragen: Ob er ein
Theologus sey. Er bejahete solches, und setzte hinzu, daß
5 er in dieser Stadt zu einer Condition verschrieben worden,
durch einen gehabten Unglücks=Fall aber zu späte gekommen
sey. Hierauf fragte ich weiter: Ob er nicht einen seinen
Menschen zuweisen könne, der da Lust habe, als Prediger
mit mir zu Schiffe zu gehen. Er verfärbte sich deß=
10 wegen ungemein, und konte mir nicht so gleich antworten,
endlich aber sagte er gantz bestürtzt: Mein Herr! Ich kan
ihnen bey GOtt versichern, daß ich voritzo allhier keinen
eintzigen Candidatum Minsterii Theologici kenne, denn
ich habe zwar vor einigen Jahren bey einem hiesigen
15 Kauffmanne, Julius genannt, die Information seines Sohnes
gehabt, da aber nach der Zeit mich wiederum an andern
Orten aufgehalten, und nunmehro erstlich vor 2. Tagen,
wiewohl vergebens, allhier angekommen bin, ist mir un=
bewust, was sich anitzo von dergleichen Personen allhier
20 befindet.

Ich gewann den werthen Herrn Mag. Schmelzer
unter währenden diesen Reden, und zwar wegen der
wunderbaren Schickung GOttes, dermassen lieb, daß ich
mich nicht entbrechen konte, ferner zu fragen: Ob er nicht
25 selbsten Belieben bey sich verspürete, die Station eines
Schiffs=Predigers anzunehmen, zumahlen da ich ihm das=
jenige, was sonst andere zu geniessen hätten, gedoppelt
zahlen wolte? Hierauf gab er zur Antwort: GOtt, der
[456] mein Hertze kennet, wird mir Zeugniß geben, daß
30 ich nicht um zeitlichen Gewinstes willen in seinem Wein=
berge zu dienen suche, weil ich demnach dergleichen Beruff,
als itzo an mich gelanget, vor etwas sonderbares, ja
Göttliches erkenne, so will nicht weigern, demselben ge=
horsame Folge zu leisten, jedoch nicht eher, als biß ich
35 durch ein behöriges Examen darzu tüchtig befunden, und
dem heiligen Gebrauche nach zum Priester geweyhet worden.

Es traten unter diesen Reden mir und ihm die

Thränen in die Augen, derowegen reichte ich ihm die
Hand, und sagte weiter nichts als dieses: Es ist genung,
mein HErr! GOtt hat Sie und mich berathen, derowegen
bitte, nur mit mir in mein Logis zu folgen, allwo wir
von dieser Sache umständlicher mit einander sprechen
wollen. So bald wir demnach in selbigem angelanget,
nahm ich mir kein Bedencken, ihm einen wahrhafften und
hinlänglichen Bericht von dem Zustande der Felsenburgischen
Einwohner abzustatten, welchem er mit gröster Ver=
wunderung anhörete, und betheurete, daß er bey so ge=
stallten Sachen die Reise in besagtes Land desto vergnügter
unternehmen, auch sich gar nicht beschweren wolte, wenn
er gleich Zeit Lebens daselbst verbleiben müste, daferne
er nur das Glück hätte, dem dort versammleten Christen=
Häuflein das Heil ihrer Seelen zu befördern. Hierauf,
da er mir eine kurtze Erzehlung seiner Lebens=Geschicht
gethan, nahm ich Gelegenheit, ihn wegen des Kauffmanns,
Franz Martin Julii, und dessen Familie ein und anderes
zu befragen, und er=[457]fuhr, daß Herr Mag. Schmelzer
von Anno 1716. biß 1720. bey demselben als Informator
seines Sohns Eberhards und seiner Tochter Julianae
Louise in Condition gewesen wäre, ja er wuste, zu meinem
desto grössern Vergnügen, mir die gantze Geschicht des im
30. jährigen Kriege enthaupteten Stephan Julii so zu er=
zehlen, wie ich dieselbe von dem lieben Altvater Alberto
in Felsenburg bereits vernommen hatte, und zu erweisen,
daß Franz Martin Julius des Stephani ächter Enckel im
dritten Gliede sey, immassen er die gantze Sache von
seinem damahligen Patron Franz Martin Julio sehr öffters
erzehlen hören, und im guten Gedächtnisse erhalten.

Ich entdeckte ihm hierauff treuhertzig: wie ich den
jungen Eberhard, der sich sichern Vernehmen nach, itzo in
Leipzig aufhielte, nur vor wenig Tagen durch Briefe und
beygelegten Wechsel zu Reise=Geldern, nach Amsterdam
in mein Logis citiret hätte, und zweiffelte nicht, daß er
sich gegen Johannis Tag daselbst einfinden würde, wo
nicht? so sähe mich genöthiget selbst nach Leipzig zu reisen

und denselben aufzusuchen. Nachdem wir aber gantz biß
in die späte Nacht von meinen wichtigen Affairen discuriret,
und Herr Mag. Schmeltzer immer mehr und mehr Ur=
sachen gefunden hatte, die sonderbaren Fügungen des
5 Himmels zu bewundern, auch mir endlich zusagte: seinen
Vorsatz nicht zu ändern, sondern GOTTES Ehre und
den seligen Nutzen so vieler Seelen zu befördern, wir
redlich dahin zu folgen, wohin ich ihn haben wolte; legten
wir uns zur Ruhe, und giengen folgenden Tag in [458]
10 aller Frühe mit einander zum Seniori des geistlichen
Ministerii. Dieser sehr fromme Mann hatte unsern Vortrag
kaum vernommen, als er noch 3. von seinen Ammts=
Brüdern zu sich beruffen ließ, und nebst denselben Herrn
Mag. Schmeltzern, in meiner Gegenwart 4. Stunden lang
15 aufs allerschärffste examinirte, und nach befundener vor=
trefflicher Gelehrsamkeit, zwey Tage darauff in öffentlicher
Kirche ordentlich zum Priester weyhete. Ich fand mich
bey diesem heiligen Actu von Freude und Vergnügen über
meinen erlangten kostbaren Schatz dermassen gerühret, daß
20 die hellen Thränen die gantze Zeit über aus meinen
Augen liessen, nachdem aber alles vollbracht, zahlete ich
an das geistliche Ministerium 200. spec. Ducaten, in die
Kirche und Armen=Casse aber eine gleichmäßige Summe,
nahm also von denen Herrn Geistlichen, die uns tausend=
25 sachen Seegen zu unsern Vorhaben und Reise wünschten
zärtlichen Abschied.

Herrn Mag. Schmeltzern hätte ich zwar von Hertzen
gern sogleich mit mir nach Amsterdam genommen, da aber
derselbe inständig bat ihm zu vergönnen, vorhero die
30 letzte Reise in sein Vaterland zu thun, um von seinen
Anverwandten und guten Freunden völligen Abschied auch
seine vortreffliche Bibliothec mitzunehmen, zahlete ich ihm
1000. Thlr. an Golde, und verabredete die Zeit, wenn
und wo er mich in Amsterdam antreffen solte, so, daß ich
35 noch biß dato Ursach habe vor dessen accuratesse danck=
bar zu seyn.

Ich vor meyne Person setzte immittelst meine Rück=

reise nach Amsterdam gantz bequemlich fort, [459] und
nahm unterwegs erstlich den Chirurgum Kramern, hernach
Litzbergen, Plagern, Harkert und die übrigen Handwercks=
Leute in meine Dienste, gab einem jeden 5. Frantzösische
Louis d'or auf die Hand und sagte ihnen ohne Scheu, 5
daß ich sie auf eine angenehme fruchtbare Insul führen
wolte, allwo sie sich mit ihrer Hand=Arbeit redlich nehren,
auch da es ihnen beliebig, mit daselbst befindlichen schönen
Jungfrauen verheyrathen könten, doch nahm ich von jed=
weden einen Eyd, diese Sache weder in Amsterdam, noch 10
bey dem andern Schiffs=Volcke ruchtbar zu machen, indem
ich nur gewisse auserlesene Leute mit dahin zu nehmen
vorhabens sey.   Zwar sind mir ihrer 3. nachhero zu
Schelmen worden, nemlich ein Zwillich=macher, Schuster
und Seiffensieder, allein sie mögen diesen Betrug bey 15
GOTT und ihren eigenen Gewissen verantworten, ich
aber habe nachhero erwogen, daß ich an dergleichen Be=
trügern wenig eingebüsset, immassen unsere Insulaner
diese Künste nach Nothdurfft selbst, obschon nicht so zierlich
und leicht verrichten können.   20

Am 11. Jun. gelangete ich also mit meinen an=
genommenen Leuten glücklich in Amsterdam an, und hatte
eine besondere Freude, da mein lieber getreuer Horn und
Adam Gorques, unter Aufsicht meines werthen Freundes
des Banquiers G. v. B. das Schiff nebst allem Zubehör 25
in völlige, ja bessere Ordnung als ich vermuthet, gebracht
hatten.   Demnach kaufften wir noch das Vieh und andere
Sachen ein, die ich mit anhero zu nehmen vor höchst
nöthig hielt. Ein jeder von meinen Neu angeworbe=[460]nen
Künstlern und Handwerckern bekam so viel Geld, als er 30
zu Anschaffung seines Werckzeugs und andern Bedürf=
nissen begehrte, und da, zu meinem gantz besondern Ver=
gnügen, der liebe Eberhard Julius sich wenig Tage nach
meiner Ankunfft bey mir einfand, bekam er etliche Tage
nach einander ebenfalls genung zu thun, die ihm vor=
geschriebenen Waaren an Büchern und andern nöthigen
Stücken einzuhandeln.   Endlich am 24. Jun. gelangte die

letzte Person, auf die ich allbereit mit Schmertzen zu
hoffen anfieng, nemlich Herr Mag. Schmeltzer bey mir
an, und weil Horn indessen die Zahl der Matrosen und
Freywillig=Mitreisenden voll geschafft hatte, hielt ich des
folgenden Tages General-Musterung im Schiffe, und fand
weiter nicht das geringste zu verbessern, demnach musten
alle Personen im Schiffe verbleiben, und auf meine An=
kunfft warten, ich aber machte meine Sachen bey der
Ost=Indischen Compagnie vollends richtig, empfieng meine
sichern Paesse, Handels= und Frey=Briefe, und konte
solchergestalt, über alles Verhoffen, um eben dieselbe Zeit
von Amsterdam ablauffen, als ich vor etlichen Monaten
gewünschet hatte.

Auf der Insul Teneriffa, allwo wir nach aus=
gestandenen hefftigen Sturm unser Schiff auszubessern
und uns mit frischen Lebens=Mitteln zu versehen, einige
Tage stille lagen, zohe ich eines Abends meinen Lieutenant
Horn auf die Seite, und sagte: Höret mein guter Freund,
nunmehro ist es Zeit, daß ich mein gantzes Hertz offen=
bare, und euch zum wohlhabenden Manne mache, daferne
ihr mir vor=[461]hero einen leiblichen Eyd zu schweren
gesonnen, nicht allein dasjenige Geheimniß, welches ich
sonsten niemanden als euch und dem redlichen Gorques
anvertrauen will, so viel als nöthig, zu verschweigen,
sondern auch die billige Forderung so ich an euch beyde
thun werde, zu erfüllen. Horn wurde ziemlich bestürtzt,
doch auf nochmahliges Ermahnen, daß ich von ihm nichts
sündliches, unbilliges oder unmögliches verlangte, schwur
er mir einen leiblichen Eyd, worauff ich ferner also
redete: Wisset mein Freund, daß ich nicht Willens bin
mit nach Ost=Indien zu gehen, sondern ich werde mich
ehester Tages an einem mir gelegenen Orte nebst denen
darzu bestimmten Personen und Waaren außsetzen lassen,
euch aber will ich nicht allein das Schiff, sondern auch
alles darzu gehörige erb= und eigenthümlich schencken, und
eure Person statt meiner zum Capitain und Patron denen
übrigen vorstellen, weil ich hierzu laut meiner Paesse

und Frey=Briefe von denen Häuptern der Ost=Indischen Compagnie sattsame Gewalt und Macht habe. Hergegen verlange ich davor nichts, als daß ihr dem Adam Gorques, welcher an eure statt Lieutenant werden soll, nicht allein seinen richtigen Sold zahlet, sondern ihm auch den 3ten Theil von demjenigen, was ihr auf dieser Reise profitiret, abgebet, auf der Rückreise aber, die ihr doch ohnfehlbar binnen 2. oder drittehalb Jahren thun werdet, euch wiederum durch etliche Canonen-Schüsse an demjenigen Orte meldet, wo ich mich werde aussetzen lassen, im übrigen aber von meinem Auffenthalt weder in Europa noch sonst anderswo ruchtbar machet.

[462] Der gute Horn wuste mir anfänglich, ohne Zweiffel wegen verschiedener deßfalls bey ihm entstandener Gemüths= Bewegungen, kein Wort zu antworten, jedoch nachdem ich mich noch deutlicher erkläret, und ihm eine Specification derer Dinge eingehändiget, welche er bey seiner Rück=Reise aus Ost=Indien an mich mitbringen solte; schwur er nochmals, nicht allein alles, was ich von ihm begehrte, reblich zu erfüllen, sondern danckte mir auch dermassen zärtlich und verbindlich, daß ich keine Ursache habe, an seiner Treue und Erkänntlichkeit zu zweiffeln. Ich habe auch die Hoffnung daß ihn GOTT werde glücklicher seyn lassen, als den Bösewicht Jean le Grand, denn solcher= gestallt werden wir, durch seine Hülffe, alles was wir etwa noch in künfftigen Zeiten aus Europa vonnöthen haben möchten, gar bequem erlangen können, und uns darbey keiner Hinterlist und Boßheit sonderlich zu befürchten haben.

Wie es mit unserer fernern Reise und glücklichen Ankunfft auf dieser angenehmen Insul beschaffen gewesen, ist allbereit bekannt, derowegen will nur von mir noch melden, daß ich nunmehro den Haafen meiner zeitlichen Ruhe und Glückseligkeit erreicht zu haben verhoffe, indem ich den lieben Altvater gesund, alle Einwohner in unveränderten Wohlstande, und meine liebe Sophia getreu und beständig wieder gefunden. Nunmehro aber, weil

mir der liebe Altvater, und mein gutes Gewissen, alle
glücklich ausgelauffene Anstalten auch selbsten Zeugniß
geben, daß ich alles redlich und wohl ausgerichtet habe,
werde ein Gelübde thun: ausser der äusersten [463] Noth
und besonders wichtigen Umständen nicht wieder aus dieser
Gegend in ein ander Land zu weichen, sondern die übrige
Lebens=Zeit mit meiner lieben Sophie nach GOTTES
Willen in vergnügter Ruhe hinbringen. Der liebe Alt=
vater inzwischen wird mir hoffentlich gütig erlauben, daß
ich künfftigen Sonntags nach vollbrachten GOttes Dienste
mich mit meiner Liebsten durch den Herrn Mag. Schmeltzern
ehelich zusammen geben lasse, andey das Glück habe, der
erste zu seyn, der auf dieser Insul, christlichem Gebrauche
nach, seine Frau von den Händen eines ordinirten Priesters
empfängt. Thut was euch gefällig ist, mein werther
Hertzens=Freund und Sohn, antwortete hierauff der Alt=
vater Albertus, denn eure Redlichkeit verdienet, daß ihr
allhier von niemanden Erlaubniß bitten oder Befehle ein=
holen dürffet, weil wir allerseits vollkommeu versichert
sind, daß ihr GOTT fürchtet, und uns alle hertzlich liebet.
Diesem fügte der Altvater annoch seinen kräfftigen Seegen
und sonderbaren Wunsch zu künfftigen glücklichen Ehe=
Stande bey, nach dessen vollendung Herr Mag Schmeltzer
und ich, ebenfalls unsere treugesinnten Glückwünsche bey
dem Herrn Wolffgang abstatteten, nachhero aber ihm einen
scherzhafften Verweiß gaben, daß er weder unterwegs,
noch Zeit unseres hierseyns noch nicht das allergeringste
von seinen Liebes=Angelegenheiten entdeckt, vielweniger
uns seine Liebste in Person gezeiget hätte, welches doch
billig als etwas merckwürdiges angeführet werden sollen,
da wir am verwichenen Mittwochen die Pflantz=Stadt
Christians- [464] Raum und seines Schwieger=Vaters
Wohnung in Augenschein genommen.

   Herr Wolffgang lächelte hierüber und sagte: Es ist,
meine wertheſten Freunde, aus keiner andern Ursache ge=
schehen, als hernach die Freude unter uns auf einmal deſto
größer zu machen. Meine Liebste hielt sich an vergangener

Mittewochen verborgen, und man hat euch dieserwegen auch
nicht einmal entdeckt, daß die neu erbaute Wohnung, welche
wir besahen, Zeit meines Abwesens vor mich errichtet
worden. Doch diesen Mittag, weil es bereits also bestellet
ist, werden wir das Vergnügen haben, meinen Schwieger- 5
vater Christian Julium, nebst meiner Liebsten Sophie bey
der Mahlzeit zu sehen.

Demnach aber der bißherige Capitain, Herr Leonhard
Wolffgang, solchergestalt seine völlige Erzehlung geendiget,
mithin die Mittags-Zeit heran gekommen war, stelleten 10
sich Christian Julius und dessen Tochter Sophie bei der
Mahlzeit ein, da denn, so wohl Herr Mag. Schmeltzer,
als ich, die gröste Ursach hatten, der letztern besondere
Schönheit und ausnehmenden Verstand zu bewundern,
anbey Herrn Wolffgangs getroffene Wahl höchst zu 15
billigen.

Gleich nach eingenommener Mittags-Mahlzeit, begleiteten wir ingesammt Herrn Mag. Schmelzern in die
Davids-Raumer Alleé, um abgeredter massen das Glaubens-
Bekänntniß aller dererjenigen öffentlich anzuhören, die 20
des morgenden Tages ihre Beichte thun, und folgendes
Tages das Heil. Abendmahl empfangen wolten, und vermerckten [465] mit grösten Vergnügen: daß so wol Alt
als Jung in allen Haupt-Articuln und andern zur christlichen Lehre gehörigen Wissenschafften vortrefflich wohl 25
gegründet waren. Als demnach alle und sede ins besondere
von Herrn Magist. Schmeltzern aufs schärffste tentiret
und examiniret worden, welches biß zu Untergang der
Sonnen gewähret hatte, confirmirte er diese seine ersten
Beicht-Kinder durch ein andächtiges Gebeth und Auflegung 30
der Hand auf eines jeglichen Haupt, und nach diesen
nahmen wir mit ihm den Rück-Weg nach der Albertus-
Burg.

In der Mittags-Stunde des folgenden Tages, als
Sonnabends vor dem I. Advent-Sonntage, begab sich Herr 35
Mag. Schmeltzer in die schöne Lauber-Hütte der Davids-
Raumer Alleé, welche unten am Alberts-Hügel, vermittelst

Zusammenschliessung der dahin gepflanßten Bäume, angelegt
war, und erwartete daselbst seine bestellten Beicht=Kinder.
Der Altvater Albertus war der erste, so sich in heiliger
Furcht und mit heissen Thränen zu ihm nahete und seine
5 Beichte ablegte, ihm folgten dessen Sohn Albertus II.
David Julius, Herr Wolffgang nebst seiner Liebsten Sophie,
ich Eberhard Julius und diejenigen so mit uns aus
Europa angekommen waren, hernachmals aus den Alberts-
und Davids-Raumer Gemeinden alle, so 14. Jahr alt
10 und drüber waren.

Es daurete dieser Heil. Actus biß in die Nacht,
indem sich Herr Mag. Schmeltzer bey einem jeden mit
dem absolviren sehr lange aufhielt, und sich dermassen
abgemattet hatte, daß wir fast zweiffel=[466]ten, ob er
15 Morgen im Stande seyn würde eine Predigt zu halten.
Allein der Himmel stärkte ihn unserm Wunsche nach aufs
allerkräfftigste, denn als der erste Advent=Sonntag ein=
gebrochen, und das neue Kirchen=Jahr mit 6. Canonen-
Schüssen allen Insulanern angekündiget war, und sich
20 dahero dieselben an gewöhnlicher Stelle versammlet hatten,
trat Herr Mag. Schmeltzer auf, und hielt eine ungemein
erbauliche Predigt über das gewöhnliche Sonntags=
Evangelium, so von dem Einzuge des Welt=Heylandes in
die Stadt Jerusalem handelt. Das Exordium generale
25 war genommen aus Ps. 118. v. 24. Diß ist der Tag, den
der HERR macht, lasst uns freuen etc. Er redete in
der Application so wohl von den Ursachen, warum sich
die Insulaner freuen solten, als auch von der geistl. Freude,
welche sie über die reine Predigt des Worts GOttes, und
30 andere Mittel des Heyls, so ihnen in Zukunfft reichlich
würden verkündiget und mitgetheilet werden, haben solten.
In dem Exordio speciali, erklärete er die Worte Esaiä
c. 62. v. 11. Saget der Tochter Zion etc. Wieß in der
Application, daß die Insulaner auch eine geistliche Tochter
35 Zion wären, zu welchen ißo Christus mit seinem Worte
und Heil. Sacramenten käme. Darauff stellete er aus
dem Evangelio vor:

Die erfreute Tochter Zion,
und zwar:

|1] Worüber sich dieselbe freuete? als:

(a) über den Einzug des Ehren=Königs JEsu
Christi

[467] (b) über das Gute, so sie von ihm geniessen
solte aus den Worten: Siehe dein König etc.

[2] Wie sich dieselbe freuete? als:

(a) Wahrhafftig.

(b) Hertzlich.

Nachdem er alles vortrefflich wohl ausgelegt, ver=
schiedene erbauliche Gedancken und Ermahnungen angebracht,
und die Predigt also beschlossen hatte, wurde das Lied
gesungen: GOTT sey danck durch alle Welt etc. Hierauff
schritt Herr Magist. Schmeltzer zur Consecration der auf
einer güldenen Schale liegenden Hostien, und des ebenfalls
in einem güldenen grossen Trinck=Geschirr zurechtgesetzten
Weins, nahm eine Hostie in seine Hand und sprach:
Mein gecreutzigter Heyland, ich empfange anitzo aus
deinen, wiewohl unsichtbaren Händen, deinen wahrhafftigen
Leib, und bin versichert, daß du mich, jetzigen Umständen
nach, von den gewöhnlichen Ceremonien deiner reinen
Evangelisch=Lutherischen Kirche entbinden, anbey mein Dir
geweyhetes Hertze und Sinn betrachten wirst, es gereiche
also dein heiliger Leib mir und niemanden zum Gewissens=
Scrupel, sondern stärcke und erhalte mich im wahren und
reinen Glauben zum ewigen Leben Amen!

Hierauff nahm er die gesegnete Hostie zu sich, und
bald darauff sprach er: Auf eben diesen Glauben und
Vertrauen, mein JESU! empfange ich aus deinen unsicht=
baren Händen dein warhafftes Blut, welches du am Stamm
des Creutzes vor [468] mich vergossen hast, das stärcke
und erhalte mich in wahren Glauben zum ewigen Leben
Amen! Nahm also den gesegneten Wein zu sich, kniete
nieder und Betete vor sich, theilete hernachmals das Heil.
Abendmahl allen denenjenigen aus, welche gestriges Tages

gebeichtet hatten, und beschloß den Vormittäglichen Gottes=
dienst nach gewöhnlich Evangelisch=Lutherischer Art.

Nachmittags, nachdem wir die Mahlzeit ingesammt
auf Morgenländische Art im grünen Grase, bey aus=
gebreiteten Teppichen sitzend, eingenommen, und uns hierauff
eine kleine Bewegung gemacht hatten, wurde zum andern
mahle GOttes=Dienst gehalten, und nach Vollbringung
dessen Hr. Wolffgang mit Sophien ehelich zusammen ge=
geben, auch ein paar Zwillinge, aus dem Jacobischen
Stamme, getaufft, welche Tab. VII. bezeichnet sind.

Solchergestallt wurde alles mit dem Lob=Gesange:
HERR GOtt dich loben wir etc. beschlossen, Mons.
Litzberg und ich gaben, mit Erlaubniß des Altvaters,
noch 12. mal Feuer aus denen auf dem Albertus-Hügel
gepflantzten Canonen, und nachdem Herr Wolffgang ver=
kündigen lassen, wie er G. G. den 2ten Januar, nächst=
folgenden 1726ten Jahres, von wegen seiner Hochzeit,
allen Insulanern ein Freuden=Fest anrichten wolte,
kehrete ein jeder, geistlich und leiblich vergnügt, in seine
Wohnung.

Herr Mag. Schmeltzer hatte bereits verabredet: Daß
die Stephans-, Jacobs- und Johannis-Raumer Gemeinden,
den Andern Advent=Sonn=[469]tag, die Christophs- und
Roberts-Raumer den 3ten, und letzlich die Christians- und
Simons-Raumer, den 4ten Advent zum Heil. Abendmahle
gehen solten, daferne sich jede Gemeinde die Woche vor=
hero behörig versammlen, und die Catechismus=Lehren
also, wie ihre Vorgänger, die Alberts- und Davids-Raumer,
annehmen wolte; Weil nun alle hierzu eine heiffe Begierde
gezeiget hatten, wartete der unermüdete Geistliche alltäglich
seines Ammts getreulich, wir andern aber liessen unsere
aller angenehmste Arbeit seyn, den Kirchen=Bau aufs
eiferigste zu befördern, worbey der Altvater Albertus be=
ständig zugegen war, und nach seinem Vermögen die
materialien herbey bringen halff, auch sich, ohngeacht
unserer trifftigen Vorstellungen wegen seines hohen Alters,
gar nicht davon abwenden ließ.

Eines Morgens, da Herr **Mag.** Schmeltzer unsere
Arbeit besahe, fiel ihm ein: daß wir vergessen hätten
einige schrifftliche Urkunden, der Nachkommenschafft zum
Vergnügen, und der Gewohnheit nach, in den Grund-
Stein einzulegen, da nun der Altvater sich erklärete, daß 5
hieran noch nichts versäumet sey, sondern gar bald noch
ein anderer ausgehölter Stein, auf den bereits eingesenckten
gelegt werden könte, auch sogleich den Seinigen deßwegen
Befehl ertheilete, verfertigte indessen Herr **Magist.** Schmeltzer
eine Schrifft, welche in Lateinischer, Deutscher und Eng- 10
lischer Sprache abgeschrieben, und nachhero mit Wachs in
den ausgehölten Grund-Stein eingedruckt wurde. Es
wird hoffentlich dem geneigten Leser nicht zu wider seyn,
wenn ich dieselbe Lateinisch und Deutsch mit beyfüge:

[470]　　　　　　Hic lapis　　　　　　　　　　15
　　　　　　　　　ab
ALBERTO JULIO,
Vero veri Dei cultore,
Anno CIƆIƆCCXXV.
　　　d. XVIII. Novembr.　　　　　　　　　20
fundamenti loco positus,
aedem Deo triuuno consecratam,
sanctum coelestium ovium ovile,
inviolabile Sacramentorum, baptismi & sacrae
　　　coenae domicilium,　　　　　　　　　25
immotamque verbi divini sedem,
suffulcit ac suffulciet:
Machina qvot mundi posthac durabit in annos,
Tot domus haec duret, stet vigeatque Dei!
Semper sana souent hic dulcis dogmata Christi,　30
Per qvem credenti vita salusque datur!

Deutsch:
Dieser
von ALBERTO JULIO
Im Jahr Christi 1725. den 18. November.　　35
gelegte Grund-Stein,

unterſtützet und wird unterſtützen:
eine dem Dreyeinigen GOTT gewidmete Kirche,
einen heiligen Schaaf-Stall chriſtlicher
Schaafe,

5   eine unverletzliche Behauſung der Sacramenten
der Taufe und des Heil. Abendmahls,
und einen unbeweglichen Sitz des Worts
GOTTES.

[471] So lange dieſe Welt wird unbeweglich ſtehen
10 So lange ſoll diß Haus auch nicht zu Grunde gehen!
Was hier geprediget wird, ſey Chriſti reines Wort,
Wodurch ein Gläubiger, erlangt den Himmels-Port!

    Herr Wolffgang bezohe immittelſt, mit ſeiner Liebſte,
15 das in Chriſtians-Raum vor dieſelben neuerbauete Hauß,
ließ aber nicht mehr als die nöthigſten von ſeinen mitgebrachten mobilien dahin ſchaffen, und das übrige auf
der geraumlichen Albertus-Burg in des Altvaters Verwahrung. Unſere mitgebrachten Künſtler und Handwercks-
20 Leute bezeugten bey ſolcher Gelegenheit auch ein Verlangen den Ort zu wiſſen, wo ein jeder ſeine Werckſtat
aufſchlagen ſolte, derowegen wurden Berathſchlagungen angeſtellet, ob es beſſer ſey, vor dieſelben eine gantz neue
Pflantz-Stadt anzubauen? oder Sie in die bereits an-
25 gebaueten Pflantz-Städte einzutheilen? Demnach fiel endlich
der Schluß dahinaus, daß, da in Erwegung des vorhabenden
Kirchen-Baues anitzo keine andere Bau-Arbeit vorzunehmen
rathſam ſey, die Neuangekommenen an ſolche Orte ein-
getheilet werden möchten, wie es die Umſtände ihrer ver-
30 ſchiedenen Profeßionen erforderten.
    Dieſe Resolution war ihnen ſämtlich die aller-
angenehmſte, und weil Herr Wolffgang von dem [472]
Altvater freye Macht bekommen hatte, in dieſem Stücke
nach ſeinem Gutbefinden zu handeln, ſo wurden die ſämt-

lichen neu=angekommenen Europäer folgender massen ein=
getheilet: Mons. Litzberg der Mathematicus bezohe sein
Quartier in Christophs-Raum bey Herr Wolffgangen.
Der wohlerfahrene Chirurgus Mons. Kramer, in Alberts-
Raum. Mons. Plager, und Peter Morgenthal der Klein= 5
schmidt, in Jacobs-Raum. Harckert der Posamentirer
in Roberts-Raum. Schreiner der sich bey dem Tohne
als ein Töpffer selbst einlogirt hatte, in Davids-Raum.
Wetterling der Tuchmacher, in Christophs-Raum. Kleemann der Pappier=Müller, in Johannis-Raum. Herrlich 10
der Drechßler, und Johann Melchior Garbe der Böttcher,
in Simons-Raum. Lademann der Tischler, und Philipp
Krätzer der Müller, in Stephans-Raum.

Solchergestalt blieben Herr Magist. Schmeltzer und
ich Eberhard Julius nur allein bey dem Altvater Alberto 15
auf dessen so genannter Alberts-Burg, welcher annoch be=
ständig 5. Jünglinge und 4. Jungfrauen von seinen
Kindes=Kindern zur Bedienung bey sich hatte. Herr Mag.
Schmeltzer und Herr Wolffgang ermahneten die abgetheilten
Europäer, eine Gottesfürchtige und tugendhaffte Lebens= 20
Art unter ihren wohlerzogenen Nachbarn zu führen,
stelleten ihnen dabey vor, daß: Dafern sie gesinnet wären,
auf dieser Insul zu bleiben, sich ein jeder eine freywillige
Ehe=Gattin erwehlen könte. Derjenige aber, welchem diese
Le=[473]bens=Art nicht anständig sey, möchte sich nur aller 25
geilen und boßhafften Außschweiffungen gäntzlich enthalten,
und versichert seyn: Daß er solchergestalt binnen zwey
oder 3. Jahren nebst einem Geschencke von 2000 Thlrn.
wieder zurück nach Amsterdam geschafft werden solte.

Es gelobte einer wie der andere dem Altvater 30
Alberto, Hrn. Mag. Schmeltzern als ihren Seel=Sorger,
und Herrn Wolffgangen als ihren leiblichen Versorger,
treulich an, sich gegen GOTT und den Nächsten redlich
und ehrlich aufzuführen, seiner Hände Werck, zu GOTTES
Ehren und dem gemeinschafftl. Wesen, ohne Verdruß zu 35
treiben, übrigens den Altvater Albertum, Hrn. Wolffgangen,
und Herrn Magist. Schmeltzern, vor ihre ordentliche

Obrigkeit in geistlichen und weltlichen Sachen zu erkennen, und sich bey ein und andern Verbrechen deren Ver= mahnungen und gehörigen Strafen zu unterwerffen.

Es soll von ihrer künfftigen Aufführung, und Ver=
5 eheligung, im Andern Theile dieser Felsenburgischen Geschicht, des geneigten Lesers curiosität möglichste Satis- faction empfangen. Vorißo aber habe noch zu melden, daß die sämtlichen Bewohner dieser Insul am 11. Decembr. dieses ablauffenden 1725ten Jahres, den allbereit vor
10 78. Jahren, von dem Altvater Alberto angesetzten dritten grossen Bet= und Fast=Tag biß zu Untergang der Sonnen celebrirten, an welchen Herr Mag. Schmeltzer den 116ten Psalm in zweyen [474] Predigten ungemein tröstlich und beweglich außlegte. Die übrigen Stämme
15 giengen an den bestimmten Sonntagen gemachter Ordnung nach, aufs andächtigste zum Heil. Abendmahle, nach diesen wurde das eingetretene Heil. Christ=Fest erfreulich gefeyret, und solchergestalt erreichte damals das 1725te Jahr, zu aller Einwohner hertzlichen Vergnügen, vorjetzo aber
20 bey uns der Erste Theil der Felsenburgl. Geschichts=Be= schreibung sein abgemessenes

ENDE.

AVERTISSEMENT.

MAn ist zwar, Geneigter Leser, anfänglich Willens
25 gewesen diese Felsenburgische Geschichte, oder dasjenige, was auf dem Titul=Blate versprochen worden, ohne Absatz, en Suite heraus zu geben, allein nach fernern reiffern Uberlegungen hat man sich, en regard ein und anderer Umstände, zu einer Theilung verstehen müssen. Dem Herrn
30 Verleger wäre es zwar weit angenehmer gewesen, wenn er sofort alles auf einmahl haben können; jedoch wenn ich nur dieses zu betrachten gebe: Daß des Herrn Eberhard Julii Manuscript sehr confus außsiehet, indem er zuweilen in Folio, ein ander mahl in 4to, und wieder ein ander
35 mahl in 8vo geschrieben, auch viele marquen beygefügt,

welche auf fast unzehlige Beylagen kleiner Zettel weisen,
die hier und andersmo einzuflicken [475] gewesen, so habe
den stylum unmöglich so concise führen können, als mir
anfänglich wohl eingebildet hatte.   Im Gegentheil ist mir
das Werck unter den Händen unvermerckt, ja fast täglich
angewachsen, weßwegen ich denn vors dienlichste erachtet,
ein kleines interstitium zu machen.   Anderer Vortheile,
die so wohl der geneigte Leser, als der Herr Verleger
und meine ohnedem niemahls müßige Feder hierbey genießen
können, voritzo zu geschweigen.   Ist dieser Erste Theil so
glücklich, seinen Lesern einiges Vergnügen zu erwecken und
derselben Beyfall zu erhalten, so kan dabey versichern, daß
der andere Theil, den ersten, an curiositäten, wo nicht
übertreffen, doch wenigstens nichts nachgeben wird.   Denn
in selbigem werden nicht allein die theils wunderbaren,
theils lächerlichen, theils aber auch merckwürdigen Fata
ausführlich vorkommen, welche denen letztern Felsenburgl.
Einkömmlingen von Jugend auf zugestoßen sind, sondern
ich will über dieses keinen Fleiß sparen, Mons. Eberhard
Julii Manuscripta ordentlich zusammen zu lesen, und daraus
umständlich zu berichten: In was vor einen florisanten
Zustand die Insul Felsenburg, durch den Fleiß der neuangekommenen Europäischen Künstler und Handwercker,
binnen 3. folgenden Jahren gesetzt worden; Wie Mons.
Eberhard Julius seine Rückreise nach Europa angestellet,
seinen Vater wieder gefunden, selbigen durch seinen kostbaren Schatz in vorige Renommée gesetzt, und endlich in
Begleitung seines Vaters, und der aus Schweden zurück
verschriebenen Schwester, die andere Reise nach Felsenburg
angetreten hat.

    [476] Hält oft erwehnter Mons. Eberhard Julius
seine Parole so treulich, als er versprochen, nach und nach
die fernern Begebenheiten der Felsenburger, entweder Herrn
Banqvier G. v. B. in Amsterdam, oder Herrn W. in
Hamburg schrifftlich zu übersenden, so kan vielleicht der
dritte Theil dieses vorgenommenen Wercks auch noch wohl
zum Vorscheine kommen.

Ubrigens bitte mir von dem geneigten Leser, vor meine deßfalls angewandte Mühe, und wiewol gantz unvollkommene Schreib=Art, nochmahls ein affectionirtes, wenigftens unpassionirtes sentiment aus, und beharre

Deffelben

dienftwilligfter

GISANDER.

Genealogische TABELLen

über das

ALBERT-JULIsche Geschichte,

Wie solches aus Europa herstammet, und biß
zu Ende des 1725ten Jahres auf der Insul
Felsenburg fortgeführet, und form p. 106.
versprochen worden.

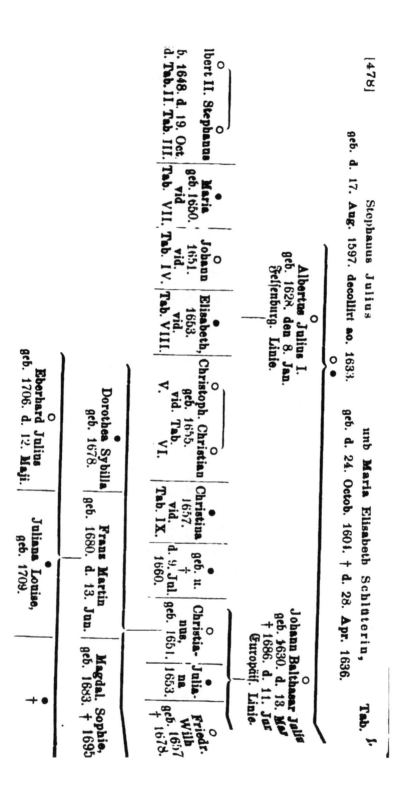

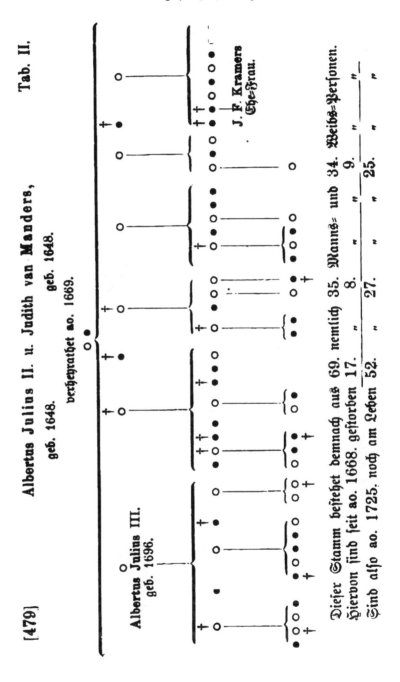

[479]

Tab. II.

Albertus Julius II. u. Judith van Manders,
geb. 1648.   geb. 1648.

verheyrathet ao. 1669.

Albertus Julius III.
geb. 1696.

J. F. Kramers
Ehe=Frau.

Dieser Stamm bestehet demnach auß 69. nemlich 35. Manns= und 34. Weibs=Personen.
Hiervon sind seit ao. 1668. gestorben 17.   „   8.   „   9.   „
Sind also ao. 1725. noch am Leben 52.   „   27.   „   25.   „

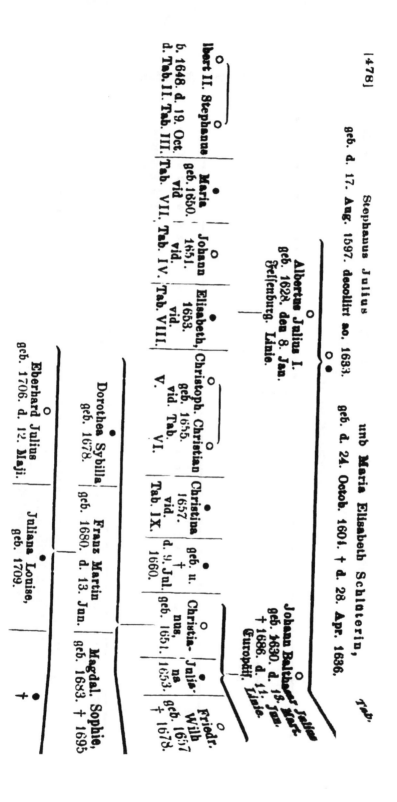

Stephanus Julius
geb. d. 17. Aug. 1597. decollirt ao. 1633.

und Maria Elisabeth Schloterin,
geb. d. 24. Octob. 1604. † d. 28. Apr. 1636.

Tab.

Albertus Julius I.
geb. 1628. den 8. Jan.
Felsenburg. Linie.

Johann Balthasar Kott,
geb. 1630. d. 15. Jan.
† 1686. d. 11.
Europäil. Linie.

Ibert II. Stephanus
b. 1648. d. 19. Oct.
d. Tab. II. Tab. III. Tab.

Maria
geb. 1650.
vid.
VII.

Johann
1651.
vid.
IV.

Elisabeth,
1653.
vid.
VIII.

Christoph.
geb. 1655.
vid. Tab.
V. VI.

Christian
1657.
vid.
Tab. IX.

Christina
geb. u.
d. 9. Jul.
1660.

Christia-
nus,
geb. 1651.

Christia-
Julia-
na
geb. 1653.

Friedr.
Wilh
geb. 1657
† 1673.

Dorothea Sybilla,
geb. 1678.

Franz Martin
geb. 1680. d. 13. Jan.

Magdal. Sophie,
geb. 1683. † 1695

Eberhard Julius
geb. 1706. d. 12. Maji.

Juliana Louise,
geb. 1709.

†

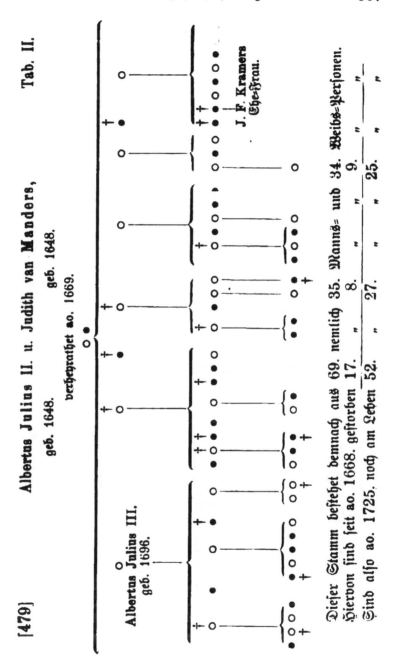

[479]

Tab. II.

Albertus Julius II. u. Judith van Manders,
geb. 1648.   geb. 1648.

verheyrathet ao. 1669.

Albertus Julius III.
geb. 1696.

J. F. Kramers
Ehe=Frau.

Dieſer Stamm beſtehet demnach aus 69. nemlich 35. Manns= und 34. Weibs=Perſonen.
Hiervon ſind ſeit ao. 1668. geſtorben 17.   „   8.   „   9.   „
Sind alſo ao. 1725. noch am Leben 52.   „   27.   „   25.   „

[480]

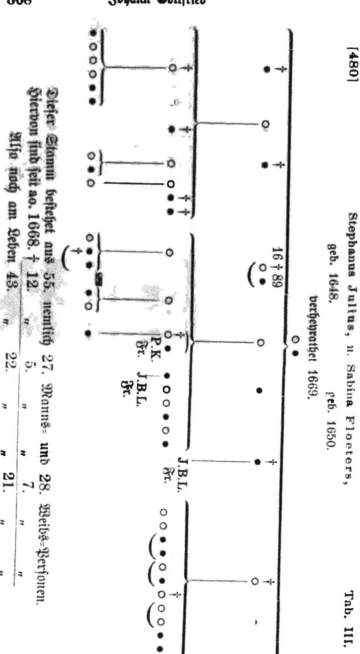

Stephanus Julius, u. Sabina Floeters,
geb. 1648. geb. 1650.

verheyrathet 1669.

Tab. III.

16 † 89

P.K.
Fr.

J.B.L.
Fr.

J.B.L.
Fr.

Dieser Stamm bestehet aus 55, nemlich 27. Manns= und 28. Weibs=Personen.
Hiervon sind seit ao. 1668. † 12. 5. „ 7. „
Also noch am Leben 43. 22. „ 21. „

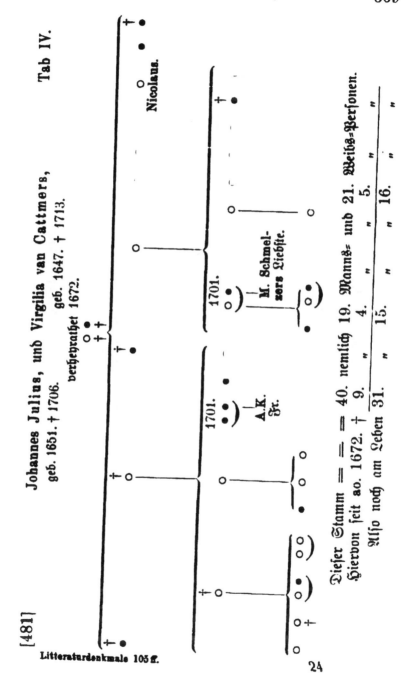

Tab IV.

Johannes Julius, und Virgilia van Cattmers,
geb. 1651. † 1706.   geb. 1647. † 1713.

verheyrathet 1672.

Nicolaus.

1701.   1701.

A.K.   M. Schmel-
Fr.   zers Liebste.

Dieser Stamm = = = = 40. nemlich 19. Manns= und 21. Weibs=Personen.
Hiervon seit ao. 1672. † 9.   "   "   4.   "   5.
Also noch am Leben 31.   "   "   15.   "   16.

[481]

Litteraturdenkmale 105 f.   24

[482]

Tab. V.

Christoph Julius u. Blandina N.
geb. 1655. geb. 1654. † 1719.

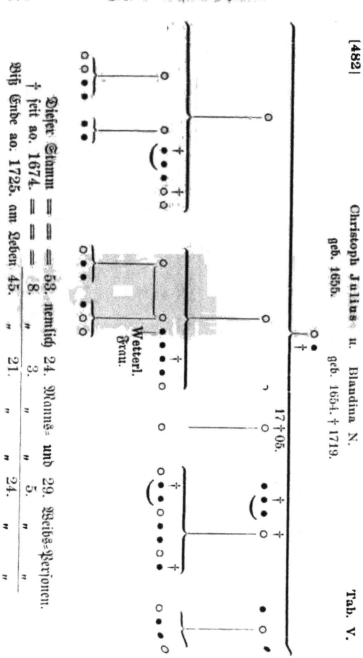

Wetterl.
Frau.

17 † 05.

Dieser Stamm = = = 53. nemlich 24. Manns= und 29. Weibs=Perſonen.
† ſeit ao. 1674. = = = 8. „ 3. „ 5. „ „
Biß Ende ao. 1725. am Leben 45. „ 21. „ 24. „ „

[483]

Tab. VI.

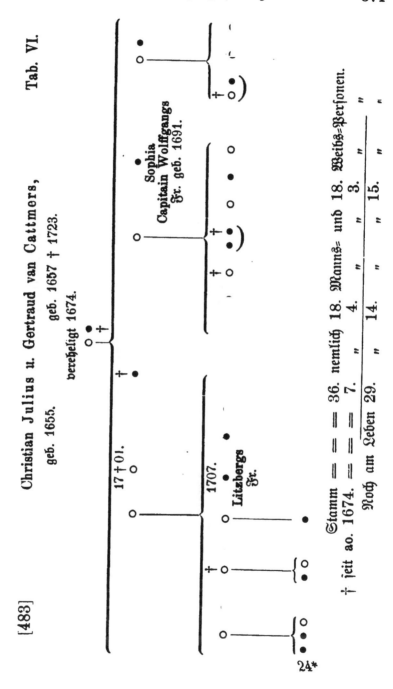

Christian Julius u. Gertraud van Cattmers,
geb. 1655. geb. 1657 † 1723.
verehligt 1674.

17 † 01.

1707.
Litzbergs
Fr.

Sophia
Capitain Wolffgangs
Fr. geb. 1691.

Stamm = = = = 36. nemlich 18. Manns= und 18. Weibs=Perſonen.
† ſeit ao. 1674. = = 7. " 4. " " 3. " "
Noch am Leben 29. " 14. " " 15. " "

24*

[484]

Tab. VII.

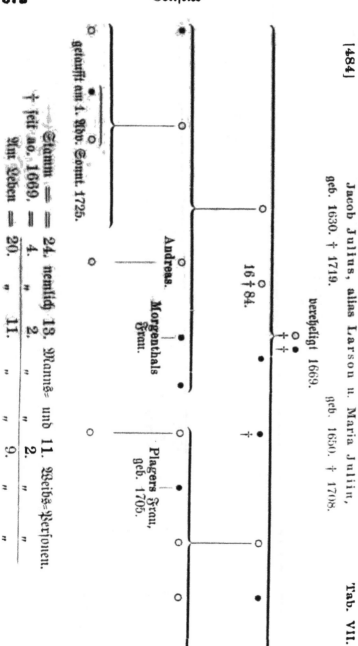

Jacob Julius, alias Larson u. Maria Julin,
geb. 1630. † 1719.   geb. 1630. † 1708.

verehligt 1669.

16†84.

Andreas.

Morgenthals Frau.

Plagers Frau,
geb. 1705.

getaufft am 1. Nov. Comit. 1725.

Stamm = = 24. nemlich 13. Manns= und 11. Weibs=Personen.
† seit ao. 1669. = 4. „ 2. „ 2. „
Am Leben = 20. „ 11. „ 9. „

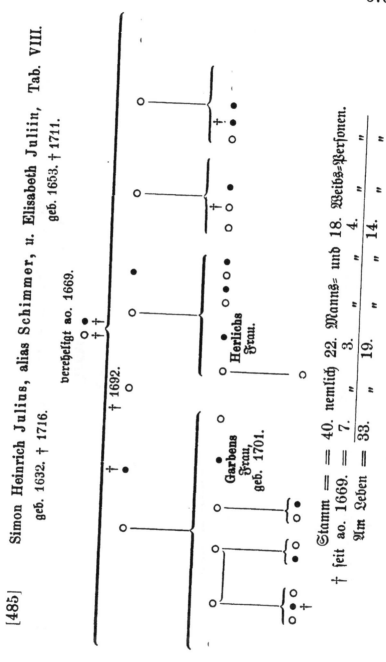

[485]

Simon Heinrich Julius, alias Schimmer, u. Elisabeth Juliin, Tab. VIII.
geb. 1632. † 1716. geb. 1653. † 1711.

vereheligt ao. 1669.

† 1692.

Garbens
Frau,
geb. 1701.

Herlichs
Frau.

Stamm == == 40. nemlich 22. Manns= und 18. Weibs=Perfonen.
† feit ao. 1669. == 7. „ 3. „ „ 4. „ „
Am Leben == 33. „ 19. „ „ 14. „ „

[166]

David Jallas; alias Bowking, u. Christina Juliin,
geb. 1640.   geb. 1657.   Tab. IX.

vermählt 1674.

A

20.

= 34.
= 5.

Mann- und 16. Weibs-Personen.

     "   3.   "
     "   13.   "

[487]

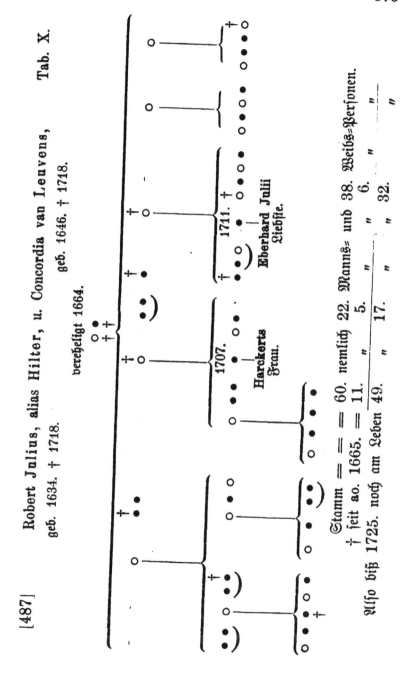

Robert Julius, alias Hilter, u. Concordia van Leuvens, Tab. X.
geb. 1634. † 1718.   geb. 1646. † 1718.

vereheligt 1664.

1711. †

Eberhard Julii
Liebſte.

1707.

Harckerts
Frau.

Stamm = = = 60. nemlich 22. Manns= und 38. Weibs=Perſonen.
† ſeit ao. 1665. = 11.   „   5.   „   6.   „
                        49.   „   17.   „   32.

Also biß 1725. noch am Leben 49.

[488]

Summa aller beym Schlusse des 1725ten Jahres auf der Insul Felsen= burg lebenden Personen, wozu der Capitain Wolffgang nebst seinen 14. mitgebrachten Europäern gerechnet ist, == 346. Personen. nehmlich . . . . 177. Manns= und

169. Weibs=Personen.

Aller Seelen, die besage der Tabellen zu Alberti I. Felsenbur= gischen Geschlecht, gehören, so wohl todte als lebende == 429.

Not.

Der geneigte Leser beliebe anzumercken, daß das Signum

   o　die Manns=Personen,

   •　die Weibs=Personen,

   ⊃　Zwillings=Kinder, und

   †　die verstorbenen

andeutet, übrigens zu excusiren, daß nicht alle diese Personen mit ihren Tauff=Nahmen benennet sind, welches, da man das gantze Verzeichniß derselben in Händen hat, nicht so viel Mühe als unnöthige Weitläufftigkeiten verursacht hätte. Die übrigen wenigen Merckmahle werden gantz klar in die Augen fallen, wenn sich derselbe vorhero den ersten und andern Theil der Geschlechts= Beschreibung bekandt gemacht hat.

Anhang

Der Pag. 182

verſprochenen

Lebens=Beſchreibung

Des

DON CYRILLO
DE
VALARO,

aus ſeinem Lateiniſchen Manuscript ins deutſche überſetzt.

———

JCh Don Cyrillo de Valaro, bin im Jahr nach
Chriſti Gebuhrt 1475. den 9. Aug. von meiner Mutter
Blanca de Cordoua im Feld=Lager unter einem Gezelt
zur Welt gebracht worden.   Denn mein Vater Don 5
Dionysio de Valaro, welcher in des neuen Castilianiſchen
Königs Ferdinandi Kriegs=Dienſte, als Obriſter über ein
Regiment Fuß=Volck getreten war, hatte meine Mutter
mit ſich geführet, da er gegen den Portugiſiſchen König
Alphonsum mit zu Felde gehen muſte.   Dieſer Alphonsus 10
hatte ſich mit der Joanna Henrici des IV. Königs in
Caſtilien Tochter, welche doch von jederman vor ein Bastard
gehalten wurde, verlobet, und dieſerwegen nicht allein den
Titul und Wapen von Caſtilien angenommen, mithin
unſerm Ferdinando die Crone disputirlich gemacht, ſondern 15
ſich bereits vieler Städte bemächtiget, weilen ihn, ſo wohl
König Ludwig der XI. aus Franckreich, als auch viele
Graudes aus Caſtilien starck zu secundiren verſprochen.
Nachdem aber die Portugieſen im folgenden 1476 ten Jahre
bey Toro ziemlich geklopfft worden, und mein Vater ver= 20
merckte: Daß es wegen des vielen hin und her marchirens
nicht wohl gethan ſey, uns länger bey ſich zu behalten,
ſchaffte er meine Mutter und mich zurück nach Madrit,
er ſelbſt aber kam nicht ehe wieder zu uns, bis die Portu=
gieſen 1479. bey Albuhera totaliter geſchlagen, und zum 25
Frieden gezwungen worden, worbey Alphonsus nicht allein
auf Caſtilien, ſondern auch auf ſeine Braut ronuncir-[491]te,
Johanna aber, der man jedoch unſern Caſtiliſchen Prinzen
Johannem, ob ſelbiger gleich noch ein kleines Kind war,

zum Ehe=Gemahl versprach, ging aus Verdruß in ein
Closter, weil sie vielleicht gemuthmaßet, daß sie nur
vexiret würde.

Ich weiß mich, so wahr ich lebe, noch einigermaßen
der Freude und des Vergnügens, doch als im Traume,
zu erinnern, welches ich als ein 4.jähriger Knabe über
die glückliche Zurückkunfft meines lieben Vaters empfand,
allein wir konten dessen erfreulicher Gegenwart sehr kurtze
Zeit genießen, denn er mußte wenige Wochen hernach dem
Könige, welcher ihn nicht allein zum General bey der
Armee, sondern auch zu seinem Geheimbden Staats-
Ministre mit ernennet, bald nach Arragonien folgen,
weiln der König, wegen des Absterbens seines höchst seel.
Herrn Vaters, in diesem seinen Erb=Reiche die Regierung
gleichfalls antrat. Doch im folgenden Jahre kam mein Vater
nebst dem Könige abermals glücklich wieder zurück, und
erfreuete dadurch mich und meine Mutter aufs neue,
welche ihm mittler Zeit noch einen jungen Sohn geboren hatte.

Er hatte damals angefangen seine Haußhaltung nach
der schönsten Bequemlichkeit einzurichten, und weil ihm
nicht so wohl der Krieg, als des Königs Gnade zu
ziemlichen Baarschafften verholffen, verschiedene Land=Güter
angekaufft; indem er auf selbigen sein größtes Vergnügen
zu empfinden verhoffte. Allein da mein Vater in der
besten Ruhe zu sitzen gedachte, nahm der König Anno 1481.
einen Zug wider die Granadischen Mauros vor, und mein
[492] Vater muste ihm im folgenden 1482ten Jahre mit
10 000. neugeworbenen Leuten nachfolgen. Also verließ
er uns abermals zu unsern größten Mißvergnügen, hatte
aber vorhero noch Zeit gehabt, meiner Mutter Einkünffte
und das, was zu seiner Kinder Standesmäßiger Erziehung
erfodert wurde, aufs Beste zu besorgen. Im Jahre 1483.
war es zwischen den Castilianern und Mohren, bey
Malacca zu einem scharffen Treffen gekommen, worbey die
Erstern ziemlich gedränget, und mein Vater fast tödtlich
verwundet worden, doch hatte er sich einigermaßen wieder

erholet, und kam bald darauff nach Hause, um sich völlig
ausheilen zu laſſen.

Der König und die Königin lieſſen ihm beyderſeits
das Glück ihres hohen Beſuchs genieſſen, beſchenckten ihn
auch mit einer ſtarcken Summe Geldes, und einem vortreflichen Land=Gute, mich aber nahm der König, vor
ſeinen jungen Printzen Johannem, der noch 3. Jahr jünger
war als ich, zum Pagen und Spiel=Geſellen mit nach
Hofe, und verſprach, mich bey ihm auf Lebens=Zeit zu
verſorgen. Ob ich nun gleich nur in mein zehendtes
Jahr gieng, ſo hatte mich doch meine Mutter dermaſſen
gut erzogen, und durch geſchickte Leute erziehen laſſen,
daß ich mich gleich von der erſten Stunde an, nicht allein
bey den Königl. Kindern, ſondern auch bey dem Könige
und der Königin ſelbſt, ungemein beliebt machen konte.
Und da ſich eine beſondere natürliche Fertigkeit bey mir
gezeiget, hatte der König allen Sprach= und Exercitien=
Meiſtern ernſtlichen Befehl ertheilet, an meine Perſon ſo
wohl, als an ſeinen eigenen Sohn, den allerbeſten Fleiß
zu wen=[493]den, welches denn nebſt meiner eigenen Luſt
und Beliebung ſo viel fruchtete: daß mich ein jeder vor
den Geſchickteſten unter allen meinen Cammeraden halten
wolte.

Mittlerweile war mein Vater aufs neue wieder zu
Felde gegangen, und hatte, nicht allein wegen ſeiner Ver=
wundung, an denen Mohren in etlichen Scharmützeln
ziemliche Rache ausgeübt, ſondern auch vor den König
viele Städte und Plätze einnehmen helffen, bei welcher Gelegenheit er auch zu ſeinem Theile viele Schätze erobert,
und dieſelben nach Hauſe geſchickt hatte. Allein im Jahr 1491.
da die Stadt Granada mit 50 000. Mann zu Fuß, und
12 000. zu Roß angegriffen, und der König Boabdiles zur
Ubergabe gezwungen wurde, verlohr mein getreuer und
Heldenmüthiger Vater ſein edles Leben darbey, und zwar
im allerletzten Sturme auf den erſtiegenen Mauren.

Der König bekam die Briefe von dieſer glücklichen
Eroberung gleich über der Tafel zu leſen, und rieff mit

vollen Freuden aus: GOTT und allen Heiligen sey
gedanckt! Nunmehro ist die Herrschafft der Maurer, welche
über 700. Jahr in Spanien gewähret, glücklich zu Grunde
gerichtet, derowegen entstunde unter allen, so wohl hohen
als niedrigen Bedienten, ein allgemeines jubiliren, da er
aber die Liste von den ertödteten und verwundeten hohen
Kriegs=Bedienten zur Hand nahm, und unter andern lase:
Daß Don Dyonisio de Valaro, als ein Held mit dem
Degen in der Faust, auf der Mauer gestorben sey, ver=
giengen mir auf einmahl alle meine 5. Sinne dermassen,
daß ich hinter dem [494] Cron=Printzen ohnmächtig zur
Erden niedersincken muste.

Es hatte dem mittleybigen Könige gereuet, daß er
sich nicht vorhero nach mir umgesehen, ehe er diese klägliche
Zeitung, welche ihm selbst sehr zu Hertzen gieng, laut ver=
lesen. Jedoch so bald mich die andern Bedienten hinweg
und in mein Bette getragen, auch in etwas wieder
erfrischet hatten, besuchte mich nicht allein der Cron=Printz
mit seiner 13.jährigen Schwester Johanna, sondern die
Königin selbst mit ihrem vornehmsten Frauenzimmer.
Dem ohngeacht konte ich mein Gemüthe, wegen des jämmer=
lichen Verlusts meines so lieben und getreuen Vaters,
nicht so gleich besänfftigen, sondern vergoß etliche Tage
nach einander die bittersten Thränen, biß mich endlich der
König vor sich kommen ließ und folgendermassen anredete:
Mein Sohn Cyrillo de Valaro, wilstu meiner fernern
Gnade geniessen, so hemme dein Betrübniß wenigstens dem
äuserlichen Scheine nach, und bedencke dieses: daß ich an
dem Don Diouysio de Valaro, wo nicht mehr, doch eben
so viel als du verlohren, denn er ist mein getreuer Diener
gewesen, der keinem seines gleichen den Vorzug gelassen,
ich aber stelle mich selbst gegen dich an seine Stelle und
will dein Versorger seyn, hiermit sey dir sein erledigtes
Regiment geschenckt, worüber ich dich gleich jetzo zum
Obristen bestellen und zum Ritter schlagen will, jedoch
sollstu nicht ehe zu Felde gehen, sondern bey meinem
Cron=Printz bleiben, biß ich euch beyde ehestens selbst mit

mir nehme. Ich that hierauff dem Könige zur Dankbarkeit
einen Fußfall, und empfohl mich seiner be=[495]ständigen
Gnade, welcher mir sogleich die Hand darreichte, die ich
in Unterthänigkeit küssete, und von ihm selbst auf der
Stelle zum Ritter geschlagen wurde, worbey ich die gantz
besondere Gnade hatte, daß mir die Princeßin Johanna
das Schwerdt umgürtete, und der Cron=Printz den rechten
Sporn anlegte.

Solchergestallt wurde mein Schmertzen durch König=
liche besondere Gnade, und durch vernünfftige Vorstellungen,
nach und nach mit der Zeit ziemlich gelindert, meine
Mutter aber, nebst meinem eintzigen Bruder und zweyen
Schwestern, konten sich nicht so bald beruhigen, und weil
die erstere durchaus nicht wieder Heyrathen wolte, begab
sie sich mit meinem Geschwister aus der Residentz=Stadt
hinweg auf das Beste unserer Land=Güter, um daselbst
ruhig zu leben, und ihre Kinder mit aller Vorsicht zu
erziehen.

Inmittelst ließ ich mir die Ubung in den Waffen,
wie auch in den Kriegs= und andern nützlichen Künsten
dermassen angelegen seyn, daß sich in meinem 18den Jahre
kein eintziger Ritter am Spanischen Hofe schämen durffte
mit mir umzugehen, und da bey damahligen ziemlich
ruhigen Zeiten der König vielfältige Ritter= und Lust=
Spiele anstellete, fand ich mich sehr eiffrig und fleißig
darbey ein, kam auch fast niemals ohne ansehnlichen
Gewinst darvon.

Am Geburts=Tage der Princeßin Johanna wurde
bey Hofe ein prächtiges Festin gegeben, und fast die halbe
Nacht mit Tantzen zugebracht, indem aber ich, nach dem
Abschiede aller andern, mich eben=[496]falls in mein
Zimmer begeben wolte, fand ich auf der Treppe ein kleines
Päcklein, welches in ein seidenes Tüchlein eingewickelt und
mit Gold=Faden umwunden war. Ich machte mir kein
Bedencken diese so schlecht verwahrte Sache zu eröffnen,
und fand darinnen, etliche Elen grün mit Gold durch=
würcktes Band, nebst dem Bildnisse einer artigen Schäferin,

deren Geficht auf die Helffte mit einem grünen Schleyer
verdeckt war, weil fie vielleicht nicht von allen und jeden
erkannt werden wolte. Uber diefes lag ein kleiner Zettel
mit folgenden Zeilen darbey:

Geliebter Ritter!

Ihr verlanget von mir mein Bildniß nebft einer
Liberey, welches beydes hiermit aus gewogenen Hertzen
überfende. Seyd damit bey morgenden Turnier glück=
licher, als voriges mahl, damit ich eurentwegen von
andern Damen keine Stichel=Reden anhören darff, fondern
das Vergnügen habe, eure fonft gewöhnliche Gefchicklichkeit
mit dem beften Preife belohnt zu fehen. Lebet wohl
und gedencket eurer

Freundin.

Meine damahlige Schalckhafftigkeit wiederrieth mir
denjenigen auszuforfchen, wem diefes Paquet eigentlich zu=
kommen folte, bewegte mich im Gegentheil diefe Liberey,
nebft dem artigen Bildniffe der Schäferin, bey morgenden
Lantzenbrechen felbft auf meinem Helme zu führen. Wie
gedacht, fo [497] gemacht, denn am folgenden Morgen
band ich die grüne Liberey nebft dem Bildniffe auf meinen
Helm, legte einen gantz neuen Himmelblauen mit goldenen
Sternlein beworffenen Harnifch an, und erfchien alfo gantz
unerkannt in den Schrancken mit meinem Schilde, worinnen
ein junger Adler auf einem ertödten alten Adler mit
ausgebreiteten Flügeln fitzend, und nach der Sonne fehend,
zur Devise gemahlt war. Die aus dem Horatio genommene
Beyfchrifft lautete alfo:

Non possunt aquilae generare columbam.

Deutfch:

Es bleibet bey dem alten Glauben,
Die Adler hecken keine Tauben.

Kaum hatte ich Zeit und Gelegenheit gehabt meine
Kräffte an 4. Rittern zu probiren, worvon 3. wanckend

gemacht, den 4ten aber gänzlich aus dem Sattel gehoben
und in den Sand gesetzt, als mir ein unbekandter Schild=
Knabe einen kleinen Zettel einhändigte, auf welchen folgende
Zeilen zu lesen waren.

Verwegener Ritter,

ENtweder nehmet sogleich dasjenige Bildniß und
Liberey, welches ihr unrechtmäßiger Weise auf eurem
Helme führet, herunter, und liefert es durch Überbringer
dieses seinem Eigenthums Herrn ein, oder seyd gewärtig,
daß nicht allein euern bereits ziemlich erworbenen Ruhm ¹⁰
nach allen Kräfften verdunckeln, sondern euch Morgen
Früh auf [498] Leib und Leben ausfodern wird:

Der Verehrer der schönen Schäferin.

Auf diese trotzige Schrifft gab ich dem Schild=Knaben
mündlich zur Antwort: Sage demjenigen, der Dich zu ¹⁵
mir geschickt: Woferne er seine Anfoderung etwas höflicher
an mich gethan, hätte ich ihm mit Vergnügen willfahren
wollen. Allein seiner unbesonnenen Drohungen wegen,
wolte ich von heute durchaus meinen eigenen Willen haben.

Der Schild Knabe gieng also fort, und ich hatte die ²⁰
Lust denjenigen Ritter zu bemercken, welchem er die
Antwort überbrachte. Selbiger, so bald er mich kaum
ein wenig müßig erblickt, kam gantz hochmüthig heran
getrabet, und gab mir mit gantz hönischen Stellungen zu
verstehen: Daß er Belieben habe mit mir ein= oder etliche ²⁵
Lantzen zu brechen. Er trug einen Feuerfarbenen silber
gestreifften Harnisch, und führete einen blaß blauen Feder=
Stutz auf seinem Helme, welcher mit schwartz und gelben
Bande umwunden war. In seinem Schilde aber zeigte
sich das Gemählde des Apollinis, der sich einer jungen ³⁰
Nymphe, Isse genannt, zu gefallen, in einen Schäfer ver=
stellet, mit den Bey=Worten: Similis simili gaudet, als
wolte er deutlich dieses zu verstehen geben:

Isse mein Schäferin
Machts, daß ich ein Schäfer bin.

Ich vermerckte sogleich bey Erblickung dieser Devise,
daß der arme Ritter nicht allzu wohl unter dem Helme
verwahret sein müsse. Denn wie schlecht reimete sich doch
der Feuerfarbene Harnisch nebst dem blaulichen Feder=Stutze,
5 auch gelb und [499] schwartzen Bande zu der Schäferischen
Liebes=Grille? Indem mir aber das fernere Nachsinnen
durch meines Gegners Anrennen unterbrochen wurde,
empfing ich ihn mit meiner hurtig eingelegten Lantze zum
ersten mahle dermassen, daß er auf beyden Seiten Bügel
10 loß wurde, und sich kaum mit Ergreiffung seines Pferdes
Mähne im Sattel erhalten konte. Dem ohngeacht ver=
suchte er das andere Rennen, wurde aber von meinem
hefftigen Lantzen=Stosse so gewaltig aus dem Sattel ge=
hoben, daß er halb ohnmächtig vom Platze getragen werden
15 muste. Solchergestalt war der verliebte Feuerfarbene
Schäfer vor dieses wohl abgefertiget, und weil ich mich
die übrige Zeit gegen andere noch ziemlich hurtig hielt,
wurde mir bey Endigung des Turniers von den Kampf=
Richtern der andere Preiß zuerkannt, welches ein vor=
20 trefflicher Maurischer Säbel war, dessen güldenes Gefässe
mit den kostbarsten Edel=Steinen prangete. Die Printeßin
Johanna hielt mir denselben mit einer lächlenden Geberde
schon entgegen, da ich noch wohl 20. Schritte biß zu
ihrem auferbaueten Throne zu thun hatte, indem ich aber
25 auf der untersten Staffel desselben nieder kniete, und
meinen Helm abnahm, mithin mein blosses Gesichte zeigte,
stutzte nicht allein die Princeßin nebst ihren andern Frauen=
zimmer gewaltig, sondern Dero liebstes Fräulein, die
Donna Eleonora de Sylva, sanck gar in einer Ohnmacht
30 darnieder. Die Wenigsten mochten wohl errathen können,
woher ihr dieser jählinge Zufall kam, und ich selbst muste
nicht, was es eigentlich zu bedeuten hatte, machte mich
aber in noch währen=[500]den Auflauffe, nachdem ich meinen
Gewinst empfangen, ohne von andern Rittern erkannt zu
35 werden, gantz hurtig zurücke.
Zwey Tage hernach wurde mir von vorigen Schild=
Knaben ein Cartell folgendes Innhalts eingehändiget:

Unredlicher Ritter,

SO kan man euch mit gröſtem Rechte nennen, indem ihr nicht allein einem andern, der Beſſer iſt als ihr, dasjenige Kleinod liſtiger Weiſe geraubt, welches er als ſeinen koſtbarſten Schatz geachtet, ſondern euch über= 5 dieſes frevelhafft unterſtanden habt, ſolches zu ſeinem Verdruß und Spott öffentlich auf dem Helme zu führen. Jedoch man muß die Boßheit und den Unverſtand ſolcher Gelb=Schnäbel bey zeiten dämpffen, und euch lehren, wie ihr mit würdigen Leuten umgehen müſſet. 10 Es iſt zwar leichtlich zu erachten, daß ihr euch wegen des letztern ohngefähr erlangten Preiſes beym Lantzen= brechen das Glücke zur Braut bekommen zu haben, einbildet; Allein wo ihr das Hertz habt, Morgen mit Aufgang der Sonnen, nebſt nur einem eintzigen Bey= 15 ſtande, auf der groſſen Wieſe zwiſchen **Madrit** und **Aranjuez** zu erſcheinen; wird ſich die Mühe geben, auch den Unterſchied zwiſchen einem luſtbaren Lantzen= brechen und ernſtlichen Schwerdt=Kampffe zu lehren, und den Kindiſchen Frevel zu beſtraffen 20

euer abgeſagter Feind.

[501] Der Uberbringer dieſes, wolte durchaus nicht bekennen, wie ſein Herr mit Nahmen hieſſe, derowegen gab ihm nur an denſelben folgende wenige Zeilen zurück:

Frecher Ritter! 25

WOferne ihr nur halb ſo viel Verſtand und Klugheit, als Prahlerey und Hochmuth beſäſſet, würdet ihr recht= ſchaffenen Leuten wenigſtens nur etwas glimpflicher zu begegnen wiſſen. Doch weil ich mich viel lieber mit dem Schwerdt, als der Feder gegen euch verantworten, 30 und ſolchergeſtalt keine Urſach geben will, mich vor einen zaghafften Schäfer=Courtiſan zu halten, ſo ver= ſpreche Morgen die beſtimmte Zeit und Ort in acht zu nehmen, daſelbſt ſoll ſich zeigen daß mein abgeſagter Feind ein Lügner, ich aber ſey 35

Don Cyrillo de Valaro.

Demnach begab ich mich noch selbigen Abend nebst dem Don Alphonso de Cordua, meiner Mutter Bruders Sohne, den ich zum Beystande erwählet hatte, aus Madrit in das allernächst der grossen Wiese gelegene Dorff, allwo wir über Nacht verblieben, und noch vor Aufgang der Sonnen die grosse Wiese betraten. Mein Gegner, den ich an seinen Feuerfarbenen Harnisch erkannte, erschien zu bestimmter Zeit, und konte mich ebenfalls um so viel desto eher erkennen, weil ich das grüne Band, nebst dem Bilde der Schäferin, ihm zum Trotz abermahls wieder auf den Helm gebunden [502] hatte. Er gab mir seinen Verdruß und die Geringschätzung meiner Person, mit den aller= hochmüthigsten Stellungen zu erkennen, jedoch ich kehrete mich an nichts, sondern fieng den verzweiffelsten Schwerdt= Kampf mit meinem annoch unbekandten Feinde an, und brachte ihn binnen einer halben Stunde durch verschiedene schwere Verwundungen dahin, daß er abermahls halb todt und gäntzlich Krafftloß zur Erden sincken muste. Indem ich aber hinzu trat und seinen Helm öffnete, erkannte ich ihn vor den Sohn eines Königlichen Etaats-Bedienten, Namens Don Sebastian de Urrez, der sich auf die Gnade, so der König seinem Vater erzeigte, ungewöhnlich viel einbildete, sonsten aber mehr mit Geld und Gütern, als Adelichen Tugenden, Tapffer= und Geschicklichkeit hervor zu thun wuste. Mir war bekannt, daß ausser einigen, welche seines Vaters Hülffe bedurfften, sonst niemand von rechtschaffenen Rittern leicht mit ihm umzugehen pflegte, derowegen wandte mich mit einer verächtlichen Mine von ihm hinweg, und sagte zu den Umstehenden: Daß es mir hertzlich leyd sey, meinen allerersten ernstlichen Kampff mit einem Haasen=Kopffe gethan zu haben, weßwegen ich wünschen möchte, daß niemand etwas darvon erführe, setzte mich auch nebst meinem Secundanten Don Alfonso, der seinen Gegner ebenfalls sehr blutig abgespeiset hatte, sogleich zu Pferde, und ritten zurück nach Madrit.

Der alte Urrez hatte nicht bloß dieses Kampffs, sondern seines Sohnes hefftiger Verwundung wegen, alle

Mühe angewandt mich bei dem Könige [503] in Ungnade
zu setzen, jedoch seinen Zweck nicht erreichen können, denn
wenig Tage hernach, da ich in dem Königl. Vor=Gemach
aufwartete, rief mich derselbe in sein Zimmer, und gab
mir mit wenig Worten zu verstehen: Wie ihm meine
Hertzhafftigkeit zwar im geringsten nicht mißfiele, allein er
sähe lieber, wenn ich mich vor unnöthigen Händeln hütete,
und vielleicht in kurtzen desto tapfferer gegen die Feinde
des Königs bezeugte. Ob ich nun gleich versprach, mich
in allen Stücken nach Jhro Majest. allergnädigsten Be= 10
fehlen zu richten; so konte doch nicht unterlassen, bey dem
bald darauff angestellten Stier=Gefechte, so wohl als andere
Ritter, einen Wage=Hals mit abzugeben, dabey denn einen
nicht geringen Ruhm erlangete, weil drey unbändige Büffel
durch meine Faust erlegt wurden, doch da ich von dem 15
Letzten einen ziemlichen Schlag an die rechte Hüfften be=
kommen hatte, nöthigte mich die Geschwulst, nebst dem
geronnenen Geblüte, etliche Tage das Bette zu hüten.
Binnen selbiger Zeit lieff ein Schreiben folgendes Innhalts
bey mir ein: 20

Don Cyrillo de Valaro.

WArum wendet ihr keinen bessern Fleiß an, euch
wiederum öffentlich frisch und gesund zu zeigen: Denn
glaubet sicherlich, man hat zweyerlei Ursachen, eurer
Aufführung wegen schwere Rechenschafft zu fordern, 25
erstlich daß ihr euch unterstanden, beym letzten Turnier
eine frembde Liberey zu führen, und vors andere, daß
ihr kein Bedencken getragen, eben dieselbe beim Stier=[504]
Gefechte leichtsinniger Weise zurück zu lassen. Uberlegt
wohl, auf was vor Art ihr euch redlicher Weise ver= 30
antworten wollet, und wisset, daß dennoch mit euren
itzigen schmertzhafften Zustande einiges Mittleyden hat

Donna Eleonora de Sylva.

Ich wuste erstlich nicht zu begreiffen was dieses
Fräulein vor Ursach hätte, mich, meiner Aufführung wegen 35

zur Rede zu setzen; biß mir endlich mein Leib-Diener aus
dem Traume halff. Denn dieser hatte von der Donna
Eleonora vertrauten Aufwärterin so viel vernommen, daß
Don Sebastian de Urrez bey selbigen Fräulein bißhero
5 in ziemlich guten Credit gestanden, nunmehro aber den=
selben auf einmahl gänßlich verlohren hätte, indem er sie
wahnsinniger Weise einer groben Untreue und Falschheit
beschuldigte. Also könte ich mir leichtlich die Rechnung
machen, daß Eleonora, um sich rechtschaffen an ihm zu
10 rächen, mit meiner Person entweder eine Scherß= oder
Ernsthaffte Liebes=Intrigue anzuspinnen suchte.

Diese Muthmassungen schlugen keines weges fehl,
denn da ich nach völlig erlangter Gesundheit im König=
lichen Lust=Garten zu Buen-Retiro Gelegenheit nahm mit
15 der Eleonora ohne beyseyn anderer Leute zu sprechen,
wolte sie sich zwar anfänglich ziemlich kaltsinnig und ver=
drießlich stellen, daß ich mir ohne ihre Erlaubniß die
Freyheit genommen, Dero Liberey und Bildniß zu führen;
Jedoch so bald ich nur einige trifftige Entschuldigungen
20 nebst [505] der Schmeicheley vorgebracht, wie ich solche
Sachen als ein besonderes Heiligthum zu verehren, und
keinem Ritter, wer der auch sey, nicht anders als mit
Verlust meines Lebens, zurück zu geben gesonnen wäre,
fragte sie mit einer etwas gelaßnern Stellung: Wie aber,
25 wenn ich dasjenige, was Don Sebastian nachläßiger Weise
verlohren, ihr aber zufälliger Weise gefunden, und ohne
meine Vergünstigung euch zugeeignet habt, selbst zurück
begehre? So muß ich zwar, gab ich zur Antwort, aus
schuldigen Respect eurem Befehle und Verlangen ein
30 Genügen leisten, jedoch darbey erkennen, daß ihr noch
grausamer seyd als das Glücke selbst, über dessen Ver=
folgung sich sonsten die Unglückseeligen einßig und allein
zu beklagen pflegen. Es ist nicht zu vermuthen, sagte sie
hierauff, daß euch hierdurch eine besondere Glückseeligkeit
35 zuwachsen würde, wenn gleich dergleichen Kleinigkeiten in
euren Händen blieben. Und vielleicht darum, versetzte ich,
weil Don Sebastian einßig und allein bey eurer schönen

Person glückseelig seyn und bleiben soll? Unter diesen
Worten trat der Donna Eleonora das Blut ziemlich in
die Wangen, sodaß sie eine kleine Weile inne hielt, endlich
aber sagte: Seyd versichert Don Valaro daß Urrez Zeit
seines Lebens weniger Gunst=Bezeugungen von mir zu 5
hoffen hat, als der allergeringste Edelmann, denn ob ich
mich gleich vor einiger Zeit durch gewisse Personen, die
ich nicht nennen will, bereden lassen, vor ihn einige Acht=
barkeit, oder wohl gar einige Liebe zu hegen, so ist mir
doch nunmehro seine ungeschickte und pöbelhaffte Aufführung 10
besser bekannt und zum rechten Eckel [506] und Abscheu
worden. Ich weiß ihm, sprach ich darauff, weder böses
noch guts nachzusagen, ausser dem, daß ihn wenig recht=
schaffene Ritter ihres Umgangs gewürdiget. Allein er ist
nicht darum zu verdencken, daß er dergleichen Schmach 15
jederzeit wenig geachtet, indem ihn das Vergnügen, sich
von dem allerschönsten Fräulein am gantzen Hofe geliebt
zu sehen, dieserhalb sattsam trösten können.

Donna Eleonora vermerckte vielleicht, daß sie ihre
gegen sich selbst rebellirenden Affecten in die Länge nicht 20
würde zwingen können, denn sie muste sich freylich in ihr
Hertz hinein schämen, daß selbiges bishero einen solchen
übel berüchtigten Ritter offen gestanden, der sich bloß mit
seinem Weibischen Gesichte, oder etwa mit Geschencken und
sclavischen Bedienungen bey ihr eingeschmeichelt haben 25
mochte; Derowegen sagte sie mit einer etwas verdrießlichen
Stimme: Don Cyrillo, lasset uns von diesem Gespräch
abbrechen, denn ich mag den verächtlichen Sebastian de
Urrez nicht mehr erwehnen hören, von euch aber will ich
ausbitten, mir die nichtswürdigen Dinge zurück zu senden, 30
damit ich in Verbrennung derselben, zugleich das Angedencken
meines abgeschmackten bißherigen Liebhabers vertilgen kan.
Was soll denn, versetzte ich, das unschuldige Band und
das artige Bildniß den Frevel eines nichtswürdigen Menschen
büssen, gewißlich diese Sachen werden noch in der Asche 35
ihren hohen Werth behalten, indem sie von so schönen
Händen gekommen, um aber das verdrießliche Angedencken

auszurotten, fo erzeiget mir die Gnade und gönnet [507]
meinem Hertzen die erledigte Stelle in dem eurigen, glaubet
anben gewiß, daß mein gantzes Wefen fich jederzeit dahin
beftreben wird, eurer unfchätzbaren Gegen=Gunft würdiger
5 zu fenn als der liederliche Urrez.

Donna Eleonora mochte fich ohnfehlbar verwundern,
daß ich als ein junger 18. jähriger Ritter allbereit fo
dreufte und alt=klug als der erfahrenfte Liebhaber reden
konte, replicirte aber diefes: Don Cyrillo, eure befondere
10 Tapffer= und Gefchicklichfeit, hat fich zwar zu faft aller
Menfchen Verwunderung fchon fattfam fpüren laffen, indem
ihr in Scherz= und Ernfthafften Kämpffen Menfchen und
Thiere überwunden, aber mein Hertz muß fich dennoch
nicht fo leicht überwinden laffen, fondern vielmehr der
15 Liebe auf ewig abfagen, weil es das erfte mahl unglücklich
im wählen gewefen, derowegen verfchonet mich in Zukunfft
mit dergleichen verliebten Anfällen, erfüllet vielmehr
mein Begehren mit baldiger Uberfendung der verlangten
Sachen.

20 Ich hätte wieder diefen Ausfpruch gern noch ein und
andere Vorftellungen gethan, allein die Ankunfft einiger
Ritter und Damen verhinderte mich vor diefes mahl. So
bald ich nach diefem allein in meiner Kammer war,
merckte mein Verftand mehr als zu deutlich, daß der
25 gantze Menfch von den Annehmlichkeiten der Donna Eleonora
bezaubert wäre, ja mein Hertze empfand eine dermaffen
hefftige Liebe gegen diefelbe, daß ich diejenigen Stunden
vor die allertraurigften und verdrießlichften hielt, welche
ich ohne fie zu fehen hinbringen mufte. Derowegen nahm
30 meine Zuflucht zur Feder und [508] fchrieb einen der
allerverliebteften Briefe an meinen Leitftern, worinnen ich
hauptfächlich bat, nicht allein mich zu ihrem Liebhaber auf
und anzunehmen, fondern auch die Liberen nebft Dero
Bildniffe zum erften Zeichen ihrer Gegen=Gunft in meinen
35 Händen zu laffen.

Zwen gantzer Tage lang ließ fie mich hierauff zwifchen
Furcht und Hoffnung zappeln, biß ich endlich die halb

erfreuliche und halb traurige Antwort erhielt: Ich möchte zwar behalten, was ich durch Glück und Tapfferkeit mir zugeeignet hätte, doch mit dem Beding: Daß ich solches niemahls wiederum öffentlich zeigen, sondern vor jederman geheim halten solle. Uber dieses solte mir auch erlaubt seyn, sie morgenden Mittag in ihren Zimmer zu sprechen, allein abermahls mit der schweren Bedingung: Daß ich kein einziges Wort von Liebes=Sachen vorbrächte.

Dieses Letztere machte mir den Kopff dermassen wüste, daß ich mir weder zu rathen noch zu helffen wuste, und an der Eroberung dieses Felsen=Hertzens schon zu zweiffeln begunte, ehe noch ein recht ernstlicher Sturm darauff gewagt war. Allein meine Liebe hatte dermahlen mehr Glücke als ich wünschen mögen, denn auf den ersten Besuch, worbey sich mein Gemüthe sehr genau nach Eleonorens Befehlen richtete, bekam ich die Erlaubniß ihr täglich nach der Mittags=Mahlzeit aufzuwarten, und die Zeit mit dem Bret=Spiele zu verkürzen. Da aber meine ungewöhnliche Blödigkeit nebst ihrem ernstlich wiederholten Befehle das verliebte Vorbringen lange genung zurück gehalten hatten, gab [509] die feurige Eleonora endlich selbst Gelegenheit, daß ich meine hefftigen Seuffzer und Klagen kniend vor derselben ausstieß, und mich selbst zu erstechen drohete, woferne sie meine alleräuserste Liebe nicht mit gewünschter Gegen=Gunst beseeligte.

Demnach schiene sie auf einmahl anders Sinnes zu werden, und kurz zu sagen, wir wurden von derselben Stunde an solche vertraute Freunde mit einander, daß nichts als die Priesterliche Einsegnung fehlte, uns beyde zu dem allervergnügtesten Paare ehelicher Personen zu machen. Inmittelst hielten wir unsere Liebe dennoch dermassen heimlich, daß zwar der gantze Hof von unserer sonderbaren Freundschafft zu sagen wuste, die Wenigsten aber glaubten, daß unter uns annoch sehr jungen Leuten allbereits ein würckliches Liebes=Verbündniß errichtet sey.

Es war niemand vorhanden, der eins oder das andere zu verhindern trachtete, denn mein einziger Feind Don

Sebastian de Urrez hatte sich, so bald er wieder genesen,
auf die Reise in frembde Länder begeben. Also lebte ich
mit meiner Eleonora über ein Jahr lang im süßesten Ver=
gnügen, und machte mich anbey dem Könige und dessen
5 Familie dermassen beliebt, daß es das Ansehen hatte, als
ob ich dem Glücke gäntzlich im Schoosse sässe.

Mittlerweile da König Carl der VIII. in Franckreich,
im Jahr 1494. den Krieges=Zug wider Neapolis vor=
genommen hatte, fanden sich verschiedene junge vornehme
10 Neapolitanische Herren am Castilianischen Hofe ein. Einer
von selbigen hatte die Donna Eleonora de Sylva kaum
zum erstenmahle [510] erblickt, als ihn dero Schönheit
noch geschwinder als mich zum verliebten Narren gemacht
hatte. Ich vermerckte mehr als zu frühe, daß er sich aufs
15 eiffrigste angelegen seyn ließ, mich bey ihr aus dem Sattel
zu heben, und sich an meine Stelle hinein zu schwingen,
jedoch weil ich mich der Treue meiner Geliebten höchst
versichert schätzte, über dieses der Höflichkeit wegen einem
Fremden etwas nachzusehen verbunden war, ließ sich mein
20 vergnügtes Hertze dieserwegen von keinem besondern Kummer
anfechten. Allein mit der Zeit begunte der hoffärtige
Neapolitaner meine Höflichkeit vor eine niederträchtige
Zaghafftigkeit zu halten, machte sich also immer dreuster
und riß eines Tages der Eleonora einen Blumen=Strauß
25 aus den Händen, welchen sie mir, indem ich hurtig vorbey
gieng, darreichen wolte. Ich konte damahls weiter nichts
thun, als ihm meinen dieserhalb geschöpfften Verdruß mit
den Augen zu melden, indem ich dem Könige eiligst nach=
folgen muste, allein noch selbigen Abend kam es unter uns
30 beyden erstlich zu einem hönischen, bald aber zum schimpff=
lichsten Wort=Wechsel, so daß ich mich genöthigt fand,
meinen Mit=Buhler kommenden Morgen auf ein par
spitzige Lantzen und wohlgeschliffenes Schwerdt hinnaus zu
fordern. Dieser stellete sich hierüber höchst vergnügt an,
35 und vermeinte mit einem solchen zarten Ritter, der ich zu
seyn schiene, gar bald fertig zu werden, ohngeacht der
Prahler die Jünglings=Jahre selbst noch nicht gantz überlebt

hatte; Allein noch vor Mitter=Nacht ließ mir der König
durch einen Officier von der Leib=Wacht befehlen, bei
Verluft aller feiner Königl. Gnade und mei=[511]nes zeit=
lichen Glücks, mich durchaus mit dem Neapolitaner, welches
ein vornehmer Printz unter verdeckten Nahmen wäre, in
keinen Zwey=Kampf einzulassen, weiln der König unsere
nichtswürdige Streit=Sache ehefter Tages selbft bey=
legen wolte.

Ich hätte hierüber rasend werden mögen, mufte aber
dennoch gehorsamen, weil der Officier Ordre hatte, mich
bey dem geringften widerwärtigen Bezeigen sogleich in
Verhafft zu nehmen. Eleonora bemühte sich, so bald ich
ihr mein Leyd klagte, durch allerhand Schmeicheleyen
daffelbe zu vernichten, indem sie mich ihrer vollkommenen
Treue gäntzlich verficherte, anbey aber hertzlich bat, ihr
nicht zu verargen, daß sie auf der Königin Befehl, gewiffer
Staats=Ursachen wegen, dem Neapolitaner dann und
wann einen Zutritt nebft einigen geringen Liebes=Freyheiten
erlauben müfte, inzwischen würde sich schon mit der Zeit
noch Gelegenheit finden, deßfalls Rache an meinem Mit=
Buhler auszuüben, wie sie denn nicht zweiffelte, daß er
sich vor mir fürchte, und dieserwegen selbft unter der Hand
das Königl. Verboth auswürcken laffen.

Ich ließ mich endlich, wiewohl mit grofser Mühe, in
etwas besänfftigen, allein es hatte keinen langen Bestand,
denn da der König die Untersuchung unserer Streit=Sache
verzögerte, und ich dem Neapolitauer allen Zutritt bey
Eleonoren aufs möglichfte verhinderte, geriethen wir
unverhofft aufs neue zusammen, da der Neapolitaner
Eleonoren im Königlichen Luft=Garten an der Hand
spatzieren führete, und ich ihm vorwarff: Wie er sich
dennoch beffer [512] anzuftellen wisse, ein Frauenzimmer,
als eine Lantze oder blosses Schwert an der Hand zu
führen. Er betheurete hierauff hoch, meine frevele Reden
sogleich mit seinem Seiten=Gewehr zu beftraffen, wenn er
nicht befürchtete den Burg=Frieden im Königl. Garten zu
brechen; Allein ich gab mit einem hönischen Gelächter zu

verstehen: Wie es nur bey ihm stünde, mir durch eine
kleine Pforte auf einen sehr bequemen Fecht=Platz zu folgen,
der nur etwa 100. Schritte von dannen sey, und gar nicht
zur Burg gehöre.

⁵ Alsobald machte der **Neapolitaner** Eleonoren, die
vor Angst an allen Gliedern zitterte, einen **Reverentz**,
und folgte mir auf einen gleichen Platz ausserhalb des
Gartens, allwo wir Augenblicklich vom Leder zohen, um
einander etliche blutige **Characters** auf die Cörper zu
¹⁰ zeichnen.

Der erste Hieb gerieth mir dermassen glücklich, daß
ich meinem Feinde sogleich die wallenden Adern am Vorder=
Haupt eröffnete, weil ihm nun solchergestalt das häuffig
herabfliessende Blut die Augen ziemlich verdunckelte, hieb
¹⁵ er dermassen blind auf mich loß, daß ich ebenfalls eine
kleine Wunde über den rechten Arm bekam, jedoch da er
von mir in der Geschwindigkeit noch zwey starcke Hiebe
empfangen, davon der eine in die Schulter, und der andere
in den Hals gedrungen war, sanck mein feindseeliger
²⁰ **Neapolitaner** ohnmächtig zu Boden. Ich sahe nach Leuten,
die ihn verbinden und hinweg tragen möchten, befand mich
aber im Augenblick von der Königl. Leibwacht umringet,
die mir mein Quartier in demjenigen Thurme, wo noch
andere Uber=[513]treter der Königl. Gebote logirten, ohne
²⁵ alle Weitläufftigkeit zeigeten. Hieselbst war mir nicht
erlaubt an jemanden zu schreiben, vielweniger einen
guten Freund zu sprechen, jedoch wurde mit den köstlichsten
Speisen und Geträncke zum Uberflusse versorgt, und meine
geringe Wunde von einem **Chirurgo** alltäglich zweymal
³⁰ verbunden, welche sich binnen 12. Tagen zu völliger
Heilung schloß.

Eines Abends, da der **Chirurgus** ohne beyseyn der
Wacht mich verbunden, und allbereit hinweg gegangen
war, kam er eiligst wieder zurück und sagte: Mein Herr!
³⁵ jetzt ist es Zeit, euch durch eine schleunige Flucht selbst zu
befreyen, denn ausserdem, daß kein einziger Mann von
der Wacht vorhanden, so stehen alle Thüren eures Ge=

fängnisses offen, darum eilet und folget mir! Ich besinne
nicht lange, ob etwa dieser Handel mit fleiß also angestellet
wäre oder nicht, sondern warff augenblicklich meine völlige
Kleidung über mich, und machte mich nebst dem Chirurgo
in gröster Geschwindigkeit auf den Weg, beschenckte denselben
mit einer Hand voll Gold=Cronen, und kam ohne einzigen
Anstoß in des Don Gonsalvo Ferdinando de Cordua, als
meiner Mutter leiblichen Bruders Behausung an, dessen
Sohn Don Alphonso mir nicht allein den sichersten heim=
lichen Auffenthalt versprach, sondern sich zugleich erboth,
alles auszuforschen, was von meiner Flucht bey Hofe
gesprochen würde.

. Da es nun das Ansehen hatte als ob der König
dieserwegen noch hefftiger auf mich erbittert worden, indem
er meine gehabte Wacht selbst gefangen zu setzen, und
mich auf allen Strassen und im gan=[514]tzen Lande auf=
zusuchen befohlen; vermerckte ich mehr als zu wohl, daß
in Castilien meines bleibens nicht sey, ließ mir derowegen
von meiner Mutter eine zulängliche Summe Reise=Gelder
übersenden, und practicirte mich, nach verlauff etlicher
Tage, heimlich durch nach Portugall, allwo ich in dem
nächsten Hafen zu Schiffe und nach Engelland übergieng,
um daselbst unter König Henrico VII. der, der gemeinen
Sage nach, mit den Schotten und einigen Rebellen Krieg
anfangen wolte, mich in den Waffen zu üben. Allein
meine Hoffnung betrog mich ziemlicher massen, indem dieses
Kriegs=Feuer bey zeiten in seiner Asche erstickt wurde.
Ich hatte zwar das Glück dem Könige aufzuwarten, und
nicht allein seines mächtigen Schutzes, sondern auch
künfftiger Beförderung vertröstet zu werden, konte aber
leicht errathen, daß das Letztere nur leere Worte wären,
und weil mir ausserdem der Englische Hof allzuwenig
lebhaft vorkam, so hielt mich nur einige Monate daselbst
auf, besahe hierauff die vornehmsten Städte des Reichs,
gieng nach diesen wiederum zu Schiffe, und reisete durch
die Niederlande an den Hof Kaysers Maximiliani, allwo
zur selbigen Zeit alles Vergnügen, so sich ein junger

Ritter wünschen konte, im gröſten Uberfluſſe blühete.
Ich erſtaunete über die gantz ſeltſame Schönheit des
Kayſerlichen Printzens Philippi, und weiln bald darauff
erfuhr, daß derſelbe eheſtens, mit der Castilianiſchen
5 Princeßin Johanna vermählet werden ſolte, ſo preiſete ich
dieſelbe allbereit in meinen Gedancken vor die aller-
glückſeeligſte Princeßin, wiewol mich die hernach folgenden
Zeiten und Begebenheiten gantz anders belehreten.
   [515] Inzwiſchen verſuchte mein äuſerſtes, mich in
10 dieſes Printzen Gunſt und Gnade zu ſetzen, weil ich die
ſichere Rechnung machen konte, daß mein König mich auf
deſſen Vorſpruch bald wiederum zu Gnaden annehmen
würde. Das Glücke war mir hierbey ungemein günſtig,
indem ich in verſchiedenen Ritter-Spielen ſehr koſtbare
15 Gewinſte, und in Betrachtung meiner Jugend, vor andern
groſſen Ruhm erbeutete. Bey ſo geſtallten Sachen aber
fanden ſich gar bald einige, die ſolches mit ſcheelen Augen
anſahen, unter denen ſonderlich ein Savoyiſcher Ritter war,
der ſich beſonders Tapffer zu ſeyn einbildete, und immer
20 nach und nach Gelegenheit ſuchte, mit mir im Ernſte
anzubinden. Er fand dieſelbe endlich noch ehe als er
vermeinte, wurde aber, in Gegenwart mehr als tauſend
Perſonen, faſt tödtlich verwundet vom Platze getragen,
dahingegen ich an meinen drey leichten Wunden nicht
25 einmahl das Bette hüten durffte, ſondern mich täglich bey
Hofe öffentlich zeigen konte. Wenig Wochen darnach wurde
ein Gallier faſt mit gleicher Müntze von mir bezahlet,
weil er die Spaniſchen Nationen mit ehrenrührigen Worten
und zwar in meinem Beyſeyn angriff. Doch eben dieſe
30 beyden Unglücks-Conſorten hetzten den dritten Feind auf
mich, welches ebenfalls ein Neapolitaner war, der nicht
ſo wohl den Savoyer und Gallier, ſondern vielmehr ſeinen
in Madrit verunglückten Lands-Mann an mir rächen wolte.
   Er machte ein ungemeines Weſen von ſich, bath
35 unſeres Zwey-Kampffs wegen bei dem Käyſer ſelbſt, nicht
allein die Vergünſtigung, ſondern auch [516] frey und
ſicher Geleite aus, in ſoferne er mich entleibte, welches ihm

der Käyser zwar anfänglich abschlug, jedoch endlich auf
mein unterthänigstes Ansuchen zugestunde.

Demnach wurden alle Anstalten zu unserm Mord=
Spiele gemacht, welchem der Käyser nebst dessen gantzer
Hofstatt zusehen wolte. Wir erschienen also beyderseits zu 5
gehöriger Zeit auf dem bestimmten Platze, mit Wehr,
Waffen und Pferden aus der massen wohl versehen, brachen
unsere Lantzen ohne besondern Vortheil, griffen hierauff
zun Schwerdtern, worbey ich gleich anfänglich spürete:
Daß mein Gegner kein ungeübter Ritter sey, indem er 10
mir dermassen hefftig zusetzte, daß ich eine ziemliche Weile
nichts zu thun hatte, als seine geschwinden Streiche abzu=
wenden. Allein er war sehr starck und ungeschickt, mattete
sich also in einer viertheils Stunde also hefftig ab, daß
er lieber gesehen, wenn ich ihm erlaubt hätte, etwas aus= 15
zuruhen. Jedoch ich muste mich dieses meines Vortheils
auch bedienen, zumahlen sich an meiner rechten Hüffte die
erste Verwundung zeigte, derowegen fieng ich an, meine
besten Kräffte zu gebrauchen, brachte auch die nachdrücklichsten
Streiche auf seiner Sturm=Haube an, worunter mir einer 20
also Mißrieth, daß seinem Pferde der Kopf gespalten,
und er herunter zu fallen genöthiget wurde. Ich stieg
demnach gleichfalls ab, ließ ihn erstlich wieder aufstehen,
und traten also den Kampf zu Fusse, als gantz von neuen
wieder an. Hierbei dreheten wir uns dermassen offt und 25
wunderlich herum, daß es das Ansehen hatte als ob wir
zugleich tantzen und auch fechten müsten, mittler=[517]weile
aber drunge allen beyden das Blut ziemlicher massen aus
den zerkerbten Harnischen heraus, jedoch mein Gegner fand
sich am meisten entkräfftet, weßwegen er auf einige Minuten 30
Stillstand begehrte, ich vergönnete ihm selbigen, und
schöpffte darbey selbst neue Kräffte, zumahlen da ich sahe,
daß mir der Käyserl. Printz ein besonderes Zeichen seiner
Gnade sehen ließ. So bald demnach mein Feind sein
Schwerdt wiederum in die Höhe schwunge, ließ ich mich 35
nicht träge finden, sondern versetzte ihm einen solchen
gewaltsamen Hieb in das Haupt daß er zu taumeln

anfieng, und als ich den Streich wiederholet, endlich todt
zur Erden stürzte. Ich warff mein Schwerdt zurück,
nahete mich hinzu, um durch Abreissung des Helms ihm
einige Lufft zu schaffen, da aber das Haupt fast biß auf
5 die Augen gespalten war, konte man gar leicht begreiffen,
wo die Seele ihre Ausfarth genommen hatte, derowegen
überließ ihn der Besorgung seiner Diener, setzte mich zu
Pferde und ritte nach meinem Quartiere, allwo ich meine
empfangenen Wunden, deren ich zwey ziemlich tieffe und
10 6. etwas geringere aufzuweisen hatte, behörig verbinden ließ.
          Dieser Glücks=Streich brachte mir nicht allein am
gantzen Käyserl. Hofe grosse Achtbarkeit, sondern des
Käyserl. Printzens völlige Gunst zuwege, so daß er mich
in die Zahl seiner Leib=Ritter aufnahm, und jährlich mit
15 einer starcken Geld=Pension versahe. Hierbey erhielt ich
Erlaubniß, nicht allein die vornehmsten teutschen Fürsten=
Höfe, sondern auch die Königreiche Böhmen, Ungarn und
Pohlen zu besuchen, worüber mir die Zeit geschwinder [518]
hinlieff als ich gemeinet hatte, indem ich nicht ehe am
20 Käyserl. Hofe zurück kam, als da die Princeßin Margaretha
unserm Castilianischen Cron=Printzen Johanni als Braut
zugeführet werden solte. Da nun der Käyserl. Printz
Philippus dieser seiner Schwester das Geleite nach Castilien
gab, bekam ich bey solcher Gelegenheit mein geliebtes
25 Vaterland, nebst meiner allerliebsten Eleonora wieder zu
sehen, indem mich König Ferdinandus, auf Vorbitte der
Käyserl. und seiner eigenen Kinder, zu Gnaden annahm,
und den ehemals begangenen Fehler gäntzlich zu vergessen
versprach.
30   Es ist nicht zu beschreiben was die Donna Eleonora
vor eine ungewöhnliche Freude bezeigte, da ich den ersten
Besuch wiederum bey ihr ablegte, hiernächst wuste sie mich
mit gantz neuen und sonderbaren Liebkosungen dermassen
zu bestricken, daß meine ziemlich erkaltete Liebe weit feuriger
35 als jemahls zu werden begunte, und ob mir gleich meine
besten Freunde dero bißherige Aufführung ziemlich ver=
verdächtig machten, und mich von ihr abzuziehen trachteten;

indem dieselbe nicht allein mit dem Neapolitaner, der
sich, nach Heilung seiner von mir empfangenen Wunden,
noch über ein Jahr lang in Madrit aufgehalten, eine
allzugenaue Vertraulichkeit solte gepflogen, sondern nächst
diesem auch allen andern Frembdlingen verdächtige Zugänge
erlaubt haben; so war doch nichts vermögend mich aus
ihren Banden zu reissen, denn so offt ich ihr nur von
dergleichen verdrießlichen Dingen etwas erwehnete, wuste
sie von ihrer verfolgten Unschuld ein solches Wesen zu
machen, und ihre Keuschheit so wohl mit [519] grossen
Betheurungen als heissen Thränen dermassen zu verfechten,
daß ich ihr in allen Stücken völligen Glauben beymessen,
und mich glücklich schätzen muste, wenn sich ihr in Harnisch
gebrachtes Gemüthe durch meine kniende Abbitte und
äusersten Liebes=Bezeugungen nur wiederum besänfftigen ließ.

    Da nun solchergestalt alle Wurtzeln der Eifersucht
von mir gantz frühzeitig abgehauen wurden, und sich unsere
Hertzen aufs neue vollkommen vereinigt hatten, über dieses
meine Person am gantzen Hofe immer in grössere Acht=
barkeit kam, so bedünckte mich, daß das Mißvergnügen
noch weiter von mir entfernet wäre, als der Himmel von
der Erde. Nachdem aber die, wegen des Cron=Printzens
Vermählung, angestelleten Ritter=Spiele und andere viel=
fältige Lustbarkeiten zum Ende gebracht, gab mir der König
ein neues Regiment Fuß=Volck, und damit meine Waffen
nicht verrosten möchten, schickte er mich nebst noch mehrern
gegen die um Granada auf dem Gebürge wohnenden
Maurer zu Felde, welche damahls allerhand lose Streiche
machten, und eine förmliche Empörung versuchen wolten.
Dieses war mein allergröstes Vergnügen, allbieweilen
hiermit Gelegenheit hatte meines lieben Vaters frühzeitigen
Tod an dieser verfluchten Nation zu rächen, und gewiß,
sie haben meinen Grimm sonderlich im 1500ten und
folgenden Jahre, da ihre Empörung am hefftigsten war,
dermassen empfunden, daß dem Könige nicht gereuen durffte
mich dahin geschickt zu haben.

    Immittelst war Ferdinandus mit Ludovico [520] XII.

Könige in Frandreich, über das Königreich Neapolis,
welches ſie doch vor kurzer Zeit unter ſich getheilet, und
den König Fridericum deſſen entſeßt hatten, in Streit
gerathen, und mein Vetter Gonſalvus Ferdinandus de
5 Gordua, der die Spaniſchen Trouppen im Neapolitaniſchen
en Chef commandirte war im Jahr 1502. ſo unglücklich
geweſen, alles zu verlieren biß auf die einßige Feſtung
Barletta. Demnach ſchrieb er um ſchleunigen Succurs,
und bat den König, unter andern mich, als ſeiner Schweſter
10 Sohn, mit dahin zu ſenden. Der König willfahrete mir
und ihm in dieſen Stücke, alſo gieng ich faſt zu Ende
des Jahres zu ihm über. Ich wurde von meinem Vetter,
den ich in vielen Jahren nicht geſehen, ungemein liebreich
empfangen, und da ich ihm die erfreuliche Zeitung von
15 den bald nachkommenden friſchen Völckern überbracht,
wurde er deſto erfreuter, und zweiffelte im geringſten
nicht, die Scharte an denen Franßoſen glücklich auszuweßen,
wie er ſich denn in ſeinem Hoffnungs vollen Vorſaße nicht
betrogen fand, denn wir ſchlugen die Franßoſen im folgenden
20 1503ten Jahre erſtlich bey Cereniola, rückten hierauff vor
die Haupt=Stadt Neapolis, welche glücklich erobert wurde,
lieferten ihnen noch eine uns vortheilhaffte Schlacht bey
dem Fluſſe Garigliano und brachten, nachdem auch die
Feſtung Caſeta eingenommen war, das ganße Königreich
25 Neapolis, unter Ferdinandi Botmäßigkeit, ſo daß alle
Franßoſen mit größten Schimpf daraus vertrieben waren.
Im folgenden Jahre wolte zwar König Ludovicus uns
mit einer weit ſtärckern Macht angreiffen, [521] allein mein
Vetter hatte ſich, vermöge ſeiner beſondern Klugheit, in
30 ſolche Verfaſſung geſeßt, daß ihm nichts abzugewinnen
war. Demnach machten die Franßoſen mit unſerm Könige
Friede und Bündniß, ja weil Ferdinandi Gemahlin Iſabella
eben in ſelbigem Jahre geſtorben war, nahm derſelbe bald
hernach eine Franßöſiſche Dame zur neuen Gemahlin, und
35 wolte ſeinen Schwieger=Sohn Philippum verhindern, das,
durch den Tod des Cron=Prinßen auf die Princeßin
Johannam gefallene Caſtilien in Beſiß zu nehmen. Allein

Philippus drunge durch, und Ferdinandus muste nach
Arragonien weichen.

Mittlerweile hatte sich mein Vetter Gonsalvus zu
Neapolis in grosses Ansehen gesetzt, regierte daselbst, jedoch
zu Ferdinandi grösten Nutzen, als ein würcklicher König, 5
indem alle Unterthanen Furcht und Liebe vor ihm hegten.
Allein so bald Ferdinandus dieses etwas genauer überlegte,
entstund der Argwohn bey ihm: Ob vielleicht mein Vetter
dahin trachtete, dieses Königreich dem Philippo zu zu schantzen,
oder sich wohl gar selbst dessen Krone auf seinen Kopf 10
zu setzen? Derowegen kam er unvermuthet in eigner Person
nach Neapolis, stellete sich zwar gegen Gonsalvum ungemein
gnädig, hielt auch dessen gemachte Reichs = Anstalten vor
genehm, allein dieser verschlagene Mann merckte dennoch,
daß des Königs Freundlichkeit nicht von Hertzen gienge, 15
dem ohngeacht verließ er sich auf sein gut Gewissen, und
reisete, ohne einige Schwürigkeit zu machen, mit dem Könige
nach Arragonien, allwo er vor seine treu geleisteten Dienste,
mehr Hohn und [522] Spott, als Danck und Ruhm zum
Lohne empfieng. Meine Person, die Ferdinando ebenfalls 20
verdächtig vorkam, muste meines Vetters Unfall zugleich
mit tragen, jedoch da ich in Arragonien ausser des Königs
Gunst nichts zu suchen, sondern mein Väter= und Mütter=
liches Erbtheil in Castilien zu fordern hatte, nahm ich
daselbst meinen Abschied, und reisete zu Philippo, bey 25
dessen Gemahlin die Donna Eleonora de Sylva aufs neue
in Dienste getreten, und eine von ihren vornehmsten
Staats-Fräuleins war.

Philippus gab mir sogleich eine Cammer=Herren=
Stelle, nebst starcken jährlichen Einkünften, also heyrathete 30
ich wenig Monathe hernach die Donna Eleonora, allein
ob sich hiermit gleich ein besonders schöner, weiblicher
Cörper an den Meinigen fügte, so fand ich doch in der
genausten Umarmung bey weiten nicht dasjenige Vergnügen,
wovon die Naturkündiger so vieles Geschrey machen, und 35
beklagte heimlich, daß ich auf dergleichen ungewisse
Ergötzlichkeit, mit so vieljähriger Beständigkeit gewartet,

und den ehemaligen Zuredungen meiner vertrauten Freunde
nicht mehrern Glauben gegeben hatte.

Jedoch ich nahm mir sogleich vor, dergleichen
unglückliches Verhängniß mit möglichster Gelassenheit zu
5 verschmertzen, auch meiner Gemahlin den allzuzeitlich gegen
sie gefasseten Eckel auf alle Weise zu verbergen, immittelst
mein Gemüthe nebst eiffrigen Dienstleistungen gegen das
Königliche Haus, mit andern vergönnten Lustbarkeiten zu
ergötzen.

10 [523] Das Glücke aber, welches mir biß in mein
dreiffigstes Jahr noch so ziemlich günstig geschienen, mochte
nunmehro auf einmahl beschlossen haben, den Rücken gegen
mich zu wenden. Denn mein König und mächtiger Versorger starb im folgenden 1506ten Jahre, die Königin
15 Johanna, welche schon seit einigen Jahren an derjenigen
Ehe=Stands=Kranckheit laborirte, die ich in meinen Adern
fühlete, jedoch nicht eben dergleichen Artzeney, als ich, gebrauchen wolte oder konte, wurde, weil man so gar ihren
Verstand verrückt glaubte, vor untüchtig zum regieren er-
20 kannt, derowegen entstunden starcke Verwirrungen unter den
Grossen des Reichs, biß endlich Ferdinandus aus Arragonien
kam, und sich mit zurücksetzung des 6.jährigen Cron=Printzens
Caroli, die Regierung des Castilianischen Reichs auf Lebens=
Zeit wiederum zueignete.

25 Ich weiß nicht ob mich mein Eigensinn oder ein
allzu schlechtes Vertrauen abhielt, bey diesem meinem alten,
und nunmehro recht verneuerten Herrn, um die Bekräfftigung
meiner Ehren=Stelle und damit verknüpffter Besoldung
anzuhalten, wie doch viele meines gleichen thaten, zu mahlen
30 da er sich sehr gnädig gegen mich bezeigte, und selbiges
nicht undeutlich selbst zu verstehen gab; Jedoch ich stellete
mich in diesen meinen besten Jahren älter, schwächer und
kräncklicher an als ich war, bath mir also keine andere
Gnade aus, als daß mir die Zeit meines Lebens auf
35 meinen Väterlichen Land=Gütern in Ruhe hinzubringen
erlaubt seyn möchte, welches mir denn auch ohne alle Weit=
läufftigkeiten zugelassen wurde.

26*

Meine Gemahlin schien hiermit sehr übel zufrieden
zu seyn, weil sie ohnfelbar gewisser Ursachen wegen viellieber bey Hose geblieben wäre, jedoch, sie sahe sich halb
gezwungen, meinem Willen zu folgen, gab sich derowegen
ganz gedultig drein. Ich fand meine Mutter nebst der
jüngsten Schwester auf meinem besten Ritter-Gute, welche
die Haußhaltung daselbst in schönster Ordnung führeten.
Mein jüngster Bruder hatte so wohl als die älteste
Schwester eine vortheilhaffte und vergnügte Heyrath getroffen, und wohneten der erste zwey, und die letztere drey
Meilen von uns. Ich verheyrathete demnach, gleich in
den ersten Tagen meiner Dahinkunfft, die jüngste Schwester
an einen reichen und qualificirten Edelmann, der vor
etlichen Jahren unter meinem Regiment als Hauptmann
gestanden hatte, und unser Gränz-Nachbar war, die Mutter
aber behielt ich mit grösten Vergnügen bey mir, allein zu
meinem noch grössern Schmertzen starb dieselbe ein halbes
Jahr darauf plötzlich, nachdem ich ihr die Freude gemacht,
nicht allein meinen Schwestern ein mehreres Erbtheil aus-
zuzahlen, als sie mit Recht verlangen konten, sondern auch
dem Bruder die Helffte aller meiner erblichen Ritter-Güter
zu übergeben, als wodurch diese Geschwister bewogen wurden,
mich nicht allein als Bruder, sondern als einen Vater zu
ehren und zu lieben.

Nunmehro war die Besorgung der Ländereyen auf
drey nahe beysammen gelegenen Ritter-Gütern mein aller-
vergnügtester Zeitvertreib, nächst [525] dem ergötzte mich
in Durchlesung der Geschichte, so in unsern und andern
Ländern vorgegangen waren, damit mich aber niemand vor
einen Geitzhalß oder Grillenfänger ansehen möchte, so
besuchte meine Nachbaren fleißig, und ermangelte nicht, dieselben zum öfftern zu mir zu bitten, woher denn kam, daß
zum wenigsten alle Monat eine starcke Zusammenkunfft
vieler vornehmer Personen beyderley Geschlechts bey mir
anzutreffen war.

Mit meiner Gemahlin lebte ich ungemein ruhig und
verträglich, und ohngeacht wir beyderseits wohl merckten,

daß eins gegen das andere etwas besonders müste auf
dem Hertzen liegen haben, so wurde doch alle Gelegenheit
vermieden, einander zu kräncken. Am allermeisten aber
muste bewundern, daß die sonst so lustige Donna Eleonora
5 nunmehro ihren angenehmsten Zeitvertreib in geistlichen
Büchern und in dem Umgange mit heiligen Leuten beyderley
Geschlechts suchte, dahero ich immer befürchtete, sie möchte
auf die Gedancken gerathen, sich von mir zu scheiden, und
in ein Kloster zu gehen, wie sie denn sich von freyen
10 Stücken gewöhnete, wöchentlich nur zwey mahl bey mir
zu schlaffen, worbey ich gleichwohl merckte, daß sie zur
selbigen Zeit im Wercke der Liebe gantz unersättlich war,
dem ohngeacht wolten sich von unseren ehelichen Bey=
wohnungen gar keine Früchte zeigen, welche ich doch endlich
15 ohne allen Verdruß hätte um mich dulden wollen.

Eines Tages, da ich mit meiner Gemahlin auf dem
Felde herum spatziren fuhr, begegnete uns ein Weib,
welches nebst einem ohngefähr 12. biß 13.[526]jährigen
Knaben, in die nächst gelegene Stadt Weintrauben zu ver=
20 kauffen tragen wolte. Meine Gemahlin bekam Lust, diese
Früchte zu versuchen, derowegen ließ ich stille halten, um
etwas darvon zu lauffen. Mittlerweile sagte meine Ge=
mahlin heimlich zu mir: Sehet doch, mein Schatz, den
wohlgebildeten Knaben an, der vielleicht sehr armer Eltern
25 Kind ist, und sich dennoch wohl besser zu unserm Bedienten
schicken solte, als etliche, die des Brodts nicht würdig sind.
Ich nehme ihn, versetzte ich, so gleich zu eurem Pagen an,
soferne es seine Mutter und er selbst zufrieden ist.
Hierüber wurde meine Gemahlin alsofort vor Freuden
30 Blut=roth, sprach auch nicht allein die Mutter, sondern
den Knaben selbst um den Dienst an, schloß den gantzen
Handel mit wenig Worten, so, daß der Knabe so
gleich mit seinem Frucht=Korbe uns auf unser Schloß
folgen muste.

35 Ich muste selbst gestehen, daß meine Gemahlin an
diesen Knaben, welcher sich Caspar Palino nennete, keine
üble Wahl getroffen hatte, denn so bald er sein roth mit

Silber verbrämtes Kleid angezogen, wuste er sich dermaßen
geschickt und höfflich aufzuführen, daß ich ihn selbst gern
um mich leiden mochte, und allen meinen andern Bedienten
befahl, diesem Knaben, bey Verlust meiner Gnade, nicht
den geringsten Verdruß anzuthun, weßwegen sich denn 5
meine Gemahlin gegen mich ungemein erkänntlich bezeugte.

Wenige Wochen hernach, da ich mit verschiedenen
Gästen und guten Freunden das Mittags=Mahl einnahm,
entstund ein grausames Lermen [527] in meinem Hofe, da
nun dieserwegen ein jeder an die Fenster lieff, wurden 10
wir gewahr, daß meine Jagd=Hunde eine Bettel=Frau,
nebst einer etwa 9.jährigen Tochter zwar umgerissen, jedoch
wenig beschädigt hatten. Meine Gemahlin lieff aus mit=
leidigen Antriebe so gleich hinunter, und ließ die mehr
von Schrecken als Schmertzen ohnmächtigen Armen ins 15
Hauß tragen und erquicken, kam hernach zurück, und sagte:
Ach mein Schatz! was vor ein wunderschönes Kind ersiehet
man an diesem Bettel=Mägblein, vergönnet mir, wo ihr
anders die geringste Liebe vor mich habt, daß ich selbiges
so wohl als den artigen Caspar auferziehen mag. 20

Ich nahm mir kein Bedencken, ihr solches zu erlauben,
da denn in kurtzen das Bettel=Mägblein dermassen heraus
geputzt wurde, auch sich solchergestallt in den Staat zu
schicken wuste, als ob es darzu gebohren und auferzogen
wäre. Demnach konte sich die Donna Eleonora alltäglich 25
so vieles Vergnügen mit demselben machen, als ob dieses
Mägblein ihr liebliches Kind sey, ausserdem aber bekümmerte
sie sich wenig oder gar nichts um ihre Haußhaltungs=
Geschäffte, sondern wendete die meiste Zeit auf einen
strengen GOttes=Dienst, den sie nebst einer heiligen Frauen 30
oder so genannten Beata zum öfftern in einen verschlossenen
Zimmer verrichtete.

Diese Beata lebte sonst gewöhnlich in dem Hospital
der Heil. Mutter GOttes in Madrid, hatte, meiner Ge=
mahlin Vorgeben nach, einen Propheten=Geist, solte viele 35
Wunder gethan haben, und noch thun können, über dieses
fast täglicher Er=[528]scheinungen der Mutter GOttes, der

Engel und anderer Heiligen gewürdiget werden. Sie kam
gemeiniglich Abends in der Demmerung mit verhüllten
Gesichte, und brachte sehr öffters eine ebenfalls verhüllete
junge Weibs-Person mit, die sie vor ihre Tochter ausgab.
5 Ein eintziges mahl wurde mir vergönnet, ihr blosses Angesicht zu sehen, da ich denn bey der Alten ein außerordentlich häßliches Gesichte, die Junge aber ziemlich
wohlgebildet wahrnahm, jedoch nachhero bekümmerte ich
mich fast gantz und gar nicht mehr um ihren Aus- und
10 Eingang, sondern ließ es immerhin geschehen, daß diese
Leute, welche ich so wohl als meine Gemahlin vor scheinheilige Narren hielt, öffters etliche Tage und Wochen
aneinander in einem verschlossenen Zimmer sich aufgehalten,
und mit den köstlichsten Speisen und Getränke versorget
15 wurden. Ich muste auch nicht ohne Ursach ein Auge zudrücken, weil zu befürchten war, meine Gemahlin möchte
dereinst beym Sterbe-Fall ihr grosses Vermögen mir entziehen, und ihren Freunden zuwenden.
    Solchergestalt lebte nun biß ins vierdte Jahr mit
20 der Donna Eleonora, wiewohl nicht sonderlich vergnügt,
doch auch nicht gäntzlich unvergnügt, biß endlich folgende
Begebenheit meine bißherige Gemüths-Gelassenheit völlig
vertrieb, und mein Hertz mit lauter Rach-Begierde und
rasenden Eiffer anfüllete: Meiner Gemahlin vertrautes
25 Cammer-Mägdgen Apollonia, wurde von ihren Mit-
Bedienten vor eine Geschwängerte ausgeschryen, und ohngeacht ihr dicker Leib der Sache selbst einen starcken
Beweißthum gab, so verließ sie sich doch be-[529]ständig
aufs Läugnen, biß ich endlich durch erleidliches Gefängniß,
30 die Wahrheit nebst ihrem eigenen Geständnisse, wer Vater
zu ihrem Hur-Kinde sey, zu erforschen Anstalt machen
ließ. Dem ohngeacht blieb sie beständig verstockt, allein,
am 4ten Tage ihrer Gefangenschafft meldete der Kercker-
meister in aller Frühe, daß Apollonia vergangene Nacht
35 plötzlich gestorben sey, nachdem sie vorhero dinte, Feder
und Pappier gefordert, einen Brief geschrieben, und ihn um
aller Heiligen Willen gebeten, denselben mit größter Be-

hutsamkeit, damit es meine Gemahlin nicht erführe, an
mich zu übergeben.   Ich erbrach den Brief mit zitterenden
Händen, weil mir mein Hertz allbereit eine gräßliche
Nachricht prophecehete, und sand ohngefähr folgende Worte
darinnen: 5

Gestrenger Herr!

VErnehmet hiermit von einer sterbenden ein Geheimniß, welches sie bey Verlust ihrer Seeligkeit nicht
mit ins Grab nehmen kan. Eure Gemahlin, die Donna
Eleonora, ist eine der allerlasterhaftesten Weibes-Bilder 10
auf der gantzen Welt. Ihre Jungfrauschafft hat sie
schon, ehe ihr dieselbe geliebt, dem Don Sebastian de
Urrez Preiß gegeben, und so zu reden, vor einen kostbarn
Haupt-Schmuck verkaufft. Mit dem euch wohl bekandten
Neapolitaner hat sie in eurer Abwesenheit den Knaben 15
Caspar Palino gezeuget, welcher ihr voritzo als Page
aufwartet, und das vermeynte Bettel-Mägdlein [530]
Euphrosine ist ebenfalls ihre leibliche Tochter, die sie
zu der Zeit, als ihr gegen die Maurer zu Felde laget,
von ihrem Beicht-Vater empfangen, und heimlich zur Welt 20
gebohren hat. Lasset eures Verwalters Menellez Frau
auf die Folter legen, so wird sie vielleicht bekennen,
wie es bey der Geburth und Auferziehung dieser
unehelichen Kinder hergegangen. Eure Mutter, die ihr
gleich anfänglich zuwider war, habe ich auf ihren Befehl 25
mit einem subtilen Gifft aus der Zahl der Lebendigen
schaffen müssen, euch selbst aber, ist eben dergleichen
Verhängniß bestimmet, so bald ihr nur eure bißherige
Gelindigkeit in eine strengere Herrschafft verwandeln
werdet. Wie aber ihre Geilheit von Jugend auf gantz 30
unersättlich gewesen, so ist auch die Zahl derjenigen
Manns-Personen allerley Standes, worunter sich öffters
so gar die allergeringsten Bedienten gefunden, nicht auszusprechen, die ihre Brunst so wohl bey Tage als Nacht
Wechsels-weise abkühlen müssen, indem sie den öfftern 35
Wechsel in diesen Sachen jederzeit vor ihr allergrößtes

Vergnügen gehalten. Glaubet ja nicht, mein Herr,
daß die sogenannte Beata eine heilige Frau sey, denn
sie ist in Wahrheit eine der allerliederlichsten Kupplerinnen
in gantz Madrit, unter derjenigen Person aber, die vor
ihre Tochter ausgegeben wird, ist allezeit ein verkappter
Mönch, oder ein anderer junger Mensch [531] versteckt,
der eure Gemahlin, so offt ihr die Lust bey Tage
ankömmt, vergnügen, und des Nachts an ihrer Seite
liegen muß, und eben dieses ist die sonderbare Andacht,
so dieselbe in dem verschlossenen Zimmer verrichtet. Ich
fühle, daß mein Ende heran nahet, derowegen muß die
übrigen Schand=Thaten unberühret lassen, welche jedoch
von des Menellez Frau offenbaret werden können, denn
ich muß, die vielleicht noch sehr wenigen Augenblicke
meines Lebens, zur Buße und Gebet anwenden, um
dadurch von GOtt zu erlangen, daß er mich grosse
Sünderin seiner Barmhertzigkeit geniessen lasse. Was
ich aber all hier von eurer Gemahlin geschrieben habe,
will ich in jenem Leben verantworten, und derselben
von gantzen Hertzen vergeben, daß sie gestern Abend die
Cornelia zu mir geschickt, die mich nebst meiner Leibes=
Frucht, vermittelst eines vergiffteten Apfels, unvermerckt
aus der Welt schaffen sollen, welches ich nicht ehe als
eine Stunde nach Geniessung desselben empfunden und
geglaubet habe. Don Vincentio de Garziano, welcher
der Donna Eleonora seit 4. Monaten daher von der
Beata zum Liebhaber zugeführet worden, hat wider
meiner Gebietherin Wissen und Willen seinen Muthwillen
auch an mir ausgeübt, und mich mit einer unglückseeligen
Leibes=Frucht belästiget. Vergebet mir, gnädigstr Herr,
meine Boßheiten [532] und Fehler, so wie ch von
GOtt Vergebung zu erhalten verhoffe, lasset meinen
armseeligen Leib in keine ungeweyhete Erde begraben,
und etliche Seel=Messen vor mich und meine Leibes=
Frucht lesen, damit ihr in Zukunfft von unsern Geistern
nicht verunruhiget werdet. GOtt, der meine Seele
zu trösten nunmehro einen Anfang machet, wird euch

davor nach ausgestandenen Trübsalen und Kümmernissen
wiederum zeitlich und ewig zu erfreuen wissen. Ich
sterbe mit größten Schmertzen als eine bußfertige Christin
und eure

unwürdige Dienerin

Apollonia.

Erwege selbst, du! der du dieses liesest, wie mir
nach Verlesung dieses Briefes müsse zu Muthe gewesen
seyn, denn ich weiß weiter nichts zu sagen, als daß ich
binnen zwey guten Stunden nicht gewust habe, ob ich noch 10
auf Erden oder in der Hölle sey, denn mein Gemüthe
wurde von gantz ungewöhnlichen Bewegungen dermassen
gefoltert und zermartert, daß ich vor Angst und Bangigkeit
nicht zu bleiben wuste, jedoch, da aus den vielen Hin-
und Hergehen der Bedienten muthmassete, daß Eleonora 15
erwacht seyn müsse, brachte ich dasselbe in behörige Ordnung,
nahm eine verstellte gelassene Gebärde an, und besuchte sie
in ihrem Zimmer, ich war würcklich selbst der erste, der
ihr von dem Tode der Apolloniae die Zeitung brachte,
welche sie mit mäßiger Verwunderung anhörete, und 20
dar=[533]bey sagte: Der Schand=Balg hat sich ohnfehlbar
selbst mit Giffte hingerichtet, um des Schimpffs und der
Straffe zu entgehen, man muß es untersuchen, und das
Aas auf den Schind=Anger begraben lassen. Allein, ich
gab zur Antwort: Wir werden besser thun, wenn wir die 25
gantze Sache vertuschen, und vorgeben, daß sie eines
natürlichen Todes gestorben sey, damit den Leuten, und
sonderlich der heiligen Inquisition, nicht Gelegenheit gegeben
wird, vieles Wesen davon zu machen, ich werde den Pater
Laurentium zu mir ruffen lassen, und ihm eine Summe 30
Geldes geben, daß er nach seiner besondern Klugheit alles
unterdrücke, den unglückseeligen Cörper auf den Kirchhof
begraben lasse, und etliche Seel=Messen vor denselben lese.
Ihr aber, mein Schatz! sagte ich ferner, werdet, so es euch
gefällig ist, die Güte haben, und nebst mir inmittelst zu 35
einem unserer Nachbarn reisen, und zwar, wohin euch

beliebt, damit unſere Gemüther, nicht etwa dieſer ver=
drüßlichen Begebenheit wegen, einige Unluſt an ſich
nehmen, ſondern derſelben bey luſtiger Geſellſchafft ſteuern
können.

5　　Es ſchien, als ob ihr dieſe meine Reden gantz beſonders
angenehm wären, auf mein ferneres Fragen aber, wohin
ſie vor dieſes mahl hin zu reiſen beliebte? ſchlug ſie ſo
gleich Don Fabio de Canaria vor, welcher 3. Meilen von
uns wohnete, keine Gemahlin hatte, ſondern ſich mit etlichen
10 Huren behalff, ſonſten aber ein wohlgeſtalter, geſchickter
und kluger Edelmann war. Ich ſtutzte ein klein wenig
über dieſen Vorſchlag, Eleonora aber, welche [534] ſolches
ſo gleich merckte, ſagte: Mein Schatz, ich verlange nicht
ohne Urſache, dieſen übel=berüchtigten Edelmann einmahl
15 zu beſuchen, um welchen es Schade iſt, daß er in ſo offen=
barer Schande und Laſtern lebt, vielleicht aber können
wir ihn durch treuhertzige Zuredungen auf andern Wege
leiten, und dahin bereden, daß er ſich eine Gemahlin aus=
ſuchet, mithin den Laſtern abſaget. Ihr habt recht, gab
20 ich zur Antwort, ja ich glaube, daß niemand auf der
Welt, als ihr, geſchickter ſeyn wird, dieſen Cavalier zu
bekehren, von deſſen Lebens=Art, auſſer der ſchändlichen
Geilheit, ich ſonſt ſehr viel halte, beſinnet euch derowegen
auf gute Vermahnungen, ich will indeſſen meine nöthigſten
25 Geſchäffte beſorgen, und ſo dann gleich Anſtalt zu unſerer
Reiſe machen laſſen. Hierauf ließ ich den Kercker=Meiſter
zu mir kommen, und erkauffte ihn mit 200. Cronen,
wegen des Briefs und Apolloniens weitern Geſchichten,
zum äuſerſten Stillſchweigen, welches er mir mit einem
30 theuren Eyde angelobte. Mit dem Pater Laurentio, der
mein Beicht=Vater und Pfarrer war, wurde durch Geld
alles geſchlichtet, was des todten Cörpers halber zu ver=
anſtalten war. Nach dieſen befahl meinem allergetreuſten
Leib=Diener, daß er binnen der Zeit unſerer Abweſenheit
35 eine kleine ſchmale Thüre aus einem Neben=Zimmer in
dasjenige Gemach durchbrechen, und mit Bretern wohl
verwahren ſolte, allwo die Beata nebſt ihrer Tochter von

meiner Gemahlin gewöhnlich verborgen gehalten wurde,
und zwar solchergestalt, daß Niemand von dem andern
Gesinde etwas davon er=[535]führe, auch in dem Gemach
selbst an den Tapeten nichts zu mercken seyn möchte.
Mittlerweile erblickte ich durch mein Fenster, daß die Beata
nebst ihrer verstellten Tochter durch die Hinter=Thür meines
Gartens abgefertiget und fortgeschickt wurden, weßwegen
ich meinen Leib=Diener nochmahls alles ordentlich zeigte,
und ihn meiner Meynung vollkommen verständigte, nach
eingenommener Mittags=Mahlzeit aber, mit Eleonoren zu
Don Fabio de Canaria reisete.

Nunmehro waren meine Augen weit heller als
sonsten, denn ich sahe mehr als zu klärlich, mit was vor
feurigen Blicken und geilen Gebärden Eleonora und Fabio
einander begegneten, so daß ich leichtlich schliessen konte:
wie sie schon vor dem müsten eine genauere Bekandtschafft
untereinander gepflogen haben, anbey aber wuste mich der=
massen behutsam aufzuführen, daß beyde Verliebten nicht
das geringste von meinen Gedancken errathen oder mercken
konten. Im gegentheil gab ihnen die schönste Gelegenheit
allein zusammen zu bleiben, und sich in ihrer verdammten
Geilheit zu vergnügen, als womit ich Eleonoren ausser=
ordentlich sicher machte, dem Fabio aber ebenfalls die
Meynung beybrachte: ich wolte oder könte vielleicht nicht
Eiffersüchtig werden. Allein dieser Vogel war es eben
nicht allein, den ich zu fangen mir vorgenommen hatte.
Er hatte noch viele andere Edelleute zu sich einladen lassen,
unter denen auch mein Bruder nebst seiner Gemahlin war,
diesem vertrauete ich bey einem einsamen Spatzier=Gange
im Garten, was mir vor ein schwerer Stein auf dem
Hertzen [536] läge, welcher denn dieserwegen eben so
hefftige Gemüths=Bewegungen als ich selbst empfand, jedoch
wir verstelleten uns nach genommener Abrede aufs Beste,
und schienen so wohl als alle andern, drey Tage nach
einander rechtschaffen lustig zu seyn. Am vierdten Tage
aber reiseten wir wiederum aus einander, nachdem mein
Bruder versprochen, alsofort bey mir zu erscheinen, so

bald ich ihm deßfalls nur einen Boten gesendet hätte.
Zwey Tage nach unserer Heimkunfft, kam die verhüllte
Beata nebst ihrer vermeynten Tochter in aller Frühe
gewandelt, und wurde von Eleonoren mit gröstem ver=
5 gnügen empfangen. Mein Hertz im Leibe entbrannte vom
Eiffer und Rache, nachdem ich aber die Arbeit meines
Leib=Dieners mit Fleiß betrachtet, und die verborgene
Thür nach meinem Sinne vollkommen wohl gemacht be=
funden, ließ ich meinen Bruder zu mir entbiethen, welcher
10 sich denn noch vor Abends einstellete. Meine Gemahlin
war bey der Abend=Mahlzeit ausserordentlich wohl auf=
geräumt, und scherßte wieder ihre Gewohnheit sehr lange
mit uns, da wir aber nach der Mahlzeit einige Rechnungen
durchzugehen vornahmen, sagte sie: Meine Herren, ich weiß
15 doch, daß euch meine Gegenwart bey dergleichen ernstlichen
Zeitvertreibe beschwerlich fällt, derowegen will mit eurer
gütigen Erlaubniß Abschied nehmen, meine Andacht ver=
richten, hernach schlafen gehen, weil ich ohnedem heute
ausserordentlich müde bin. Wir fertigten sie von beyden
20 Seiten mit unverdächtiger Freundlichkeit ab, blieben noch
eine kurtze Zeit beysammen sitzen, begaben uns hernach
mit zweyen Blend=Laternen und [537] blossen Seiten=
Gewehren, gantz behutsam und stille in dasjenige Zimmer,
wo die neue Thür anzutreffen war, allwo man auch durch
25 die kleinen Löcher, welche so wohl durch die Breter als
Tapeten geschnitten und gestochen waren, alles gantz eigentlich
sehen konte, was in dem, vor heilig gehaltenen Gemache
vorgieng.

Hilff Himmel! Was vor Schande! Was vor ein
30 scheußlicher Anblick! Meine schöne, fromme, keusche, tugend=
haffte, ja schon halb canonisirte Gemahlin, Donna Eleonora
de Sylva, gieng mit einer jungen Manns=Person Mutter=
nackend im Zimmer auf und ab spatzieren, nicht anders
als ob sie den Stand der Unschuld unserer ersten Eltern,
35 bey Verlust ihres Lebens vorzustellen, sich gezwungen sähen.
Allein wie kan ich an den Stand der Unschuld gedencken?
Und warum solte ich auch diejenigen Sodomitischen Schand=

Streiche erwehnen, die uns bey diesem wunderbaren Paare
in die Augen fielen, die aber auch kein tugendliebender
Mensch leichtlich errathen wird, so wenig als ich vorhero
geglaubt, daß mir dergleichen nur im Traume vor=
kommen könne.　　　　　　　　　　　　　　　　　　5

Mein Bruder und ich sahen also diesem Schand=
und Laster=Spiele länger als eine halbe Stunde zu, binnen
welcher Zeit ich etliche mahl vornahm die Thür einzustossen,
und diese bestialischen Menschen zu ermorden, allein mein
Bruder, der voritzo etwas weniger hitzig als ich war, 10
hielt mich davon ab, mit dem Bedeuten: dergleichen Strafe
wäre viel zu gelinde, über dieses so wolten wir doch
erwarten was nach dem saubern Spatziergange würde
vorgenom=[538]men werden. Wiewohl nun solches leichtlich
zu errathen stund, so wurde doch von uns die rechte Zeit, 15
und zwar mit erstaunlicher Gelassenheit abgepasset. So
bald demnach ein jedes von den Schand=Bälgern einen
grossen Becher ausgeleeret, der mit einem besonders
annehmlichen Getränke, welches die verfluchte Geilheit
annoch vermehren solte, angefüllet gewesen; fielen sie als 20
gantz berauschte Furien, auf das seitwärts stehende Huren=
Lager, und trieben daselbst solche Unflätereyen, deren An=
gedencken ich gern auf ewig aus meinen Gedancken ver=
bannet wissen möchte. Nunmehro, sagte mein Bruder,
haben die Lasterhafften den höchsten Gipffel aller schänd= 25
lichen Wollüste erstiegen, derowegen kommet mein Bruder!
und lasset uns dieselben in den tiefsten Abgrund alles
Elendes stürtzen, jedoch nehmet euch so wohl als ich in
acht, daß keins von beyden tödtlich verwundet werde.
Demnach wurde die kleine Thür in aller Stille aufgemacht, 30
wir traten durch die Tapeten hinein, ohne von ihnen
gemerckt zu werden, biß ich den verfluchten geilen Bock
beym Haaren ergriff, und aus dem Bette auf den Boden
warff. Eleonora that einen eintzigen lauten Schrey, und
bliebe hernach auf der Stelle ohnmächtig liegen. Die ver= 35
teuffelte Beata kam im blossen Hembde mit einem Dolche
herzu gesprungen, und hätte mich ohnfehlbar getroffen,

wo nicht mein Bruder ihr einen solchen hefftigen Hieb
über den Arm versetzt, wovon derselbe biß auf eine einßige
Sehne durchschnitten und gelähmet wurde. Ich gab meinem
Leib=Diener ein abgeredetes Zeichen, welcher sogleich nebst
5 2. Knechten in dem Neben=Zimmer zum Vor[539]scheine
kam, und die zwey verfluchten Frembdlinge, so wir dahinein
gestossen hatten, mit Stricken binden, und in einen sehr
tieffen Keller schleppen ließ.

Eleonora lag so lange noch ohne alle Empfindung,
10 biß ihr die getreue Cornelia bey nahe dreyhundert Streiche
mit einer scharffen Geissel auf den wollüstigen nackenden
Leib angebracht hatte, denn diese Magd sahe sich von mir
gezwungen, ihrer Frauen dergleichen kräfftige Artzeney ein=
zugeben, welche die gewünschte Würckung auch dermassen
15 that, daß Eleonora endlich wieder zu sich selbst kam, mir
zu Fusse fallen, und mit Thränen um Gnad bitten wolte.
Allein meine bißherige Gedult war gänßlich erschöpfft,
derowegen stieß ich die geile Hündin mit einem Fusse
zurücke, befahl der Cornelia ihr ein Hembd überzuwerffen,
20 worauff ich beyde in ein leeres wohlverwahrtes Zimmer
stieß, und alles hinweg nehmen ließ, womit sie sich etwa
selbsten Schaden und Leyd hätten zufügen können. Noch
in selbiger Stunde wurde des Menellez Frau ebenfalls
gefänglich eingezogen, den übrigen Theil der Nacht aber,
25 brachten ich und mein Bruder mit lauter Berahschlagungen
hin, auf was vor Art nehmlich, die wohl angefangene
Sache weiter auszuführen sey. Noch ehe der Tag anbrach,
begab ich mich hinunter in das Gefängniß zu des Menellez
Frau, welche denn gar bald ohne Folter und Marter alles
30 gestund, was ich von ihr zu wissen begehrte. Hierauff
besuchte nebst meinem Bruder die Eleonora, und gab der=
selben die Abschrifft von der Apollonie Briese zu lesen,
worbey sie etliche [540] mahl sehr tieff seufftzete, jedoch
unseres Zuredens ohngeacht, die äuserste Verstockung zeigte,
35 und durchaus kein Wort antworten wolte. Demnach ließ
ich ihren verfluchten Liebhaber in seiner Blösse, so wohl
als die schändliche Beata herzu führen, da denn der Erste

auf alle unsere Fragen richtige Antwort gab, und bekannte:
daß er Don Vincentio de Garziano hieße, und seit
4. oder 5. Monaten daher, mit der Eleonora seine schand=
bare Lust getrieben hatte, bat anbey, ich möchte in Be=
trachtung seiner Jugend und vornehmen Geschlechts ihm
das Leben schencken. Es ist mir, versetzte ich, mit dem
Tode eines solchen liederlichen Menschen, wie du bist,
wenig oder nichts geholffen, derowegen soltu zwar nicht
hingerichtet, aber doch also gezeichnet werden, daß die Lust
nach frembden Weibern verschwinden, und dein Leben ein
täglicher Tod seyn soll. Hiermit gab ich meinem Leib=
Diener einen Winck, welcher sogleich 4. Handfeste Knechte
herein treten ließ, die den Vincentio sogleich anpackten,
und auf eine Tafel bunden. Dieser merckte bald was ihm
wiederfahren würde, fieng derowegen aufs neue zu bitten
und endlich zu drohen an: wie nehmlich sein Vater, der
ein vornehmer Königl. Bedienter und Mit=Glied der Heil.
Inquisition sey, dessen Schimpff sattsam rächen könte, allein
es halff nichts, sondern meine Knechte verrichteten ihr
Ammt so, daß er unter kläglichen Geschrey seiner Mannheit
beraubt, und nachhero wiederum geheftet wurde. Ich
muste zu meinem allergrösten Verdrusse sehen: Daß Eleonora
dieserwegen die bittersten Thränen fallen ließ, um deß=
willen sie von mir mit dem Fusse [541] dermassen in die
Seite gestossen wurde, daß sie zum andern mahle ohnmächtig
darnieder sanck. Bey mir entstund dieserwegen nicht das
geringste Mittleyden, sondern ich verließ sie unter den
Händen der Cornelia, der Verschnittene aber muste nebst
der vermaledeyeten Kupplerin zurück ins Gefängniß wandern.
Nachhero wurde auch die Cornelia vorgenommen, welche
sich in allen aufs Läugnen verließ, und vor die aller=
unschuldigste angesehen seyn wolte, so bald ihr aber nur
die Folter=Banck nebst dem darzu gehörigen Werck=Zeuge
gezeigt wurde, bekannte die liederliche Metze nicht allein,
daß sie auf Eleonorous Befehl den vergifteten Apffel zu=
gerichtet, und ihn der Apollonie zu essen eingeschwatzt
hätte, sondern offenbarete über dieses noch ein und anderes

von ihrer verstorbenen Mit=Schwester Heimlichkeiten, welches
alles aber nur Eleonoren zur Entschuldigung gereichen,
und mich zur Barmherßigkeit gegen dieselbe bewegen solte.
Allein dieses war alles vergebens, denn mein Gemüthe
war dermaßen von Grimm und Rache erfüllet, daß ich
nichts mehr suchte als dieselbe .rechtmäßiger Weise auszu=
üben. Immittelst, weil ich mich nicht allzusehr übereilen
wolte, wurde die übrige Zeit des Tages nebst der darauff
folgenden Nacht, theils zu reifflicher Betrachtung meines
unglückseel. Verhängnisses, theils aber auch zur benöthigten
Ruhe angewendet.

Da aber etwa zwey Stunden vor Anbruch des Tages
im halben Schlummer lag, erhub sich ein starcker Tumult
in meinem Hofe, weßwegen ich auffsprunge und durchs
Fenster ersahe, wie meine Leute [542] mit etlichen frembden
Personen zu Pferde, bey Lichte einen blutigen Kampf
hielten. Mein Bruder und ich warffen sogleich unsere
Harnische über, und eileten den unsern beyzustehen, von
denen allbereit zwey hart verwundet auf dem Platze lagen,
jedoch so bald wir unsere Schwerdter frisch gebrauchten,
fasseten meine Leute neuen Muth, daß 5. unbekandte
Feinde getödtet, und die übrigen 7. verjagt wurden.
Indem kam ein Geschrey, daß sich auf der andern Seiten
des Schlosses, ein Wagen nebst etlichen Reutern befände,
welche Eleonoren und Cornelien, die sich eben ißo zum
Fenster herab liessen, hinweg führen wolten. Wir eileten
ingesammt mit vollen Sprüngen dahin, und traffen die
beyden saubern Weibs=Bilder allbereit auf der Erden bey
dem Wagen an, demnach entstunde daselbst abermahls ein
starckes Gefechte, worbey 3. von meinen ·Leuten, und
8. feindliche ins Graß beissen musten, jedoch letzlich wurden
Wagen und Reuter in die Flucht geschlagen, Eleonora
und Cornelia aber blieben in meiner Gewalt und musten,
um besserer Sicherheit willen, sich in ein finsteres Gewölbe
verschliessen lassen.

Ohnfehlbar hatte Cornelia diesen nächtlichen Uberfall
angesponnen, indem sie vermuthlich Gelegenheit gefunden,

etwa eine ‧belandte getreue Person aus dem Fenster anzuruffen, und dieselbe mit einem Briefe so wohl an ihre eigene als Eleonoreus Vettern oder Buhler abzusenden, welche denn allerhand Wagehälse an sich gezogen, und sie zu erlösen, diesen Krieg mit mir und den Meinigen angefangen [543] hatten, allein ihr Vortheil war sehr schlecht, indem sie 13. todte zurück liessen, wiewohl ich von meinen Bedienten und Unterthanen auch 4. Mann dabey einbüssete. Dieses einzige kam mir hierbey am allerwundersamsten vor, daß derjenige Keller in welchem die Beata und der Verschnittene lagen, erbrochen, beyde Gefangene aber nirgends anzutreffen waren, wie ich denn auch nachhero niemahls etwas von diesen schändlichen Personen erfahren habe.

Ich ließ alle meine Nachbarn bey den Gedancken, daß mich vergangene Nacht eine Räuber=Bande angesprenget hätte, denn weil meine Bedienten und Unterthanen noch zur Zeit reinen Mund hielten, wuste niemand eigentlich, was sich vor eine verzweiffelte Geschicht in meinem Hause zugetragen. Gegen Mitternacht aber lieff die grausame Nachricht bey mir ein, daß sich so wohl Eleonora als Cornelia, vermittelst abgerissener Streiffen von ihren Hembdern, verzweiffelter Weise an zwey im Gewölbe befindliche Haken, selbst erhänckt hätten, auch bereits erstarret und erkaltet wären. Ich kan nicht läugnen daß mein Gemüthe dieserwegen höchst bestürtzt wurde, indem ich mir vorstellete: Daß beyde mit Leib und Seele zugleich zum Teuffel gefahren, indem aber nebst meinem Bruder diesen gräßlichen Zufall beseuffzete und berathschlagte, was nunmehro anzufangen sey, meldete sich ein Bothe aus Madrit, der sein Pferd zu tobe geritten hatte, mit folgendem Briefe bey mir an:

[544]   Mein Vetter.

Es hat mir ein vertrauter Freund vom Hofe in geheim gesteckt, daß sich entsetzliche Geschichte auf eurem Schlosse begeben hätten, worüber jederman, der es

hörete, erstaunen müste. Ihr habt starcke Feinde, die
dem, euch ohne dieses schon ungnädigen Könige, solche
Sache noch heute Abends vortragen und den Befehl
auswürcken werden, daß der Königl Blut=Richter nebst
seinen und des Heil. Officii Bedienten, vermuthlich noch
Morgen vor Mittags bey euch einsprechen müssen.
Derowegen bedencket euer Bestes, machet euch bey Zeiten
aus dem Staube, und glaubet sicherlich, daß man, ihr
möget auch Recht oder Unrecht haben, dennoch euer
Gut und Blut aussaugen wird. Reiset glücklich, führet
eure Sachen in besserer Sicherheit aus, und wisset, daß
ich beständig sey

euer getreuer Freund,

Don **Alphonso de Cordua**.

Nunmehro wolte es Kunst heissen, in meinen ver=
wirrten Angelegenheiten einen vortheilhafften Schluß zu
fassen, jedoch da alle Augenblicke kostbarer zu werden
schienen, kam mir endlich meines getreuen Vetters Rath
am vernünfftigsten vor, zumahlen da mein Bruder denselben
gleichfalls billigte. Also nahm ich einen eintzigen getreuen
Diener zum Gefährten, ließ zwey der besten Pferde satteln,
und so viel Geld und Kleinodien darauf pa=[545]cken, als
sie nebst uns ertragen mochten, begab mich solchergestallt
auf die schnellste Reise nach Portugall, nachdem ich nicht
allein meinem Bruder mein übriges Geld und Kostbar=
keiten mit auf sein Gut zu nehmen anvertrauet, sondern
auch, nebst ihm meinem Leib=Diener und andern Getreuen,
Befehl ertheilet, wie sie sich bey diesen und jenen Fällen
verhalten solten. Absonderlich aber solte mein Bruder
des Menellez Frau, wie nicht weniger den Knaben Caspar
Palino, und das Mägdlein Euphrosinen heimlich auf sein
Schloß bringen, und dieselben in genauer Verwahrung
halten, damit man sie jederzeit als lebendige Zeugen dar=
stellen könne.

Ich gelangete hierauff in wenig Tagen auf dem
Portugisischen Gebiethe, und zwar bey einem bekandten

27*

von Abel an, der mir auf seinem wohlbefestigten Land=
Gute den sichersten Auffenthalt versprach.

Von dar aus überschrieb ich meine gehabten Unglücks=
Fälle mit allen behörigen Umständen an den König
Ferdinandum, und bat mir nichts als einen Frey= und ₅
Sicherheits=Brief aus, da ich denn mich ohne Zeit=Verlust
vor dem hohen Gerichte stellen, und meine Sachen nach
den Gesetzen des Landes wolte untersuchen und richten
lassen. Allein ob zwar der König anfänglich nicht un=
geneigt gewesen mir dergleichen Brief zu übersenden, so ₁₀
hatten doch der Eleonora und des Vincentio Befreundte,
nebst meinen anderweitigen Feinden alles verhindert, und
den König dahin beredet: Daß derselbe, nachdem ich, auf
dreymahl wiederholte Citation, [546] mich nicht in das
Gefängniß des Heil. Officii gestellet, vor schuldig straff= ₁₅
bar erkläret wurde.

Bey so gestallten Sachen waren alle Vorstellungen,
die ich so wohl selbst schrifftlich, als durch einige annoch
gute Freunde thun ließ, gäntzlich vergebens, denn meine
Güter hatte der König in Besitz nehmen lassen, und einen ₂₀
Theil von den Einkünfften derselben dem Heil. Offfcio
anheim gegeben. Ich glaube gantz gewiß, daß des Königs
Geitz, nachdem er diese schöne Gelegenheit besser betrachtet,
mehr Schuld an diesem meinen gäntzlichen Ruine ge=
wesen, als die Verfolgung meiner Feinde, ja als die ₂₅
gantze Sache selbst. Mein Bruder wurde ebenfalls nicht
übergangen, sondern um eine starcke Summe Geldes
gestrafft, jedoch dieser hat meinetwegen keinen Schaden
gelitten, indem ich ihm alles Geld und Gut, so er auf
mein Bitten von dem Meinigen zu sich genommen, über= ₃₀
lassen, und niemahls etwas zurückgefordert habe. Also
war der König, der sich in der Jugend selbst zu meinen
Versorger aufgeworffen hatte, nachhero mein Verderber,
welches mich jedoch wenig Wunder nahm, wenn ich be=
trachtete, wie dessen unersättlicher Eigen=Nutz nicht allein ₃₅
alle vornehmsten des Reichs zu paaren trieb, sondern
auch die besten Einkünffte der Ordens=Ritter an sich zohe.

Dem ohngeacht schien es als ob ich noch nicht unglück=
seelig genung wäre, sondern noch ein härter Schicksaal am
Leibe und Gemüth ertragen solte, denn es schrieb mir
abermahls ein vertrauter Freund: Daß Ferdinandus
5 meinen Auffenthalt in Portugal erfahren hätte, und
dieserwegen ehe=[547]stens bey dem Könige Emanuel, um
die Auslieferung meiner Person bitten wolte, im Fall nun
dieses letztere geschähe, dürffte keinen Zweiffel tragen, ent=
weder meinen Kopf zu verlieren, oder wenigstens meine
10 übrige Lebens=Zeit in dem Thurme zu Segovia als ein
ewiger Gefangener hinzubringen. Da nun weder dieses
noch jenes zu versuchen beliebte, und gleichwohl eines als
das andere zu befürchten die gröste Ursach hatte, fassete
ich den kurtzen Schluß: mein verlohrnes Glück zur See
15 wieder zu suchen, und weil eben damahls vor 8. oder
9. Jahren die Portugiesen in der neuen Welt eine grosse
und vortreffliche Landschafft entdeckt, und selbige Brasilien
genennet hatten, setzte ich mich im Port-Cale zu Schiffe,
um selbiges Land selbst in Augenschein zu nehmen, und
20 da es nur in etwas angenehm befände, meine übrige
Lebens=Zeit daselbst zu verbleiben. Allein das Unglück
verfolgte mich auch zur See, denn um die Gegend der
so genannten glückseeligen Insuln, wurden die Portugisischen
Schiffe, deren 8. an der Zahl waren, so mit einander
25 seegelten, durch einen hefftigen Sturm=Wind zerstreuet,
dasjenige aber, worauf ich mich befand, zerscheiterte an
einem Felsen, so daß ich mein Leben zu erhalten einen
Balcken ergreiffen, und mich mit selbigen 4. Tage nach
einander vom Winde und Wellen muste herum treiben
30 lassen. Mein Untergang war sehr nahe, jedoch der
Himmel hatte eben zu rechter Zeit etliche Spanische Schiffe
in diese Gegend geführet, welche nebst andern auch mich
auffischeten und erquickten.

Es waren dieses die Schiffe des Don Alphonso[548]
35 Hojez, und des Don Didaco de Niqvesa, welche beyde
von dem Spanischen Könige, als Gouverneurs, und zwar
der Erste über Carthago, der Andere aber über Caragua,

in die neu erfundene Welt abgefertiget waren.　Unter
allen bey sich habenden Leuten war nur ein eintziger, der
mich, und ich hinwiederum ihn von Person sehr wohl
kennete, nehmlich: Don Vasco Nunez di Valboa, der
unter dem Hojez ein Schiffs=Hauptmann war, dieser er= 5
zeigte sich sehr auffrichtig gegen mich, hatte vieles Mitt=
leyden wegen meines unglücklichen Zustandes, und Schwur
wider meinen willen, mich niemanden zu entdecken, also
blieb ich bey ihm auf seinem Schiffe, allwo er mich, mit
Vorbewust des Hojez, zu seinem Schiff=Lieutenant machte. 10

Wir erreichten demnach ohne ferneres Ungemach die
Insul Hispaniolam, daselbst rüstete der Gouverneur Hojez,
4. grosse und starcke, nebst etlichen kleinen Neben=Schiffen
aus, auf welchen wir gerades Wegs hinüber nach der
Stadt Neu=Carthago zu seegelten.　Hieselbst publicirte 15
Hojez denen Einwohnern des Landes das Königliche
Edict: Wie nehmlich dieselben von ihrem bißherigen
Heydnischen Aberglauben ablassen, von den Spaniern das
Christenthum nebst guten Sitten und Gebräuchen an=
nehmen, und den König in Castilien vor ihren Herrn 20
erkennen solten, widrigenfalls man sie mit Feuer und
Schwerdt verfolgen, und in die strengste Sclaverey hinweg
führen wolte.

Allein diese Leute gaben hierauff sehr freymüthig
zur Antwort: Daß sie sich um des Königs von Ca=[549] 25
stilien Gnade oder Ungnade gar nichts bekümmerten,
nächst diesen möchten sie zwar gern das Vergnügen haben
in ihrem Lande mit frembden Völckern umzugehen, und
denenselben ihre überflüßigen Reichthümer zuzuwenden,
doch müsten sich selbige freundlich, fromm und tugend= 30
hafft aufführen.　Da aber die Spanier seit ihrer ersten
Ankunfft etliche Jahre daher nichts als Tyranney, Geitz,
Morden, Blutvergiessen, Rauben, stehlen, sängen und
brennen, nebst andern schändlichen Lastern von sich spüren
lassen, nähmen sie sich ein billiges Bedencken, dergleichen 35
verdächtiges Christenthum, Sitten und Gebräuche anzu=
nehmen.　Demnach möchten wir nur alsofort zurücke

kehren und ihre Gräntzen verlassen, widrigenfalls sie sich
genöthiget sähen ihre Waffen zu ergreiffen, und uns mit
Gewalt von dannen zu treiben.

Ich vor meine Person wuste diesen sehr vernunfft=
5 mäßigen Entschluß nicht im geringsten zu tadeln, zu=
mahlen da die gottlose und unchristliche Aufführung
meiner Lands=Leute mehr als zu bekant worden. Dem
ohngeacht ließ der Gouverneur alsobald sein Kriegs=Volck
an Land steigen, fieng aller Orten zu sängen, zu brennen,
10 todtzuschlagen und zu verfolgen an, verschonete auch weder
Jung noch Alt, Reich noch Arm, Männ= oder Weibliches
Geschlechte, sondern es muste alles ohne Unterschied seiner
Tyranney herhalten.

Meine Hände hüteten sich so viel als möglich war,
15 dieses unschuldige Blut vergiessen zu helffen, ja ich be=
klagte von Grunde meiner Seelen, daß mich ein un=
glückliches Verhängniß eben in dieses jam=[550]mervolle
Land geführet hatte, denn es bedünckte mich unrecht und
grausam, auch gantz wieder Christi Befehl zu seyn, den
20 Heyden auf solche Art das Evangelium zu predigen.
Uber dieses verdroß mich heimlich, daß der Gouverneur
aus purer Boßheit, das Königliche Edict, welches doch
eigentlich nur auf die Caraiber oder Menschen=Fresser
zielete, so muthwillig und schändlich mißbrauchte, und
25 nirgends einen Unterschied machte, denn ich kan mit
Wahrheit schreiben: daß die Indianer auf dem festen
Lande, und einigen andern Insuln, nach dem Lichte der
Natur dermassen ordentlich und tugendhafft lebten, daß
mancher Maul = Christe dadurch nicht wenig beschämt
30 wurde.

Nachdem aber der Gouverneur Hojez um Carthago
herum ziemlich reine Arbeit gemacht, und daselbst ferner
keinen Gegenstandt seiner Grausamkeit antreffen konte,
begab er sich über die zwölff Meilen weiter ins Land
35 hinein, streiffte allerwegen herum, Bekriegte etliche
Indianische Könige, und verhoffte solchergestallt eine grosse
Beute von Gold und Edelgesteinen zu machen, weil ihm

etliche gefangene Indianer hierzu die größte Hoffnung
gemacht hatten. Allein er fand sich hierinnen gewaltig
betrogen, denn da wir uns am allersichersten zu seyn
dünden liessen, hatte sich der Caramairinenser König mit
seinem außerlesensten Land=Volcke in bequeme heimliche
Oerter versteckt, welcher uns denn dermassen scharff zu=
setzte, daß wir gezwungen wurden eiligst die Flucht zu
ergreiffen und dem Meere zu zu eilen nachdem wir des
Hojez Obristen Lieutenant Don Juan de la Cossa,
nebst [551] 74. der tapffersten Leute eingebüsset, als
welche von den Indianern jämmerlich zerhackt und ge=
fressen worden, woraus geurtheilet wurde, daß die
Caramairinenser von den Caraibern oder Menschen=
Fressern herstammeten, und derselben Gebrauche nach=
lebten, allein ich halte davor, daß es diese sonst ziemlich
vernünfftigen Menschen damahls, mehr aus rasenden
Eiffer gegen ihre Todt=Feinde, als des Wohlschmeckens
wegen gethan haben mögen.

Dieser besondere Unglücks=Fall veruhrsachte, daß der
Gouverneur Hojez in dem Hafen vor Carthago, sehr
viel Noth und Bekümmerniß ausstehen mußte, zumahlen
da es so wohl an Lebens=Mitteln als andern höchst=
nöthigen Dingen zu mangeln begunte. Jedoch zu gutem
Glücke traff Don Didaco de Niquesa nebst etlichen
Schiffen bey uns ein, welche mit bey nahe 800. guten
Kriegs=Leuten und genugsamen Lebens=Mitteln beladen
waren. So bald er demnach den Hojez und dessen
Gefährten aufs Beste wiederum erquickt hatte, wurde be=
rathschlagt, den empfangenen unglücklichen Streich mit
zusammen gesetzter Macht an den Caramairinensern zu
rächen, welches denn auch grausam genung von statten
gieng. Denn wir überfielen bey nächtlicher Weile das=
jenige Dorff, bey welchem de la Cossa nebst seinen
Gefährten, erschlagen worden, zündeten dasselbe rings
herum mit Feuer an, und vertilgeten alles darinnen was
nur lebendigen Othem hatte, so daß von der grossen
Menge Indianer die sich in selbigem versammlet hatten,

nicht mehr übrig blieben als 6. Jünglinge, die unsere
Gefangene wurden.

[552] Es vermeynete zwar ein jeder, in der Asche
dieses abgebrannten Dorffs, so aus mehr als hundert
5 Wohnungen bestanden, einen grossen Schatz an Gold und
edlen Steinen zu finden, allein das Suchen war vergebens, indem fast nichts als Unflat von verbrannten
Cörpern und Todten-Knochen, aber sehr wenig Gold zum
vorscheine kam, weßwegen Hojez gantz verdrießlich zurück
10 zoge, und weiter kein Vergnügen empfand, als den Todt
des do la Cossa und seiner Gefährten gerochen zu haben.

Wenige Zeit hernach beredeten sich die beyden
Gouverneurs nehmlich Hojez und Niquesa, daß ein jeder
diejenige Landschafft, welche ihm der König zu verwalten
15 übergeben, genungsam auskundschafften und einnehmen
wolte. Hojez brach am ersten auf, die Landschaft Uraba,
so ihm nebst dem Carthaginensischen Port zustunde,
aufzusuchen. Wir landeten erstlich auf einer Insul an,
welche nachhero von uns den Nahmen Fortis erhalten
20 wurden aber bald gewahr, daß dieselbe von den aller-
wildesten Canibalen bewohnet sey, weßwegen keine Hoffnung, allhier viel Geld zu finden, vorhanden war. Jedoch
fand sich über Vermuthen noch etwas von diesem köstlichen metall, welches wir nebst zweyen gefangenen Männern
25 und 7. Weibern mit uns hinweg führeten. Von dar aus
seegelten wir gerades Weges nach der Landschafft Uraba,
durchstreifften dieselbe glücklich, und baueten Ostwärts in
der Gegend Caribana einen Flecken an, nebst einem wohlbefestigten Schlosse, wohin man sich zur Zeit der feind-
30 lichen Empörung und plötzlichen Uberfalls sicher zurück-
ziehen und aufhal-[553]ten könte. Dem ohngeacht, ließ
sich der schon so oft betrogene Hojez abermahls betriegen,
indem ihn die gefangenen Indianer viel Wesens von einer
austräglichen Gold-Grube machten, welche bey dem, 12000
35 Schritt von unserm Schloß gelegenen Dorffe Tirafi anzutreffen wäre. Wir zogen also dahin, vermeynten die
Einwohner plötzlich zu überfallen und alle zu erschlagen,

allein selbige empfiengen uns mit ihren vergiffteten Pfeilen
dermassen behertzt, daß wir mit Zurücklassung etlicher
Todten und vieler Verwundeten schimpflich zurück eilen
musten.

Folgendes Tages kamen wir in einem andern Dorffe 5
eben so übel, ja fast noch schlimmer an, auf dem Rück=
Wege aber begegnete dem Gouverneur Hojez der aller=
schlimmste und gefährlichste Streich, denn es kam ein
kleiner König, dessen Ehefrau von dem Hojez Gefangen
genommen war, und gab vor, dieselbe mit 20. Pfund 10
Goldes auszulösen, wie denn auch 8. Indianer bey ihm
waren, welche, unserer Meynung nach, das Gold bey sich
trügen, allein über alles Vermuthen schoß derselbe einen
frisch vergiffteten Pfeil in des Gouverneurs Hüffte, und
wolte sich mit seinen Gefährten auf die Flucht begeben, 15
wurden aber von der Leib=Wacht ergriffen, und sämtlich
in Stücken zerhauen. Jedoch hiermit war dem Gouverneur
wenig geholffen, weiln er in Ermangelung kräfftiger
Artzeneyen, die dem Giffte in der Wunde Widerstand zu
thun vermögend, entsetzliche Quaal und Schmertzen aus= 20
stehen muste, wie er sich denn seiner Lebens=Erhaltung
wegen, etliche mahl ein glüend Eisen=Blech auf die [554]
Wunde legen ließ, um das Gifft heraus zu brennen, als
welches die allergewisseste und sicherste Cur bey dergleichen
Schäden seyn solte, jedennoch dem Hojez nicht zu seiner 25
völligen Gesundheit verhelffen konte.

Mittlerzeit kam Bernardino de Calavera, mit einem
starcken Schiffe, das 60. tapffere Kriegs=Leute, nebst
vielen Lebens=Mitteln aufgeladen hatte, zu uns, welches
beydes unsern damahligen gefährlichen und bedürfftigen 30
Zustand nicht wenig verbesserte. Da aber auch diese Lebens=
Mittel fast aufgezehret waren, und das Krieges=Volck nicht
den geringsten glücklichen Ausschlag von des Hojez Unter=
nehmungen sahe, fiengen sie an, einen würcklichen Auf=
standt zu erregen, welchen zwar Hojez damit zu stillen 35
vermeynte, daß er sie auf die Ankunfft des Don Martin
Anciso vertröstete, als welchem er befohlen, mit einem

Laſt=Schiffe voll Proviant uns hierher zu folgen, jedoch
die Kriegs=Knechte, welche dieſe Tröſtungen, die doch an
ſich ſelbſt ihre Richtigkeit hatten, in Zweiffel zohen, und
vor lauter leere Worte hielten, beredeten ſich heimlich,
5 zwey Schiffe von den Unſern zu entführen, und mit
ſelbigen in die Inſul Hispaniolam zu fahren.

Sobald Hojez dieſe Zuſammen=Verſchwerung entdeckt,
gedachte er dem Unheil vorzubauen, und that den Vor=
ſchlag, ſelbſt eine Reiſe nach Hispaniolam anzutreten,
10 beſtellete derowegen den Don Francisco de Pizarro in
ſeiner Abweſenheit zum Obriſten=Lieutenant, mit dem
Bedeuten, daß wo er innerhalb 50. Tagen nicht wiederum
bey uns [555] einträffe, ein jeder die Freyheit haben
ſolte hin zu gehen wohin er wolte.

15 Seine Haupt=Abſichten waren, ſich in Hispaniola an
ſeiner Wunde bey verſtändigen Aertzten völlig heilen zu
laſſen, und dann zu erforſchen, was den Don Anciso
abgehalten hätte, uns mit dem beſtellten Proviant zu
folgen. Demnach ſetzte er ſich in das Schiff, welches
20 Bernardino de Calavera heimlich und ohne Erlaubniß des
Ober=Admirals und anderer Regenten aus Hispaniola
entführet hatte, und ſeegelte mit ſelbigen auf bemelbte
Inſul zu.

Wir Zurückgebliebenen warteten mit Schmertzen auf
25 deſſen Wiederkunfft, da aber nicht allein die 50. Tage,
ſondern noch mehr als zweymahl ſo viel verlauffen waren,
und wir binnen der Zeit vieles Ungemach, ſo wohl wegen
feindlicher Anfälle, als groſſer Hungers=Noth erlitten
hatten; theilete ſich alles Volck in des Hojez zurückgelaſſene
30 zwey Schiffe ein, des willens, ihren Gouverneur ſelbſt in
Hispaniola aufzuſuchen.

Kaum hatten wir das hohe Meer erreicht, da uns
ein entſetzlicher Sturm überfiel, welcher das Schiff,
worinnen unſere Mit=Geſellen ſaſſen, in einem Augen=
35 blicke umſtürtzte und in den Abgrund verſenckte, ſo daß
kein eintziger zu erretten war. Wir übrigen ſuchten der=
gleichen Unglücke zu entgehen, landeten derowegen bey der

Insul Fortis, wurden aber von den Pfeilen der wilden
Einwohner dermassen unfreundlich empfangen, daß wir vor
unser größtes Glück schäßten, noch bey zeiten das Schiff
zu erreichen, und von dannen zu seegeln.

[556] Indem nun bey solchen kümmerlichen Umständen die Fahrt nach Hispaniola aufs eiligste fortgesetzt
wurde, begegnete uns über alles verhoffen der Oberste
Gerichts-Praesident Don Martin Anciso, welcher nicht
allein auf einem Last-Schiffe allerhand Nahrungs-Mittel
und Kleider-Geräthe, sondern auch in einem Neben-Schiffe
gute Kriegs-Leute mit sich führete.

Seine Ankunfft war uns ungemein tröstlich, jedoch
da er nicht glauben wolte, daß wir von unsern Gouverneur
Hojez verlassen wären, im Gegentheil uns vor Aufrührer
oder abgefallene Leute ansahe, musten wir uns gefallen
lassen, erstlich eine Zeitlang in der Einfarth des Flusses
Boyus zwischen den Carthaginensischen Port und der
Landschafft Cuchibacoam bey ihm stille zu liegen, hernachmahls aber in seiner Begleitung nach der Urabanischen
Landschafft zurück zu seegeln, weil er uns weder zu dem
Niqvesa noch in Hispaniolam führen wolte, sondern vorgab, er müsse uns alle, Krafft seines tragenden Ammts
und Pflichten, durchaus in des Gouverneurs Hojez
Provinz zurücke bringen, damit dieselbe nicht ohne Be-
saßung bliebe.

Demnach richteten wir unsern Lauff dahin, allein
es schien als ob das Glück allen unsern Anschlägen zu
wider wäre, denn als des Anciso allerbestes Schiff in
den etwas engen Hafen einlauffen wolte, gienge selbiges
durch Unvorsichtigkeit des Steuer-Manns zu scheitern, so
daß aller Proviant, Kriegs-Geräthe, Gold, Kleinodien,
Pferde und andere Thiere zu Grunde sincken, die Menschen
aber sehr [557] kümmerlich ihr Leben retten musten,
welches wir doch ingesammt, wegen Mangel der nöthigen
Lebens-Mittel und anderer Bedürfnissen ehestens zu verlieren, fast sichere Rechnung machen konten.

Endlich, nachdem wir uns etliche Tage mit Wurßeln,

Kräutern, auch elenden fauern Baum=Früchten des Hungers
erwehret, wurde beschlossen etwas tieffer ins Land hinein
zu rücken, und viellieber Heldenmüthig zu sterben, als so
schändlich und verächtlich zu leben, allein da wir kaum
5 4. Meilen Wegs zurück gelegt, begegnete uns eine er=
staunliche Menge wohl bewaffneter Indianer, die den
tapffern Vorsatz alsobald zernichteten, und uns über Halß
und Kopf, mit ihren vergifteten Pfeilen, an das Gestade
des Meers, allwo unsere Schiffe stunden, wieder rück=
10 warts jagten.

Die Bekümmerniß über diesen abermahligen Unglücks=
Fall war dennoch nicht so groß als die Freude, so uns
von einigen gefangenen Indianern gemacht wurde, welche
berichteten, daß oberhalb dieses Meer=Busens eine Land=
15 schafft läge die an Früchten und allen nothdürfftigen
Lebens=Mitteln alles im größten Uberflusse hervor brächte.
Don Anciso sahe sich also gezwungen, uns dahin zu
führen. Die dasigen Einwohner hielten sich anfänglich
ziemlich ruhig, so bald wir aber anfiengen in diesem ge=
20 segneten Lande Häuser aufzubauen, und unsere Wirth=
schafft ordentlich einzurichten, brach der König Comaccus
mit seinen Unterthanen auf, und versuchte, uns frembde
Gäste aus dem Lande zu jagen. Es kam solchergestallt
zu einem grausamen [558] Treffen, welches einen gantzen
25 Tag hindurch und biß in die späte Nacht währete, jedoch
wir erhielten den Sieg, jagten den zerstreuten Feinden
aller Orten nach, und machten alles, was lebendig an=
getroffen wurde, aufs grausamste darnieder.

Nunmehro fand sich nicht allein ein starker Uberfluß
30 an Brod, Früchten, Wurtzeln und andern nothwendigen
Sachen, sondern über dieses in den Gepüschen und
sumpffichten Oertern der Flüsse, über drittehalb tausend
Pfund gediehen Gold, nebst Leinwand, Bett=Decken, aller=
ley metallenes, auch irrdenes und höltzernes Geschirr und
35 Fässer, welches der König Comaccus unsertwegen dahin
verstecken und vergraben lassen. Allhier ließ Don Anciso
nachhero eine Stadt und Kirche, welche er Antiqua Darienis

nennete, aufbauen, und solches that er wegen eines Ge=
lübdes, so er der sancta Maria Antiqua die zu Sevilien
sonderlich verehret wird, noch vor der Schlacht versprochen
hatte. Mittlerzeit ließ Don Anciso unsere zurückgelassenen
Leute in zweyen Schiffen herbey holen, unter welchen sich 5
auch mein besonderer Freund, der Hauptmann Don Vasco
Nunez di Valboa befand, welcher nunmehro an der, von
einem vergiffteten Pfeile empfangenen Wunde wiederum
völlig hergestellet war. Da es nun wegen der erbeuteten
Güter zur behörigen Theilung kommen solte, und ein 10
seder vermerckte, wie Don Anciso als ein eigennütziger
Geitzhals überaus unbillig handelte, indem er sich selbst
weit grössere Schätze zueignete, als ihm von rechts wegen
zukamen, entstund dieserwegen unter dem Kriegs=Volcke
erstlich ein heimliches Gemurmele, welches [559] hernach 15
zu einem öffentlichen Aufruhr ausschlug, da sich die besten
Leute an den Don Valboa henckten, und ihn zu ihren
Ober=Haupt und Beschützer aufwarffen. Des Don Anciso
Anhang gab zwar dem Valboa Schuld: daß er von Natur
ein auffrührischer und unnützer Mensch sey, dessen Regier= 20
sucht nur allerley Unglück anzustifften trachte; Allein so
viel ich die gantze Zeit meines Umgangs bey ihm ge=
merckt, war er ein Mann von besonderer Hertzhafftigkeit,
der sich vor niemanden scheute, und derowegen das Un=
recht, so ihm und den Seinigen geschahe, unmöglich ver= 25
schmertzen konte, hergegen selbiges auf alle erlaubte Art
zu röchen suchte, wiewohl er hierbey niemals den Respect
und Vortheil des Königs in Castilien aus den Augen setzte.
　In diesem Lermen kam Don Roderiguez Colmenarez
mit zweyen Schiffen aus Hispaniola zu uns, welche nicht 30
allein mit frischen Kriegs=Volck, sondern auch vielen
Proviant beladen waren. Dieser vermeynete den Hojez
allhier anzutreffen, von dem er erfahren, daß er nebst
seinem Volck in grosser Angst und Nöthen steckte, fand
aber alles sehr verwirrt, indem sich Anciso und Valboa 35
um die Ober=Herrschafft stritten, und jeder seinen besondern
Anhang hatte. Um nun einen fernern Streit und end=

liches Blutvergiessen zu verhüten, schiffte Colmenarez
zurück, seinen Vettern Don Didaco de Niquesa herbey
zu bringen, welcher die streitenden Partheyen aus einander
setzen, und das Ober=Commando über die andern alle
5 annehmen solte.

Colmenarez war so glücklich den Niqvesa eben [560]
zu rechter Zeit anzutreffen, und zwar in der Gegend die
von ihm selbst Nomen Dei benahmt worden, allwo der
arme Niqvesa nackend und bloß, nebst seinen Leuten
10 halb tobt gehungert, herum irrete. Jedoch nachdem ihn
Colmenarez nebst 75. Castilianern zu Schiffe und auf
die rechte Strasse gebracht, kam er unverhofft bey uns
in Antiqua Darienis an. Hieselbst war er kaum an
Land gestiegen, als es lautbar wurde, wie schmählich und
15 schimpflich er so wohl von Anciso als Valboa geredet,
und gedrohet, diese beyden nebst andern Haupt=Leuten,
theils ihrer Aemter und Würden zu entsetzen, theils aber
um Gold und Geld aufs schärffste zu bestraffen. Allein
eben diese Drohungen gereichten zu seinem allergrösten
20 Unglücke, denn es wurden solchergestalt beyde Theile gegen
ihn erbittert, so daß sie den armen Niquesa nebst seinen
Leuten wieder zurück in sein Schiff, und unbarmhertziger
weise, ohne Proviant, als einen Hund aus derselbigen
Gegend jagten.

25 Ich habe nach Verfluß einiger Monate etliche von
seinen Gefährten auf der Zorobarer Landschafft angetroffen,
welche mich berichteten, daß er nahe bey dem Flusse, nebst
etlichen der Seinen, von den Indianern sey erschlagen
und gefressen worden, weßwegen sie auch diesen Fluß
30 Rio de los perditos, auf Teutsch den Fluß des Ver=
berbens nenneten, und mir einen Baum zeigten, in dessen
glatte Rinde diese Lateinischen Worte geschnitten waren:
Hic misero errore fessus, DIDACUS NIQVESA infelix
periit. Zu Teutsch: Hier ist der vom elenden herum
35 schweiffen ermüdete, und unglückliche Didacus Niqvesa
umgekommen.

[561] Jedoch ich erinnere mich, um bey meiner

Geſchichts=Erzehlung, eine richtige Ordnung zu halten, daß
wir nach des Niqvesa Vertreibung abermahls den gröſten
Kummer, Noth und Hunger leyden muſten, indem des
Colmenarez dahin gebrachter Proviant gar bald auffgezehret
war, ſo daß wir als wilde Menſchen, ja als hungerige
Wölffe überall herum lieſſen, und alles hinweg raubten
was nur in den nächſt gelegenen Landſchafften anzu=
treffen war.

Endlich nachdem Valboa einen Anhang von mehr
als 150. der auserleſenſten Kriegs=Leute beyſammen hatte,
gab er öffentlich zu verſtehen, daß er nunmehro, da der
Gouverneur Hojez allem vermuthen nach umgekommen,
unter keines andern Menſchen Commando ſtehen wolle,
als welcher ein eigen Diploma von dem Könige ſelbſt auf=
zuweiſen hätte. Anciso hingegen troßete auf ſein oberſtes
Gerichts=Praeſidenten=Ammt, weiln aber ſein Be-
glaubigungs Brief vielleicht im letztern Schiffbruche mit
verſuncken war, oder er nach vieler anderer Meynung
wohl gar keinen gehabt hatte, fand Valboa deſto mehr
Urſach ſich demſelben nicht zu unterwerffen, und ſo bald
Anciso ſein Anſehen mit Gewalt zu behaupten mine machte,
überfiel ihn Valboa plötzlich, ließ den Prahlhafften Geitz=
hals in Ketten und Banden legen, und theilete deſſen
Gold und Güter der Königlichen Cammer zu. Jedoch
nachdem ich und andere gute Freunde dem Valboa ſein
allzuhitziges Verfahren glimpfflich vorſtelleten, beſann er
ſich bald eines andern, bereuete ſeine jachzornige Strengigkeit,
ſtellete den Anciso wiederum [562] auf freyen Fuß, gab
ihm ſein Gold und Güter ohne Verzug zurück, und hätte
ſich ohnfehlbar gäntzlich mit Anciso ausgeſöhnet, wenn
derſelbe nicht allzurachgierig geweſen wäre. Wenig Tage
hernach ſeegelte Anciso mit ſeinen Anhängern von uns
hinweg und hinterließ die Drohungen, ſich in Caſtilien,
bey dem Könige ſelbſt, über den Valboa zu beklagen,
jedoch dieſer letztere kehrete ſich an nichts, ſondern brachte
ſein ſämmtliches Kriegs=Volck in behörige Ordnung, ſetzte
ihnen gewiſſe Befehlshaber, auf deren Treue er ſich ver=

laffen konte, als worunter fich nebft mir auch Don Rodriguez
Colmenarez befand, und fieng alfobald an fein und unfer
aller Glück mit rechten Ernfte zu fuchen.

Coiba war die erfte Landfchafft, welche von uns
angegriffen wurde, und deren König Careta, als er fich
mit dem Mangel entfchuldigte, Proviant und andere Be=
dürfniffen herzugeben, mufte fich nebft Weib, Kindern und
allem Hof=Gefinde nach Darien abführen laffen.

Mittlerzeit fahe Valboa fo wol als alle andern vor
nöthig an, den Valdivia und Zamudio nach Hispaniola zu
fenden, deren der erftere bey dem Ober=Admiral, Don
Didaco Columbo, und andern Regenten diefer Lande, den
Valboa beftens recommandiren, und um fchleunige Bey=
Hülffe mit Proviant und andern Bedürffniffen bitten folte,
Zamudio aber war befehligt eiligft nach Caftilien zu
feegeln, und des Valboa mit Anciso gehabten Händel bey
dem Könige aufs eiffrigfte zu vertheidigen. Inzwifchen
wurde der Coibanifche König Careta wieder auf freyen
Fuß geftellet, jedoch unter den Be=[563]dingungen, daß er
nicht allein unfer Kriegs=Volck nach möglichkeit mit Speife
und Tranck verfehen, fondern auch dem Valboa in dem
Kriegs=Zuge, wider den benachbarten König Poncha, bey=
ftehen, und die rechten Wege zeigen folte.

Indem nun Careta mit diefem feinen ärgften Feinde
Poncha beftändig Krieg geführet, und von ihm fehr in
die Enge getrieben worden, nahm er diefe Gelegenheit fich
einmahl zu röchen mit Freuden an, zog mit feinen Unter=
thanen, welche mit langen hölzernen Schwerdtern und fehr
fpitzigen Wurff=Spieffen bewaffnet waren, ftets voraus, um
den Poncha unverfehens zu überfallen. Allein diefer hatte
bennoch unfern Anzug bey zeiten ausgekundfchafft und
dieferwegen die Flucht ergriffen, dem ohngeacht fanden
wir dafelbft einen ftarcken Vorrath an Lebens=Mitteln
und andern trefflichen Sachen, wie nicht weniger etliche
30. Pfund feines Goldes.

Nach diefem glücklichen Streiche wurde der König
Comogrus überfallen, mit welchen wir aber auf des Königs

Caretae Unterhandlung ~~Bündniß und Friede machen~~.
Dieſer Comogrus hatte 7. ~~wohlgeſtallte Söhne~~, von welchen
der Aelteſte ein Menſch von gantz beſondern Verſtande
war, und nicht allein vieles Gold und Kleinodien unter
uns austheilete, ſondern auch Anſchläge gab, wo wir der⸗
gleichen köſtlich Waaren im überfluſſe antreffen könten.

Es ließ ſich der König Comogrus mit ſeiner gantzen
Familie zum chriſtlichen Glauben bereden, weßwegen er in
der Tauffe den Nahmen Carolus em⸗[564]pfieng, nachdem
aber das Bündniß und Freundſchafft mit ihm auf ſolche
Art deſto feſter geſchloſſen worden, nahmen wir unſern
Rückweg nach Antiquam Darienis, allwo der Valdivia
zwar wiederum aus Hispaniola angelangt war, jedoch ſehr
wenig Proviant, hergegen ſtarcke Hoffnung mit ſich brachte,
daß wir eheſtens alles Benöthigte in deſto gröſſerer Menge
empfangen ſolten.

Das Elend wurde alſo abermahls ſehr groß, dazu⸗
mahlen unſere Erndte durch ungewöhnlich ſtarcke Waſſer⸗
Fluthen verderbt, alle um und neben uns liegende Land⸗
ſchafften aber ausgezehret waren, derowegen trieb uns die
Noth mit groſſer Gefahr in das Mittel⸗Land hinein,
nachdem wir am 9ten December des Jahrs 1511. den
Valdivia mit vielen Gold und Schätzen, die vor den König
Ferdinandam geſammlet waren, über Hispaniolam nach
Spanien zu ſeegeln abgefertiget hatten.

In dieſem Mittägigen Lande traffen wir etliche
Häuſer an, aus welchen ein kleiner König Dabaiba
genannt, nebſt ſeinen Hof⸗Geſinde und Unterthanen ent⸗
flohen war, und wenig Lebens⸗Mittel, allein ſehr viel
Hauß⸗Geräthe, Waffen, auch etliche Pfund gearbeitetes
Gold zurück gelaſſen hatte. Auf der weitern Farth brachte
uns ein gewaltiger Sturm um 3. Schiffe, welche mit Volk
und allen Geräthe zu Grunde giengen.

So bald wir mit Kummer und Noth zu Lande
kamen, wurde der König Abenamacheius angegriffen,
deſſen Hof⸗Lager in mehr als 500. wohlgebaueten Hütten
beſtand. Er wolte mit den Seinigen die Flucht nehmen,

muste aber endlich Stand [565] halten, und sich nach einer
blutigen Schlacht nebst seinen besten Leuten gefangen geben.
Dieser König hatte in der Schlacht einem von unsern
Kriegs=Leuten eine leichte Wunde angebracht, welches dem
5 Lotter=Buben dermassen verdroß, daß er ihm, da er doch
schon unser Gefangener war, so schändlich als geschwind
einen Arm vom Leibe herunter hieb. Weil aber diese
That dem Valboa hefftig verdroß, wurde dieser Knecht
fast biß auf den Tod zerprügelt.

10 Nach diesem erlangten Siege und herrlicher Beute,
führete uns ein nackender Indianer in die grosse Landschafft
des Königs Abibeiba, der seine Residenz auf einem sehr
hohen und dicken Baume aufgebauet hatte, indem er wegen
öffterer Wassergüsse nicht wohl auf dem Erdboden wohnen
15 konte. Dieser König wolte sich weder durch Bitten noch
durch Droh=Worte bewegen lassen von diesem hohen Ge=
bäude herab zu steigen, so bald aber die Unsern einen
Anfang machten den Baum umzuhauen, kam er nebst
zweyen Söhnen herunter, und ließ seine übrigen Hof=
20 Bedienten in der Höhe zurück. Wir machten Friede und
Bündniß mit ihm, und begehrten eine billige Schatzung
an Lebens=Mitteln und Golde geliefert zu haben, indem
er nun wegen des letztern seinen sonderlichen Mangel vor=
geschützt, gleichwohl aber nur desto hefftiger angestrenget
25 wurde etliche Pfund zu verschaffen, versprach er nebst
etlichen seiner Leute auszugehen, und uns binnen 6. Tagen
mehr zu bringen als wir verlangt hätten. Allein er ist
darvon gegangen und nachhero niemahls wiederum vor
unsere Augen ge=[566]kommen, nachdem wir uns also von
30 ihm betrogen gesehen, wurde aller Vorrath von Speise,
Wein und anderen guten Sachen hinweg geraubt, wodurch
unsere ermatteten Leiber nicht wenig erquickt und geschickt
gemacht wurden, eine fernere mühsame Reise anzutreten.

Mittlerweile hatten sich 5. Könige, nehmlich letzt=
35 gemeldter Abiebaiba, Cemacchus, Abraibes, dessen Schwager
Abenamacheius und Dabaiba zusammen verschworen, uns
mit zusammen gesetzten Kräfften plötzlich zu überfallen und

28*

gäntzlich zu vertilgen, jedoch zu allem Glücke hatte Valboa eine außerordentlich schöne Jungfrau unter seinen gefangenen Weibs-Bildern, welche er vor allen andern hertzlich liebte, diese hatte solchen Blut-Rath von ihrem leiblichen Bruder nicht so bald ausgeforschet, als sie von der getreuen Liebe getrieben wurde dem Valboa alle wider ihn gemachten Anschläge zu offenbahren. Dieser theilete sogleich sein Volck in zwey Hauffen, er selbst gieng nebst mir und etliche 70. Mann auf die vertheileten Hauffen der versammleten Indianer loß, zerstreuete dieselben und bekam sehr viele von der Könige Bedienten gefangen, die wir mit zurück in unser Lager führeten, Don Colmenarez aber muste mit 4. Schiffen auf den Flecken Tirichi loß gehen, allwo er so glücklich war denselben unvermuthet zu überfallen, und der Indianer gantze Kriegs-Rüstung, die daselbst zusammen gebracht war zu zernichten, auch eine grosse Beute an Proviant, Gold, Wein und andern brauchbaren Geräth-schafften zu machen. Uber dieses hat er allen Aufrührern und Feinden ein entsetz-[567]liches Schrecken eingejagt, indem der oberste Feld-Herr an einen Baum gehenckt und mit Pfeilen durchschossen, nechst dem noch andere Indianische Befehlshaber andern zum Beyspiele aufs grausamste hin-gerichtet worden.

Solchergestallt verkehrte sich alle bißherige Gefahr, Unruhe und kümmerliches Leben auf ein mahl, in lauter Friede, Ruhe, Wollust und Freude, denn da sich nachhero die vornehmsten Aufrührer gutwillig unter des Valboa Gehorsam begaben, ließ er einen allgemeinen Frieden und Vergebung aller vorhergegangenen Widerspenstigkeit halber, ausruffen, sein Volck aber auf so vieles ausgestandenes Ungemach eine Zeitlang der Ruhe geniessen.

Hierauff nahmen wir unsern Rück-Weg nach der Urabanischen Landschafft, allwo nach vielen Berathschlagungen endlich beschlossen wurde, daß Don Rodriguez Colmenarez nebst dem Don Juan de Quicedo nach Hispaniolam, und von dar zum Könige in Castilien abgesandt werden solten, um an beyden Orten ordentlichen Bericht von unsern sieg-

hafften Begebenheiten abzuftatten, und die Sachen dahin
zu veranftallten, daß wir mit etwa 1000. Mann und
allen Zubehör, verftärckt, den Zug in die Goldreichen
Landfchafften gegen Mittag ficher unternehmen, und die=
felben unter des Königs in Caftilien Bothmäßigkeit bringen
folten, denn Valdivia und Zamudio wolten nicht wieder
zum vorfcheine kommen, woraus zu fchließen war, daß fie
etwa auf der See verunglückt feyn möchten. Demnach
giengen Colmenarez und Quicedo im October 1512.
unter Seegel, nachdem fie verfprochen [568] keine Zeit zu
verfäumen, fich fo bald als nur möglich wiederum auf
den Urabanifchen Küften einzuftellen. Allein da Valboa
diefer beyden Männer Zurückkunfft nunmehro faft 11. Monath
vergeblich abgewartet, und in Erfahrung brachte, daß Don
Pedro de Arias, ehefens als Königlicher Gouverneur
über die Urabanifche und angränzende Landfchafften bey
uns eintreffen würde, trieb ihn fo wohl die allbereits
erlangte Ehre, als Verlangen die Mittäglichen Goldreichen
Länder zu erfinden, fo weit, daß er mit den Ober=Häuptern
der Landfchafften zu Rathe gieng, und den gefährlichen
Zug dahin mit etwa 200. Kriegs=Leuten vornahm, ohn=
geacht ihm nicht allein von des Comogri Sohne, fondern
auch von andern Indianifchen Königen gerathen worden,
diefen Zug mit nicht weniger als 1000. Mann zu
wagen, indem er dafelbft ungemein ftreitbare Völcker
antreffen würde.

Es war der 4te Sept. 1513. da wir mit 3. groffen
und 10. fehr kleinen Schiffen abfeegelten, und zum erften
mahle wiederum bey des Coibanifchen Königs Caretae
Landfchafft anländeten. Hiefelbft ließ Valboa die Schiffe
nebft einer Befatzung zurück, wir aber zogen 170. Mann
ftarck fort, und wurden von des Caretae uns zu gegebenen
Wegweifern in des Ponchae Königreich geführet, welchen
wir, nachdem er unfern ehemaligen Zufpruch erwogen,
endlich mit groffer Mühe zum Freunde und Bundsgenoffen
bekamen. Nachhero haben wir viele andere Könige, als
den **Qvarequa**, **Chiapes**, **Coquera** und andere mehr, theils

mit Güte und Liebe, theils aber auch mit Gewalt zum Gehorsam [569] gebracht, mittlerweile aber am 18. October desselbigen Jahres das Mittägliche Meer erfunden, und um selbige Gegend einen erstaunlichen Schatz an Gold und Edel=Steinen zusammen gebracht.

Bey so glückseligen Fortgange unseres Vorhabens, bezeigte sich Valboa dermassen danckbar gegen GOTT und seine Gefährten, daß kein einziger Ursach hatte über ihn zu klagen. Eines Tages, aber, da er mich an einem ein= samen Orte ziemlich betrübt und in Gedancken vertiefft antraff, umarmete er mich mit gantz besonderer Freundlich= keit und sagte: Wie so unvergnügt mein allerbester Hertzens= Freund, fehlet euch etwa Gesundheit, so habe ich Ursach euch zu beklagen, sonsten aber wo Gold, Perlen und edle Steine euren Kummer zu stillen vermögend sind, stehet euch von meinem Antheil so viel zu Diensten als ihr ver= langet. Ich gab ihm hierauff zu verstehen: daß ich an dergleichen Kostbarkeiten selbst allbereit mehr gesammlet, als ich bedürfte, und mich wenigstens 5. mahl reicher schätzen könte als ich vor dem in Castilien gewesen. Allein mein jetziges Mißvergnügen rühre von nichts anders her, als daß ich mich vor der Ankunfft meines abgesagten Feindes, des Don Pedro de Arias fürchtete; und indem ich noch zur Zeit von dem Könige Ferdinando keinen Pardon-Brief aufzuweisen hätte, würde mir derselbe allen ersinnlichen Tort anthun, und wenigstens verhindern, daß ich auch in dieser neuen Welt weder zu Ehren noch zur Ruhe kommen konte. Valboa fieng hierüber an zu lachen und sagte: Habt ihr sonst keine Sorge, mein werthester Freund, so entschlaget euch nur auf einmal aller [570] Grillen, und glaubet sicherlich, daß es nunmehro mit uns allen beiden keine Noth habe, denn diejenigen Dienste, so wir dem Könige durch Erfindung dieses Mittägigen Meeres und der Gold=reichen Länder geleistet haben, werden schon würdig seyn, daß er uns alle beyde, jedweden mit einem ansehnlichen Gouvernement, in diesen Landschafften begabet, welche binnen wenig Jahren also einzurichten sind, daß

wir unsere übrige Lebens=Zeit vergnügter darinnen zu=
bringen können, als in Castilien selbst. Es sey euch, fuhr
er fort, im Vertrauen gesagt, daß ich in kurzer Zeit selbst
eine Reise nach Spanien zu thun willens bin, allda sollen
mir eure Sachen noch mehr angelegen seyn, als die meinigen,
solchergestalt zweiffele auch im geringsten nicht, euer und
mein Glücke zu befestigen.

Diese wohlklingenden Zuredungen machten mein Ge=
müthe auf einmahl höchst vergnügt, so, daß ich den Valboa
umarmete, mich vor seine gute Vorsorge im Voraus
herzlich bedanckte, und versprach, Zeit Lebens sein getreuer
Freund und Diener zu verbleiben. Er entdeckte mir
hierauf, wie er nur noch willens sey, den Mittägigen
Meer=Busen, welchen er St. Michael genennet hatte, nebst
den so reich beschriebenen Perlen=Insuln auszukundschafften,
nachhero aber so gleich die Rückreise nach Uraba anzutreten,
welches Vorhaben ich nicht allein vor billig erachtete, sondern
auch alles mit ihm zu unternehmen versprach.

Dieser Meer=Busen solte sich, des Indianischen Königs
Chiapes Aussage nach, 160. Meilen weit von dem festen
Lande biß zu dem äuserſten Meeres=[571]Schlunde erstrecken.
Derowegen wurde bald Anstalt gemacht, diese Fahrt anzu=
treten, und ohngeacht der König Chiapes dieselbe hefftig
wiederrieth, indem er angemerckt hatte, daß um diese Zeit
zwey biß drey Monate nach einander die See entsetzlich
zu stürmen und zu wüten pflegte, so wolte doch Valboa
hiervon im geringsten nicht abstehen, sondern ließ etliche
Indianische kleine Schifflein zurechte machen, in welche
wir uns mit etliche 80. der muthigsten Kriegs=Leute setzten,
und von dannen seegelten.

Allein, nunmehro hatte das unerforschliche Verhängniß
beschlossen, mich vor bißmahl nicht allein von dem Valboa,
sondern nach etlichen Jahren auch von aller andern
menschlichen Gesellschafft abzusondern, denn wenige Tage
nach unserer Abfahrt entstund ein entsetzlicher Sturm,
welcher die kleinen Schifflein aus einander jagte, und
unter andern auch das meinige, worauf ich nebst 9. Kriegs=

Leuten fast, in den Abgrund des Meeres zu versencken
drohete. Indem nun kein Mittel zu erfinden war, dem
jämmerlichen Verderben zu entgehen, überliessen wir uns
gäntzlich den unbarmhertzigen Fluthen, und suchten allein
bey GOtt in jenem Leben Gnade zu erlangen, weil er
uns selbige in diesen zeitlichen abzuschlagen schien. Jedoch,
nachdem wir noch zwey Tage und Nacht recht wunderbarer
Weise bald in die erstaunlichste Höhe, bald aber in grau=
same Abgründe zwischen Fluth und Wellen hin verschlagen
und fortgetrieben worden, warffen uns endlich die ergrimmten
Wellen auf eine halb überschwemmte Insul, die [572]
zwar vor das jämmerliche Ertrincken ziemliche Sicherheit
versprach, jedoch wenig fruchtbare Bäume oder andere
Lebens=Mittel zeigte, womit wir bey etwa langweiligen
Aufenthalt, unsern Hunger stillen könten.

Es war das Glück noch einem unserer Fahrzeuge,
worauf sich 8. von unsern Kriegs=Leuten nebst zweyen
Indianern befanden, eben so günstig gewesen, selbiges so
wohl als uns auf diese Insul zu führen, derowegen
erfreueten wir uns ungemein, als dieselben zwey Tage
hernach zu uns kamen, und ihre glückliche Errettungs=Art
erzehleten.

Wir blieben demnach beysammen, trockneten unser
Pulver, betrachteten den wenigen Speise=Vorrath, brachten
alle übrigen Sachen in Ordnung, und fingen hierauf an,
die gantze Insul durch zu streiffen, worinnen wir doch
weder Menschen noch Vieh, wohl aber einige Bäume und
Stauden antraffen, welche sehr schlecht nahrhaffte Früchte
trugen. Demnach musten wir uns mehrentheils mit Fischen
behelffen, welche die beyden Indianer, so sich in unserer
Gesellschafft befanden, auf eine weit leichtere und ge=
schwindere Art, als wir, zu fangen musten. Da aber
nach etlichen Tagen das Wasser in etwas zu fallen
begunte, sammleten wir eine grosse Menge der vor=
trefflichsten Perlen=Muscheln, die das umgerührte Ein=
geweyde des Abgrundes auf diese Insul auszuspeyen ge=
zwungen worden. Ich selbst habe an diesem Orte

34. Stück Perlen von folcher Gröffe ausgenommen, und mit anhero gebracht, dergleichen ich vorhero noch nie gefehen oder befchreiben hören, doch nach [573] der Zeit habe auf andern Infeln noch mehr dergleichen, ja theils noch weit gröffere gefammlet, welche derjenige, fo diefe meine Schrifft am erften zu lefen bekömmt, ohnfehlbar finden wird.

Jedoch meinen damahligen Glücks= und Unglücks=Wechfel zu folgen, erfahe einer von unfern Indianern, der ein gantz ungewöhnlich fcharffes Geficht hatte, Süd=Weftwerts eine andere Inful, und weiln wir dafelbft einen beffern Speife=Vorrath anzutreffen verhofften, wurden unfere kleinen Schiffe bey damahligen ftillen Wetter, fo gut als möglich, zugerichtet, fo, daß wir einfteigen, und befagte Inful nach dreyen Tagen mit abermahliger gröfter Lebens=Gefahr erreichen konten. Uber alles Vermuthen traffen wir auch dafelbft ein kleines Schiff an, welches das wütende Meer mit 11. unferer Mit=Gefellen dahin geworffen hatte. Die Freuden= und Jammer=Thränen lieffen häuffig aus unfern Augen, erften theils wegen diefer glücklichen Zufammenkunfft, andern theils darum, weil uns die letztern berichteten, daß Valboa nebft den übrigen ohnmöglich noch am Leben feyn könte, weil fie ingefammt durch den Sturm auf die gefährlichfte und fürchterlichfte Meeres=Höhe getrieben worden, allwo weit und dreit keine Infuln, wohl aber bey hellen Wetter erfchröckliche aus dem Waffer hervor ragende Felfen und Klippen zu fehen wären. Im übrigen war diefe Inful fo wenig als unfere vorige mit Menfchen befetzt, jedoch lieffen fich etliche vierfüßige Thiere fehen, welche theils den Europäifchen Füchfen, theils aber den wilden Katzen gleichten. Wir nahmen uns kein [574] Bedencken, diefelben zu fchieffen, und als vortreffliche Lecker=Biffen zu verzehren, worbey wir eine gewiffe Wurtzel, die unfere Indianer in ziemlicher Menge fanden, an ftatt des Brodts gebrauchten. Nechft diefen lieffen fich auch etliche Vögel fehen, die wir ebenfalls fchoffen, und mit gröften Appetit verzehreten, anbey das Fleifch

der vierfüßigen Thiere dörreten, und auf den Nothfall
spareten.

Ich konte meine Gefährten, ohngeacht sie mich ein-
hellig vor ihr Ober-Haupt erkläreten, durchaus nicht bereden, die Rück-Fahrt nach St. Michaël vorzunehmen, weil 5
ihnen allezeit ein Grausen ankam, so offt sie an die gefährlichen Klippen und stürmende See gedachten, derowegen fuhren wir immer gerades Weges vor uns von
einer kleinen Insul zur andern, biß uns endlich das Glück
auf eine ziemlich grosse führete, die mit Menschen besetzt 10
war.   Selbige kamen häuffig herzu, und sahen uns
Elenden, die wir durch 19.tägige Schiff-Fahrt gantz krafftloß und ziemlich ausgehungert waren, mit gröster Verwunderung zu Lande steigen, machten aber dieserwegen
nicht die geringste grimmige Gebärde, sondern hätten uns 15
vielleicht gar als Götter angebetet, wenn unsere zwey
Indianer ihnen nicht bedeutet hätten, daß wir arme ver-
irrte Menschen wären, die lauter Liebe und Freundschafft
gegen sie bezeugen würden, woferne man uns nur erlaubte, allhier auszuruhen, und unsere hungerige Magen 20
mit einigen Früchten zu befriedigen.   Ob nun schon die
Einwohner der unsern Sprache nicht völlig verstunden,
sondern das meiste durch Zeichen errathen musten, so
erzeigten [575] sich dieselben doch dermassen gefällig, daß
wir an ihren natürlichen Wesen noch zur Zeit nicht das 25
geringste auszusetzen fanden. Sie brachten uns gedörretes
Fleisch und Fische, nebst etlichen aus Wurtzel-Mehl ge-
backenen Brodten herzu, wovor wir die gläsernen und
meßingenen Knöpffe unter sie theileten, so wir an unsern
Kleidern trugen, indem dergleichen schlechte Sachen von 30
ihnen ungemein hoch geschätzt, und mit erstaunlicher Freude
angenommen wurden.   Gegen Abend kam ihr König,
welcher Madan genennet wurde, zu uns, dieser trug einen
Schurtz von bunten Federn um den Leib, wie auch dergleichen Crone auf dem Haupte, führete einen starcken 35
Bogen in der rechten Hand, in der lincken aber einen
höltzernen Wurff-Spieß, wie auch einen Köcher mit Pfeilen

auf dem Rücken. Ich hatte das Glück, ihm ein höchst
angenehmes Geschenck zu überreichen, welches in einem
ziemlich grossen Taschen=Messer, einem Feuer=Stahl und
zweyen Flinten=Steinen bestund, und habe niemahls bey
einer lebendigen Creatur grössere Verwunderung gespüret,
als sich bey diesem Menschen zeigte, so bald er nur den
Nutzen und Krafft dieses Werckzeugs erfuhr. Er bekam
über dieses noch ein Hand=Beil von mir, dessen vor=
treffliche Tugenden ihn vollends dahin bewegten, daß uns
alles, was wir nur anzeigen konten, gereicht und ver=
williget wurde. Demnach baueten meine Gefährten ohn=
fern vom Meer=Ufer etliche Hütten auf, worinnen 4. 5.
oder 6. Personen bequemlich beysammen ruhen, und den
häuffig herzu gebrachten Speise=Vorrath verzehren konten.
Von un=[576]sern Schieß=Gewehr wusten sich diese Leute
nicht den geringsten Begriff zu machen, ohngeacht unsere
Indianer ihnen bedeuteten, daß diese Werckzeuge Donner,
Blitz und Feuer hervor bringen, auch sogleich töbtliche
Wunden machen könten, da aber einige Tage hernach sich
eine ziemliche Menge mittelmäßiger Vögel auf einem
Baume sehen liessen, von welchen der König Madan in
grössester Geschwindigkeit zwey mit einem Pfeile herunter
schoß, ergriff ich ihn bey der Hand, nahm meine Flinte,
und führete ihn biß auf etliche 30. Schritt, gegen einen
andern Baum, auf welchen sich diese Vögel abermahls
nieder gelassen hatten, und schoß, vermittelst eingeladenen
Schrots, auf einmahl 6. von diesen Vögeln herunter.
Kaum war der Schuß gethan, als dieser König nebst
allen seinen anwesenden Unterthanen plötzlich zu Boden
fiel, da sie denn vor Schrecken sich fast in einer halben
Stunde nicht wieder erholen konten. Auf unser freund=
liches und liebreiches Zureden kamen sie zwar endlich
wiederum zu sich selbst, bezeugten aber nach der Zeit
eine mit etwas Furcht vermischte Hochachtung vor uns,
zumahlen da wir ihnen bey fernerer Bekandtschafft zeigten,
wie wir unsere Schwerdter gegen böse Leute und Feinde
zu entblössen und zu gebrauchen pflegten.

Inmittelst hatten wir Gelegenheit, etliche Pfund
Gold, das auf eine wunderliche Art zu Halß= und Arm=
bändern, Ringen und Angehencken verarbeitet war, gegen
allerhand elende und nichts=würdige Dinge einzutauschen,
auch einen starcken Vorrath von gedörrten Fleisch, Fischen,
[577] Wurtzeln und andern nahrhafften Früchten einzu=
sammlen. Nachdem wir aber 3. von den allerdicksten
Bäumen umgehauen, und in wenig Wochen so viel Schiffe
daraus gezimmert, die da weit stärcker als die vorigen,
auch mit Seegel=Tüchern von geflochtenen Matten und
zusammen gedreheten Bast=Stricken versehen waren, suchten
wir mit guter Gelegenheit von diesen unsern Wohlthätern
Abschied zu nehmen, und nach dem Furth St. Michael
zurück zu kehren, allein, da meine Gefährten von den
Einwohnern dieser Insul vernahmen, daß weiter in See
hinein viel grössere bewohnte Insuln anzutreffen wären,
worinnen Gold, Edel=Steine, und sonderlich die Perlen in
gröster Menge befindlich, geriethen sie auf die Verwegen=
heit, dieselben aufzusuchen. Ich setzte mich zwar so viel,
als möglich, darwieder, indem ich ihnen die gröste Gefahr,
worein wir uns begäben, sattsam vorstellete, allein, es
half nichts, ja es trat alsobald einer auf, welcher mit
gröster Dreustigkeit sagte: Don Valaro, bedencket doch,
daß Valboa nebst unsern andern Cameraden im Meere
begraben worden, also dürffen wir uns auf unsere geringen
Kräffte so wenig, als auf die ehemaligen Bündnisse und
Freundschafft der Indianischen Könige verlassen, welche
ohne Zweiffel des Valboa Unglück zeitig genung erfahren
haben, diesemnach uns Elenden auch bald abschlachten
werden. Lasset uns also viellieber neue Insuln und
Menschen aufsuchen, welche von der Grausamkeit und dem
Geitze unserer Lands=Leute noch keine Wissenschafft haben,
und seyd versichert daß, so ferne wir christ=[578]lich, ja
nur menschlich mit ihnen umgehen werden, ein weit
grösseres Glück und Reichthum vor uns aufgehaben seyn
kan, als wir in den bißherigen Landschafften empfunden
haben. Kommen wir aber ja im Sturme um, oder

werden ein Schlacht=Opffer vieler Menschen, was ists
mehr? Denn wir müssen eben dergleichen Unglücks auf
der Rück=Fahrt nach St. Michael und in den Ländern
der falsch=gesinneten Könige gewärtig seyn.

5   Ich wuste wider diese ziemlich vernünfftige und sehr
tapffermüthige Rede nicht das geringste einzuwenden,
weßwegen ich dieses mahl meinen Gefährten nachgab, und
alles zur baldigen Abfahrt veranstalten ließ.

Der Abschied von dem König Madan und seinen
10 von Natur recht redlichen Unterthanen ging mir wahr=
hafftig ungemein nahe, zumahlen da dieselben auf die letzte fast
mehr Speise=Vorrath herzu brachten, als wir in unsern
kleinen Schiffe einladen konten, einer aber von ihnen,
der vom ersten Tage an beständig um mich gewesen war,
15 fing bitterlich zu weinen an, und bat, sonderlich da er
vernahm, wie ich auf dem Rückwege allhier wiederum an=
sprechen wolte, ich möchte ihm vergönnen, daß er mit
uns reisen dürffte, welches ich ihm denn auch mit grösten
Vergnügen erlaubte. Er war ein Mensch von etwa
20 24 Jahren, wohl gewachsen und eines recht feinen An=
sehens, zumahlen, da er erstlich etliche Kleidungs=Stück
auf den Leib bekam, sein Nahme hieß Chascal, welchen
ich aber nachhero, da er den christlichen Glauben an=
nahm, [579] und von mir die heilige Tauffe empfing,
25 verändert habe.

Solchergestalt fuhren wir mit diesem neuen Weg=
weiser, der aber wenigen oder gar keinen Verstand von
der Schiff=Fahrt hatte, auf und davon, bekamen zwar in
etlichen Wochen nichts als Himmel und Wasser zu sehen,
30 hatten aber doch wegen des ungemein stillen Wetters eine
recht ruhige Fahrt. Endlich gelangeten wir an etliche
kleine Insuln, welche zwar sehr schlecht bevölckert, auch
nicht allzusehr fruchtbar waren, jedoch hatten wir die Freude,
unsere kleinen Schiffe daselbst aufs neue auszubessern, und
35 mit frischen Lebens=Mitteln anzufüllen, biß wir endlich etliche,
nahe an einander gelegene grosse Insuln erreichten, und das
Hertz fasseten, auf einer der grösten an Land zu steigen.

Hier schienen die Einwohner nicht so guter Art als die vorigen zu seyn, allein, unsere 3. Indianischen Gefährten leisteten uns bey ihnen recht vortreffliche Dienste, so, daß wir in wenig Tagen mit ihnen allen recht gewünschten Umgang pflegen kunten. Wir erfuhren, daß diese Leute vor wenig Jahren grosse Mühe gehabt, sich einer Art Menschen, die ebenfalls bekleidet gewesen, zu erwehren, indem ihnen selbige die Lebens=Mittel, Gold, Perlen und Edlen=Steine mit Gewalt abnehmen und hinweg führen wollen, jedoch, nachdem sie unsere Freund= und Höfflichkeit zur Gnüge verspüret, wurde uns nicht allein mit gleich= mäßiger Freundlichkeit begegnet, sondern wir hatten Ge= legenheit, auf dieser Insul erstaunliche Schätze und Kostbar=[580]keiten einzusammlen, wie wir denn auch die andern nahgelegenen besuchten, und solchergestalt fast mehr zusammen brachten, als unsere Schiffe zu ertragen vermögend waren.*) Meine Leute nahmen sich demnach vor, ein grosses Schiff zu bauen, in welchem wir sämmt= lich bey einander bleiben, und unsere Güter desto besser fortbringen könten, ich selbst sahe dieses vor gut an, zu= mahlen wir nicht allein alle Bedürfnisse darzu vor uns sahen, sondern uns auch der Einwohner redlicher Bey= hülffe getrösten konten. Demnach wurden alle Hände an das Werck gelegt, welches in kürtzerer Zeit, als ich selbst vermeynte, zum Stande gebracht wurde. Die Einwohner selbiger Insuln fuhren zwar selbsten auch in einer Art von Schiffen, die mit Seegeln und Rudern versehen waren, doch verwunderten sie sich ungemein, da das unsere ihnen, auf so sonderbare Art zugerichtet, in die Augen fiel. Wir schenckten ihnen zwey von unsern mit dahin gebrachten Schiffen, nahmen aber das dritte an statt eines Boots mit uns, wie wir denn auch zwei kleine Nachen verfertigten, um selbige auf der Reise nützlich zu gebrauchen.

---

*) Es ist fast zu vermuthen, daß der Autor solchergestalt auf die jetziger Zeit so genannten Insulas Salomonis gekommen, jedoch in Erwegung anderer Umstände können auch wohl nur die Peru und Chili gegen über gelegenen Insuln gemeynet seyn.

Nachdem wir uns also mit allen Nothdürfftigkeiten
wohl berathen hatten, seegelten wir endlich von dannen,
und kamen nach einer langweiligen und beschwerlichen
Fahrt an ein festes Land, allwo [581] wir aussteigen,
5 und uns abermahls mit frischen Wasser nebst andern
Bedürffnissen versorgen wolten, wurden aber sehr übel
empfangen, indem uns gleich andern Tages mehr als
300. wilde Leute ohnversehens überfielen, gleich anfäng=
lich drey der unsern mit Pfeilen erschossen, und noch
10 fünff andere gefährlich verwundeten. Ob nun schon im
Gegentheil etliche 20. von unsern Feinden auf dem Platze
bleiben musten, so sahen wir uns doch genöthiget, aufs
eiligste nach unsern Schiffe zurück zu kehren, mit welchen
wir etliche Meilen an der Küste hinunter fuhren, und
15 endlich abermahls auf einer kleinen Insul anländeten,
die zwar nicht mit Menschen, aber doch mit vielerley
Arten von Thieren besetzt war, anbey einen starcken Vor=
rath an nützlichen Früchten, Wurtzeln und Kräutern zeigte.
Allhier hatten wir gute Gelegenheit auszuruhen, biß unsere
20 Verwundeten ziemlich geheilet waren, fuhren hernachmahls
immer Südwerts von einer Insul zur andern, sahen die
Küsten des festen Landes lincker Seits beständig mit
sehnlichen Augen an, wolten uns aber dennoch nicht unter=
stehen, daselbst anzuländen, weiln an dem Leben eines
25 eintzigen Mannes nur allzu viel gelegen war, endlich,
nachdem wir viele hundert Meilen an der Land=Seite
hinunter geseegelt, ließ sich die äußerste Spitze desselben
beobachten, um welche wir herum fuhren, und nebst einer
kalten und verdrüßlichen Witterung vieles Ungemach auszu=
30 stehen hatten. Es war leichtlich zu muthmassen, daß all=
hier ein würckliches Ende des festen Landes der neuen
Welt gefunden sey, derowegen machten wir die Rechnung,
[582] im Fall uns das Glück bey der Hinauf=Fahrt der
andern Seite nicht ungünstiger, als bißhero, seyn würde,
35 entweder den rechten Weg nach Darien, oder wohl gar
nach Europa zu finden, oder doch wenigstens unterwegs
Portugisen anzutreffen, zu welchen wir uns gesellen, und

ihres Glücks theilhafftig machen könten, denn es lehrete
uns die Vernunfft, daß die von den Portugisen entdeckte
Landschafften ohnfehlbar auf selbiger Seite liegen müsten.

Inmittelst war die höchste Noth vorhanden, unser
Schiff aufs neue auszubessern, und frische Lebens=Mittel
anzuschaffen, derowegen wurde eine Landung gewagt,
welche nach überstandener größter Gefahr ein gutes Glücke
versprach, daferne wir nicht Ursach gehabt hätten, uns
vor feindseeligen Menschen und wilden Thieren zu fürchten.
Jedoch die allgewaltige Macht des Höchsten, welche aller
Menschen Hertzen nach Willen regieren kan, war uns der=
mahlen sonderlich geneigt, indem sie uns zu solchen
Menschen führete, die, ohngeacht ihrer angebohrnen
Wildigkeit, solche Hochachtung gegen uns hegten, und der=
massen freundlich aufnahmen, daß wir uns nicht genung
darüber verwundern konten, und binnen wenig Tagen
alles Mißtrauen gegen dieselben verschwinden liessen. Es
war uns allen wenig mehr um Reichthum zu thun, da
wir allbereit einen fast unschätzbarn Schatz an lautern
Golde, Perlen und Edelgesteinen besassen, bemüheten uns
derowegen nur um solche Dinge, die uns auf der vor=
habenden [583] langweiligen Reise nützlich seyn könten,
welches wir denn alles in kurtzer Zeit gewünscht erlangten.

Die bey uns befindlichen 3. redlichen Indianer machten
sich das allergröste Vergnügen, einige wunderbare Meer=
Thiere listiger Weise einzufangen, deren Fleisch, Fett und
sonderlich die Häute, vortrefflich nutzbar waren, denn aus
den letztern konten wir schönes Riemen=Werck, wie auch
Lederne Koller, Schuhe, Mützen und allerley ander Zeug
verfertigen.

So bald wir demnach nur mit der Ausbesserung
und Versorgung des Schiffs fertig, dasselbe auch, wo
nur Raum übrig, mit lauter nützlichen Sachen angefüllet
hatten, traten wir die Reise auf der andern Land=Seite
an, vermerckten aber gleich anfänglich, daß Wind und
Meer allhier nicht so gütig, als bei der vorigen Seite,
war. Zwey Wochen aneinander ging es noch ziemlich

erträglich, allein, nachhero erhub sich ein sehr hefftiger
Sturm, der über 9. Tage währete, und bey uns allen
die gröste Verwunderung erweckte, daß wir ihm endlich
so glücklich entkamen, ohngeacht unser Schiff sehr be=
⁵ schädiget an eine sehr elende Küste getrieben war, allwo
sich auf viele Meilwegs herum, auser etlichen unfrucht=
baren Bäumen, nicht das geringste von nützlichen Sachen
antreffen ließ.

Etliche von meinen Gefährten streifften dem ohn=
¹⁰ geacht überall herum, und kamen eines Abends höchst
erfreut zurück, weil sie, ihrer Sage nach, ein vortrefflich
ausgerüstetes Europäisches Schiff, in einer kleinen Bucht
liegend, jedoch keinen einzi=[584]gen lebendigen Menschen
darinnen gefunden hätten. Ich ließ mich bereden, unser
¹⁵ sehr beschädigtes Schiff dahin zu führen, und fand mit
gröster Verwunderung daß es die lautere Wahrheit sey.
Wir bestiegen dasselbe, und wurden ziemlichen starcken
Vorrath von Wein, Zwieback, geräucherten Fleische und
andern Lebens=Mitteln darinnen gewahr, ohne was in
²⁰ den andern Ballen und Fässern verwahret war, die noch
zur Zeit niemand eröffnen durffte. Tieffer ins Land hinein
wolte sich keiner wagen, indem man von den höchsten
Felsen=Spitzen weit und breit sonsten nichts als lauter
Wüsteney erblickte, derowegen wurde beschlossen, unser
²⁵ Schiff, so gut als möglich, auszubessern, damit, wenn die
Europäer zurück kämen, und uns allenfalls nicht in das
Ihrige aufnehmen wolten oder könten, wir dennoch in
ihrer Gesellschafft weiter mitseegeln möchten.

Allein, nachdem wir mit allem fertig waren, und
³⁰ einen gantzen Monath lang auf die Zurückkunfft der
Europäer vergeblich gewartet hatten, machten meine Ge=
fährten die Auslegung, daß dieselben ohnfehlbar sich zu
tieff ins Land hinein gewagt, und nach und nach ihren
Untergang erreicht hätten, weßwegen sie vors allerklügste
³⁵ hielten, wenn wir uns das köstliche Schiff nebst seiner
gantzen Ladung zueigneten, und mit selbigen davon führen.
Ich setzte mich starck wider diesen Seeräuberischen Streich,

konte aber nichts außrichten, indem alle einen Sinn hatten, und alle unsere Sachen in möglichster Eil in das grosse Schiff einbrachten, wolte ich also nicht alleine an einem [585] wüsten Orte zurück bleiben, so muste mir gefallen laßen, das gestohlne Schiff zu besteigen, und mit ihnen von dannen zu seegeln, konte auch kaum so viel erbitten, daß sie unser bißheriges Fahrzeug nicht versenckten, sondern selbiges an deßen Stelle stehen liessen.

Kaum hatten wir die hohe See erreicht, als sich die Meinigen ihres Diebstahls wegen ausser aller Gefahr zu seyn schätzten, derowegen alles, was im Schiffe befindlich war, eröffnet, besichtiget, und ein grosser Schatz an Golde nebst andern vortrefflichen Kostbarkeiten gefunden wurde. Allein, wir erfuhren leider! allerseits gar bald, daß der Himmel keinen Gefallen an dergleichen Boßheit habe, sondern dieselbe ernstlich zu bestraffen gesinnet sei. Denn bald hernach erhub sich ein abermahliger dermassen ent= setzlicher Sturm, dergleichen wohl leichtlich kein See= Fahrer hefftiger ausgestanden haben mag. Wir wurden von unserer erwehlten Straffe gantz Seitwerts immer nach Süden zu getrieben, welches an dem erlangten Compasse, so offt es nur ein klein wenig stille, deutlich zu ersehen war, es halff hier weder Arbeit noch Mühe, sondern wir musten uns gefallen lassen, dem aufgesperreten Rachen der gräßlichen und tödtlichen Fluthen entgegen zu eilen, viele wünschten, durch einen plötzlichen Untergang ihrer Marter bald abzukommen, indem sie weder Tag noch Nacht ruhen konten, und die letzte klägliche Stunde des Lebens in beständiger Unruhe unter dem schrecklichsten Hin= und Wiederkollern erwarten musten. Es währete dieser erste Ansatz des Sturms [586] 16. Tage und Nacht hinter einander, ehe wir nur zwey biß drey Stunden ein wenig verschnauben, und das Sonnen=Licht auf wenige Minuten betrachten konten, bald darauf aber meldete sich ein neuer, der nicht weniger grimmig, ja fast noch hefftiger als der vorige war, Mast und Seegel wurden den erzürnten Wellen zum Opffer überliefert, worb

gleich 2. von meinen Gefährten über Boort geworffen,
und nicht erhalten werden konten, wie denn auch 3. ge-
quetschte und 2. andere krancke folgendes Tages ihren
Geist aufgaben.   Endlich wurde es zwar wiederum vollkommen stille und ruhig auf der See, allein, wir bekamen
in etlichen Wochen weder Land noch Sand zu sehen, so,
daß unser süsses Wasser nebst dem Proviante, welchen
das eingedrungene See-Wasser ohnedem schon mehr als
über die Helffte verdorben hatte, völlig zum Ende ging,
und wir uns Hungers wegen gezwungen sahen, recht wieder-
natürliche Speisen zu suchen, und das bitter-saltzige See-
Wasser zu trincken.   Bey so beschaffenen Umständen riß
der Hunger, nebst einer schmertzhafften Seuche, in wenig
Tagen einen nach dem andern hinweg, so lange, biß ich,
die 3. Indianer und 5. Spanische Kriegs-Leute noch
ziemlich gesund übrig blieben.

     Es erhub sich immittelst der dritte Sturm, welchen
wir 9. Personen, als eine Endschafft unserer Quaal, recht
mit Freuden ansetzen höreten.   Ich kan nicht sagen, ob
er so heftig als die vorigen zwey Stürme gewesen, weil
ich auf nichts mehr gedachte, als mich nebst meinen Gefährten zum seeligen Sterben zuzuschicken, allein eben dieser
Sturm [587] muste ein Mittel unserer dermahligen Lebens-
Erhaltung und künfftiger hertzlicher Busse seyn, denn ehe
wir uns dessen versahen, wurde unser jämmerlich zugerichtetes Schiff auf eine von denenjenigen Sand-Bäncken
geworffen, welche ohnfern von dieser mit Felsen um-
gebenen Insul zu sehen sind.   Wir liessen bey bald
darauf erfolgter Wind-Stille unsern Nachen in See, das
Schiff aber auf der Sand-Banck in Ruhe liegen, und
fuhren mit gröster Lebens Gefahr durch die Mündung
des Westlichen Flusses, welche zur selbigen Zeit durch die
herab gestürtzten Felsen-Stücken noch nicht verschüttet war,
in diese schöne Insul herein, welche ein jeder vernünftiger
Mensch, so lange er allhier in Gesellschaft anderer Menschen
lebt, und nicht mit andern Vorurtheilen behafftet ist, ohnstreitig vor ein irrdisches Paradieß erkennen wird.

Keiner von uns allen gedachte dran, ob wir allhier
Menschen-Fresser, wilde Thiere oder andere feindseelige
Dinge antreffen würden, sondern so bald wir den Erdboden
betreten, das süsse Wasser gekostet und einige fruchttragende
Bäume erblickt hatten, fielen so wohl die drey Indianer 5
als wir 6. Christen, auf die Knie nieder und danckten
dem Allerhöchsten Wesen, daß wir durch desselben Gnade
so wunderbarer, ja fast übernatürlicher Weise erhalten
worden. Es war ohngefähr zwey Stunden über Mittag,
da wir trostloß gewesenen Menschen zu Lande kamen, 10
hatten derowegen noch Zeit genung unsere hungerigen
Magen mit wohlschmeckenden Früchten anzufüllen, und aus
den klaren Wasser-Bächen zu trincken, nach diesen wurden
[588] alle fernern Sorgen auf dieses mahl bey Seite
gesetzt, indem sich ein jeder mit seinem Gewehr am Ufer 15
des Flusses zur Ruhe legte, biß auf meinen getreuen
Chascal, welcher die Schildwächterey von freyen stücken
über sich nahm, um uns andern vor besorglichen Unglücks-
Fällen zu warnen. Nachdem aber ich etliche Stunden und
zwar biß in die späte Nacht hinein geschlaffen, wurde der 20
ehrliche Chascal abgelöset, und die Wacht von mir biß zu
Auffgang der Sonne gehalten. Hierauff sieng ich an,
nebst 4. der stärckesten Leute, einen Theil der Insul durch-
zustreiffen, allein wir fanden nicht die geringsten Spuren
von lebendigen Menschen oder reissenden Thieren, an deren 25
statt aber eine grosse Menge Wildpret, Ziegen auch Affen
von verschiedenen Farben. Dergleichen Fleischwerck nun
konte uns, nebst den überflüßigen herrlichen Kräutern und
Wurtzeln, die gröste Versicherung geben, allhier zum
wenigsten nicht Hungers wegen zu verderben, derowegen 30
giengen wir zurück, unsern Gefährten diese fröliche Botschafft
zu hinterbringen, die aber nicht eher als gegen Abend
anzutreffen waren, indem sie die Nordliche Gegend der
Insul ausgekundschafft, und eben dasjenige bekräfftigten,
was wir ihnen zu sagen wusten. Demnach erlegten wir 35
noch selbigen Abend ein stück Wild nebst einer Ziege,
machten Feuer an und brieten solch schönes Fleisch, da

immittelst die drey Indianer die besten Wurtzeln ausgruben, und dieselben an statt des Brodts zu rösten und zuzurichten wusten, welches beydes wir so dann mit gröster Lust ver=zehreten. In folgenden Tagen bemüheten wir uns sämtlich
5 aufs [589] äuserste, die Sachen aus dem gestrandeten Schiffe herüber auf die Insul zu schaffen, welches nach und nach mit gröster Beschwerlichkeit ins Werck gerichtet wurde, indem wir an unser kleines Boot der Länge nach etliche Floß=Höltzer fügten, welche am Vorbertheil etwas
10 spitzig zusammen lieffen, hinten und vorne aber mit etlichen darauff befestigten Quer=Balcken versehen waren, und solchergestalt durfften wir nicht allein wegen des umschlagens keine Sorge tragen, sondern konten auch ohne Gefahr, eine mehr als vierfache Last darauff laden.
15 Binnen Monats=Frist hatten wir also alle unsere Güter, wie auch das zergliederte untüchtige Schiff auf die Insul gebracht, derowegen fiengen wir nunmehro an Hütten zu bauen, und unsere Haußhaltung ordentlich einzurichten, worbey der Mangel des rechten Brodts uns das eintzige
20 Mißvergnügen erweckte, jedoch die Vorsorge des Himmels hatte auch hierinnen Rath geschafft, denn es fanden sich in einer Kiste etliche wohl verwahrte steinerne Flaschen, die mit Europäischen Korne, Weitzen, Gerste, Reiß und Erbsen, auch andern nützlichen Sämereyen angefüllet waren,
25 selbige säeten wir halben Theils aus, und ich habe solche edle Früchte von Jahr zu Jahr mit sonderlicher Behutsamkeit fortgepflantzt, so daß sie, wenn GOTT will, nicht allein Zeit meines Lebens sich vermehren, sondern auch auf dieser Insul nicht gar vergehen werden, nur ist zu besürchten,
30 daß das allzuhäuffig anwachsende Wild solche edle Aehren, noch vor ihrer völligen Reiffe, abfressen, und die selbst eigene Fortpflantzung, welche hiesiges Orts, gantz sonderbar zu bewundern ist, verhindern werde.

[590] Du wirst, mein Leser, dir ohnsehlbar eine
35 wunderliche Vorstellung von meinem Glauben machen, da ich in diesen Paragrapho die Vorsorge des Himmels

bewundert, und doch oben beschrieben habe, wie meine
Gefährten das Schif nebst allem dem was drinnen,
worunter auch die mit Getränke angefülleten Flaschen
gewesen, unredlicher Weise an sich gebracht, ja aufrichtig
zu reden, gestohlen haben; Wie reimet sich dieses, wirstu ₅
sagen, zur Erkäntniß der Vorsorge GOttes? Allein sey
zufrieden, wenn ich bey Verlust meiner Seeligkeit betheure:
daß so wohl ich, als mein getreuer Chascal an diesen
Diebs-Streiche keinen gefallen gehabt, vielmehr habe ich
mich aus allen Kräfften darwieder gesetzt, jedoch nichts ₁₀
erlangen können. Ist es Sünde gewesen, daß ich in
diesem Schiffe mitten unter den Dieben davon gefahren,
und mich aus dermahligen augenscheinlichen Verderben
gerissen, so weiß ich gewiß, daß mir GOtt dieselbe
auf meine eiffrige Busse und Gebeth gnädiglich vergeben ₁₅
hat. Inzwischen muß ich doch vieler Umstände wegen
die Göttliche Vorsorge hiebey erkennen, die mich nicht
allein auf der stürmenden See, sondern auch in der
grausamen Hungers-Noth und schädlichen Seuche erhalten,
und auf der Insul mittelbarer Weise mit vielem guten ₂₀
überhäufft. Meine Gefährten sind alle in der Helffte
ihrer Tage gestorben, ausgenommen der einzige Chascal
welcher sein Le=[591]ben ohngefähr biß 70. Jahr gebracht,
ich aber bin allein am längsten überblieben, auf daß ich
solches ansagte. ₂₅

Wir machten uns inzwischen die unverdorbenen Güter,
so auf dem gestohlenen Schiffe mitgebracht waren, wohl
zu nutze, ich selbst bekam meinen guten Theil an Kleider-
werck, Büchern, Pappier und andern Geräthschafften davon,
that aber dabey sogleich ein Gelübde, solcher Sachen zehn= ₃₀
fachen Werth in ein geistliches Gestiffte zu liefern, so bald
mich GOtt wiederum unter Christen Leute führete.
Es fanden sich Weinstöcke in ihrem natürlichen
Wachsthume, die wir der Kunst nach in weit bessern
Stand brachten, und durch dieselben grosses Labsal ₃₅
empfiengen, auch kamen wir von ohngefähr hinter den

künstlichen Vortheil, aus gewissen Bäumen ein vortreffliches
Geträncke zu zapffen, welches alles ich in meinen andern
Handschrifften deutlicher beschrieben habe. Nach einem
erleidlichen Winter und angenehmen Frühlinge, wurde im
5 Sommer unser Getrayde reiff, welches wir wiewohl nur
in weniger Menge einerndten, jedoch nur die Probe von
dem künftig wohlschmeckenden Brodte machen konten, weil
das meiste zur neuen Aussaat vor 9. Personen nöthig
war, allein gleich im nächstfolgenden Jahre wurde so viel
10 eingesammlet, daß wir zur Aussaat und dem nothdürfftigen
Lebens-Unterhalt völlige Genüge hatten.

Mittlerweile war mein Chascal so weit gekommen,
daß er nicht allein sehr gut Castilianisch reden, [592] sondern
auch von allen christlichen Glaubens-Articuln ziemlich Rede
15 und Antwort geben konte, derowegen nahm ich mir kein
Bedencken an diesem abgelegenen Orte einen Apostel abzu=
geben, und denselben nach Christi Einsetzung zu tauffen,
worbey alle meine 5. christlichen Gefährten zu Gevattern
stunden, er empfieng dabey, wegen seiner besondern Treu=
20 hertzigkeit, den Nahmen Christian Treuhertz. Seine beyden
Gefährten befanden sich hierdurch dermassen gerühret, daß
sie gleichmäßigen Unterricht wegen des Christenthums von
mir verlangten, welchen ich ihnen mit grösten Vergnügen
gab, und nach Verfluß eines halben Jahres auch beyde
25 tauffte, da denn der erstere Petrus Gutmann, der andere
aber Paulus Himmelfreund genennet wurde.

In nachfolgenden 3. oder 4. Jahren, befand sich
alles bey uns in dermassen ordentlichen und guten Stande,
daß wir nicht die geringste Ursach hatten über appetitliche
30 Lebens-Mittel oder andern Mangel an unentberlichen
Bedürfnissen zu klagen, ich glaube auch, meine Gefährten
würden sich nimmermehr aus dieser vergnügenden Landschafft
hinweg gesehnet haben: wenn sie nur Hoffnung zur Handlung
mit andern Menschen, und vor allen andern Dingen,
35 Weibs-Leute, ihr Geschlechte fortzupflantzen, gehabt hätten.
Da aber dieses letztere ermangelte, und zu dem erstern
sich gantz und gar keine Gelegenheit zeigen wolte, indem

sie nun schon einige Jahre vergeblich auf vorbeyfahrende Schiffe gewartet hatten, gaben mir meine 5. Lands=Leute ziemlich trotzig zu verstehen: daß man Anstalt machen müste [593] ein neues Schiff zu bauen, um damit wiederum eine Fahrt zu andern Christen zu wagen, weil es GOtt unmöglich gefallen könte, dergleichen kostbare Schätze, als wir besässen, so nachläßiger Weise zu verbergen, und sich ohne einzigen Heil. Beruff und Trieb selbst in den unehligen Stand zu verbannen, darbey aber aller christ= lichen Sacramenten und Kirchen=Gebräuche beraubt zu leben. 10

Ohngeacht nun ich sehr deutlich merckte, daß es ihnen nicht so wohl um die Religion als um die Weiber=Liebe zu thun wäre, so nahm mir doch ein Bedencken ihrem Vorhaben zu widerstreben, zumahlen da sie meinen ver= nünfftigen Vorstellungen gantz und gar kein Gehör geben 15 wolten. Meine an sie gethane Fragen aber waren ohn= gefähr folgendes Innhalts: Meine Freunde bedenckt es wohl, sprach ich,

1. Wie wollen wir hiesiges Orts ein tüchtiges Schiff bauen können, das uns etliche hundert, ja viel= 20 leicht mehr als 1000. Meilen von hier hinweg führen und alles Ungemach der See ertragen kan. Wo ist gnugsames Eisenwerck zu Nägeln, Klammern und dergleichen? Wo ist Pech, Werck, Tuch, Strickwerck und anders Dinges mehr, nach 25 Nothdurfft anzutreffen?

2. Werden wir nicht GOtt versuchen, wenn wir uns auf einen übel zugerichteten Schiffe unter= stehen einen so fernen Weg anzutreten, und werden wir nicht als Selbst=Mörder zu achten 30 seyn, daferne uns die Gefahr umbringt, worein wir uns muthwillig begeben?

[594] 3. Welcher unter uns weiß die Wege, wo wir hin gedencken, und wer kan nur sagen in welchem Theile der Welt wir uns jetzo befinden? auch 35 wie weit die Reise biß nach Europa ist?

Solche und noch vielmehr dergleichen Fragen die von
keinem vernünfftig genung beantwortet wurden, dieneten
weiter zu nichts, als ihnen Verdruß zu erwecken, und den
gefasseten Schluß zu befestigen, derowegen gab ich ihnen
5 in allen Stücken nach, und halff den neuen Schiff=Bau
anfangen, welcher langsam und unglücklich genung von
statten gieng, indem der Indianer **Paulus** von einem
umgehauenen Baume plötzlich erschlagen wurde. Dieser
war also der erste welcher allhier von mir begraben wurde.

10 Im dritten Sommer nach angefangener Arbeit war
endlich das Schiff so weit fertig, daß wir selbiges in den
Fluß, zwischen denen Felsen, allwo es genugsame Tieffe
hatte, einlassen konten. Weiln aber zwey von meinen
Lands=Leuten gefährlich Kranck darnieder zu liegen kamen,
15 wurde die übrige wenige Arbeit, nebst der Einladung der
Güter, biß zu ihrer völligen Genesung versparet.

Meine Gefährten bezeigten allerseits die gröste Freude
über die ihrer Meynung nach wohlgerathene Arbeit, allein
ich hatte an dem elenden Wercke nur allzuviel auszusetzen,
20 und nahm mir nebst meinem getreuen **Christian** ein billiges
Bedencken uns darauff zu wagen, weil ich bey einer so
langwierigen Reise dem Tode entgegen zu lauffen, gantz
gewisse Rechnung machen konte.

Indem aber nicht allein grosse Verdrießlichkeit
25 [595] sondern vielleicht gar Lebens=Gefahr zu befürchten
war, soferne meine Gefährten dergleichen Gedancken merckten,
hielt ich darmit an mich, und nahm mir vor auf andere
Mittel zu gedencken, wodurch diese unvernünfftige Schiffarth
rückgängig gemacht werden könte. Allein das unerforschliche
30 Verhängniß überhob mich dieser Mühe, denn wenig Tage
hierauff, erhub sich ein grausamer Sturm zur See, welchen
wir von den hohen Felsen=Spitzen mit erstaunen zusahen,
jedoch gar bald durch einen ungewöhnlichen hefftigen Regen
in unsere Hütten getrieben wurden, da aber bey herein=
35 brechender Nacht ein jeder im Begriff war, sich zur Ruhe
zu begeben, wurde die gantze Insul von einem hefftigen
Erdbeben gewaltig erschüttert, worauff ein dumpffiges

Gepraffele folgete, welches binnen einer oder zweyer
Stunden Zeit noch 5. oder 6. mahl zu hören war. Meine
Gefährten, ja sogar auch die zwey Krancken kamen gleich
bey erster Empfindung deffelben eiligst in meine Hütte
gelauffen, als ob sie bey mir Schutz suchen wolten, und 5
meyneten nicht anders, es müsse das Ende der Welt vorhanden seyn, da aber gegen Morgen alles wiederum stille
war, und der Sonnen lieblicher Glantz zum Vorscheine
kam, verschwand zwar die Furcht vor das mahl, allein
unser zusammengesetztes Schrecken war desto grösser, da 10
wir die eintzige Einfahrt in unsere Insul, nehmlich den
Außlauff des Westlichen Flusses, durch die von beyden
Seiten herabgeschossenen Felsen gäntzlich verschüttet sahen,
so daß das gantze Westliche Thal von dem gehemmten
Strome unter Wasser gesetzt war. 15

|596] Dieses Erdbeben geschahe am 18 den Jan. im
Jahr Christi 1523. bey eintretender Nacht, und ich hoffe
nicht unrecht zu haben, wenn ich solches ein würckliches
Erdbeben oder Erschütterung dieser gantzen Insul nenne,
weil ich selbiges selbst empfunden, auch nachhero viele 20
Felsen=Risse und herabgeschossene Klumpen angemerckt, die
vor der Zeit nicht da gewesen sind. Der Westliche Fluß
fand zwar nach wenigen Wochen seinen geraumlichen
Außlauff unter dem Felsen hindurch, nachdem er vielleicht
die lockere Erde und Sand ausgewaschen und fortgetrieben 25
hatte, und solchergestallt wurde auch das Westliche Thal
wiederum von der Wasser=Fluth befreyet, jedoch die
Hoffnung unserer baldigen Abfahrt war auf einmahl
gäntzlich zerschmettert, indem das neu erbaute Schiff unter
den ungeheuern Felsen=Stücken begraben lag. 30

GOTT pflegt in der Natur dergleichen Wunder=
und Schreck=Wercke selten umsonst zu zeigen. Dieses
erkandte ich mehr als zu wohl, wolte solches auch meinen
Gefährten in täglichen Gesprächen beybringen, und sie
dahin bereden, daß wir ingesamt als Heilige Einsiedler 35
unser Leben in dieser angenehmen und fruchtbarn Gegend
zum wenigsten so lange zubringen wolten, biß uns GOTT

von ohngefähr Schiffe und Christen zuschickte, die uns von
dannen führeten. Allein ich predigte tauben Ohren, denn
wenige Zeit hernach, da ihnen abermahls die Luft ankam
ein neues Schiff zu bauen, welches doch in Ermangelung
so vielerley materialien ein lächerliches Vornehmen war,
machten sie erstlich einen Anschlag, im Mittel der Insul
den Nördlichen Fluß [597] abzustechen, mithin selbigen
durch einen Canal in die kleine See zu führen, deren
Ausfluß sich gegen Osten zu, in das Meer ergiesset.

Dieser letztere Anschlag war mir eben nicht mißfällig,
weiln ich allem Ansehen nach, leicht glauben konte, daß
durch das Nördliche natürliche Felsen-Gewölbe, nach ab-
geführten Waffer-Fluffe, ohnfehlbar ein bequemer Außgang
nach der See zu finden seyn möchte. Derowegen legte
meine Hände selbsten mit ans Werck, welches endlich,
nach vielen sauern vergossenen Schweisse, im Sommer des
1525ten Jahres zu Stande gebracht wurde. Wir funden
einen nach Nothdurfft erhöheten und weiten Gang, musten
aber den Fuß-Boden wegen vieler tieffen Klüffte und
steiler Abfälle, sehr mühsam mit Sand und Steinen be-
qvemlich ausfüllen und zurichten, biß wir endlich sehr
erfreut das Tages-Licht und die offenbare See aufferhalb
der Insul erblicken konten.

Nach diesem glücklich ausgeschlagenen Vornehmen,
solten aufs eiligste Anstalten zum abermahligen Schiff-Bau
gemacht, und die zugerichteten Bäume durch den neu
erfundenen Weg an den auswendigen Fuß des Felsens
hinunter geschafft werden; Aber! ehe noch ein einziger
Baum darzu behauen war, legten sich die zwey schwächsten
von meinen Lands-Leuten darnieder und starben, weil sie
ohnedem sehr ungesundes Leibes waren, und sich noch
darzu bißhero bey der ungezwungenen Arbeit allzuhefftig
angegriffen haben mochten. Solchergestallt blieb der neue
Schiffs-Bau unterwegs, zu-[598]mahlen da ich und die
mir getreuen zwey Indianer keine Hand mit anlegen
wolten.

Allein, indem ich aus gantz vernünfftigen Ursachen

dieses tollkühne Werck gänzlich zu hintertreiben suchte, und mich auf mein gutes Gewissen zu beruffen wuste, daß solches aus keiner andern Absicht geschähe, als den Aller-höchsten wegen einer unmittelbaren Erhaltung nicht zu versuchen, noch seiner Gnade zu mißbrauchen, da ich mich aus dem ruhigsten und gesegnetsten Lande nicht in die allersicherste Lebens Gefahr stürzen wolte; so konte doch einem andern gantz abscheulichen Ubel nicht vorbauen, als worüber ich in die alleräuserste Bestürtzung gerieth, und welches einem jeden Christen einen sonderbaren Schauder erwecken wird.

Es melbete mir nehmlich mein getreuer Christian, daß meine 3. noch übrigen Lands=Leute seit etlichen Monathen 3. Aeffinnen an sich gewöhnet hätten, mit welchen sie sehr öffters, so wohl bey Tage als Nacht eine solche schändliche Wollust zu treiben pflegten, die auch diesen ehemahligen Heyden recht eckelhafft und wider die Natur lauffend vorkam. Ich ließ mich keine Mühe ver-driessen dieser wichtigen Sache, um welcher willen der Höchste die gantze Insul verderben können, recht gewiß zu werden, war auch endlich so glücklich, oder besser zu sagen, unglücklich, alles selbst in Augenschein zu nehmen, und ein lebendiger Zeuge davon zu seyn, worbey ich nichts mehr, als verdammte Wolluft bestialischer Menschen, nechst dem, die ungewöhnliche Zuneigung solcher vierfüßigen Thiere, über alles dieses aber die besondere Langmuth GOttes zu bewun=[599]dern wuste. Folgendes Tages nahm ich die 3. Sodomiten ernstlich vor, und hielt ihnen, wegen ihres begangenen abscheulichen Lasters eine kräfftige Gesetz=Predigt, führete ihnen anbey den Göttlichen Außspruch zu Gemüthe: Wer bey einem Viehe schläfft soll des Todes sterben etc. etc. Zwey von ihnen mochten sich ziemlich gerührt befinden, da aber der dritte, als ein junger freveler Mensch, ihnen zusprach, und sich vernehmen ließ, daß ich bey itzigen Um-ständen mich um ihr Leben und Wandel gar nichts zu be-kümmern, vielweniger ihnen etwas zu befehlen hätte, giengen sie alle drey höchst verdrießlich von mir.

Mittlerzeit aber, da ich diese Straf=Predigt gehalten,
hatten die zwey frommen Indianer Christianus und Petrus,
auf meinen Befehl die drey verfluchten Affen=Huren
glücklich erwürget, so bald nun die bestialischen Liebhaber
5 dieses Spectacul ersahen, schienen sie gantz rasend zu
werden, hätten auch meine Indianer ohnfehlbar erschossen,
allein zu allem Glücke hatten sie zwar Gewehr, jedoch
weder Pulver noch Bley, weiln der wenige Rest · desselben
in meiner Hütte verwahret lag. In der ersten Hitze
10 machten sie zwar starcke Gebärden, einen Krieg mit mir
und den Meinigen anzufangen, da ich aber meinen Leuten
geladenes Gewehr und Schwerdter gab, zogen die schänd=
lichen Buben zurücke, dahero ich ihnen zurieff: sie solten
auf guten Glauben herzukommen, und diejenigen Geräth=
15 schafften abholen, welche ich ihnen aus Barmhertzigkeit
schenckte, nachhero aber sich nicht gelüsten lassen, über den
Nord=Fluß, in unser Revier zu kommen, widrigenfalls
wir sie als Hunde darnieder schiessen wolten, [600] weil
geschrieben stünde: Du sollst den Bösen von dir thun.

20 Hierauff kamen sie alle drey, und langeten ohne
eintziges Wort zu sprechen diejenigen Geschirre und andere
höchstnöthigen Sachen ab, welche ich durch die Indianer
entgegen setzen ließ, und verlohren sich damit in das Öst=
liche Theil der Insul, so daß wir in etlichen Wochen
25 nicht das geringste von ihnen zu sehen bekamen, doch war
ich nebst den Meinen fleißig auf der Hut, damit sie uns
nicht etwa bey nächtlicher Zeit überfallen und erschlagen
möchten.

Allein hiermit hatte es endlich keine Noth, denn ihr
30 böses Gewissen und zaghaffte Furchtsamkeit mochte sie
zurück halten, jedoch die Rache folgte ihnen auf dem Fuße
nach, denn die Bösewichter musten kurtz hernach einander
erschröcklicher Weise selbsten aufreiben, und den Lohn ihrer
Boßheiten geben, weil sich niemand zum weltlichen Richter
35 über sie aufwerffen wolte.

Eines Tages in aller Frühe, da ich den dritten
Theil der Nacht=Wache hielt, hörete ich etliche mahl nach

einander meinen Nahmen Don Valaro von ferne laut
ausruffen, nahm derowegen mein Gewehr gieng vor die
hütte heraus, und erblickte auf dem gemachten Damme
des Nord=Flusses, einen von den dreyen Bösewichten
stehen, der mit der rechten Hand ein grosses Messer in
die Höhe reckte. So bald er mich ersahe, kam er eilends
herzu gelauffen, da aber ich mein aufgezogenes Gewehr
ihm entgegen hielt, blieb er etwa 20. Schritt vor mir
stehen und schrye mit lauter Stimme: Mein Herr! mit
diesem Messer habe ich in vergangener [601] Nacht meine
Cameraden ermordet, weil sie mit mir um ein junges
Affen=Weib Streit anfiengen. Der Weinbeer und Palmen=
Safft hatte uns rasend voll gemacht, sie sind beyde ge=
storben, ich aber rase noch, sie sind ihrer grausamen
Sünden wegen abgestrafft, ich aber, der ich noch mehr als
sie gesündiget habe, erwarte von euch einen tödtlichen
Schuß, damit ich meiner Gewissens=Angst auf einmahl
loß komme.

Ich erstaunete über dergleichen entsetzliche Mord=
Geschicht, hieß ihm das Messer hinweg werffen und näher
kommen, allein nachdem er gefragt: Ob ich ihn erschiessen
wolle? und ich ihm zur Antwort gegeben: Daß ich
meine Hände nicht mit seinem Blute besudeln, sondern
ihn GOTTES zeitlichen und ewigen Gerichten überlassen
wolle; fassete er das lange Messer in seine beyden Fäuste,
und stieß sich selbiges mit solcher Gewalt in die Brust
hinein, daß der verzweiffelte Cörper sogleich zur Erden
stürtzen und seine schandbare Seele ausblasen muste. Meine
verschiedenen Gemüths=Bewegungen presseten mir viele
Thränen aus den Augen, ohngeacht ich wohl wuste, daß
solche lasterhaffte Personen derselben nicht werth waren,
doch machte ich, mit Hülffe meiner beyden Getreuen,
sogleich auf der Stelle ein Loch, und scharrete das Aaß
hinein. Hierauff durchstreifften wir die Ostliche Gegend.
und fanden endlich nach langem Suchen die Hütte, worinnen
die beyden Entleibten beysammen lagen, das teufflische
Affen=Weib saß zwischen beyden inne, und wolte durchaus

nicht von dannen weichen, weßwegen ich das schändliche
Thier gleich auf der Stelle [602] erschoß, und selbiges
in eine Stein=Klufft werffen ließ, die beyden Viehisch=
Menschlichen Cörper aber begrub ich vor der Hütte, zer=
störete dieselbe, und nahm die nützlichsten Sachen daraus
mit zurück in unsere Haußhaltung. Dieses geschahe in der
Weinlese=Zeit im Jahre 1527.

Von nun an führete ich mit meinen beyden Getreuen
christlichen Indianern die allerordentlichste Lebens=Art,
denn wir beteten täglich etliche Stunden mit einander, die
übrige Zeit aber wurde theils mit nöthigen Verrichtungen,
theils aber in vergnügter Ruhe zugebracht. Ich merckte
an keinen von beyden, daß sie sonderliche Lust hätten,
wiedrum zu andern Menschen zu gelangen, und noch
vielweniger war eine Begierde zum Frauen=Volck an ihnen
zu spüren, sondern sie lebten in ihrer guten Einfalt schlecht
und gerecht. Ich vor meine Person empfand in meinem
Hertzen den allergrösten Eckel an der Vermischung mit
dem Weiblichen Geschlechte, und weil mir ausserdem der
Appetit zu aller weltlichen Ehre, Würde, und den darmit
verknüpfften Lustbarkeiten vergangen war, so fassete den
gäntzlichen Schluß, daß, wenn mich ja der Höchste von
dieser Insul hinweg, und etwa an andere christliche
Oerter führen würde, daselbst zu seinen Ehren, ver=
mittelst meiner kostbaren Schätze, ein Closter aufzubauen,
und darinnen meine Lebens=Zeit in lauter GOttes=Furcht
zuzubringen.

Im Jahr Christi 1538. starb auch der ehrliche
getauffte Christ, Petrus Gutmann, welchen ich nebst dem
Christiano hertzlich beweinete, und ihn [603] aufs
ordentlichste zu Erde bestattete. Er war ohngefähr etliche
60. Jahr alt worden, und bißhero gantz gesunder Natur
gewesen, ich glaube aber, daß ihn ein jählinger Trunck,
welchen er etwas starck auf die Erhitzung gethan, ums
Leben brachte, doch mag er auch sein ihm von GOtt be=
stimmtes, ordentliches Lebens=Ziel erreicht haben.

Nach diesem Todes=Falle veränderten wir unsere

einander meinen Nahmen
ausruffen, nahm derowegen
hätte heraus, und erblickte
des Nord=Flusses, einen
stehen, der mit der rechten
die Höhe rechte. So bald
herzu gelauffen, da aber
ihm entgegen hielt, blieb
stehen und schrye mit lautem
diesem Messer habe ich
Cameraden ermordet, weil
Affen=Weib Streit anfiengen
Safft hatte uns rasend
storben, ich aber rase no
Sünden wegen abgestrafft.
sie gesündiget habe, erwa
Schuß, damit ich meiner
loß komme.

Ich erstaunete über
Geschicht, hieß ihm das Me
kommen, allein nachdem er
wolle? und ich ihm zur
meine Hände nicht mit se
ihn GOTTES zeitlichen
wolle; fassete er das lange
und stieß sich selbiges mit
hinein, daß der verzweiffel
stürtzen und seine schandbare
verschiedenen Gemüths=Bew
Thränen aus den Augen,
solche lasterhaffte Personen
doch machte ich, mit Hül
sogleich auf der Stelle ein
hinein. Hierauff durchstrei
und fanden endlich nach lang
die beyden Entleibten bey
Affen=Weib saß zwischen b

aufzuzeichnen im Begriff bin, stehe ich in
em Jahre, und wünsche nur dieses:

c Seele sterbe des Todes der Gerechten,
Ende werde wie meines getreuen Christians

rthen Cörper meines allerbesten Freundes
Fusse dieses Hügels, gegen Morgen zu,
sein Grab mit einem grossen [605] Steine,
reutz nebst der Jahr=Zahl seines Ablebens
erckt. Meine Augen sind nachhero in etlichen
ahls trocken von Thränen worden, jedoch, da
ero den Allerhöchsten zum einzigen Freunde
wurde auf gantz besondere Art getröstet, und
gesetzt, mein Verhängniß mit gröster Gedult

ahr nach meines liebsten Christians Tode,
Jahr 1560. habe ich angefangen in den
rbeiten, und mir auf die Winters=Zeit eine
nung zuzurichten. Du! der du dieses liesest,
Bau betrachtest, wirst gnungsame Ursache
x die Unverdrossenheit eines einzelen Menschen
n, allein, bedencke auch die lange Weile, so
e. Was solte ich sonst nutzbares vornehmen?
ücker=Bau brauchte ich wenige Tage Mühe,
derzeit hundertfachen Segen. Ich habe zwar
hier hinweg geführet zu werden, und hoffe
es ist mir wenig daran gelegen, wenn
wie bißhero, vergeblich ist und bleibt.
grösten Possen haben mir die Affen auf
iesen, indem sie mir mein Tage=Buch, in
was mir seit dem Jahr 1509. biß auf
rckwürdiges begegnet, richtig aufgezeichnet
606] Weise entführet, und in kleine
also habe ich in dieser zweyten Aus=
ens=Beschreibung nicht so ordentlich
l gewollt, sondern

Wohnung, und bezogen den grossen Hügel, welcher zwischen
den beyden Flüssen fast mitten auf der Insul lieget, allda
baueten wir eine geraumliche Hütte, überzogen dieselbe
dermassen starck mit Laub=Werck, daß uns weder Wind
noch Regen Verdruß anthun konte, und führeten darinnen
ein solches geruhiges Leben, dergleichen sich wohl alle
Menschen auf der gantzen Welt wünschen möchten.

    Wir haben nach der Zeit sehr viel zerscheiterte
Schiffs=Stücken, grosse Ballen und Pack=Fässer auf den
Sand=Bäncken vor unserer Insul anländen sehen, welches
alles ich und mein Christian, vermittelst eines neugemachten
Flosses, von dannen herüber auf unsere Insul holeten,
und darinnen nicht allein noch mehrere kostbare Schätze
an Gold, Silber, Perlen, Edlen=Steinen und allerley
Hauß=Geräthe, sondern auch Kleider=Werck, Betten und
andere vortreffliche Sachen fanden, welche letztern unserm
Einsiedler=Orden von aller Strengigkeit befreyeten, indem
wir, vermittelst desselben, die Lebens=Art aufs aller-
bequemste einrichten konten.

    |604] Neunzehn gantzer Jahre habe ich nach des
Petri Tode mit meinem Christiano in dem allerruhigsten
Vergnügen gelebt, da es endlich dem Himmel gefiel, auch
diesen eintzigen getreuen Freund von meiner Seite, ja von
dem Hertzen hinweg zu reissen. Denn im Frühlinge des
1557ten Jahres· fing er nach und nach an, eine
ungewöhnliche Mattigkeit in allen Gliedern zu empfinden,
worzu sich ein starcker Schwindel des Haupts, nebst dem
Eckel vor Speise und Tranck gesellete, dahero ihm in
wenig Wochen alle Kräffte vergingen, biß er endlich am
Tage Allerheiligen, nehmlich am 1. Novembr. selbigen
Jahres früh bey Aufgang der Sonnen, sanfft und seelig
auf das Verdienst Christi verschied, nachdem er seine
Seele in GOttes Hände befohlen hatte.

    Die Thränen fallen aus meinen Augen, indem ich
dieses schreibe, weil dieser Verlust meines lieben Getreuen
mir in meinem gantzen Leben am allerschmertzlichsten
gewesen. Voritzo, da ich diesen meinen Lebens=Lauff zum

andern mahle aufzuzeichnen im Begriff bin, stehe ich in meinem 105ten Jahre, und wünsche nur dieses:

Meine Seele sterbe des Todes der Gerechten, und mein Ende werde wie meines getreuen Christians Ende.

Den werthen Cörper meines allerbesten Freundes habe ich am Fusse dieses Hügels, gegen Morgen zu, begraben, und sein Grab mit einem grossen [605] Steine, worauf ein Creutz nebst der Jahr=Zahl seines Ablebens
10 gehauen, bemerckt. Meine Augen sind nachhero in etlichen Wochen niemahls trocken von Thränen worden, jedoch, da ich mir nachhero den Allerhöchsten zum einßigen Freunde erwehlte, so wurde auf gantz besondere Art getröstet, und in den Stand gesetzt, mein Verhängniß mit gröster Gedult
15 zu ertragen.

Drey Jahr nach meines liebsten Christians Tode, nehmlich im Jahr 1560. habe ich angefangen in den Hügel einzuarbeiten, und mir auf die Winters=Zeit eine bequeme Wohnung zuzurichten. Du! der du dieses liesest,
20 und meinen Bau betrachtest, wirst gnungsame Ursache haben, dich über die Unverdrossenheit eines einßelen Menschen zu verwundern, allein, bedencke auch die lange Weile, so ich gehabt habe. Was solte ich sonst nußbares vornehmen? Zu meinem Acker=Bau brauchte ich wenige Tage Mühe,
25 und bekam jederzeit hundertfachen Segen. Ich habe zwar gehofft, von hier hinweg geführet zu werden, und hoffe es noch, allein, es ist mir wenig daran gelegen, wenn meine Hoffnung, wie bißhero, vergeblich ist und bleibt.

Den allergröften Possen haben mir die Affen auf
30 dieser Insul bewiesen, indem sie mir mein Tage=Buch, in welches ich alles, was mir seit dem Jahr 1509. biß auf das Jahr 1580. merckwürdiges begegnet, richtig aufgezeichnet hatte, schändlicher [606] Weise entführet, und in kleine Stücken zerrissen, also habe ich in dieser zweyten Aus=
35 fertigung meiner Lebens=Beschreibung nicht so ordentlich und gut verfahren können, als ich wohl gewollt, sondern

mich einzig und allein auf mein sonst gutes Gedächtniß
verlassen müssen, welches doch Alters wegen ziemlich stumpff
zu werden beginnet.

Immittelst sind doch meine Augen noch nicht dunckel
worden, auch bedüncket mich, daß ich an Kräfften und übriger
Leibes=Beschaffenheit noch so starck, frisch und ansehnlich bin,
als sonsten ein gesunder, etwa 40. biß 50. jähriger Mann ist.

In der warmen Sommers=Zeit habe ich gemeiniglich
in der grünen Laub=Hütte auf dem Hügel gewohnet, zur
Regen= und Winters=Zeit aber, ist mir die ausgehaune
Wohnung unter dem Hügel trefflich zu statten gekommen,
hieselbst werden auch diejenigen, so vielleicht wohl lange nach
meinem Tode etwa auf diese Stelle kommen, ohne besondere
Mühe, meine ordentlich verwahrten Schätze und andere nützliche Sachen finden können, wenn ich ihnen offenbare, daß
in der kleinsten Kammer gegen Osten, und dann unter meinem
Steinernen Sessel das allerkostbarste anzutreffen ist.

Ich beklage nochmahls, daß mir die leichtfertigen
Affen mein schönes Tage=Buch zerrissen, denn wo dieses
vorhanden wäre, wolte ich dir, mein zukünfftiger Leser,
ohnfehlbar noch ein und andere nicht unangenehme
Begebenheiten und Nachrichten beschrieben haben. Sey
immittelst [607] zu frieden mit diesen wenigen, und wisse,
daß ich den Vorsatz habe, so lange ich sehen und schreiben
kan, nicht müßig zu leben, sondern dich alles dessen, was
mir hinführo noch sonderbares und merckwürdiges vor=
kommen möchte, in andern kleinen Büchleins benachrichtigen
werde. Voritzo aber will ich diese Beschreibung, welche
ich nicht ohne Ursach auch ins Spanische übersetzt habe,
beschliessen, und dieselbe bey Zeiten an ihren gehörigen
Ort beylegen, allwo sie vor der Verwesung lange Zeit
verwahrt seyn kan, denn ich weiß nicht, wie bald mich
der Todt übereilen, und solchergestalt alle meine Bemühung
nebst dem guten Vorsatze, meinen Nachkommen einen Ge=
fallen zu erweisen, gäntzlich zernichten möchte. Der GOtt,
dem ich meine übrige Lebens=Zeit aufs allereiffrigste zu
dienen mich verpflichte, erhöre doch, wenn es sein gnädiger

Wille, und meiner Seelen Seeligkeit nicht schädlich ist,
auch in diesem Stücke mein Gebeth, und lasse mich nicht
plötzlich, sondern in dieser meiner Stein=Höle, entweder
auf dem Lager, oder auf meinen Sessel geruhig sterben,
5 damit mein Cörper den leichtfertigen Affen und andern
Thieren nicht zum Spiele und Scheusal werde, solte auch
demselben etwa die zukünfftige Ruhe in der Erde nicht
zugedacht seyn; Wohlan! so sey diese Höle mir an statt
des Grabes, biß zur frölichen Auferstehung aller Todten.

———

10　　[608] SO viel ists, was ich Eberhard Julius von
des seeligen Don Cyrillo de Valaro Lebens=Beschreibung
aus dem Lateinischen Exemplar zu übersetzen gefunden,
kömmt es nicht allzu zierlich heraus, so ist doch dem Wercke
selbst weder Abbruch noch Zusatz geschehen. Es sind noch
15 ausser diesem etliche andere **Manuscripta,** und zwar
mehrentheils in Spanischer Sprache vorhanden, allein, ich
habe bißhero unterlassen, dieselben so wohl als die wenigen
Lateinischen ins Deutsche zu übersetzen, welches jedoch mit
der Zeit annoch geschehen kan, denn sein Artzeney=Buch,
20 worinnen er den Nutzen und Gebrauch der auf dieser
Insul wachsenden Kräuter, Wurtzeln und Früchte abhandelt,
auch dabey allerley Kranckheiten und Schäden, die ihm
und seinen Gefährten begegnet sind, erzehlet, verdienet
wohl gelesen zu werden, wie denn auch sein Büchlein vom
25 Acker= und Garten=Bau, ingleichen von allerhand nützlichen
Regeln wegen der Witterung nicht zu verachten ist.

Herrosé & Ziemsen, Wittenberg.

kmal

r

ELAND

LKEN

Dritte Folge No. 1.

:sche Litteraturdenkmale

des 18. und 19. Jahrhunderts

herausgegeben von August Sauer

HEIDIGUNG DES HERRN WIELAND

GEGEN DIE WOLKEN

N DEM VERFASSER DER WOLKEN

(1776)

VON

J. M. R. LENZ

HERAUSGEGEBEN

VON

ERICH SCHMIDT

BERLIN W. 35

B. BEHR'S VERLAG

1902

Inhalt.

Wort unmittelbar aus dem köstlichen von Johanna
Fahlmer niedergeschriebenen Gespräch (Goethe-Jahr-
buch 2, 379), aber trotzdem noch 1775 mehr als eine
kriegerische Drohung, und es ist Lenz, den Goethe
damals für den gefährlichsten Widersacher des „Nach-
bar Gorgias" hält.   Bei Lenz wirkten ethische Grillen
mit dem Zorn über Recensionen im Teutschen Merkur
zusammen.   Zwar muss er selbst gestehen, es sei ihm
glimpflich begegnet worden: die Anzeige der „Lustspiele nach dem Plautus" (September 1774, S. 355 f.)
und des „Hofmeisters" (ebenda S. 356—8) sind vor-
wiegend sehr günstig;   auch „Der neue Menoza"
(November 1774) könnte leicht viel übler fahren, und
in der scharfen Recension des göttingischen Almanachs
(Januar 1776, S. 86) finden die „kleinsten Schnitzen"
aus Goethes oder Lenzens Brieftasche neben Klopstock
und Claudius ihr Platzrecht. Der Verfasser des „Leidenden
Weibes", Klinger, wird freilich (August 1775, S. 177)
ein Nachahmer Lenzens genannt mit dem Zusatz: „Der
Nachahmungssucht schreibe ich auch die unartigen Aus-
fälle zu, die der rüstige Knabe auf Wieland gethan."
Die „Unterredungen zwischen W** und dem Pfarrer
zu ***", deren Abwehr des Vorwurfs, Wieland stelle
gewisse Laster verführerisch reizend dar, Lenz selbst
später anerkennt, erschienen vom April 1775 an, also
gerad in der Zeit, wo Lenz den mörderischen Kampf
betrieb. Ihre überlegnen Worte gegen den „redlichen,
die Tugend mit Enthusiasmus liebenden Jüngling Voss"
(S. 82), Aussprüche wie dieser: dass „ein junger un-
erfahrner Neuling in der Welt unmöglich ein Sokrates
seyn kann" (S. 83) samt der Wendung von „unreifen
muthwilligen Jungen, die sich zu Richtern aufwerfen"
waren nicht danach angethan, den Ehrgeiz und die
Neusüchtigkeit eines Herolds der vorrückenden Gene-
ration alsbald zu dämpfen.
    Lenz fühlte sich schwer gekränkt durch den Hohn,
den Wieland einer ausdrücklich Lenz, nicht Goethe

als Verfasser nennenden leeren Recension der „Anmerkungen übers Theater" (Januar 1775, S. 94 f.; Schmid)
beigefügt hatte, obwohl diese dramaturgischen Rhap-
sodien gegen Aristoteles und die Franzosen ihn aus
dem Spiele lassen, ja seine Übersetzung des „Julius
Caesar" ruhig citieren.   Der „W." unterzeichnete
„Zusatz des Herausgebers" lautet (S. 95 f.):

  Der Verfasser der A. ü. Th. mag heissen wie er will,
traun! der Kerl ist 'n Genie, und hat blos für Genien, wie
er ist geschrieben, wiewohl Genien nichts solches nöthig
haben. Sollt ihm dies aber nicht erlaubt gewesen seyn?
Durft er doch schreiben, was gar niemand, was er selbst
nicht verstunde! Wer konnt's ihm wehren? Fürs Publikum
ist so was freylich nicht. Denn was soll dies damit machen?
Wie soll es dem Genie seine Räthsel erra then? oder er-
gänzen, was der geheimnissreiche Mann nur halb sagt?
oder ihm in seinen Gemssprüngen von Klippe zu Klippe
nachsetzen? — Sein Ton ist ein so fremder Ton, seine
Sprache ein so wunderbares Rothwelsch, dass die Leute
dastehn, und 's Maul aufsperren, und recken die Ohren, und
wissen nicht ob sie süss oder sauer dazu sehen sollen; —
sehen also Höflichkeits halben, und um sicher zu gehen,
lieber süss, wie die meisten Zeitungsschreiber und Recen-
senten. — Sein Ton ist nicht der Ton der Welt; es ist auch
nicht der Ton der Untersuchung; Schulton ist's auch
nicht; Kenner haben sonst auch noch nie so gesprochen.
Was ist's denn? Es ist der Ton eines Sehers, der Gesichte
sieht, und mit unter der Ton eines *Quomebaccherapistuiplenum*,
der seinen Mund weit aufthut, um etwas herrliches, funkel-
neues, noch von keinem Menschensohn gesagtes,
zu sagen, und dann gleichwohl (wie Horaz in seinem Rausche)
gerade nichts sagt, das sich der Müh verlohnte, das Maul
so weit aufzureissen. Mag seyn, dass ein solcher begeisterter
Seher oder Genie allerley Dinge sieht, die wir andern Leute,
die ihrer Sinnen mächtig sind, nicht sehen — auch wohl
zwoo Sonnen, zwoo Theben für eine — aber das Unglück ist, dass der Leser selten gewiss werden kann, was
der Mann gesehen hat, und ob er auch recht gesehen hat.
Ein solch Büchlein, so klein es ist, den Lesern, die keine
Genien sind, verständlich zu machen, zu prüfen, das Korn
von der Spreu zu scheiden, und zu zeigen, was darinn gesunde Kritik, und was eitel schaales Persiflage ist, was
würklich neugedacht, und was nur durch die Affectation
seltsamer Wendungen, Wortfiguren und Nothzüchtigung der

Sprache den Schein einer unerhörten Entdeckung bekommen
hat, wiewohl Andre das lange vorher kürzer, deutlicher und
richtiger gesagt haben, — Alles dies zu thun, müsste man
ein Buch in Folio schreiben; und wer soll's schreiben? oder,
wenn's geschrieben wäre, wer soll's lesen?

Uebrigens, wenn unsre Leser sich mit ihren sehenden
Augen überzeugen wollen, dass es auch schon im Jahre 1773,
und also wenigstens ein Jahr vorher, eh der Verfasser der
Anmerkungen der Welt sein Lichtlein leuchten liess, Leute
gab, welche wussten, worinn Shakespears grosser Vor-
zug besteht: so ersuchen wir sie nur im 3ten Band des
T. Merkurs die 184 und 185ste Seite zu lesen [Augusᵗ 1773
S. 183—188 Wielands enthusiastischer Aufsatz „Der Geist
Shakespears"], und dann — das Buch wieder zuzumachen.

Lenz wollte diesen dem jungen Geschlecht, seinen
Göttern und Götzen vermeintlich unholden Inhaber der
einflussreichen bellettristischen Recensieranstalt, diesen
falschen bethörenden Graziendichter, diesen undeutschen
Makler fremden Giftes, wie er ihn sich karikierte, in
den Staub strecken und Wieland nicht bloss mit Schrot-
schüssen des Epigramms („Der Archiplagiarius"; Weinhold, Gedichte von J. M. R. Lenz 1891, S. 105) oder
kleineren Satiren („Menalk und Mopsus" ebenda S. 90,
„Éloge de feu Monsieur **nd" S. 99), nicht bloss mit
einer grobwitzigen persönlichen Episode des „Pandämonium Germanicum" (s. Beilage I), sondern auch mit
der vollen Ladung einer modernen Aristophanischen
Komödie treffen. Warum musst' ich, fragt er in einem
Brief, gerad über Aristophanes sitzen, als Wieland
mich beleidigte? Diese „Wolken" hat uns, nach An-
deutungen Jegórs v. Sivers („J. M. R. Lenz. Vier
Beiträge zu seiner Biographie und zur Litteraturgeschichte seiner Zeit", Riga 1879), Karl Weinhold
durch genaue kritische Zusammenstellung der Brief-
nachrichten und den Abdruck spärlicher Reste näher
gebracht. Ich wiederhole nicht, was in seinem Buche
„Dramatischer Nachlass von J. M. R. Lenz" 1884,
S. 313 ff. zu lesen ist.*) Die Handschriften vom Sommer

---

*) Zu Weinholds Angaben und den infamierenden Bruch-
stücken S. 331 ff. füge man etwa noch den Satz auf einem

1775 und vom nächsten Frühjahr sind unwiederbringlich verloren, der bei Helwing in Lemgo bis zum März
1776 durch Boies Vermittelung hergestellte Druck ist
auf Lenzens Wunsch völlig zerstört worden. Den
ersten Anstoss dazu gab die Rücksicht auf Wielands
Jugendgeliebte Sophie v. La Roche und die Kunde,
Wieland habe ihren Sohn erzogen.

Der Vorgang, dass jemand eine gar nicht erschienene Satire selbst öffentlich ablehnt, ist wohl unerhört und sogar dem litterarischen Maskenspiel
Hamanns fremd. Die „Vertheidigung" muss im Spät-
jahr 1775 geschrieben sein; den Plan wird Lenzens
Wort an Boie (September?) andeuten: „Ich habe ein
Mittel, alles das bei Wieland und seinem Publiko wieder
gut zu machen, das ich aber in petto behalte."

Briefe an Boie, dem durch Lenz auch eine Polemik
Schlossers gegen die „Abderiten" und durch Weygand
Goethes Wertherische „Anekdote" gegen Nicolai (Waldmann, Lenz in Briefen 1894, S. 50) für das Deutsche
Museum angehängt werden sollte, und an Zimmermann
unterrichten uns über den äusseren Verlauf. In demselben Brief (empfangen am 12. Febr. 1776), wo Lenz
die Unterdrückung der „Wolken" oder wenigstens den
Ersatz deutscher Namen durch griechische bedenkt,
bittet er die „Vertheidigung" nicht beizugeben, sondern
„als Palinodie, nicht als prämeditirte versteckte Apo-
logie" für sich zu drucken. Sie soll auch ohne die
„Wolken" ausgehen: „Desto origineller ist sie. Man
kann dazusetzen, der Vf. habe den Druck der W. verhindert und weil viele sie im Mskpt gelesen, diess zu
seiner Vertheidigung geschrieben. Ich will nichts dafür."
Unmittelbar darauf betreibt er nach ganz ähnlichen
Worten den Druck der „Vertheidigung", die Wielands

Strassburger Folio: „So lange Philosophie restinirter Müssig-
gang und Beschaulichkeit des Lebens anderer ist, so bedank
ich mich vor denen Sokraten. Und insofern hat Aristophanes
immer recht wider sie gehabt."

„Hauptgesinnungen mehr schaden wird als alle Anschuldigungen. Ich kenne mein Publikum — und jetzt
ist es Zeit. Wenn das Eisen ausgeglüht hat, fällt der
Hammer zu spät.“ Am 20. Februar empfängt Boie von
Lenz den S. 2 mit winzigen Abweichungen gedruckten
Entwurf einer Vorrede des Verlegers Helwing in Lemgo.
„Die Wolken sind unterdrückt,“ beteuert der Herausgeber der „Flüchtigen Aufsätze“, Kayser, der im Oktober 1775 die Publikation insgeheim in Ulm hatte
besorgen wollen, nun am 3. März aus Zürich; „Die
Vertheidigung der Wolken wird hier unter uns circuliren.
Schlosser schrieb darunter: Helas tais-toi Jean Jaq [so]
ils ne t'entendront pas — und das ist herrlich wahr.“
Bald ging ein wunderlicher Bitt- und Mahnbrief Lenzens,
der sehnsüchtige Blicke nach Weimar warf, an Wieland
ab. Diesem sollten ein paar Exemplare der „Vertheidigung“ anonym zugehn, „damit er sie desto eher
bekommt und sein Misstrauen gegen uns entwaffnet
wird“ (an Boie, 11. März). Boie meldet (8. März), dass
bei dem Todesurteil über die „Wolken“ der erste „an-
gedruckte“ Bogen der „Vertheidigung“ umgedruckt
werden musste, wovon auch am 22. März (Waldmann
S. 45) wiederum die Rede ist; Wieland solle zwei
Exemplare kriegen. Wir erfahren, dass Helwing noch
immer die „Vertheidigung“ für ein Werkchen Goethes
hielt, der übrigens von den „Wolken“ gar nichts wusste
(Waldmann S. 48). Lenz empfing Anfang Mai die
„Vertheidigung“ gleichzeitig mit der dem Buchhändler
zum Schadenersatz für die „Wolken“ überlassenen
Komödie „Die Freunde machen den Philosophen“ und
konnte, begeistert für Weimar und für Wieland, die
verabredete Sendung an diesen eben noch bei Boie
widerrufen.

Einen langen sehr interessanten Erguss Lenzens
an F. L. Stolberg (April oder Mai 1776) über seinen
herrlichen Verkehr mit Wieland, „dem einzigen Menschen,
den ich vorsätzlich und öffentlich beleidigt habe“, hat

Dumpf 1819 im Vorwort des „Pandämonium Germanicum" mitgeteilt. Ich habe ihn jüngst aus diesem Versteck hervorgezogen (Lenziana S. 15, Sitzungsberichte der kgl. preuss. Akademie der Wissenschaften 41, 993) und wiederhole hier nochmals den Bericht, soweit er sich nicht auf das Persönliche, sondern Wielands eigenen Worten gemäss auf die litterarisch-sittlichen Grundsätze bezieht und damit auch der „Vertheidigung" vollends den Garaus macht:

In der That, bester Freund, ist ein wesentlicher Unterschied unter einem schlüpfrigen und einem komischen Gedicht, wie Wielands Erzählungen und Ritterromane sind. In den ersten werden die Unordnungen der Gesellschaft ohne Zurückhaltung mit bacchantischer Frechheit gefeiert und ihnen, dass ich so sagen mag, Altäre gesetzt, wie Voltaire und Piron thaten; in diesen werden die Schwachheiten und Thorheiten der Menschen mit dem Licht der Wahrheit beleuchtet und (wie könnte ein Philosoph sie würdiger strafen) dem Gelächter weiterer Menschen Preis gegeben. Mich deucht, der Unterschied ist sehr kennbar, und nur Leidenschaft konnte mich bisher blenden, ihn nicht zu sehen.

Man wirft ihm vor, dass seine komischen Erzählungen zu reitzend, gewisse Scenen darin zu ausgemalt sind. Ein besonderer Vorwurf! Eben darin bestand sein grösstes Verdienst, und der höchste Reiz seiner Gemälde ist der ächteste Probierstein für die Tugend seiner Leser. Tugend ohne Widerstand ist keine, so wenig als einer sich rühmen darf, reiten zu können, wenn er nie auf etwas anders, als auf ein Packpferd gekommen. Eine solche furchtsame, träge, ohnmächtige Tugend ist bey der ersten Versuchung geliefert. Will also einer an diesem Eckstein sich den Kopf zerschellen, anstatt sich an ihm aufzurichten, so thut er's auf seine Gefahr. Dasselbe würde ihm bey der ersten schönen Frau begegnet seyn; darf er deswegen den Schöpfer lästern, der sie gemacht hat? Setzen wir diese nun auch in hundert noch reitzendere Verhältnisse, der Reine, dem alles rein ist, und der seinen Entschluss und seine Hoffnungen unwandelbar im Busen fühlt, wird, wenn wir sie zu Hunderten gruppirten, mit der Trunkenheit eines Kunstliebhabers, wie unter Griechischen Statuen vorbeygehn, ohne einen Augenblick zu vergessen, dass nur eine ihn glücklich machen kann. Überhaupt schweigt der thierische Trieb, je höher wir auch die Reitze der körperlichen Schönheit spannen, und verliert sich unvermerkt in die seelige Unruhe und Wonne des

Herzens, das alsdann von neuen, menschenwürdigern, ent-
zückendern Gefühlen schwillt, wohin ihn Wieland, an hundert
Stellen seiner komischen Gedichte, so geschickt hinauf-
zubegleiten wusste. Welche Wohlthat er dem menschlichen
Geschlechte dadurch erwiesen, wird ihm erst die Nachwelt
danken: falls seine Gedichte etwa nicht, unglücklicherweise,
anders gelesen werden sollten, als er sie gelesen haben will.

So war Lenzens „ewiger" Hass flugs in die
schrankenloseste Bewunderung umgeschlagen. Wieland
benahm sich mit vollendeter weiser Bonhommie. Der
Widerruf geschah auch vor allem Volke, denn das
Dezemberheft des Deutschen Museums brachte 1776 die
„Epistel eines Einsiedlers an Wieland" (Weinhold S. 205).
Sie war in Berka entstanden. Dort hat der Wald-
bruder wohl auch das zuerst im Morgenblatt 1855 S. 782
gedruckte röhrende Billet an Wieland geschrieben:

Es scheint, Lieber, du weisst nicht oder willst nicht
wissen, wer die Ursache des ganzen literarischen Lärmens
gegen dich war. Ich liess Götter, Helden und Wieland
drucken, und ohne mich hätten sie das Tageslicht nimmer
gesehen.

Ich hätte dir's in Weymar gesagt; ich fürchtete aber,
es würde zuviel auf einmal geben. Einmal aber muss es
vom Herzen ab, und so leb' wohl!   Lenz.

Ob er auch über die „Wolken" Generalbeichte
gethan hat? Jedesfalls begreift man seine den zu-
verlässigen Mittelsmann Boie (Waldmann S. 54) be-
leidigende Angst, der Druck möchte doch nicht spurlos
zerstört sein. Ende Juni dankt er Zimmermann, auf
dessen Rat er die Bekanntmachung sowohl der „Wolken"
als der „Vertheidigung" sich sehr ernsth aftverbeten habe;
„Zudem habe ich in der Vertheidigung Druckfehler
gefunden, die dem ganzen Dinge ein schiefes und häss-
liches Ansehen geben, ‚gefühllos' statt ‚gefühlig',
gewiss ich müsste selbst gefühllos seyn wenn ich die
Bekanntmachung einer so nachtheiligen Vertheidigung
W. ertragen könnte. Statt N. ist J. [gedruckt] und
andere dergleichen Späsgen die mir den ganzen Zweck
der Schrift verderben, die überhaupt bey unsrer gegen-

wärtigen Lage wenig Wirkung thun wird." Später
wird noch durch Boie dem wackeren Helwing eine
Ehrenerklärung gegeben und die Zurückziehung der
„hoffentlich nicht verkauften Exemplare der Vertheidigung" wie das Autodafé der „Wolken" in Zimmer-
manns Gegenwart gefordert. Es war zu spät. Der
Leipziger „Almanach der deutschen Musen auf das
Jahr 1777" S. 9 (nichtssagende Notiz), des heraus-
geforderten Nicolai Allgemeine deutsche Bibliothek
(Anhang zu Bd. 25—36, S. 774 f.; unterzeichnet A.,
d. h. nach Parthey: Beckmann), Schubarts Teutsche
Chronik (18. Juli 1776; 58. Stück, S. 461 f.) bringen
Recensionen. Diese beiden widersprechenden mögen
hier folgen. Das Berliner Organ sagt über „Vertheidigung" und „Éloge":

Ein Paar elende Scharteken. Hr. Lenz, von dem eine
Zeitlang einige Leute ein gewaltiges Lärm [so] machten,
als ob er, wer weiss was für ein Genie wäre, schreibt auf
Herrn Wieland ein Pasquill, die Wolken betitelt. Er
nimmt nachher, aus wichtigen Gründen, wie er sagt,
den heilsamen Entschluss, den Druck dieses Pasquills zu
hintertreiben. Er weiss aber den Schritt, den er im
Aristophanischen Spleen zu weit gethan, nicht anders
gut zu machen, als dass er eine Vertheidigung Wielands
gegen eben diese Wolken schreibt, deren sehr unnöthige
Existenz wir sonst gar nicht wusten, und erst hierdurch
erfahren. Es ist wohl ein Zeichen der gewaltigen Eitelkeit
des Verf. dass er auch der Welt einen solchen ungedruckten
Wisch hat ankündigen wollen. Er schwatzt dabey über
allerley Sachen ins Gelag hinein, als ob er sie verstände,
unter andern auch über die allgemeine deutsche Bibliothek, wowider es nicht der Mühe werth ist ein Wort
zu verlieren. Dabey ist es sehr possierlich, mit wie vielem
Eigendünkel er S. 32 mit Hrn. W. rechtet, und vermeynet,
Hr. W. hätte es an ihm verdienet, dass er noch schlimmer
mit ihm verführe. „Mit alledem ... gescholten hätte" [hier
20,14—32. Zu dem Wort „Kunstrichter" Fussnote: „Hr. L.
muss wohl glauben, er könne beyde Mienen sehr leicht annehmen."] Als ob, wenn auch alles dieses wahr wäre, seine
verfehlte Schakespearische Manier dadurch im geringsten besser würde. Aber solchen Leuten kommt es nur
darauf an, das Fleckchen zu finden, wo es am wehesten thut.

Unter dem Titel *Eloge* stehen drey sehr mittel-
mässige Gedichte ... womit auch W. soll **w e h e g e t h a n**
werden. Es ist aber alles so übertrieben und so platt, dass
auch da, wo d. V. einigermassen wider W. recht haben [mag],
niemand auf seine Seite treten wird.

Dagegen urteilt Schubart, denn er ist es offenbar selbst:

Vor einiger Zeit gieng eine Komödie, die Wolken betitelt, im Msct. herum, worinnen Wieland und Nikolai mit
Aristophanischer Bosheit misshandelt wurden. Da entschuldigt sich nun dessfalls der Verfasser in einem Bogen und
legt sein Glaubensbekänntniss vom Wieland und mit unter
auch von Nikolai ab, so, dass der erste damit zufrieden seyn,
der leztere aber schreyen muss über den harten schmerz-
haften Angrif eines Mannes, der ihm an Genie so weit überlegen ist. So kühn, so steif [so] und gutsinnig, so gedankenvoll
und tiefsinnig, so im Feuerstrome ausgegossen, ist noch
wenig geschrieben worden, wie hier diese drey Bogen. Am
Ende räth er Wielanden zur Strafe für viele seiner sitten-
verderbenden Schriften — in seinem Alter Dichterruhe
auf Lorbeern an. Sind 40. Jahre schon das Greisenalter des
Dichters? — Nicht doch! Homer schrieb seine Odyssee im
fünfzigsten Jahr. Klopstock einige seiner vortreflichsten
Stücke vom 40. bis zum 50sten Jahr, und Young seine
Nächte gar im 80sten Jahr. Dass Wielands Phantasie noch
bey weitem nicht aufgetrocknet sey, beweisen seine neusten
poetischen Stücke im Merkur, die gröstentheils voll Lebens-
feuer sind.

Indessen wirds jeder Leser (versteht sichs, wer lesen
kann) gar leicht sehen, dass diese Bogen einen unsrer ersten
und vortreflichsten Köpfe zum Verfasser haben. Feuer muss
da seyn, wo einem die Flamm' ins Gesicht schlägt.

————

Sachlicher Erläuterungen bedarf es im einzelnen nur
ganz wenig. 4,6 Aristophanes, Ritter V. 637 νῦν μοι θράσος
καὶ γλῶτταν εὔπορον δότε φωνήν τ'ἀνειδῆ. 22 Hesiod, Werke
u. Tage V. 25 καὶ κεραμεὺς κεραμεῖ κοτέει καὶ τέκτονι τέκτων
καὶ πτωχὸς πτωχῷ φθονέει καὶ ἀοιδὸς ἀοιδῷ. 6,22 Vgl. an
Sophie v. La Roche o D. (Euphorion 3, 538): „Sie sehen,
warum ich Wieland als Menschen lieben, als komischen
Dichter bewundern kann, aber als Philosophen hasse und
ewig hassen muss." 10,23 ff. Nicolai. 12,14 In der „Gelehrten-

republik" (5. Morgen) sagt ein „Ausrufer", nach den Gesetzen habe jeder freilich nur Eine Stimme — „aber, der
Wirkung nach, haben wir viele Stimmen; sind wir Richter."
₃₅ Wielands sauerstisses Nachwort zu der „Crudität": „Über
das Ideal einer Geschichte", anonym im T. Merkur Mai 1774,
S. 195—213; Nachwort S. 214—217. 13,₁ Nicolai. ₂₂ Diels
verweist mich freundschaftlich auf Demosthenes, Kranzrede 5
πάντων μὲν γὰρ ἀποστερεῖσθαι λυπηρόν ἐστι καὶ χαλεπὸν,
μάλιστα δὲ τῆς παρ' ὑμῶν εὐνοίας καὶ φιλανθρωπίας, ὅσφπερ
καὶ τὸ τυχεῖν τούτων μέγιστόν ἐστιν. ₂₃ Herder. 14,₁₀ Der
Δίκαιος λόγος, „Wolken" V. 906. 16,₁₁ Nicolai. ₄ Sebaldus
Nothanker. 17,₂ „Das Urtheil des Midas". T. Merkur
Januar 1775. ₁₀ „Wetterhahn", s. auch Anm. übers Theater
S. 14. ₂₂ „Uebersetzung einer Stelle aus dem Gastmahl des
Xenophons" (6,1), mit heftigem Protest gegen den „bübischen
Aristophanes", verlesen in der Strassburger Gesellschaft am
1. Februar 1776, noch ungedruckt. 20,₂₂ Wieland betont
namentlich in seiner so unbefangenen Götz-Recension die
Forderungen der Schaubühne, T. Merkur Juni 1774 S. 324 ff.
₂₂ „rüstigen Knaben" wohl Anspielung auf T. Merkur August
1775, S. 177. ₂₉ Alceste. ₂₂ Die „Geschichte des Philosophen
Danischmende" erschien seit dem Januar 1775 im T. Merkur.
22,₂₂ Werthers Leiden. 24,₃₀ Vgl. den Schluss der „Soldaten".
25,₂₇ Vgl. „An mein Herz", Gedichte ed. Weinhold S. 109 ff.
(110 V. 58 „vertaubt").

Zum Text. Die vielen, manchmal sehr starken Ana-
koluthien wie 18,₁₋₁₇, 22,₁₈—23,₁ oder Zerfahrenes wie
21,₂₆ ff. bleiben natürlich bestehen; auch allerlei Schwan-
kungen der Orthographie, soweit nicht der Zufall eine ver-
einzelte Abnormität bietet. 6,₇ auf bem fett 7,₆ Enbt=
zwecke; in den Anm. übers Theater steht Entzwecf ₂₀ zeigen,
nicht „zeugen von" ist bei Lessing u. s. w., Goethe u. s. w. nicht
selten 8,₃₆ öftern 9,₁₄ fich ist wohl aus Versehen, da
das obige nachklang, ausgefallen ₃₂ Punkt mit dem,
Lenz wollte dann „verbinden" oder „vereinigen" schreiben
10,₃₆ Richtscheid als Masc. wie Entscheid 11,₁₀ bem
₂₇ Ebenheurer 12,₁ Gesicht, das ₂ Las; Lenz mag ja in
der Eile so geschrieben haben, wie er sogar 'Parnas' schreibt
₂₂ Fischglocke ₂₂ gleichfals, sonst hier nie ₃₁ daß Wir
₃₆ Sftagraphie zu ändern ist nicht geboten, da Lensens
Griechisch manchmal inkorrekt erscheint 13,₂₂ sollten. —
₂₅ heimsucht 14,₂₂ wovon fett 15,₂₂ seyn: seyen. wie
bei Kant, Herder u. s. w. ₃₄ sobald 16,₁ J. Lenz moniert
den Druckfehler, an Zimmermann s. o. 17,₄ konnte, bie
Leben 18,₂₁ Komma fehlt ₂₂ Verdienste nicht fett
19,₁₀ Amadisse, daß ₁₈ und die 22,₁ Wohl dem ₁₉ ben

erſten   24,₉₄ glaubt zu ändern?   25,₁₀ ihre B., ihre
₁₇ ihre   20 Sie ₂₄ ſeit ab gegen 28,₂   26,₃ thönen gegen
die Norm (auch Anm. übers Theater S. 8)   27,₂₂ erborgtes
läge näher ₂₀ gefühligen korrigiert Lenz selbst statt des
Druckfehlers gefühlloſen, an Zimmermann s. o.   28,₆ ihre ₁₇ ihr

Beilagen. 1. Pandämonicum Germanicum.“
Die Scene ist aus der in einem zu Weinholds Doktor-
jubiläum 1896 als Privatdruck von Berliner Germanisten
mit den Varianten des Dumpfischen Manuskriptes und
einem Kommentar herausgegebenen Maltzahniſcheu Handschrift; beides nun in der Kgl. Bibliothek vereinigt.
Tieck und Sauer wiederbolen den Nürnberger Druck,
an dessen lässigen und willkürlichen Abweichungen
nicht Dumpf, sondern der Verleger Campe die Schuld
trägt. Vgl. zur Überlieferung noch Falck, Sterns
Litterarisches Bulletin der Schweiz V 1896, No. 1f.

29,₁₁ πσ' und 30,₂₂ banʒen schreibt Lenz auch sonst
31,₁ Sophie v. La Roche.

2. „Meynungen eines Layen den Geistlichen
zugeeignet. Stimmen eines Layen auf dem letzteu
theologischen Reichstage im Jahre 1773. Leipzig in
der Weygandschen Buchhandlung. 1775“ 189 S. Vgl.
über diese anonyme Schrift, deren Einkleidung auf
Klopstocks „Gelehrtenrepublik“ weist, deren Tendenzen
in erster Linie von Herder ausgehen, einstweilen meine
Notiz, Lenziana 1901, S. 5f. (Sitzungsberichte der kgl.
preuss. Akademie der Wissenschaften 41, 983f.). Die
ästhetisch-ethische Abschweifung berührt den Gedanken-
und Tendenzenkreis der „Vertheidigung“.

33,₅.₆ er nicht in „es“ zu ändern, da Lenz für Kind
der Natur in Gedanken „Mensch“ substituiert; auch ist 34,₃
dauerhaftern nicht geboten   34,₁₄ vgl. Anm. übers Theater
S. 28 ₁₈ im dritten Absatz „Von deutscher Baukunst“.

Vertheidigung

des

Herrn W.

gegen die Wolken

von dem

Verfaſſer der Wolken.

Nec sum adeo informis.
Virg. Eccl. 2. v. 25 & sq.

1776.

Litteraturdenkmale 121.

einen Schritt, den er im Aristophantischen Spleen zu weit gethan, auf keine andre Art gut zu machen wuste, um zugleich durch sein Beispiel allen seinen jungen Landesleuten, die in ähnliche Umstände kommen könten, einen Wink der Warnung zu hinter-[15] lassen.

Da sich sogar in der Katholischen Kirche, die eine Unfehlbarkeit des Pabstes zum ersten Grundsatz ihres Glaubens annimmt, von dem übel unterrichteten zum besser unterrichteten Pabst appelliren läßt, so wird hoffent=
5 lich einen großen Theil meiner Leser nicht befremden, wenn ein Dichter, der gewiß nicht mit kaltem Blut schrieb, bei gelassenerm Nachdenken manche Schritte, die sein Flügelroß gemacht, hernach selbst, wo nicht mißbilligt, doch entschuldigt und dafür um Nachsicht bittet. Er übersah
10 seinen Weg, und das Ziel, wohin er kommen wollte, vorher, hernach setzte er nulla habita ratione über Stock und Stein, dahin zu gelangen; er sieht sich um, und findt, daß er von der Landstraße abgeirret, durch manche Sümpfe gesetzt, sich und andere mit Koth bespritzt, und
15 nun zittert er, wohl gar durch sein Beyspiel andere Strudelköpfe zu seiner Nachah= [4] mung bewogen, und wieder sein Wissen und Willen in die äußerste Gefahr gestürzt zu haben, im Sumpf unterzusinken und dem Auge der Sterblichen entzogen zu werden.

20 Es ist nichts leichter als eine Aristophanische Schmäh= schrift geschrieben, es möchte aber in manchen Fällen ein wenig schwer werden, sie zu vertheydigen. Zum ersten gehört weder sehr ausgeschliffener Witz, noch sehr kühne und schöpferische Phantasie, noch auch großer Scharfsinn,
25 sondern nur ein hoher Grad von Unverschämtheit, alles zu sagen, was einem in den Mund kommt, und viel Boßheit und Grobheit sich durch keine Rücksichten zurück= halten zu lassen, mögten sie auch noch so erheblich und der menschlichen Gesellschaft noch so heilig seyn. Es ist

1*

dieselbe Kunst, die ein dreister Bube besitzt, dem ersten
besten wohlgekleideten Mann Koth, Steine, Erdschollen
und was ihm zu Handen kommt, ins Gesicht zu werfen.
Die Vertheidigung aber, die Darlegung der Ursachen, die
uns nothgedrungen haben, eine so unanständige Handlung
zu begehen, und wie Aristophanes (aber mit großem
Unrecht) an einem Ort sagt, alle Schaam bey Seite zu
setzen, ist eine so leichte Sache nicht, und wenn wir Unrecht
haben, unmöglich.

[5] Man wundre sich nicht, daß ich die Ver=
theidigung des Herrn W. mit einer Vertheidigung der
Wolken anfange. So scheinbar dieser Widerspruch ist, so
ist er in der That doch keiner, weil ich mich, wie billig,
erst vor meinem Vaterlande legitimiren muß, ehe Herr
W. oder ein anderer in meine Vertheidigung einen Werth
setzen können. Sonst könnte der erste beste von dem
niedrigsten Gelichter aufstehen, und die Ehre eines sonst
um die Nation verdienten Mannes ungescheut antasten,
unter dem Vorwande, durch seine Vertheidigung alles
wieder gut machen zu wollen.

Wenn bloß jugendlicher Kützel und Leichtsinn mich
zu einem solchen Schritt gebracht hätten, so wäre er in
aller Absicht unverzeyhbar, wäre es Rache für empfangene
Beleidigungen gewesen (die freylich bey den alten Griechen
für kein Laster gehalten wurde) so wäre er, ich gestehe es,
mehr klein als strafbar; beydes ist mein Fall nicht.
Herr W. hat sich gegen mich gerechter als gegen alle andere
angehende Schriftsteller bewiesen. Wäre es, was schon Hesiod
an den Dichtern gerügt hat, Handwerksneid — erlauben
meine Leser, daß ich hier Othem hole — — Herr W.
hat in der That seinen andern Zeitverwandten, denen doch
die [6] öffentliche Stimme der Nation auch Gaben des
Himmels zuerkannte, die Luft ziemlich dünne gemacht, und
in einer zu subtilen Atmosphäre können nur Sylphen
leben. So viele sind unter seiner alles verzehrenden
Influenz ohnmächtig hingesunken, ohne einen Laut von
sich zu geben, wenn nun die Wolken ein Schrey gegen

Unterdrückung gewesen wären, welcher Tyrann wollte auf=
stehen und sie Henkershänden übergeben? — Indessen,
das waren sie meines Orts nicht.   Herr W. wie gesagt,
hat sich gegen mich billiger erwiesen, als gegen andere,
5 und der nagende Vorwurf einer Unerkenntlichkeit, gänz=
lichen Unhöflichkeit vielmehr, war der schlimmste aller
Geyer, die ich zu überwinden hatte.

       Indessen, was ich niemals für mich gethan hätte,
das that ich für andere, deren stillschweigend selbstüber=
10 nommenes Loos (was die galante Welt so gern Schicksal
nennt) mir durch die Seele gieng.   Die Einbildungskraft,
meine Leser! ist der Fonds, von dem wir alle leben sollen,
dieser unter dem blendenden Vorwande des Geschmacks
alles absprechen wollen, heißt allen Dichtern einer Nation
15 das Leben absprechen: sehen Sie da die Ursache des Ver=
falls alles Geschmacks bey erloschenen Na= [7] tionen,
und damit diesem Uebel bey uns an der Wurzel vorge=
griffen werde [1]), sehen Sie da dringenden Anlaß zu einem
gewaltsamen und entscheidenden Schlage.   Sobald einer
20 allein das Geheimniß besitzt, durch gewisse Reize, die sich
andere oft nicht erlauben können, öfter aber nicht erlauben
wollen, den großen Haufen Lacher auf seine Seite zu
ziehen, und sodann nur das Geschmack nennt, was in
seinen Kram gehört, das heißt, was seine anderweitigen
25 eigennützigen Absichten befördert, so ist dieses Monopolium
gerade der Untergang alles wahren Geschmacks und ein
gräßlicher Rabe, der dem nahen Winter entgegen kräht.
Mag er alsdenn für seine Person ein noch so trefflicher
Mensch seyn, er ist der Republik gefährlich, und um so
30 gefährlicher, je hervorstechender und glänzender seine Talente
sind, und das erste beste Mittel seinem Geist beyzukommen,
ohne seinen Glücksumständen oder der per=
söhnlichen Hochachtung, die man ihm schuldig
ist, zu nahe zu treten, muß jedem wahren Patrioten
35 immer gut genug seyn.

---

[1]) Wobey man sich freylich die Hand beschmieren muß.

Man mache hier, ich bitte, nicht so geschwinde die Anwendung auf Herrn W. ich bin [8] nicht da, ihn zu beschuldigen, sondern ihn zu rechtfertigen. Die Umstände haben sich vielleicht ohne sein Mitwürken so gefügt, und die jedem Menschen anklebenden Schwachheiten haben die Augenblicke der Versuchung überrascht, ihm das Ansehen eines ganz allein auf dem Parnaß glänzen wollenden Diktators zu geben, auch hat er, welches das meiste ist, in unzählig vielen Dingen dieses Ansehen zu guten und treflichen Endzwecken angewandt. Absichten zu beurtheilen ist keine menschliche Sache, genug der Erfolg redt für ihn. Desto größer, wenn er ihn sich allein zuzuschreiben hat. Er hat, daß ich so sagen mag, auf einer Seite unserer vaterländischen alten Steifigkeit, Langsamkeit und Pedanterey, auf der andern der glänzenden Unwissenheit vieler nach falschen Mustern gebildeten Gesellschaften von sogenanntem guten Ton mit wahrer deutscher Mannhaftigkeit und Muth die Stange gehalten, und selbst die Ausschweifungen seiner Muse von der äussersten angestrengtesten Schwärmerey zu der zügellosesten Leichtfertigkeit waren zu diesen Endzwecken nothwendig. Ja ich möchte sagen, dieser große Mann war vielleicht der Einzige unter allen Gebohrnen, der Durst nach Erkenntniß, Feinheit der Gefühle und in einem gewissen Grad Güte des [9] Herzens unter den allerdisparatesten Ständen und Beschaffenheiten seiner Landsleute von den Kabinettern bis zur niedrigsten Klasse seiner Leser gäng und gebe machen konnte. Um so viel mehr war er zu fürchten — sobald er um ein Haar aus seinem Geleise trat.

Ich schrieb einst einem meiner Freunde, ich habe nichts wider W. aber alles gegen die W. die nach ihm kommen werden. Einem andern: ich liebe W. als Menschen, ich bewundre ihn als komischen Dichter, aber ich hasse ihn als Philosophen, und werde ihn unaufhörlich hassen. Ich führe diese Ausdrücke hier darum wieder an, um zu beweisen, daß nicht die Nothwendigkeit mich zu vertheidigen, sondern anderweitige Beherzigungen diese widrigen Em-

pfindungen gegen ihn schon seit langer Zeit in mir ver=
anlaßt. Zugleich bitte ich aber auch meine Leser, mit
Geduld anzuhören, wie ich diese meine Ausdrücke ver=
standen wissen will.

5 So lange das Ansehen, das sich dieser Mann gab,
zur Erreichung edler Endzwecke nothwendig war, so
mußte es jedem andern Erdensohne, besonders aber dem,
der auch nur [10] einen Schimmer von diesen Endzwecken
abzusehen im Staude war, heilig bleiben. Sobald er
10 aber — man erlaube mir diese dreiste Zumuthung —
die Endzwecke erhalten, zu deren Erreichung er von höhern
Mächten zum Mittel schien ausersehen zu seyn, so trete
er in die Reyhe der übrigen um ihre Nation verdienten
Männer zurück, und erwarte, welch einen Kranz ihm das
15 von seinem Werth gerührte Vaterland zuwerfen wird.
Ein solches Mißtrauen aber in seine Landsleute zu setzen,
sich alles zuzueignen, was sie ihm freywillig würden ge=
geben haben und das mit Vernachtheiligung und subtiler
Verunglimpfung anderer, die, nachdem sie gehandelt hatten,
20 schwiegen — das zeigt, mein Gegner verzeyhe mir, von
einer Seele, die ihr erstes Gepräge ein wenig auslöschen
lassen, und vielleicht durch physische, vielleicht durch
oekonomische Ursachen zu Mißtrauen und Kleinmuth herab=
gewürdiget worden. Wie glücklich, wenn ich sie ihrem
25 Vaterlande wieder schenken, oder vielmehr die gehörige
Erkennung zwischen ihr und ihrem Vaterlande durch alle
meine tölpischen Streiche befördern helfen könnte.

Man erlaube mir doch hier, allen künftigen Dichtern
oder Nachtretern und Nachbetern [11] unserer Dichter,
30 wenn es möglich wäre, mit der Stimme des Mars, als
er verwundet war, oder wollen sie lieber mit der Stimme
Silens des Eselreiters zuzurufen, daß Uneigennützig=
keit der große, der ewige Probierstein aller wahren
Dichter gewesen ist, ist und bleiben wird. Hier ins Kleine
35 zu gehen, wird man mir erlassen: ich weiß, daß auch
Dichter Leben und Othem haben müssen, und daß wohl
niemand mit mehrerem Recht auf Belohnungen der Re=

publik Ansprüche zu machen habe, als ein Dichter, der ausgedient hat. Wo sind die Zeiten hin, da die Anführer wilder Horden in den Schottischen Gebirgen hundert Barden mit sich führten, ihnen bey frölichen Schmäusen ihre Lieder vorzusingen? Und was kann wohl erbärmlicher [5] seyn, als einen Dichter, der doch, wenn er ächt seyn will, durch so vieles gegangen seyn muß, am Ende seines Lebens einen Karren ziehen, oder ein Mühlrad umdrehen zu sehen wie Plautus. Ach, daß die Liebe zur Unsterblichkeit den Sporn für die Fürsten nie verlieren möge, [10] nicht sich Schmeichler zu dingen, wie Horatz war, sondern um ihr Vaterland verdiente Männer zu belohnen, die höchste Schmeichelei, die sie sich selber machen können.

[12] Fern also, Herrn W. sein glückliches Schicksal zu beneiden, fern irgend einige Ansprüche auf ein ähn- [15] liches zu machen, ehe ich einen ähnlichen Grad des Verdienstes oder ein Alter erreicht, in welchem Erschöpfung der Kräfte und Hülflosigkeit von selbst, wo nicht zur Belohnung, doch zu menschenfreundlichem Beystande einladen werden: so wünschte ich vielmehr, durch meine unmanier- [20] liche Art von den Sachen zu reden seine wahren Verdienste in ein desto helleres Licht zu setzen, und sie durch den Schatten, den ich drauf geworfen, daß ich so sagen mag, desto besser abstechen zu machen, und den Leuten vor die Augen zu bringen, zugleich aber auch Herrn W. durch [25] die gerechten Belohnungen seines Vaterlandes ein für allemal die Hände zu binden, daß er durch allzulebhafte Anmaßungen nicht Eingriffe in die Rechte anderer thue, sondern aufkommen und gedeyhen lassen wolle, was dem Vaterlande gut und nütze seyn kann, wenn es gleich nicht [30] durch ihn gepflanzt und gesäet worden. Bisweilen ist auch die zu gar große Begierde, von dem Seinigen und zwar vor aller Welt Augen was dazu zu thun, die sich so gar zu gern in Patriotismus und Menschenliebe einkleidet, den jungen Pflanzen schädlich und verderblich, die [35] durch allzu öftere [13] und bisweilen rauhe Berührung gern welk werden.

„Wer soll aber den Geschmack ausbreiten und der
Verwilderung oder Verwahrlosung desselben vorbauen,
wenn es nicht die thun, die es schon selbst in einer Kunst
zu einem Grad der Fürtreflichkeit gebracht?"

5 Ich fühle das ganze Gewicht dieser Frage, meine
Leser! aber erlauben Sie mir, Ihnen zu sagen, daß Poeten
als Kaufleute anzusehen sind, von denen jeder seine Waare,
wie natürlich, am meisten anpreißt. Wie ungerecht, wenn
da einer aus ihren Mitteln entscheiden, die letzte Stimme
10 geben soll! Und wenn er ein Engel wäre, wie ungerecht!
Alle Plane, die er anlegt, alles Lob, das er austheilt,
werden, wie natürlich, zu seinem Endzwecke führen, welcher
ist, sich allen andern vorgezogen zu sehen und die andern
aufs höchste nur als Trabanten in seiner Atmosphäre [sich]
15 umdrehen zu lassen. Wem soll also das Urtheil über uns
zustehen, wenn es nicht dem zusteht, für den wir da sind,
dessen Beyfall· uns leben und athmen lässet, ich meyne
dem ganzen Volk. Ich nehme hier das Wort im
gemilderten Verstande, so daß ich den Pöbel, der weder
20 Dichter noch Gelehrte anders als vom Hörensagen kennt,
davon aus= [14] schließe. Dagegen zähle ich auch die
Väter des Volks zum Volke, die wie alle Helden
und großen Männer des Alterthums auch in
ihren Vergnügungen sich bis zum Volk herunterlassen, da
25 sie wohl wissen, daß dieses von jeher das einzige und
höchste Mittel war, sich seiner freywilligen Treue
und Ergebenheit in allen auch den schwersten
Erfordernissen zu versichern.

Dieses Volk muß aber geführt werden, da es sonst
30 in seinem Geschmack eben so unbestimmt und schwankend
seyn würde, als es in seinen Handlungen zu seyn pflegt,
es muß sich in einem Punkt dem verfeinerten und
bessern Geschmack der Edlern anschließen können,
das einzige Band zwischen Großen und Kleinen, Be=
35 herrschern und Unterthanen, das einzige Geheimniß aller
wahren Staatskunst, ohne welches alle bürgerliche Ver=
hältnisse und Beziehungen auseinander fallen, ohne

welches der Bürger immer den Staat als den Unterdrücker
und der Staat den Bürger als den Rebellen ansehen
wird. Sehen Sie da die Nothwendigkeit der wahren
Gelehrten, am meisten aber derjenigen Philosophen,
die das ganze Reich der Wissenschaften durchwan= [15] dert
und von diesen Wanderungen mit den schärfsten und
reichhaltigsten Einsichten und dem feinsten Geschmack, aber
auch mit dem unverdorbensten zärtesten Gefühl, für alle
Rechte der Menschheit und auch für den geringsten Ein=
griff in dieselbigen zurückgekommen sind, etwa wie Herodot, 10
Solon, Lykurg, und später Demokrit und Pythagoras im
Alterthum waren. Diesen und nur der vereinten Stimme
dieser überlasse man es, ein Endurtheil über den
Dichter zu fällen, der mit dem Volk stehen und fallen
muß. Diese allein sollten den heiligen Namen der Re= 15
zensenten tragen, der freylich in unserm Jahrhundert an so
unzähligen Stirnen schon ein Brandmal geworden ist. Auf
dieser, und je nachdem sie sich durch anhaltenderes Streben
und Leiden als bewährtere Freunde des Vaterlandes be=
wiesen haben, auf dieser ihre Stimme allein, harre und 20
zähle die Nation, wenn sie über den Werth und Unwerth
neuerschienener Produkte entscheiden will. Aber auch
diese müssen belohnet werden. Wir haben solche
Zeiten in Deutschland gehabt. Als noch Abbt, Mendel=
sohn, Hamann und ihres gleichen gehört wurden¹), da 25
war noch [16] sicherer Richtscheid des Geschmacks derer,
die ihr Gefühl an den aufwachsenden Sängern ihres
Vaterlandes übten. Was soll man aber zu einem Dichter
sagen, der mehr Buchhändler als Dichter auf diesen Grund
fortbaute, das heißt Kunstrichter aus ganz Deutschland 30
zusammenmiethete, um endlich auf diesen ungeheuren
Obelisk sein Bild mit desto mehrerer Sicherheit aufstellen
zu können, der alle Offizinen und Druckerpressen auf
gewisse Art in Anspruch nahm, um nichts in seinem
Vaterlande ans Licht kommen zu lassen, das 35

¹) In den Berlinischen Litteraturbriefen.

nicht von ihm und seinem Geschmacksrath vorher war
gestempelt worden. Denn er hatte die Wahl der Re=
zensenten, die er nach seinen einseitigen Absichten so geschickt
zu vertheilen wußte, daß die Guten die Schlechten unter=
5 stützen, und da sie alle ohne Nahmen waren, so
ganz in der Stille, unwahrgenommen und ungerügt, für
einen Mann stehen, das heißt — sein Buchhändlerinteresse
befördern mußten. Eine herrliche Aussicht für unsere
Gelehrsamkeit, eine herrliche freye Luft für Gelehrte —
10 den edelsten Theil der Nation — darin zu athmen. So
triumphirten von jeher kaufmännische Kunstgriffe und
niedrige kleine Streiche über den wahren Adel des Herzens
gewisser auf diesen P u n k t [17] e i n f ä l t i g e n W e i s e n,
die die Vortheile des Lebens verachteten, und aus zuweit
15 getriebener Sorglosigkeit dafür sich a u c h d i e M i t t e l
a b s c h n e i d e n l i e ß e n, ihren Brüdern nützlich zu seyn.

Ich verdenke es Herrn W. nicht, daß er, um An=
sehen dem Ansehen, Kunstgriffe den Kunstgriffen entgegen=
zusetzen, eine kritische Bude von ähnlicher Art, wiewohl
20 doch mit mehrerem Geschmack, errichtete. Er war bisher
von diesen gemietheten Kritikern, d i e n u r l o b t e n, w e i l
s i e s i c h s o n s t b e y m V o l k n i c h t h ä t t e n e r h a l t e n
k ö n n e n, zu sehr gemißhandelt worden, als daß er nicht
auf ein Mittel bedacht seyn sollte, sich ihrem unleiblichen,
25 ganz und gar nur Merkantilischen Joch zu entziehen.
Welcher Gelehrte, der die Würde seiner Seele fühlt, könnte
auch anders als mit Verachtung daran denken? Dieser
Ostrazismus von Stimmen aus dem Vaterlande, die ein
einziger, der zugleich Kunstrichter, Dichter, Buchhändler
30 und alles in allem seyn will, einsammelt und in seinem
geheimen Topf durcheinander schüttelt — dieses schändliche
Gewerbe von Lob und Tadel, zu dem ihm einige der
Edelsten der Nation die Kräfte leihen, um alles, was
Freyheit, Tu= [18] gend und Ehre athmet, zu unterdrücken,
35 oder wenigstens, so viel an ihm ist, nicht zu Kräften
kommen zu lassen, es sey denn, daß es zu seinen Privat=
absichten diene, dieser Ebentheurer, mit den Mienen der

Weißheit im Gesicht, der Eigensucht und Schalkheit im Herzen trägt, und vermittelst der ersteren durch diese zwey verborgenen Triebfedern unser ganzes Vaterland in Bewegung setzt, und von niemand abhängig, alles von sich abhängig machen will — das unser Tribunal? — von dem sich nicht appelliren ließe? — das die bewährten Zeugen unseres Werths? — Warum nennen sie sich nicht? — Laß sie hervortreten, wenn das Vaterland ihnen glauben soll — und wenn es sie sonst kennt, wird es ihre Stimme ehren, so aber sind sie durchs Fenster hineingestiegen und Miethlinge, denen der Nutzen des Vaterlandes so fremd ist, als dem darauf lauernden Wolfe.

Wenn nun diese mit den allergrößten Anmaßungen von der Welt, und immer, wie Herr Klopstock unbezahlbar erinnert hat, anstatt ihre einseitige Stimme zu geben, mit einem Egoismus, der alle Grenzen der Schaamhaftigkeit übersteigt, und eben deswegen ungerügt bleibt, als Repräsentanten der |19| ganzen Nation sprechen, eine Stimme für die Stimme aller ausgeben, um die Blöden zu übertölpeln, die Einfältigen fortzureißen, die Weiseren aber, die zu stolz sind, sich mit ihnen in Verbindungen oder zu ähnlichen Kunstgriffen herab zu lassen, wie die Tischglocke den guten Homer um ihr Auditorium zu bringen: wer kann es Herrn W. verdenken, daß er gleichfalls um Ansehen dem Ansehen entgegen zu setzen, er, der es gewiß mit mehrerem Rechte thun konnte, sich des unleidlichen Wir bediente, das er doch an andern Schriftstellern als ein unverzeyhbares Verbrechen verdammte[1]). Da es nun aber so weit gekommen ist, daß sein Wir nicht mehr gilt, als jedes andern ehrlichen Mannes von seinem Werth, so ist es auch billig, das Wir eines prätendirten Ausschusses der Nation, der es aber mit eben dem Recht ist als jener, der Karln dem Ersten den Kopf absprach, auf sein erstes Ich zurückzubringen:

---

[1]) Siehe die vom seel. Prof. Hartmann in den Merkur eingerückte Skiagraphie einer Weltgeschichte.

Ich der Buchhändler N. der das Kunststück versteht, eine
Gesellschaft Gelehrte, die einander nicht kennen und sich
gänzlich unähnlich sind, [20] einen durch den andern
hinters Licht zu führen, etwa wie jener geschickte Taschen=
5 spieler, der in eine Gesellschaft unbekannter Leute herein=
trat, von denen jeder glaubte, er sey der Freund des
andern, und ihm alle mögliche Hochachtung bezeugte, die
er denn so gut zu nutzen wußte, daß er mit dem ganzen
Silberzeuge, auf dem sie gegessen, davon gieng.

10   Wenn nun aber gar dieses drolligte geheime Gericht,
Männer, die für ihr Vaterland gehandelt, die Ehre, Vor=
theile, Aussichten, alles, für dasselbe aus der Schanze
geschlagen, die allgemein anerkannte Beweise gegeben, daß
sie nicht aus einer wilden brausenden Tugend, die keinen
15 Sporn als die Ehre kennt, sondern aus dem innigsten,
feinsten Geschmack für alles Schöne, Reizende und Gefällige
in der Natur, aber auch aus eben so schnellkräftigem
Gefühl für das Große und Erhabene, bloß durch die
Wärme fürs Vaterland getrieben, alles aufopferten, und
20 sonst nach nicht anders suchten, arbeiteten, strebten, litten,
als daß Alle, Alle verhältnißmäßig gleichen An=
theil an dem durch die Künste und Wissenschaften hervor=
gebrachten allgemeinen Glück nehmen sollten — Wenn
solche Leute, mit denen güti= [21] gere Mächte von oben
25 eine Nation alle Jahrtausende einmal heimsuchen[1]), durch
dieses drolligte, geheime Gericht nicht bloß in Schatten
gestellt, nicht bloß durch glänzenden Rauch einer gewissen
Art Lobes oder einer gewißen Art Stillschweigens ver=
nebelt, sondern wo es ohnbeschadet der guten Meynung,
30 die man doch dem Volk von sich lassen will, geschehen
kann, aufs abwürdigendste gemißhandelt und verkleinert
werden, wenn das, was nach dem Demosthenes so schwer zu
erhalten und ihnen eben deswegen so theuer ist, die Hoch=

---

[1]) Ich verstehe hier den Verfasser der deutschen Philosophie
35 der Geschichte und der Ursachen des gesunkenen Geschmacks, die
in Berlin den Preiß erhalten.

achtung und Liebe ihrer Nation ihnen wie jenem durch subtile
und grobe Kunstgriffe zu rauben versucht wird, ohne daß
man sich jemals in ein förmliches Gefecht mit ihnen ein-
läßt, so daß man die Hauptsache, die sie mit soviel Hitze
und Eyfer vertheidigten und vertheidigen mußten,
unausgemacht läßt, und durch lauter unnütze und
unbeträchtliche Scharmützel über Nebensachen sie zu
ermüden denkt — welchem Patrioten, der nur noch Blut
fürs Vaterland fühlt, [22] mußt da nicht endlich die
Geduld ausreißen und er mit dem δικαιος in den Wolken
ausrufen:

> τουτι και δη
> χωρει τὸ κακὸν δότε μοι λεκάνην.

Es ist hier nicht um Privatvortheilchen, nicht um
beleidigte Autorempfindlichkeit, nicht um Neckereyen zu
thun, sondern um die Ehre unserer Nation bey
den Nachbaren, und bey der Nachkommenschaft. Daher
alles Zureden, alle Warnungen, alle Drohungen meiner
Freunde diesen tobenden Eyfer, mag er immer unzeitig,
mag er immer ungestüm seyn, mir nicht benehmen konnten,
können noch können werden, bis die Ursache desselben
aufgehoben ist. Wie gesagt, ich bin in diesem geheimen
Gericht außerordentlich glimpflich behandelt worden, aber
es verdreußt mich von wegen meines Vaterlandes, und
ich will mir lieber Geschmack, Einsicht, Güte des Herzens,
alles absprechen lassen (Beschuldigungen die mir weher
thun als körperliche Angriffe auf mein Leben) lieber ein
Ungeheuer scheinen, als zu den Ungerechtigkeiten meines
Vaterlandes stillschweigen.

[23] Uebrigens bin ich von dem Nutzen gelehrter
Anzeigen zu sehr überzeugt, als daß ich auf eine unver-
nünftige Art mich über Gelehrte ereyfern sollte, die mit
Kenntniß der Sache, wovon sie reden, gewafnet,
ihrem studierenden Vaterlande von neu herausgekommenen
Büchern auch nicht einen bloßnackten Schattenriß, sondern
von dem, was in denselben neu und der Aufmerksamkeit

würdig ist, auch ein männliches Urtheil geben, das Falsche
und Schielende anzeigen, das Schlechte aber mit Still=
schweigen übergehen oder kurz weg sagen, das ist unter
unserer Kritik.   Ich begreife aber nicht, wie unter diesen
5 Voraussetzungen von Privatabsichten freye Gelehrte ge=
zwungen seyn sollten, ihren Namen zu verstecken, in einem
Lande wie·Deutschland, das durch soviel besondere Staats=
systeme und Verbindungen eben denen darinn befindlichen
Gelehrten die größte Freyheit, ihre Meynung herauszusagen,
10 und keinen weitern Zusammenhang läßt, als der der
Wahrheit so vortheilhaft ist, den sie als gemeinschaftliche
Diener einer und derselben Wahrheit haben, sie auszu=
breiten, und zu befördern.   Wenn in einem Lande, wo
wenig oder gar keine politischen Rücksichten zu nehmen
15 sind, wo Luther allein dem Aberglauben einer halben
[24] Welt die Spitze bieten konnte, da er in jedem andern
bald seinen Platz im Tollhause oder auf den Galeeren
gefunden haben würde, wenn da nicht Freyheit zu denken
und zu schreiben herrschen soll, wo soll sie denn
20 herrschen? — Ich sage, ich begreife nicht, warum würdige
Kunstrichter das Publikum nicht in den Stand setzen
wollten, einzusehen, ob sie auch die Männer seyn, die über
diese und jene Schrift zu urtheilen befugt sind, ob sie
nicht ganz und gar außer ihrem Felde gelegen und von
25 welchem Gewicht diesesmal ihre Stimme seyn müsse, seyn
könne und dürfe.   Ich begreife nicht, wie ihr eigenes
Gefühl von Ehre ihnen gestatten kann, hierüber einen
Menschen in Zweifel zu lassen.   Denn von einigen Seiten
Rezension auf die ganze Kenntniß eines Kunstrichters
30 Schlüsse zu machen (wie wohl heut zu Tage leyder!!!)
von jungen Leuten geschieht) gerechter Himmel, wie be=
trüglich! wie gefährlich! wie leicht sodann der Weg zum
gelehrten Manne! da der Rezensentenstyl, wie der stylus
curiae, so bald auswendig gelernt ist, und man nur mit
35 der Miene der Selbstzufriedenheit seinen Autor (aus dem
man doch das in der Stelle erst lernen muß, was man
wieder ihn sagt) über die Schulter [25] herab ansehen

darf, wie der Herr R. ¹). Man messe mir hier nicht zu
viele Wiedrigkeit gegen diesen Mann bey, den ich als
Buchhändler und anfänglichen Liebhaber und Beförderer
der deutschen Litteratur, auch in seinem R. als unter=
haltenden Romanendichter schätze — sobald er aber Kunst=
richter und mehr als das, Impresario und Direktor
aller Kunstrichter, Herr aller Herren werden will, mit
allen seinen aufgeblasenen Anmaßungen verspotte und
verlache. Mag er mich rezensiren lassen!

Da aber einer Nation nichts heiliger als ihr Ge=
schmack seyn kann, sobald Geschmack die Summe der
Gefühle eines ganzen Volkes ist, so sollten gelehrte Zei=
tungen sich auch bescheiden, von Werken des Geschmacks
nichts weiter als die Anzeige, aufs höchste die Anzeige
von den Wirkungen, die sie hier und da gemacht, mit
nichten aber ein Urtheil zu geben, das nicht ihnen, sondern
der Nation (26) und denen zusteht, denen sie es auf=
trägt, mögte es auch von noch so einem ausgedörrten
Professor oder Fresser der schönen Wissenschaften nieder=
geschrieben seyn, dessen ganzes Verdienst darinn besteht,
uns die Unverdaulichkeiten seiner Lectüre für güldene
Bullen der Kunst zu geben, und in einer mehr als Zoilus=
kühnheit sich jungen Leuten, die so eben zu leben anfangen,
als den Priester auf dem Dreyfuß anzupreisen, durch den
das Vaterland seine Orakelsprüche thut. Wer anders, als
sie selber, hat diesen Herren jemals das zugestanden?
Leute, die Sylben stechen und an Buchstaben feilen, Milz=
süchtige, denen ein außerordentlich groß geschriebenes H.
Gewissensbisse macht, Leute, die so wenig die Zeit und
die Welt kennen, in der sie leben, als die, in der ehemals
Dichter und Weise gelebt und gehandelt haben, daß sie
wie die ausgedünstete Nymphe Echo nur im Stande sind,

---

¹) Ich habe mich geirrt, es gehört auch noch eine gewisse
Belesenheit in andern Journalen und irgend ein Buch, das von
einer ähnlichen Materie handelte, zur Hand dazu, aus denen
man denn allenfalls einige Citata nachschlägt und ausschreibt.
Siehe die neuesten Rezensionen.

die letzten Sylben davon nachzustammeln, sonst aber mit
allen Geheimnissen der Kunst so unbekannt, als der König
Midas in Herrn Wielands Singspiel nur immer seyn
konnte, Leben und Tod über die Werke unserer Dichter
5 aussprechen. —

[27] Diese wachsgelben Aristarchen, die mit einem
Blick das ganze Teutschland und wills Gott alle ver=
gangene und zukünftige Nationen übersehen, verdienen
also nicht allein verlacht und verspottet, sondern auch,
10 wenn sie sich wie Paillasse unter schnellkräftigen Seil=
tänzern unbehelfsam herumtummeln, wie Strohsäcke be=
handelt zu werden. Wiedrigenfalls sie uns unsere jungen
Leute irre machen, und durch das nirgends schädlichere
jurare in verba magistri eine ganze Posterität verhunzen
15 könnten. Das ist die Meynung über den in den Wolken
doch nur leichtgestreiften Herrn Wetterhahn und die Herrn
Wetterhähne, Collegen auf allen unsern deutschen Akademien,
deren Ahndung und Züchtigung ich mich gleichfalls
unterwerfe.

20 Nachdem ich nun die dringenden Veranlassungen
der Wolken dargelegt, darf ich mit mehrerem Fug und
Recht Herrn W. gegen die Anschuldigungen zu rechtfertigen
unternehmen, die ihm von seinen Zeitverwandten daraus
gemacht werden könnten, und die mehr in einer unglück=
25 lichen Verbindung der Umstände, in denen er sich befunden,
als in seinem eigenen Willen ihren Grund haben.

[28] Man wird mich hoffentlich nicht für so roh
oder so verwegen halten, den Numen Sokrates in einer
Schrift dieser Art über die Zunge springen zu lassen,
30 ohne zu wissen oder zu ahnden, mit welcher Ehrfurcht
ein Nume, wie der, ausgesprochen werden müsse. Wenn
ich auch nichts weiter als das Gastmal Xenophons von
ihm gelesen hätte, so müßte ich schon, sobald ich diesen
Namen, um ihn geringschätziger oder verächtlicher zu
machen, niederzuschreiben gewagt hätte, von einem heiligen
Schauer durchdrungen und wie ein Bösewicht in dem
Augenblicke des Verbrechens von einer göttlichen Erscheinung

zurückgehalten worden seyn. Dieser Mann, der sein
ganzes Leben und alle dessen Vortheile der Erforschung
der Wahrheit aufopferte, die er sich nie getraute ganz
gefunden zu haben, dieser Mann, dem nichts unwillkommen
war, das ihn näher dazu führen konnte, so wenig Schmach 5
als körperliche Leiden, dieser Mann, dem nicht, weil er
sich gerne hörte, sondern weil es ihm darum zu thun
war, was wahr und gut ist, unter die Leute zu bringen,
und in seinen Reden die allerwürdigste Lebensklugheit
und Behandlungsart anderer nachgelassen hat, durch Nach= 10
geben immer über die zu siegen, die ihn besiegen wollten,
und dessen |29] Worte selbst in seinem freundschaftlichen
Umgange und in seinen Scherzen immer in dem Betracht
wahre goldene Worte sind, an denen unsere Philosophen,
bey denen freylich der Stoff, den sie zu behandeln 15
haben, sich sehr verändert hat, lebenslang zu
studieren hätten — Diesen Mann in unseren Zeiten
herunterseßen oder geringschäßig machen zu wollen, hielte
ich für eine wahre Gotteslästerung. Nur die Sokratidien,
die schon zu seiner Zeit Aristophanes Galle rege machten, 20
die bey veränderten Umständen, Menschen und Menschen=
gesinnungen in seinem Geleise blindzu marschiren für
marschiren halten, also immer auf einer Stelle bleiben,
anstatt daß sie von ihm lernen sollten, neue Wege zu
treten, Sokratidien in Purpur und köstlicher Leinwand, 25
die der Wahrheit, dem armen Lazarus vor ihrer Thür,
noch keinen tahten Groschen aufgeopfert, anstatt für sie
Hunger, Mangel, Blöße, ja selbst dem Tode entgegen zu
gehen, wie jener — — nur diese möchte ich durch Erinne=
rung an jenen großen Namen in Schröcken seßen und 30
bescheidener machen. — Und warum hat Herr W., der so
große anderweitige Verdienste hat, die Anzahl dieser
vermehren wollen? Etwa seine Gedichte dadurch besser
in Abgang zu bringen? |30] Freilich hat er diesen Zweck
dadurch erreicht, und als Dichter kann er auch hierinn 35
entschuldiget werden, es war das Bedingniß seiner Zeit
und der Umstände, in denen er lebte, aber mihi res,

non me rebus, sagt er selber.   Hat er sich etwa dadurch
verleiten lassen, daß Sokrates in seiner Jugend Grazien
geschnizelt? — Aber er schrieb keine Philosophie der
Grazien, sondern wenn er von der himmlischen Venus
5 redte, war er nichts weniger als gefälliger komischer
Dichter [1]).   Der Dichter weiset anschauend und sinnlich,
wie es ist, aufs höchste wie es nach gewissen gegebenen
Umständen seyn kann, der Philosoph sagt wie es
seyn soll.   Nun hoffe ich doch in aller Welt nicht,
10 daß Herr W. verlangen wird, alle junge Amadisse, das
heißt, edle junge Gemüther, die mehr als eine bloß sinn=
liche Liebe suchen, sollen und müssen durch eben die Klassen
gehen, die der Held seines neuesten komischen Gedichts
durchlaufen ist?   So lang er sich also neben Fieldingen
15 hinstellt, nehmen wir keinen Anstand, seine Schriften, [31]
anstatt sie zu verbieten, vielmehr jungen Leuten in die
Hände zu geben, um die Welt, in der sie zu leben haben,
um alle die Gefahren, an denen ihre Tugend geübt werden
soll, vor ihre Augen zu bringen: sobald er sich aber
20 neben Sokratessen stellt, und doch der Hauptheld seines
Stücks eine lächerliche Rolle spielt, so müssen wir dafür
ärger warnen, als für das korrosivste und beschleunigendste
Gift, das jemals von einem Menschenfeinde in den Ein=
geweiden der Erde ist zubereitet worden.   Mag man mir
25 immer einwenden, er habe an diesem Charakter nur die
Schwachheiten lächerlich machen wollen, so sind an einem
solchen Charakter auch die Schwachheiten verehrungswerth,
und verdienen eher die Thränen des Menschenfreundes,
als das Gelächter von Leuten, die solche Schwachheiten
30 zu begehen niemals im Stande waren, weil sie sich in
Ansehung dieses Lasters nie den geringsten Zwang an=
gethan.   Ein Sokrates kann freylich über dergleichen

---

[1]) Meine Freunde werden wissen, mit welchem Enthusiasmus
ich sonst von diesem Meisterstück der sanfteren komischen Muse
35 W. ich meyne der Musarion zu reden gewohnt bin.   Welche
ruhige Farbemischung, welche herrliche lebendige Schattirung der
Charactere!

2*

Schwachheiten lachen, aber wenn er sich als Sokrates
nennt und ausgiebt, und doch zugleich mit den lebendigsten
Farben bis auf das genaueste die Geschichte dieser Schwach=
heiten ausmahlt, werden die M i t l a c h e r mit seinem Sinn
und in seinem Geiste lachen? Wird nicht vielmehr das
Gelächter zu= [32] letzt auf diesen Charakter zurückfallen,
und ihn, da er ohnehin auf unserer Welt so selten ist,
sobald er nur die geringsten Kennzeichen von sich giebt,
zum Gegenstande des allgemeinen Hohns und der all=
gemeinen Verachtung machen? Sollte man einen Weg,
der ohnehin mit so vielen Dornen besetzt ist, durch all=
gemeine Schmach und Infamie, daß ich so sagen mag,
nun völlig ungangbar machen?

Mit alledem bin ich weit säuberlicher mit Herrn W.
gefahren, als er mit mir, ich habe ihn nicht an dem
Flecken anzutasten gesucht, wo es ihm am wehesten thun
mußte, wie er wohl gegen mich, und das mit aller mög=
lichen Feinheit, die Genie und Witz ihm nur an die Hand
geben konnten, obwohl dennoch vergeblich versucht hat.
Er sah, daß ich mich durchaus in Shakespears Manier
und die Komposition, die aufs Große geht, und sich auf
Zeit und Ort nicht einschränken kann, hineinstudiert hatte,
was that er? er suchte diese Manier als kunstlos und
ungebunden verdächtig zu machen, in dem Augenblick, da
sie ohnedem durch unsere eingealterten Theaterverträge
überall Wiederspruch genug finden mußte. Wie, wenn
ich nun das Blatt umgekehrt, und nicht mit der [33]
Miene eines rüstigen Knaben, sondern eines alten, er=
fahrnen, untrüglichen Kunstrichters seine Oper durchzugehen
angefangen, sie in den letzten Akten langweilig, die Ent=
wickelung nicht übereilt, aber zu schwach vorbereitet, zu
kalt ausgeführt gescholten hätte? — Shakespears Manier
ist nicht ungebunden, mein ehrwürdiger Herr Danischmende,
sie ist gebundener, als die neuere, für einen, der seine
Phantasey nicht will gaukeln lassen, sondern fassen, dar=
stellen, lebendig machen, wie er that. Die dramatische
Behandlung eines großen Gegenstandes ist nicht s o l e i c h t,

als Sie es wollen glauben machen; und eben der Mangel
der sonst bequemen Stützen der Täuschung, der
Zeit und des Orts macht die Schwürigkeiten größer,
und sollte alle die, so in der Kunst des würklich
5 üblichen Theaters nicht alle Schritte durch=
gemacht, von einem Unternehmen von der Art zurück=
schröcken.   Durchaus nicht Unbekanntschaft mit dem
wirtlichen Theater und dessen Erfordernissen, sondern
Ueberdruß allein kann einen Schritt zu der höheren
10 Gattung rechtfertigen.   Theater bleibt immer Theater,
und Vorstellungs und Fassungsart dieselben, so wie die=
selben Regeln der Perspective für ein Kaminstück und für
ein Altarblatt gelten, [34] nur daß jeder Gegenstand auch
eine andere Behandlungsart erfodert.   Die Hauptsache
15 wird immer die Wahrheit und der Ausdruck des
Gemähldes bleiben, von der ein Mensch allein nie urtheilen
kann, besonders wenn ihm Leidenschaften die Augen ver=
dunkeln.

Daß ich aber wieder auf meinen Hauptzweck zurück
20 komme, Herrn W. als Dichter gegen die Philosophen
seiner Zeit, denen zu Gefallen er sich mit hat einkleiden
lassen, und die die zaubervollen Pinselstriche seiner Phantasey
als Weißheitssprüche des Pythagoras ansehen, zu recht=
fertigen, so muß ich diesen Herren hier öffentlich erklären,
25 daß ich ihre Weißheit verachte.   Man höre mich aus, und
alsdenn, wenn man noch das Herz hat, mich zu ver=
dammen, so verdamme man mich, ich verlange nichts
bessers.

Worinn besteht die ganze Weißheit dieser Herren,
30 mit der sie so geheim thun? — In der Zufriedenheit
— ein süßes Wort — das aber, wenn mans herunter
hat, im Magen krümmet — im Aufgeben aller Rechte
der Menschheit, Zusammenlegen der Hände in den Schooß,
Genuß zweyer Wurzeln, die etwa in [35] unserer Nach=
35 barschaft liegen, und zu denen man reichen kann, ohne
aufzustehen — mehr als kriechenden Geiz über diesen
Genuß, auch wol hie und da Schleichhändel und der=

gleichen, um etwas von unsern Nachbaren dazu zu betteln,
übrigens gewisse Versicherung, daß uns diese Weißheit,
diese Mäßigung unsrer Begierden und Wünsche im Himmel
tausendfach werde belohnt werden, was die Herren Religion
schimpfen. Den armseligen Genuß, der einer solchen
Faullenzerey übrig bleiben kann, schmückt man sodann mit
tausend Bildern aus, die doch immer nur das Zauber-
gewand einer ekelhaften Armida bleiben, und alsdenn, wie glücklich, wie weise, wie groß! — Wohl denn,
ich will gegen diese großen Leute gern ein Zwerg und
ein boßhafter, ungesitteter, unartiger Gnome bleiben, nur
hören Sie, weil doch hören keine Mühe kostet, meine
Gründe bis zu Ende.

Wer ist es, den Sie lächerlich zu machen suchen?
wer ist der Thor, über den Sie sich nicht ereyfern, behüte
Gott! den Sie der Aufmerksamkeit, des Wiederlegens, des
Bestrafens nicht würdig, sondern nur — o welche Großmuth! — belachenswerth ihn finden? — [36] Der
Jüngling, der noch dem ersten Stempel der Natur (ha,
gewiß dem Bilde Gottes) getreu; für den Trieb, der
eben darum der heiligste seyn sollte, weil er der süßeste
ist; auf den allein alle Güte der Seelen, alle Zärtlichkeit
für gesellschaftliche Pflichten und Beziehungen,
alle häußliche, alle bürgerliche, alle politische Tugend und
Glückseligkeit gepropft werden kann, weil er für diesen
Trieb am Ende seiner Laufbahn, die er sich heldenmäßig
absticht, die höchste Belohnung von dem Wesen erwartet, das ihn ihm anerschaffen hat, der sich diese höchste
Belohnung, so lange er sie noch nicht kennt, mit allen
Farben seiner glühenden Phantasey ausschmückt, und endlich,
wenn er sie findet, diese einzige, die dem geliebten Ideen-
bilde am nächsten kommt, die es vielleicht nach dem Urtheil
seiner reiferen Erkenntnißkräfte unendlich weit übertrift,
sich dem ganzen Taumel seiner Entzückungen überläßt,
wohin sie ihn reißen wollen, (einen solchen Augenblick hat
Goethe gehascht, um uns das höchste Tragische, das je in
die Seele eines vom Gott erfüllten Dichters gekommen ist,

anzuschauen zu geben) — einen solchen Jüngling lächerlich
machen zu wollen? Ihn mit einem halbwahnwitzigen
Ritter von der trau= [37] rigen Gestalt in eine Klasse zu
werfen, und zum Haupthelden eines komischen Romans zu
5 formen, so lang dies nichts als Scherz bleiben soll, können
wirs gestatten: so bald aber der Autor, oder die ihn lesen,
eine ernsthafte Miene annehmen, und uns ihren Muth=
willen, ihre Thorheit für Weißheit aufdringen wollen —
wer sollte da nicht wüthen?

10   Erlauben Sie, meine Herren Sokraten, daß ich
Ihnen den Vorhang vor unserer gegenwärtigen Welt
aufziehe, und denn lachen Sie noch, wenn Sie das Herz
dazu haben. Sehen Sie da alle gesellschaftlichen Bande
unangezogen und ungespannt aus einander sinten, sehen
15 Sie da junge Leute mit den Mienen der Weißheit und
allen Waffen der Leichtfertigkeit versehen, in allen Künsten
der Galanterie unterrichtet, auf die schwachen Augenblicke
Ihrer Geliebten und Ihrer Töchter Jagd machen, sehen Sie
da eben diese jungen Leute mit der größten Verachtung für
20 das Geschlecht, das allein aus Männern Menschen machen,
und durch die Liebe ihren regellosen Kräften und Fähigkeiten
eine Gestalt geben konnte, mit mehr als thierischer Un=
gebundenheit sich nicht allein für ihre künftigen Gattinnen,
nein auch für [38] ihre Freunde, auch für den Staat,
25 der sie nähren muß, völlig entnerven und untüchtig machen.
Wo ist Aufmunterung, wo ist Belohnung, wo ist Ziel?
Der wilde Ehrgeiz macht Unterdrücker, da aber die
äußerlichen Anstalten in unsern Zeiten zu einer gewissen
Vollkommenheit gediehen sind, so findet auch der überall
30 Wiederstand, und artet sodann in einen unthätigen und
deswegen um desto unleidlichern, unerträglicheren Hoch=
muth aus. Die Religion, so lange sie weiter nichts als
eine Anweisung auf den Himmel, auf — der menschlichen
Natur ganz fremde und undenkbare Güter ist, ist viel zu
35 ohnmächtig, in dem entscheidenden Augenblick der Ver=
suchung, den in uns stürmenden Leidenschaften die Waage
zu halten; und brauchen wir sie daher gemeiniglich wie

den Deckel, den Brunnen zu zu machen, wenn das Kind
hinein gefallen ist. Wie nun, daß wir den letzten Keim
aller Moralität, alles Genusses, den Gott in unsere Natur
gelegt, herausreißen wollen, den Glauben und die Hofnung
auf Entzückungen, die eben durch die Leiden, Zweifel und
Aengstigungen vorbereitet werden müssen, um ihren höchsten
Reiz zu erhalten.

[39] Sehen Sie weiter die meisten unserer Ehen an.
Verträge sind sie, einander gegen gewisse anderweitige
Vortheile, die, gleich als ob man sich mit seinem ärgsten
Feinde verbände, mit der größten Behutsamkeit von der
Welt obrigkeitlich müssen gesichert seyn, alles zu erlauben.
Und was zu erlauben? Sachen, wozu Ihnen die
Natur die Kräfte schon versagt hat: eine Erlaubniß, die
keine ist, und die Sie nicht nöthig hätten, so theuer zu
kaufen, mit Verlust Ihrer häußlichen Ruhe, Ihrer Freyheit,
Ihrer Ehre, wie oft Ihrer Ehre? — Sich Liebe zu
erlauben, die keinen Gegenstand mehr findet, weil alle
Gegenstände von eben dieser Freyheit zu denken eben so
verderbt, eben so entnervet sind. Wohin also mit diesem
glänzenden Betruge, den man sich alle Tage erneuert,
alle Tage neue Plane macht, die am Abend ver=
gessen werden, und so am Ende seines Lebens immer
glaubte genossen zu haben und nie genossen hat.
— Nehmen Sie nun aber die Unglückseligen, die keine
solchen Merkantilischen Verträge aufrichten können.
Nehmen Sie die blühende Schöne, die keine weiteren Reize
hat, als die ihr die Natur und ihre Tugend gab, und die
ietzt auf ewig ungebrochen an ihrem Stock absterben [40]
muß. Nehmen Sie die unzähligen Schlachtopfer
der Nothwendigkeit und die furchtbaren Ge=
schichten, die, so wie sie wirklich geschehen, und wie ich
deren hundert weiß, keine menschliche Feder aufzuzeichnen
vermag. Nehmen Sie die heruntergekommenen
Familien, und die andern, denen ein gleiches Schicksal
drohet, die alle vereinzelt sind, unter denen alle
Bänder, die vielleicht machen könnten, daß sich eine an

der andern wieder aufrichtete, zerhauen und zerstückt sind,
und für die alle menschliche Klugheit keine Hülfsmittel
mehr auszusinnen im Stande ist. Die nunmehr alle,
anstatt einen gemeinschaftlichen Quell der Freuden (und
welche Freuden sind inniger und wärmer, als die von
zwey vereinigten Familien?) ausfindig zu machen, eine
auf der andern Ruinen triumphiren. Man schreiet
über den Luxus, daß er die Ehen hindere, nein, meine
Herren, es ist nicht der Luxus, der Luxus ist das einzige
Mittel, die Freuden der Ehe auch von außen
glänzender und herrlicher zu machen, es ist,
was Sie sich alle selbst nicht gestehen wollen, die Pest=
beule in Ihrer Brust, die Verderbniß der Sitten, die
Geringschätzung höherer Wonne für einen thierischen Augen=
blick, der Ihnen freylich heut [41] zu Tage leicht genug
gemacht wird. Ihre Mütter, Ihre Väter, Ihre Weiber,
Ihre Kinder — wenn gleich das dumpfe und unentwickelte
Gefühl ihres Elendes sie stumm macht — ·verwünschen
in den Augenblicken, wo die gesammten Folgen Ihrer
Grundsätze auf sie herein brechen — ohne es zu wissen,
ohne es zu wollen, Sie. — Sie, die jetzt des allge=
meinen Elendes lachen.

　　Wenn nun zu den äußern Bewegungsgründen noch
die innern hinzu kommen, eines Triebes zu schonen, den
uns die Natur gab, um damit zu wuchern, nicht ihn,
eh wir mündig werden, zu verschleudern; wenn die gänz=
liche Vertäubung unsers innern Nerven uns mit einer
furchtbaren Armuth an Wonnegefühl für
unser ganzes Leben bedroht: worauf könnten
wir Jünglinge, die an der Schwelle des Lebens stehen,
wohl eifersüchtiger seyn, als auf die geringste Verletzung
der Grundsätze, die uns die richtige Anwendung dieses
Triebes auf ewig befestigen? Hier Schwärmerey zu
rufen, wo der erste Entschluß alles ist — seitab vom
Rosengebahnten Wege herzhaft auf Dornen zu treten, die
uns zum Glück eines Halbgotts führen, von [42] dem
unsern Gegnern bis auf die Vorempfindung fehlt — ist,

und muß uns wahres Kriegesgeschrey sein, daß alle
unsere moralischen Gefühle empört, mag auch die Stimme,
die uns das zurief, noch so süß und Syrenenmäßig tönen.
Ja, je zaubrischer sie ist, desto mehr verdopple sich unsere
Wuth, ihr zu entweichen, nach dem Maaß, als die Waffen, 5
die man gegen unsern Entschluß anwendet, gefährlicher
werden, der wahrhaftig keiner von den leichten ist. Ach
in einer Welt, wo das geringste Wanken und Zweifeln
an seiner Hofnung schon Fall und Untergang ist, wo
tausend Augen uns entgegen buhlen, tausend Busen uns 10
entgegen streben, die oft von der Nothwendigkeit, oft von
der Falschheit, oft, welches die fürchterlichste aller Versuchungen ist, vom Irrthum, mitleidenswürdigen Irrthum,
der ihnen nicht benommen werden kann, gegen uns be-
wafnet werden, die, da Liebe und Leiden- [43] schaft auf 15
ihrer Seite sind, uns keine andere Wahl als die eines
Bösewichts oder eines Elenden übrig lassen — ach meine
Freunde, der Kranz hängt oben, und der Fels ist glatt.
Nur eine kann eure Leidenschaft haben, wenn die
andern euer Mitleiden, eure Liebkosungen vielleicht, eure 20
Dienstleistung (denn wem seyd ihr sie mehr schuldig, als
dem in unsrer kalten Welt so hülflosen Geschlecht?) kurz
allen äußerlichen Anschein eurer Leidenschaft haben. Laßt
euch das nicht reuen, seyd edel, opfert auf, ohne Wieder-
willen, alles, was man von euch sodert, alles — nur 25
nicht euer Herz. Dies kann niemand fodern, niemand —
auch die behendesten Kokettenkünste nicht — erschleichen,
und wenn euer Herz euer ist, wird eure Tugend
gewiß sicher seyn. Bleibt Meister eurer Herzen,
und ihr bleibt Meister der Welt. Verachten könnt ihr sie 30
mit all ihrem Gewirr äußerer Umstände und Zwangmittel,
die [44] nur Zwangmittel für Sclaven sind, die den Adel
des Funkens nicht kennen, der in ihnen lodert, und der
die Verheißungen der ganzen Erde hat.

Wer kann das Namenlose, ängstige Gefühl, für 35
welches wir doch immer nur Zerstreuungen vergeblich
aufsuchen, dunkel genug ausmahlen, daß alle unsere Fiebern

töblich durch schauert, wenn wir, bey Erschöpfung unseres
inneren Sinnes, das ganze irrdische und sterbliche unserer
Substanz inne werden, inne werden die furchtbare Lücke,
die sich zwischen unserer Anhänglichkeit an die Welt und
5 zwischen allem, was wir sonst in ihr schätzbar und genießbar
fauden, einstellt.   Da also alles Glück in der Welt auf
unsere innere Beschaffenheit und Empfänglichkeit desselben
ankommt, welche Drachen sind feurig genug, diesen Ein-
gang desselben zu bewahren? sollte auch die Gefahr, |45]
10 womit er bedroht wird, durch einen optischen Betrug sich
uns größer abbilden, als sie in der That ist.   Selbst
dieser optische Betrug ist ein Verwahrungsmittel der Natur,
das uns wenigstens in Betracht derer heilig seyn sollte,
die noch nicht reife Einsichten genug erworben haben, die
15 wirkliche Gestalt dieser Gefahren mit ihrem Verstande zu
beleuchten.   Für diese aber Karten aufzuzeichnen und zu
illuminiren, ist, wie Herr W. selbst eingestehen wird, ein
höchst mißliches und gefahrvolles Unternehmen, zu dem
nicht bloß poetisches Talent und Kenntniß der Welt,
20 sondern auch eine große Dosis von Güte des Herzens
erfodert wird, die sich lieber in ein dunkles Licht stellen,
als durch ein verborgtes feyerliches Ansehen und Hohn-
gelächter allen Muth in jungen zur Tugend aufstrebenden
Herzen niederschlagen will.

25   Wie aber, wenn Herr W. selbst ein [46] Märtyrer
der Philosophie seiner Zeiten geworden wäre, und durch
eine der schönsten und unglücklichsten Leidenschaften bis
auf einen Grad der Verzweiflung gebracht, den man
an gefühligen Seelen nicht innig genug bedauren und
30 verehren kann, aus Verdruß übers menschliche Geschlecht
einer Schwärmerey gespottet hätte, die seine Jugend so
unglücklich machte.   Wenn der Beyfall, mit dem seine
ohnehin dahin gestimmten Zeitgenossen diese mit allen
Waffen seines Witzes und seiner aufgebrachten Einbildungs=
35 kraft gerüsteten Spöttereyen aufgenommen, ihn auf dem
einmal beschrittenen Wege immer weiter fortgerissen, bis
er aus dem süßen Taumel des allgemeinen Zujauchzens

erwachte, inne hielt, die leeren Köpfe, die mit ihm gelaufen
waren, seitab auf bessere Wege zu führen suchte, wo sie
wenigstens nicht Ursache hätten, zu bereuen, daß sie die
Verirrungen eines feurigen Genies für Lehren der Weiß=
heit und Tu= [47] gend gehalten — — o mein liebens= 5
würdiger Freund! reichen Sie mir Ihre Hand, und ich
will Ihr Herz so sehr verehren, als ich Ihren Geistes=
gaben meine Bewunderung nie habe entziehen können.
Und wie könnte Ihr Vaterland sodann undankbar gegen
einen Dichter seyn, der selbst durch den zufälligen Schaden, 10
den er verursacht, unzählige Jünglinge, besserer Zeiten
belehrt hat, die Abwege einer zu schnellen Einbildungs=
kraft, eines zu empfindlichen und reizbaren Herzens zu
vermeiden und sowohl aus Ihrem Exempel als aus den
Abdrücken nicht aus der Luft gehaschter, sondern bewährter 15
Erfahrungen menschlichen Lebens (dem ächten Probierstein
wahrer Dichter) weise zu werden. Wie könnte Ihr
Vaterland, ohne alles Blut in seinen Adern empört zu
fühlen, eine Niobe in Ihrem Zimmer vermuthen und
nicht die Ursache dieser Thränen zu erforschen und wegzu= 20
räumen suchen? Nein, würdiger Kriegesmann, der [48]
noch in seinem Alter dem Feinde entgegen gehen und
irgend eine Kugel auffangen will, einem Jüngeren das
Leben zu retten, das sollen Sie nimmer, nimmer, sondern
Ruhe — Dichterruhe auf Lorbeern Ihre Strafe seyn.   25

Beilagen.

I. Aus der Handschrift des „Pandämonium Germanicum".

Gleim tritt herein mit Lorbeern ums Haupt, ganz erhitzt,
5 in Waffen. Als er den neckischen tollen Hauffen sieht, wirft er
Rüstung und Lorbeer von sich, setzt sich zu der Leyer und spielt.
Der ernsthafte Zirkel wird aufmerksam, Utz tritt aus demselben
hervor, und löst Gleimen ab. Der ernsthafte Zirkel tritt näher.
Ein junger Mensch folgt Utzen, mit verdrehten Augen, die
10 Hände über dem Haupt zusammengeschlagen:

Ω πω ποι, was für ein Unterfangen, was für eine
zahmlose und schaamlose Frechheit ist dies? Habt ihr so-
wenig Achtung für diese würdige Personen, ihre Augen
und Ohren mit solchen Unsläthereyen zu verwunden?
15 Erröthet und erblaßt, ihr sollt diese Stelle nicht länger
mehr schänden, die ihr usurpirt habt, heraus mit euch
Bänkelsängern, Wollustsängern, Bordellsängern, heraus
aus dem Tempel des Ruhms!

Ein Paar Priester folgen dicht hinter ihm drein, trommeln
20 mit den Fäusten auf die Bänke, zerschlagen die Leyer und jagen
sie alle zum Tempel hinaus. Wieland bleibt allein stehen, die
Herren und Damen beweisen ihm viel Höflichkeiten, für die
Achtung die er ihnen bewiesen.

Wieland. Womit kann ich den Damen itzt auf-
25 warten, ich weiß in der Geschwindigkeit wahrhaftig nicht
— sind Ihnen Sympathieen gefällig — oder Briefe der
Verstorbnen an die Lebendigen — oder ein Helden-
gedicht, eine Tragödie?

Kramt all seine Taschen aus. Die Herru und Damen besehen die Bücher und loben sie höchlich. Endlich weht sich die eine mit dem Fächer, die andere gähnend:

Haben Sie nicht noch mehr Sympathieen?

Wieland. Einen Augenblick Geduld, wir wollen gleich was anders finden — nur einen Augenblick, gnädige Frau! lassen Sie sich doch die Zeit nur nicht lang werden. (Geht herum und findt die zerbrochene Leyer, die er zu stimmen anfängt.) Wir wollen sehn, ob wir nicht darauf was herausbringen können.

Spielt. Alle Damen halten sich die Fächer vor den Gesichtern. Hin und wieder ein Gekreisch:

Um Gottes willen, hören Sie auf!

Er läßt sich nicht stören, sondern spielt immer feuriger.

Die Franzosen. Oh le gaillard! Les autres s'amusoient avec des grisettes, cela debauche les honnetes femmes. Il a bien pris son parti au moins.

Chaulieu und Chapelle. Ah ça, descendons notre petit (lassen Jakobi auf einer Wolke von Nesseltuch nieder, wie einen Amor gekleidet), cela changera bien la machine.

Jakobi spielt in den Wolken auf einer kleinen Salvioline. Die ganze Gesellschaft fängt an zu danzen. Auf einmal läßt er eine ungeheure Menge Papillons fliegen.

Die Damen (haschen). Liebesgötterchen! Liebesgötterchen!

Jakobi (steigt aus der Wolke in einer schmachtenden Stellung). Ach mit welcher Grazie! —

Wieland. Von Grazie hab ich auch noch ein Wort zu sagen.

Spielt ein anderes Stück. Die Dames minaudiren entsetzlich. Die Herren setzen sich einer nach dem andern in des Jakobi Wolke und schaukeln damit. Viele setzen die Papillons unters Vergrösserungsglaß und einige legen den Finger unter die Nase, die Unsterblichkeit der Seele daraus zu beweisen. Eine Menge Offiziers machen sich Kokarden von Papillonsflügeln, andere kratzen mit dem Degen an Wielands Leyer, sobald er zu spielen aufhört. Endlich gähnen sie alle.

Eine Dame, die, um nicht gesehen zu werden, hinter
Wielands Rücken gezeichnet hatte, unaufmerksam auf alles was
vorgieng, giebt ihm das Bild zum Sehen. Er zuckt die Schultern,
lächelt bis an die Ohren hinauf, reicht aber doch das Bild groß=
5 müthig herum. Jedermann macht ihm Complimente darüber, er
bedankt sich schönstens, steckt das Bild wie halb zerstreut in die
Tasche und fängt ein ander Stück zu spielen an. Die Dame erröthet.
Er spielt. Die Palatine der Damen kommen in Unordnung,
weil die Herrchen zu ungezogen werden. Er winkt ihnen
10 lächelnd zu und Jakobi hüpft wie unsinnig von einer zur andern
umher. Alle klatschen wohllüstig gähnend:

Bravo, bravo, bravo! le moyen d'entendre quelque
chose de plus ravissant!

Goethe (stürzt herein in den Tempel, glühend, einen
15 Knochen in der Hand). Ihr Deutsche? — Hier ist eine
Reliquie eurer Vorfahren. Zu Boden mit euch und an=
gebethet, was ihr nicht werden könnt.

Wieland macht ein höhnisches Gesicht und spielt fort.
Jakobi bleibt mit offenem Mund und niederhangenden Händen
20 stehen.

Goethe (auf Wieland zu). Ha daß du Hector wärst
und ich dich so um die Mauren von Troja schleppen könnte!
(Zieht ihn an den Haaren herum.)

Die Frauenzimmer. Um Gotteswilln, Herr
25 Goethe, was machen Sie?

Goethe. Ich will euch spielen, obschon's ein ver=
stimmtes Instrument ist. (Setzt sich, stimmt ein wenig und
spielt. Alles weint.)

Wieland (auf den Knieen). Das ist göttlich!

30 Jakobi (hinter ihm, gleichfalls auf Knieen). Das ist
eine Grazie, eine Wonnegluth!

Eine ganze Menge Damen (Goethen umarmend).
O Herr Goethe! Die Chapeaux werden ernsthaft, einige lauffen
heraus, andere setzen sich die Pistolen an die Köpfe, setzen aber
35 gleich wieder ab. Der Küster, der das sieht, läuft und stolpert
aus der Kirche.

11. Aus den „Meynungen eines Layen".
Leipzig 1775 S. 113—119.

Nun noch ein Wort für die galante Welt. Wir haben itzt das Säkulum der schönen Wissenschaften. Paradox und seltsam genug würd' es lassen, zu sagen, daß sich aus den Schriften der Apostel, so wie überhaupt aus der Bibel, eben so [114] gut eine Theorie der schönen Künste abstrahiren ließe, wie aus dem großen Buche der Natur. Verstehn Sie mich nicht unrecht, ich sage dies nicht grade zu, ich will Ihnen nur einen Wink geben, daß die wahre Theologie sich mit dem wahren Schönen in den Künsten besser vertrage, als man beym ersten Anblick glauben möchte. Diesen Satz weiter auszuführen, würde mich hier zu weitläufig machen, erlauben Sie mir nur, ein paar hier nicht her zu gehören scheinende Anmerkungen anzuhängen, ehe ich schließe. Man fängt seit einiger Zeit in einer gewissen Himmelsgegend sehr viel an, von Sensibilité (bey den Deutschen Empfindsamkeit) zu diskuriren, zu predigen, zu dichten, zu agiren, und ich weiß nicht was. Ich wette, daß der hundertste, der dies Wort braucht, nicht weiß was er damit will, und doch wird das Wort so oft gebraucht, daß es fast der Grundsatz aller unsrer schönen Künste, ohne daß die Künstler es selbst gewahr werden, geworden ist. Der Grundsatz unsrer schönen Künste ist also noch eine qualitas occulta, denn wenn ich alle Meynungen derer, die das Wort brauchten, auf Zettel geschrieben, in einen Topf zusammen schüttelte, wette ich, ein jeder würde dennoch dieses Wort auf seine ihm eigene Art verstehen [115] und erklären. Und das ist auch kein Wunder, da wir als Individua von einander unterschieden sind, und seyn sollen, und also seder sein individuelles Nervengebäude, und also auch sein individuelles Gefühl hat. Was wird aber nun aus der Schönheit werden, aus der Schönheit, die wie Gott ewig und unveränderlich, sich an keines Menschen Gefühl binden, sondern in sich selbst die Gründe und Ursachen ihrer

Vortreflichkeit und Vollkommenheit haben soll? Homer
ist zu allen Zeiten schön gefunden worden, und ich wette,
das roheste Kind der Natur würde vor einem historischen
Stücke von Meisterhand gerührt und betroffen stehen
5 bleiben, wenn er nur auf irgend eine Art an diese Vorstellungen gewöhnt wäre, daß er gewisse bestimmte Begriffe
damit zu verbinden wüste. Dessen kann sich aber das
Miniaturgemählde und das Epigramm nicht rühmen, und
jener macht eben so wenig Anspruch auf den Titel eines
10 Virtuosen in der Mahlerey, als dieser auf den Titel eines
Genies κατ εξοχην, eines Poeten, wie Aristoteles und
Longin dieses Wort brauchten, eines Schöpfers. Das muß
doch seine Ursachen haben. Ja, und die Ursachen liegen
nicht weit, wir wollen nur nicht drüber wegschreiten, um
15 sie zu suchen. Sie liegen [116] darinn, daß jene Produkte hervorzubringen, mehr Geist, mehr innere Konsistenz,
und Gott gleich stark fortdaurende Wirksamkeit unserer
Kraft erfordert wurde, welche bey dem, der sie lieset oder
betrachtet, eben die Erschütterung, den süßen Tumult, die
20 entzückende Anstrengung und Erhebung aller in uns verborgenen Kräfte hervorbringt, als der in dem Augenblicke
fühlte, da er sie hervorbrachte. Es ist also immer unser
Geist, der bewegt wird, entflammt, entzückt, über seine
Sphäre hinaus gehoben wird — nicht der Körper mit
25 samt seiner Sensibilitä, mag sie auch so sein und subtil
seyn als sie wolle. Denn das Wort zeigt nur ein ver-
feinertes körperliches Gefühl an, das ich durchaus nicht
verkleinere, verachte, noch viel weniger verdamme, behüte
mich der Himmel! verfeinert euren Körper ins unendliche
30 wenn ihr wollt und wenn ihr könnt, distillirt ihn, bratet
ihn, kocht ihn, wickelt ihn in Baumwolle, macht Alkoholl
und Alkahest draus, oder was ihr wollt — der ehrliche
Deutsche, der noch seiner alten Sitte getreu, Bier dem
Champagner, und Tabak dem eau de mille fleurs vorzieht,
35 der nur einmal in seinem Leben heyrathet, und wenn
sein Weib ihm Hörner aufsetzen will, sie erst modice
castigat, dann prügelt, [117] dann zum Haus nausschmeißt,

hat einen eben so guten Körper als ihr, und noch bessern
wann ihr wollt, wenigstens dauerhafter, weiß er ihn nicht
so schön zu tragen als ihr, nicht so artig zu beugen, nicht
so gut zu salben und zu pudern, er braucht ihn wozu er
ihn nöthig hat — und sucht das Schöne — wenn der
Himmel anders unser Vaterland jemals damit zu beglücken,
beschlossen hat — nicht in dem, was seine verstimmte
Sensibilität in dem Augenblicke auf die leichteste Art be=
friedigt, oder vielmehr einschläfert, sondern in dem, was
seine männliche Seele aus den eisernen Banden seines
Körpers losschüttelt, ihr den elastischen Fittig spannt, und
sie hoch über den niedern Haufen weg in Höhen führet,
die nicht schwärmerisch erträumt, sondern mit Entschlossen=
heit und Bedacht gewählt sind. Da mihi figere pedem,
ruft er, nicht mit halbverwelkten Blumen zufrieden, die
man ihm auf seinen Weg wirft, sondern Grund will er
haben, felsenvesten Grund und steile Höhen drauf zaubern,
wie Göthe sagt, die Engel und Menschen in Erstaunen
setzen. Ist es Geschichte, so dringt er bis in ihre Tiefen,
und sucht in nie erkannten Winkeln des menschlichen
Herzens die Triebfedern zu Thaten, die Epochen machten,
ist [118] es Urania, die seinen Flug führt, ist es die
Gottheit, die er singt, so fühlt er das Weltganze in allen
seinen Verhältnissen wie Klopstock, und steigt von der
letzten Stuffe der durchgeschauten und empfundenen
Schöpfung zu ihrem Schöpfer empor, betet an — und
brennt — ist es Thalia, die ihn begeistert, so sucht er
die Freude aus den verborgensten Kammern hervor, wo
der arbeitsame Handwerker nach vieler Mühe viel zu ge=
nießen vermag, und der Narr, der euch zu lachen machen
soll, ein gewaltiger Narr seyn muß, oder er ist gar nichts.
Ists endlich die Satyre selbst, die große Laster erst zur
Kunst machten, wie große Tugenden und Thaten die
Epopee, so schwingt er die Geißel muthig und ohne zu
schonen, ohne Rücksichten, ohne Ausbeugungen, ohne
Scharrfüße und Komplimente grad zu wie Juvenal, je
größer, je würdigerer Gegenstand zur Satyre, wenn du
ein Schurke bist — kurz —

Wo gerathe ich hin? Ich habe nur mit zwey
Worten anzeigen wollen, daß weder Nationalhaß, noch
Partheylichkeit, noch Eigensinn und Sonderbarkeit mich
begeisterten, wenn ich jemals Unzufriedenheit über die
5 französische Bellitteratur, die so wie alle ihre Gelehrsamkeit
[119] mit ihrem Nationalcharakter wenigstens bisher noch
immer in ziemlich gleichem Verhältniß gestanden, bezeugt
habe: doch das ist grad zu und ohne Einschränkung noch
nie geschehen, und geschieht auch jetzt nicht.

GEGENSCHRIFTEN

GEGEN

FRIEDRICHS DES GROSS

DE LA LITTERATURE ALLEMAN

HEFT I

BERLIN W. 35

B. BEHR'S VERLAG

1902

JUSTUS MÖSER

ER DIE DEUTSCHE SPRACHE
UND LITTERATUR

(1781)

HERAUSGEGEBEN

VON

DR. CARL SCHÜDDEKOPF

BERLIN W. 35
B. BEHR'S VERLAG
1902

Vorbemerkung.

Der Plan, dem Neudruck von Friedrichs des Grossen Schrift „De la littérature allemande", den die Deutschen Litteraturdenkmale im 16. Heft brachten [1]), eine Auswahl von Gegenschriften folgen zu lassen, bedarf keiner ausführlichen Rechtfertigung. Die Frage, welches Echo dem Weckruf des grossen Königs aus dem deutschen Dichterwald entgegenhallte, ist unstreitig der sorgfältigsten Beachtung wert und auch bereits öfters beantwortet worden, ohne dass bisher das Material zu einer solchen Untersuchung bereit gelegen hätte. Wie das Verhältniss Friedrichs II. zur deutschen Litteratur erst auf Grund eines Urkundenbuchs, einer vollständigen Zusammenstellung seiner schriftlichen und mündlichen Äusserungen über diese Frage, erklärt werden wird, so bedarf auch die weit zerstreute Polemik gegen seine Hauptschrift einer Zusammenfassung und Erneuerung.

Nur über die Ausführung dieses Gedankens können Zweifel bestehen. Man kann nicht behaupten, dass ein günstiges Geschick über der Vertheidigung der deutschen Schriftstellerwelt waltete, wenn auch anzuerkennen ist, dass sie im grossen Ganzen gegenüber den scharfen Angriffen des Königs sich würdig verhielt. Aber die eigentlichen Führer der geistigen Bewegung, die von den Urtheilen Friedrichs des Grossen am

---

[1]) Die 2. um die Dohm'sche Übersetzung vermehrte Auflage gelangt gleichzeitig zur Ausgabe.

empfindlichsten getroffen wurden, sind gar nicht oder
nur beiläufig zu Worte gekommen. Lessing war, als
die Schrift „De la littérature allemande" in den letzten
Tagen des November 1780 erschien, ein sterbender
Mann; mit das Letzte, was er auf seinem Krankenbette
las, war Jerusalems Gegenschrift. Wieland ergriff nur
zu einer kurzen anonymen Notiz im Teutschen Merkur
das Wort; Herder machte seinem Unmut zwar in
vertrauten Briefen, die Hamann weit überbot, Luft,
lenkte aber später in einigen Hauptpunkten ein. Wie
Hamann liess auch Leisewitz eine geplante Entgegnung, deren Leitmotiv er bereits in der „Rede eines
Gelehrten an eine Gesellschaft Gelehrter" angeschlagen hatte, fallen; und während Klopstock,
„die deutsche Sprache und sich selber auf dem
Gipfel der Vollkommenheit wähnend", in polternden
Epigrammen und später nochmals in den „Gramma-
tischen Gesprächen" den König verspottete, hat Goethe
sein „Gespräch über die deutsche Litteratur", zwei
Dialoge zwischen einem Deutschen und einem Franzosen
an der Table d'hôte zu Frankfurt, zurückgezogen und
vernichtet[1]).
    Unter diesen Umständen könnte man daran denken,
durch die Vielseitigkeit der Stimmen zu ersetzen, was
ihnen an Klang und Gewicht abgeht, also zunächst ein
Heft dieser Gegenschriften mit gesammelten Recensionen,
Gedichten und brieflichen Urteilen von Zeitgenossen
zu füllen; doch bleibt eine solche Zusammenstellung
besser dem Schlussheft vorbehalten. Nur zwei hierher
gehörige Fragen möchte ich vorwegnehmen, da sie
weiterer Aufklärung bedürfen: zunächst die Anzeige,

---

[1]) Vgl. E. Schmidt, Lessing [2]II, 610, B. Suphan.
Friedrichs des Grossen Schrift über die deutsche Litteratur
S. 78, 63, 57, O. Hoffmann, Herders Briefe an Hamann
S. 167, 261, Kutschera v. Aichbergen, J. A. Leisewitz S. 108,
F. Muncker, Klopstock S. 212, 528, Goethes Werke (W. A.)
38, 423.

die am 8. Januar 1781 in den Göttingischen Anzeigen
von gelehrten Sachen erschien und von B. Suphan
(a. a. O. S. 106) Christian Gottlob Heyne zugeschrieben
wird. Diese Vermutung wird bestätigt durch Briefe
Kästners, aus denen aber zugleich hervorgeht, dass er
selbst ursprünglich die Schrift Friedrichs II. anzuzeigen
übernommen hatte. So schreibt er in einem undatirten
Billet an Heyne (ungedruckt, im Besitz der Göttinger
Gesellschaft der Wissenschaften): „Für meine Person
würde ich auch Ihro Majestät gesagt haben, dass Sie
über die deutsche Litteratur urtheilen, wie ein Gelehrter
über den Krieg urtheilen würde, der nur Carl V.
Landsknechte kennte. Aber die Societät wollte ich
nicht ins Spiel bringen. Und eigentlich, ist in der
Deutschen Gelehrten Republik Friedrichs
Meynung ganz unbeträchtlich, und kann keinen Schaden
thun. Also war meine Zurückhaltung nicht Kleinmuth
sondern Stolz. Denen Grossen zeige ich was ich von
ihnen denke nicht durch Worte sondern durch Haud-
lungen. Übrigens wünsche ich dass von meiner Recension das Manuscript nach dem Gebrauche mir
zurückgegeben oder so dass ich es bedürfenden Falls
vorlegen kann aufbehalten wird. Das nicht aus Furcht
vor Friedrichen, der eine solche Furcht zu erregen
viel zu gross ist, sondern vor den Zimmermannen“.
Warum Kästners Anzeige nicht gedruckt wurde, erhellt
aus seinem Briefe an Nicolai vom 8. Mai 1781, den
die neue kritische Ausgabe seiner Werke [1]) (III, 130)
bringen wird (von Herrn Bibliothekar Dr. Carl Scherer
mir gütigst im Aushängebogen mitgeteilt); es heisst
darin: „Die Schrift *sur la litterature allemande*,
sollte hie recensirt werden, Heyne trug mir es auf
fand selbst es sey *incedere per ignes suppositos cineri
doloso* und bedung sich dass wir die Recension mit
einander durchgehen wollten. Ich verhielt mich also

---

[1]) B. Behrs Verlag, Berlin.

wie ich es zu verantworten gedachte, nicht gegen den
Autor, der politisch und moralisch zu gross ist als dass
ein Recensent was von ihm zu fürchten hätte, sondern
gegen andere Leute; Jch erzählte also blos den Innhalt,
(dachte freylich: *narrasse est refutasse*).   Am Ende
sagte ich doch: Wer etwa glaubte dass die Morgenröthe der schönen Wiss. in Deutschland etwas mehr
als nur angebrochen wäre, könnte sich wohl desswegen
auf Schriftsteller berufen die unter dem Schutze des
Verf. gelebt hätten und noch lebten und zu einigen
ihrer Arbeiten die ganz Deutschlands Beyfall erhalten
hätten, selbst durch seine Grösse wären begeistert
worden.   Heyne aber fand dass ich viel zu gelind gewesen, hat meine ganze Recension weggelegt und die
gemacht die gedruckt worden." Kästners Kritik ist
verschollen. — Eine andere unbekannte Recension
erwähnt Joh. Friedrich Reichardt in einem ungedruckten Briefe an den Grafen Gustav von Schlabren-
dorf vom 29. März 1781 mit den Worten: „Ueber
das Wischlein *de littérature allemande* ist wohl
nichts bessers gesagt, als in einer Beilage der
Hamb: neue Zeitung, geschrieben von meinem
lieben Herzens-Circkel [?]; die eine Anecdote in dieser
Anzeige dass das Werklein eigentlich vor 30 Jahr geschrieben, izt nur einige unerhebliche Zusätze bekommen, erklärt schon vieles.   In den Zeitungen aller
preussischen Lande ist es nach Standesgebühr gelobt
worden.   Jerusalem hat etwas darüber geschrieben das
nicht ganz schlecht ist." Die betreffende Beilage (Nr. 18)
zur Hamburgischen neuen Zeitung fehlt in dem Exemplar
der Hamburger Stadtbibliothek; für einen Nachweis
wäre ich dankbar.

    Auch eine chronologische Reihenfolge der Gegen-
schriften ist für unsere Zwecke nicht ratsam, da sie
nicht sicher anzusetzen und nur bei einer ungekürzten
Wiedergabe aller Drucke möglich wäre, während wir
mehrere in Auszügen zu bringen gedenken.   Wenn

also nur der innere Gehalt entscheiden kann, so wird,
da Goethes Schrift. unwiederbringlich verloren zu sein
scheint, die Reihe am würdigsten durch **Justus
Mösers** Schreiben „Über die deutsche Sprache ·und
Litteratur" eröffnet, das zugleich Goethes Sache aufs
wärmste vertritt.

Mösers Vorfahren stammten aus der Kurmark
Brandenburg, sein Urgrossvater war als Konrektor von
Magdeburg nach Kiel und Hamburg gewandert und
der Urenkel gesellte sich früh zu den Bewunderern
des grössten Hohenzollern. Einen Beweis seiner Verehrung für den jugendlichen Herrscher, zugleich ein
charakteristisches Beispiel für den Wechsel des
poetischen Geschmacks gerade während der Regierungs-
zeit Friedrichs II. bietet ein bisher unbekanntes Jugend-
gedicht Mösers, das die Göttinger Bibliothek unter
einer grossen Sammlung von Gelegenheitsgedichten besitzt[1]). Der Verfasser hat sich zwar unter dem Ana-
gramm M. O. Riese verborgen, aber der handschrift-

---

[1]) Andere Jugendgedichte Mösers, die in einer zu
erwartenden neuen Ausgabe seiner Werke trotz ihres
geringen poetischen Werthes Aufnahme verdienen, sind von
L. Hirzel, A. v. Hallers Gedichte. Frauenfeld 1882, S. 364
und von A. Sauer, Der Göttinger Dichterbund (Kürschners
DNL. 49, I) S. IV citirt. Die Göttinger Bibliothek besitzt
noch zwei weitere, bisher unbekannte:

Jubelode | womit | ihren gnädigſten Obervorſteher | Den |
Hochgebohrnen Grafen und Herrn | HERRN | Heinrich den
Eilſten | Aeltere Reuß | Des H. R. R. Grafen und Herrn von
Plauen | Herrn zu Greiz, Cranichfeld, Gera, Schlaiz und | Loben-
ſtein ꝛc. ꝛc. ꝛc. | am 18. März 1743. | als an DERO | hohen
Geburts- | und | Huldigungstage | unterthänigſt beſinget | die
Deutſche Geſellſchaft | iu Göttingen | durch | Juſt Möſer. |
Göttingen, | gedruckt bey Johann Friedrich Hager. [4 Bl.] 2⁰.

Seinem | Lieben Bruder | Jtel Ludewig | Möſer |
Welcher | den 27. Jan. 1745 | im 19ten Jahr ſeines Alters |
ſanft und ſelig entſchlief | Zum zärtlichen und betrübten | Ange-
denken | hat | dieſes aufgeſetzet | deſſen hinterlaſſener empfind-
lichſt | gerührter Bruder | Juſtus Möſer. | Oſnabrück, | gedruckt
mit Kißlingiſchen Schriften. [2 Bl.] 2⁰.

liche Zusatz von einer gleichzeitigen Hand „Der Verfasser ist Herr Möser" trifft gewiss das Richtige. Das Gedicht, wohl bald nach dem Frieden von Breslau (28. Juli 1742) entstanden, lautet:

[1ᵃ]   Die
              weise und tapfre Regierung
                         Seiner
                Königlichen Majestät
                      in Preussen
                         und
              Churfürstlichen Durchlaucht
                 zu Brandenburg
                    Friedrichs
                      besungen
                         von
                    M. O. Riese.

[2ᵃ]   Herr!
           der Du jetzt die deutsche Welt
       In ihrem Gleichgewichte lenkest,
       Zugleich als Vater, König, Held,
       Auf deſſen Ruh und Wohlfahrt denkest;
       Vertroue einen Augenblick,
       Die Herschaft über Deutschlands Glück
       Und deſſen Führung Menschen Händen;
       Und gönne Dein geheiligt Ohr
       Dem Dir geweihten Dichterrohr,
           Und dem was Pflicht und Demuth senden.

[2ᵇ]   Dein Fus beschritte kaum den Thron
       Den Tapferkeit und Weisheit stützen;
       So sprach auch Deutschlands Schutzgott schon:
       Nun wird mein Arm euch nicht mehr schützen.
       Denn **Friedrichs** königlicher Geist,
       Der sich unendlich gröſſer weißt,
       Darf nur für euer Wohlseyn wachen;
       Denn wo Er selbst ficht und Sein Heer,
       Da wird das Feld von Feinden leer,
           Man seufzet nur nach Friedenmachen.

           Die Weißheit womit Du regierst
       Muß freilich Land und Volck beglücken;
       Wo Du und Mars die Krieger führst,
       Da mus sich Glück und Stärke büden.

Man frage nur das Alterthum
Ob je ein Fürst mit solchem Ruhm
Zugleich durch beides gros genennet?
Was Wunder? da der Heldenmuth,
Der stets in Friedrichs Adern ruht,
    Den heilgen Ursprung göttlich kennet.

    Komm Cäsar sieh und siege nur!
Das Glück zieht Deinen Ehrenwagen;
Ja Latiens gepriesne Flur
Hat nur verwegene getragen.
Allein Held! wo Dein Adler siegt,
Da lernt man wie die Klugheit kriegt
Von ächter Tapferkeit begleitet.
Du selbst und Dein gesetzter Arm,
Dringst in der Feinde tiefsten Schwarm,
    Der voll Verzweiflung rasend streitet.

[3 *]   Die Oder droht den Ufern noch
Sie thürmet sich bey Preussens Helden;
Die Neyß verachtet jener Joch,
Sie will es selbst dem Norden melden;
Die Morau trägts in Orient,
Wo man den Göttern Rauchwerk brennt.
Hier baut man Dir auch schon Altäre.
Das Volk am Pont und am Eupfrat,
Vermeinen daß ihr Mithridat,
    In Deutschland auferstanden wäre.

    Dort wo vom feindlichen Gewehr,
Von Stücken Mörsern und Carcassen,
Die Nachwelt Dir und Deinem Heer
Wird einst Colossen setzen lassen:
Da hat Dir die Unsterblichkeit
Den Palm und Lorberhain geweiht,
An Deinem erstern Stegestage;
Daß auch des kleinsten Blattes Raum,
Wie beym Virgil der Königsbaum,
    Den grossen Nahmen Friedrich trage.

    Erhebt der Griechen Heldenbrut
Die sich so manchen Kranz geflochten;
Allein es ist ein schlechter Muth
Der nur mit Persern hat gefochten.

Die Sanftmuth womit du regierst,
Zeigt daß Du mehr den Zepter zierst
Als dieser Deine Tage schmücke.
Wer so durch tapfre Klugheit blos
Im Kriege und im Frieden gros,
　　Der ist schon über alles Glücke.

　　Irene reißt Dich aus der Schlacht,
Als wenn sie auf Dich neidisch wäre;
Allein Dein Geist der täglich wacht
Für Deiner Staaten Glanz und Ehre,
Lies gleich das göttliche Berlin,
Dem Rom und Tyrus Pracht verliehn
Zu einer kleinen Welt erheben.
So vieler Fürsten Aufenthalt
Macht, daß es grössern Welten bald,
　　Nicht mehr darf Rang und Vorzug geben.

　　Dein Hof dem Frankreichs Pracht nicht gleicht
Zeugt nur von Friedrichs grossen Wesen.
Was Kunst und was Erfindung reicht,
Ist hier zum prächtgen Schmuck erlesen.
Schreib Julian! der Götter Mahl,
Beschreib der Gäste Pracht und Zahl;
Allein besieh den Hof der Brennen.
Wer diesen nur einmal gesehn,
Mus ihn, und wär er gleich Silen,
　　Ein täglich Götter Gastmahl nennen.

[4ᵇ]　　Die Wahrheit schweigt sie stehet schon
Wie tief ihr Rohr zum höhern singen;
Doch wagt sie sich vor Deinen Thron,
Sie will dereinst was schöners bringen,
Und dis verspricht sich Fleis und Zeit
Von Deiner höchsten Gütigkeit,
Die sich in tausend Proben zeiget.
Denn Herr! es wirkt Dein Gnadenstrahl,
Mehr als die Musen allzumahl,
　　Bey dem, der sich vor Dir jetzt beuget.

Möser war nur acht Jahre jünger als Friedrich II.,
den er, wie die junge preussische Dichterschule, so
enthusiastisch verherrlichte; auch seine jugendliche
Entwickelung stand, ähnlich der des grossen Königs,
unter dem Einflusse des französischen Geschmacks.

Er sagt selbst im Jahre 1776, „er gehöre als Reimer
in's *medium aevum* der deutschen Dichtkunst"; „ich fing
an zu reimen", heisst es ein andermal, „als Günther
unser Held war, und glaubte, ich wäre in der Wiege
verdorben"; und noch 1785 spricht er sich über die
Einwirkungen der französischen Litteratur auf seine
Bildung zum Schriftsteller offen aus (Werke X, 234.
172. 190). Um so verschiedener waren die Wege, die
er in reiferen Jahren ging; in einer vielseitigen amt-
lichen Thätigkeit mit Land und Leuten vertraut, in der
Mannigfaltigkeit der Interessen, die er als vertrauens-
mann der Osnabrückischen Stände und der wechselnden
bischöflichen Regierung zu vertreten hatte, zur historischen Auffassung gedrängt, durch die tägliche Berührung mit der Wirklichkeit der Dinge zu populären
Aufsätzen, den „patriotischen Phantasien", angeregt,
wandte er sich mit ganzer Seele seinem deutschen Volke
zu. Der nationale Charakter ist es, den er nicht nur
als politischer und nationalökonomischer Schriftsteller,
sondern auch ausübend und geniessend als Freund der
deutschen Litteratur betont.

Wie er die Verbannung des Harlekin von der
Bühne bekämpfte und den westfälischen Bauer in seiner
wahren Gestalt, die noch für den Hofschulzen in Immer-
manns Münchhausen typisch wurde [1]), litteraturfähig
machte, wie er Luther gegen Voltaires Schmähungen
verteidigte, so fühlte er sich auch verpflichtet, die Au-
griffe Friedrichs II. auf die deutsche Litteratur zurück-
zuweisen. Er ist in der grossen Zahl seiner Gegner der
einzige, der den König nicht mit der Aufzählung des schon
Erreichten zu widerlegen sucht, sondern das Ideal, das
Friedrich II. für die Weiterentwickelung der deutschen
Litteratur aufstellt, bekämpft. Zugegeben, dass der
Tadel des Königs richtig sei, „so kömmt es doch noch

---

[1]) Vgl. K. Mollenhauer, J. Mösers Anteil an der
Wiederbelebung des deutschen Geistes, Braunschweig 1896, S. 9.

immer auf die Frage an, ob wir auf unserm Wege,
oder auf demjenigen, welchen andre Nationen erwählet
haben, fortgehen dürfen, um das Ziel der Vollkommenheit
zu erreichen, was die Natur für uns bestimmt hat".
Und diese Frage beantwortet er, indem er die englische
und französische Litteratur mit einander vergleicht,
entschieden zu Gunsten der heimischen Art; „meiner
Meinung nach", schliesst er die mit warmem Pathos
vorgetragene Untersuchung, „müssen wir durchaus mehr
aus uns selbst und aus unserm Boden ziehen, als wir
bisher gethan haben, und die Kunst unsrer Nachbaren
höchstens nur in so weit nutzen, als sie zur Verbesserung unsrer eigenthümlichen Güter und ihrer Kultur
dienet". So mannhaft und freimütig Möser seine
Überzeugung ausspricht, behandelt er doch seinen gewaltigen Gegner mit bewundernswürdigem Takt. Des
Königs Vorschläge sind, wie Adolf Schöll (Goethe in
Hauptzügen seines Lebens und Wirkens, Berlin 1882,
S. 512) betont, von der verständigsten, seine Absichten
von der edelsten Seite aufgefasst, und ihre ungerechte
und missverständliche Anwendung tritt bei dieser
schonenden Beurteilung nur um so heller hervor.
Nimmt man dazu die gedrungene Kraft des Ausdrucks,
die Fülle origineller Bilder — so den Vergleich
zwischen einer Pariser Pastete und einem Stück Rind-
fleisch — und das wahrhaft edle Pathos, so wird man
unbedenklich dem kleinen Heft den ersten Platz unter
den Gegenschriften einräumen.

Im einzelnen sei zur Erklärung der Möserschen
Schrift noch folgendes beigefügt:

5, 8] **Friedrichs II. Werk** „über die Vaterlandsliebe"
sind die „Lettres sur l'amour de la patrie, ou Correspondance
d'Anapistémon et de Philopatros" vom Jahre 1779 (Oeuvres
IX, 211) vgl. 24, 15.

6, 1] **sohren** = welken, Sanders, Wörterbuch II, 2, 1115;
= verdorren, Paul, Deutsches Wörterbuch S. 423; Grimm,
DWB. X, 1426.

9, 81] über Sulzers Kunsttheorie vgl. Mösers Werke X, 157.

10, 14] „deutsche Art und Kunst" auch 24, 22; vgl. DLD. 40/41, p. XXXVIII.

19, 11] über Goethes Werther vgl. Mösers Werke X. 156. 159.

19, 22] H. L. Wagner starb am 4. März 1779, Lenz wurde 1780 infolge einer Verwechslung totgesagt (Schmid, Lenz und Klinger S. 60), über Klinger ist ähnliches nicht bekannt.

20, 4—20] Über den Vorzug der Provinzialdialekte vor der Buchsprache spricht Möser mit ähnlichen Worten in einem Briefe an Johann Benjamin Michaelis, der von Abeken (Reliquien von J. Möser, Berlin 1837, S. 16; Werke X, 226) nach dem Koncept abgedruckt ist und hier nach dem stark abweichenden, bisher unbekannten Originale wieder-gegeben sei:

Wehrtster Freund.

Ihre Parodieen sollen mir alle Monate sehr willkommen seyn, besonders wenn sie von einer gütigen Versicherung Ihrer Freundschafft begleitet werden. Sollten sie aber auch anfangen einförmig zu werden: so schicke ich sie mit der preussischen Post zurück. Unsre bisherigen Parodieen, die französischen mit eingeschlossen, haben diesen Fehler gehabt. Man hat sich höchstens mit Kontrastiren beholfen, einer Manier die beym öfftern Gebrauch ungemein aufffällt, und selbst bey einem Voltaire missfällt; und ich wünsche dass Sie sich bis dahin nicht erschöpfen mögen. Ueberhaupt glaube ich nicht, dass unsre gelehrte Sprache reich genug an Bildern und Ausdrücken sey, um verschiedene Scenen des gemeinen Lebens, welche in der Parodie hervor stechen müssen, edel und kräfftig zu mahlen. Die Engländer haben einer Provincial-sprache die Herrschafft eingeräumt; wir aber alles provinciale verworfen, und dafür eine Sprache erwählt, welche noch jetzt von keinem, als einem kalten Philosophen bereichert werden kann. Das drollichte schnurrichte und äffende, was jede Provinz hat, und die schöpferische Laune des gemeinen Mannes noch täglich er-findet, ist für das allgemeine unsrer Sprache verlohren; und man zankt sich noch wohl gar darüber, ob die niedersäch-sische Sprache einen Vorzug vor der herrschenden habe, ohne zu bemerken, dass jede Provinzial-sprache gewisser-massen reicher und mahlerischer seyn müsse, als eine all-gemeine die sich nicht vom Grunde erhoben.

Es wird Ihnen schwer fallen diesen Mangel zu ersetzen. Offt habe ich gedacht die bergmännischen Lieder, da sie doch vielen verständlich sind, würden uns einiger maassen

dienen können, und ich erinnere mich noch meiner Jugend,
da ich eine Menge von diesem deutschen Grubstreet, in der
Absicht kaufte, um eine eigne burleske Sprache zu schaffen.
Es gieng mir aber, wie den unerfahrnen Mädgen, die zwar
fühlen, dass Ihnen etwas fehlt, aber von dem fehlenden
selbst keine deutliche Begriffe haben. Herr Gleim allein,
der in seinen Kriegesliedern und Romanzen sich eine eigne
und angemessene Sprache gebildet hat, ist am besten im
Stande, Ihnen ein Mittel vorzuschlagen, wenn Sie jemals in
Verlegenheit kommen sollten.

ich rathe Ihnen aber doch unsre alten Dichter zu lesen.
Sie haben würklich Vieles, was nicht allein unsre neuern
Barden sondern auch die parodisten nutzen können —
wenigstens eine ganz eigenthümliche Sitte, die durch ihre
Wahrheit und Einfalt gefält. Wenn z. E. Heinrich von
Offterdingen die schöne Ameye, die minnigliche Magd von
Tarsis besingt, wie sie mit dem kühnen Kern, dem edlen
Degen Herebrant des Morgens nach der Hochzeit im
Bette liegt:

> Mit Armen fein umfangen
> in ehrenreichen Muth
> Die Nacht was hingegangen
> Eh es sich dauchte gut.

so bin ich versichert, dass alle Neuern nicht an den
ehrenreichen Muth gedacht hätten. Für ein so wahres
und kräfftiges Bild fliehen unsre eckeln Hofdichter.

Doch wenn ich aufs alte komme: so werde ich ein
Pedant. Bald hätte ich Herrn Gleimen und Jacobien in
hohem Muthe und alten Stile gegrüsset. Aber nun bin ich

Ihr

allerseitiger

Ofs. den 8 Dec. 1771. gehorsamster D(iene)r

JMöser.

22, ₃₉] F. H. Jacobi, Woldemar. Eine Seltenheit aus
der Naturgeschichte. Erster Band. Flensburg und Leipzig
1779; Bruchstücke vorher im Teutschen Merkur 1777 und
im Deutschen Museum 1779

22, ₃₄] Die Klostergeschichte ist nicht, wie Abeken und
Simon (in Reclams Neudruck) angeben „Das Strumpfband,
eine Klosterscene" von A. M. Sprickmann (Deutsches Museum
1776, 2, 1088) sondern J. M. Millers Roman „Siegwart
Eine Klostergeschichte," Leipzig 1776. Über die nächtliche
Scene beim Gewitter vgl. E. Schmidt, Charakteristiken I, 191.

Möser schrieb seine Gegenschrift in den ersten
Monaten des Jahres 1781 nieder. „Im Eifer warf er
seine Gedanken auf's Papier," heisst es im Begleitbrief
an Goethe; doch war er selbst nicht völlig mit seiner
Arbeit zufrieden, „weil seine Gesundheit ihm nicht
erlaubte, das Feuer, womit er ansetzte, lange genug
zu unterhalten". So erklärt sich die vierwöchentliche
Pause in der ersten Veröffentlichung und das Sprung-
hafte der letzten Partieen; ähnliche Klagen über seine
Gesundheit im Winter 1780 auf 81 enthalten Briefe
an Nicolai (Werke X, 189) und an seine Nichte
Jeannette Friederici in Blankenburg vom 1. April 1781 [1]),
welch letzterer beginnt: „Liebste Cousine. Damit ist
abermals ein böser Winter vorüber, worin ich manche
traurige Stunde, die ich doch leider nicht der Liebe,
sondern meiner schwächlichen Gesundheit zu verdanken
hatte, zugebracht."

Ob eine der beiden bald folgenden Sonderausgaben
von Mösers Schrift Friedrich dem Grossen zu Gesichte
kam, ist nicht bekannt aber unwahrscheinlich, da selbst
sein Minister, Graf Hertzberg, sie erst nach einem Jahre
kennen lernte, wie wir gleich sehen werden. Dagegen
erhielt sie der Nächstbeteiligte, dem sie die Genugthuung gewährte, die er selbst sich zu nehmen unter-
liess, von Möser, mit dem er schon seit 1774 in Verbindung stand, alsbald zugesandt [2]).

Seine Tochter, Jenny von Voigts, oder vielmehr
der Verfasser selbst — denn nicht nur ist das Koncept
des Briefes von Mösers eigner Hand geschrieben,
sondern er ist auch ohne Zweifel der Verfasser (Abeken,
Reliquien von J. Möser, Berlin 1837, p. XIII) — begleitete den Einzeldruck im Juni 1781 mit folgenden

---

[1]) Ungedruckt; Original im Gleimarchiv zu Halberstadt, Ms. 72, Bl. 23
[2]) In Goethes Bibliothek befindet sich, nach gütiger
Mitteilung C. Rulands, nur der vierte Theil der „Patriotischen Phantasien", Berlin 1778.

Begleitworten an Goethe: „Theuerster Herr Geheimer-
rath. Sie hätten nach meiner vormaligen Antwort wohl
nicht gedacht, dass mein alter Vater noch Ihr Vertheidiger werden, und Ihre Sache gegen den grossen
Friedrich aufnehmen würde. Allein so sehr er dem
Könige sein Urtheil zu gute hält, so sehr ärgerte er
sich über das Nachbeten solcher Leute, die unendlich
weniger als der König zu besorgen, und unendlich
mehr Zeit hätten, ihre Lection zu studiren. Und im
Eifer warf er seine Gedanken auf's Papier, das ich
hiebei übersende. Er ist selbst nicht völlig mit seiner
Arbeit zufrieden, weil seine Gesundheit ihm nicht erlaubte, das Feuer, womit er ansetzte, lange genug zu
unterhalten. Indessen werden Sie seine Gesinnungen
und seinen guten Willen daraus leicht erkennen, und
was er in der Eile übergangen hat, hinzudenken."
      Goethes Tagebuch schweigt über den Empfang der
Schrift, wie überhaupt vom 18. Januar bis 31. Juli
1781; aus seinem Briefe an Charlotte v. Stein vom
20. Juni 1781 (W. A. V, 136) geht jedoch hervor, dass
er Jenny v. Voigts' Brief an seine Freundin weitergab
und am selben Tage mit dem Herzog Carl August
Mösers Schrift las. Ohne Zweifel wurde bei dieser
Gelegenheit auch seine eigene Gegenschrift besprochen
und endgiltig beiseite gelegt. Tags darauf schrieb
dann Goethe an Jenny v. Voigts die bekannte, oft
citirte Antwort (Ausgabe letzter Hand 60, 240; Briefe,
W. A., V, 143), die auch hier nicht fehlen darf:
      „Es ist gar löblich von dem alten Patriarchen,
dass er sein Volk auch vor der Welt und ihren Grossen
bekennet, denn er hat uns doch eigentlich in dieses
Land gelockt, und uns weitere Gegenden mit dem
Finger gezeigt, als zu durchstreichen erlaubt werden
wollte. Wie oft hab ich bei meinen Versuchen gedacht,
was möchte wohl dabei Möser denken oder sagen.
Sein richtiges Gefühl hat ihm nicht erlaubt, bei diesem
Anlasse zu schweigen, denn wer aufs Publicum wirken

will, muss ihm gewisse Sachen wiederholen, und ver-
rückte Gesichtspuncte wieder zurechtstellen . . . Auch
diesmal hat Ihr Herr Vater wieder als ein reicher
Mann gehandelt, der jemänd auf ein Butterbrod ein-
ladt, und ihm dazu einen Tisch auserlesener Gerichte
vorstellt. Er hat bei diesem Anlasse so viel verwandte
und weit herumliegende Ideen rege gemacht, dass ihm
jeder Deutsche, dem es um die gute Sache und um
den Fortgang der angefangenen Bemühungen zu thun
ist, danken muss. Was er von meinen Sachen sagt,
dafür bleib ich ihm verbunden; denn ich habe mir
zum Gesetz gemacht, über mich selbst und das Meinige
ein gewissenhaftes Stillschweigen zu beobachten. Ich
unterschreibe besonders sehr gern, wenn er meine
Schriften als Versuche ansieht, als Versuche in Rücksicht
auf mich als Schriftsteller, und auch bezüglich auf das
Jahrzehend, um nicht zu sagen Jahrhundert, unserer
Litteratur. Gewiss ist mir nie in den Sinn gekommen,
irgend ein Stück als Muster aufzustellen, oder eine
Manier ausschliesslich zu begünstigen, so wenig als
individuelle Gesinnungen und Empfindungen zu lehren
und auszubreiten. Sagen Sie Ihrem Herrn Vater ja,
er soll versichert seyn, dass ich mich noch täglich
nach den besten Überlieferungen und nach der immer
lebendigen Naturwahrheit zu bilden strebe, und dass
ich mich von Versuch zu Versuch leiten lasse, demjenigen, was vor allen unsern Seelen als das Höchste
schwebt, ob wir es gleich nie gesehen haben und nicht
nennen können, handelnd und schreibend und lesend
immer näher zu kommen.

Wenn der König meines Stücks in Unehren erwähnt, ist es mir nichts befremdendes. Ein Viel-
gewaltiger, der Menschen zu Tausenden mit einem
eisernen Scepter führt, muss die Production eines
freien und ungezogenen Knaben unerträglich finden.
Überdies möchte ein billiger und toleranter Geschmack
wohl keine auszeichnende Eigenschaft eines Königes

seyu, so wenig sie ihm, wenn er sie auch hätte, einen grossen Nahmen erwerben würde, vielmehr dünkt mich, das Ausschliessende zieme sich für das Grosse und Vornehme'. Lassen Sie uns darüber ruhig seyu, mit einander dem mannichfaltigen Wahren treu bleiben und allein das Schöne und Erhabene verehren, das auf dessen Gipfel steht."

Noch einige andre briefliche Urteile von Zeit-genossen mögen hier folgen.

Der von Möser selbst (10, 5) als Zeuge aufgerufene preussische Minister Ewald Friedrich Graf von Hertzberg, der zu der Schrift Friedrichs des Grossen den eigentlichen Anlass gegeben, Mösers Gegenschrift aber erst ein Jahr nach ihrem Erscheinen gelesen hatte, schreibt am 1. Juni 1782 (Werke X, 247) darüber an den Verfasser: „Es ist mir nicht gleichgültig, sondern sehr angenehm ge-wesen, daraus zu ersehen, dass ein Mann von so ent-schiedenem Verdienst, von so grossen Einsichten, und ein so wahrer Deutscher in seiner Schrift meinen Ge-sinnungen Gerechtigkeit widerfahren lassen. Sie stimmen in der That mit der Meinung, welche S i e davon hegen, völlig überein, und ich pflichte dem Urtheil, welches Sie von der Schrift des Königs fällen, grösstentheils bei." Lichtenberg schreibt an den, auch von Möser geschätzten (Werke X, 178. 232) Oberland-baumeister Hollenberg in Osnabrück (Lichtenbergs Briefe, Leipzig 1901, 1, 380): „Mösers Aufsatz habe ich mit vielem Vergnügen gelesen, manches, was mir nicht darin gefällt, würde mir gewiss gefallen, wenn ich Mösers Einsichten hätte. Meine Lage in der Welt und mein Gesichtskreis ist anders. Ueberall aber erkenne ich darin den Philosophen, ich meine den Mann, der sich um alles bekümmert, und sich nach seiner Lage verständlich macht. Mehr muss man von Menschen nicht fordern." Johannes v. Müller urteilt am 25. Juni 1781: „Vortrefflich ist Möser gegen den König für die deutsche Litteratur. Dieser Mann ist

jener *pietate gravis ac meritis*, der zwischen dem Lärm
rasender Genies, und französischer Phraseologen die
Mittelstufe weiss." Gleim antwortet am 10. Juli 1781,
charakteristisch für seine Stellung zu der Frage: "Unsern
Moser habe ich gelesen; er sagt dem grossen Könige
gut die Wahrheit, nur hätte er mehr in's Einzelne
gehen, mehr Gutes von unsern besten Köpfen ihm
sagen, und sie vergleichen sollen mit jenen französischen
Köpfen, die dem grossen König die liebsten sind."
Und der Dritte im Bunde, Heinse, schreibt am 25. Januar 1783 aus Rom an Fritz Jacobi: "In Mösers
Schreiben finde ich verschiedene Kernbeobachtungen
voll reinen Menschensinnes; nur kömmt mir seine
Theorie der Künste [9, 35], für einen von den sieben
westphälischen Weisen, ein wenig seicht vor, und
noch gefällt mir anderes nicht" (Briefe zwischen Gleim,
W. Heinse und J. v. Müller II, 219. 226. 492). Hamann
fügt (an Herder, 15. September 1781, O. Hoffmann S. 254)
seinem Urtheile "Göthe ist artig gerechtfertigt, und die
ganze Wendung politisch" die wunderliche Frage bei:
"Wer oder was ist der Heyne eines jeden Jahrhunderts
S. 26." Citierte er nicht die Seite des Osnabrücker
Einzeldrucks, so möchte man glauben, er habe an dem
Druckfehler "Heyer" in den "Westphälischen Beyträgen" Anstoss genommen; denn dass er den Göttinger
Archäologen nicht gekannt habe, ist schwer zu verstehen.
　　Die öffentlichen Kritiken stimmten fast durch-
gehends mit diesen brieflichen Urteilen überein;
wiederholt (so in den Frankfurter gelehrten Anzeigen
von 1782, Stück 1) wird in Zusammenfassung der
Gegenschriften die Mösersche als die beste, gedanken-
reichste genannt. Ähnlich sprechen sich die "Gothaischen
gelehrten Zeitungen" (1781, Stück 84) aus: "Besser,"
heisst es dort auf S. 690, "konnte Hr. Göthe selbst
nicht seinen Götz von Berlichingen vertheidigen, als es
hier geschieht". Nur die "Neue Bibliothek der
schönen Wissenschaften" (XXVII, 1, 38—74) brachte

eine abfällige Kritik, die auch an Mösers Autor-
schaft „billig" zweifeln zu dürfen glaubt; vermutlich
aus der Feder Johann Carl Wezels, dessen Kon-
kurrenzschrift „Über Sprache, Wissenschaften und
Geschmack der Deutschen" in Gegensatz zu Möser
gestellt und unverdient gelobt wird.

Die Textgeschichte der kleinen Schrift bietet wider
Erwarten eine Schwierigkeit. Mösers Schreiben erschien
zuerst in einer heimischen Wochenschrift, einer Beilage der „Osnabrückischen Intelligenz-Blätter", unter
dem Titel: „Westphälische Beyträge | zum | Nutzen und
Vergnügen" (hier *B* genannt) auf das Jahr 1781, und
zwar in mehreren Absätzen in Stück 9, 11—13 und 17,
vom 3., 17., 24., 31. März und 28. April 1781. Dem
Prinzip dieser Neudrucke gemäss wäre unserer Ausgabe dieser erste Druck zu Grunde zu legen, zumal da
die beiden im gleichen Jahr erschienenen Einzeldrucke
selbst eingestehen, ohne Autorisation des Verfassers
veranstaltet zu sein. Der erste dieser Drucke (hier
H genannt) führt den Titel: Ueber | die deutsche
Sprache | und | Litteratur. | An einen Freund. | Ham-
burg, | bey Benjamin Gottlob Hoffmann, | 1781. |47 S.|
gr. 8° und hat folgenden

Vorbericht.

Diese kleine Schrift steht in den Osnabrückischen Beiträgen
vom gegenwärtigen Jahre, und mögte also wohl wenigern Lesern
zu Gesichte kommen, als sie verdienet. Man kann ihren vortreflichen Verfasser nicht verkennen: Denkungsart und Styl bezeichnen Mösern zu genau. Da er die Schrift des Königs
von Preussen wider die deutsche Litteratur von einer andern
Seite betrachtet, als andre, die dagegen, oder vielmehr darüber
geschrieben haben (denn daß man dagegen schriebe, verdiente sie
wohl nicht): so geschieht es hoffentlich mit dem Beifall des
deutschen Publikums und des berühmten patriotischen Verfassers
selbst, daß diese Schrift aus jenem Wochenblatte herausgegeben
und bekannter gemacht wird.

Dieser Druck *H* scheidet ohne weiteres aus, da
er ein blosser Nachdruck von *B*, mit Verbesserung
einiger Druckfehler und wenigen Änderungen (wie
7, 9 wehret 17, 17 glühete) ist; und auch der zweite
Einzeldruck (hier *O* genannt), dessen Titel unser Neudruck reproducirt, ist zwar in demselben Verlage wie
die „Beyträge" erschienen und mit derselben Schrift
gesetzt, scheint aber nach den Worten des Verlegers
in der Vorrede gleichfalls ohne Mitwirkung Mösers,
wenn auch mit seiner stillschweigenden Genehmigung
ausgegeben zu sein.

Nun ergiebt sich aber bei *O* die nach der Vorrede doppelt auffallende Thatsache, dass, abgesehen
von kleineren Abweichungen, an fünf Stellen wichtigere
Veränderungen erfolgt sind, die ich hier zusammenstelle:

7, 10. 1a.

B	*O*
in England alle Partheyen in Bewegung gesetzt haben.	in England alle Partheyen, die vor und wieder den König sind, in Bewegung gesetzt haben.

7, 22—24.

Donnerkeil sey, der aber einen Fels gespalten . . . habe.	Donnerkeil sey, der aber in-dem er eine große Verände-rung in der Justizverwaltung nach sich gezogen, einen Fels gespalten . . . habe.

17, 16.

Wieland . . . war in seinen ersten Versuchen ein unwahrer Dichter;	Wieland . . . schien mir in seinen ersten Versuchen ein unwahrer Dichter.

17, 18—21.

sein Colorit war weit lebhafter als seine Empfindung; da-rüber fielen seine Homerischen [Druckfehler für Komischen?] Erzählungen.	sein Colorit war weit lebhafter als seine Empfindung; oder diese war, wie es der Jugend gewöhnlich ist, nicht hinläng-lich genährt und gesättiget. Daher lieset man seine ersten Gedichte nicht mehr so gern, wie seine spätern.

23, 14—18.

B *O*

Bis dahin aber wird die Sprache der Geschichte natürlicher Weise gelehrter Vortrag bleiben, die uns unterrichtet …

Bis dahin aber wird die Geschichte, nach dem Wunsche Millers, höchstens ein Urkundenbuch zur Sittenlehre, und ihre Sprache natürlicher Weise, erbaulicher oder gelehrter Vortrag bleiben, der uns unterrichtet …

Diese Änderungen in *O*, die eine Abschwächung oder deutlichere Erklärung gegenüber dem ursprünglichen Texte bedeuten, sind meiner Ansicht nach von Möser selbst eingesetzt; zumal die beiden Stellen über Wieland würde weder der Verleger noch ein dritter unter Mösers Augen so zu mildern gewagt haben. Es ist also anzunehmen, dass Möser den Druck dennoch einer Durchsicht unterzog, obwohl er anfänglich dem Verleger freie Hand gelassen hatte; demgemäss verdient *O* den Vorzug vor *B* und ist unserm Neudruck zu Grunde gelegt. Doch stellen wir im folgenden sämtliche Abweichungen von *B* zusammen:

5, 1 fehlt, dafür: Ueber die deutsche Sprache und Litteratur. | An einen Freund. 4 hat: nachdem 6, 13. 14 der fremden] den fremden· 20 kein Absatz 32 Sphären, 7, 4 Dienste, 5 Gelehrsamkeit, 15. 16 die — sind,] fehlt 23. 24 indem — gezogen,] fehlt 8, 2 des Wagstück-schaudern 6 Einige 17. 18 auszudrucken; vgl. dagegen 12, 12. 19, 7 36 ausgedruckt 10, 3 Dauer, 17 Gefallen 19 Zwergbäume, 11, 17 hatte, 18 gemacht, 19 hatte, 20 schickten, 12, 3 Lazaroni, 4 Vergnügen 8 wissen] sehen 21 kommt 13, 13 bitters böses, 26 Englischen 27 Französischen 31 Gottesschöpfung 31. 32 durch einander 34. 35 Paarweise 14, 3 Englische 13 Geschmack, 29 zurück kehren, 15, 8 schöne 23 Heyer 17, 16 schien mir] war 18—21 oder — spätern.] Darüber fielen seine Homerischen Erzählungen. 18, 16 *nous* fehlt *nos*] *nous* 19, 14. 15 Philosophie 23 Rammler 25 Sprachen 20, 1 Producten 11 mächtiges 12 ausdrucken 17 Volkssprache 19 seinen 21 blosse 29 Beweiß, 33 ist 21, 13 Ridiculen, ausdrucken, 23 es] er 22, 24 Lavater 27 Romane 29 unsrer 30 so wohl als

23, 13 empfinden, 14—18 die — uns] die Sprac
natürlicher Weise gelehrter Vortrag bleiben, die un
31 Dalberg

Trotz dieser nachträglichen Korrekt
ist aber der Text von B für unsre
Wichtigkeit, da er zur Kontrolle von O
Teil mit seiner Hilfe sind folgende Druc
verbessert:

9, 6 erhalten; mit B in erhalten: 12, 33
in wie der 13, 27 sie BO in Sie 17, 11 das fe
mit B eingesetzt 18, 13 ihr BO in Ihr 16 r
B in *redoublions* 19, 13 ästetischen mit B
36 versturben, in versturben. 21, 16 Erremont
mont 28 erforderte, BO in erforderten. 22, 19
mit B in mit diesen ihren 23, 2 ihnen mit B
in zur 24, 21 einen BO in einem 24 erblicken; B

Die späteren Drucke der kleinen Sc
colais und Abekens Ausgaben der sämmtl!
von Möser kommen hier nicht in Betrach
unkritisch wiederholen. — Die Nachsch
zuerst im 19. Stück der Westphälischen B
12. Mai 1781, Spalte 145—152 unter der
„Etwas über die National-Erziehung der alte
Die wenigen Abweichungen sind hier ni
zeichnen; stark umgearbeitet ist sie in den
Phantasien IV, 15 (Abeken). Möser wollt
Hinweis auf die harte und entsagungsvolle
Erziehung der Germanen seine Beweisführun
dass die Wurzeln deutscher Kraft im Heimiscl
in der Nachahmung des Fremden liegen.

Für gütige Unterstützung meiner Arbeit, auch bei den folgenden Heften, bin ich Gustav Roethe in Göttingen, Carl Ruland, Franz Sandvoss und Bernhard Suphan in Weimar, August Sauer in Prag und Bernhard Seuffert in Graz, ferner der Universitätsbibliothek in Göttingen, dem Gleimarchiv zu Halberstadt, der Stadtbibliothek zu Hamburg, dem Kgl. Staatsarchiv zu Osnabrück und der hiesigen Grossherzoglichen Bibliothek zu Danke verpflichtet.

Weimar, im Februar 1902.

Dr. Carl Schüddekopf.

Ueber

die deutsche Sprache

und

Litteratur

———

Schreiben an einen Freund

nebst

einer Nachschrift

die National-Erziehung

der alten Deutschen

betreffend.

von

J. M.

✳✳✳✳✳✳✳✳✳✳✳✳✳

Osnabrück,

in der Schmidtschen Buchhandlung, 1781.

Vorrede.

Gegenwärtiges Schreiben ist in den westphälischen Beyträgen zum Nutzen und Vergnügen, welche dahier wöchentlich herauskommen, erschienen; und der Herr Ver=
5 fasser hat mir, als ich Ihn um die Erlaubniß gebeten habe, eine neue Auflage davon zu machen, geantwortet, daß er mir solches nicht [4] verwehren wolle, gleichwohl aber sagen müsse, daß vor mir bereits ein andrer den nämlichen Anschlag gefaßt habe. Ich denke aber es wird
10 bey zween Auflagen nicht bleiben.

Osnabrück,
den 7 ten May 1781.

der Verleger.

1*

[5] Edler lieber Freund!

Es liegt völlig in dem großen Plane Ihres Königs,
daß er nun auch einen Blick auf unsre deutsche Litteratur
geworfen hat. Nachdem er sich an die vierzig Jahr damit
beschäftiget, seinem Staatskörper Stärke und Fertigkeiten
zu geben, und ihn gelehrt hatte, die größten Bewegungen
mit der leichtesten Mühe zu machen: so wagte er es in
seinem Werke über die Vaterlandsliebe dieser Maschine
ein Herz und eine Seele zu geben, und wie diese Schöpfung
vorüber ist, kömmt er nun endlich auch zu den Wissenschaften,
welche den Putz dieses [6] zu allen Verrichtungen fähigen
Körpers besorgen sollen. Andre Fürsten haben mit den
letztern, weil sie mehr in die Augen spielen, angefangen,
oder wo sie sich zuerst mit der Organisation ihres Staats
befasset haben, diese so geschwind und gewaltsam betrieben,
daß die besten Hebel darüber zersprungen sind. Er aber,
ohnerachtet er früh die Musen liebte und von ihnen wieder
geliebt wurde, hat sich als ein weiser Hausvater lange
bey dem Nothwendigen und Nützlichen verweilet und den
Putz nicht eher seiner Aufmerksamkeit werth geschätzt, als
es die natürliche Ordnung erforderte.

Allein dieses scheint mir nicht in seinem Plane zu
liegen, daß wir bey den Griechen, Lateinern und Franzosen zu Markte gehen und dasjenige von Fremden
borgen oder kaufen sollen, was wir selbst daheim haben
können. Hier vermisse ich den Hausvater, und Sie haben,
meiner Meynung nach, Recht zu fragen, ob wir nicht
selbst unsre Eichen also ziehen können, daß sie den härtesten,
höchsten [7] und reinsten Stamm geben, ihre Krone hoch

empor tragen, und so wenig in den Aesten sohren, als
von Moosse bekümmert werden; oder ob wir solche von
einem französischen Kunstgärtner zustutzen und aufschnitzeln,
und unsre Wälder in einen regulären Sternbusch verwandeln lassen sollen? mit andern Worten — ob wirs
nicht besser thun unsre Götze von Berlichingen so
wie es die Zeit bringen wird, zu der ihrer Natur eignen
Vollkommenheit aufzuziehen, als ganz zu verwerfen, oder
sie mit allen Schönheiten einer fremden Nation zu ver-
zieren.

Indessen bleibt es doch noch immer eine wichtige
Frage, ob wir würklich eigne Gewächse haben, die eine
Kultur verdienen, und ob unsre Art der Kultur der
fremden vorzuziehen sey? Hieran hat der König natürlicher Weise gezweifelt, weil er sonst ganz gewis das Einheimische dem Auswärtigen vorgezogen haben würde; und
hier bin ich in der That verlegner als Sie wohl glauben,
ohnerachtet ich die veredelten Stauden [8] unsers Bodens,
welche Jerusalem *) dem Könige vorzählt, mehr als einmahl vor mir aufgestellet und betrachtet habe.

Unsre Empfindungen sind das erste von allem,
ihnen haben wir Gedanken und Ausdruck zu danken.
Große Empfindungen aber können allein von großen Begebenheiten entstehen, die Gefahr macht Helden und der
Ocean hat tausend Waghälse ehe das feste Land einen hat.
Es müssen große Schwierigkeiten zu überwinden seyn, wo
große Empfindungen und Unternehmungen aus unserer
Seele empor schiessen sollen, und diese Ueberwindung muß
der Ehre, der Liebe, der Rache und andern großen Leidenschaften durchaus nothwendig seyn, oder der Geist hebt
sich nicht aus seinem gewöhnlichen Stande, die Seele umfaßt keine große Sphäre, und der Mensch bleibt das
ordinaire Geschöpf, was wir täglich sehen und nach unsern
gemeinen Regeln zu se= [9] hen wünschen. Dergleichen

---

*) In seinem Bericht, über die teutsche Sprache und
Litteratur.

große Gelegenheiten, wo Schwierigkeiten zu übersteigen sind,
finden sich aber bey uns Deutschen nicht. Der Staat geht
unter der Wache stehender Heere maschinenmäßig seinen
Gang, wir suchen die Ehre fast blos im Dienste oder in
5 der Gelehrsamkeit und nicht in Erreichung des höchsten
Zwecks von beyden, unsre Schönen stimmen leichter zu
ordentlichen als heroischen Empfindungen, und der Zwey=
kampf, der sich immer noch glücklicher Weise erhält, ver=
söhnet den Rächer und währet der meuchelmörderischen
10 Wolluft, welche die Rache erfinderisch und begeistert macht.
Oder wo sich ja eine große Begebenheit, die das mensch=
liche Geschlecht interessirt, zeigt: so wirkt sie auf uns so
stark nicht wie auf andere Nationen. Die Geschichte des
Müllers Arnold würde in Frankreich alle Parlamenter
15 und in England alle Partheyen, die vor und wieder den
König sind, in Bewegung gesetzt haben. Aber in Deutsch=
land hat man sie sich als eine frohe Neuigkeit erzählet;
keiner hat die Gefahr laut [10] gerüget, welche dem Staate
bevorsteht, worin die Rechtssachen im Cabinet untersuchet
20 und entschieden werden, und nicht einmahl ein Schmeichler
hat es gewagt zu sagen, daß es ein dem Könige zum
ersten und einzigenmahle entschlüpfter Donnerkeil sey, der
aber indem er eine große Veränderung in der Justiz=
verwaltung nach sich gezogen, einen Fels gespalten und
25 eine Goldmine blos geleget habe.

Unsre Empfindungen sind nicht zu der seinen Rach=
sucht gestimmt, welche in Leßings Emilie thönt, und
wir haben höchstens nur Vaterstädte und ein gelehrtes
Vaterland, was wir als Bürger oder als Gelehrte lieben.
30 Für die Erhaltung des deutschen Reichssystems stürzt sich
bey uns kein Curtius in den Abgrund.

Wenn wir aber so wenig große Begebenheiten haben,
als mit der gehörigen Lebhaftigkeit empfinden, wie wollen
wir denn zu der Höhe der Gedanken und des Ausdrucks
35 gelangen, welche andre Nationen auszeichnet? kann die
schlaffe Seele [11] eben das was die hochgespannte würken?
und müssen wir nicht, da wir kein einziges großes Interesse

weder im Staate noch in der Liebe haben, bey unſerm
beſtändig kalten Blute für das Wagſtück ſchaudern, was
dem Manne auf dem Ocean keine einzige Ueberlegung
koſtet? O es war ein großer Gedanke von Mengs:
Raphael kann in der Kunſt übertroffen werden,
aber keiner wird wie Raphael empfinden; und
nach demſelben ſage ich): einige Deutſche können vielleicht
dem Italiäner an Feinheit, dem Spanier an Edelmuth,
dem Engländer an Freyheitsſtolz, was die Kunſt oder den
Ausdruck angeht, gleich kommen. Aber im allgemeinen
geredet, wird keiner von ihnen das wahre ſeine Gefühl
des Italiäners, keiner die edle Liebe des Spaniers, keiner
die Begeiſterung für Freyheit und Eigenthum eines Engländers damit verbinden. Keiner wird in allen ſo wahr
empfinden, denken, harren, ſchwärmen oder raſen, als die
Nationen, welche durch würkliche Umſtände genöthiget werden,
ihre höchſte Empfindung hervor= [12] zupreſſen und aus=
zudrücken; und ohne Wahrheit iſt keine vollkommene
Größe, ſo wenig in der Muſick als in der Mahlerey, und
in andern ſchönen Wiſſenſchaften. Mit derſelben aber ſind
auch Concetti unterweilen erträglich.

Eben ſo denke ich von den Franzoſen, die wie die
Deutſchen alle Töne zum Theil glücklich verſuchen, aber
nie wahre Engländer an Größe, nie wahre Italiäner an
Feinheit, und nie wahre Spanier in hoher Liebe werden;
blos in der Vaterlandsliebe haben ſie vor uns natürliche
Vortheile und Vorzüge. So wie die erſten beyden Nationen auf der Landcharte zwiſchen ben andern liegen: ſo
liegen ſie auch auf der Charte der Empfindungen; und
beyde ſind nur in ihrer Manier, wie ſie ſich jenen
äuſſerſten Nationen in der Sphäre der Empfindung nähern,
unterſchieden; der Franzoſe mit einem leichten, der Deutſche
mit einem gemeſſenen Schritte. Der erſte geht auf dem
Wege zur Verſchönerung, der andre auf dem zur Richtig=
keit über die Gränzen der groſ= [13] ſen Empfindungen
hinaus, die blos wahr ausgedrückt, und ſo wenig ver=
ſchönert, als in jeder einzelnen Parthie mit einer klein=
lichten Genauigkeit vorgetragen ſeyn wollen.

Jedoch dieses bey Seite, und immer vorausgesetzt, daß unser Klima so gut als andre, seine eignen Früchte habe, die zu unsern Bedürfnissen wie zu unserm Vergnügen vorzüglich bestimmet sind: so deucht mich, daß wir allemahl am sichersten handeln, solche so gut als möglich zu erzielen, und wenn wir diesen Zweck erhalten: so müssen sie auch in ihrer Art schön und groß werden; denn alles in der Welt ist doch nur relativ schön und groß, und die Eichel geht in ihrem Rechte vor der Olive. Das von dem Könige so sehr heruntergesetzte Stück: Götz von Berlichingen, ist immer ein edles und schönes Produkt unsers Bodens, es hat recht vielen geschmeckt, und ich sehe nicht ab, warum wir dergleichen nicht ferner ziehen sollen; die höchste Vollkommenheit wird vielleicht durch längere Kultur kommen. [14] Alles was der König daran auszusetzen hat, besteht darinn, daß es eine Frucht sey, die ihm den Gaumen zusammen gezogen habe, und welche er auf seiner Tafel nicht verlange. Aber das entscheidet ihren Werth noch nicht. Der Zungen, welche an Ananas gewöhnt sind, wird hoffentlich in unserm Vaterlande eine geringe Zahl seyn, und wenn von einem Volksstücke die Rede ist: so muß man den Geschmack der Hofleute bey Seite setzen. Der beste Gesang für unsre Nation ist unstreitig ein Bardit, der sie zur Vertheidigung ihres Vaterlandes in die Schlacht singt, der beste Tanz, der sie auf die Batterie führt, und das beste Schauspiel, was ihnen hohen Muth giebt; nicht aber was dem schwachen Ausschusse des Menschengeschlechts seine leeren Stunden vertreibt, oder das Herz einer Hofdame schmelzen macht. Jenes ist gewiß der Vortheil, den der König von allen schönen Wissenschaften fordert, und welchen Sulzer als den einzigen und würdigsten von ihnen betrachtete; es ist der Vortheil, den Gleim in den Liedern des [15] Preußischen Grenadiers so glücklich erreichte; und ich glaube, daß es der einzige wahre sey, den man für ein Volk, wie das deutsche ist, suchen müsse. Der entnervende Gesang, der wollüstige Tanz, und die entzückenden oder

bezaubernden Vorstellungen mögen Völkern gefallen, denen
sie besser als uns dienen und bekommen; in denen aber
auch der König nicht die Härte, nicht die Dauer und
nicht das Herz seiner Grenadier finden wird. Hier kann
ich es auf den Ausspruch seines eignen Ministers des Herrn
von Herzberg ankommen lassen.

Die wahre Ursache, warum Deutschland nach den
Zeiten der Minnesinger wieder versunken, oder so lange
in der Kultur seiner Sprache und der schönen Wissen=
schaften überhaupt zurückgeblieben ist, scheinet mir haupt= 10
sächlich darinn zu liegen, daß wir immer von lateinisch
gelehrten Männern erzogen sind, die unsre einheimischen
Früchte verachteten und lieber Italiänische oder Fran=
zösische von mittelmäßiger Güte ziehen, als deutsche Art
und [16] Kunst zur Vollkommenheit bringen wollten; ohne 15
zu bedenken, daß wir auf diese Weise nichts hervorbringen
könnten, was jenen gefallen und uns Ehre bringen
würde.

Sie zogen Zwergbäume und Spalierbäume und
allerley schöne Krüppel, die wir mit Strohmatten wider 20
den Frost bedecken, mit Mauren an die Sonne zwingen,
oder mit kostbaren Treibhäusern beym Leben erhalten
mußten. Und einige unter uns waren thöricht genug zu
glauben, daß wir diese unsere halbreifen Früchte den
Fremden, bey denen sie ursprünglich zu Hause sind, als 25
Seltenheiten zuschicken könnten; sie waren stolz genug zu
denken, daß die Italiäner mit uns in unsern in feuchter
Luft gebaueten Grotten schaudern würden; sie die Geßners
Schäferhütte allen unsern Kostbarkeiten von dieser Art
vorziehen. 30

Schön und groß aber können unsre Produkte werden,
wenn wir auf den Gründen fortbauen, welche Klopstock,
[17] Göthe, Bürger und andre neuern geleget haben.
Alle können zwar noch in der Wahl der Früchte, welche
sie zu bauen versucht, gefehlt, und das gewählte nicht zur 35
höchsten Vollkommenheit gebracht haben. Aber ihr Zweck
ist die Veredlung einheimischer Produkte, und dieser ver=

dient den dankbarsten Beyfall der Nation, so wie er ihn auch würklich erhielt, ehe diese in ihrem herzlichen Genusse von den alten verwöhnten Liebhabern der auswärtigen Schönheiten gestöret, und durch den Ton der Herrn und Damen, die eine Pariser Pastete dem besten Stücke Rind= fleisch vorziehen, stutzig gemacht wurden.

Göthens Absicht in seinem Götz von Berlichingen war gewiß uns eine Sammlung von Gemählden aus dem National=Leben unsrer Vorfahren zu geben, und uns zu zeigen was wir hätten und was wir könnten, wenn wir einmahl der artigen Cammerjungfern und der witzigen Bedienten auf der französisch=deutschen Bühne müde wären, und wie billig Verän= [18] derung suchten. Leicht hätte er dieser seiner Sammlung mit Hülfe einer nun fast zum Eckel gebrauchten Liebesgeschichte das Verdienst der drey Einheiten geben, und sie in eine Handlung flechten können, die sich angefangen, verwickelt und aufgelöset hätte, wenn er aus dem einen Stücke drey gemacht und diejenigen Gemählde zusammen geordnet hätte, welche sich zu jeder Handlung schickten und sich mit Zeit und Ort vertrugen. Allein er wollte setzt einzelne Parthien mahlen, und diese stehen zusammen wie die Gemählde vieler großen Land= schaftsmahler, ohne daß die Gallerie, worinn sie sich be= finden, gerade eine Epopee ist.

Duneben sollten diese Parthien wahre einheimische Volksstücke seyn, er wählte dazu ritterliche, ländliche und bürgerliche Handlungen einer Zeit, worinn die Nation noch Original war, und der alte Ritter den jungen, wie der alte Canzler den jungen Canzler ohne fremde gelehrte Hülfe erzogen hatte. Und da ihm gewiß niemand vor= werfen kann, daß er unrich= [19] tig gezeichnet, das Colorit vernachläßiget, oder wider das Costume gefehlet habe: so behandelt man ihn wider seine Absicht, wenn man ihn darum verdammt, daß er nicht blos für den Hof gearbeitet, und keine Epopee, oder kein regulaires Ganze geliefert hat. Die Wahl seiner Parthien würde auch immer gut ge= blieben seyn, wenn es einige seiner Nachfolger, die alle

sieben Theater von Neapel, welche für sieben unterschiedne
Klassen der Nation eröfnet werden, in ein einziges zu=
sammen ziehen, und Hofleute und Lazzaroni mit einerley
Kost vergnügen wollten, nicht gar zu bunt gemacht hätten.
Hieran aber ist Göthe unschuldig, ob er gleich noch vieles
gegen diejenigen zu sagen haben mögte, die aus einem
übertriebenen Eckel gar nichts nacktes leiden, und die
schönste Venus nicht anders als unter der Decke wissen
wollen.

Jedoch ich will den Tadel des Königs, so weit er ¹⁰
uns allgemein trift, einmahl als richtig annehmen, und
ihn also ausbrücken, daß wir Deutsche in der Wahl [20]
der Parthien, die wir dem Auge oder dem Ohre dar=
gestellet haben, zu wenig Geschmack bewiesen, und auch
diese so wunderlich und abentheuerlich zusammen gestellet ¹⁵
haben, wie es Shakespear nach dem Urtheile des
Herrn von Voltaire, gethan haben soll; ich will ein=
mahl zugeben, daß wir noch kein einziges Stück haben,
was mit den Meisterstücken eines Corneille oder Vol=
taire, die nicht leicht jemand höher schätzen kann, als ich ²⁰
sie selbst schätze, verglichen werden könnte: so kömmt es
doch noch immer auf die Frage an, ob wir auf unserm
Wege, oder auf demjenigen, welchen andre Nationen er=
wählet haben, fortgehen dürfen, um das Ziel der Voll=
kommenheit zu erreichen, was die Natur für uns be= ²⁵
stimmt hat?

Der Weg welchen die Italiäner und Franzosen er=
wählt haben, ist dieser, daß sie zu sehr der Schönheit
geopfert, sich davon hohe Ideale gemacht, und nun alles
verworfen haben, was sich nicht sogleich dazu schicken ³⁰
wollte, hierüber ist [21] bey ihnen die dichterische Natur
verarmt, und die Mannigfaltigkeit verlohren gegangen.
Der Deutsche hingegen hat, wie der Engländer, die Mannig=
faltigkeit der höchsten Schönheit vorgezogen und lieber ein
plattes Gesicht mit unter als lauter Habichtsnasen mahlen ³⁵
wollen.

Man sieht die Verschiedenheit der Wege, worauf

diese Nationen zum Tempel des Geschmacks gegangen sind,
nicht deutlicher, als wenn man den T o d C ä s a r s, so
wie ihn S h a k e s p e a r und Voltaire uns gegeben haben,
neben einander stellet; Voltaire sagt es ausdrücklich, und
man sieht es auch leicht, daß er ihn durchaus dem Eng=
länder abgeborget, und nur dasjenige weggelassen habe,
was sich mit den Regeln eines guten Trauerspiels und
der französischen Bühne nicht vereinigen liesse. Hier sieht
man beym S h a k e s p e a r ein aufgebrachtes Volk, bey
dem alle Muskeln in Bwegung sind, dem die Lippen
zittern, die Backen schwellen, die Augen funkeln und die
Lungen schäumen; ein bitters, böses, wildes und wü= [22]
tendes Volk, und einen hämischen Kerl mit unter, welcher
dem armen Cinna, der ihm zuruft, er sey nicht Cinna
der Mörder Cäsars, sondern Cinna der Dichter, seiner
elenden Verse halber das Herz aus dem Leibe reissen
will — und diese Löwen, Thger und Affen führt An=
tonius mit der Macht seiner Beredsamkeit gerade gegen
die Mörder Cäsars, zu deren Unterstützung sie sich ver=
sammlet hatten. Was thut nun Voltaire? Er wischt
alle diese starken Züge aus, und giebt uns ein glattes
schönes glänzendes Bild, was in dieser Kunst nicht seines
gleichen hat, aber nun gerade von allem dem nichts ist,
was es seyn sollte.

Wollen Sie die Sache noch deutlicher haben: so
vergleichen Sie, mein Freund! einen englischen und
französischen Garten. In jenem finden Sie eben wie in
S h a k e s p e a r s Stücken Tempel, Grotten, Klausen,
Dickigte, Riesensteine, Grabhügel, Ruinen, Felsenhöhlen,
Wälder, Wiesen, Weiden, Dorfschaften und unendliche
Mannigfaltigkeiten, wie in Gottes Schö= [23] pfung durch=
einander vermischt, in diesem hingegen schöne gerade
Gänge, geschorne Hecken, herrliche schöne Obstbäume paar=
weise geordnet oder künstlich gebogen, Blumenbete wie
Blumen gestaltet, Lusthäuser im feinsten Geschmack —
und das alles so regelmäßig geordnet, daß man beym
Auf= und Niedergehen sogleich alle Eintheilungen mit

wenigen Linien abzeichnen kann, und mit jedem Schritte
auf die Einheit stößt, welche diese wenigen Schönheiten
zu einem Ganzen vereiniget.   Der englische Gärtner will
lieber zur Wildniß übergehn als mit dem Franzosen in
Berceaux und Charmillen eingeschlossen seyn.   Fast eben
so verhalten sich die Italiäner und Deutschen, außer daß
jene sich in ihrer Art den Franzosen und diese den Engländern, ihren alten Brüdern, nähern und mehr Ordnung
in die Sachen bringen.

Welcher von diesen beyden Wegen sollte nun aber
wohl der beste seyn, der Weg zur Einförmigkeit und Armuth
in der Kunst, welchen uns der Conventions- [24] wohlstand,
der verfeinerte Geschmack und der sogenannte gute Ton
zeigen, oder der Weg zur Mannigfaltigkeit, den uns der
allmächtige Schöpfer eröfnet? Ich denke immer den letzter,
ob er gleich zur Verwilderung führen kann. Denn es
bleibt doch wohl eine unstreitige Wahrheit, daß tausend
Mannigfaltigkeiten zur Einheit gestimmt, mehr Würkung
thun als eine Einheit worinn nur fünfe versammlet sind;
und daß ein zweychöriges Heilig ꝛc. von Bach etwas
ganz anders sey, als die schönste Arie, diese mag noch so
lieblich klingen.

Selbst die Macht womit der Geschmack an den
englischen Gärten jetzt ganz Europa überwältiget, kann
uns lehren, daß der Weg zur Mannigfaltigkeit, der wahre
Weg zur Größe sey, und daß wenn wir nicht ewig in
dem Ton der Galanterie, welcher zu Zeiten Ludewigs XIV.
herrschte, bleiben wollen, wir nothwendig einmahl zur
mannigfaltigen Natur wieder zurückkehren, aus dieser
von neuen schöpfen, und eine größere Menge von [25]
Naturalien als bisher, zu vereinigen suchen müssen; oder
unsre Stücke werden zuletzt so fein und niedlich werden,
wie eine Erzählung von Marmontel, in der man mit
einem Blicke den Faden sehen kann, wodurch sie zusammen-
gehalten wird. Die Franzosen, welche vor einiger Zeit
Shakespears Werke in ihre Sprache übertrugen, fühlten
den Fehler lebhaft, und wollten lieber von ihren Mit-

buhlern borgen, als ewig Schüler ihrer tyrannischen
Meister bleiben, die um den Ruhm ihrer Werke zu ver=
ewigen, alle ihre Nachkommen in der Kunst zu ent=
mannen suchen.

5   Unser bisheriger geringer Fortgang auf diesem Wege
darf uns aber nicht abhalten ihn zu verfolgen. Viel=
weniger dürfen wir den andern nehmen, wo die ver=
wöhnten Liebhaber, alle andern schönen Bäume ausgerottet
haben, um lauter Pfirschen zu essen. Was bey diesen
10 Uebermuth und hoher Geist ist, würde bey uns Leicht=
sinnigkeit, oder Schwachheit, oder Sprödigkeit einer Häß=
lichen [26] seyn. Ist es gleich schwerer unter einer
großen Menge zu wählen, und gewählte unzählbare Sachen
zu einem großen Zwecke zu vereinigen, als einen ein=
15 förmigen Kranz von Rosenknospen zu binden: so ist auch
die Würkung davon so viel größer, wenn die Wahl und
Zusammenstellung wohl gerathen ist; und was M o n t e s =
q u i e u und W i n k e l m a n n, zwey Männer, die ich gern
zusammen setze, weil sie mir einerley Größe und einerley
20 Fehler gehabt zu haben scheinen, aus unzählbaren Bruch=
stücken von ganz verschiedener Art und Zeit, zusammen
gesetzt haben, wird immer ein Werk bleiben, welches der
H e y n e eines jeden Jahrhunderts seiner Aufmerksamkeit
und Verbesserung werth achten wird.

25   Und wo ist die E i n h e i t, die der König und die
Natur von jedem Kunstwerke erfordern, glücklicher und
unter einer größern Menge von Mannigfaltigkeiten be=
achtet als eben in diesen Werken? Die Menge und
Verschiedenheit der Gegenstände, welche in einem Kunst=
30 werke zu= [27] sammen gestellet werden, ist also gewiß
keine Hinderniß ihrer Schönheit, ob diese gleich nicht von
jedem Künstler überwunden werden kann; und es ist
allezeit glaublich, daß es für die Stücke, welche in
S h a k e s p e a r s Manier gearbeitet werden, einen sehr
35 hohen Vereinigungspunkt gebe, wenn wir gleich jetzt noch
nicht hoch genug gestiegen sind, um ihn mit unsern sterb=
lichen Augen zu erreichen. Die ganze Schöpfung ist

gewiß zur Einheit gestimmt, und doch scheinet sie uns
hie und da sehr wild, und noch wilder als ein englischer
Garten zu seyn. Aber freylich was wir als Eins bewundern sollen, muß auch als Eins in unsern Gesichtskreis gestellet werden, und so dürfen wir den Vereinigungs- 5
punkt der Kunstwerke nicht so hoch legen, wie ihn der
Schöpfer gelegt hat, oder wir schaffen nur Mißmaße.
Indessen liegt doch die Einheit da, wo ein Gothischer
Thurm mit prächtigen römischen Gebäuden, oder wo, wie
im Wilhelmsbade bey Hanau, die Fürstliche Wohnung 10
unter Ruinen, mit schönen Gebäuden und Parthien glücklich
zusam= [28] men stimmet, höher, als wo blos eine Reihe
schöner Häuser und wenn es auch in der Hauptstadt wäre,
eine gerade lange Gasse ausmacht. Der Weissestein bey
Cassel ist nach kühnern Regeln angelegt, als eine 15
römische Villa.

Ausserdem aber hat das Nachahmen fremder Nationen
leicht den innerlichen Fehler aller Kopeyen, die man um
deswillen geringer als ihre Originale schätzt, weil der
Kopiist natürlicher Weise immer mehr oder weniger aus= 20
drückt als der rechte Meister empfunden hat; es macht
uns unwahr, und nichts schadet dem Fortgange der schönen
Künste mehr als diese Unwahrheit, welche Quintilian
die Unredlichkeit nennet.

Wie sehr diese Unwahrheit schade, können wir nicht 25
deutlicher als an unsern geistlichen Rednern sehen, die
indem sie göttliche Wahrheiten vortragen, dennoch nicht
den Eindruck machen, welchen man davon erwarten könnte.
Von diesen fordern wir gleich, so wie sie auftreten, eine
[29] heiligere Mine, einen feyerlichern Anstand, einen 30
ernsthaftern Ton, und eine größere Salbung als ihnen
die Natur in ihren ersten Jahren geben kann. Nun
müssen sie dieser Mine, diesem Anstande und diesem Tone
gemäs reden; sie müssen ihren Ausdruck höher als ihre
Empfindungen spannen, sie müssen ihren Werken mehrere 35
Tugend leihen als sie haben, um sie zu ihrem Vortrage
zu stimmen — und dieses macht viele unter ihnen ihr

ganzes Leben hindurch zu unwahren Rednern, die nie
dasjenige würken, was ein Claudius, der nichts aus=
drücket als was er empfindet, und gerade in dieser auf=
richtigen Uebereinstimmung sein ganzes Verdienst setzt,
5 unter uns würket. Andre unter ihnen haben sich daher
der großen Beredsamkeit, worinn das Herz des heiligen
Paulus entbrannte, ganz enthalten, und dafür Gründlich=
keit mit Simplicität verbunden. Ich glaube auch immer,
daß wir Deutschen hiebey weniger wagen, als wenn wir
10 mit den Flechiers und Massillons die Harfe Davids
ergreifen, ohne den Geist Davids zu haben.

[30] Wieland, den Deutschland jetzt als den
Meister in der Kunst, die Schleichwege des menschlichen
Herzens zu entblößen, und den wahren Gang unsrer
15 Leidenschaften auf eine lehrreiche und angenehme Art vor=
zustellen, bewundert, schien mir in seinen ersten Versuchen
ein unwahrer Dichter; seine Rede glüete mehr und sein
Colorit war weit lebhafter als seine Empfindung; oder
diese war, wie es der Jugend gewöhnlich ist, nicht hin=
20 länglich genährt und gesätiget. Daher lieset man seine
ersten Gedichte nicht mehr so gern, wie seine spätern.
Allein mit den Jahren wie mit dem Genusse ward seine
Empfindung mächtig; nun ward ihm die Sprache oft zu
enge, die volle Empfindung quoll über den Ausdruck, und
25 man sahe in seinen späten Werken immer mehr Schönheit,
als ihm die Sprache zu zeigen verstattete.

Wahrscheinlich ist es auch nicht, daß wir uns so ganz
in die Empfindung unsrer Nachbaren versetzen werden.
So wie diese andre Bedürfnisse haben, so ist ih= [31] nen
30 auch dieses und jenes weit angelegener als uns. Die
Spanierinn höret eine Serenade mit einer ganz andern
Entzückung, als eine Deutsche; die Schönheit des Sonnets,
was der Italiäner als das wahre Ebenmaaß einer Grazie
mit Recht bewundert, ist in Deutschland nie gehörig
35 empfunden, und das Meisterstück von Filicaja würde
den mehrsten unter uns unbekannt geblieben seyn, wenn
es ihnen Richardson nicht gezeiget hätte. Die fran=

zöſiſche Bühne ſteht mit der National=Erziehung in dem
richtigſten Verhältniſſe; und indem der Deutſche ſchreiben
muß, um Profeſſor zu werden, geht der Engländer zur
See, um Erfahrungen zu ſammlen. Ohne nun in den
nemlichen Verhältniſſen zu ſtehen und die Bedürfniſſe zu
fühlen, welche die Spanierinn lauſchen macht, und den
Sinn des Italiäners fürs Ebenmaaß in Bewegung ſetzt,
werden wir nie wie ſie empfinden, und ſo können auch
ihre Ausdrücke und Tropen bey uns nie den Grad der
Wahrheit erhalten, den ſie in ihrem wahren Vaterlande
haben. Selbſt ein Menſch [32] kann ſich nicht des andern
Worte ſo zueignen, daß ſie in ſeinem Munde die Wahrheit
haben, womit der andre ſie vorbringt. Wie Ihr König
ehedem bey einer Menge trauriger Nachrichten ſagte:
Que cela fait perdre courage! und mit Wärme hinzu=
ſetzte: il faut que nous redoublions maintenant nos
efforts: [b] ſo iſt niemand im Stande ihm dieſes mit dem
Grade der Wahrheit und der Empfindung nachzuſprechen,
womit er es ſelbſt hervorgebracht hat. Der ſchöne Ueber=
gang des Abbé Coyer, [c] womit er die Erzählung deſſen,
was an dem Tage nach dem Entſatze von Wien vorge=
fallen iſt, anfängt: Le Lendemain d'une Victoire est
encore un beau jour, wird nicht leicht irgendwo wahrer
als auf dieſer Stelle ſeyn, wo die rettenden Fürſten in
hoher Freude den Dank der Geretteten annehmen, er=
haltene [33] Freunde einander am Halſe hangen, und
jedermann in Erkenntlichkeits= und Freudenthränen zerfließt.

Meiner Meinung nach müſſen wir alſo durchaus
mehr aus uns ſelbſt und aus unſerm Boden ziehen, als
wir bisher gethan haben, und die Kunſt unſrer Nachbaren
höchſtens nur in ſo weit nutzen, als ſie zur Verbeſſerung
unſrer eigenthümlichen Güter und ihrer Kultur dienet.
Wir müſſen es wie Rouſſeau machen, der alle Regeln
und Geſetze ſeiner Zeit um ſich herum ſtehen oder fallen

---

[b] Lettre du Roy au Prince de Prusse au camp de Leipa.
[c] Vie de Sobiesky T. III.

ließ, um aus sich selbst zu schöpfen und seine Empfin=
dungen allein auszudrücken; oder wie Klopstock, der
nicht erst den Milton laß, um seinen Meßias zu
bilden.

5 Zwar können wir auf diese Weise leicht auf Irrwege
gerathen. Denn indem wir tief in uns zurückgehen, und
was wir also empfinden, ausdrücken, verlassen wir einen
Pfad, welchen auch schon Meister vor uns geebnet haben,
und gerathen leicht auf Verhältnisse, die wir hernach mit
10 der [34] Rechnung nicht bezwingen können; oder wir
folgen, wie Göthe in Werthers Leiden, blos der erhöheten
Empfindung, und opfern die logische Wahrheit der
aesthetischen auf. Allein wir bringen doch damit eigne
eble Erze zu Tage, und es werden sich dann auch Philo=
15 sophen unter uns finden, welche sie prüfen, läutern und
zu großen Werken verarbeiten werden.

Ich will jedoch hiemit gar nicht sagen, daß wir uns
nicht auch fremdes Gut zu Nutze machen sollen. Wir
müßten unsern Hagedorn, der mit so vielem Fleisse
20 als Erfolge nach den größten Meistern unsrer Nachbaren
studiret und ihre schönsten Früchte bey uns einheimisch
gemacht, und veredelt hat, nicht lieben; wir müßten
undankbar gegen Gleim, Ramler und die Karschin
seyn, welche deutsches Gut mit römischer Kunst bearbeitet,
25 und unserer Sprache neue Kraft verschaffet haben; wir
müßten unsern geliebten Gellert, der in seiner schönen
und kunstvollen Nachläßigkeit seine Meister übertroffen
hat, vergessen haben, wenn wir dieses thun [35] wollten.
Mein Wunsch ist nur, daß wir uns von dem Könige
30 nicht so einzig an die großen Ausländer verweisen lassen,
und unsern Götzen von Berlichingen sogleich mit Ver=
achtung begegnen sollen. Auch die Klinger, die Lenze
und die Wagner zeigten in einzelnen Theilen, eine Stärke
wie Herkules, ob sie sich gleich auch wie dieser zuerst mit
35 einer schmutzigen Arbeit beschäftigten, und vielleicht zu
früh für deutsche Kunst und ihren Ruhm verstarben.
Und es bedürfte nur noch eines Leßings, um den

deutſchen Produkten diejenige Vollkommenheit zu geben,
die ſie erreichen, und womit ſie der Nation gefallen
können.

Nun noch ein Wort von unſrer Sprache, die der
König der franzöſiſchen ſo ſehr nachſetzt, und ihr bald 5
Armuth und bald Uebellaut vorrückt. Sie iſt, ſo ſehr
ſie ſich auch ſeit Gottſcheds Zeiten bereichert hat, ich
geſtehe es, in manchen Betracht noch immer arm; aber
das iſt der Fehler aller Buchſprachen, und am mehrſten
der franzöſiſchen, die wiederum ſo [36] ſehr gereiniget, 10
verfeinert und verſchönert iſt, daß man kaum ein mächtiges,
rohes oder ſchnurriges Bild darinn ausdrücken kann, ohne
wider ihren Wohlſtand zu ſündigen. Die engliſche Sprache
iſt die einzige, die wie die Nation nichts ſcheuet ſondern
alles angreifet, und gewiß nicht aus einer gar zu ſtrengen 15
Keuſchheit, ſchwindſüchtig geworden iſt, ſie iſt aber auch
die einzige Volksſprache, welche in Europa geſchrieben
wird, und ein auf den Thron erhobener Provinzialdialect,
der auf ſeinem eignen fetten Boden ſteht, nicht aber, wie
unſre Buchſprachen, auf der Tenne dörret. Alle andre 20
Buchſprachen ſind bloße Conventionsſprachen des Hofes
oder der Gelehrten, und das Deutſche was wir ſchreiben,
iſt ſo wenig der Meißner als der Franken Volksſprache,
ſondern eine Auswahl von Ausdrücken, ſo viel wir davon
zum Vortrage der Wahrheiten in Büchern nöthig gehabt 25
haben; ſo wie neue Wahrheiten darinn zum Vortrag gekommen ſind, hat ſie ſich erweitert, und ihre große Er-
weiterung ſeit Gottſcheds Zeiten, iſt ein ſicherer [37]
Beweis, daß mehrere Wahrheiten in den gelehrten Umlauf
gekommen ſind. 30

Unſtreitig hat die franzöſiſche Buchſprache frühere
Reichthümer gehabt als die unſrige. So wie dieſe Nation
früher üppig geworden iſt, als die unſrige, ſo hat ſie ſich
auch früher mit feinern Empfindungen und Unterſuchungen
abgegeben. Wie der Deutſche noch einen ſtarken tapfern 35
und brauchbaren Kerl für tüchtig, oder nach unſerer Buchſprache, für tugendhaft hielt, und deſſen Herz nicht weiter

untersuchte, als es seine eigne Sicherheit erforderte, fieng
Montagne schon an, über den innern Gehalt der
Tugenden seines Nächsten zu grübeln, und diese um so
viel geringer zu würdigen, als Eitelkeit und Stolz zur
seinen Mark genommen waren. Dieses ist der natürliche
Gang der Üeppigkeit der Seele, die ihre Musse zu sanftern
und feinern Empfindungen verwendet, und damit auch zu
feinern Maassen und Ausdrücken gelangt, als der rohe
Wohlstand, [38] der alles mit Gesundheit verzehret, und
die feinern Künste des Kochs glücklich entbehret.

Indessen mögte ich doch nicht sagen, daß wir jetzt
noch so sehr weit zurück wären, wenn wir gleich alle
Nuancen des Ridiculen nicht ausdrücken, und für jede
verschiedene Mischung der menschlichen Tugenden und
Laster nicht alle die eigentlichen Zeichen haben, deren sich
die Franzosen, von Montagne bis St. Evremont,
und von diesem bis zum Marmontel, aus einer
unglücklichen Bedürfniß würde Rousseau hinzusetzen,
bedienet haben. Keine Sprache hat sich vielleicht so sehr
zu ihrem Vortheile verändert als die unsrige; nichts war
armseliger als unsre komische Sprache, ausser dem Hans=
wurst war keiner auf der Bühne, der einen komischen Ton
hatte, und das Volk liebte diesen, weil es von ihm wahre
Volkssprache hörte; alle andre redeten in der Buchsprache,
der unbequemsten zum Sprechen unter allen, oder ihre
Rolle gestattete ihnen nicht, sich der [39] Volkssprache zu
bedienen. Leßing war der erste, der Provinzial=
wendungen und Wörter, wo es die Bedürfnisse erforderten,
auf die glücklichste Art nationalisirte; ihm sind die
Wiener gefolgt, und seitdem uns Göthe in der Sprache
auf dasjenige, was Cicero[d]) Romanos veteres ac
urbanos sales und veteris leporis vestigia nennet, zurück=
geführt hat, damit wir nicht zuletzt lauter Buchsprache
reden mögten, hat jedermann unsern ehmaligen Mangel
empfunden; und ihm jetzt mit hellem Haufen zu begegnen

---

[d]) Ep. fam. L. IX. Ep. 15.

gesucht, so daß wir nunmehro wohl hoffen dürfen, bald
eine Sprache zu haben, worinn alle Muthwilligkeiten und
Aeffereyen, deren sich der Mensch zum Ausdruck seiner
Empfindungen und Leidenschaften bedient, dargestellet
werden können. Doch ich will darauf nicht wetten, daß 5
nicht viele, denen es schwer fällt in deutscher Luft zu
athmen, die Französische der Deutschen immer vorziehen
werden.

[40] Eine Dichtersprache hatten wir fast gar nicht,
und wir würden auch nie eine erhalten haben, wenn 10
Gottsched, den tapfern Schweizern, die sich seiner
Reinigung widersetzten, obgesieget hätte. Haller ward
unser erster Dichter, und wie Klopstock kam, begriffen
wir erst völlig, was die Engländer damit sagen wollen,
wenn sie den Franzosen vorwerfen, daß sie nur eine 15
Sprache zum Versemachen nicht aber für die Dichtkunst
hätten. Auch wir hatten vor Hallern nur Versemacher,
und vor Gleimen keinen Liebesdichter. Wie sehr und
wie geschwind hat sich aber nicht unsre Dichtersprache mit
diesen ihren ersten Meistern gebessert? und welche 20
Dichtungsart ist übrig geblieben, wozu sie sich nicht auf
eine anständige Art bequemet hat?

In der Kunstsprache haben wir, seitdem Winkelmann, Wieland, Lavater und Sulzer geschrieben
haben, uns nicht allein alles eigen gemacht, was die Aus- 25
täuder eignes hatten, sondern auch vieles auf unserm
Boden gezogen. Und die Verfasser verschiedener empfind-
samen Ro= [41] mane, haben in einzelnen Parthien gezeigt,
daß unsre Sprache auch zum wahren Rührenden geschickt
sey, und besonders das stille Große sowohl, als das volle 30
Sanfte auf das mächtigste darstellen könne. Wie stark,
wie rührend, wie edel ist nicht die Sprache Woldemars?
was fehlt dem gedämpften Ausdruck der Empfindung in
der Nacht beym Gewitter, welche uns die Klostergeschichte fühlen läßt, und wie vieles haben nicht andre, 35
die ich hier nicht alle nennen kann, in dieser Art geleistet,
wenn man blos die Sprache betrachtet, und von der Er-

findung wie von dem Zwecke wegsieht? Unsre Redner=
sprache hat zwar keine große Muster geliefert, weil es ihr
an großen Gelegenheiten gefehlt hat; aber sie ist hin=
länglich vorbereitet und wird keinen empfindenden und
5 denkenden Mann leicht im Stiche lassen. Die philosophische
Sprache ist seitdem sie aus Leibnizzens und Wolfens
Händen kam, unendlich empfänglicher und fähiger geworden
alles zu bestimmen und deutlich zu ordnen, und unser
historischer Stil hat sich in dem Verhältniß gebessert als
10 sich [42] der preußische Name ausgezeichnet, und uns
unsre eigne Geschichte wichtiger und werther gemacht hat.
Wenn wir erst mehr Nationalinteresse erhalten, werden
wir die Begebenheiten auch mächtiger empfinden und
fruchtbarer ausdrücken. Bis dahin aber wird die Ge=
15 schichte, nach dem Wunsche Millers, höchstens ein
Urkundenbuch zur Sittenlehre, und ihre Sprache natür=
licher Weise. erbaulicher oder gelehrter Vortrag bleiben,
der uns unterrichtet aber nicht umsonst begeistert; in so
fern wir nicht auch, nachdem wir wie die Franzosen alle
20 Arten von Romanen erschöpfet haben werden, die ernst=
hafte Muse der Geschichte zur Dienerinn unsrer Ueppigkeit
erniedrigen wollen.

Alle diese glücklichen Veränderungen sind aber während
der Regierung des Königs vorgefallen, wie er schon seinen
25 Vorgeschmack nach den bessern Mustern andrer Nationen
gebildet hatte, und in unsrer Sprache vielleicht nur Me=
morialien und Dekrete zu lesen bekam. Er hatte nachher
Voltairen um sich, einen Mann, [43] der durch die
Großheit seiner Empfindungen und seiner Manier, alles
30 um sich herum und seine eigenen Fehler verdunkelte; er
liebte Algarotti, den feinsten und nettesten Denker
seiner Zeit, er zog die wenigen großen Leute, welche
Frankreich hatte, an sich, und unter den deutschen Ge=
lehrten fand sich noch kein Dalberg, kein Fürsten=
35 berg, der auf die Ehre, welche er dem ausländischen
Verdienste gab, Anspruch machen konnte. Hiezu kömmt,
daß seine Gedanken über die deutsche Litteratur und

Sprache, wahrſcheinlich weit früher niedergeſchrieben als
gedruckt ſind; und ſo iſt es kein Wunder, wenn ſie unſrer
neuen Litteratur keine Gerechtigkeit haben wiederfahren
laſſen.

Und doch glaube ich nicht zu viel zu wagen, wenn
ich behaupte, daß der König ſelbſt, da wo er ſich als
Deutſcher zeigt, wo Kopf und Herz zu großen Zwecken
mächtig und dauerhaft arbeiten, größer iſt, als wo er mit
den Ausländern um den Preis in ihren Künſten wetteifert.
In ſeiner Instruction pour ses generaux iſt [44] er
mir wenigſtens mehr als Cäſar, durch den Geiſt und
die Ordnung womit er viele verwickelte Fälle auf wenige
einfache Regeln zurückbringt; in ſeinen vertrauten Briefen,
die er bey ſchweren Vorfällen geſchrieben hat, finde ich
deutſche Kraft und Dauer, in ſeiner Abhandlung über die
Vaterlandsliebe, den ſyſtematiſchen Geiſt der Deutſchen,
und in ſeinen Gedanken über unſre Litteratur, ein edles
deutſches Herz, daß nicht ſpotten, ſondern würklich nützen
und beſſern will. Da hingegen, wo es auf Verzierungen
ankommt, ſehe ich in ſeinen Schriften oft die Manier des
fremden Meiſters, und es geht mir als einem Deutſchen
nahe, ihn, der in allen übrigen ihr Meiſter iſt, und auch
in deutſcher Art und Kunſt unſer aller Meiſter ſeyn
könnte, hinter Voltairen zu erblicken.

Schließlich muß ich Ihnen, liebſter Freund, noch
ſagen, wie es mir an vielen von unſern Deutſchen nicht
gefalle, daß ſie den Ausländern zu wenig Gerechtigkeit
wiederfahren laſſen. Ich denke in dieſem Stücke, wie
Pinto:[e] alle Nationen können handeln und
reich werden, ohne daß ſie nöthig haben ſich
einander zu ſchaden; und alle Nationen können in der
Art ihrer Litteratur groß werden, ohne daß ſie ihre
Mitminner[f] zu verachten brauchen.

---

[e] Traite de la Circulation.
[f] Medeminnaers ſagt: der Holländer für Rivaux.

Nachschrift

über die

National-Erziehung

der

alten Deutschen.

[47] Was Sie in Ihrem vorletzteren von der National=Erziehung unsrer Vorfahren sagen, hat seinen vollkommensten Grund. Sie hatten ihre größte Aufmerksamkeit auf die Erziehung der Jugend zum Kriege gerichtet, und verfuhren hierinn weit zweckmäßiger als ihre spätern Nachkommen, die künftige Hofleute roh und rauh erziehen wollen.

Das einzige und ewige Spiel der Jugend war, daß der nackte Jüngling sich mit einem raschen Sprunge mitten in einen Haufen seiner Cameraden, die ihm ihre Spieße und Degen entgegen [48] hielten, stürzte. Unstreitig wurden diese während dem Sprunge und mit einem Tempo auf eine behende Weise weggewand, aber der junge Springer lernte und gewöhnte sich doch, nicht allein die Gefahr zu verachten, und auf alles gerade einzugehen; [a] sondern auch die Augen wohl offen und in seinem Springen Takt zu halten, um nicht ein übles Contratempo zu machen. Dieses gab ihnen den assultum und die velocitatem corporum, [b] womit sie in die Linien der Römer hineinsetzten, und welche den G e r m a n i c u s so gar nöthigten, mit ihrer Infanterie ein Treffen im offnen Felde zu vermeiden. Es scheint, daß diese wie

---

[a] Genus spectaculorum unum atque in omni cœtu idem. Nudi juvenes quibus id ludicum est, inter gladios se atque infestas frameas saltu jaciunt. Exercitatio artem paravit; *ars decorem.* TACIT. in G. c. 24.

[b] Id. L. II. c. 21.

unsre Cavallerie mit vollem Galop in den Feind hinein
[49] sprengen, und ihn zu Boden treten konnte.

Ueberhaupt übertrafen sie alle Nationen im Springen.
Der König der Cimbern Teutoboch °) setzte gewöhnlich
über vier und sechs Pferde weg, und der König ist selten ₅
der erste und einzige in seiner Art. Ohne Zweifel gehörte
also das Voltigiren zur National=Erziehung, und das
Gefolge (comitatus) des Königs war vermuthlich noch
stärker in dieser Kunst als er. Die Sehne ihres Arms,
womit sie einen Wurfspieß auf eine ungeheure Weite ₁₀
(missilia in immensum vibrant sagt Tacitus) schleudern
konnten, mußte an der Mutter Brust gespannet seyn.

Da sie alles in Absicht auf den Krieg thaten: so ist
auch kein Zweifel übrig, daß das Voltigiren nicht zugleich
seine unmittelbare Beziehung auf das Reiten hatte, wie ₁₅
sie denn auch mit einer ver= [50] wundernswürdigen Fertig=
keit von ihren Pferden auf und ab setzten. Die deutsche
Cavallerie war in allen Schlachten der römischen über=
legen, und die römischen Schriftsteller sind froh, wenn sie
sagen können: equites ambigue certavere. ᵈ) ₂₀

Ihre schwere Infanterie, denn sie hatten auch eine
leichte, die wie bekannt, mit der leichten Reuterey über
weg °) lief, hat schwerlich viele ihres gleichen gehabt.
Urtheilen Sie aus dem einzigen Zuge: Wie die Cimbern
an die Etsch kamen, stelleten sie sich, drey oder vier Mann ₂₅
hoch in den Strom, ᶠ) und wollten ihn mit ihren Schilden
aufhalten. Dies setzt voraus, daß Schild an Schild und
Schild auf Schild schloß, und dieses Manoeuvre nicht
allein eine undurch= [51] bringliche Mauer ausmachte,
sondern auch der größten Gewalt widerstehen konnte. ₃₀

°) Quaternos senosque equos transilire solitus.
FLOR. III 3.

ᵈ) TACIT. H. II. 21.

ᵉ) LIV. XXXXIV. 26.

ᶠ) Retinere amnem manibus & clipeis frustra tentarunt. ₃₅
FLOR. l. c.

Wo ist jetzt ein General, der sich die Erwartung von seiner Infanterie machen könnte, daß sie einen Strom im Laufe aufzuhalten vermögte? Wäre den Cimbern ihr Unternehmen gelungen: so waren sie Meister von Rom. Mit dem Damme welchen sie hernach schlugen, vergieng ihnen die Zeit.

Die Catten hatten einen Schandorden eingeführt, [g) welchen jeder Jüngling so lange tragen mußte, bis er einen Feind erlegt hatte. Diese Erfindung ist gewiß um einen Grad · feiner, als die Ritterorden in den Philantropinen. Um nur erst unter die Zahl der ehrbaren Männer zu ge= langen, mußte der Jüngling schon Thaten gethan haben.

[52] Jeder widmete sich seinem Anführer in dessen Gefolge er diente, mit einem schweren Eyde auf Leib und Leben; und so lange dieser stand, mußte alles stehen. Wer ihn ehe er fiel verließ, ward, um in unserer Sprache zu reden, vor der Fronte des Gefolges als infam cassirt, und keiner wünschte diese Schande zu überleben. Ihre Subordination war so strenge, daß jeder, was er that, auf die Rechnung des Anführers setzen, und sich damit nicht selbst erheben durfte [h).

Das Frauenzimmer hatte einen eben so hohen Begriff von Ehre. Wie die Cimbern zuletzt überlistiget wurden, bat das gefangene Frauenzimmer, unter die Vestalinnen aufgenommen zu werden; und wie ihnen dieses abge= schlagen wurde, schlugen sie ihre schönen Haarflechten [i) über die Reiffen ihrer Wagen, knüpften solche unter das Kinn zusammen, und er= [53] hängten sich mit diesem Wohlstande unter der Dede ihrer Wagen. Speciosam mortem nennet es Florus.

---

g) Fortissimus quisque ferreum insuper annulum, ignominiosum id genti, velut vinculum gestat, donec se coede hostis absolvit. TACIT. G. c. 31.

h) Id. c. 14.

i) Vinculo e crinibus suis facto a jugis plaustrorum pependerunt. FLOR. III. 3.

Die Dichtkunst der Nation hatte drey Hauptgegen=
stände, die Ankunft des Volks von seinem Ursprung an,
die Thaten der Krieger, und die Ermunterung zur
Schlacht; ihre Mahlerey gieng blos auf die Verzierung
des Schildes, die Tanzkunst auf den hohen Ehrentanz zur
Belohnung der Sieger, und auf den Paß zum marschiren.
Mit einem Worte, alle Wissenschaften und alle Künste
giengen bey ihnen lediglich auf den Krieg, und daß sie
auch in der höhern Strategie erfahren waren, schließt man
nicht allein daraus, daß sie fünf römische Consular=armeen
nach einander aus dem Felde schlugen, sondern auch be=
sonders aus dem großen Manoeuver des Ariovists, [*]) der
gleich sein Lager nur eine Meile vom römischen nahm,
des andern Tages den Cäsar tournirte, ihm damit die
Zufuhr [54] abschnitt, darauf ein Haupttreffen vermied,
so denn die Römer, denen er in der Zahl leichter Truppen
überlegen war, mit Scharmützeln aufzureiben suchte, in
der Schlacht selbst ihnen durch eine der schnellesten
Wendungen ihre ganze Artillerie unbrauchbar machte,
und ihren linken Flügel beym ersten Angrif über den
Haufen warf.

Dieses alles setzt eine Erziehung von ganz andrer
Art voraus, als man sich insgemein von Barbaren ein=
bildet; und man kann dreist annehmen, daß es nicht
blos wilde Tapferkeit, sondern eine wahre eigne durch
die Erziehung gebildete Kriegeskunst gewesen, welche die
deutsche Nation den Römern erst fürchterlich, hernach
ehrwürdig und zuletzt werth gemacht hat. Die Römer
sprechen von allen Nationen ausser der deutschen mit
Geringschätzung.

Nur muß man, wie bisher zu wenig geschehen, die
Erziehung im Gefolge, von der gemeinen Erziehung,
oder den ge= [55] zogenen Soldaten von dem Bauern
unterscheiden. Jene Erziehung war blos im Gefolge, das
heißt in der damaligen regulairen Miliz; doch nehme ich

---

[*]) Cæs. de B. G. L. VI.

die Sueven aus, als bey welchen auch der Bauer enregi=
mentirt, und in seiner Maaße geübt war.　Von diesen
sagten die übrigen deutschen Völker, [1] daß ihnen auch die
Götter selbst nicht widerstehen könnten; so stark so einzig
war ihre kriegerische Verfassung.　Und wahrlich eine Ver=
fassung, zu deren Begründung man das Landeigenthum
aufgehoben hatte, mußte von ganz besondrer Art seyn.

[1] Cæs. de B. G. VI. 7.

Lightning Source UK Ltd.
Milton Keynes UK
UKHW041245180119
335297UK00007BA/322/P